포스트모던 시대의 정신

포스트모던 시대의 정신

인본주의적 가치의 붕괴와 후기 근대의 디스토피아

초판 1쇄 인쇄 2018년 1월 25일
초판 1쇄 발행 2018년 1월 30일

지은이 신정현
펴낸이 성낙인
펴낸곳 서울대학교출판문화원

출판등록 제15-3호

주소 08826 서울 관악구 관악로 1
대표전화 02-880-5252 | 팩스 02-888-4148
홍보마케팅팀(주문 상담) 02-889-4424, 02-880-7995
이메일 snubook@snu.ac.kr
홈페이지 www.snupress.com

ISBN 978-89-521-1972-8 93800

이 저서는 2007년 정부(교육과학기술부)의 재원으로 한국연구재단의 지원을 받아 수행된 연구임 (NRF-2007-361-AL0016).
This work was supported by the National Research Foundation of Korea Grant funded by the Korean Government (NRF-2007-361-AL0016).

포스트모던 시대의 정신

신정현 지음

인본주의적 가치의 붕괴와
후기 근대의 디스토피아

서울대학교출판문화원

머리말

1990년대에 들어 불현듯 '우리들이 살아가고 있는 포스트모던 시대를 움직이는 정신은 무엇일까?'라는 생각이 나의 뇌리를 스쳤다. 그리고, '우리 시대, 헤아릴 수 없이 많은 고도로 발달된 문명을 가진 현대인들은 정말 행복한가?'라는 물음이 뒤따랐다. 『헨리 애덤스의 교육』(*The Education of Henry Adams*)을 썼던 역사가 헨리 애덤스의 역사에 대한 통찰이 가슴에 와 닿았다. 중세 연구가였던 그에게, 역사란 엔트로피(entropy)—'닫힌 공간에서 에너지의 양은 불변이지만, 에너지의 지속적인 사용으로 쓸 수 있는 에너지로서의 유기적 에너지의 양은 줄어든다'—의 과정이었다. 물리학에서의 엔트로피 법칙을 원용해 그는 인간 정신의 역사를 이렇게 설명했다. '하나의 닫힌 공간으로서의 역사 속에서는 인간이 행복을 창조할 수 있는 에너지의 양은 불변이다. 그러나, 역사의 과정에서 인간이 행복 에너지를 소진해 감으로써 역사 속에 남아 있는 행복 에너지의 양은 줄어들게 된다.' 애덤스는 성모 마리아(Virgin Mary)에 대한 믿음으로 가없는 행복감에 젖어 있었던 서양 중세인들의 삶과 발전기(dynamo)에서 뿜어져 나오는 기계적 힘에 대한 믿음으로 거대한 기계문명을 누리게 된 현대인들의 메마르고 고독한 삶을 나란히 놓음으로써, 현대의 역사가 엔트로피의 마지막 과정인 '열사상태'(heat death)에 빠져들고 있음을 보여 주려 했다.

근대의 역사가 행복 에너지를 잃고 열사상태에 빠져들고 있다는 애덤스의 통찰은 어쩌면 인류 역사의 본질을 날카롭게 꿰뚫어 보고 있는 것인지 모른다. 그러나, 애덤스의 혜안은 현대문명으로 창조되는 그 많은 행복감에 대해서는 아무것도 말해 주지 못했다. 더욱이, 문명을 가짐으로써 인간은 왜 그만큼 더 불행해지게 되는가에 대한 답을 주지 못했다. 나의 책 『포스트모던 시대의 정신』은 '현대문명으로 창조되는 그 많은 행복감에도 불구하고, 인간은 그 거대한 현대문명으로 왜 행복하지 못한가?'라는 물음에 대해 대답하려는 하나의 노력이다. 맨 처음 얻었던 대단히 추상적이고 상당히 어설픈 대답은 오든(W. H. Auden)의 시 「W. B. 예이츠를 기리며」("*In Memory of W. B. Yeats*")의 한 구절에서 왔다. 시란 아무것도 아닌 것으로 별것을 만들어 내는 삶의 장치이다("Poetry makes nothing happen"). 그래, 우리 시대에 와서 역사가 열사상태에 빠지게 된 것은, 우리 시대가 별것 아닌 것들을 별것으로 만들어 낼 수 있는 시를 잃어버렸기 때문이다. 그래서, 별것 아닌 것들의 점철에 불과한 우리들의 삶이 행복한 감정의 소용돌이 속으로 빠져들 수 없게 되었기 때문이다. 그러나, 그 대답만으로는 충분하지 못했다. 나의 책 『포스트모던 시대의 정신』은 10년이 훌쩍 넘는 긴 세월 동안 기울인 이 물음에 대답하려는 나의 노력의 한 결실이다.

포스트모던 시대의 거대문명 속에서 인간은 왜 행복하지 못한가? 분야에 따라 포스트모더니즘에 대한 정의는 많이 다르겠지만, 적어도 인문학과 철학에 있어서의 포스트모더니즘은 대체로 이 물음에 대해 대답하려는 노력이다. 그러나, 이 물음은 너무나 거대한 물음이어서 이에 대한 만족스러운 대답을 찾는 것은 사실상 불가능한 일이다. 철학, 심리학, 역사학, 문학 — 많은 분야의 수많은 석학들이 내놓은 대답들 어느 하나도 많은 사람들의 명쾌한 동의를 얻어 내지 못하는 것은 아마 이 때문일 것이다. 만족스러운 대답을 찾기가 어려운 또 하나의 이유는 아마도, 우리가 이 시대의 문명과 역사가 가진 속성으로서의 '후기근대성'(postmodernity)과 그에 대한 태도로서의 '포스트모더니즘'(postmodernism)을 구분하지 못하는 오류를 범하기 때문일 수도 있다. 그렇지만, 이유를 찾고 난 후에도, 포스트모더니즘이란 무엇인가라는 물음은 여전히 답을 찾기가 쉽지 않은 불가사의한 물음으로 남아 있게 된다. 우리들이 살아가는 포스트모던의 시대는 인류 역사상 너무나 크고, 너무나 많고, 너무나 엄청난 변화가 일어난 시대여서 그 모양을 가늠하기가 지극히 어려우며, 따라서 우리 시대의 문명과 역사가 가진 속성으로서의 '후기근대성'이란 무엇인가에 대해 대답하는 것도 지극히 어렵기 때문이다.

서구의 문화비평가들은 2차 세계대전 이후 '인류가 삶에서 행복을 잃었던' 반세기를 '포스트모던 시대'(the postmodern age)라고 부르고, 이 시대에 대한 이념적 태도를 '포스트모더니즘'이라 부른다. 그렇다면, 이 시대는 어떤 모양을 하고 있으며, 이 시대를 움직여 온 정신은 무엇일까? 이 물음은 너무나 큰 물음이어서 대답한다는 것 자체가 지난한 물음이다. 1929년에 출판된 윌리엄 포크너(William Faulkner)의 소설 『소음과 분노』(*The Sound and the Fury*)에 사용된 서술기법은 너무나 큰 것이어서 대답하기가 지극히 어려운 어떤 문제를 해결할 수 있는 하나의 혜안을 제공해 준다. 이 소설에서 포크너는 남북전쟁 이후에 일어난 '남부의 몰락'이라는 역사적 상황을 그리면서, 네 사람의 화자를 동원해 각자 서로 다른 관점에서 자신들이 살아가고 있는 시대를 바라보도록 함으로써, 남북전쟁 이후 '남부의 몰락'이 북부적 가치의 전방위적 침윤(浸潤) 때문만이 아니며, 남부정신의 파산에 더 큰 원인이 있음을 말해 주었다. 남북전쟁 이후 파고든 양키의 물질주의 정신의 침윤으로 미국 남부에서 '사랑과 보살핌과 믿음의 어머니'가 사라진 것이다. 어머니의 가르침을 받지 못한 딸들이, 쿠엔틴(Quentin)의 여동생 캐디(Caddy)처럼, 순결의 가치를 팽개치고, 성적 난교(亂交) 속으로 빠져들어, 가문을 풍비박산 나게 한 것이다.

여러 관점에서 하나의 문제를 바라보는 것, 그것은 포크너가 그의 소설

『소음과 분노』에서 자신이 당면한 지적 어려움을 해결하기 위해 찾은 통렬한 방법이다. 나의 책 『포스트모던 시대의 정신』은 포크너가 그의 소설 『소음과 분노』에서 찾은 서술기법을 차용하여 포스트모던의 시대와 그 시대를 움직여 온 정신을 바라보는 다섯 가지 관점을 설정하고 이 시대와 이 시대의 정신을 조명하려 한다. 첫 번째 관점은 "포스트모던 문명의 전조들"로, 근대적 정신의 내면에 문명을 창조하는 힘과 문명 속에서 행복을 무너뜨리는 힘이 동전의 양면처럼 공존하고 있음을 밝힌다. 두 번째 관점은 "포스트모던 문명 속의 디스토피아"로, 이 시대의 문명이 행복을 무너뜨리는 힘의 거대한 소용돌이 속에서 움직여 가고 있음을 보여 준다. 세 번째 관점은 "모더니즘 문학"의 관점으로, 포스트모던 시대 직전의 모더니스트 작가들이 어떻게 그들이 깨달은 '근대정신의 역설'에 대처했었는지를 말해 준다. 네 번째 관점은 "포스트모던 시대의 문화비평가들"로, 이 시대의 사상가들이 어떤 허무주의적 시선으로 자신들이 살아가는 포스트모던의 세계를 바라보고 있었는지를 탐색한다. 다섯 번째 관점은 "포스트모더니즘 문학"으로, 이 시대의 포스트모더니스트 작가들이 이 시대의 역사에서 느낀 '절대허무'(absolute nihility)를 어떻게 그들의 글 속에 담아냈는지에 대해 말한다.

위에 열거한 다섯 가지 관점에서 바라본 포스트모던 시대의 문명은 결코 유토피아가 아니었다. 그곳은 후기산업사회의 냉혹한 자본주의 논리 속에서 많은 인본주의적 가치들이 사라진 디스토피아였다. 그곳에서는 범우주적 합리를 찾는 보편적 이성이 사라지고, '비이성적 이성'(irrational rationality)이 역설적 형태로 나타난 삐뚤어진 이성으로서의 '도구적 이성'(instrumental reason)—무엇이 참이며 합리인가를 묻지 않고, 무엇이 '나'에게 이익이 되는가를 묻는 이성—이 무지막지한 무윤리적인 힘으로 세상을 지배했다. 그곳에서는, 도구적 이성의 야만적 지배 아래서 삶 속에서 지극한 행복을 낳는 모든 인본주의적 가치들이 변질되거나 붕괴되었다. 어머니, 아버지, 남편, 아내, 가족, 공동체, 사랑, 기쁨, 자연 속의 인간 등등의 수

많은 위대한 인본주의적 가치들이 '이윤'을 지고의 목적으로 하는 산업자본주의 논리 속에서 무너져 내린 것이다. 나의 책 『포스트모던 시대의 정신』은 르네상스 이후 서양의 근대에서 보편적 이성이 붕괴되고, 도구적 이성이 창궐하게 되는 과정을 살펴본다. 그리고, 도구적 이성의 지배 아래서 인본주의적 가치들이 허물어지면서 만들어진 포스트모던 시대의 참아내기 어려운 디스토피아의 양상들을 펼쳐 보인다. 인본주의적 가치가 붕괴된 세계에서의 삶은 글자 그대로 절대절망의 삶이었다. 문학에서의 포스트모더니스트 작가들은 그들이 살아가는 세계 속에서의 절대절망을 그들의 문학 속에 담아 놓았다.

나의 책 『포스트모던 시대의 정신』 속에는 '포스트모던 시대의 거대문명 속에서 인간은 행복한가?'라는 물음에 대한 나의 집약된 생각이 들어 있다. 그러나, 이 물음은 수십 년 동안 나의 뇌리를 맴돌고 있었으므로, 그에 대한 대답들이 하나의 책으로 집약되기 전에 내가 쓴 몇몇의 논문과 잡지 원고들에 아주 작은 편린들로 들어 있다. 대표적인 몇 가지를 열거하면 다음과 같다.

1. 「포스트모더니즘과 포스트모던 문학」, 『미국학』, 서울대학교 미국학연구소, 1990.
2. 「서구문학에 있어서의 포스트모더니즘」, 『인문논총』, 서울대학교 인문학연구소, 1991.
3. 「포스트모더니즘과 현대미국시」, 『인문논총』, 서울대학교 인문학연구소, 1991.
4. 「스페인어권 문학과 미국문학의 충돌과 상호작용」, 『인문논총』, 서울대학교 인문학연구원, 2001.
5. 「포스트모던의 정신(1): 합리주의 신화의 수정」, 『인문논총』, 서울대학교 인문학연구원, 2004.

또한, 나의 책 『포스트모던 시대의 정신』은 원래 서울대학교 인문학연구원의 2001년도 연구비 지원사업으로 시작되었다. 당시의 연구과제명은 "인문학의 새로운 패러다임 연구"(New Paradigms of Humanities)였고, 세부과제명은 "포스트모던의 시대정신"(The Postmodern Mind)이었다. 그러나, 이 연구는 연구의 과정에서 연구범위가 턱없이 확장되면서 정해진 시간에 끝을 맺지 못했다.

이 자리에서 나의 책 『포스트모던 시대의 정신』이 2007년 한국연구재단의 연구비 지원으로 완성될 수 있었음을 밝혀 둔다.

끝으로, 이 책이 완성될 때까지 따뜻한 바람으로 잘 자라 준 두 딸 지혜와 지영이에게, 그리고, 오랫동안 참고 격려하며 언제나 힘이 되어 준 아내 류순기에게 가없는 사랑의 마음을 보낸다.

2018년 1월

신정현

| 차례 |

서론

포스트모더니즘의 정의를 위하여

'포스트모더니즘이란 무엇인가?'라는 물음에 대하여 만족스러운 답을 구하는 것은 현재로서는 상당히 어려운 일이다. 왜냐하면, '포스트모더니즘이라는 것이 존재했는가?' '존재했다면, 그 현상의 본질은 무엇이며, 누가 포스트모더니스트인가?' 그리고, '포스트모더니즘이라는 것이 삶을 보다 윤택하게 하고, 보다 가치롭게 하는 문화현상인가?'에 대해 일치된 견해를 찾기 어렵기 때문이다. 그러나, 포스트모더니즘이란 무엇인가에 대하여 어떤 합의가 이루어지지 않았다고 하더라도, 그것이 오늘날을 살아가고 있는 사람들 대부분의 의식을 지배하는 하나의 현상이 되어 버린 한, 그것에 대해 어렴풋하게나마 어떤 윤곽을 그려 내려고 노력하는 것은 의미 있는 일일 것이다. 그리고, 어떤 문제에 대하여 답을 얻으려 할 때 대체로 그런 것처럼, 가치판단의 문제로 접근한다면 논쟁을 불러일으킬 뿐 답을 얻어 내기는 어렵다. 그러므로, '포스트모더니즘이란 무엇인가?'라는 문제에 대해서도, 가치판단의 문제가 아닌, 실체규명의 문제로 먼저 접근할 때, 가능한 하나의 답을 찾을 수 있을 것이다.

포스트모더니즘은 그 용어를 구성하고 있는 세 가지 요소에 주의할 때 좀 더 명확한 정의를 얻을 수 있다. '포스트'와 '모던'과 '이즘'이 그것이다. 만약에 포스트모더니즘의 이러한 요소들을 고려하지 않고, 어떤 편협한 도덕적 담론을 정당화하기 위해, 또는, 지나치게 포괄적이거나 지나치게 제한적인 의미로 이 용어를 해석하려 한다면, 그것은 앞으로도 영원히 어떤 가치 있는 의미를 지니지 못하게 될 것이다. 포스트모더니즘이라는 문화현상은 만약 그것이 존재하거나 존재했다면, '근대'(modern)라는 시대와 '포스트'(post)의 관계에 있는, '포스트모던 시대'(postmodern)의 문화에 대한 어떤 '태도'나 '주장'(-ism)일 것이기 때문이다.

그러므로 포스트모더니즘을 정의하기 위해서는 무엇보다 그것이 '포스트'의 관계에 있는 서양의 근대라는 시대가 지닌 속성(modernity)이 무엇이며, '포스트'라는 접두어는 어떤 변화를 지칭하는 것인가, 즉, '근대'와 구별되는 '근대 후기 시대 또는 탈근대'(postmodern)의 삶의 조건은 무엇이며, 그에 대한 반응으로서의 포스트모더니즘의 본질은 무엇인가에 대하여 먼저 대답하려고 노력해야 한다. 포스트모더니즘에 대한 가치판단의 문제는 중요할 수 있다. 그러나, 그 문제는 포스트모더니즘에 대한 겉으로 드러나는 몇 가지 징후들을 가지고 거론되어서는 안 되며, 그것의 본질에 대한 상당한 이해가 이루어지고 난 후에 제기되어야 할 것이다. 어떤 문제를 해결하려 함에 있어서 우리가 범하는 가장 흔한 오류는 '당위의 가정'을 '존재 그 자체'에 선행시키는 것이기 때문이다.

그렇다면, 먼저 서양의 역사에서 근대란 무엇이며, 근대가 지닌 속성으로서의 '근대성'이란 무엇인가? 한스 블루멘베르크(Hans Blumenberg)가 그의 책 『근대의 정당성』(*The Legitimacy of the Modern Age*)에서 정의한 바에 의하면, 서양의 역사에서 근대란 "사유의 중심이 신에게서 인간에게로 옮겨온 시대"를 의미하고, 따라서 르네상스 시대가 근대의 시작이 된다.[1] 근대 이전에는 인간의 생각의 중심에는 늘 인간 위에서 군림하는 신(God)이 있었다. 성경의 「출애굽기」(Exodus)에서 모세가 이스라엘 백성들을 이끌고 홍해를 건넜을 때, 신은 말한다.

> 나는 예속의 땅 이집트에서 너희들을 구해 낸 너희들의 주(Lord)이니라. 내 앞에서는 다른 어떤 신도 섬겨서는 안 된다. 또한 너희들은 하

늘과 땅과 지하세계에 있는 어떤 무엇으로도 우상이나 그와 비슷한 것을 만들어서도 안 된다. … [2]

그리고, 영화 『십계』(*Ten Commandments*, 1956)에서 모세는 이스라엘 백성들이 바닷물이 갈라져 난 길로 홍해를 건넜을 때, 신을 향해 이렇게 외친다.

> 저 혼자로는 아무것도 아닙니다. 주의 힘으로 저를 쓰시어 주의 뜻을 펼치소서. … 만약 내 앞에 있는 이 신(god)이 우리의 주라면, 그분은 모든 산과 모든 골짜기에 계실 것입니다. … 그분은 모든 이의 가슴 속에, 마음속에, 영혼 속에 계실 것입니다.[3]

물론, 르네상스 이전에도 사유의 중심에 인간이 있었던 적이 있었다. 그리스 시대였다. 소포클레스(Sophocles)의 비극 『오이디푸스 왕』(*Oedipus the King*)에서 주인공 오이디푸스는 스핑크스의 수수께끼를 풀어 테베(Thebes)를 구하고 그 도시의 왕이 된 후, 백성들을 향해 이렇게 외친다.

> 지금 이 자리에 짐이 몸소 나왔노라—
> 너희들은 모두 나를 알 것이다, 세상이 내 명성을 익히 알고 있을 테니.
> 내가 바로 오이디푸스노라.[4]

그러나, 그리스 시대의 인간 중심 사상은 지극히 불완전한 것이었다. 비극 『오이디푸스 왕』에서 오이디푸스가 보인 자신의 분별력에 대한 교만은 성격적 결함으로서 자신의 삶을 무너뜨리는 '비극적 결함'(hubris/the tragic flaw)이었다. 그리스인들에게, 인간은 어떤 경우에도 신을 넘어설 수 없었으며, 넘어서려 하면 반드시 신의 가차 없는 응징을 받았었다.

움베르토 에코(Umberto Eco)가 그의 소설 『장미의 이름』(*The Name of the Rose*)에서 시사하고 있듯이, 중세에 와서 기독교 신화가 타락하고, 그에 따라 기독교 문명이 이울게 되었을 때, 사람들의 사유의 중심에는 차츰 신을 대신해 인간이 들어서게 되었다.[5] 르네상스 사람들에게는 신에 못지않게 인간도 존엄하고, 고결하고, 아름다웠던 것이다. 르네상스 시대의 위대한 조각가였던 미켈란젤로가 그랬던 것처럼, 르네상스 시대에 와서 사람들이 거대한 거인 골리앗을 맞아 일전을 준비하는 작은 인간 다비드가 그의 열정과 생각 속에 얼마나 엄청난 힘을 지니고 있었던가를 생각하게 된 것이다. 2004년에 출판된 크리스 와이드너(Chris Widener)의 책 『내면의 천사』(*The Angel Inside*)에는 다음과 같은 미켈란젤로의 일화가 나온다.

> 전설에 의하면, 르네상스 시대의 위대한 조각가 미켈란젤로가 훗날 자신의 걸작이 될 다비드 상을 조각하고 있을 때, 소년 하나가 다가와 왜 그렇게 힘들게 혼신의 힘을 다해 돌덩이를 쪼아 대느냐고 물었다. 미켈란젤로는 이렇게 말했다. "꼬마야, 이 돌덩이 안에는 천사가 한 분 들어 계시단다. 나는 지금 그 천사를 자유롭게 해 주려고 애쓰는 중이란다."[6]

르네상스 시대 사람이었던 미켈란젤로의 생각 속에서 인간 다비드는 여호와의 힘에 기대지 않고도 스스로 강하고 아름다웠다. 골똘히 생각에 빠져있는 키디린 미리, 적을 경계하는 예리한 눈초리, 물매를 둘러맨 왼팔의 불뚝 솟은 근육, 돌을 잡고 던져 골리앗을 쓰러뜨릴 큼직한 손. 미켈란젤로가 대리석 덩이 속에 갇혀 있던 인간의 위대한 열정과 정신을 해방시킨 것이다. 그리고, 그의 예술혼은 곧 르네상스의 시대정신이자 서양 근대의 시대정신이 되었다.

그러나, 서양 근대의 시대정신이 된 인간의 자신의 능력에 대한 무한한 신뢰는 그것이 추구했던 바의 유토피아를 건설할 수 있었던 것일까? 조지 오웰이 말했듯이, "유토피아를 창조하려는 자들은 거의 대부분 치통만 없어지면 행복할 것이라고 생각하는 치통 환자를 닮아 있다."[7] 인간 사회의 아픔이 어디 치통뿐이겠는가? 그럼에도 서양의 근대를 살았던 사람들은 인간은 '사유하는 힘'만으로 신(God)에 버금가는 힘을 가질 수 있다고 생각했고, 오웰의 치통 환자처럼, 그것으로 인간 사회의 모든 병통을 치유할 수 있을 것이라고 생각했었다.

그의 책 『근대의 정당성』에서 블루멘베르크가 지적한 대로, 서양의 역사에 있어서 근대성은 '역사의 파산상태'를 의미하는 것만은 아니었다. 서양의 근대는 인간의 사고를 인간 바깥에 존재하는 힘에 묶어 두던 신앙(信仰)의 힘을 무너뜨림으로써, 인간이 스스로 존재 의미의 창조 행위에 능동적으로 참여하게 했다는 점에서 '정당성'을 갖는다.[8] 계몽주의 시대의 사람들은 인간의 '생각하는 힘' 속에 빛이 있을 것이라고 믿었고, 그것으로 자신들이 바라는 유토피아에 가까이 갈 수 있을 것이라고 확신했다. 그리고, 그 믿음이 오만에 빠지지 않는 한, 역사에 비친 이성의 빛은 찬란했다. 계몽주의 시대의 자유주의 사상과 그것으로 촉발된 두 자유주의 혁명 — 미국 혁명과 프랑스 혁명 — 은 인간의 '자유와 생명과 행복을 추구할 권리'를 획기적으로 신장시켜 놓았고, 증기기관을 기초로 한 제1차 산업혁명은 '인구는 기하급수적으로 증가하고, 생산은 산술급수적으로 증가해, 인간 사회에서 기아를 없애는 것은 불가능하다'는 맬서스의 인구론을 무색하게 했었다.[9]

그러나, 서양 근대사의 중대한 하나의 오류는 인간 존재의 의미를 분석적 이성의 경험역 속에 가두어 놓음으로써 사고와 언어에 대한 대감금을 가져온 데 있다. 르네상스 인본주의의 인간의 능력에 대한 무한한 신뢰는 17-18세기의 계몽주의 시대를 거치면서 보편적 이성에 대한 믿음에서 분석적 이성에 대한 맹목적 믿음으로, 그리고 부와 행복을 얻고 지배와 억압을 정당화하는 도구로서의 도구적 이성에 대한 맹신으로 변해 갔다. 그리고, 이러한 믿음은 19세기에 이르러 자본을 기반으로 하는 '중산계급'이라는 하나의 오만한 계급을 탄생시켰고, 이 시대의 산업자본주의 사회를 갈등과 혼란의 거대한 소용돌이 속으로 빠져들게 했다.

20세기에 들어, 합리와 과학의 종교는 산업자본주의 사회가 겪게 되는 갈등과 혼란을 전 세계적으로 증폭시켰고, 생각하는 개인의 개체성을 말살해 정치-문화적 전체주의 속에 가두어 버렸다. 전기와 화학공업을 기초로 한 제2차 산업혁명은 전대미문의 물리적 폭력을 생산해 냈고, 그것으로 전대미문의 식민전쟁과 전대미문의 해방전쟁이 끊임없이 이어졌다. 2차에 걸친 세계대전과 20세기 초엽의 러시아 혁명, 뒤따르는 냉전—어디에도 '행복의 레시피'는 없었다.

그러나, 인류의 불행은 여기에서 그치지 않았다. 20세기 중반에는 전자와 생명공학을 기초로 한 제3차 산업혁명이 일어났고, 1960년대에 컴퓨터가 발명되면서 IT 산업을 기초로 한 제4차 산업혁명은 과학과 합리에 대한 매체담론의 지위를 더욱 공고히 해 주었다. 게다가, 기술혁명으로 가능해진 대중 영상매체들의 '연질의 권력'(soft power)은 대중들의 무의식을 광고 따위의 영상으로 유린해 문화전체주의 속에 감금해 버렸다. 이제 세계가 중우민주주의적 산업자본주의를 근간으로 하는 정치-문화적 전체주의 체제 속에 갇히게 된 것이다. 일본의 역사학자 프랜시스 후쿠야마(Francis Fukuyama)는 그의 책 『역사의 종말』(*The End of History and the Last Man*)에서 이제 "역사는 끝났다"고 선언했다. 구 소련이 해체되고 미국이 전 지구적 패권을 쥐게 되면서, 산업자본주의적 시장경제하의 문화전체주의적 역사 외에 다른 역사란 존재하지 않을 것이라는 것이다. '합의'와 '증거'와 '능률'과 '이윤'과 '기술' 등의 산업자본주의적 가치들이 '진', '선', '미', '정의', '도리' 등의 정신적 가치들을 누르고 삶을 지배하는 가치전도의 시대를 되돌리기는 어렵다는 것이다.[10]

20세기 초엽의 모더니즘 시대에 이미 서구인들의 삶의 조건은 도구적 이성과 과학과 물신(物神/fetish)에 대한 숭배로 창조된 정치-문화적 전체주의였다. 그러나, 모더니스트들은 자신들이 어머니조차 알아보지 못하는 육신의 눈을 찌르고, 자기 추방의 길에 올라, 천명을 꿰뚫어 보는 마음의 눈을 얻었던 오이디푸스와 같은 비극의 주인공이 되기를 바랐었다. 그들은 자연의 도리를 새로이 깨우치고, 산업자본주의적 사회 속에서 잃어버린 '아버지'와 '어머니' 등의 인본주의적 가치들을 되찾음으로써 인류를 바로 세우고, 자연 깊은 곳에 담긴 희열을 만끽하며, 인간과 인간, 인간과 사회, 인간과 자연 사이에 균형과 조화가 회복되기를 바랐었다. 그러나, 포스트모던의 디스토피아를 살아가야 했던 포스트모던 시대의 사람들은 인간의 이성 속에 헤어 나올 수 없는 부조리, 즉 '야만적 이성'(irrational rationality)이 숙명으로 잠재해 있음을 보았다. 그들은, 인간이 '육신의 눈'을 찔러 그 눈을 잃는다 하더라도, 그는 '야만적 이성'에 대한 믿음을 그만둘 수 없기에 결코 '마음의 눈'을 얻지 못할 것이라는 것을 알고 있었다. 이 절망을 어떻게 할 것인가? 포스트모더니스트들의 생각 속에 담긴 고통스러운 질문이다.

포스트모던 시대의 인간은 자신의 DNA를 개조하거나, 자신의 뇌에 컴퓨터를 접목해 새로운 인간을 만들어 내려 하고 있다. 또한, 달나라의 정복을 넘어, 화성을 경영하려는 꿈도 꾸고 있다. 신의 시대 중세에서라면 상상도 할 수 없었던 일들이 인간의 시대에 들어서 무한한 가능성을 지닌 새로운 경험의 영역으로 편입된 것이다. 밝은 면에서만 본다면, '지식의 열매'를 따 먹은 아담과 이브의 타락은 어쩌면, 랠프 왈도 에머슨(Ralph Waldo Emerson)이 말한 대로, "행운의 타락"(fortunate fall)[11]이었을지 모른다. 만약 태초의 인간이 지식의 열매를 따 먹는 '원죄'를 짓지 않고 에덴의 동산에 영원히 머물렀다면, 어쩌면 에덴의 동쪽에서 펼쳐진 이 희한한 일들은 결코 인간의 경험 안으로 들어올 수 없었을 것이기 때문이다. 그러나, 다른 한편의 결과는 너무나 참혹한 것이었다. 도구적 이성과 과학기술에 대한 집착과 물신의 숭배는 인간을 "비인간적인, 너무나 비인간적인 인간"으로 만들어 놓았기 때문이다. 이제 포스트모던의 세계에서는 느끼고, 상상하고, 욕망하고, 지각하고, 표효하면서 자기중심적인 세계 너머에 존재하는 거대한 세계와 소통하는 인간은 더 이상 존재하지 않게 되었기 때문이다.

포스트모던의 현대세계에서 이성을 넘어서는 직관과, 도구적 이성을 넘어서는 보편적 이성과, 이성과 짝을 이루어 삶을 풍요롭고 윤택하게 해야 할 감성은 삶의 변두리로 쫓겨나게 되었다. 인간이 삶 속에서 '행복'을 얻기 위해서 지켜야 했던 지고의 인본주의적 가치들—어머니, 아버지, 가족, 공동체, 사랑, 진실, 대자연에 품긴 인간 등등—이 '이윤'과 '효율'이라는 기계적 가치에 매몰되어 더 이상 희열에 찬 삶을 낳을 수 없게 되었다. 다윈의 진화론에 바탕을 둔 "적자생존의 원칙"(the survival of the fittest)[12]이 인간 사회의 윤리를 설명하는 데에도 적용되었고, 실용정신의 함양을 목적으로 하는 공리주의가 자본계급의 생활철학이 되었으며, 국수주의에 빠진 강대국들은 제국주의의 망상에 사로잡혀 1-2차 세계대전과 같은 전대미문의 전쟁을 촉발하거나, 합리의 이름으로 '민중'(masses)의 해방을 부르짖고 민중의 이름으로 이런저런 이념들을 만들어 피의 혁명을 자행했었다. 그리고, 기술문명의 현대세계에서 굉장한 '연질의 권력자'가 된 거대한 조직의 영상매체들은 한 순간도 쉼 없이 개인들의 욕망을 난도질해 그들을 문화전체주의 감옥에 유폐시켰다. 영화『의사 지바고』(*Doctor Zhivago*, 1965)에서 혁명가 스트레인코프(Pasha/Streinkov)가 우랄산맥을 넘는 기차 안에서 주인공 유리 지바고(Yuri Zhivago)에게 간결하게 일러 주었듯이, 이제 감성의 시대는 끝났다. 서구인들의 삶 속에서 "감정, 통찰, 애정 따위는 갑자기 하찮은 것들이 되어 버렸다. … 개인의 삶은 죽었다. 역사가 죽인 것이다."[13]

직관(intuition)을 통하여 도달한 현상(phenomena) 너머의 초월적 세계를 꿈꾸지 못하는 "이론지향의 인간"(the Theoretical Man)[14], 밤의 세계의 희열과 환희(ecstasy)를 음미할 수 없는 공격적 충동의 야만인, 계수적 이익에 집착하는 물질주의적 맹꽁이, 자기최면에 걸려 질풍노도의 감정을 잃어버린 맹추—니체가 살아 돌아와 20세기 후반의 직관과 감성을 잃어버린 현대인들을 만난다면, 그는 아마 그들에게 이런 이름들을 붙여 주었을 것이다. 니체는 그의 시「오직 바보만이, 오직 시인만이」("Only Fool, Only Poet")에서 이성중심주의에 갇힌 19세기 후반 유럽의 물질문명과 기독교문명을 '한낮의 태양 아래서 생기를 잃고 타들어 가는 황무지'에 빗대어 이렇게 표현했다.

해 질 녘 저무는 햇살 속에서,
이슬이 땅을 적시고

들리지도, 보이지도 않게
그대 마음을 어루만질 때— …
달아 오른 심장이여, 기억하는가, 기억하는가,
그대 얼마나 갈구했는지를,
하늘에서 내리는 눈물 방울들을, 이슬 방울들을.
목은 마르고, 얼굴은 타고, 몸은 지쳤구나,

누런 잔디 길 위로
검은 나무들 사이로
악심 돋은 태양이 힐긋거리며 저녁 햇살로 그대 얼굴을 핥을 때,
붉게 달아오른 심술궂은 미소로 그대 마음을 짓누를 때.[15]

이른 아침 솟아오르는 태양은 만물에 형상과 질서를 부여하고, 생명의 아름다움을 불어넣는다. 이것은 분명 하나의 생명의 길이다. 그러나, 머리 위에서 이글거리는 오후의 태양은 하루의 일과로 지친 여객(旅客)에게서 생명의 힘을 탈진시키고 심한 목마름과 피곤함을 준다. 이도 또한 하나의 생명의 길이다. 그러나, 어느 늦은 오후에 태양이 멈추어 선다면, 생명의 세계에는 무슨 일이 일어날까? 니체의 시 속에 나오는 어느 시인처럼, "누런 잔디 길 위의 황무지에서 목은 마르고, 얼굴은 타고, 몸은 지칠 것이다." 그리고, "악심 돋은 태양이 저녁 햇살로 그대 얼굴을 핥을 때, / 그대 하늘에서 내리는 이슬 방울들을 갈구하게 될 것이다." 포스트모더니즘의 하나의 정의는 '늦은 오후에 멈추어 선 태양 아래서 하늘에서 내리는 이슬 방울들을 갈구하는 정신'이 아닐까?

니체가 생각했던 것처럼, 감성의 죽음으로 인간의 정신 속에 만들어진 영혼의 황무지는 르네상스 인본주의가 낳은 하나의 역설적인 결과였다. 그러나, 인간성의 반쪽이 죽은 것으로 르네상스에서 시작된 인간성의 상실은 끝나지 않았다. 풍선처럼 부풀어 오른 자본주의가 가치의 위계를 전도시키고 황금만능주의적 배금사상을 키워 내면서 현대인들을 자본가치에 도착적

으로 달뜬 정신적 불구자로 만들어 놓았기 때문이다. 또한, 이 시대에 와서, 끊임없는 기술혁명으로 영상매체들이 발전되고 삶이 계수화되면서, 사람들이 미디어와 사이버 공간 속에 기꺼이 스스로를 가두고 컴퓨터가 만들어 놓은 디지털 체제의 기꺼운 노예가 되어 가고 있기 때문이다.

욕망을 책동하는 상업광고는 뭇 사람들의 무의식을 유린해 정신병적 소비주의에 빠져들게 했다. 게다가, 교통수단과 인터넷 매체의 발달로 좁아진 시공간 위에서 문화권력의 침투가 더욱 쉬워지게 되면서, 개발도상국이나 제3세계의 사람들은 지배문화에 동화되어 정체성을 잃거나, 상대적 가난 속에서 상실감과 허탈감으로 허덕이게 되었다. 영화 『태반/행렬』(*The Matrix*)에서 컴퓨터 제국의 비밀요원 스미스(Agent Smith)는 모든 인본주의적 가치들을 잃고 자기만의 세계 속에 빠져 살아가는 포스트모던의 현대인들을 이렇게 비판한다.

> 인간은 이곳저곳으로 옮겨 다니며 번식하고 번식해 자연을 피폐하게 한다. 그가 생존하는 유일한 방식은 다른 지역으로 옮겨 가는 것이다. 이런 방식으로 삶을 영위하는 유기체가 하나 더 있기는 하다. 바로 바이러스이다. 인간은 [바이러스처럼] 하나의 질병인자이다. 아니, 이 행성의 암 덩이이자 역병이다. 그리고, 우리는 그에 대한 치료약이다.[16]

컴퓨터 제국의 비밀요원 스미스의 말대로, 인터넷망으로 연결되어 전체주의적 힘을 발산하는 초대형 컴퓨터가 정말 인간 유기체의 온전한 타락을 막는 '치료제'가 될 수 있을까? 인간으로 하여금 기계의 노예가 되게 함으로써 인간을 타락에서 구원하려는 것은 참으로 아이러니한 일임에 틀림없다. 그곳에는 질풍노도의 삶의 소용돌이 속에서 울고, 웃고, 분노하고, 표효하는 "인간적인, 너무나 인간적인" 인간들의 모습이 없기 때문이다. 이 영화에서 스미스는 초대형 컴퓨터의 기계장치를 유지하는 비밀요원으로서 황폐한 삶의 공간에서 인간을 '재배'(grow)하여 그 장치에 에너지를 공급하게 함으로써 인간 세계에 대한 '혁명'을 꿈꾼다. 그리고, 그 속에서 '재배'된 인간들은 자신들이 이 기계장치의 에너지원이 되었다는 사실을 까맣게 모른 채, 부지불식간에 기계적 일상의 노예가 되어 전대미문의 물질적 '안락함과 행복'을 누리며 살아가고 있다.

포스트모던의 문명을 건설하고 그 속에서 그 문명을 탐닉하며 살아가는 포스트모던 시대의 현대인들은, 스미스의 말대로, 어쩌면 바이러스처럼 어느 한 곳에서 다른 한 곳으로 옮겨 다니며, 모든 자원을 다 써 버릴 때까지 번식하고 번식해 전 지구를 황폐하게 하는 '질병인자'인지 모른다. 그리고, 그 세계를 지배하는 기계장치 속에서 '재배된' 포스트모던 시대의 인간들은 어쩌면 이 기계장치의 에너지원이 되었다는 사실을 까맣게 모른 채, 전대미문의 물질적 '안락함'에 취해 모든 인간적 가치들을 망각하고 살아가는 '비인간화된 인간'인지 모른다. 컴퓨터 제국에 에너지를 공급하는 소모품으로서 누리는 물질적 안락함과 행복—그것이 과연 지상에서 인간이 존재하는 궁극적 이유이자 의미가 될 수 있을까? 포스트모던 역사의 이 시점에서, 인간이 인본주의적 가치들을 회복해 행복을 되찾은 "인간적인, 너무나 인간적인" 인간으로 되돌아가는 길은 도대체 없는 것일까? 포스트모더니즘은 이 물음에 대한 끝없는 되뇜이자 그에 대답하려는 고뇌에 찬 노력이다. 그리고, 그 길을 찾을 수 없음에 대한 절대절망의 표현이다.

포스트모던 문명의 전조들

르네상스 시대에 떠오른 인본주의의 태양은 빅토리아 시대에 와서 악심 돋은 황혼의 태양으로 쇠했고, 20세기 서구의 역사를 인본주의 정신의 황무지로 만들어 놓았다. 그렇다면, 르네상스인들의 인간에 대한 믿음 속에는, 계몽주의 시대 사람들의 이성에 대한 믿음 속에는, 19세기 서구인들의 실용주의적 정신 속에는 도대체 무엇이 있어 서구의 근대사 위에 영적(靈的)으로 거대한 황무지를 펼쳐 놓은 것일까? 이 책의 제1장 「포스트모던 문명의 전조들」에는 이 물음에 대한 하나의 대답이 들어 있다.

무엇보다, 근대 서양인들의 인간에 대한 믿음 속에는 호기심에 대한 강박관념, 즉 호기심 콤플렉스라는 것이 들어 있다. 성경의 「창세기」 편에서 하느님이 아담에게 이른다. "동산 안에 있는 나무의 열매란 열매는 무엇이든 먹어도 좋다. 다만, 선악을 알게 하는 '지식 나무'(the tree of knowledge)의 열매는 따 먹지 말라. 그것을 먹는 날에는 반드시 죽음을 맞으리라."[17] 사탄의 꼬임에 빠진 이브의 설득으로 아담과 이브는 지식 나무의 열매를 따 먹고 함께 '죽음의 길'을 선택한다. 주체할 수 없는 호기심—앎에의 욕망—의 늪에 빠지게 된 것이다. 성적 탐닉을 향한 무한한 욕망, 자연계의 법칙에 대한 무한한 호기심—어느 하나도 멈출 수 없는 욕망이 되었고, 하나의 결과는 포스트모던 시대에 이룩된 과학의 눈부신 발전이었고, 다른 하나의 결과는 이 시대의 성적 무정부상태였다. 그렇다면, 호기심 콤플렉스로 이룩된 오늘날의 과학은, 오늘날의 성적 무정부 상태는 우리에게 도대체 무엇일까?

근대 서양인들의 이성에 대한 믿음 속에는 호기심 콤플렉스와 맞물려 돌아가는 문명에 대한 강박관념, 즉 문명 콤플렉스라는 것이 들어 있다. 성경 속에서 지식 나무의 열매를 따 먹고 에덴의 동쪽으로 쫓겨난 아담과 이브의 자식들은 "돌 대신 벽돌을 굽고, 진흙 대신에 역청 / 콜타르를 만들어 집을 지었고, 하늘에 닿고 싶은 욕망으로 바벨탑을 건조했다."[18] 태초의 문명이었다. 그리고, 태초의 문명을 건설한 자들은 마치 하느님처럼 눈이 밝아졌다고 생각하고 의기양양해했다. 그러나, 그들의 뽐냄은 잠시뿐이었다. 돌담 대신에 벽이 생겨나고, 틈새는 모두 역청으로 메워져, 바벨의 사람들은 각자 자기만의 언어를 갖게 되었다. 그리고, 시간이 흐르자, 우후죽순으로 생겨난 수많은 자기만의 언어들이 혼잡하게 얽히게 되었고, 이제 바벨은 서로 간의 소통이 불가능한 저주의 도시가 되어 버렸다.

현대판 바벨탑에서 벌어지는 포스트모던 시대의 상황은 어떤가? 바벨탑 문명의 무한히 많은 동심원들—그 맨 가장자리에 오늘날의 산업자본주의적 물질중심주의 문명이 자리하고 있다. 그렇다면, 포스트모던의 시대를 살아가는 우리는, 피도 눈물도 없는 무한경쟁의 문화 속에서, 얼마나 많은 자기만의 언어를 가지고 살아가는가? 물신의 손아귀에 잡혀 무한경쟁의 세계로 내몰린 현대인들—자기만의 언어를 가진 그들의 만남 속에서 진정한 친교(親交)나 영적 교감(交感)은 가능하기나 한 것일까? 포스트모더니즘이 답하려고 하는 또 하나의 물음이다.

근대 서양인들의 의식을 지배하는 또 하나의 강박관념은 자기표현의 강박관념이다. 『카라마조프가의 형제들』(*The Brothers of Karamazov*)에서 작가 도스토옙스키가 꼬집은 대로, 근대 세계에서는 '자기'가 원하는 것만큼을 '욕망'하고 자기가 원하는 것만큼을 표출하는 것이 '양도할 수 없는' 하나의 중요한 가치이자 권리가 되었다.

> 세상사람들은 말한다. "너는 욕망을 가지고 있다. 감추지 말고 살거라. 너도 부자들이나 힘 있는 자들처럼 욕망을 탐닉하며 살아갈 권리를 가지고 있다. 그러니, 주저하지 말고 욕망하고, 더욱 갈구하라"고. 이게 바로 세상의 흐름이다. 사람들은 이것이 자유라고 믿는다. 그러나, 결과는 무엇인가? 부유한 사람들의 삶은 고립이 아니면 자살로 끝난다. 가난한 사람들의 삶은 시샘이 아니면 살인으로 끝난다.[19]

민주주의라는 빛바랜 깃발 아래서, 이제 모든 사람들은 거침없이 '자기'를 표현하게 되었고, 다른 모든 사람들이 '자기'가 원하는 바의 삶을 살아 주기를 바라게 되었다. 『지하생활자의 수기』(*Notes from Underground*)에서 도스토옙스키가 말했듯이, 이제 사람들은 "세상이 망할 테면 망하게 둬라, 그래도, 나는 한 잔의 차를 마시며 살겠다"[20]고 끊임없이 되뇌면서 살아간다.

도스토옙스키가 예견했던 대로, 자기 도취에 빠진 사람들이 만든 세상은 두 가지 종류의 디스토피아였다. '부유한 자들과 힘 있는 자들'은 소외감과 고독감으로 몸부림치다가 '자살'을 기도한다. '가난한 자들'은 질투와 시기심으로 치를 떨면서 '살인'을 기도한다. 지나친 자기 표현과 자기 도취가 삶에 대한 심각한 메스꺼움을 만들어 내 세상을 디스토피아가 되게 하는 것이라면, 이쯤에서 인류는 자아와, 자신의 종족과, 전해 내려오는 관습들이 조화를 이루게 하는 어떤 방법을 찾아냄으로써, 세상을 살아 줄 만한 가치가 있는 유토피아로 만들기 위해 노력할 수는 없을까? 자기 부정(self-negation), 즉 자기 희생의 방법으로 조화와 질서의 세상을 되찾을 수는 없을까?

근대 서양인들의 인본주의 사상에는 '중심지향성'이라는 또 하나의 강박관념, 즉 수많은 존재들 가운데에서 어느 하나를 중심에 세우고 그것만을 '사랑'하는 강박의식이 들어 있다. 『카라마조프가의 형제들』에서 소설의 화자는 이렇게 말한다. "내 비록 우주의 질서를 믿는 바는 아니지만, 봄에 물이 올라 잎이 피어날 때, 나는 그 끈적끈적한 작은 잎새들을 사랑한다."[21] 그러나, 잎은 피어나고 지는 것이다. 그리고, 중심을 지향하는 힘과 중심을 이탈하는 힘이 균형을 이루어 우주는 존속한다. 그런데, 봄에 피어나는 끈적끈적한 잎새들만을 사랑한다면 세상은 어떻게 될까? 성경 속의 카인과 아벨처럼, 질투와 갈등과 살인의 지옥이 될 것이다.

서구 근대의 역사 속에서 이성중심주의는 분명 강한 중심지향성을 띠고 서양의 근대사를 앞으로 나아가게 했다. 그리고, 르네상스 인본주의에서 시작된 이성으로 쏠리는 힘은 나날이 강해져, 서양 근대의 모든 사람들의 생각 속으로, 모든 제도 속으로, 모든 체제 속으로 침투해 들어갔다. 이에 대한 하나의 역사적 결과는 제국주의였고, 전체주의였다. 자유와 평등이라는 이름의 제국주의, 민주주의라는 이름의 제국주의, 조국이라는 이름의 제국주의, 민중이라는 이름의 제국주의, 디지털에 대한 믿음의 제국주의 — 그것이 무엇이든, 압박받는 자들에겐 아무런 차이가 없다. 인간의 모습으로 인간의 자리에 머무를 수 없게 하기 때문이다. 중심지향의 전체주의하에서는, 어떤 '좋은' 사람도 자신이 위대한 일을 한다고 생각하면서 무시무시한 일을 하기 때문이다. 그렇다면, 어떤 사람을 인간의 자리에 머물게 하면서,

인간의 모습으로 살아가게 하는 사회란 존재할 수 없을까? 포스트모더니스트들의 또 하나의 질문이다.

포스트모던 문명 속의 디스토피아

문명은 물이나 공기처럼 인류의 생존과 번영에 필수적인 것이다. 만약에 문명을 개발해 환경에 적응해 살지 못했다면, 인류는 지구상에서 이미 오래전에 사라지는 운명을 맞았을 것이기 때문이다. 그러나, 인류가 창조해 온 문명이 물이나 공기처럼 오염된다면, 그때에도 인류는 지구상에서 살아남을 수 있을까? 문명의 피륙이 되는 원시의 자연은 깨끗하고, 신성하고, 기름진 것이었다. 그러나, 인간이 지속적으로 자연의 속살을 파헤치면서, 자연은 신성함과 비옥함을 잃어버리게 되었고, 그만큼 문명은 인간의 육체와 정신을 수척하게 만들었다. 포스트모던의 시대에 와서 문명의 지평이 무한히 넓혀지면서, 오염의 폭과 깊이도 그만큼 커지게 되었으며, 급기야 문명은 이제 더 이상 인간의 육신을 아름답게 하거나, 영혼을 살찌우지 못하게 된 것이다. 이 시대에 와서 기술과, 소비와, 세계화를 속성으로 하는 포스트모던의 문명이 삶을 주도하게 되면서, 인류의 육체와 영혼이 만신창이가 된 것이다. 이 책의 제2장 「포스트모던 문명 속의 디스토피아」에는 포스트모던 시대의 문명 속에서 인류의 육체와 영혼이 어떻게 만신창이가 되었는가에 관한 이야기가 들어 있다.

포스트모던 시대의 기술문명은 분명 현대인들의 삶을 혁신시켜 주었다. 그러나, 생활의 혁신이 곧 생활의 발견은 아니었다. 지금 인류는 하루가 다르게 쏟아져 나오는 새롭고 복잡한 기계들을 마주해 살아가야 한다. 그리고, 아이러니컬하게도, 그것들이 만들어 내는 편익으로 정신과 육체가 퇴화되는 아픔을 겪으며 살아가야 한다. 한편으로는 기계들이 만들어 내는 편리함으로, 다른 한편으로는 그것들이 만들어 내는 빛과 소음의 소용돌이 속에서, 명상의 기회도, 우주와 자연의 질서에 대해 심사숙고할 겨를도 없이, 삶의 뜀틀 위를 미친 듯이 튀어 오르며 본질이 훼손된 삶을 살아가는 것이다.

현대인들의 신체는 이미 많은 부분들이 무감각해져 있거나, 그 기능이 상실된 지 오래이다. 그러나, 보다 본질적인 상실은 현대인들의 정신 속에서 일어나고 있다. 현대인들이 인간과 인간, 인간과 자연, 그리고 인간의 내연과 외연을 관계 지어 행복을 창조하는 지혜와 분별력을 잃어버린 것이다. 그런 의미에서, 어쩌면 과학기술의 발전이야말로 인간의 영혼을 황폐화시키는 가장 확실한 길인지 모른다. 인간이 신을 믿었을 때, 세상은 온통 신이 보여 주는 경이로움과 기적으로 가득했었다. 르네상스의 인본주의로 인간이 자신을 믿게 되었을 때, 세상은 놀랍게 변했고, 인간은 신의 기적에 버금가는 기적을 만들어 냈다. 그러나, 인간의 믿음이 과학기술에 대한 광신으로 바뀌게 되었을 때, 세상은 한없이 복잡해졌고, 밤과 어둠의 세계가 없어졌으며, 소음이 고요를 삼켜 버렸다. 그리고 생활의 전부를 컴퓨터와 함께 하게 되면서, 인간은 컴퓨터와 대화하고, 컴퓨터처럼 생각하고, 컴퓨터처럼 행동하게 되었다. 한 세기를 지난 후에도 이 세상에 인간답게 지각하고, 느끼고, 생각하고 행동하는 인간이 존재하기는 하는 것일까?

포스트모던 시대의 과학기술은 인간들에게 도덕과 윤리를 세움으로써 행복을 얻는 방법을 가르치지 않는다. 또한, 그것은 인간의 역사가 어디를 향하고 있는지도 말해 주지 않는다. 인간의 뜻대로, 컴퓨터는 인간의 노예가 되어 줄 것인가? 아니면, 프랑켄슈타인(Frankenstein)의 괴물처럼, 인간을 노예로 부리는 주인이 될 것인가? 또는, 현실보다 더욱 현실 같은 컴퓨터 영상 속의 초현실들은 현실이 가진 모든 문제를 해소해 인간에게 무궁한 행복을 가져다줄 것인가? 지금 인간은, 그리스 신화 속의 이카로스처럼, 자신의 능력에 대한 오만으로 태양을 향해, 파멸을 향해, 너무나 가까이 날아오르고 있는 것은 아닐까? 다이달로스는 아들 이카로스와 함께 자신이 만든 미로에 갇히게 되었을 때, 아들의 등에 밀랍(蜜蠟)으로 만든 날개를 달아 주면서 이렇게 일렀다. "아들아, 우리가 달고 있는 날개는 양초로 만든 것이므로, 태양에 너무 가까이 날아오르면 녹아내릴 것이고, 바닷물에 너무 가까이 날면 굳어 날갯짓을 하지 못하게 될 것이다. 그러니, 태양을 향해 너무 높게 날지도 말고, 바닷물을 향해 너무 낮게 날지도 말아라."[22]

어린 이카로스는 젊음의 오만으로 아버지의 말을 귀담아 듣지 않았다. 그는 태양을 향해 너무 높이 날아올랐고, 양초로 만든 날개가 녹아내려 바다 위로 떨어져 죽고 말았다. 아직은 너무나 어렸던 이카로스는 자유의 진정한 의미가 무엇인지, 그리고 그것을 어떻게 지켜 낼 수 있는지를 알지 못했던 것이다.

포스트모던의 현대인들이 누리고 살아가는 또 하나의 문명은 소비문명이다. 이 시대의 현대인들에게 천국이란 어디일까? 맛있는 음식과 번쩍이는 물건들로 가득한 백화점 같은 것이 아닐까? 그곳에는 언제나 수많은 사람들이 모여 화려한 옷을 입고 맛있는 음식을 먹으며 축제를 벌인다. 그곳에서 사람들은 침을 흘리며 명품들을 바라보고, 대리만족으로 구원의 환상에 빠지고, 구족함의 망각 속에서 희열을 느낀다. 이제 그들에게 명품 화장품이나 명품 시계가 없는 삶은 생각할 수조차 없는 구차한 삶이 되어 버렸다. 그들에게는 돈으로 해결할 수 있는 문제가 남아 있다는 생각은 심히 낯설고 지극히 고통스러운 생각이다.

그러나, 이 세상에는 너무나 많은 '주의'(ism)들이 있고, 너무나 많은 나쁜 '주의'들이 있지만, 소비주의는 그 나쁜 '주의'들 가운데에서 가장 나쁜 '주의'이다. 왜냐하면, 그것에 젖은 사람들은 자신에게 주어진 자유로 스스로를 파괴하고, 자신이 가진 것 때문에 항상 불만족스럽고, 자신이 갖지 못한 것 때문에 언제나 불안해하기 때문이다. 상업주의의 족쇄 속에서 그들이 자유로운 영혼을 잃어버렸기 때문이다.

소비주의에 빠진 포스트모던 시대의 소비형 인간은 삶을 즐기는 시간보다 무언가 새로운 것을 갖고 싶어 아파 하는 시간이 더 많은 사람이다. 가슴을 파고드는 새로움을 향한 욕망으로 아파 하는 것이 그의 슬픈 운명이기 때문이다. 그에게는 배고픔에 대한 아픔보다 새로운 어떤 것의 불소유의 아픔이 훨씬 더 크다. 광고 같은 것을 보고 무의식적으로 생겨난 기괴하고, 뜬금없고, 부도덕한 욕망이 시시때때로 자아의 평정을 무너뜨리기 때문이다. 시간의 속성이 새로움을 낳는 것이고, 광고가 시간이 낳은 새로움을 시시때때로 무의식에 실어 전하기 때문에, 소비형 인간의 소비욕구는 자제력을 잃고 끝없이 타오를 수밖에 없다. 그는 오직 명품 브랜드가 출시하는 신상품의 후광만을 믿으며 살고, 그 후광 속에서 빛나고 싶어 한다. 그는 자신의 소비욕구를 채울 수만 있다면, 정치체제가 어떻든, 경제제도가 무엇이든 아랑곳하지 않는다. 자신이 사는 국가의 정체가 독재이든 민주주의이든 중요하지 않고, 공산주의이든 자본주의이든 문제가 되지 않는다.

조엘 스프링(Joel Spring)은 그의 책 『소비형 인간의 교육』(*Educating the Consumer-Citizen: A History of the Marriage of Schools*)에서 소비형 인간의 이러한 선택 행위를 '소냐의 선택'(Sonya's choice)이라고 불렀다.[23] 1923년에 출판된 엔자 예지에르스카(Anzia Yezierska)의 소설 『셋방 사는 살로미』(*Salome of the Tenements*)에 나오는 주인공의 이름인 소냐 브룬스키(Sonya Vrunsky)의 이름을 따서 붙인 것이다. 러시아에서 온 유태인 이민자인 소설 속의 소냐 — 그녀에게 민주주의라는 정치체제는 아무런 관심의 대상이 되지 못했다. 그녀의 관심은 오직 돈을 벌고 쓰는 기회의 평등이었고, 그것이 있는 한 그녀가 사는 사회체제는 어떤 것이라도 상관이 없었다. 소설 속에서 소냐는 말한다.

> 민주주의라고? … 내가 원하는 것은 오직 애스토르빌트 부인처럼 비단 양말을 신고 패리스 모자를 쓰고 다니는 것뿐이다. 그것만 된다면, 정치체제가 볼셰비즘이면 어떻고, 자본주의이면 어때. 민주주의자들이 이기면 어떻고, 공화주의자들이 이기면 어때.[24]

포스트모던 문명의 모양을 알아보기 위한 또 하나의 좋은 방법은 세계화/지구촌화(globalization)의 관점에서 그 문명을 바라보는 것이다. 이 용어에 대한 수니 레빈 연구소(SUNY Levin Institute)의 정의를 따르면, "세계화, 즉 지구촌화란 2차 세계대전 후 세계 여러 나라들이 자유시장 경제체제를 경제운용의 근간으로 하여 만들어 낸 하나의 전 지구적 경제현상으로서 각각의 국가경제들이 하나의 세계경제로 통합된 것"[25]을 의미한다. 분명한 것은 2차 세계대전 이후 진행된 세계시장의 자유시장화로 국가 및 지역 간에 존재하던 상품, 서비스, 자본, 노동, 정보 등에 대한 눈에 보이는 인위적 장벽들이 제거되어 세계가 일종의 거대한 단일시장으로 통합되어 가고 있다는 것이다. 또한, 20세기 후반에 놀랍게 발달한 교통과 정보통신 기술의 발달에 힘입어 국가 간에 상품, 서비스, 자본, 노동 등의 이동이 급진적으로 확대됨에 따라, 세계가 하나의 생활권을 형성하게 되었다는 것이다.

세계가 하나의 생활권이 되면서 얻게 된 긍정적인 가치는 가늠할 수 없을 만큼 크다. 세계화가 서비스와 자본과 노동과 정보의 이동을 용이하게 하고 국가 간, 지역 간, 기업 간, 계층 간의 경쟁을 유도함으로써 부존자원 이용의 효율이 극대화되고, 저개발국의 경제가 얼마만큼 활성화되었다는 사실을 부인하기는 어려울 것이다. 또한, 시장이 광역화됨으로써 이룩된 규모의 경제는 세계시장의 자유시장화가 지닌 가장 큰 이점이기도 하다. 그러나, 세계화의 부작용 또한 만만한 것이 아니다. 자본과 기술 등의 모든 면에서 절대우위에 있는 경제 선진국들의 패권적 시장지배가 저개발 국가의 주권과 문화와 국민정신/민족정신을 유린하고 있다는 사실을 부인할 수 없을 것이다. 뿐만 아니라, 세계화를 기치로 하는 포스트모던 문명이 영상매체를 매개로 문화전체주의를 낳아, 지구촌에 살아가는 모든 사람들의 영혼을 옥죄고 있다는 것도 사실이다. 포스트모던의 시대에는 전 지구촌인들이 영상매체들이 날조한 개인주의적 · 물질중심주의적 '초-현실'(hyper-reality)에 빠져 허우적거리고 있기 때문이다.

2차 세계대전 이전에도 국가 간에 대규모 상품, 서비스, 자본, 노동, 정보 등의 이동이 없었던 것은 아니었다. 그러나 그것은, 2차 세계대전 이후에 '연질의 권력'에 의해 진행된 세계화와는 달리, 많은 경우 강대국들의 '경질의 권력'(hard power), 즉 물리적 권력에 의한 제국주의 혹은 식민주의의 일환으로 이루어진 것들이 많았다. 산업혁명으로 국부가 축적되고 산업이 발달하면서 자원의 확보가 필요해지게 되자, 강한 물리력을 가진 강대국들이 사회적 다윈주의 철학을 바탕으로 광적으로 정복정책을 편 것이 주된 이유였다. 산업자본주의 국가 간의 팽창주의적 경쟁은 날로 격화되었고, 그 결과 아프리카와 아시아에 광대한 식민지가 생겨났다. 영국이 그 선두에 있었다. 그러나, 이러한 경향은 비단 영국만의 일이 아니었고, 식민지 경영에 열을 올리던 후진 자본주의 국가들에서 더욱 현저하게 나타났다. 프랑스와 독일과 같은 후진 자본대국들이 식민지 경영에 뛰어들면서, 군비가 확장되고, 대립은 격화되었으며, 세계는 분할되었고, 급기야는 1차 세계대전으로, 얼마 후에 다시 2차 세계대전으로 이어졌다. 세계 도처에서 희귀한 자원들이 마구잡이로 남획되었고, 약소국가의 인적 자원들은 노역과 노예로 내몰렸으며, 그들의 문화유산은 무자비하게 유린되었다.

2차 세계대전 이후에 진행된 세계화/지구촌화는 경질의 권력이 아닌 연질의 권력에 의해 이룩된 전 지구적 경제현상이라는 점에서 그 이전의 식민주의 또는 제국주의와는 형태를 달리한다. 하버드 대학 교수인 조지프 나이(Joseph S. Nye Jr.)는 그의 책 『연질의 권력: 세계정치를 이끄는 길』(*Soft Power: The Means to Success in World Politics*)에서 '연질의 권력이란 무엇인가?'에 대해 묻고, 이렇게 답했다.

> "연질의 권력이란 무엇인가?" 그것은 강요하거나 돈을 지불함으로써가 아니라 무언가 매력적인 것을 제공함으로써 얻고자 하는 것을 얻어내는 능력이다. 가령 매력적인 문화라든가, 매력적인 정치적 이상이라

> 든가, 아니면 매력적인 정책도 좋을 것이다. … 상대로 하여금 당신의 이상을 존경하게 하고, 당신이 원하는 것을 똑같이 원하게 하면, 당신은 그들이 당신이 원하는 방향으로 움직이게 하기 위해서 옛날만큼의 많은 "당근과 채찍"을 사용할 필요가 없게 될 것이다. 유혹은 언제나 강제보다 효과적인 수단이다. 그리고, 민주주의라든가, 인권이라든가, 발전과 성취의 기회라든가 하는 것들은 아주 훌륭한 유혹의 재료들이다.[26]

나이에 의하면, 연질의 권력이란 '당근과 채찍'으로 원하는 것을 얻는 힘이 아니라, 상대를 매혹함으로써 원하는 것을 얻는 힘이다. 즉, 그것은 상대에게 '매력적인 문화'나, '매력적인 이상'이나, '매력적인 정책'을 보여 줌으로써, 상대의 존경과 함께 원하는 것을 얻는 힘이다. 그에 의하면, 연질의 권력인 매혹의 힘은 언제나 경질의 권력인 물리력보다 훨씬 효과적이며, 그 힘에 대한 물리적 저항도 훨씬 적게 마련이다.

2차 세계대전 이후, 냉전 시대를 지나면서, 교통과 정보통신 기술의 발달로 삶의 단위가 국가가 아니고 지구촌이 되었을 때, 세계정치에서 경제대국들의 지위를 확고하게 해 주면서 동시에 국가 간에 '눈에 보이는' 경제장벽들을 무너뜨린 것은 연질의 권력이었다. 이 시대의 미국과 같은 경제대국들은 물리력보다는 '민주주의', '인권', '성공의 기회', '희망', '행복', '자유' 따위를 내세운 연질의 권력으로 자원과 인력과 정보가 자유롭게 이동할 수 있게 했고, 지구촌 사람들의 물질적 생활의 질을 현격하게 높여 놓았다. 그렇다면, 역사상 가장 짧은 시간에, 전 지구적 차원에서 물질적 생활의 질을 확실하게 높여 놓은 세계화/지구촌화는 도대체 무엇이 문제인가? 일차적으로는 천연자원의 소모가 기하급수적으로 증가하면서, 자연의 정화작용과 복원력을 넘어서는 자연의 훼손이 큰 문제였을 것이다. 그러나 보다 심각한 것은 세계화의 과정에 경제약소국과 경제강국에서 서로 반대의 방향으로 인간 정신의 내면이 허물어져 내린 것이다. 경제약소국 국민들은 연질의 권력에 농락당해 자긍심과 민족정신을 잃어버렸고, 경제강국의 국민들은 연질의 권력을 휘두르는 문화전체주의의 늪에 빠져 내면의 아름다움과 영적 가치와 공동체적 이상을 잃어버리고, '규격화되고' '표준화된' 채 작은 일상을 살아가는 '순응'(conformity)의 인간이 되어 버렸다. 자긍심을 잃어버린 한쪽의 인간, 내면의 아름다움과 영적 가치를 잃어버리고 규격화된 다른 쪽의 인간—어느 쪽이 더 비참한가?

모더니즘 문학: 계몽의 역설에 대한 깨달음

제국주의와 식민주의와 전체주의로 점철된 20세기 전후 서구의 역사는 헤겔이나 마르크스의 목적론적 역사이론으로는 이해할 수도, 설명할 수도 없는 무서운 역사였다. 이 시대의 역사에는 역사가 지향점으로 해야 할 어떤 이상도 담겨 있지 않았고, 이 시대의 역사는 역사 속의 개인이 누려야 할 자유와 행복에 대하여 어떤 것도 말해 주지 못했다. 그곳에는 오직 '합리', '자유', '진보', '문명' 따위의 계몽주의 이데올로기나 '효용'(utility), '최대다수의 최대행복'(the greatest happiness of the greatest number) 따위의 공리주의 이데올로기나, '영원한 혁명'(endless revolution)과 같은 공산주의 이데올로기의 공허한 울림만이 있을 뿐이었다. '합리'에 대한 광신적 믿음이 불러온 '계몽의 역설'(the paradox of enlightenment)이었다. 이 책의 제3장「모더니즘 문학」은 포스트모던의 시대가 오기 전 20세기 초엽에 모더니스트라고 불리는 일군의 작가들이 어떻게 서구 근대사에 나타난 '계몽의 역설'을 꿰뚫어 보았는가에 대한 이야기이다.

이 시대의 수많은 식민과 정복의 역사들, 1차 세계대전, 스탈린의 전체주의, 2차 세계대전—이들은 모두 계몽주의적 이데올로기로 무장한 힘의 이야기였고, 그 힘의 기계적 논리 속에서 개인의 삶이 고통스럽게 죽어 가는 이야기였다. 그리고, 모더니즘은 이 시대의 지배담론으로서의 계몽주의 담론이 낳은 이 힘에 대한 저항의 이야기였다. 모더니스트 작가들은 그들의 역사에 절망했고, 과거에 존재했던 아름다운 역사를 동경했다. 나아가 그들은 그들의 문학에서 아름다운 과거 속에 존재했던 참 가치들을 모두 파괴해 버린 광기 띤 이성의 계몽주의 담론을 해체하려 했었다.

세상 어느 누구도 자신의 정신을 모양 짓는 이데올로기 하나쯤 가지지 않고 살아갈 수는 없다. 그러므로 19세기 산업사회를 지배했던 공리주의 등의 합리의 이데올로기가 그 시대의 정신을 모양 짓는 하나의 이데올로기였다는 점에서 특별히 비난받아야 할 이유는 없다. 그러나, '공리'(utility)와 '문명'(civilization)의 이데올로기로 이 시대의 시대정신이 지독한 허위의식으로 가득 차게 되었다거나, 비틀어지고 삐뚤어지고 메마르게 되었다면, 그래서 '사실'(fact)과 '계산'과 '효용'과 '지배' 너머에 존재하는 인간성의 아름다운 가치들을 모두 잃게 되었다면, 이 시대의 합리주의 이데올로기는 비난받아 마땅하다. 그렇다면 '합리'의 계몽주의 이데올로기는 왜 20세기에 들어서면서 역사 속에 터무니없는 역설을 낳은 것일까?

이성에 대한 편집증적 집착—이것은 서구 근대인들의 정신에 감염된 독감 같은 무엇이었다. 그것이 바로 서구 근대의 역사를 디스토피아로 몰아넣은 부정할 수 없는 하나의 원인이었기 때문이다. 과학과 기계와 자원의 개발과 식민지배에 대한 집착과, 자본과 이윤에 대한 집착과, 이론과 법과 논리와 대중영상매체 속의 영상에 대한 집착과, 이성적 자아의 계발에 대한 집착에 이르기까지의 모든 것들은 궁극적으로 이성에 대한 편집증적 집착의 한 단편들이다. 현대에 와서 과학과 기계와 자본과 이윤과 법과 이론과 대중매체의 논리를 넘어서는 상식과 직관의 논리가 사라진 것이다. 삶이, 정신이, 생각이 작아지고 딱딱해진 것이다. 생활의 리듬이 빨라지고, 복잡해지고, 불연속적으로 단속화되고, 방향을 잃은 것이다. 세상은 온통 경쟁과 적대감과 생존에의 투쟁으로 만연해 있다. 그리고, 드디어는 개인들이 기꺼운 동의로 스스로를 이성신의 전체주의 체제에 바치고, 피학성의 탐닉과 도취 속으로 빠져들고, 그 속에서 장렬하게 익사한 것이다.

그렇다면, 이성에 대한 현대인들의 집착은 무엇이 문제였을까? 무엇보다 집착 그 자체가 문제였다. 왜냐하면, 집착은 근원적으로 자기 파괴적인 충동이기 때문이다. 『행복의 심리학』(*The Psychology of Happiness: Understanding Our Selves*)에서 로버트 나제미(Robert E. Najemy)는 다음과 같은 예를 들며 집착이 얼마나 자기 파괴적일 수 있는지를 설명한다.

> 주둥이가 좁은 병 하나가 나무에 매달려 있고, 바나나 하나와 약간의 땅콩이 그 안에 들어 있다. 원숭이 한 마리가 병 속의 바나나를 발견하고, 아주 영리하게 손을 오므려 가까스로 손을 병 안으로 집어넣고는, 바나나를 잡으려고 손가락을 요리조리 움직인다. 바나나를 먹으려고 손을 빼려 했지만, 손은 빠져나오지 않는다. 왜냐하면, 손으로 바나나를 잡고 있기 때문이다. 아무리 빼려고 애를 써도 손은 빠져나오지 않는다. 원숭이 사냥꾼이 가까이 오는 것을 보면서, 손을 빼려고 해 보지만 허사다. 바나나를 움켜잡고 있기 때문이다. 사냥꾼의 덫에 걸려 고통을 받을 것이 뻔하지만, 병과 병 속에 든 바나나가 죽음의 원인임이 분명하지만, 원숭이에게는 바나나를 놓고 손을 빼 자유를 찾아야지 하는 생각은 결코 나지 않았다.
>
> 그 원숭이는 문자 그대로 바나나에 대한 집착에 빠진 것이다. 그래서, 보통의 경우라면 행복의 원천이 되는 바나나가 고통의 원천이 된 것이다. 우리들은 지금 원숭이의 꼴을 하고 있다. 우리들의 주변에는 집착 때문에 버리지 못하는 온갖 종류의 '바나나들'이 있다. 그것들이 헤아릴 수 없이 큰 고통을 안겨 주고 있음에도, 우리는 그것들로부터 우리 자신을 자유롭게 하지 못한다.[27]

나제미의 일화(逸話)에서, 바나나에 대한 집착을 가진 원숭이는 주둥이가 좁은 병 속에서 바나나를 잡고 있는 손을 펴 자유를 얻기보다 그것을 움켜잡은 채 끌려가 포획되는 쪽을 택한다. 집착이란 얼마나 어리석은 것인가? 나제미의 이론대로, 행복은 우리들의 마음속에 있다. 그러나, 행복을 부수는 힘도 우리 마음속에 있는 것이다. 현대인들의 광기 띤 이성에의 집착은 원숭이가 바나나에 집착하는 것만큼이나 인간성을 온전히 보전하는 데 위협적인 것이었다.

그다음은 그냥 집착이 아니라, 도구적 이성에의 편집증적 집착이 문제였다. 왜냐하면, 인간의 이성이란 한편으로는 지고의 선이지만, 다른 한편으로는 본래적인 악이기 때문이다. 그것은 이기심을 좇아 행동할 때 공동체적 자아의 정신을 좀먹고, 얕은 계산으로 인간적 관계를 훼손한다. 앎의 효용이 아닌 앎의 교환가치에 집착할 때, 그것은 모든 인간적인 가치들을 물신화함으로써 문학과 철학과 예술과 법과 심지어 과학까지도 상궤에서 벗어나게 한다. 또한 그것은 근시안적 사고에 빠져 편협해지거나, 욕망과 충동을 제어하는 힘을 잃어버리거나, 욕망을 충동질해 감정 폭발의 기폭제가 될 때, 폭력이 난무하는 사회를 만들고, 궁극적으로 전 인류적 대참사(holocaust)의 원인이 된다. 또한, 인간의 이성이 표피적 욕망의 충족에 몰입하게 하는 논리적 수단이 될 때에는 문명은 거칠어지고 천박한 것이 된다. 그리고 무엇보다, 이성이 만물에 형상과 질서와 형식을 부여하는 책무를 방기할 때, 다시 말해 그것이 세상을 아름답게 하는 심미적 기능을 그만둘 때, 세상 속의 모든 것은 파편화되거나 기형화되어, 제 성질을 잃고 추악한 모습을 띄게 된다.

계몽주의 정신에서 배태된 현대사회는 지고의 선으로서의 이성보다, 본래적 악으로서의 도구적 이성이 지배하는 세상이 되었다. 개인주의에 바탕을 둔 자유주의로 이기심을 통제할 수 없게 되었고, 앎의 효용을 묻는 것을 경원시하는 세상에서 학문은 앎의 제조공장이 되었다. 그리고, 사람들은 하루하루 자신의 발등만을 응시하며 살게 되었고, 욕망은 어떤 제어장치도 없이 날것으로 용틀임했다. 아도르노를 존경했던 모턴 스쿨먼(Morton

Schoolman)은 그의 책 『이성과 공포』(*Reason and Horror: Critical Theory, Democracy, and Individuality*)에서 본래적 악이 적나라하게 드러난 추악한 이성을 '심미적 인간성의 실종상태'(the disappearance of the aesthetic individuality)라고 불렀다. 그리고, 심미적 효용을 고려하지 않은 앎에 의해 생성된 힘이 얼마나 무서운 파멸을 불러올 수 있는지를 다음과 같이 설명했다.

> '합리'라는 것이 인간의 정신을 지배하게 되면서, 내가 '개체적 인간의 숭고한 아름다움'이라고 부르는 그 아름다움이 사라지게 되었고, 그것은 마침내 나치에 의한 유태인 대학살을 불러왔다. … 그것은 인간의 정신 속에 일어난 천지개벽 같은 것으로, 그렇게 큰 대참사를 불러온 것이다. … 인간들이 자아를 탐닉하고, 그래서 가치의 혼돈에 빠져들고, 그래서 자기-파괴의 지경에 이르게 되면서, 각자의 내면에서 [아름다움을 뿜어내던] 단순함과 정직함과 진솔함이 사라지게 된 것이다.[28]

이성에의 집착의 또 하나의 문제는 그 집착이 감성적 삶의 억압과 황폐화로 이어진다는 데 있다. 현대세계에서 낙엽 타는 냄새나, 가을밤 여치의 울음 소리나, 큰물진 냇물에 구르는 자갈 소리나, 또는 폭설에 늘어진 소나무 가지에 값을 매기는 사람이 얼마나 될까? 따뜻한 가슴이 없이 차가운 머리로만 살아가려 하기 때문일 것이다. 그러나, 차가운 머리로만 살아가는 현대인들의 삶은 어쩌면 '참을 수 없이 가벼운' 삶이 아닐까? 니체는 이성에의 집착으로 창조된 19세기 유럽의 감성이 황폐화된 문명을 '쇠락한'(decadent) 문명이라고 했다.[29] 20세기 유럽의 이성지상주의 문명이, 한편으로는 소크라테스의 율법과 그리스도의 계율을 바탕으로, 다른 한편으로는 과학정신과 공리주의 이념에 정신을 매몰시킴으로써, 이 시대 서구의 정신을 나약하고 꼴사나운 절름발이 정신으로 만들어 놓은 것이다.

서구의 역사에서 르네상스 시대 '인간에 대한 믿음'으로 시작된 '계몽사업'(enlightenment)은 뒤따르는 시대의 '이성에 대한 편집증적 집착'으로 실패했음에 틀림없다. 그리고, 문학에 있어서의 모더니즘에 대한 한 가지 분명한 정의는 서구 역사의 실패한 '계몽사업'에 대한 절망과 저항이자, 동시에 그것에 대한 비판이며 해체이다. 20세기에 접어들어 광기 띤 이성에 기초한 서구 역사의 '계몽사업'은 많은 경우 인본주의 정신의 몰락을 가져온 자기 파괴적 사업이었고, 상업화와 대중화로 심미적 가치의 훼손을 초래한 어설픈 예술사업이었으며, 감성적 삶의 황폐화를 가져온 비인간적 사업이었다. 20세기 초반 서구의 예술에 있어서의 모더니즘은, 적어도 감수성의 측면에서는, 이 시대의 서구 역사에 나타나기 시작한 계몽사업의 역설에 대한, 즉 17-18세기 서구 계몽정신의 한계에 대한 깨달음이자 비판이며, 절망이자 동시에 극복의 의지이다. 계몽정신의 역설에 대한 비판은 이미 칸트의 "순수이성 비판"(The Critique of Pure Reason)이나, 니체와 프로이트의 이성주의 문명에 대한 비판에서 시작되었었다. 그러나, 계몽의 역설에 대한 20세기 모더니스트들의 그것은 보다 심도 있고, 보다 정교하며, 보다 설득력이 있고, 무엇보다 세련된 예술적 장치로 표현된 탐미적(耽美的) 비판이었다.

인간의 이성으로 우주의 보편적 법칙으로서의 로고스에 도달함으로써 역사를 진보에 이르게 하고, 인간의 자유와 부와 생명과 행복을 증진시키려 했던 계몽주의 이데올로기가 인간 정신의 역사를 퇴행에 이르게 하고, 예기치 못한 부자유와 불행을 야기하게 되었다는 것은 분명 겉으로 보이는 '계몽의 역설'이었다. 그러나, 계몽의 진정한 역설은 계몽주의 이념으로 역사가 퇴행에 이르게 되었다는 것이 아니라, 역사 속에 나타난 계몽의 역설로 인류가 하나의 거대한 깨달음에 이르게 되었다는 것이다. 20세기에 즈음해 서구의 작가들이나 사상가들이 '자신들의 계몽정신으로' 서구 정신이 약육강식의 기계론적 세계관에 휘말려, 인본주의적 삶에 필요한 모든 참 가치들을 잃어버리게 되었다는 사실을 깨닫게 된 것이다. 이 시대의 모더니스트 작가들은 17-18세기의 계몽정신으로 이룩해 낸 기술의 현기증 나는 발전과 전대미문의 물질적 풍요의 결과가 1-2차에 걸친 세계대전이었고, 러시아 혁명이었으며, 스탈린과 무솔리니와 히틀러의 전체주의였다는 사실을 깨달았고, 이제 인류가 전방위적 문화전체주의가 뿜어내는 힘에 조건화된 채 살아가게 되었다는 사실을 깨달았다. 또한, 그들은 현대의 산업자본주의 문명 속에서 이제 더 이상 인간은 인간과 인간, 인간과 사회, 인간과 자연 사이의 조화로운 관계에서 행복을 찾을 수 없는 비인간화된 인간이 되어 버렸다는 슬픈 사실도 깨달았다.

모더니즘 예술은 계몽주의 역사의 실패 속에서 인간이 전체주의 문명에 조건화되어 살아갈 슬픈 운명을 지게 되었다는 사실에 대한 깨달음의 예술로서, '계몽의 역설'에 대한 통찰과 저항의 예술이다. 그것은 마치, 소포클레스의 비극 『오이디푸스 왕』에서 주인공 오이디푸스가 자신의 눈을 찔러 맹인이 되었을 때 비로소 더 밝은 내면의 빛을 찾을 수 있었다는 것과 같은 '빛의 패러독스'(the paradox of enlightenment)의 표현이기 때문이다. 오이디푸스는 처음 자신의 분별력이 세상 모든 것을 밝혀 주는 빛이라고 생각했었다. 그러나, 자신이 바로 아버지를 죽이고 어머니와 결혼해 아이를 낳은 패륜아임을 알았을 때, 그는 자신의 분별력이란 어머니도 알아보지 못하는 보잘것없는 빛이었음을 깨닫는다. 모더니스트 예술가들은 20세기 초의 역사 현장에서, 『오이디푸스 왕』에서의 오이디푸스 왕이 그랬던 것처럼, '계몽주의 역사를 비춘 계몽의 빛'도 삶에서의 진정한 자유와 행복을 가리고 무너뜨리는 보잘것없는 빛이었음을 깨달았다. 그리고 그들의 예술 속에서 계몽주의 역사 속의 계몽의 빛이 어떻게 인간 정신의 황폐화에 이르는 역사의 대 참극을 낳게 되었는지를 보여 준다.

19세기 후반에 이미 매튜 아널드(Mathew Arnold)나 앨프리드 테니슨(Alfred Tennyson)이나 로버트 브라우닝(Robert Browning) 같은 영국의 시인들이나, 니체나 프로이트 같은 유럽의 사상가들은 계몽주의 역사가 그릇된 방향으로 치닫고 있음을 직감했고, 쇠락해 가는 문명에서 서구 역사의 계몽사업에 담긴 섬뜩한 잔상(殘像)을 보았다. 아널드와 테니슨과 브라우닝은 그들의 시와 비평에서, 19세기의 영국이 지구의 1/4에 이르는 거대한 식민지를 건설하고 '해가 지지 않는 제국'으로서의 위용을 떨치고 있을 때 영국인들의 정신 속에 깊이 파고든 천박한 속물근성(philistinism)을 보고, 자기만족에 빠져 편리함과 물질적 안락함만을 추구하고 타인의 고통을 외면하면서 고전에 담긴 빼어남의 가치를 부정하는 정복문명의 '쇠락한' 환영(幻影)을 그려 냈다. 그들 가운데에서 특히 아널드는 그의 에세이 「비평의 기능」("The Function of Criticism at the Present Time")에서 "세상이 알아 왔고 생각해 왔던 것 가운데 최상의 것"(the best that is known and thought in the world)을 추구하는 '문화'가 이 시대의 영국문명에서 사라진 것을 개탄했다.[30] 니체는 그의 『비극의 탄생』(*The Birth of Tragedy*)과 『짜라투스트라는 이렇게 말했다』(*Thus Spake Zarathustra*)에서 현대인들이 삶에 대한 열정으로 삶을 사랑하고 삶을 풍만하게 하는 능력을 잃어버린 것에 대해 개탄하면서, 그들의 정신 속에서 기형으로 자란 '디오니소스'를 살려내, 그들이 "인간적인, 너무나 인간적인" 인간으로서의 '초인'(the superman)으로 다시 태어나기를 희망했다.[31] 또한, 프로이트는 그의 『문명과 그 불만』(*Civilization and its Discontents*)에서 삶의 원초적 에너지로서의 이드(Id)가 이성신(理性神)의 박해에서 풀려나, 격조 높은 문명과 예술을 창조하는 에너지가 되어 주기를 바랐었다.[32]

19세기 후반의 문화적 선각자들의 깨달음을 이어받은 20세기 초반의 모더니스트 사상가들이나 예술가들에게도 그들의 문명은 분명 그들의 예술혼으로 '수리'(修理)되어야 할 무엇이었다. 그러나, 예이츠, 로런스(D. H. Lawrence), 에즈라 파운드(Ezra Pound), 엘리엇(T. S. Elliot), 포크너, 카프카 등의 모더니스트 작가들에게 그들의 눈에 비친 현대인들의 비극적 삶은 예술의 형식으로 갈무리되기에는 너무나 벅찬 업(業)이었다. 그러므로, 그들의 작품은 현대인들이 맞은 비극적 삶에 형식미(形式美)를 부여하기 위한 피나는 노력이었고, 그들의 문학은 깨달음의 폭과 깊이에 있어서, 그리고 그것을 표현하는 심미적 수단의 정치(精緻)함에 있어서, 19세기의 작가들보다 훨씬 격조 높은 세련미를 보여 주었다.

오스트리아의 유대계 가정에서 태어난 카프카의 소설 『변신』(*Metamorphosis*)은 이 시대의 모더니스트 작가들이 그들의 작품 속에 무엇을 담고자 했는지, 그리고 어떻게 담고자 했는지에 대한 하나의 훌륭한 예이다. 카프카는 이 소설에서 인간으로서의 자의식과 윤리의식을 모두 잃어버린, 그러면서도 자신이 자의식도 윤리의식도 없는 '곤충'이 되어 버렸다는 사실에조차 무감각해진 현대인 그레고르 잠자(Gregor Samsa)의 이야기를 이렇게 시작한다.

> 어느 날 아침 뒤숭숭한 꿈에서 깨어난 그레고르 잠자는 거대한 곤충으로 변해 침대에 누워 있는 자신을 발견했다. 마치 딱딱한 껍질을 뒤집어쓴 것처럼, 등대기는 꺽꺽하게 굳어 있었다. 누운 채 머리를 조금 들어 보니 배딱지는 지붕 모양의 갈색이었는데 몇 개의 마디로 나뉘어 있었다. 이불은 제자리에 붙어 있지 않아 거의 땅바닥에 떨어질 지경이었는데, 몸통에 붙어 있는 수십 개의 아주 가느다란 다리들이 제멋대로 흔들리고 있었다.[33]

근대의 역사가 그로 하여금 어떤 가족적 의무나 사회적 의무뿐 아니라, 심지어 자기 자신에 대한 어떤 의무도 생각하지 못하도록 정신을 마비시켜 놓은 것이다. 오직 본능이 시키는 대로 소파 밑을 기어 다니거나 벽을 타고 오르는 일 따위에만 몰두하는 한 마리 곤충으로 그를 "변신"시켜 놓은 것이다. 소설의 주인공 그레고르—그는 자신이 한 마리 곤충으로 변신했다는 사실에 대해서뿐 아니라, 자신이 누구인가에 대한 자의식은 물론, 이제까지 지고 있던 어떤 가족적 의무나 사회적 의무도 모두 잊어버리게 되었다는 사실에 대해서도 아무런 자의식이 없다. 그리고, 결국 자의식과 윤리의식과 사회의식으로 비로소 인간이 되는 참 인간으로 되돌아오지 못하고 한 마리

곤충으로 생을 마감한다. 그는 어쩌면, 현대의 물질문명이 주는 피학적 만족을 위해 기꺼운 동의로 가치의 진공상태 속으로 빠져들어 익사하는 현대인들의 자화상이 아닐까?

포스트모던 시대의 문화비평가들

장 프랑수아 리오타르(Jean-François Lyotard), 자크 데리다(Jacques Derrida), 자크 라캉(Jacques Lacan), 미셸 푸코(Michel Foucault) 등의 포스트모던 시대의 문화비평가들에게 포스트모던의 세계는 계몽주의 역사가 극단적 아이러니로 나타난 디스토피아의 세계였다. 포스트모던의 세계에서 그들은 자연상태의 방종(lawlessness)이 두려워 만든 온갖 종류의 법(law)이 상식의 범주를 넘어서는 무시무시한 폭력을 낳는 것을 보았고, 차이를 인정하지 않는 평등이 원시세계의 원초적 불평등보다 훨씬 많은 불평등을 낳는다는 사실도 깨달았다. 그리고, 부의 탐닉이 가난보다 더 고통스러운 권태와 불행을 낳는다는 사실도 알게 되었고, 자연에서 멀어진 문명인의 방종(lawlessness)이 자연상태의 방종보다 더욱 견디기 어렵다는 것도 알았다. 존재는 확실히 자기모순적(oxymoronic)적이었다. 어떤 진리도 스스로 반진리성(untruth)을 담고 있지 않은 진리는 없었다. 어떤 윤리도 어김없이 내재적 비윤리성을 담고 있었고, 그들이 섬겨 온 이성신(Reason God)도 여느 다른 어떤 신과 마찬가지로 신답지 않은 꼴사나운 신(ungodly god)이었다. 이 책의 제4장 「포스트모던 시대의 문화비평가들」은 리오타르와 데리다, 라캉과 푸코와 같은 이 시대의 문화비평가들이 포스트모던 시대의 문명에 배어 있는 자기모순적 부조리에 대해 어떻게 설명했는지에 관한 이야기이다.

세계적 규모로 벌어진 두 번에 걸친 전쟁과 유럽 강대국들에 의한 전지구적 식민화—20세기 전반 수십 년과 이를 뒤따른 냉전의 역사는 아픔과 고통의 역사로서 서구 지식인들의 가슴을 짓눌러 온 악몽의 역사였다. 아우슈비츠(Auschwitz)와 드레스덴(Dresden)의 강제 수용소 가스실에서 유태인 250만 명을 포함한 약 600만 명의 인명이 학살당했을 때, 스탈린의 무자비한 권력하에서 수천만 명의 소련인들이 숙청당하거나 유배되었을 때, 그리고 아프리카와 아시아의 여러 약소국들이 피식민의 나락(奈落)에서 허우적거리고 있을 때, 서구의 지식인들은 서구 근대의 역사를 광기로 채운 계몽주의 형이상학을 다시 점검했다. 그리고, 지배 이데올로기로서의 합리주의 이데올로기의 '정당성'(legitimacy)을 신랄하게, 그리고 집요하게 따졌으며, '인간의 의식 속에 혹시 집단자살욕구(the lemming urge)가 들어 있는 것은 아닐까?' 하는 의구심을 가졌었다. 근대 서구의 정신을 잔학한 전체주의 체제 속에 감금해 반신불수의 절름발이 정신으로 전락시킨 시대정신으로서의 계몽주의 이데올로기는 어떻게 정당화될 수 있는가? 이 시대 서구의 지성인들이 그들 시대의 광기 띤 역사 앞에서 던진 통렬한 질문이었다. 근대 서구의 비극적 역사가 이성의 비이성/반이성(irrationality/unreason)에 대한 독백과, 의식(consciousness)의 무의식(the unconscious)에 대한 감금과, 합리주의 이데올로기에 의한 인간 정신(humanity)의 유폐에서 비롯된 것임을 그들이 깨달은 것이다.

리오타르는 그의 책 『포스트모던 시대의 삶의 조건』(*The Postmodern Condition*)에서 그의 시대의 비극이 합리를 넘어서는 거대한 우주가 보잘것없이 작은 합리주의 이데올로기에 유폐되어 생겨난 것임을 꿰뚫어 보았고, 데리다는 그의 책 『그림문자를 공부하며』(*Grammatology*)에서 서구철학의 의미 생성의 바탕이 되어 왔던 '초월적 의미태'(超越的 意味胎/the transcendental signified)로서의 '로고스'라는 것도 이성(理性)에 대한 광적인 믿음으로 만들어진 텍스트(text)에 불과하다는 사실을 간파했다. 그리고, 라캉은 합리주의 이데올로기의 핵(核)을 이루는 '주체'와 '자아'(the ego)의 '지적 안정성과 견실성'(intellectual stability and consistency)을 부정했고, 푸코는 합리주의 이데올로기의 또 다른 핵이 되는 정사(正史)로서의 '역사'(history)의 진리성을 부정했다. 후기구조주의자들로 분류되는 리오타르, 데리다, 라캉, 푸코 등의 20세기 후반 서구의 사상가들은 16-18세기의 계몽주의 사상가들에서 20세기 전반 구조주의자들에 이르기까지의 서구 사상가들이 구축해 놓은 '합리주의' 이데올로기의 '정당성'을 부정하고, 그것에 감금된 인간 정신을 해방하려 한 것이다.

포스트모던 문명의 병적 현상에 대한 처방이 무엇인가에 대하여 프레드릭 제임슨(Fredric Jameson)과 같은 사회주의 비평가들의 논리와 리오타르, 데리다, 라캉, 푸코와 같은 후기구조주의자들의 논리는 서로 다르며, 어떤 의미에서는 단순히 다른 차원을 넘어 상호대립적이고, 상호거부의 태도를 보인다. 제임슨은 당위론자의 입장에서 포스트모던 문화를 진단하고 그것에 대하여 처방을 내리는 반면, 라캉과 데리다, 푸코와 리오타르는 존재론적 입장에서 그것을 진단하고 처방했기 때문이다.

제임슨에게 포스트모던 문화의 타락 원인은 역사 속에서 사람들이 인간변혁의 비전을 상실한 것이다. 그의 책 『포스트모더니즘: 후기자본주의의 문화 논리』(*Postmodernism, or The Cultural Logic of Late Capitalism*)에서 '인식의 지도작성'(cognitive mapping)이라는 개념을 제안한 제임슨에 따르면, 위대한 고전적 사회주의자들은 사회제도뿐 아니라 개인의 내면세계를 차지하고 있는 자아에 대한 유토피아적 변혁의 비전을 가지고 있었다.[34] 그러나 그 변혁의 비전이 포스트모던 시대에 와서, '시장 이데올로기'의 공격으로 무력해짐으로써, 다시 말해, 비전과 시간이 변증법적 발전을 이룩할 수 없게 되었기 때문에, 포스트모던 디스토피아가 만들어진 것이다. 그러므로 이 시대의 모든 문학과 예술은 '시장 이데올로기'로 오염된 현대인들의 '인식의 지도'를 변증법적으로 정화하는 작업을 수행해 냄으로써 병든 포스트모던 문명을 구해 내도록 노력해야 한다. 작가들과 예술가들은 그들의 예술 속에서 사회적 총체성의 이미지/상(image), 혹은 모형을 창출하여, 사회를 구성하는 모든 주체들이 그들의 머릿속에 총체성을 바탕으로 인식한 유토피아의 그림을 그려 낼 수 있도록 그들의 인식을 감금하고 있는 굴레들을 걷어 내야 한다.

제임슨에 의하면, 포스트모던 시대의 예술가들은 자본주의의 발전으로 한층 복잡해진 포스트모던 사회에서 총체성에 도달하려는 비상한 노력을 해야 했음에도 그들의 막중한 책무를 포기했고, 그러므로 그만큼 힘든 기교상의 실험도 그만두었다. 그에 의하면, 총체성 재현 위기는 모더니즘 시대에 이미 왔었다. 그러나, 모더니스트들은 허무와 절망의 거대한 파노라마로 펼쳐지는 근대의 역사에 총체성을 부여하기 위해 비상한 형식적 실험과 노력을 기울였고, 그것이 바로 모더니즘의 위대성의 일부이다. 물론, '시장 이데올로기'의 지배력이 전 지구적으로 확대되고, 이에 따라 보통 사람들의 경험역도 전 지구적으로 확대되면서 포스트모더니스트 예술가들이 감당해야 할 총체성 재현의 문제도 차원이 다른 문제로 발전하기는 했지만, 문제는 현재의 포스트모더니스트들이 그러한 어려움에 직면해서 총체성을 재현하려는 시도 자체를 포기해 버렸다는 것이다. 다시 말해, 재현이란 불가능한 일이고, 총체성이란 없는 것이라고 결정해 버렸다는 것이다.

리오타르나 라캉, 데리다나 푸코와 같은 후기구조주의 비평가들은 '총체성의 재현'을 가능하게 하는 새로운 지배담론(master narrative)의 구축을 꿈꾸는 제임슨의 노력에 조용히 반기를 들었다. '과학적 지식'의 공습으로 유대감과 일체성을 만들어 내는 '설화적 지식'(narrative knowledge)이 총체성을 창출하는 기능을 잃었기 때문에, 과학적 지식을 추구하며 사는 것이 인간의 숙명이 되어 버린 포스트모던의 시대에는 유대감과 일체성을 되살려 내는 새로운 총체성의 담론을 만들어 내는 것이 불가능하다는 것이다. 그들은 포스트모던 문화가 가치의 부재현상(不在現狀)이 아니라 가치의 전도현상(顚倒現狀)임을, 중심이탈성의 경시에서 오는 삶의 불균형의 문제임을, 이성중심주의(logocentricism)의 아이러니한 결과이자 이성의 반이성에 대한 독백의 결과임을 논증했고, 그것이 인간의식 바깥쪽에 존재하는 현상의 문제가 아니라, 인간의식의 안쪽에 있는 본질적 모순의 문제임을 간파해 냈다.

라캉과 데리다, 푸코와 리오타르는 '포스트모던한 문화의 모양이 어떤 모양이어야 하는가?'라는 당위적 질문에 앞서, '포스트모던한 문화의 모양이 왜 이런 모양일 수밖에 없는가?'라는 존재론적 질문에 답하려고 했다. 그러므로, 그들이 재현(再現)이란 불가능한 것이고, 총체성이란 없는 것이라고 선언할 때, '총체성'과 '재현'이라는 단어들은 제임슨이 말하는 당위적 총체성과 재현을 의미하는 것이 아니다. 제임슨 같은 당위론자들은 '의식'(consciousness), '언어', '역사' 등의 개념들이 당연히 있는 그대로의 '실재하는 존재'(presence)에 닿아 있을 것이라고 가정했고, 그것들에 총체성을 부여하면 존재도 총체성을 지니게 될 것이라고 생각했다. 그러나, 후기구조주의자들은, 니체와 윌리엄 제임스(William James)의 뒤를 따라, 인간은 어떤 형태의 인위적으로 만들어 낸 당위적 '총체성'을 근거로 생활할 수밖에 없지만, 이때의 당위란 존재 그 자체는 아니며, 그러므로 존재의 총체성은 당위의 총체성과 같을 수 없다는 결론에 도달했다.

따라서, 포스트모던 문화비평가들의 고뇌는 재현의 어려움으로 인한 재현의 포기가 아니라, 인식의 본질은 재현이 아니라 실재의 어쩔 수 없는 당위적 재구성이라는 사실의 발견에 따른 재현의 포기이며, 실재에 대한 재현이 불가능한 상태에서 재현의 의미가 무엇이어야 하는가에 대한 물음이다. 다시 말해서 포스트모더니스트들의 고뇌는 단순히 총체성 재현 작업을 포기할 것인가가 아니라, 역사와 존재의 속성을 알고 난 후에도 그것이 가능한가라는 물음에 대한 강한 강박관념이다. 시간이 모든 것을 앞으로 나아가게 하는 정(正)의 함수일 뿐 아니라 모든 것을 퇴행시키는 부(負)의 함수일 수 있음을 알고 난 후, 의식의 형성 과정이 재현능력의 발전 과정이 아니라 자연으로부터의 자기 소외의 과정이며 역사가 이성과 비이성의 대화에서 이성의 독백으로의 과정임을 알고 난 후, 인식의 지도는 어떻게 그려져야 하는가가 그들의 고민이다.

플라톤 이래의 많은 사상가들, 특히 르네상스 이후 포스트모던에 이르기까지 루소, 헤겔, 소쉬르, 후설과 같은 사상가들은 모두 매개체 없이 인식될 수 있는 확실성의 영역으로서의 '실재'(實在/presence)를 가정하고 있었고 이 영역이 인식의 다른 영역에 비해 우월한 것으로서 '로고스'이며 '진리'라고 믿고 있었다. 그러나, 리오타르와 라캉, 데리다와 푸코 같은 후기구조주의자들은 근대 이후의 문명이 우주질서의 근본원칙으로 삼고 있던 '우주적 이성'의 존재 속에서의 우월적 지위를 문제 삼음으로써 '우주적 이성'의 '중심'으로서의 지위를 해체하고 중심이탈의 의지를 보였다. 그들 가운데에서 특히 데리다는 우리가 실재이자 중심이라고 믿는 것들은 모두 '지금,' '여기서', 그리고 제한된 인식능력을 지닌 개체에 의해서 지각된 것일 뿐, 완전히 보편적인 의미로 인식될 수 있는 직접적이고 순수한 실재란 어떤 형태로도 인간의 의식 속으로 들어올 수 없다고 주장했다.[35]

그러므로, 데리다에 의하면, 진리란 무한히 상대적이고, 무한히 가변적이며, 끊임없는 인간적 가치부여이며, 독립적으로 존재할 수 없는 것으로 상호의존적인 것이다. '존재'는 '존재 아님'이므로 그 단어 위에 가위표를 해서 사용해야 한다고 했던 하이데거로부터 영감을 얻었던 데리다에게 인간이 의식하는 '실재'란, 사실은, 인간의 인식 과정에서 주관적으로 변형된 '실재'였던 것이다. 데리다는 주장한다. 인간의 인식으로 얻어진 모든 것은 '이성적인' 것이든, '반이성적인' 것이든, 존재의미에 있어서 동등한 지위를 가져야 한다. 그리고, 인간이 가지고 살아가야 할 진리의 폭을 넓히기 위해서는, 인간의 인식 속에 있으면서도 '진리 아님'으로 버려진 것들을 복권시켜, 그들 사이에서 새로운 관계가 만들어지도록 해야 한다.[36]

데리다와 함께 라캉도 이미 '사회화'된 의미가 실려 우월적 지위를 차지하고 있는 포스트모던 문명의 지배이념들—주체, 자아, 의식 등등—을 해체했다. 정신분석학자로서의 라캉이 생애에 걸쳐 대답하려 노력했던 가장 난해한 질문은 '의식의 내면으로서의 나'를 모양 지어 틀 속에 가두는 '주체로서의 나'의 정체는 도대체 무엇인가 하는 것이었다. 그에 의하면, 타고난 그대로의 '자연적 자아'(the ontological self)는 '거울로서의 타자'(the other)에 반영되어 '주체'나 '자아'를 갖게 되고, 하나의 '개체'로 발전한다. 그러므로, '내'가 의식하는 '나'의 정체는 있는 그대로의 '나'가 아니라, '타자'라는 거울에 비친 '나'이며, 자연상태의 '존재론적인 나'(the ontological self)와는 상당히 유리된, 불완전하고 변형된 '나'가 된다. 하나의 예를 들면, 사회와 문화와 법을 상징하는 '아버지'가 '아버지의 이름으로'(in the name of the father) '엄마는 내 거니까 엄마 옆에 가지 마!' 하고 명령한다면, '나'는 '엄마 옆에 가면 안 되는 존재'가 되는 것이다. 거울로서의 타자가 그의 주관성에 의해 '자연상태의 나'를 지극히 불완전하고, 불만족스러운 모습으로 '변형'시켜 놓았기 때문이다.[37] 이제까지 완전성을 지니고 있던 자연상태의 자아가 상징에 의해서 변형되고 일그러진 주체를 가지게 된다는 것이다.

푸코도 역시 인간 존재는 '이성과 합리' 이상의 무엇이어야 하지만, 서구 근대의 역사는 인간 존재를 '이성'과 '합리'의 이념 속에 감금하고, 그 이상의 무엇이 지닌 삶의 지혜를 잃어버리게 했다는 후기구조주의자들의 생각에 동의한다. 그러므로 푸코는 '능률'과 '합리'라는 계몽주의적 담론에 조건화된 허구적 주체들의 인식과 사고에 가치를 부여하지 않았고, 개개인의 '주체'가 자유로운 행위자라는 믿음을 가졌던 마르크시스트들의 생각에도 반기를 들었으며, 사고주체의 윤리적 온전성을 가정하는 모더니스트들의 생각도 삶의 풍요로움과 자유를 위협하는 위험한 기상(奇想/fancy)이라고 반박했다.

푸코는 마르크시스트들이나 모더니스트들과는 달리 집중된 힘의 커다란 줄기를 따라 만들어지는 삶의 온전성을 믿지 않았다. 그는 아주 미세한 통로를 통해 움직이는 작은 힘들에서 뿜어져 나오는 삶의 향기를 맡고 싶어 했다. 그래서, 그는 여러 가지 힘의 작은 지류들이 상호작용하고, 교차하며,

서로 의존하면서 만들어지는, 설명이 불가능한, 그러므로 신비로운 삶이 존재 밖으로 밀려나지 않기를 바랐다. 그리고, 포스트모던 시대의 '능률'과 '합리'라는 거대한 계몽주의적 담론에 의해 변방 오지로 쫓겨나거나 침묵당한, 또는 '전방위감시체제'(panopticonism)에 갇혀 신음하는 작은 힘의 통로들—예를 들면, 광기, 성 등등—을 살펴봄으로써 버려진 힘들을 복원하고, 그리하여 변방의, 구체적인, 작은, 지역적인 것들을 움직이게 함으로써, 큰 줄기를 따라 흐르면서 잔인한 폭력을 만들어 내는 '총체지향'(totalizing)의 힘의 장치를 수정하거나 무너뜨리기를 희망했다.[38]

그는 그의 저술들에서 마르크시즘과 모더니즘의 '총체지향 담론'(totalizing discourse)이 '과학의 과학'(the science of science)이 되고자 하면서 비이성의 지혜를 탈신화화(脫神話化)하지 않았는지를 물었다. 그리고, 자신과 같은 '두더지 역사가'들에게 포스트모던 시대의 '총체지향 담론'에 저항하면서, 망가지고 파편화된, 예속되거나 밀려난, 그러나 구체적이면서 향기로운 작은 '앎'과 '힘'들을 회복하려는 고통스러운 전쟁을 해 나가라고 주문했다.[39]

포스트모더니즘 문학: 출구 없는 절대허무

서양 근대의 속성이 '계몽의 역설'이라면, 서양 근대의 끝자락인 '포스트모던 시대의 속성'(postmodernity)은 무엇인가? 그것은 혹시 아날로그 시대를 살았던 서양의 근대인들이 꿈속에서 디지털 시대에 살아가고 있는 악몽을 꾸고 있는 것은 아닐까? 꿈속에서 나비를 보고 잠에서 깨어난 장자가 '장자가 나비를 꿈꾼 것인가? 나비가 장자를 꿈꾸고 있는 것인가?'라고 스스로에게 물었듯이,[40] 지금 포스트모던 시대의 인류는 자신의 입맛에 따라 자연을 길들이고, 자아를 길들이며, 마침내는 디지털로 조건화된 세상을 살아가면서 갖게 된 절대허무의 세계에 대한 악몽을 꾸고 있는지 모른다. 이 책의

제5장 「포스트모더니즘 문학: 출구 없는 절대허무」는 사뮈엘 베케트(Samuel Beckett), 토머스 핀천(Thomas Pynchon), 로버트 로웰(Robert Lowell), 밀란 쿤데라(Milan Kundera), 호르헤 루이스 보르헤스(Jorge Luis Borges) 등의 포스트모더니스트 작가들이 그린 포스트모던 시대의 절대허무에 대한 이야기이다.

포스트모던 문명에서 포스트모던 시대의 인류가 누리는 물심양면의 엄청난 자유를 자연상태의 인간이 누릴 수 있는 자유라고 생각할 수 있을까? 그것은 어쩌면, 자연에서 멀어진 문명화된 인간이 문명 속에서 인공으로 세뇌된 가짜의 욕망을 충족시키기 위해 얻어 낸 지극히 부자연스러운 자유일지 모른다. 그것은 어쩌면 살아 있는 역사, 살아 있는 언어, 살아 있는 사회 속에서의 인간적인 삶이 거세된 인공의 자아가 누리는 부자유로서의 자유일지 모른다. 그렇다면, 디지털 문화에 조건화되어 인공의 욕망으로 인공의 삶을 살아가는 포스트모던 시대의 사람들은 무슨 꿈을 꾸며 살아갈까? 모더니즘이 자연상태의 욕망을 가진 자연인으로 돌아가고 싶은 사람들의 꿈 이야기라면, 포스트모더니즘은 자연인으로 돌아가는 것이 불가능하다는 것을 깨달은 사람들이 꾸게 된 절대허무의 악몽에 관한 이야기이다.

20세기 초엽의 모더니스트들도 니체적 의미에서는 허무주의자들이었다. 그들은 역사 속에 살아 있는 잔인한 현실을 '부정'(negation)함으로써 생동감 넘치는 새로운 현실을 창조하려 했었다. 그들은 디오니소스의 감성과 이드(Id)의 에너지와 만물에 편재하는 우주적 생명력이 어우러져 생동하는 세계를 다시 꿈꿨고, 인류의 정신사로서의 신화 속에 녹아 있는 생명에너지를 되찾아 오기를 바랐었다. 그러므로, 20세기 초를 풍미한 예술운동으로서의 모더니즘의 하나의 의미는 이 시대의 예술가들이 그들의 조락한 역사적 현실을 '수리'하려고 애쓰면서 꿈꾸었던 '인간적인' 세계를 예술적 방식으로 표현해 내려는 노력이다. 그들은 20세기 초 서구 역사의 추악한 현실을 앞에 놓고, 아폴로적 이성과 디오니소스적 감성이 유리되지 않은 세계, 의식의 내면에서 기억과 현재라는 시간이 연상작용을 하면서 물처럼 흘러가는 세계, 우주적 생명력의 유입으로 삶이 고동치는 세계, 인류가 만들어 온 오랜 신화들이 '인간이란 무엇이며, 무엇이어야 하는가?'를 말해 주는 세계를 꿈꿨었다.

그러나, 모더니즘의 세계를 넘어선 포스트모던의 세계는, 카뮈가 그의 『시지푸스의 신화』(*The Myth of Sisyphus*)에서 말했듯이, '어떤 나쁜 이유로도 설명할 수 없는 부조리'한 세계였다.[41] 20세기 현대문명 속의 개인이 자연적 삶의 필요와 리듬을 잃고, 전기장 속의 알루미늄 포일 조각처럼, 자발적 삶을 위해 어떤 일도 할 수 없는 '객체화된 인간'으로 살아가게 된 것이다. 세계대전에서 세계대전으로 이어지는 잔인한 역사 속에서, 존재는 문자 그대로 상상도 하기조차 어려운 악몽의 세계였다. 어떤 사람은 러시아에서 있었던 볼셰비키 테러나 스탈린의 숙청을 경험했을지도 모르고, 어떤 사람은 독일과 이탈리아에서 있었던 미치광이 파시스트들의 발작과 유태인 대학살을 목도했을지도 모른다. 또 어떤 이는 스페인 내전을 경험했을지도 모르고, 또 어떤 이는 히로시마나 나가사키에 투하된 원자폭탄의 무시무시한 위력을 절감했을지도 모른다. 이 시대의 유럽인들은 그들이 살아가던 역사 속에서 신이 어떤 목적을 가지고 인간을 창조했을 것이라는 아무런 증거도 찾을 수 없었고, 그들의 삶이 어떤 알 수 없는 부조리신(the Absurd God)의 손아귀에 잡혀 있을지 모른다는 두려움을 떨쳐 버릴 수 없었다. 그들이 살아가고 있는 세계는 온통 잔혹한 테러와 불가해한 부조리로 가득 채워진 불확실성의 세계였기 때문이다.

2차 세계대전 이후 냉전의 시대에 접어들면서, 20세기의 사상가들과 예술가들은 그들의 역사 속에서 어떤 나쁜 이유로도 설명할 수 없는 부조리와 마주쳤고, 온몸으로 부조리를 느끼며 부조리의 벽 앞에서 절망했다. 그러나, 모더니스트들의 허무주의적 긍정의 호흡은 카뮈와 사르트르 같은 실존주의 철학자들의 부조리 문학에서는 아직은 멈추지 않았다. 수필집 『시지푸스의 신화』에서 카뮈는 우리가 친숙하게 알고 있는 세상에서 한 발짝만 내려서면, 모든 것은 낯설고 부조리하다면서 다음과 같이 말한다.

> [일상에서] 한 발짝만 내려서면 세상이란 '정말로 알 수 없는 것'이라는 생각이 들면서, 감당할 수 없는 이방감이 몰려온다. 그것은 마치 돌멩이에서 느껴지는 이방감과 돌이킬 수 없다는 좌절감 같은 것으로서, 자연이 아니면 어떤 풍경이 얼마나 강하게 우리를 그들의 세계 속으로 받아들이기를 거부하고 있는가를 말해 준다. 모든 아름다움의 가장 깊은 곳에는 '인간적'이기를 거부하는 무언가가 들어 있다. 이렇게 생각하는 순간, 언덕배기들, 부드러움을 담은 하늘, 나무의 윤곽들—그 모두에게서 우리가 그것들에 입혀 놓았던 가공의 의미들이 모두 사라지고 만다. 그때, 그것들은 우리가 잃어버린 천국들보다 훨씬 낯설게 보인다. 수천 년의 세월을 가로질러 꼭꼭 감추어져 있던 인간에 대한 우주의 적개심이 표면으로 드러나는 순간이다. … 습관 때문에 보지 못했던 삶의 무대가 다시 민낯을 드러내는 순간이다. 그것은 우리들에게서 저만치 물러난다. 마치 수개월, 아니 수년 동안 사랑했었던 여인이 갑자기 낯설게 느껴질 때처럼. 우리를 그렇게 외롭게 만들어 놓고 갑자기 떠나 버린 그녀를 우리는 언젠가 다시 욕망하게 될지 모른다. 그러나, 그 시간은 아직 오지 않았다. 부조리란 바로, 그렇게 친숙하던 어떤 것에서 느껴지는 '도대체 알 수 없다는 황당한 느낌', 아니 '자신의 부류에 속하지 않는 다는 이방감' 바로 그것이다.[42]

이어서 그는 만약 어떤 나쁜 이유로도 설명할 수만 있다면, 이 세상은 그렇게 낯설게 느껴지지는 않을 것이라고 말하면서, 우리들의 삶에서 우리가 만나는 부조리란 인간과 삶 사이에 엇박자가 느껴질 때, 그것이 바로 부조리라고 말한다. 그리고, 이 수필집의 뒷쪽에 붙여 놓은 단편 「시지푸스의 이야기」를 통해 인간과 삶 사이에 끼어 있는 엇박자로서의 부조리가 어떤 것인지를 보여 주고, 그 부조리에서 벗어날 수 있는 '행복의 레시피'(the recipe of happiness)를 찾는다.

이야기 속에서 시지푸스는 이승이 너무나 아름답고 사랑스러워 도저히 한 번을 살고 그냥 죽을 수가 없었다. 그래서 그는 임종에 임해 자기의 부인에게 유언을 한다. “내가 죽으면, 내 시신을 넓은 광장에 던져 놓아 주시오.” 부인은 까닭을 알 수가 없었지만 사랑하는 남편의 유언이었으므로, 그의 유언에 따라 그의 시신을 광장에 던져 놓는다. 시지푸스는 죽은 후 염라대왕 앞에서 자기 처의 부도덕을 고하고, 그녀를 벌하고 돌아올 수 있도록 자비를 베풀어 줄 것을 간청한다. 염라대왕은 시지푸스의 꾀에 속아 시지푸스의 이승으로의 귀환을 허락하고, 시지푸스는 다시 한 번 깨물어 주고 싶도록 아름다운 이승의 삶을 즐긴다. 그러면서 그는 염라대왕의 계속되는 소환에도 응하지 않는다. 마침내 염라대왕은 시지푸스의 강제소환을 명령하고, 시지푸스는 다시 한 번 염라대왕 앞에 선다. 분을 이기지 못한 염라대왕은 신을 속인 시지푸스의 죄에 합당한 처벌을 곰곰이 생각한다. ‘철저하게 무의미한 무한한 노동’(endless futile labor) — 그것이 염라대왕이 얻은 답이었다. 시지푸스는 영원히 되굴러 내려오는 바위를 영원히 산꼭대기로 다시 밀어 올리는 벌을 받는다. 도대체 시지푸스가 지은 죄는 무엇일까? 그것은 너무나 아름다운 이승의 삶을 사랑한 죄가 아닐까? 카뮈가 생각한 부조리는 바로 여기에 있었다. 이승의 삶을 너무나 사랑한 죄로 철저하게 무의미한 무한한 노동이라는 벌을 받는다면, 이는 얼마나 엄청난 부조리인가?

수필집 『시지푸스의 신화』에서 카뮈는 신화 속에서의 시지푸스의 운명이 부조리신의 손아귀에 잡힌 인간의 비극적 운명이라고 말한다. 그러나, 카뮈는 여기에서 ‘비극적 운명의 시지푸스는 행복할 수 있는가?’라는 존재론적 질문을 던진다. 놀랍게도, 카뮈의 답은 비극적 운명의 시지푸스도 ‘행복의 레시피’를 찾을 수 있다는 것이었다. 그는 생각하는 힘과 작지만 무한히 소중한 자유의지로 인간은 부조리신인 염라대왕을 이길 수 있다고 생각했다. 세상을 움직이는 부조리신이 실수로 인간에게서 생각하는 힘을 빼앗지 않았고, 생각하며 살아갈 수 있는 작은 틈새의 자유의지도 남겨 두었다는 것이다. 영원히 돌을 되밀어 올려야 하는 비극적 운명 앞에서 시지푸스는 그 큰 바위를 앞에 놓고 버티어 서서 생각한다. '이렇게 버티면 조금은 힘이 덜 들겠지? 아니, 이렇게 밀어 올리면 잠깐은 쉴 수 있어!' 이것이 바로 비극적 운명의 시지푸스가 찾아낸 '행복의 레시피'였다. 시지푸스는 염라대왕이 죽었다 깨어난다 해도 이 작은 자유의지로 얻은 자신의 기쁨을 알아차릴 수 없음을 생각하며, 무한한 행복감으로 빠져든다. 이 수필집에서 카뮈는 외친다. 부조리를 만나지 않고는 어느 모퉁이 하나도 돌 수 없지만, 그 부조리 속에도 행복은 묻어 있다고.

20세기 중반 서구의 문화비평가였던 마셜 버먼(Marshall Bermann)도 역시 포스트모던 시대 부조리의 역사 속에서 작은 행복의 레시피를 찾는다. 버먼에게도 포스트모던 역사의 '근대성/근대후기성'(postmodernity)의 경험은 한편으로는 지극히 이율배반적인 경험이었지만, 다른 한편으로는 근대의 도시화된 풍경 속에 갇힌 무기력한 자아의 섬뜩한 경험만은 아니었다. 그에게도 역시, 도시 속에서 이름 없는 군상으로 되는대로의 허약한 삶을 살아간다는 것은 분명 집단주의에 빠져들어 침몰해 버린 자아의 처절한 모습이었다. 그러나, 그에게는 포스트모던의 문명 속에서 개인들이 오롯한 자아의 상실감 없는 실체감을 맛본다는 것은 근대적 경험의 특별한 한 조각임에 틀림이 없었다.[43]

뿐만 아니라, 그에게는 도시라는 근대적 풍경을 만들어 가는 문화적 감수성의 경험 또한 빼놓을 수 없는 근대적 경험의 일부였다. 버먼이 말한 대로, 1960년대와 1970년대의 근대화된 도시 뉴욕은 바로 한 발짝 앞에 자식들의 '죽음'을 예비하고 있고, 고즈넉하게 펼쳐져 있던 전통적 공간들을 짓부수어 고속도로를 만드는 위험천만한 공간이었다. 그러나, 그것은 인간이 어디에 어떻게 삶의 공간을 짓고, 얼마나 흥미진진하고 모험적인 삶을 살아갈 것인가에 대한 하나의 근대적 대답이기도 했다. 도구적 이성에 대한 굳건한 믿음에서 배태된 개인주의와 그들에서 비롯된 새로움의 경험이 이 시대 서구인들의 삶의 터전을, 한편으로는 예측조차 불가능한, 섬뜩하고 숨가쁜 위험의 시간과 공간으로 바꾸어 놓기도 했지만, 다른 한편으로는 격정적으로 삶을 끌어안게 하는 환상적인 시간과 공간을 만들어 주기도 했다는 것이다. 버먼에게 근대성의 경험은, 그곳에 도사리고 있는 유폐와 타락과 자기 상실과 물리적 죽음의 위험에도 불구하고, 하루하루가 새로운 것이었고, 다양함과 역동성이 배어 있는, 모험과 탐험으로 가득한, 흥미진진하고 짜릿한 경험이었다.[44]

그러나, 카뮈나 사르트르 같은 실존주의 철학자들이나 버먼과 같은 몇몇의 문화비평가들을 제외하면, 포스트모던의 문명에서 행복의 레시피를 찾은 사람들은 많지 않았다. 아도르노나 보드리야르나 제임슨 같은 포스트모던 시대의 문화비평가들에게 그들의 문명은 이제 더 이상 윤리와 규범, 질서와 아름다움, 사랑과 연민 등의 인간적 가치들을 순수한 상태로 머금은 숭고한 문명이 아니었기 때문이다. 그들에게 포스트모던의 문명은 인류의 행복보다는 상업주의적 이윤을 추구하는, 문화전체주의 속에서 개인의 주체성과 개체성을 말살하고 판단력을 마비시키는, 그들이 명명한 바의 "문명산업"(culture industry)[45]이 되어 버렸기 때문이다. 그들에게 20세기의 대중문화에는 수익을 계산해 기획되지 않은 것은 아무것도 없다. 예술이나 문학도 예외가 아니었고, 교육이나 종교도 예외가 되지 못했다. 이제 과학은 삶과 유리된 무한의 앎을 추구하게 되었고, 도덕은 관료제도하에서의 법이라는 규격화된 형식 속에 갇히게 되었으며, 소위 문명이란 것들은 쾌락의 도구가 되었고 편집광적인 무식과 몰상식이 자유라는 이름으로 포장되었다.

그들의 책 『계몽의 변증법』(*The Dialectic of Enlightenment*)에서 아도르노와 호르크하이머는 20세기의 상업주의적 자본주의 체제하에서 히틀러나 무솔리니나 스탈린과 같은 전체주의 독재자들이 자유정신과 비평정신이 죽은 '군중의 무리'를 몰아 국가주의적 사회주의를 만들고 문화를 함몰시킨 것은 조금도 이상한 일이 아니었다고 술회한다. 그것은 민주주의가 실패하고 자본주의가 타락한 현실에 지극히 불만족한 '소시민'(little men)들이 나치즘의 '자기민족우월주의'(ethnocentrism)나 스탈린의 '영원한 혁명'(endless revolution) 같은 구호들을 위해 기꺼이, 그리고 열광적으로 자신들의 자유를 양도해 주었기 때문이라는 것이다. 그래서 소시민들의 기꺼운 권리이양을 바탕으로 한 '전체주의적 민주주의'(totalitarian democracy)의 성립을 가능하게 해 주었기 때문이라는 것이다. 아도르노와 호르크하이머는 그들의 책에서 2차 세계대전 중 독일의 민족주의적 사회주의자들과 냉전시대 소련의 스탈린주의자들이 실패한 역사에 대한 불만족을 빌미로 집단적 '이드'를 조종함으로써 자행한 야만의 편집광적 테러들에 대해 다음과 같이 되뇐다.

> 어느 누군가가 도살장을 바라보며 '그저 동물들일 뿐이야!'라고 생각한다면, 아우슈비츠의 대학살은 그가 어디에 서 있든 바로 그곳에서 시작된다.[46]

동물이든, 사람이든, 아니면 그 어떤 피조물이든, 신비성이 사라지고 나면 한갓 가죽에 싸인 고깃덩어리에 불과하지 않을까? 아도르노와 호르크하이머에게, 무윤리적인 앎을 전유한 20세기의 전체주의 권력이 휘두른 폭력은 전대미문의 야만적 폭력이었고, 그 폭력은 존재의 신비성을 말살하는 역사상 가장 위협적인 폭력으로서, 인간 이성의 '자기 파괴적'(self-destructive) 광기에서 비롯된 것이었다.

인간 이성의 자기 파괴성은 전체주의 권력의 물리적 폭력으로만 나타나지 않았다. 제임슨이나 보드리야르와 같은 20세기의 문화비평가들이 간파했듯이, 신자유주의의 산업자본주의 경제체제하에서 발달한 정보/통신/영상문화는, 어쩌면 전체주의 권력의 물리적 폭력보다 더욱 가공할, '눈에 보이지 않는' 문화전체주의적 폭력을 담고 있었다. 여기에서도 문제는 무윤리적 앎이었고, 과학기술의 발달이었으며, 그에 힘입어 맹목적으로 우상화된 대중매체들의 힘이었다. 20세기 후반에 즈음해, 상업자본주의 논리의 전파자임을 자임(自任)한 다양한 대중매체들이 신(神)에 버금가는 우상화된 권위를 누리게 된 것이다. 그리하여, 물신주의 문명 속에서 자유정신과 비평정신을 잃고 '무뇌화(無腦化)된 대중'(unthinking mass)들이 대중문화의 높은 파도에 휩쓸려 주체성(subjectivity)을 잃고 허우적거리게 된 것이다.

제임슨이나 보드리야르에게 포스트모던 시대의 영상문명은 무뇌화된 대중들의 '민주적 동의'를 통해 부여된 신격(神格)화된 권위로 개인들의 판단력과 주체성을 말살하는 몹쓸 문명이었다. 다른 점이 있다면, 제임슨이나 보드리야르가 찾은 전체주의적 권위는 "문명과 그 불만족"에서 비롯된 가학성의(sadistic) 동의가 아닌, 탐닉과 도취에서 비롯된 피학성의(masochistic) 동의로 얻어진 것이라는 점이다. 현대문명 속의 무뇌의 대중들은 영상매체들이 만들어 내는 가지각색의 3차원적 영상문화를 미친 듯이 탐닉하며, 그것들이 만들어 내는 '현실 이상의 현실'(real more than real)인 '초현실'(hyper-reality)[47] 속으로 기꺼이, 그리고 자발적으로 빠져들어 그 속에서 장렬하게 익사한다.

문학에서의 포스트모더니즘은 이 시대의 역사가 만들어 낸 자기 파괴적 폭력과 가치의 진공상태(filling the void in values) 속에서 어떠한 '행복의 레시피'도 찾을 수 없다는 절망의 표현이다. 모더니스트 작가들이 온고지신(溫故知新)의 정신으로 과거의 아름다웠던 정신의 고결함에서 현대문명에 대한 수리(修理)의 비전을 보았다면, 포스트모더니스트 작가들에게는 그 어디에도 그러한 비전은 존재하지 않았다. 절대허무였다. 그리고, 베케트와 핀천, 로웰과 쿤데라, 그리고 보르헤스의 문학은 이 절대허무의 표현이었다.

베케트는 그의 극 『고도를 기다리며』(*Waiting for Godot*)에서, '인간은 자유의지를 가진 이성적 동물이라는 서구 이성중심주의 형이상학의 당위적 대전제를 해체하고 나면, 인간의 실존이 얼마나 초라한가? 나아가, 그 인간의 실존은 얼마나 엄청난 부조리에 종속되어 있는가?' 하고 묻는다. 무엇보다. 그는 성경의 「창세기」 편에 기술되어 있는, 인간은 만물의 영장으로 창조되었다는 인간 실존에 관한 목적론적 전제를 부정하고, 인간은 '지금', '여기에' 어떤 실존적 의미도 없이 던져져 있다는 실존주의자들의 실존주의적 전제를 받아들인다. 그리고, 행복에 관한 어떤 비방(秘方)으로서의 신(God)이나 계몽주의의 거대담론도 없이, 부조리신의 손아귀에 잡힌 인간이 어떻게 그에게 주어진 실존의 고통에서 벗어날 수 있는가를 고뇌한다.

이 극에 나타난 베케트의 허무는 절대허무였고, 그의 절망도 절대절망이었다. 그 때문에 그는 부조리신의 손아귀에 잡혀 버둥거리는 극 중의 인물들을, 한편으로는, 끝없이 연민한다. 그러나, 다른 한편으로는, 카뮈의 시지푸스처럼 부조리한 실존의 고통에서 벗어나기 위해 몸부림치지 않는 그들을 마음껏 조롱한다.

『49호 품목의 경매』(*Crying of Lot 49*)에서 핀천은 교감의 언어가 사라진 1960년대 미국의 캘리포니아를 배경으로 환각의 메마름으로 뒤덮인 고독과 절망의 삶을 살아가는 현대인들의 모습을 그린다. 소설 속의 허구의 도시 샌 나르시스(San Narsis)—소설 속의 인물 피어스 인버래러티(Pierce Inverarity)가 건설했다고 전해지고, 그가 그 안에 '소리 없는 트리스테로(Tristero)의 제국'의 정체를 암호화해 숨겨 놓았다고 믿어지는 이 '고통과 궁핍'의 도시에는 도대체 어떤 사람들이, 도대체 무엇을 하며 살아가는 것일까?

소설의 주인공 에디파 마스(Oedipa Mass)는 수수께끼 같은 암호를 담은 피어스의 유언장을 들고, 미국을 상징하는 소리 없는 트리스테로의 제국의 정체를 찾아 정처 없이 방랑의 길을 떠난다. 그러나, 그곳에서 그녀는 이 제국에 관한 어떤 단서도 찾지 못한다. 그곳에서의 모든 교신체제들이 지독한 소음으로 오염되어 있었기 때문이다. 그곳에는 깊은 감성과 무언의 감흥으로 세상과 세상을 따뜻하고 행복하게 관계 지어 주는 어떤 형태의 교감의 언어도 없었다. 그곳에는 진솔함과 윤리의식이 배어 있는 어떤 형태의 사랑의 언어도 없었다. 그곳에는 오직 육욕의 언어와 현재의 언어와 환각의 언어밖에는 없었다. 그곳에서의 언어는 유희나 장난의 언어이거나, 사기와 공갈과 협박의 언어이거나, 신화적 언어가 실종된 무역사의 언어이거나, 천박한 욕망의 육욕의 언어뿐이었다.

피어스의 유언장을 들고 그 도시에 살아가는 수많은 사람들을 만나면서 에디파는 헤어 나올 수 없는 고독과 절망에 부딪힌다. 변호사들, 악사들, 사이비 과학자들, 정신분열증의 노파, 화물차 칸에서 판자를 깔고 앉아 노는 아이들, 떠돌이 방랑객들, [버려진 침대차에 살던] 무단 정착민들, 정처 없이 밤길을 따라 떠도는 이주민들 등등—그들은 모두 트리스테로의 흔적들을 움켜잡고 환각 속에서 불통의 언어로 살아가는 사람들이다. 이들 중 어느 하나도 닫힌 체제에 저항하다가 역부족으로 추방당한 트리스테로가(家)에 대해 생각하는 사람은 없다. 그들 중 어느 누구도 300년 전에 '약음기가 달린 우편나팔'을 문장(紋章)으로 해서 독점적 우편체제에 저항하다가 상속권을 빼앗긴 트리스테로 가계(家系)가 물려주려 했던 것이 무엇이었던가에 대해서 생각해 본 사람은 없다.

자신도 마약과 술로 반쯤은 환각의 세계에 빠져 있는 에디파—그녀를 에워싸고 있는 주변 환경은 소음과 사기, 술과 마약, 순간의 쾌락과 편집(偏執)과 망상으로 오염되지 않은 곳은 어디에도 없다. 그녀가 가는 곳에는 어디에나 잘못된 곳으로 오도하는 왜곡된 흔적들만 있을 뿐, 바른 길을 가리키는 이정표는 어디에도 없다. 그녀가 만나는 사람들은 어느 누구도 정확한 정보를 가지고 있지 않는 것은 물론, 파편화되어 쓸모가 없거나 오염되어 본질이 훼손된 거짓 정보밖에 가지고 있지 않다. 그들의 언어에는 과거는 죽어 유령으로만 남아 있고, 현실은 죽어 환각 속에 누워 있다. 대중 속의 오이디푸스인 에디파가 현대문명의 정보의 늪에서 삶으로부터 유리되어 길을 잃고 미궁을 헤매게 되는 것은 어쩌면 너무도 당연한 일이다.

소설 『참을 수 없는 존재의 가벼움』(*The Unbearable Lightness of Being*)에서 쿤데라는 포스트모던의 시대가 직면한 진퇴양난의 정신적 위기상황을 그린다. 존재는 무거워야 하는가? 얼마나 무거워야 하는가? 쿤데라에게 인본주의적 가치의 무거움이 담기지 않은 삶은 의미 없는 삶이다. 그러므로, 삶은 분명히 무거워야 한다. 그러나 그에게 섹스를 위해 아내를 버리는 프란츠(Franz) 같은 인물이 추구하는 것과 같은 '존재의 무거움'은 지탄받아 마땅하다. 이혼을 받아들이지 않던 프란츠의 아내가 남편이 죽어 시신으로 돌아왔을 때 그의 '오랜 방황을 끝내고 돌아옴'(A return after long wanderings)을 감격해서 받아들이는 것과 같은 구 질서의 맹목적인 수용은 존재를 '참을 수 없이 무겁게 하는 것'이다.

그렇다면, 존재는 가벼워져야 하는가? 쿤데라에 의하면, 1968년의 프라하와 같은 역사적 현실하에서는 '삶의 가벼움'은 선택의 문제가 아니라 필연의 문제였다. 1968년의 소련식 공산주의의 지배하에서 살아남은 인본주의적 가치란 어느 하나도 없었기 때문이다. 모든 가치는 '싸구려 이념'(kitsch)이 되어 버렸기 때문이다. 소설의 주인공 토마스(Thomas)와 사비나(Sabina)는 삶의 모든 무거운 것들을 던져 버리고 '자유인'(libertine)이 된다. 토마스는 자신의 모든 것을 우연과 욕망에 맡기고 자포자기의 삶을 살아간다. 반면, 사비나는 관습에 얽매이지 않은 자연스런 욕망에서 가치와 아름다움을 찾으려 한다. 그러나, 1968년의 프라하에서 '자유인'으로서의 '가벼운' 삶 속에 행복은 있었을까?

토마스는 '여섯 번에 걸친 우연'으로 만난 여인 테레자(Tereza)에 대한 끌림으로 '자유인'으로서의 삶을 끝내고, '무거운 삶'에 한 발짝 다가선다. 의사이면서도 의사 노릇을 할 수 없는 프라하를 떠나, 테레자와 함께하는 시골살이를 택하는 것이다. 그러나, 시골에서는 소련 공산당의 폭거는 피할 수 있었지만, 그곳에도 행복은 없었다. 우연을 관장하는 부조리신의 장난으로 그들 부부는 교통사고를 당해 '참을 수 없이 가벼운 삶'을 마무리하게 되기 때문이다. 자연스런 욕망에서 가치와 아름다움을 찾으려 했던 심미주의자로서의 사비나의 삶도 '참을 수 없이 가벼운' 불행한 삶이기는 마찬가지였다. 그녀는 프란츠의 열정과 창의성이 결여된 '싸구려 욕망'을 피해 미국으로 도망친다. 그러나, 그곳에서 그녀가 할 수 있는 일이라곤, 나이 많은 어느 노부부와 함께 살다가, 토마스와 테레자 부부의 죽음의 소식을 듣는 것뿐이었다. 1968년에 프라하에 살았던 사람들에게 한쪽의 삶은 '참을 수 없이 무거운 삶'이었고, 다른 한쪽의 삶은 '참을 수 없이 가벼운 삶'이었다.

20세기 중반 냉전의 시대를 살았던 미국 시인 로웰에게 '삶은 참을 수 없이 무거웠다.' 청교도 건국 선조들의 후예였던 그에게 과거는 아무리 몸부림쳐도 벗어날 수 없는 업(業)이었기 때문이었다. 그는 냉전 시대의 미국을 바라보며, 전쟁의 포화 속에서 사라질 운명에 있는 도시 바빌론(Babylon)을 생각했고, 그 도시의 정신을 옭아매던 '…하는 자는 물고(物故)를 낼 것이다(He shall be put to death)'라는 말로 뒤범벅이 되어 있는 함무라비 왕의 법전[48]을 떠올렸다.

그의 대표 시집 『인생 공부』(*Life Studies*)의 많은 시들에서, 로웰은 자신의 퓨리턴 선조들이 세운 거대문명 앞에서 왜소해진 자아의 거세공포증에 시달리면서, 20세기 문화전체주의 문명의 조악한 모습을 그린다. 「울적한 기분으로 아침에 일어나」("Waking in the Blue")에서, 시인은 자신이 우울증으로 종종 드나들었던 정신병원을 배경이자 상징으로 사용해, 약물로 '백치화된 채'(lobotomized), 목적도, 의지도, 의미도 없이, 거세 위기에 내몰린, 정신병원에 갇혀 살아가는 박제된 자아의 초췌한 모습을 그려 낸다. 고결함을 잃은 '맹랑한 야망'으로 자신이/자신의 선조들이 건설한 거대한 정신병원 같은 현대세계—그는 그 세계를 벗어나 살아남을 수 있을까?

> 하루와 또 하루 사이
> 시간은 흐른다,
> 로만 가톨릭 시제(侍祭)들의
> 짧게 깎은 머리와 독신 남자의 멋대가리 없는 눈빛.

(이제 가톨릭 교회에는
삶을 뭉쳐 들고 메이플라워호를 탔던 괴짜는 없다.)

우리 모두는 시대에 뒤진 인간들이다,
날을 접어 손에 움켜잡은, 정신이 문드러진 인간들이다.[49]

문화전체주의적 거대문명의 창조자로서의 냉혹한 자의식, 그 문명의 위협에 대한 거세공포증, 그 문명 속에서 살아남고 싶은 강렬한 욕망—고백시인 로웰의 고백시의 요체들이다. 그렇다면, 시인 로웰은 포스트모던 문명에의 절망에서 오는 자신의 허무주의를 이겨 낼 수 있을까? 그러나, 이 시대에 로웰이 맞은 허무는 절대허무였다. "허무주의자는 지금 이 자리에 살고 싶어 하면서도 / 끊임없이 허물어져 내리는 언덕에 눈길을 준다(A nihilist has to live in the world as is, gazing the impossible summit to rubble)."[50] 그의 시 「영웅 허무주의자」("The Nihilist as Hero")의 1절이다.

「갈래 길의 정원」("The Garden of Forking Paths")과 「바벨의 도서관」("The Library of Babel")에서 중남미의 대표적 포스트모더니스트인 보르헤스는 '의미의 미로' 속에 갇힌 현대인들의 절대절망을 그린다. 물론 이 단편들에 그려져 있는 '의미의 미로'들은 정복자로서 피정복 상태에 빠져 역사의 미로 속에 유폐된 중남미인들의 역사에 대한 하나의 은유이다. 그러나, 그것은 동시에 의미와 진리의 부재에 대한 현대인들의 강박증을 나타내는 상징으로서 현대인들이 처한 인식론적 위기상황에 대한 보다 보편적인 상징이다. 이 단편들은 20세기에 들어 정복자로서 막다른 골목에서 길을 잃었던 중남미인들의 실패한 역사를 신랄하게 풍자한다. 동시에 이 단편들은 상징과 언어에 실려 있는 '의미'의 정복을 추구하면서 수많은 "갈래 길"의 언어와 상징을 실험했던 구조주의와 포스트구조주의 언어학자들의 실패한 언어학에 대한 날카로운 풍자이기도 하다.

포스트모던 시대의 역사학자였던 푸코에게, 이 시대 디스토피아의 원인은 이 시대에 만들어진 이질세계(異質世界/heterotopia)였다.[51] 푸코에 의하면, 이 시대에 와서 존재를 구성하고 있는 모든 요소들이 서로가 서로를 포용할 수 없는 '순수한 차이'를 지니고, 영원히 평행선상에서 존재하기 때문에, 그들이 유토피아가 되기에 절대적으로 필요한 유기적 관계를 이룰 수 없게 되었다. 보르헤스의 「갈래 길의 정원」과 「바벨의 도서관」은 현대의 이질세계에 대한 멋진 이미지들이다. 그 가운데에서 특히 「바벨의 도서관」은 푸코의 '이질세계'에 대한 촌철살인의 이미지이다.

보르헤스의 단편에서 포스트모던의 현대세계를 상징하는 "도서관"은 쓸모없는 정보들로 가득 채워진, 장서의 배열에서 어떤 질서도 찾을 수 없는, 의미 있는 삶을 위해 어떤 지식도 구할 수 없는, 거대한 공간으로서의 거대한 미로이다. 만약 이 도서관에 어떤 질서가 있다면, 그것은 아마 무질서의 질서이거나, 평행선의 질서일 것이다. 하나의 예를 들면, 이 단편에 나오는 중국의 어느 백과사전에는 범주는 무질서하게 정해져 있고, 수록된 표제어들 상호 간에는 어떤 유기적 관계도 없다. 그 백과사전에는 '황제소유의', '미라로 보존된', '길이 잘 든', '돼지 새끼들', '부랑견'(浮浪犬), '미친', 등으로 동물이 분류되어 있고 아무런 타당한 기준이 없다. 보르헤스가 이 단편에서 백과사전의 메타포를 빌려 보여 주려고 했던 것은 무엇일까? 그것은 아마, '포스트모던의 현대세계에는 어느 둘이 비슷한 성질을 가질 수 있는 기초가 없고, 그러므로 어느 둘도 비슷한 성질을 가지지 못한다. 그래서, 이 세상에 존재하는 모든 것들은 어떤 영적 교감도 없는 영원한 평행선 위에서 살아가야 한다'는 절대절망이 아닐까?

제1장

포스트모던 문명의 전조들

1. 호기심 콤플렉스(Curiosity Complex), 그리고 멈춤장치 없는 앎에의 욕망

중세의 서구인들은 기적을 꿈꾸며 앎에의 욕망을 억눌렀었다. 그러나, 인본주의에 대한 굳건한 믿음을 가졌던 르네상스 시대의 서구인들은 더 이상 앎에의 욕망을 억누르지 않게 되었고, 그 때문에 이 시대에 앎에 대한 소크라테스적 욕망의 대폭발이 일어났으며, 세상의 모든 사악한 앎들이, 마치 그리스 신화 속의 판도라가 '판도라 상자'를 열었을 때처럼, 세상 밖으로 풀려나오게 되었다.

그리스 신화 속에서 판도라는 제우스가 대장장이 신 헤파이스토스에 명해 창조한 태초의 여인이다. 그녀에게 아테네 신은 옷을, 아프로디테 신은 아름다움을, 헤르메스 신은 말(speech)을 선물로 주었었다. 그러나, 프로메테우스가 하늘에서 불을 훔쳐다가 인간에게 주었을 때, 제우스는 그에게 복수를 하고자 했고, 갖가지 악으로 가득한 아름다운 상자 하나를 들려 그녀를 프로메테우스의 동생 에피메테우스에게 보냈다. 제우스가 판도라에게 당부했다. "어떤 일이 있어도 이 상자를 열어서는 안 된다." 판도라는 많은 재능을 지닌 더없이 아름다운 여인이었지만, 호기심을 참지 못하는 아둔한 본성의 소유자였다. 호기심에 휘둘린 판도라는 그만 상자를 열고 말았고, 상자 속에 갇혀 있던 모든 악들이 세상으로 흩어져 나왔다. 판도라가 상자를 도로 닫았을 때에는 이미 갇혀 있던 모든 악들이 밖으로 빠져나온 터였고, 상자 속에는 바닥에 깔려 있던 '희망'만이 남아 있게 되었다. 판도라는 몹시 슬퍼했고, 제우스의 진노를 두려워했다. 그러나, 제우스는 그녀를 벌하지 않았다. 그는 복수를 원했고, 그리 될 줄 알고 있었기 때문이다.

르네상스 시대, "신이 위대하고 존엄하지만, 인간도 위대하고 존엄하다"를 외치며 인본주의에 바탕을 둔 찬란한 세계를 꿈꿨던 사람들은 어쩌면 호기심을 주체할 수 없어 사악한 앎들을 세상에 풀어 놓은 근대판 판도라일지 모른다. 그리고, 포스트모던의 시대에 펼쳐지는 무시무시한 호기심의 파노라마는 어쩌면 인간을 곤경에 빠뜨려 구원(舊怨)을 풀고자 했던 제우스의 프로메테우스에 대한 복수 같은 것인지 모른다.

만약에 인간에게 호기심이 없었다면, 인간 사회는 영원한 원시에 갇히고 말았을 것이다. 호기심을 가지지 못했었다면, 인간은 사냥하고, 요리하고, 집을 짓는 아주 단순한 문명조차 누리고 살지 못했을 것이며, 어쩌면 석기시대에서 인간의 역사가 영원히 멈췄을지 모른다. 호기심으로 필요가 창조되고, 필요가 있어 앎의 폭이 넓혀지며, 그것으로 역사는 발전하기 때문이다. 에세이 「젊은이에게 주는 늙은이의 충고」("Old Man's Advice to Youth")에서 아인슈타인은 삶에서 가장 중요한 것은 '이건 무엇이며, 저건 무엇일까?'라는 의문을 갖는 것이라고 다음과 같이 역설한다.

> 중요한 것은 물음을 멈추지 않는 것이다. 호기심이란 그 자체의 존재 이유를 가지고 있기 때문이다. 영원함이라는 것과, 삶과, 현실이라는 놀라운 구성체—이 신비로움들을 앞에 놓고 어찌 경외감에 젖지 않을 수 있겠는가? 매일매일, 이 신비로움의 작은 한 조각이라도 이해하려고 노력하기 바란다.[1]

그러나, 만약에 '세상의 신비에 경외감을 갖는' 인간의 본성이 호기심 콤플렉스(curiosity complex: an insatiable addiction to new information and intrigue)라는 어떤 정신병적 소양이라면, 다시 말해, 어떤 목적성도, 어떤 윤리성도, 어떤 방향성도 없이 새로운 앎을 끊임없이 갈구하는 것이거나, 또는 불치의 욕망에 중독되어 스스로를 파멸에 이르게 할지 모르는 자학적 음모를 끊임없이 꾸미는 것이라면, 도대체 인간의 역사는 어디로 갈 것인가? 왜 인간들은 하늘에 떠 있는 별들을 쳐다보며 끝없는 상상의 나래를 펴는 것이며, 풀 한 포기, 나무 한 그루, 풀벌레 한 마리에서 생명의 신비를 찾으려는 것이며, 벼락이 내려칠 때의 빛의 떨림이나 천둥이 칠 때의 소리의 떨림에 매혹되어 뜬눈으로 밤을 지새는 것일까?

인간이 하늘을 쳐다보며 상상의 나래를 펴기 전에, 생명의 신비를 파헤치기 전에, 어떤 떨림에 매혹되어 밤을 지새기 전에 해야 할 무엇은 없을까? '우주의 이 작은 신비'를 푼다는 것이 인간에게는 도대체 무슨 의미가 있을까? 이 작은 신비를 풀면, 그다음은 도대체 무엇일까? 이 작은 신비가 풀리지 않고 있을 때, 세상은 더 아름답지 않을까? 아니면, '너'와 '나' 사이에는 더 많은 행복이 있지 않을까? 인간의 정신은 목적성도, 윤리성도, 방향성도 없는 호기심으로 그저 채워지기만 하면 되는 그릇이 아니다. 그것은 빛이 필요한 곳에 밝혀져야 할 횃불 같은 것이어야 한다. 호기심 콤플렉스가 포스트모더니즘의 전조가 되는 이유이다.

르네상스 시대의 극작가였던 크리스토퍼 말로(Christopher Marlowe)는 그의 비극 『포스터스 박사의 슬픈 이야기』(*The Tragical History of Doctor Faustus*)에서 목적성과 윤리성과 방향성이 없는 앎에 대한 무한한 욕구가 인간들에게 어떤 비극적 결말을 가져올 것인가에 대한 깊은 우려와 통찰을 보여 준다.[2] 이 극에서 주인공 포스터스는 무분별한 호기심에 무한정 끌리는 호기심 강박증 환자로서 악마에게 영혼을 팔아 그 욕망을 채우려 하는 비극적 주인공이다. 그는 호기심으로 그가 추구하는 무한한 권력이, 무한한 영광이, 무한한 부가, 무한한 쾌락이 삶 속에서 무엇을 의미하는지 모른다. 그는 다만 그것들을 얻고자 했고, 그래서 악마 메피스토필리스(Mephistophilis)와 거래하여 자신의 영혼을 파는 것이다.

당대의 촉망받는 학자로서 포스터스는 기존의 논리와 의학과 법과 종교에 싫증을 느끼고, 전통 학문의 한계를 넘어서기 위해 '검은 앎'으로서의 마술을 배운다. 그리고, 마술사로서의 첫 번째 일을 악마 메피스토필리스를 불러내, 24년 동안의 검은 마술의 대가로 자신의 영혼을 팔겠다고 혈서로 서명하는 것으로 그의 호기심 대장정을 시작한다. 포스터스에게 메피스토필리스는 경고한다. 검은 앎을 추구한다는 것은 영혼을 판다는 것이며, 영혼을 판다는 것은 지옥에 떨어진다는 것이며, 지옥에 떨어진다는 것은 삶에의 축복을 영원히 잃어버리는 것이라고 다음과 같이 말해 준다.

> 이봐, 이건 지옥이야, 나는 지금 그 속에 있어.
> 생각 좀 해 봐! 신의 얼굴을 마주했고,
> 천국의 영원한 기쁨을 맛보았던 내가,
> 지금은 영원한 축복을 잃고,
> 수천 가지 지옥에서 헤매고 있지 않냐 말이야?[3]

그러나, 포스터스는 메피스토필리스의 경고에 아랑곳하지 않는다. 무한한 앎에의 무한한 욕망으로 악마와의 검은 거래를 통해 얻은 마술이 그에게 그가 얻고자 했던 권력과 부와 명성과 쾌락을 가져다줄 것이기 때문이었다. 그는 교황의 따귀를 때려 보기도 하고 알렉산더 대왕의 혼을 불러내 보이기도 하면서 영혼을 팔아 얻은 검은 마술의 힘을 만끽한다. 그러나 시간의 수레바퀴는 여구히 돌아 24년의 계약기간이 끝나고 포스터스는 두려움 속에서 죽음의 문턱에 당도한다. 이 시점에서마저도 그는 자신의 인생을 되돌아보거나 회개하지 않는다. 그는 삶의 한 촌각까지도 촉감의 촉촉함을 찾아 헤맨다. 메피스토필리스에게 명해 그리스 시대 절세의 미인 헬렌의 환영을 불러오게 하는 것이다. 그리고는 그녀에게 닿을 수 없다는 절망과 허공에서 그녀를 품에 안은 환희가 뒤섞인 목소리로 검은 마술의 마지막 찌꺼기까지 들이마신다.

> 이게 바로 수천 척의 배를 띄워 트로이의 성벽을
> 불태운 그 얼굴인가? 오 아름다운 헬렌,
> 당신의 입맞춤으로 나를 불사신으로 만들어 주오. …
> 내가 파리스가 되겠소. 그리고, 사랑을 위해,
> 트로이 대신 비텐베르크(Wittenberg)가 불타게 하겠소.
> 내가 연약한 메넬라오스와 일전을 벌일 때,
> 내 깃털 달린 투구에 당신의 문장을 꼽겠소. 그리고,
> 승리의 입맞춤을 위해 당신에게로 돌아오겠소.[4]

그러나, 그는 곧 그의 환희가 한갓 한바탕의 헛된 꿈이었음을 깨닫는다. 악마들의 손아귀에 잡혀 지옥으로 끌려가면서 그는 자신을 저주한다.

> … 짐승들은 모두 행복하여라,
> 그들의 혼은 죽으면 곧 대자연의 원소들로
> 돌아갈 수 있으니. 그렇지만, 나의 영혼은
> 지옥에서 오랜 천형에 시달릴 것이다.
> 나를 낳은 부모님, 저주를 받으소서!
> 아니야, 포스터스, 너 자신을, 루시퍼를 저주해야지!
> 그가 너에게서 천국의 기쁨을 앗아 갔잖아.[5]

무한히 넓혀진 욕망의 지평 위에서, 영혼을 팔아 얻은 '금지된 앎'(forbidden knowledge)으로 바람을 일으키고 구름을 쪼개는 힘을 얻고자 했던 포스터스—그는 결국 악마의 손에 잡혀 지옥으로 끌려간다. 검은 마술(necromancy)—분별력을 잃은 앎에의 무한한 욕망을 채워 주는 헛된 기술—을 원했던 자의 최후이다.

그렇다면, 악마 루시퍼(Lucifer)가 포스터스를 위하여 만들어 놓은 '지옥'(hell)이란 도대체 어떤 곳일까? 단테가 그의 『신곡』(*The Divine Comedy*)에서 상상했던 대로, 죄를 정화하는 유황불꽃이 갈색 연기 속에서 영원히 타오르는 그런 곳일까? 그보다는 어쩌면 포스터스가 떨어진 지옥은 도스토옙스키가 『카라마조프가의 형제들』에서 말한 대로, 자신을 "사랑할 수 없기에 겪는 고통"[6]으로 숨을 쉴 수 없는 어떤 곳이 아닐까? 포스터스의 지옥은 단순히 정신적·신체적 부자유의 지옥이 아니기 때문이다. 또한 물질이나 쾌락이 결핍된 지옥도 아니기 때문이다. 너무나 많은 사악한 앎으로 얻은 주체할 수 없는 자유와, 주체할 수 없는 풍요와, 주체할 수 없는 쾌락의 디스토피아(dystopia)일 것이기 때문이다. 포스터스가 떨어져야 하는 지옥은 영혼을 잃은 몸뚱이가 주체할 수 없는 자유와 풍요와 쾌락의 도가니에서 영겁의 세월을 보내야만 하는 곳이다. 포스터스에게는 아주 작지만, 더럽혀지지 않은 영혼을 가지고 살아가는 뭇 짐승들이 참으로 '행복해' 보인다. 포스터스는 자신을 낳아 준 부모를 저주한다. 그리곤, 기쁨의 천국을 스스로에게서 빼앗은 자신과 그를 유혹한 악마 루시퍼를 저주한다.

영혼을 잃어버린 몸뚱이가 누리는 주체할 수 없는 자유와 풍요와 쾌락—그것들이 곧 무분별한 호기심 때문에 영혼을 팔아 '금지된 앎'을 얻은 포스터스가 누리는 무시무시한 자유이자 무시무시한 풍요와 쾌락이다. 그렇다면, 영혼을 팔아 버린 포스터스가 누리는 무시무시한 자유와 풍요와 쾌락은 문명의 온갖 이기 속에서 겉으로 누리는 엄청난 자유에도 불구하고, 매스 미디어와 사이버 공간에 갇혀 영혼을 잃은 채, 듣지도, 보지도, 느끼지도 못하고 살아가는 포스트모던 시대 현대인들의 그것들과 무엇이 다른가? 포스트모던의 시대에 이르러, 욕망의 지평이 무한히 넓혀졌고, 경험의 지평도 무한히 넓혀졌다. 이에 따라, 자유와 풍요와 쾌락의 지평도 말할 수 없을 만큼 넓혀졌다. 그러나 우리는 행복한가? 만약 그 무한히 넓혀진 자유와 풍요와 쾌락의 공간에서 우리가 행복하지 않다면, 그것은 무엇 때문일까?

2. 자기-사랑 콤플렉스(Self-Love Complex), 그리고 자기 파괴적 자기 사랑

누군가가 자기를 사랑할 수 있다는 것은 신이 내린 축복 가운데 가장 큰 축복이다. 그것으로 인간은 자기와의 로맨스를 시작하고, 자기를 용서하고, 자기에게 기대어 삶을 꾸려 갈 수 있기 때문이다. 그것으로 불확실한 미래 앞에서도 자신을 믿고 마음의 안정을 찾을 수 있으며, 기쁘고 즐거운 일 앞에서 스스로에게 당당할 수 있고, 궁핍과 시련 앞에서도 자기를 일으켜 세울 수 있기 때문이다. 또한, 오직 자기에 대한 사랑과 애정 속에서만, 자신의 내면에 잠재해 있는 최고의 아름답고 인간적인 것들이 최선의 상태로 발현될 수 있기 때문이다. 그러므로, 전 우주를 다 뒤진다 해도, 누군가의 삶에서 자신에게 베푸는 사랑과 애정보다 더 값지고 소중한 것을 찾기는 어려울 것이다.

그러나, 누군가의 삶이 아름답고 값진 삶이 되기 위해서는, 자기 사랑은 건전한 것이어야 한다. 그렇다면, 자기 사랑이 건전하다는 것은 무엇을 의미하는가? 그것은 아마, 자기 사랑이 자기 스스로에게는 물론, 다른 사람들에게도 '내가 왜 나를 사랑하는가?'에 대해 설명할 필요가 없을 때일 것이다. 너무나 많은 사람들이 자신이 지닌 참 가치를 과소평가한다. 이때에 그들은 자신이 왜 자신의 참 가치를 알아보지 못하는가를 스스로에게 설명해야 할 것이다. 너무나 많은 사람들이 아주 종종 자신이 가진 약점들을 미화하여 침소봉대(針小棒大)한다. 이때에도, 그들은 왜 허황된 생각으로 다른 사람들의 눈을 속이려 하는지를 스스로에게 설명해야 할 것이다. 자신의 가치를 알아보지 못하는 사람은 다른 어떤 것의 가치나, 다른 어떤 사람의 가치도 알아보지 못할 것이기 때문이다. 또한, 있는 그대로의 자신의 모습을 내보이지 않고, 그래서 다른 사람을 속이려 한다면, 다른 사람들과의 관계 속에서 만들어지는 어떤 행복도 없을 것이기 때문이다. 그러므로, 자신의 참 가치에 대한 합리적인 자신감은 건전한 자기 사랑의 조건이다.

자기 사랑이 건전하기 위한 가장 중요한 또 하나의 조건은 자기 사랑이 '자기만의 사랑'(selfishness)이 되어서는 안 된다는 것이다. 자기만의 사랑은 자기가 원하는 대로 다른 사람이 살아 주기를 바라는 마음이며, 세상이 어떻게 되든 자기만 좋으면 그만이라는 마음이다. 세상에 존재하는 유형-무형의 재화는 한정된 것이기에, 어떤 필요에 대한 한 사람의 지나친 충족은 필연적으로 그를 둘러싸고 있는 뭇 사람들의 결핍을 의미한다. 자유에 대해서도 마찬가지이다. 어떤 특정한 한 사람의 지나친 방종은 궁극적으로 그의 주변에 있는 뭇 사람들의 부자유를 유발한다. 자기 사랑이 자기 표현(self-expression)에 대한 강한 욕구로 이어질 때에도 역시 그렇다. 어떤 한 사람의 지나친 자기 표현은 그와 관계를 갖는 뭇 사람들의 자기 표현의 욕구를 저해하거나 말살하는 경향이 있다. 그러므로, 자기 사랑을 추구하는 사람들은 언제나 자기 사랑이 자기만의 뒤틀린 사랑으로 변질되지 않도록 경계를 소홀히 해서는 안 된다. 자기 사랑이 자기만의 사랑이 될 때, 세상은 경쟁과 질시와 갈등과 투쟁으로 뒤덮이게 되고, 세상 사람들은 어떤 교감이나 감응도, 어떤 공감이나 연민의 감정도 없이 살아가게 될 것이기 때문이다.

19세기 독일의 철학자였던 니체는 그의 대표 저서 『짜라투스트라는 이렇게 말했다』에서 '범인'(layman)들의 맥없는 일상을 초월해서 살아가는 '초인'(Overman/Superman/Ubermensch)이 되기 위한 한 가지 조건이 '자기 사랑'이라고 말하면서, 자기 사랑이 건전한 자기 사랑이 되기 위한 또 하나의 조건을 제시한다.

> 타조는 가장 빨리 달리는 말보다 더 빨리 달릴 수 있다. 그럼에도 그는 흙더미에 고개를 처박고 달릴 생각을 하지 않는다. 비상을 꿈꾸지 않은 인간은 달릴 생각을 하지 않는 타조와 같다.
>
> 그는 지구 위에서 살아간다는 것을 참으로 무겁게 느끼는 사람이다. 그래서 지구의 중력에 눌려 살아가는 사람이다. 그러나, 새는 자신을 사랑해야 하고, 사람은 삶을 가볍게 느끼도록 해야 한다. 이것이 나의 가르침이다.
>
> 물론, 아프고 병든 자의 방식으로 자신을 사랑해서는 안 된다. 왜냐하면, 그들에게서는 자신을 사랑하는 것마저도 구린 냄새가 나기 때문이다!
>
> 사람은 자기를 사랑할 줄 알아야 한다—내 가르치노니—건전하고 건강한 사랑으로 굳건히 홀로서야 하며, 쓸데없이 방황해서는 안 된다.[7]

니체에게 있어서, 범인을 초인으로 이끌어 주는 것은 자신에 대한 사랑이며, 자신의 능력이 얼마나 대단한가를 알아차리는 것이다. 이 책에서 니체는 자신에게 잠재해 있는 본능과 충동을 깨워내 자신의 능력을 알아차릴 수 있게 하고, 그리하여 타의 지배에서 벗어나려는 자주(自主)의 의지를 키워 주는 자기 사랑의 의지를 '힘에의 의지'(the will to power)라고 했다. 그리고, 힘에의 의지로 범인의 경지를 넘어섬으로써 관습적인 도덕률을 초월해 자신만의 도덕률을 창조하는 자를 '초인'이라고 했다. 니체에 의하면, 자신의 생각과 행동과 창조적 의지에 대해 자긍심을 가진 초인만이 하나의 관점에 시선을 고정시킨 채 독선에 빠져 있는 전통적인 도덕에서의 '선과 악'의 관념을 넘어서서 모든 속박으로부터 자신을 자유롭게 할 수 있는 것이다.

그러나, 니체는 이 책에서 '힘에의 의지'가 그릇된 자기 사랑으로 자아의 능력을 부정의 방향으로 깨워 내는 것을 경계했다. 수양을 쌓지 못한 자의 힘에의 의지는 가늠하기 어려운 야만의 폭력을 낳을 수 있기 때문이다.

그러므로, 니체의 자기 사랑은 힘에의 의지가 자신의 내면에 잠재된 수성(獸性)을 제어하도록 자기-수양을 행한 자로서의 '초인'의 자기 사랑이며, 힘에의 의지로 자신이 보다 심오하고, 보다 강하고, 보다 독립적인 정신을 갖도록 끊임없이 자신을 채찍질하는 자의 자기 사랑이다. 거꾸로 이야기하면, 초인의 자기 사랑은 자주의 정신을 키워 내 자아를 심오하고 강하게 하지만, 정신이 아프고 병든 자의 자기 사랑은 삶을 썩어 악취로 가득하게 한다는 것이다.

서구의 역사에서 '자기-사랑'의 정신이 '자기만의 사랑'이 되고, 자기-수양의 부족으로 삶이 썩어 악취로 가득하게 된 것은 산업혁명 이후의 일이다. 그의 책 『중세시대의 사랑』(*The Problem of Love in the Middle Ages*)에서 피에르 루슬로(Pierre Rousselot)는 "중세 사람들에게는 신을 찾는 것이 자신의 영혼을 찾는 것이고, 신을 사랑하는 것과 자신을 사랑하는 것은 하나이자 같은 것"[8]이라고 간결하게 중세인들의 자기 사랑의 방식을 요약한다. 중세인들에게는, 루슬로가 지적하고 있듯이, 자기 사랑이란 곧 자기의 영혼을 잃어버리는 것이고, 자기의 영혼을 희생하는 것이며, 그렇게 함으로써 신의 사랑을 얻는 것이었다. 그리고, 성경 속의 신의 계명을 따르는 것이었고, '자신을 사랑하듯이, 이웃을 사랑하는 것'(Love your neighbor as yourself)이었다. 그러나, 17세기에 이르러 서구인들은 더 이상 신을 사랑하거나 '자신을 사랑하듯 이웃을 사랑하면서' 자기-사랑을 실현하려 하지 않게 되었다. 이제 그들은 자신의 필요와 결핍을 해소하고 신체적·물질적 안녕과 행복을 추구함으로써, 주어진 능력을 온전히 발휘하여 자신을 완전하게 함으로써, 그리고 이승에서의 구원을 찾으려 함으로써, 자기 사랑을 실현하려 했었다. 서구인들은 이제 더 이상 자기-부정(self-denial)을 통해 자신을 찾으려 하지도, 자신의 참 가치에 대한 합리적인 자신감으로 자기를 사랑하려 하지도 않았다. 또한 자기-수양을 통해 보다 심오하고, 보다 강하고, 보다 독립적인 자아를 확립함으로써 자기를 사랑하려 하지도 않았다. 그들은 이제 자기의 능력을 부정의 방향으로 한껏 깨워 내면서, 다른 사람보다 더 많은 것을 추구하고, 얻고, 이룬 자로서의 자기를 사랑하게 된 것이다. 그 때문에 세상은 경쟁과 질시와 갈등과 투쟁으로 뒤덮이게 되었으며, 세상 사람들은 어떤 교감이나 감응도, 어떤 공감이나 연민의 감정도 없이 살아가게 되었다.

계몽주의 시대의 서구인들이 생각했던 것처럼, 인간이 수단과 방법을 가리지 않고 자신만의 필요와 결핍을 해소하려 하고, 자기만의 신체적·물질적 안녕과 행복을 추구하는 것은 누구에게도 양도할 수 없는 천부적 권리일까? 성선설에 바탕을 둔 이 시대의 이성지상주의 이념은 이 물음에 대한 합리적 정당성을 찾아 주었었다. 자아를 성취하는 것, 다시 말해, 자아의 욕망을 채우고 결핍을 해소하고 행복을 성취하는 것은 곧 타인의 자아를 실현하는 데에도 도움을 준다는 것이다. 인간은 근본적으로 선하기 때문에 자신의 성취를 극대화하기 위해 때로는 기꺼이 자아의 욕망을 부정하기도 하고, 때로는 기꺼이 자아에 대한 집착을 희생하기도 함으로써 보다 완전한 자기-사랑을 실현하려 하기 때문이라는 것이다.

서구 근대국가 형성기에 가장 위대한 경제학자였던 애덤 스미스(Adam Smith)는 그의 『국부론』(*The Wealth of Nations*)에서 타자와의 거래(bargain)를 통한 자기-사랑의 실현은 인간이 아닌 다른 어떤 피조물은 누리지 못하는 신이 내린 행복창조의 수단이자 국부창출의 원동력이라고 주장하면서, 경제의 주체들이 국가의 간섭 없이 각자가 이기심을 좇아 상거래를 할 때, 시장이라는 '보이지 않는 손'에 의해 수요와 공급이 가장 효율적으로 자동 조절되어 국부가 증진된다고 다음과 같이 생각했다.

> 이 세상 어느 누구도 개가 공정한 거래를 통해 뼈다귀 하나를 다른 뼈다귀와 바꾸어 먹는 것을 본 사람은 없다. 도대체 어떤 개가 이건 내 것이고, 저건 네 것이라고 시늉하는 것을 본 적이 있단 말인가? 나는 기꺼이 나의 주장에 대한 근거로 이 예를 들겠다. … 사람은 거의 언제

> 나 이웃 사람들의 도움을 필요로 하면서 살아간다. 그러나, 이웃 사람들이 자비심 때문에 그를 도우리라는 생각은 어림없는 일이다.[9]

자유방임적 시장에서 각각의 경제주체가 자신에 대한 사랑으로 각자의 이익을 최대화하려고 노력하는 것은 그가 사회를 이롭게 하려는 어떤 의도를 가지고 있지 않더라도 자신도 모르는 사이에 사회를 이롭게 한다는 것이다. 그리고, 스미스의 이러한 생각은 성선설을 믿었던 18세기 자유주의자들의 보편적 믿음이었다. 계몽주의 사상을 시적으로 가장 훌륭하게 표현했던 이 시대의 시인 알렉산더 포프(Alexander Pope)는 그의 시 『인간론』(*Essay on Man*)에서 그의 시대 자유주의자들의 보편적 생각을 시적으로 이렇게 읊조린다.

> 요약하면, 신과 대자연이 세상의 이치를 정해 놓고,
> 이렇게 명했다. '자기-사랑과 공동체-사랑은 하나이다.'[10]

애덤 스미스나 알렉산더 포프가 생각했듯이, 자기-사랑과 공동체-사랑의 뿌리는 정말 같은 것일까? 성선설에 바탕을 둔 애덤 스미스의 자유주의적 시장주의는 산업혁명을 통해 인류역사상 최대의 생산력을 발휘하게 되지만, 그것은 곧 공동체-사랑의 정신이 소멸된 산업자본주의 사회를 낳게 된다. 인간의 이성은 언제나 선을 지향한다는 자유주의자들의 인간성에 대한 가정이 잘못된 결과이다. 성경의 철학적 대전제가 그렇듯이, 수양이 모자라거나 믿음이 약해질 때에는 언제나 악이 선을 압도한다는 사실을 간과한 것이다. 인간의 본성 속에는 선을 지향하는 정신과 악을 지향하는 정신이 함께 들어 있는 것은 사실이지만, 악을 지향하는 정신이 언제나 선을 지향하는 정신을 압도하기 때문이다. 도스토옙스키가 그의 소설 『악령에 씐 자』(*The Possessed*)에서 그리고 있듯이, 인간의 검은 반쪽은 원래 악마적 욕구

와 충동으로, 금수의 수성으로, 잔인한 사랑을 향한 욕구로, 무모하게 자기 이익을 추구하는 이기적인 욕망으로 가득 차 있는 것이다.[11]

이성지상주의적 실용주의 사상에 바탕을 둔 19세기 유럽 사회에서, 많은 사람들은 '자기-부정이나, 자기-수양'이나, '공동체-사랑'의 정신 따위에는 아랑곳하지 않고, 때로는 육체적 쾌락을 향해, 때로는 자기만의 이익을 향해, 때로는 주체할 수 없는 호기심의 충족을 위해 달음박질쳤다. 또한, 무한의 경주에서 낙오하거나 소외당한 사람들은 질투심으로 타인에 대한 적개심을 키우고, 분노와 증오로 자신의 가슴을 얼어붙게 하면서, 앞에 놓인 것이 무엇인지 알지 못한 채, 자기 앞만 바라보면서 생사를 건 난타전을 벌였다. 그렇다면, 그들이 펼친 혈투의 끝은 무엇이었을까? 한 가지 분명한 것은 생사를 건 사투에 참여했던 모든 사람들이 이제는 더 이상 서로가 서로를 위로해 줄 수 없는 상황을 맞게 되었다는 것이며, 이제는 서로의 사이에 눈곱만큼의 사랑의 감정도 남아 있지 않게 되었다는 것이며, 승리한 자도, 패배한 자도 모두 파멸의 국면을 맞게 되었다는 것이다.

자기-수양과 자기-부정이 없는 자기 사랑, 타자나 공동체를 배려하지 않는 자기만의 사랑, 자신의 능력을 부정(不正)의 방향으로 깨워 내는 우매하고 몽매한 자기 사랑—이들은 모두 산업혁명 이후 서구인들이 집착해 온 자기 사랑의 방식으로 사랑의 당사자들을 파멸로 이끌어 가는 자기 사랑이다. 19세기 중반 영국의 소설가 메리 셸리(Mary Shelley)는 그녀의 공상과학 소설 『프랑켄슈타인』(*Frankenstein, or the Modern Prometheus*)에서 19세기 중반 서구의 산업자본주의 문명하에서의 서구인들의 자기 사랑의 방식을 문제 삼고, 그것이 얼마나 엄청난 인간성의 훼손을 초래하게 되었는지를 말해 준다. 존 밀턴(John Milton)의 역작 『실낙원』(*The Paradise Lost*)을 즐겨 읽었던 메리 셸리에게 19세기 중반의 산업자본주의 문명은 자신을 사랑할 줄도 모르고, 타자를 사랑할 줄도 모르며, 누군가의 사랑을 받지도 못하는 이 시대 신을 잃어버린 서구인들의 슬픈 자화상을 자신의 "실낙원(失樂園)"이라고 할 수 있는 소설 『프랑켄슈타인』에 그려 놓은 것이다.

공상과학소설 『프랑켄슈타인』에서 메리 셸리는 '참 행복에 이르는 참 사랑의 길을 잃고 박복하고 비참한 삶'을 살아가는 근대 서구인들의 자화상을 그린다.[12] 소설의 주인공 빅터 프랑켄슈타인(Victor Frankenstein)은 그릇된 자기 사랑으로 자신에게 주어진 낙원을 잃어버린 자폐증 환자이다. 그는 자신의 참 가치가 무엇인지 가늠하지 못한다. 뿐만 아니라, 자신의 무절제한 방종으로 타인의 부자유와 파멸을 불러들이는 망나니이다. 그는 또한 '정신이 아픈 자'로서 자기-부정을 통한 공동체 정신의 실현을 추구하지 않는다. 그는 오직 인간으로서 자신이 가진 능력을 부정의 방향으로 한껏 깨워 내는 우매하고 몽매한 야심가(野心家)로서 과학지상주의자일 뿐이다. 그는 19세기 초 유럽을 휘몰아쳤던 과학의 광풍에 꽂혀 왜 과학을 해야 하는지에 대해 생각할 겨를도 없이 과학도의 길을 선택한다. 그는 또한 과학이 종교처럼 사람들의 정신을 지배하는 시대에 과학을 한다는 것이 무엇을 의미하는지와, 그것이 공동체와 가족과 본인에게 어떤 결과를 가져올 것인가에 대한 추호의 고려도 없이 과학의 길로 접어드는 지독한 이기주의자이다.

과학도로서의 빅터는 창조주(creator)가 가진 '생명을 짓는 힘'을 훔쳐 내겠다는 터무니없는 꿈을 꾼다. 그렇다면, 그의 야망은 그가 '낙원'에서 쫓겨나야 할 만큼의 크고 터무니없는 야망이었을까? 셰익스피어의 극 『줄리어스 시저』(*Julias Caesar*)에서 브루터스(Brutus)는 "시저(Caesar)가 로마인들을 모두 노예로 만들려 했기에, 로마를 위해서 그를 죽였노라"고 말한다. 이에 앤토니(Antony)가 대꾸한다. "그는 황제위를 세 번이나 거절했었다. 그는 가난한 사람들이 고통으로 소리칠 때, 함께 울었다. 그는 로마를 위해서 몸값을 지불하고 포로들을 고국으로 데리고 왔었다. 이래도, 그가 터무니없이 큰 야망을 가졌었는가?"[13] 브루터스의 말대로 만약 시저가 로마인들을 모두 '노예'로 만들어 자기 마음대로 부리려 했었다면, 그의 무고함을 주장하는 앤토니의 변론에도 불구하고, 그는 터무니없이 큰 야망을 가졌었음에 틀림없다. 마찬가지로, 이 소설에서 빅터의 야망—신에게서 생명의 빛을 훔쳐 내려는 야망—은, 그가 내보이는 어떤 자그만 연민이나 어떤 자그만 공동체 의식에도 불구하고, 그의 낙원을 잃어버리기에 충분할 만큼의 큰 비극적 결함이 될 것이다.

빅터는 대학에서 전도유망한 과학도가 되었을 때, 자신이 터득한 과학적 지식으로 세상을 바꾸고 그에 따르는 빛나는 영광을 얻고자 했었다. 그는 과학적 성취를 위해 혼신의 힘을 다해 자신의 모든 것을 바쳤고, 담당 교수의 지도 아래서 '생명 발생의 원인'(cause of generation and life)을 밝혀냈으며, 그것으로 삶과 죽음의 경계를 무너뜨리려 했었다.

> 내게 삶과 죽음의 경계는 가공(架空)의 것이다. 먼저 그 경계를 무너뜨려야 한다. 그리고, 그 어둠의 세계로 빛의 격류를 흘려보내야 한다.[14]

그러나, 영광에 눈이 멀어 그는 자기가 얼마나 엄청난 것을 갈구하는지, 자신의 행동이 불러올 결과가 얼마나 파괴적일 수 있는지를 생각하지 못한다. 또한, 자신의 능력은 신의 능력에는 크게 못 미치는 불완전한 인간의 보잘것없는 능력이라는 사실도 생각하지 못한다. 그가 원했던 것은 오직 자신이 바로 신에 버금가는 '창조주'(God/Creator)가 되는 것이었기 때문이다. 그는 야망을 좇아 공동묘지에서 뼈와 해골과 기타의 잡다한 것들을 모아 그것들에 생명을 불어넣는다. 그러나, 그는 창조주의 흉내를 내는 사이비 창조주였을 뿐, 창조주의 완전함에는 턱없이 모자라는 불민한 능력의 소유자였다. 그는 신이 아니었다. 그저 한 사람의 불완전한 인간이었던 것이다. 그리고, 그가 만들어 낸 것은 생명은 가졌으나, 생명의 아름다움은 갖지 못한 추악한 괴물이었던 것이다. 신과 같은 능력을 지닌 인간이 되려고 했었던 그가 추악한 괴물의 창조주(creator-father)가 된 것이다.

가정이지만, 만약 빅터가 터무니없는 야망을 좇아 가족의 품을 떠나지 않았다면, 그래서 그가 그의 '고향'에서 친구들과 우정을 나누고, 오랜 연인과 사랑의 결실을 맺고, 아끼는 누이와 화목한 삶을 이어 갔다면, 그래서 그가 창조주에게서 생명의 빛을 훔쳐 오겠다는 터무니없는 꿈을 꾸지 않았다면, 그때에도 그는 그의 '낙원'을 잃어버렸을까? 간단히 말하면, 그가 낙원을 잃어버리게 된 것은 그가 받은 교육 때문이었고, 그가 세운 목표 때문이었다. 그의 맹목적인 교육이, 터무니없는 목표가, 괴물의 창조라는 비극적인 결과를 불러왔고, 그 때문에 그의 낙원이, 그의 행운이 참담하게 무너져 내린 것이다. 죽음을 목전에 두고 빅터는 소설의 화자인 월턴(Walton)에게 그의 애통한 심정을 이렇게 애둘러 표현한다.

> 내가 예전에 그랬듯, 당신은 앎과 지혜를 추구합니다. 그러나, 진심을 다하여 말씀드립니다. 당신의 소망을 실현하는 것이 독아로 당신을 물어뜯는 뱀이 되지 않기를 바랍니다. 제게는 그게 그랬었지요.[15]

이 인용에서 '뱀'의 인유(allusion)—성경과 밀턴의 『실낙원』에서 사탄은 뱀으로 변신해 아담과 이브에게 다가와, 그들을 꼬여서 사과를 따 먹게 함으로써 그들이 에덴의 동산에서 쫓겨나게 했다—는 제동장치가 풀린 욕망의 추구를 통해 얻으려 했던 성취감과 만족과 기쁨이 바로 빅터가 '낙원'에서 쫓겨나게 되는 원인임을 암시한다. 한때에는 천사였던 사탄이 신의 뜻에 반역해 악마가 되었듯이, 한때에는 천진하고 소박했던 그가 영광에서 오는 만족과 희열을 향해 날뛰면서 추악한 괴물을 만들어 내게 된 것이다.

빅터가 독 묻은 지식으로 창조한 생명은 참혹한 것이었다. 인간의 한계를 넘어, 정도를 벗어난 방법으로, 자연의 법칙을 사악하게 농락한 결과였다. 인간이 오만과 방종으로 자신의 불완전한 능력을 맹신해 신의 영지를 범한 결과였다. 그가 창조한 생명에는 어떤 신성도, 어떤 아름다움도 깃들어 있지 않았다. 오직 추악한 외관에 갇힌 이기심만이 그가 창조한 괴물의 내면을 지배할 뿐이었다. 창백하고 파리한 두 눈, 윤기 없이 팽팽한 피부, 균형과 조화를 잃은 기괴한 외관—빅터는 자신의 창조물에 진저리가 났다. 과학적 지식에 대한 그의 열정은 과학적 지식에 대한 혐오로 바뀌었다. 소설의 제4장과 제5장에서, 빅터는 잃어버린 낙원에 대한 때늦은 깨달음으로 밀려오는 회한에 파묻혀, 자신처럼 자연의 정복이라는 터무니없는 야망을 품고 살아가는 화자 월턴에게, 이렇게 충고한다.

> 나의 가르침으로는 아니라도, 나를 본보기로 해서 교훈을 얻으시오. 지식을 습득한다는 것이 얼마나 위험할 수 있는지, 타고난 것보다 훨씬 큰 것을 열망하고 사는 사람보다 고향 땅을 세상 전부라고 믿고 사는 사람이 얼마나 더 행복한가를 말이오.
>
> 나의 열망으로 나는 안식과 건강을 잃었다오. 정말이지 많이 지나치게 그것을 욕망했었소. 그렇지만, 그것을 이루고 난 지금, 아름다웠던 꿈은 사라지고, 숨 막히는 공포와 혐오만이 내 가슴을 채우고 있다오.[16]

자신이 추구해 온 과학적 탐구의 허망한 끝을 본 후에야, 빅터는 삶 속에서의 진정한 행복이, 진정한 낙원이 어디에 있는가를 비로소 깨닫는 것이다. 낙원은 과학적 지식을 통한 자연의 정복에서 오는 성취감에 있지 않았다. 그것은 가족과 연인과 친구들과 어울려 공동체를 이루고 살아가는 삶 속에서 묻어나는 행복 속에 있었다. 다시 말해, 그 행복이 있는 '고향'(the native town)이 곧 낙원이었다. 그리고, 훗날의 빅터에게는 고향을 등지고 얻어 낸 과학적 성취란 그저 무용지물이었다.

그러나, 과학적 성취의 대가로 빅터가 지불해야 했던 것이 단지 자신의 낙원을 잃어버리는 것뿐이었다면, 그 때문에 개인적 삶의 모든 행복을 잃어버렸다 해도, 그러한 모험은 한 번쯤 해 볼 만한 것이라고 강변할 수도 있을 것이다. 그러나, 문제는 그 때문에 빅터 자신이 낙원을 잃어버리게 되었다는 것뿐만이 아니라, 그가 속한 공동체의 낙원이 전부 파괴되었다는 것이다. 빅터가 창조한 생명은 지극히 불완전한 것이었고, 기계적 사고와 기계적 감정을 가진 '인공생명'(the artificial life)으로서 인간의 종(種)에 속한다고 보기에는 너무나 추한 몰골과, 너무나 옹졸한 생각과, 너무나 성마른 감정을 가진 괴물이었다. 물론, 외관이 추하고 성격이 옹졸하다고 해서, 그 괴물이 반드시 인간 사회에 위해를 가할 위험요소가 되는 것은 아닐 것이다. 문제는 그의 창조주가 그의 존재에 대해 어떤 자책감도 갖지 않았다는 것이고, 인간 사회는 편견과 괄시로 그를 사회의 한 구성원으로 받아들이지 않았다는 것이다. 그 때문에, 괴물은 빅터가 속해 있는 낙원을 파괴함으로써 자신의 창조주에게 모진 복수를 하는 것이다.

소설의 제7장에서, 세상으로부터 따돌림을 당한 괴물은 빅터의 동생 윌리엄을 목 졸라 죽인다. 소식을 듣고, 가족들을 위로하기 위해 고향으로 가던 빅터는 숲 속에서 번갯불의 섬광에 비친 인공생명의 추악한 모습을 실감한다.

> 나는 번갯불의 섬광에 그 물체를 똑똑히 보았다. 거대한 몸체, 일그러지고 찌그러진 모양, 인간에 속한다고 보기에는 너무나 무시무시한 모습을 본 것이다. 그리고, 금방 알아챘다. 그것이 바로 그 철면피라는 것을, 내가 생명을 준 바로 그 더러운 악마라는 것을.[17]

그럼에도 빅터는 그에 대한 어떤 연민이나 동정심도 갖지 않는다. 오직 두려움과 혐오심으로 괴물의 발길이 닿지 않는 곳을 찾아 알프스의 협곡으로 멀리멀리 도망칠 뿐이다. 소설의 제13장에서 괴물은 '숲 속 오두막에 사는 사람들'(the cottage dwellers)이 주고받는 말들을 주의 깊게 관찰하면서 자신이 모든 사람들이 가까이하고 싶어 하지 않는 괴물임을 깨닫는다. 그리고, 그들마저도 자신을 공격하고 도망쳤을 때, 괴물은 그의 창조주와 인간

사회에 대하여 모질고 독한 복수를 하기로 결심한다. 그는 알프스 협곡으로 숨어 들어가 그곳에서 대자연의 장관이 펼치는 숭엄함에서 위안을 찾고 있던 빅터를 찾아내 현란한 수사(修辭)를 사용해 협박조로 애원한다.

> 사람은 누구나 불한당들을 증오하지요. 그러니, 이 세상 어떤 존재보다 처참한 꼴을 한 나를 세상 사람들이 어찌 미워하지 않겠어요! 그런데, 나의 창조주인 당신마저 나를 미워하고, 경멸합니다. 우리 둘 중의 어느 하나가 죽어야 비로소 끊어질 수 있는 끈으로 당신에게 묶여 있는 당신의 피조물인 나를.[18]

괴물은 자신과 꼭 같은 모양의 여자 짝을 만들어 주면, 그녀와 함께 이 세상을 등지고 조용히 살겠다고 빅터에게 제안한다. 괴물의 제안에 귀가 솔깃한 빅터는 제네바로 돌아와 생명의 창조에 다시 한 번 몰두한다. 그러나, 자신의 일을 지켜보는 괴물의 눈빛에서 불현듯 공포를 느끼고, 괴물이 하나 더 생겨난다면 상황은 훨씬 악화될 것이라고 생각하면서 실험실에서의 모든 작업을 그만둔다. 그러자, 괴물은 복수를 다짐하면서 저주의 말로 소리친다.

> 당신은 나의 다른 열정들도 모두 폭파해 날려 버릴 수 있지요. 그렇지만, 복수라는 것이 남아 있답니다. 먹고 사는 음식보다 더욱 소중한 복수라는 것 말입니다. 나는 죽을지 모릅니다. 그러나, 당신이 먼저 죽게 될 것입니다. 나의 폭군이자, 나에게 극도의 고통을 주는 자여! 당신은 당신의 불행을 비추는 태양을 저주하게 될 것입니다.[19]

빅터가 괴물에게 짝을 만들어 주었다면, 상황은 정말 더 나빠졌을까? 모를 일이다. 그러나, 한 가지는 분명하다. 빅터는 그 일을 그만둠으로써 자신의 피조물의 영혼 속으로 동료애(companionship)와 사랑의 감정을 불어넣어 줄 기회를 완전히 말살해 버린 것이다. 그래서, 이제 괴물의 영혼 속에는 오직 복수심만이 불타오를 뿐, 다른 어떤 것도 남아 있지 않게 되었다. 결과는 참혹했다. 빅터의 낙원이었던 공동체가 하나씩 허물어져 간 것이다. 심지어, 빅터는 바로 결혼식 날에 자신의 순결한 신부를 잃게 되는 것이다. 그렇지만, 괴물은 자신의 행동이 정당하지 못하다고 생각하지 않는다. 그는 어떤 연민이나 동정도 없이 편견과 괄시로 자신을 따돌리는 세상에 대해 '도대체 그곳에 어떤 정의라는 것이 있는가?' 하고 묻는다.

> 이 세상에는 도대체 정의라는 것이 없단 말인가? 세상이 내게 지독한 죄를 저지르는데도, 어찌하여 나만 범죄자란 말인가?[20]

낙원을 버리고 떠난 빅터가 몸담았던 세계는 편견이 지배하는 세계로서, '정의'(justice)가 사라진 지옥의 세계였다. 그곳에서 괴물은 자신의 창조주뿐만 아니라, 오두막에 사는 사람들에 이르기까지 온 세상 사람들에게서 멸시와 따돌림을 당하며 살아야 했었다. 그러나, 정의가 사라진 것은 인간과 인간의 피조물 사이에서만은 아니었다. 빅터의 지도교수였던 발트만 교수의 실험실에는 인간의 자연에 대한 어떤 경외감도 존재하지 않는다. 그곳에서 과학을 하는 사람들에게는 자연은 오직 인간이 개발하고 문명화하고 착취해야 할 대상일 뿐이었다. 어떻게 그들의 관계가 정의롭다고 할 수 있는가? 발트만 교수의 지도 아래서 빅터는 자연의 성채를 범해 창조의 신비를 파헤치려(penetrating the citadel of nature to discover the 'mysteries' of creation) 했었고, 독이 묻은 지식으로 자연을 헤집어 지극히 불완전한 생명을 만들어 냈다. 불완전한 인간이 자연의 완전함을 훼손한 것이다. 그로써 인간 공동체의 바탕 자체가 무너지게 된 것이다.

빅터가 자연은 인간이 범할 수 있는 존재가 아니라는 사실을 깨닫기 시작하는 것은 괴물의 존재를 피해 알프스의 협곡으로 도망쳤을 때의 일이다. 그때 알프스산맥의 최고봉인 몽블랑(Mont Blanc)은 그에게 장엄하고,

숭엄했었다. 또한 그것은 반쯤 만들어지다가 만/불완전한(half made up) 인간으로서는 가늠할 수 없는 존재이자 무흠결(flawlessness)의 존재였다. 그는 차츰 삶과 죽음이란 대자연에 속한 것으로서 인간이 알량한 과학으로 범접해서는 안 되는 것임을 깨닫는다. 그가 과학을 통하여 만들어 내려 했던 '빛'(light)은 동생 윌리엄이 죽었을 때 폭풍우 속에서 치던 번개의 빛에 비하면 참으로 보잘것없는 것이었다. 그러므로 그가 진정 태초에 인간에게 불을 훔쳐다 주었던 프로메테우스처럼 되고 싶어 했다면, 먼저 자연 앞에서 경건해야 했을 것이다. 빅터의 비극은 그가 분수에 맞지 않게 너무나 밝은 빛을 추구한 것이었고, 그 빛이 그를 눈멀게 한 것이었다.

근대의 과학과 문명이 어디로 가고 있는가에 대한 하나의 대답으로 본다면, 메리 셸리의 『프랑켄슈타인』은 자연의 숭엄함에 경외심을 갖지 못하고 방향성과 윤리성과 분별력을 잃은 지식의 추구가 얼마나 위험한가를 잘 보여 주는 단적인 예이다. 그렇다면, 포스트모던 시대의 과학은 어떤가? 오늘날의 과학자들은 "나의 예에서 교훈을 얻으라"는 빅터의 충고에 귀를 기울이고 있는가? 그래서, 올바른 방법으로 자기를 사랑하고 있는가? 만약 포스트모던 시대의 인간이 어떤 동정이나 연민도 없이, 자기가 찾는 '빛'의 한계를 알지 못한 채, 정도를 벗어난 그릇된 자기 사랑으로 자연의 법칙을 농락하려 한다면, 소설 속의 빅터처럼 자기가 만들어 낸 문명에 모진 복수를 당해 낙원을 잃고 뼈아픈 고통 속에서 죽음을 맞이하게 될 것이다. 결혼식 날 저녁 그의 신부가 괴물의 습격을 받고 죽게 되었을 때, 빅터는 '단 한 순간만이라도'(for an instant) 진지하게 생각했더라면 피눈물 나는 비극을 막을 수 있었을 것이라며 다음과 같이 후회한다.

> 악마와 같은 나의 적이 하려고 했던 그 무서운 일이 무엇이었던가를 단 한 순간이라도 생각해 보았더라면, 나는 스스로 고국을 떠나 그 악마가 없는 곳을 방랑하며 지냈을 것이다. 이처럼 비참한 결혼을 하지

는 않았을 것이다. 그런데 정말 마술을 부린 것처럼, 그 괴물은 본심을 숨겨 내 눈을 멀게 했었다.[21]

만약 포스트모던의 현대인들이 자연의 정복을 향한 무작정의 욕망과 기대로 훨씬 소중한 무엇을 잃고 싶지 않다면, 소설 속에서 빗나간 자기 사랑의 결과로 죽음을 맞게 된 빅터의 회한을 가슴 깊이 새겨야 할 것이다.

3. **중심지향 콤플렉스**(Center-Orientation Complex), **그리고 규격화된 삶**

인간은 무엇을 위해 살아야 하는가? 『니코마코스 윤리학』(*Nicomachean Ethics*)에서 아리스토텔레스가 제기한 물음이다. 이 물음에 대한 그의 대답은 의외로 간단명료하다. 그에게, 인간이 추구해야 하는 지고의 '최고선'(supreme good)은 '무궁한 행복'(eudaimodia: lasting happiness)이다.[22] 그렇다면, 인간이 오랫동안 지속되는 행복을 누리면서 살아가는 것은 왜 그리 어려운가? 아리스토텔레스는 대답한다. 행복을 추구함에 있어서 인간은 늘 지나치거나 모자람의 경향을 보이기 때문이다. 아리스토텔레스에 의하면, '모자람'(deficiency)이나 '지나침'(excess)은 어떤 경우에도 '옳음'(rightness)이 될 수 없다. 그러므로, 인간이 무궁한 행복을 얻기 위해서는, '중용'(the golden mean)을 지키면서 행복을 추구해야 한다. 행복에 이르는 길은 헤아릴 수 없이 많다. 그러나, 지나치거나 모자람이 없이 행복에 이르는 길은 의외로 어려운 일이다. 그렇다면, 아리스토텔레스가 말하는 중용이란 도대체 무엇인가?

아리스토텔레스에 의하면, 다른 존재와 인간의 차이는 인간은 이성적 사유능력을 가졌다는 것이다. 그리고 그에게 모자라는 것도 아니고 지나친 것도 아닌 중용이란 이성적 사유를 통해 상황을 판단하여 주어진 상황 속에서 '가장 바른 것'(the right)—가장 적절한 것—을 선택하는 것이다. 그에 의하면, 어떤 상황에 대처하는 인간의 행동에는 크게 나누어 세 가지 모양새가 있다. 그들 가운데에서 모자람과 지나침의 양쪽 극단은 어떤 경우에도 악덕이며, 오직 '적절함'(moderateness)—극단으로 흐르지 않음—의 중용만이 미덕이다. 그리고, 양쪽 극단은 모두 '중간 것'(mean)과 대립하면서, 동시에 서로가 대립한다. 그러나, 중간 것이 반드시 산술적 중간값을 의미하는 것은 아니다. 그것은 이성적 판단에 의한 적절함의 값으로서 '절묘한 균형'의 '황금값'(the golden mean)을 의미한다.[23] 그러므로, 모자라지도 않고, 지나치지도 않은 절묘한 균형의 황금값이 곧 중용이다. 시소(seesaw)의 양쪽 끝에 서로 무게가 다른 사람이 하나씩 앉아 있다면, 시소의 널판은 어디를 괴어야 균형을 이룰까? 분명 산술적 중앙이 아닌, 무거운 사람이 앉아 있는 쪽 어딘가에 고임돌을 괴어야 할 것이다. 이때, 무거운 사람이 앉아 있는 쪽 어딘가를 고임돌로 괴는 것이 곧 중용이다.

서양의 역사에서 르네상스를 뒤따르는 17-18세기의 계몽주의 시대는 '실용적 이성'(utilitarian reason)이라는 행복에 이르는 최고의 수단을 찾아낸 위대한 시대이다. 그러나, 동시에, 감정을 다스려 지속적인 행복을 얻어 내는 '실천이성'(practical reason)의 작동이 약해진 불행한 시대이기도 하다. 르네상스 시대에 시작된 회의주의는 사람들로 하여금 이제까지 존재하던 모든 절대적인 지식이나 절대적인 존재에 대해 회의하게 했고, 감각기관으로 지각된 모든 것들이나 감정적 판단으로 인식된 모든 것들을 의심하게 했다. 데카르트는 오직 자신이 무언가를 의심/생각하고 있다는 사실만이 세상에서 의심할 수 없는 유일한 사실이라고 주장하면서 "나는 생각/의심한다, 고로 나는 존재한다"고 선언했다.[24] 또한, 프랜시스 베이컨(Francis Bacon)은 이성적 사고를 방해하는 네 개의 우상—인간으로서 어쩔 수 없이 갖고 있는 종족적 편견, 개인적 경험과 습관에서 생겨나는 개인적 편견, 상징의 잘못된 해석에서 오는 혼돈된 생각, 몸에 밴 학문을 맹목적으로 추종하여 얻게 된 그릇된 생각—을 설정하고, 그것들에서 벗어나 합리적 사고를 하라고 요구함으로써 사람들로 하여금 미신과 독단의 터널에서 빠져나와 합리를 바탕으로 인간과 세계의 보편적 원리와 자명한 법칙들을 추구할 수 있도록 했다.[25] 이 시대 회의주의자들의 생각과 철학을 바탕으로 사람들이 상식과 경험과 합리를 좇아 과학적 원리를 탐구하고 그것으로 성취된 문명의 이기를 누리게 된 것이다.

17-18세기 서양의 역사에서 실용적 이성에 대한 믿음은 확고했다. 아이작 뉴턴(Isaac Newton)이 『자연철학의 수학적 원리』(*The Mathematical Principles of Natural Philosophy*)에서 물질계를 지배하는 법칙을 '합리적'으로 '설명'했을 때 세계는 경탄했고,[26] 포프는 그의 사후에 쓴 비문에서 동시대 사람들이 뉴턴에 대해 가졌던 경외감을 이렇게 표현했다. "자연과 자연의 법칙이 어둠 속에 묻혀 있었다, / 신께서 말씀하셨다, '뉴턴이 있으라.' 그리곤 모든 것이 빛이었다."[27] 이 시대의 사람들에게 뉴턴이 남긴 정신적 유산은 분명했다. 그것은 '실용적 이성'이 곧 '빛'이라는 믿음이었다. 그들은 이성이 곧 선이고, 이성이 삶의 모든 문제들을 해결해 줄 것이며, 이성이 삶을 향상시킬 것이고, 이성이 사회를 완전함을 향해 나아가도록 할 것이라는 확고한 믿음을 가졌던 것이다. 그리고, 그 믿음으로 미신을 물리치고, 기적을 바라는 맹목적 신앙을 가라앉혔다. 그 믿음으로 전제군주의 통치를 전복하고, 천부인권의 확립을 위한 혁명을 수행했으며, 기술을 발전시켜 기아(飢餓)를 해결했다. 그것으로 서구의 세계가 미국 혁명과 프랑스 혁명으로, 그리고, 산업혁명으로 나아가게 된 것이다.

그러나, 미국 혁명과 프랑스 혁명에서 천부인권의 신성함을 선언했던, 그리고 산업혁명으로 맬서스의 '인구론'을 뒤집어 엎었던 서구인들이 19세기에 이르러 왜 '무궁한 행복'을 얻지 못했을까? 그에 대한 한 가지 분명한 이유는 그들이 실용적 이성에 대해 지나치게 굳건한 믿음을 가지면서, 중용의 덕을 잃고, 그들의 정신에서 실천이성을 몰아냈기 때문이다. 『순수이성 비판』(*The Critique of Pure Reason*)을 썼던 칸트에 의하면, 인간의 이성은 단순히 선험적으로 주어진 수동적 힘이 아니라, 의지적으로 발현되는 능동적 힘이다. 인간에게 선험적으로 주어진 것은 오직 '가능성'(possibility)으로서의 이성일 뿐이며, 그것이 실제적 힘으로 발현되기 위해서는 의지적 행위가 필요하다는 것이다.[28] 한 걸음 나아가, 그의 『실천이성 비판』(*The Critique of Practical Reason*)에서 칸트는 인간의 이성은 일차적으로는 정언명령(the categorical imperative)이라는 우주의 보편적이고 절대적인 법칙에 도달하는 힘이며, 이차적으로는 정언명령, 즉 '절대선'을 지향하는 우주의 보편적 법칙을 '실천'하는 힘이다.[29] 실용적 이성에 지나치게 경도된 믿음을 가졌던 19세기의 서구인들이 잃어버렸던 것은 바로 칸트가 그의 『실천이성 비판』에서 정의한 바의 천방지축으로 휘둘리는 정념(情念)들을 제어하고 절대선을 지향하는 우주의 보편 법칙으로서의 정언명령을 실천하는 '실천이성'이었다. 미국 혁명과 프랑스 혁명과 산업혁명을 이룩한 세대들이 실용적 이성을 얻으면서 바로 이 실천이성을 잃어버린 것이다.

19세기의 낭만주의자들에게 '인간은 무엇으로 사는가?'라고 물었다면, 그들도 데카르트처럼 "나는 생각한다, 고로 나는 존재한다"고 대답했을까? 그들은 아마 '나는 느낌과 상상과 초월적 세계에 대한 끊임없는 몽상으로 살아간다'고 대답했을지 모른다. 그러므로, 계몽주의 시대의 서구인들이 실용적 이성을 신성시하면서 잃어버린 또 하나의 중요한 정신이 있다면, 그것은 아마 느낌이나 상상이나 몽상으로 가슴 속 깊은 곳에서 얻어지는 '감정적 진실'(emotional truth)일 것이다. 이성과 마찬가지로, 느낌이나 상상이나 몽상도 사람들의 일상에서 행복을 짓는 의미 있는 진실들을 만들어 내기 때문이다. 아니 그것들이 삶을 질풍노도처럼 휘몰아치게 만들고, 무아의 경지에서 느껴지는 희열과 광희의 황홀경으로 빠져들게 하기 때문이다. 그러나, 계몽주의 철학과 신고전주의적 취향이 서구인들의 의식을 지배하게 되면서, 그들은 차츰 그들의 생활 속에서 '로맨스'(romance)에 취해 얻어지는 행복을 잃어버리게 되었다. 먼 과거에 있었던 가슴 죄는 사랑 이야기들, 영혼을 홀리는 마법, 신비의 세계에서 영혼을 위로하는 미신들, 꿈 속에서 보는 듯한 모험 여행, 꿈에 그리던 애틋한 사랑 이야기, 거대한 황무지에 펼쳐지는 원시의 평원들과 웅장한 산맥들 — 이런 것들이 오히려 인간이 느끼는 행복의 보다 큰 원천이 아닐까?

인간의 이성이 찾아내는 진실 바깥에는 분명 그것만으로는 도저히 채울 수 없는 보다 큰 행복의 원천이 존재한다. 그러나, 18세기의 보다 퓨리턴적이고, 보다 합리적이고, 보다 계몽된 사상가들은 이러한 감정적 진실들을 그들의 진실이 아니라고 배척했다. 그리고 19세기 그들의 후계자들은 낭만주의자들의 서정적 이상주의와 신들린 듯한 감정에의 탐닉과 초현실적인 세계에의 동경을 그들의 '공리주의'(utilitarianism) 철학 속에 감금해 버렸다. 벤담(Jeremy Bentham)이나 밀(John Stuart Mill)이나 스펜서(Herbert Spencer)와 같은 이 시대의 공리주의자들은 삶 속에서의 모든 가치를 '유용성'(utility)에서 찾았고, 사람들의 물질적 행복을 얼마나 증진시키는가를 유용성의 척도로 삼았다. 그리고 그들의 기준과 척도에 따라 그들이 몸담고 사는 사회의 구석구석을 개혁하고자 했다. 벤담은 사람들의 행동은 즐거움을 좇고 고통을 피하려는 이기적 충동에 지배되지만, 국가의 간섭이 줄어들 때, 그들의 이기적 행동은 궁극적으로는 공동체의 행복에 보탬이 된다고 주장함으로써 『국부론』을 썼던 애덤 스미스의 경제이론에 동조했다.[30] 사회진화론자였던 스펜서는 '사회적 환경에 적합한 자가 번영하는 것이 자연의 법칙이자 인간사회의 법칙'이라는 '적자생존'(the survival of the fittest)의 원칙을 천명하면서 사회적 약자를 돕는 것이 오히려 자연법칙에 역행하는 것이라고 주장함으로써, 자유방임의 경제질서를 적극적으로 지지했다.[31] 공리주의자들 가운데에서 오직 밀만이 어떤 형태의 행복감은 다른 어떤 형태의 행복감보다 우월한 것이라고 주장하면서, 인간 사회를 지배하는 가치들 가운데에서 최고의 가치는 '함께 살아가는 사람들과 공감과 화합으로 하나가 되고 싶어 하는' 욕망에서 비롯되는 것이라고 규정하고, 예술적 상상력에서 얻어지는 행복감을 그에 대한 예로 들었다.[32]

19세기의 공리주의가 고래로부터 전래되어 온 국가적 통제와 감금의 악습에서 인간 사회를 해방시킨 것은 하나의 공헌이었다. 그러나, 그것은 중용의 덕을 크게 훼손한 합리주의의 한쪽 극단에서 인간성의 차가운 면모가 아무런 국가적 제어장치 없이 적나라하게 드러나게 했다는 점에서 역설적이었다. 능률(efficiency)과 이윤(profit)과 사실(fact)을 모든 가치의 중심에 놓고 '최대다수의 물질적 행복'(the material happiness of the greatest number of people)을 추구하는 관료제도하에서, 사회의 구성원들은 더 이상 목적이 되지 못했고, 오직 물질적 부의 획득을 위한 수단으로 전락했기 때문이다. 공리주의적 관료제도하에서, 물질적으로 유용하지 않은 문화나 예술과 물질적 부를 창출하지 못하는 감정과 열정은 모두 삶에서 배척되었기 때문이다.

역사적으로 볼 때, 19세기의 산업혁명은 계산과 실리와 실용에 밝은 '중산계급'(the middle class)이라는 하나의 계급을 서구의 근대사 속으로 탄생시킨 강력한 혁명이었다. 이 시대에 일어난 산업혁명으로, 이전까지는 적어도 정치적 의미에서는 커다란 존재감을 드러내지 못했던 중간계급—사업가, 공장주, 공직자, 교사, 법률가, 의사, 상인, 기타 전문직 종사자—의 사람들이 정치적으로 그들의 목소리를 낼 수 있는 기회를 갖게 되었고, 그 후 어떤 정부나 통치자도 그들의 요구와 이익을 외면할 수 없게 되었다. 벤담과 밀의 공리주의 철학에서 영감을 얻었던 이 계급의 사람들은 효용과 실용과 효율을 최고의 가치로 여겼고, '최대다수의 물질적 행복'을 지고의 목표로 추구했다. 그리고, 실용적 이성에 극단적으로 치우친 엄격한 잣대로 기존의 사회적 관념들을 비판했고, 이에 맞추어 윤리적 틀을 새로이 짰으며, 교육을 포함한 사회 제도 전반의 급진적인 변화를 추구했다. 또한, 그들은 하나로 뭉쳐 산업 역군으로서 국가의 안녕과 번영에 기여한 바에 대한 자신들의 몫을 강력하게 요구했고, 그것으로 이제까지 귀족 계급이나 왕권이 누려 왔던 정치권력을 대체할 새로운 계급의 정치세력을 형성했다.

실용과 효율과 물질적 이익이라는 중산계급의 공리주의적 가치들은, 그러나, 결코 긍정적인 가치들만은 아닌 역설적인 가치들이었다. 공리주의 철학에 경도(傾倒)된 이 시대의 중산계급은 도덕과 윤리(moral goodness), 쾌락과 희열, 공상과 상상 등의 직관적-서정적 가치들도 모두 과학적으로 입증될 수 있고, 수학적으로 계측이 가능한 사회경제적 법칙하에서 작동해야 한다고 생각했다. 뿐만 아니라, 그들은 스펜서의 '적자생존'의 이론을 신봉한 사회적 다윈주의자(Social Darwinist)들로서, 임금을 착취해 노동계급의 가난을 조장하고, 빈부(貧富)의 격차를 벌려 사회적 갈등을 증폭시켰으며, 그들의 부(富)를 사회적 약자들을 핍박하는 수단으로 사용한 위선자들이었다. 실용적 이성에 대한 믿음으로 이룩된 산업혁명으로 이 시대의 유럽인들은 차가운 이성의 비인간적 덫에 걸려 꿈과 사랑, 친절과 배려, 연민과 성찰, 용서와 관용, 가족애와 인류애 등을 통해 얻을 수 있는 따뜻하고 건강한 삶을 잃어버리게 된 것이다. 뿐만 아니라, 상상과 사색에서 얻을 수 있는 초월적 기쁨과 쾌감을 누리며 살아갈 수 없게 된 것이다.

19세기 영국의 소설가 찰스 디킨스(Charles Dickens)는 그의 소설 『어려운 시절』(*Hard Times*)에서 경직된 사고에 빠져 '반이성(反理性)의 지혜'(wisdom of unreason)를 잃어버린 이 시대 영국 중산계급의 불행한 삶을 적나라하게 그려 냈다. 만약에 인간의 이성이 물질적 행복에 눈이 먼 나머지, 인간적 고뇌와 고통을 지각하지 못하고, 물질적 효용과 기계적 효율을 넘어서는 문화적 가치들을 가늠해 내지 못한다면, 그것의 효용은 도대체 무엇인가? 공리주의자였던 밀이 스스로를 비판하고 있듯이, 만약 공리주의가 실용적 이성에 눈이 멀어 사람들로 하여금 '인간성에 내재한 최고의 가치'(the highest virtue in humanity)인 함께 살아가는 사람들과 공감과 화합으로 하나가 되고 싶어 하는 욕망을 잃어버리게 한다면, 그것은 도대체 누구를 위한 철학인가? 디킨스의 『어려운 시절』은 이 물음들에 답하면서, 공리주의가 삶의 구석구석을 지배하던 '어려운 시절'에 '반이성의 지혜'로 자유로웠던 삶이 실용지향의 이성에 의해 어떻게 질식당하게 되었는지와, 초월적 이성에 도달하는 인간의 선험적 능력이 얼마나 무디어지게 되었는지를 잘 보여 준다.

디킨스는 『어려운 시절』에서 실용적 이성에 바탕을 둔 공리주의 철학에 갇혀 내면에서 울리는 절대선을 지향하는 초월적 이성의 소리와 가슴 깊은 곳을 파고드는 감성의 외침 소리를 듣지 못하는 19세기 영국 중산계급을 향해 무딘 양심에서 깨어나라고 외친다. 이 소설의 배경은 산업혁명으로 영국 역사 속에 새로이 등장한 가상의 산업도시 코크타운(Coketown)이며, 이 소설의 이야기는 공리주의 교육으로 감성이 무너져 지극히 불유쾌한 삶을 살아가는 이 도시의 중산계급 사람들의 삶의 이야기이다. 이 소설에는 공리주의 철학을 교육하는 교육자 그래드그라인드(Gradgrind)와 그의 철학을 생활 현장에서 실천하는 은행가이자 공장 운영자인 바운더비(Bounderby), 아버지의 공리주의 교육으로 삶이 초토화된 그래드그라인드의 딸 루이자(Louisa)와 그래드그라인드의 아들 톰(Tom)이 한 그룹의 인물들로 등장하고, 그 반대편에 자유로운 정신으로 초월적 세계와 친교(親交)를 유지하고 경험 너머의 자연계와 교감하면서 선험적 이성의 힘을 잃지 않은 또 한 그룹의 인물들이 등장한다. 서커스 단원의 딸 시시 주프(Sissy Jupe)와 공장노동자 스티븐 블랙풀(Stephen Blackpool), 그리고 그의 정인(情人) 레이철(Rachael)—이들은 모두 눈으로 보이는 이해타산의 세계에 갇혀 있지 않으며 선험적인 동료애를 간직하고 있어, 경험의 작은 세계에 갇혀 고통받는 사람들의 정신을 바로잡아 주거나, 타락에 빠질 위험에 있는 천진한 사람들의 영혼을 지켜 준다.

황홀함과 유쾌함이 없는 단조롭고 기계적인 삶, 위선과 음모와 결탁으로 뒤틀린 삶, 착취와 억압과 가난으로 찌든 삶—그래드그라인드의 공리주의 교육이 삶 속에서의 감정과 상상을 유린하고 낳은 불행으로 찌든 삶이다. 그리고, 숯검댕이 공장 매연이 자욱한 도시 코크타운은 이 삶을 품은 산업도시이다.

그것은 붉은 벽돌의 도시, 만약 공장에서 나오는 연기와 재 때문에 변색이 되지 않았더라면 붉은색이었을 벽돌로 이루어진 도시였다. 그러나 사실은 야만인의 물감 칠한 얼굴처럼 부자연스러운 붉음과 검정의 도시였다. 그것은 기계의 도시였고, 높은 굴뚝의 도시였는데, 그 높다란 굴뚝으로부터 뱀처럼 꾸불거리는 연기가 영원히 영원히 기어 나와서 결코 똬리가 풀리지 않았다. 도시 안에는 검은 운하가 하나 있었고 악취를 풍기는 염료 때문에 자줏빛으로 흐르는 강이 하나 있었다. 창으로 꽉 찬 거대한 건물더미가 있는데, 거기서는 하루 종일 덜컹거리는 소리와 덜덜 떠는 소리가 들렸고, 우울한 광증에 사로잡힌 코끼리의 머리 같은 증기기관의 피스톤이 단조롭게 상하운동을 했다. 똑같은 모양의 큰 길이 몇 개 있었고, 아주 똑같이 닮은 작은 거리들이 많이 있었다. 그 거리에는 마찬가지로 꼭 닮은 사람들이 같은 시간에 같은 포도에서 같은 소리를 내며 같은 일을 하기 위해 출퇴근하면서 살고 있었다. 그들에게 매일매일의 오늘은 언제나 어제나 내일과 꼭 같았고, 매해의 올해는 작년이나 내년과 꼭 같았다.[33]

코크타운은 저 스스로 만들어 낸 연막으로 가려 있었다. 그것은 햇볕조차 뚫고 들어올 수 없는 짙은 연막이었다. 그곳에 있는 것이 도회라는 것을 알게 되는 것은 만약에 도회가 아니라면 그곳에 그렇게 큰 음신한 공긴이 있을 리 없다는 것을 알고 있기 때문일 것이다. 희미하게 보이는 숯검댕이와 연기, 바람결을 따라 어떤 때는 이리로 흔들렸다가, 어떤 때는 저리로 흔들리고, 때로는 하늘로 치솟았다가, 때로는 땅으로 긴다. … 그저 어둠의 덩어리라고나 할까? 멀리서 바라본 코크타운은 벽돌 하나 볼 수 없는데도, 제 모양만으로 어떤 곳인지 알 수 있었다.[34]

이 도시의 공장 굴뚝들에서는 검댕투성이 매연이 쉴 새 없이 품어져 나오고, 생명의 신비와 아름다움을 주는 햇볕은 그곳을 뚫고 들어오지 못한다. 화사한 햇볕이 없는 이 추잡한 도시에는 자연의 아름다움이나 도덕적 순결은 없다. 단단한 붉은 벽돌의 벽들로 둘러싸인 꼴사나운 도시 코크타운—이 도시가 바로 그래드그라인드와 바운더비의 융통성 없는 물질주의 철학이 구현해 놓은 19세기 영국의 산업혁명으로 건설된 도시로서, 삶의 신비나 아름다움이 가신 재앙의 도시이다. 짙은 매연 구름에 덮인 이 도시에는 가진 자들의 차가움과 가난한 자들의 고통이 짙은 어둠 속에 헐떡거리고 있을 뿐, 시시 주프나 스티븐 블랙풀과 같은 사람들이 지닌 상상력과 정직과 청렴과 동정심이 깃들어 살 수는 없다.

소설의 첫머리에서 공리주의 철학에 심취한 교육자 그래드그라인드는 이렇게 훈시한다.

> 자, 내가 원하는 것은 사실이오. 이 학생들에게 사실만을 가르치시오. 살아가는 데는 오직 사실만이 필요한 거요. 사실 외에는 어떤 것도 심지 말고 사실 이외의 모든 것을 뽑아 버리시오. 사실에 기초할 때만 '논리적으로 사고하는 동물'을 만들 수 있는 거요. 학생들에겐 사실 외의 어떤 것도 전혀 도움이 되지 못하오.[35]

삶에 필요한 것은 오직 경험적 사실밖에 없다. 각진 코트를 입고, 각진 다리와 각진 어깨의 신체적 특징을 지닌 그는 그의 깡마르고 딱딱한 철학을 이런 식으로 자신의 아들과 딸과 학생들의 머릿속에 주입하는 것이다. 그러나, 그가 주장하고 있듯이, 인간성이 어떤 경우에도 경험적 이성의 법칙에 감금되어야 한다면, 우리들의 삶은 어떤 모양이 될까? 추론하는 정신의 메마른 토양에서 감정과 상상이 거세된 채 우리들의 삶이 '재배되어', 과학적 원리에 따라 제작된 기계가 움직이듯이 우리들의 삶이 기계적으로 흘러간다면, 우리들의 삶은 어디로 가게 되는 것일까? 더욱이, 기계에 설치된 프로그램이 오작동을 일으켜, 심각한 재난을 초래한다면, 그때 우리들의 삶은 어떻게 될까?

공리주의 교육자 그래드그라인드는 주장한다. 교육이란 그저 실용적인 것이어야 하고, 사실에 입각한 것이어야 하며, 상상이나 감정이 삶을 휘저어 놓지 않도록 하는 것이어야 한다고. 그러나, 그의 교육관으로 길러진 사람들의 삶은 어떤 모양이 되었을까? 충분히 예견된 아이러니이지만, 어떤 윤리적 또는 심미적 고려도 없이, 경험적 사실들과 실용정신에만 가치를 부여하는 삐뚤어진 교육을 받고 성장한 그래드그라인드의 자식들은 지극히 박복한 삶을 살아야만 했었다. 삶에 조화와 질서를 주고, 삶을 살찌우고, 영혼을 아름답게 하는 너무나 많은 것들을 잃어버렸기 때문이다. 그의 딸 루이자는 날조된 '자수성가'(self-made man)의 신화로 위선적이고, 계산적이고, 비윤리적이며 냉혹한 삶을 살아가는 공장주이자, 게다가 나이는 아버지뻘인 바운더비와 결혼함으로써 기쁘고 미쁜 삶을 살아갈 수 없게 되었다. 그리고, 내면의 소리에 무감각해져 오직 금전적 타산에만 용의주도한 인물이 된 아들 톰은 자신의 방탕하고, 쾌락주의적이고, 위선적이며, 반도덕적인 삶을 위해서 은행털이범으로 전락해 사회적으로 쫓기는 신세가 된다.

그러나, 공리주의 교육의 결과는 단순히 개인적 삶을 파탄에 이르게 하는 것만이 아니었다. 소설 속에서 공리주의 철학을 뼛속 깊이 새기고 실천하는 사업가 바운더비의 행실에서 드러나듯이, 공리주의 교육의 사회적 차원에서의 폐단은 그보다 이루 말할 수 없이 더 큰 것이었기 때문이다. 19세기의 공리주의 철학이 서구 자본주의 체제를 떠받치는 이념적 버팀목이 되었을 때, 바운더비의 예에서 볼 수 있는 것처럼, 서구사회는 동정심과 인류애라는 삶의 동력을 잃게 되었다. 그리고, 그 사회 속에서, 물질적 이익을 얻기 위한 수단과 방법을 가리지 않은 무한경쟁 속에서 조화와 질서와 균형의 아름다움이 무너지게 되었으며, 독선과 이기심으로 가득한 혐오스러운 인간형이 만들어져 그들이 역사를 주도하게 했다. 바운더비는 무엇보다 위선자이자 노동착취형 공장주이며, 그의 유일한 관심사는 돈과 권력이다. 그는 자신이 어린 시절의 가난과 고통을 이겨 내고 결연한 마음과 피나는 노력으로 지금 '코크타운의 바운더비'가 되었다는 허구를 날조하여, 천진하고 가난한 공장노동자들을 조종하고 이간질함으로써 계층 간의 첨예한 갈등을 유발하고, 그들의 삶을 이전투구의 아귀다툼으로 몰아넣는다. 그는 작고 알량한 경험적 이성으로 먼저 개인의 노력 여하에 따라 사회적 신분 상승이 얼마든지 가능하다는 위선적으로 날조된 자수성가의 신화를 만들고, 가난한 자들은 게으르고, 탐욕스럽고, 아무짝에도 쓸모없는 인간들이라고 몰아붙임으로써 가난을 하나의 사회적 죄악으로 규정한다. 그리고, 자신의 개인적 이익을 확보하기 위해서 위선과 기만, 편취와 착취, 통제와 감시와 억압 등의 갖은 수단을 사용해 자신이 고용하고 있는 공장노동자들의 삶을 도탄에 빠지게 한다.

스티븐 블랙풀은 19세기 영국의 자본주의 체제하에서 공장노동자들의 도탄에 빠진 삶을 이렇게 묘사한다.

> 한번 보기나 하시오! 우리가 어떻게 사는지, 우리가 어디에 사는지, 얼마나 많은 사람들이 우글거리며 사는지, 어떤 희망을 가지고 사는지, 매일매일 얼마나 똑같은 삶을 살아가고 있는지, 보시오. … 이것도 한번 보시오. 당신들이 국가에 대한 우리들의 대리권을 가지고, 우리들에 대해 어떻게 생각하고, 어떻게 쓰고, 어떻게 말하는지. 그리고, 어떻게 해서 당신들은 언제나 옳고, 우리들은 언제나 그르단 말이오? 그리고, 어찌하여 우리는 태어나서 단 한 번도 이성적으로 생각한 적이 없단 말이오? 그것들 말고도 볼 것이 또 있소. 이러한 현상이 해가 가고, 세대가 바뀔수록 점점 커지고, 넓어지고, 단단해진다는 사실 말이오. 제발이지, 이 문제를 눈여겨보시오. 공평하게 말하면, 이거야말로 엉망진창이 아니오?[36]

꼴사납기 그지없는 황량한 삶의 공간에서, 바운더비와 같은 중산계급의 사람들이 '공리'(公利)의 탈을 쓰고 온갖 사회악을 저지르는 것이다. 그들은 부와 권력을 독점하고, 착취와 억압으로 노동계급의 사람들을 가난과 비위생적인 환경으로 내몰며, 위선과 음모와 결탁으로 보다 많은 물질적 이익을 추구하면서, 어떤 동정심도, 어떤 연민도 없이 가난한 사람들의 삶을 유린한다. 그리고, 가난한 노동자들은 아주 낮은 임금으로 아주 긴 시간 힘겨운 노동에 시달리며 죽지 못해 힘겨운 삶을 살아간다. 그러나, 스티븐 블랙풀의 삶이 그렇듯이, 그것마저도 여의치 않을 때가 많다. 그가 노동단체의 활동을 파악해 달라는 바운더비의 요청을 거부했을 때, 그는 범죄자로 내몰려 처형되고 만다. 극심한 사회적 혼돈의 와중에 약삭빠른 소수의 사람들은 중산계급으로의 신분 상승을 꿈꾸며 기회주의적 삶을 살아가기도 한다. 몰락한 귀족 출신의 스파짓 부인(Mrs. Sparsit)은 바운더비의 가사도우미로 살면서 그와의 결혼을 통해 신분의 재상승을 꿈꾸고, 루이자의 자리를 노리며 흉계를 꾸민다.

공리주의 철학은 그것만으로는 인간을 지속적으로 행복하게 하기에는 턱없이 부족한 수단이다. 중산계급 가정의 딸이자 아내인 루이자의 삶은, 그녀가 누릴 수 있는 엄청난 부와 권력에도 불구하고, 얼마나 참을 수 없이 메마른 삶인가? 중산계급 가정의 아들인 톰의 무윤리적 삶은 얼마나 혐오스러운가? 그러나, 그것보다, 생존을 위해 노예나 거지처럼 살아야 하는 하층계급에 속한 사람들의 삶은 얼마나 처절한가? 산업혁명의 도시 코크타운에서 굳은 의지로 심신을 수련하고 열심히 일하면 성공과 신분의 상승에 이를 수 있다는 자수성가의 신화는 가난한 노동자들을 속여 가난과 고통의 구렁텅이로 내몰기 위한 수단이다. 부와 권력을 위한 무한경쟁이 사회적 위계를 만드는 코크타운에서 인간과 인간 사이에 동료애와 인간애로 만들어진 인간적 관계는 없다. 햇빛도 뚫고 들어올 수 없는 짙은 연막에 둘러싸인 이 도시에는 생존을 위한 투쟁과 위선과 죄악과 핍박만이 있을 뿐, 삶의 어떤 순결도, 삶의 어떤 신비로움도, 삶의 어떤 아름다움도 거기에 스며들 수 없다.

그렇다면, 산업화에 경도된 도시 코크타운의 사람들이 코크타운이라는 황량한 삶의 터전에서 공리주의의 이성적 법칙에 비추어 재단되고, 평가되고, 통제당하며 살아갈 때, 그들이 잃어버린 것은 무엇일까? 소설의 저자 디킨스는 신과 자연과 인간의 세계를 관류하는 양도할 수 없는 고결한 정신이 훼손되지 않은 사람들—서커스 단원의 딸 시시 주프와 공장노동자 스티븐 블랙풀, 그리고 그의 정인(情人) 레이철—을 피도 눈물도 없는 중산계급 사람들의 대척점에 놓음으로써 그들이 잃어버린 행복이 무엇인지를 말해 주려 한다. 실용적 이성에 매몰되지 않은 사람들의 정신 속에 어떤 고차원의 계산기를 동원해도 계산해 낼 수 없는 고매한 인간성이 깃들어 있음을 보여주려 한 것이다.

> 단 1파운드 무게의 엔진에서 뿜어져 나오는 힘으로 무엇을 할 수 있는지는 잘 알려져 있다. 그러나, 국가 부채를 한꺼번에 모두 계산해 낼 수 있는 계산기를 전부 동원한다 해도 계산해 낼 수 없는 것이 있다. 인간은 어디까지 선하고, 어디까지 악할 수 있는가? 얼마나 사랑하고, 얼마나 증오할 수 있는가? 어느 정도까지 애국심을 발휘할 수 있고, 얼마나 크게 실망할 수 있는가? 그리고, 절제되고 차분한 표정으로 이렇게 침묵하는 공장노동자들의 영혼 속에서 어느 순간에 덕성스러운 마음이 허물어져 갑자기 사악한 마음으로 바뀔 수 있는가?[37]

공리주의적 삶 속에서 코크타운 사람들이 잃어버린 것—그것은 한 꾸러미의 경험적 사실들과 과학적 원리들로 환원될 수는 없는 정말 중요한 무엇으로서, 바운더비와의 결혼생활에서 루이자가 잃어버렸다고 느꼈던 바로 그것이며, 그것이 없이는 삶이 메마르고, 하찮고, 황량한 것이 되고 마는 바로 그것이다. 또한, 그것은 정직하고 청렴한 공장노동자 스티븐 블랙풀이 노동단체의 움직임을 파악해 달라는 바운더비의 요구를 거절하면서, 동시에 폭력적 저항을 획책하는 동료들의 노동단체에 가입하지도 않을 때 보여주는 인간성이자, 오직 옳다고 믿는 바를 행하고 평화 속에서 오랫동안 열심히 일하기를 바랄 때 나타나는 인간성이다.

시시 주프와 스티븐 블랙풀과 그의 정인(情人) 레이철—그들은 눈에 보이는 이해타산의 세계에 갇히지 않은 선험적인 동료애를 아직도 간직하고 있는 사람들이다. 소설 속에서 그들은 화합과 아름다움을 지향하는 그들의 성정(性情)으로 실용과 경험의 작은 세계에 갇혀 고통받는 사람들과 타락에 빠질 위험에 있는 천진한 사람들의 영혼을 지켜 준다. 이들 가운데에서 특히 시시는 그래드그라인드의 공리주의 교육에 능동적으로 저항하는 인물로서 루이자의 불행을 일깨워 주고, 그녀가 난봉꾼의 꼬임에 빠져 삐뚠 길을 가지 않도록 막아 주며, 그럼으로써 그녀의 선험적 이성을 일깨워 낸다. 그리고, 마침내 루이자를 그녀의 아버지에게 돌아오게 함으로써 궁극적으로는 그래드그라인드로 하여금 자신의 교육이 어떻게 잘못되었는지를 깨닫도록 해 준다. 그리고 공장노동자 스티븐과 그를 사랑하는 레이철은 때묻지 않은 도덕적 순결성으로 사회가 나락으로 떨어지지 않도록 버팀목이 되어 준다. 가난한 공장노동자인 스티븐 블랙풀—그는 비록 교육을 받지 못해 지극히 단조로운 일밖에 할 수 없는 처지이지만, 자신의 고통스러운 가난을 자본가들의 탓으로 돌리지 않고, '어떤 큰 목표'(a distant object)를 향해 꾸준히 노력하며, 끔찍한 삶의 고통을 폭력적인 방법으로 벗어나려 하지 않는다.

실용적이거나 경험적 이성이 만들어 놓은 '가시적으로 객관화'된 공식에 대입해 행복을 얻기에는 삶은 너무나 크고, 너무나 신비스럽고, 너무나 조밀하다. 소설 속에서 시시와 스티븐과 레이철이 없는 삶에 행복이 있을 수 있을까? 우리들의 삶 속에서, 천재 예술가의 삶에 대한 통찰과 표현, 천재 과학자가 물리(物理)를 터득하고 그 법칙을 찾아가는 과정, 보통 사람들의 사랑과 행복과 희열의 함수들—어느 하나 '객관적이고 가시적인 이성'

으로 온전하게 설명되는 것은 없다. 그러나, 근대의 계몽주의와 그에서 비롯된 이념들은, 비이성으로 점철된 과거의 족쇄들로부터 인간을 해방시킨 위대한 공헌에도 불구하고, 하나의 중심만을 추구하며 끝없이 한쪽 극단으로 치우침으로써 '중용'의 덕을 잃어버렸으며, 그 때문에 '무궁한 행복'을 얻는 데 필요한 반이성, 또는 무이성의 초월적 지혜를 외면하고 내동댕이쳤다. 그것으로, 인간이 지닌 가장 고결한 인지적 능력의 심각한 훼손을 초래했다.

4. 문명 콤플렉스, 그리고 교감지수의 감소

『세상의 도(道)』(*The Way of the World: from the Dawn of Civilization to the Eve of the Twenty-first Century*)를 쓴 데이비드 프롬킨(David Fromkin)의 표현을 빌리면, 인간은 문명에의 욕구가 있음으로 비로소 '인간'(homo-sapiens)이다. 그것으로 인간이 다른 종(種)과 구별되는 하나의 종이 되었기 때문이다. 그에 의하면, 인간의 역사는 문명에의 욕구가 시간의 지평 위에 나타난 궤적이다.[38] 그리고, 21세기 문명은 아주 긴 그 궤적의 정점이다. 인간의 문명에의 욕구는 처음에는 인간의 몸 속에서 생물학적인 변이를 일으켜 인간을 인간이게 했지만, 그다음은 필요에 맞게 환경을 개발하게 함으로써 인간을 인간이게 했다. 문명에의 욕구로 인간은 생존경쟁에서 살아남을 수 있었고, 도구를 개발해 땅을 경작할 수 있었으며, 소통의 필요를 위해 문자를 창조했고, 주거환경을 개선해 편안하고 안락한 삶을 추구할 수 있었다. 간단히 말하면, 인간에게 있어서 문명에의 욕구는 삶의 궁극적 동인(motivation)이자 창조력의 근본이다. 필요의 충족을 위해 자연을 가공하여 만든 인간의 모든 가공물들(artifacts) 뒤에는 바로 이 문명에의 욕구가 자리하고 있기 때문이다. 그러므로 문명에의 욕구는 인간의 정신 가운데에서 생존을 위한 가장 필수적인 정신으로서 가장 고결한 목적을 내포한 정신이다.

『세상의 도(道)』에서 프롬킨이 주목했던 것은, 그러나, 다음 단계의 궤적들이다. 인간이 문명에의 욕구를 '양심'(conscience)—즉, 옳고 그름을 판단하고 선과 악을 깨우쳐, 삶을 바르게 살아가려는 정신—이라는 것과 결부시켜 이해하게 됨으로써 그가 가진 문명의 모양이 크게 달라지게 되었다는 것이다. 전국시대의 그리스 문명, 유대 문화에서 발원한 기독교 문명이 바로 양심에의 욕구로 변화된 모양의 서구문명이다. 프롬킨에 의하면, 인간이 가진 문명의 모양이 다시 한 번 크게 요동치게 되는 것은, 문명에의 욕구를 '이성'(rationality)에의 욕구와 동일시하게 되는 때이다. 서구의 역사에서 인간의 인간에 대한 믿음, 즉 인간의 이성에 대한 믿음이 강해지면서, 역사는 자유, 평등, 행복 등의 개인주의적 인권에 관련된 생각들이 소용돌이치게 되었고, 민주주의나 공화주의 사상이 문명의 모양과 색깔을 크게 변모시켜 놓았다. 또한, 21세기에 이르러 인간이 문명의 궤적의 정점에 서게 된 것은, 문명에 대한 욕구를 '자연이 가진 에너지를 뽑아 내는 힘'(Releasing Nature's Energies)으로 사용할 수 있었기 때문이다. 이 시대에 와서, 인간은 그 힘을 바탕으로 과학혁명과 산업혁명을 일으켜, 자연계는 물론 우주공간까지 지배하게 된 것이다.

그러나, 인간이 가진 문명에의 욕구는, 프롬킨이 생각했던 것처럼, 문명의 진화를 이끌어 궁극적으로 유토피아의 세상을 만들어 내는 정신이었을까? 아니면, 『문명과 그 불만』에서 프로이트가 생각했던 것처럼, 또는 『서구의 이울음』(*The Decline of the West: Form and Actuality*)에서 오스발트 슈펭글러(Oswald Spengler)가 주장했던 것처럼, 인간이 가진 문명에의 욕구는 삶을 불행과 고통의 도가니로 몰아넣는 강박증적 충동에 불과한 것일까? 인류 문명의 한쪽은 분명히 유토피아를 향한 진보인 것처럼 보인다. 그러나, 또 다른 한쪽은, 프로이트나 슈펭글러가 생각했던 것처럼, 디스토피아로의 퇴행으로 보이기도 한다. 왜냐하면, 인간이 가진 문명의 폭이 넓어지고 깊어질

수록, 인간이 감내해야 할 불행과 고통의 폭도 그만큼 넓어지고 깊어져 왔기 때문이다. 20세기에 와서, 두 차례에 걸친 세계대전과 러시아 혁명을 거치면서, 인류의 역사가 짊어지게 된 고통의 멍에는 어떤 수단으로도 벗어날 수 없을 만큼 크고 견고해졌기 때문이다. 그렇다면, 문명은 왜 인간이 감내해야 할 불행과 고통의 폭을 넓어지고 깊어지게 하는 것일까? 그것은 아마 문명의 한쪽이 인간의 자연발생적 본능이나 충동을 옭아매는 사회적 규율들로 채워져 있기 때문일 것이다. 그리고 문명의 다른 한쪽이 개인과 개인, 개인과 사회, 종족과 종족, 문명과 문명 간의 소통을 위한 수많은 불협화의 신호음들로 채워져 있어, 문명 자체가 점차 소통불능의 무정부 상태로 빠져들고 있기 때문일 것이다.

인간이 가진 문명의 한쪽은 역사 속에서 만들어진 관습과 규범과 법과 도덕으로 덧칠되어 있다. 그리고, 문명이 발전하면 발전할수록 사회적 규율들은 점점 복잡해지고 정교해져, 인간의 자연발생적 본능이나 충동들을 옭아매는 수단으로 사용되곤 했다. 뿐만 아니라, 사회적 규율들은 종종 권력에 의해 악의적으로 뒤틀리게 제정되거나 집행됨으로써 인간의 본성을 억압하고 거스르는 수단으로 사용되기도 했다. 그 때문에 인간은 문명이 발달함으로써 얻게 된 크나큰 물질적 풍요와 자유에도 불구하고, 인위적으로 만들어진 사회적 규율들에 옭매여 신체적으로뿐만 아니라, 정신적으로도 엄청난 부자유와 억압과 통제와 가혹한 처벌의 고통 속으로 빠져들게 되었다. 생존과 풍요와 자유를 위해 창조된 문명이 때로는 인종 청소의 폭력이 되고, 때로는 수많은 난민들을 가난으로 몰아넣기도 하며, 때로는 수많은 소시민들을 체제의 감옥 속에서 격심한 고통을 겪게 하는 권력이 되기도 했다.

푸코는 그의 철학서 『광기와 문명』(*Madness and Civilization*)에서 문명행위로 만들어진 사회적 규범들이 어떻게 삶을 불행과 고통과 처벌의 도가니로 몰아넣는가를 보여 준다. 푸코에 의하면, 반문명의 대표적 징후인 '광기'(madness)는 문명의 대표적 징후인 '온전한 정신'(sanity)의 거울상이다.

어떤 사회가 광기를 어떻게 규정하고, 광인들을 어떻게 다루는가를 보면, 그 사회가 가진 문명의 모양을 점칠 수 있다는 것이다. 푸코에게 광기란 온전한 정신이라는 것과 따로 떨어져 있는 무엇이 아니라, 서로 맞물려 있는 것이어서, 어떤 사회가 사회적 규율을 정해 그것을 온전한 정신에서 유리시키고 배척하거나 감금하는 양상을 보면, 그 사회가 가진 문명의 모양을 알 수 있다는 것이다.[39]

푸코에 의하면, 광기란 어떤 형태의 권력이 자기가 만들어 놓은 사회적 규율에 순종하지 않는 자들을 지배하기 위해서 지어낸 '허구'(fiction)이다. 그리고, '광기의 역사'(the history of insanity)는 인간 존재의 한 조건으로서의 반문명 지향성—본능과 충동—이 인간성에서 유리되어 가는 과정이다. 중세 시대(the Middle Ages)까지만 해도, 광인들은 사회에서 유리되지 않고 일상의 삶 속에서 보통 사람들과 같이 생활을 영위했었다. 구분과 차별은 서구인들이 인간의 이성에 눈뜨기 시작한 르네상스시대에 생겨나기 시작했다. 이때에 반문명과 사회적 위험의 징후로서의 광기는 삶의 주변부로 밀려나게 되었는데, 광인들의 수용소(收容所)였던 '바보들의 배'(the Ship of Fools)는 그들이 보통 사람들의 세계에서 쫓겨나 고립 상태에서 살게 된 것에 대한 상징이다.[40]

푸코는 1657년과 1794년 사이 서구사회에서 광기로 허구화된 반이성의 '대감금'(the Great Confinement)이 일어났다고 주장한다. 이때부터, 이성의 시대 동안 광기는 삶에서 배제되고, 광인들의 목소리는 침묵되었다는 것이다. 이때부터, 게으름이나 열정(passion), 거지근성이나 수성(獸性)과 같은 '이성적으로' 받아들일 수 없는 행위들이 모두 광기로 여겨지게 되었는데, 광인으로 분류된 사람들은 사회와 유리된 보호시설에 수용되었다. 그리고, 정신병리학의 시대인 19세기에 이르러, 반이성의 대감금은 지금까지와는 전혀 다른 양상을 띄게 되었는데, 히스테리나 우울증이나 발작과 같은 반실용적인 것들이 모두 정신병적인 상태로 여겨져 감금의 대상이 되었고, 중앙에 감시소가 있는 '원형교도소'(Panopticon)와 같은 새로운 구조의 광인 보호시설이 세워졌다. 푸코에 의하면, 20세기의 현대에는 '정상'(normality)에 대한 판단의 기준이 훨씬 더 '자의적인'(arbitrary) 것이 되었고, 알코올 중독이나 약물 중독과 같은 것들도 광증의 하나로 편입되었으며, 지극히 자의적인 판단기준으로 판정된 기타의 '비정상'(abnormality)들도 모두 광기로 여겨져 감시의 대상이 되어 사회로부터 축출되거나 유리되었고, 광기에 빠진 것으로 여겨지는 사람들의 목소리는 침묵되었다. 병원이나 학교와 같은 시설들이 거대한 투명벽의 원형교도소가 되어 일상의 평범한 인간들까지 감시의 대상으로 삼아 감금하고 있다는 것이다. 병원에 입원한 보통의 환자들의 행동이 전부 모니터를 통해 감시를 받고 있는 것은 하나의 예이다.[41]

푸코가 주장하는 바를 따르면, 광기란 본능적 충동으로서 인간 조건의 본질적인 일부이자, 한편으로는 삶 속에서의 '공허함'(the void)이나 '무가치함'(nothingness)과의 만남이며, 다른 한편으로는 예술적 창조의 원동력이다. 그리고, 공허함과 무가치함의 감정에서 생겨나는 삶 속의 광기는 너무나 당연하게 이성적 설명이나 설득을 거부한다. 뿐만 아니라, 예술가들의 창조행위도 이성적 사고와 통찰 너머에서 이루어지는 것으로서 이성으로부터의 일탈이다. 그러므로, 푸코가 『광기와 문명』의 서문에서 도스토옙스키를 인용하면서 밝혔듯이, 이성중심주의 사회인 현대에서 "미치지 않았다는 것은 또 다른 형태의 미침이다." 그리고 '미쳤다'는 것은 정상의 인간들이 감히 맞이하고 살 수 없는 '무시무시한 진실'(the terrible truth)을 마주하고 살아간다는 것을 의미하거나, 그 진실을 예술적 창조행위를 통해 표현한다는 것을 의미한다. 또 다른 한편으로는, 그 사회 속에서의 감금과 감시로 무한한 고통과 불행에 직면하고 살아간다는 것을 의미한다.[42] 19세기 미국의 시인 에밀리 디킨슨(Emily Dickinson)은 그녀의 「시편 435」에서 푸코의 생각을 이렇게 요약했다.

분별력 있는 사람의 눈으로 보면—
충만한 광기는 신이 내린 온전한 정신—
충만한 논리—그것이야말로 진짜로 미친 것—43

문명이 발전하면 발전할수록, 왜 인간은 그 속에서 더 많은 고통과 불행을 느끼게 되는 것일까? 푸코가 그의 『광기와 문명』에서 주장한 대로, 문명의 발달 과정은 어쩌면 사회적 규율들을 제정하고 집행하는 어떤 전체주의적 권력에 의해 개인들의 삶이 감금되어 가는 과정인지 모른다. 그러나, 이 물음에 대한 또 하나의 피할 수 없는 대답은 문명에의 욕구란 필연적으로 타자(the other)들과의 소통의 욕구이며, 소통의 욕구는 본질적으로 신호음 발산의 욕구를 수반한다. 그리고, 문명이 발달하면 발달할수록, 발달된 문명이 가진 신호음의 개체 수는 무한정 늘어나게 되고, 신호음의 개체 수가 늘어나면서 불협화 신호음의 개체 수도 늘어나 신호음들 간의 소통은 부정확해지거나 불가능해진다. 서로 다른 문명을 가진 문명 주체들이 서로 다른 불협화의 신호음들을 가짐으로 해서 늘어나는 소통의 불가능성—이것이 바로 문명 속의 인간이 자연 속의 인간보다 더 많은 고통과 불행을 느끼게 되는 또 하나의 이유이다.

'에너지 불변의 법칙'—즉, 열역학 제1법칙—에 의하면, 어느 닫힌 공간에 존재하는 에너지의 총 양은 불변이지만, 사용된 에너지의 양이 늘어날수록 쓸 수 있는 유기적 에너지의 양은 줄어든다. 20세기로의 전환기에 활동했던 미국의 역사학자 헨리 애덤스(Henry Adams)는 그의 책 『헨리 애덤스의 교육』(*The Education of Henry Admas*)에서 이 법칙을 원용하여 다음과 같이 역사를 설명한다. 성모 마리아(Virgin Mary)에 대한 신앙의 시대였던 중세의 세계는 '하나의 중심을 가진 하나의 세계'(universe)로서 행복 에너지가 충만한 세계였다. 그러나, 발전기가 굉음을 내며 힘의 중심을 흩어 놓는 20세기는 '중심이 흩어진 다중세계'(multiverse)로서 행복의 에너지가 소진되어 엔트로피의 양이 크게 증가한 세계가 되었다. 이제 미래의 세대들은 점점 늘어난 엔트로피로 행복 에너지가 고갈된 세상에서, 무기력증에 걸려 살게 될 것이다.[44]

『헨리 애덤스의 교육』에서 영감을 얻었던 핀천은 그의 단편「엔트로피」("Entropy")에서 1950-1960년대의 미국사회에 만연한 죽음의 질서들을 펼쳐 보인다. 이 단편에서 핀천은 쓸 수 없는 질서의 양이 크게 증가하여 소통과 교감을 통한 행복의 증진이 불가능한 20세기 후반 미국의, 양쪽 극단으로 찌그러진 두 개의 자화상을 그린다. 그 하나는 포스트모던의 평범한 생활인 미트볼 멀리건(Meatball Mulligan)의 완벽하게 열린 공간으로 '소음'(noise)이 가득한 세계이고, 다른 하나는 모더니스트적인 실험 예술가 캘리스토(Callisto)의 생명의 기운이 전이될 수 없는 '완벽하게 닫힌 공간'이다.

엔트로피의 과정에서 볼 때, 미트볼의 세계는 질서가 무너져 내린 혼돈의 세계이지만, 아직은 무작위적 운동성은 얼마만큼 살아 있는 무질서의 공간이며, 그러므로 완전한 죽음의 공간은 아니다. 이에 비해 캘리스토의 세계는 무작위(randomness)적 운동성마저 소진된, 더 이상의 생명의 기운이 전이될 수 없는, 그러므로 오직 죽음이라는 완벽한 기계적 질서만이 존재하는 소통지수와 행복지수 모두 영(零)의 닫힌 공간이다. 그렇다면, 1960년대 미국의 엔트로피 지향의 사회에서 소통과 교감을 통한 행복의 재생산은 가능할까?

포스트모더니즘 시대의 비평가 중의 한 사람인 이합 하산(Ihab Hassan)은 그의 비평서『오르페우스의 사지절단』(*The Dismemberment of Orpheus*)에서 그리스 신화 속에 나오는 오르페우스의 분절된 육신과 신성이 깃든 오묘한 부활을 상징으로 미국 현대문명의 위기에 '사지절단'이라는 처방을 내놓았었다. 그에 의하면, "이성(reason)의 단물에 취한 오르페우스로 상징되는 미국의 현대문명은, 예술과 언어, 문화와 의식(consciousness) 등의 모든 측면에서, 어느 모로 보나 지나치게 이성의존적(rationalistic)인 기괴한 형상을 하고 있다. 이 기괴한 형상의 이성의존적 예술과 문명이 조금이라도 인간적인 면모를 회복하려면, 이성의 단물을 먹고 기괴하게 자란 팔다리를 잘라 음악에 취해 세상을 다스리던 목동 오르페우스의 원래 모습으로 조금은 되돌려야 한다."[45] 그러나, 1950-1960년대 미국문명의 혼돈과 무질서를 앞에 두고, 어떤 신성이 있어 기형화된 오르페우스의 사지를 절단하여 보다 인간적인 모습의 오르페우스로 되돌아오게 할 수 있을까? 『오르페우스의 사지절단』에서 하산은 말한다. 몸의 구석구석이 기형으로 자란 현대의 오르페우스는 현이 끊어진 수금을 들고 노래한다고. 팔다리가 기형으로 자란 현대의 오르페우스가 들고 있는 수금에 현을 이어 줄 신성(神性)은 어디에 있는가?

단편 「엔트로피」에서 두 주인공 중의 한 사람인 미트볼 멀리건은 1957년 워싱턴 D. C.에 있는 2층짜리 아파트 아래층에 사는 인물로, 지금 군입대를 위한 고별파티를 열고 있다. 파티에 모여드는 군상(群像)들의 면면은 하나같이 근대 합리주의 문명의 종착역의 하나인 자유방임주의에 빠져 넋이 나간, 방종과 무절제의 무리들이다. 자유의 투사들, 아방가르드 예술가들, 로큰롤 연주자들, 마누라와 싸움질한 족속들, 술과 마약에 취한 망나니들—그들의 삶에 진정한 소통이나 행복은 눈곱만큼도 없다. 그곳에는 오직 마구 뒤섞인 소음과 무질서를 향한 질주가 있을 뿐이다. 술과 마약과 시끄러운 음악과 희롱으로 난장판이 된 파티장—갈보집을 연상하게 하는 이곳에서 한 여인은 술로 곤드레만드레가 되어 욕실 물통에 빠져 거의 죽을 뻔하는 소동을 벌인다. 낡은 냉장고는 수명이 다한 듯 갈갈거린다. 파티의 상황이 감당하기 어려운 지경에 이르자 미트볼은 처음에는 옷장 안에 들어가 조용히 숨어 있다가, 마침내 이 혼란스러운 상황을 수습해 보기로 마음먹는다. 그리곤, 이쪽저쪽의 소음을 가까스로 잠재우고, 이쪽저쪽의 취객들의 난동을 잠시 가라앉힌다. 잠깐 동안의 순간적이고 덧없는 질서지만, 파티장에는 얼마간의 고요가 깃든다. 미트볼이 현대판 오르페우스의 현이 끊어진 수금에 매어 놓은 이 가냘픈 현은 사람들의 심성을 다스려 행복감에 빠지게 하는 음악소리를 낼 것인가? 아니면, 이 고요는 얼마나 오래 지속될 것인가?

미트볼이 사는 아파트의 2층에는 은둔 예술가 캘리스토가 초감각기관을 지닌 반(半)외계인 여자친구 오베이드(Aubade)와 함께 엔트로피의 진행을 멈추게 할 수 있는가에 대한 실험을 하며 살아간다. 그는 외부의 세계와 어떤 감응이나 교감도 일어나지 않도록 자신의 아파트를 완전하게 밀봉해 놓고, 7년에 걸쳐 여러 가지 나무들을 심고 새들을 살게 하여 생명이 서식하기에 완전한 공간을 만들고, 죽어 가는 새를 가슴에 껴안고 자신의 체온을 전이해 그 새를 살려 놓으려 한다. 바깥 세계의 온도 변화가 아무리 심하더라도, 완전하게 닫힌 공간인 그의 아파트의 온도는 37도에 머물러 있다. 이와 같은 방식으로 캘리스토는 '문명이든 자연계이든, 닫힌 공간에서의 에너지는 시간이 흐름에 따라 소진되고, 끝내는 죽음이라는 기계적으로 완전한 질서에 이르게 된다'는 엔트로피 법칙의 한계를 넘어서려 하는 것이다. 그렇게 함으로써, 20세기 중반 차이와 다양함에서 오는 역동성을 잃고, 죽음의 질서인 단조로움의 질서로 획일화되어 가는 소비문화의 엔트로피화 경향을 멈추게 할 수 있는 하나의 가능성을 찾으려 하는 것이다. 그러나, 캘리스토의 이야기는 그가 껴안고 있던 새의 죽음으로 끝난다. 엔트로피의 법칙은 부조리신의 필연의 법칙으로서 절대법칙인 것이다. 오베이드는 캘리스토의 창문을 뜯어 젖히고, 바깥 세계에서 생명의 기운을 흡입하여 그들의 삶의 공간에 작용하는 엔트로피의 진행을 되돌리려 한다. 그러나, 그들의 세계와 그들의 바깥세계 사이에 '평형의 순간'(the moment of equilibrium)이 오고 나면, 또 하나의 닫힌 공간인 그들의 바깥세계를 지배하는 엔트로피의 법칙은 어떻게 피할 것인가? 단편 「엔트로피」에서 무기력, 무작위, 무질서로 대변되는 20세기의 미국문명에 대해 핀천이 던진 철학적 질문이다.

단편 「엔트로피」에서의 현대 미국문명에 대한 핀천의 진단은 너무나 명료하다. '자연계에서뿐 아니라 인간의 역사에서도 엔트로피의 진행은 피할 수 없는 하나의 거대한 부조리이며, 20세기 중반에 이르러 미국문명은 이미 그 진행의 끝 지점인 열사상태(heat death)에 빠져 있다.' 그렇다면, 우리들의 삶은 도대체 왜 자연과 인간 사이, 인간과 인간 사이, 인간과 삶 사이, 감응지수와 소통지수, 그리고 행복지수가 모두 영(零)이 되는 '열사상태'를 향해 치달리는가? 핀천은 단편 「엔트로피」에서 미국의 현대문명이 직면한 행복지수 영의 딜레마에 대한 보다 깊은 천착으로서 소통과 감응과 교감을 가로막는, 그리하여 삶의 주체를 삶으로부터 유리시켜 심각한 고독과 절망에 빠뜨리는 불통의 기제(the mechanism of miscommunication)를 규명하려 했다. 그리고, 이 소설에서 핀천이 찾아낸 불통의 기제는 놀랍게 복잡해진 문명 속에서 '소음과 잡음으로 탱탱하게 부풀어 오른 교신체제'(the inflation of communication)였다.

다시 말해, 문명이 현대에 가까워질수록, 신호를 생산하고 전달하는 과정에 너무나 많은 불순물이 관여해 신호음의 강도가 현격히 줄어들거나, 신호음의 속성이 완전히 다른 것으로 바뀌거나, 신호음의 길이와 빈도가 뒤죽박죽으로 뒤섞이기 때문에 깨끗한 신호의 전달이 불가능해졌다는 것이다. 교신의 당사자가 자연이든, 인간이든, 아니면 인간이 만들어 가는 삶이든, 당사자들 사이에 원만한 교신이 이루어지려면, 그들 사이에 너무 많은 의미 없는 소음들이 끼어들거나, 그들의 신호가 심각하게 오염되어 병들어 있거나, 현실화될 수 없는 환상으로 덧입혀 있어서는 안 된다. 이 단편에서 얼마 전 아내에게서 소박맞은 인물 사울(Saul)은 일상사에서 교감의 엔트로피를 야기하는 '소음'(noise)에 대해 이렇게 설명한다.

> 어느 소녀에게 '사랑해' 하고 말해 보라. 닫힌 회로에서 그 말의 2/3까지는 신호를 전달하는 데 문제가 없을 것이다. 단지 당신과 그녀 둘만 있다면. 그러나, 그 빌어먹을 두 글자 단어[사랑]가 중간에서 문제를 일으킨다. 무언가가 끼어들어 의미가 모호해지기도 하고, 중첩되기도 하고, 적절하지 못한 상황이 벌어지기도 하고, 심지어 의미가 새어 나가

기까지 하기 때문이다. 의미전달을 방해하는 이 모든 것들이 소음이다. 소음은 신호음을 망쳐서 회로를 타고 앞으로 나아가지 못하게 한다.[46]

사랑하는 사람들끼리 '당신을 사랑해!' 하고 말하는 것은 틀림없이 두 사람의 관계를 돈독하게 만들어 줄 것이다. 그러나, 그들이 '당신을 사랑해!'라고 말하면서 육두문자로 된 욕을 섞어 말한다면, 신호는 어떻게 전달될 것인가? 사울의 말에 대해 미트볼은 이렇게 대꾸한다. "우리가 말하는 것 — 대부분이 소음이지."

"이봐, 사울" 하고 그가 중얼거렸다. "잘 모르겠지만, 사람들한테서 너무 많은 것을 기대하는 것은 아니야? 너도 알다시피, 우리가 말하는 것 대부분은 [잡음이 잔뜩 낀] 소음이잖아."[47]

제2장

포스트모던 문명 속의 디스토피아

1. 기술문명과 자유 속의 부자유

인간이 기술문명을 발전시키지 못했다면, 그에게 무슨 일이 일어났을까? 아마, 아주 오래전에 지구상에서 사라지는 운명을 맞았을지 모를 일이다. 원시상태의 인간은 혹한이나 무더위를 이기는 힘도 유해한 미생물에 대항하는 힘도, 천재지변 따위의 위험에 대처하는 힘도, 다른 생물들에 비해 많이 약했기 때문이다. 그러므로, 인간이 생활 속의 어려움들을 풀기 위한 방편으로서의 기술을 개발하지 못했다면, 지구상에서의 그의 삶은 결코 순탄하지 못했을 것이다. 만약 인간이 말하는 기술을 습득해 생각과 감정을 소통하지 못했다면, 땅을 개척하고 식물을 재배하고 동물을 길들이는 인지적 기술을 익히지 못했다면, 도구를 이용하여 집을 짓고, 먹이를 생산하고, 불을 피워 추위를 막지 못했다면, 생존자체가 불가능했을지도 모른다. 그러나 다행히 인간은 말을 구사하여 소통하고, 생각하고 상상하는 힘으로 필요를 창출하고, 환경을 필요에 맞게 변형시켜 생존에 방해가 되는 장애물들을 극복함으로써 지금 만물을 지배하는 고도의 문명을 누릴 수 있게 되었다. 물과 공기가 인간 생존과 뗄 수 없는 필수요소라면, 기술문명 또한 그것들에 못지않은 생존의 필수요소인 셈이다.

그리스어 'techne'를 어원으로 하는 '기술'(technology)이라는 말은 원래 생활의 어려움을 풀어 주거나 삶의 즐거움을 생산해 내는 '기교'(art), 또는 '솜씨'(craft)를 뜻했다. 제이콥 브로노스키(Jacob Bronowski)에 의하면 인간이 사용하는 모든 기교 또는 솜씨, 즉 기술은 마음속에서 필요와 충족의 조건을 '상상함'(imagine: make an image)으로써 시작된다. 그에 의하면, "무언가를 상상한다는 것은 마음속에 무언가에 대한 그림을 그린다는 것이며, 나아가 마음속에서 그 그림들을 이리저리 옮겨 놓아 새로운 질서를 창조한다는 것이다."[1] 그러나, 마음속에 그려 놓은 필요에 대한 새로운 그림과 충족에 대한 새로운 질서가 곧 기술이 되는 것은 아니다. 그것들이 어떤 효용을 갖고 있지 않다면, 그것들은 마음속에서 곧 잊힐 것이기 때문이다. 그러므로, 기술이란 마음속에 그려진 그림들, 즉 심상(心像)들이 마음속에서 이리저리 옮겨지는 과정에 새로운 의미나 새로운 효용을 드러내 보임으로써 삶의 유용한 도구로 태어난 것이다. 인류의 역사가 깊어지면서, 기교는 점점 정교해지고 솜씨는 점점 숙련되어 갔으며, 지금에 와서 이 기교와 솜씨들이 '기술'이라는 하나의 커다란 체제를 구축하게 되었다. 그러므로, 기술이란 인간의 삶에 유용한 기교와 솜씨의 총체로서, 지구상의 어느 누구도, 그가 어디에서, 무엇을 하든, 어떤 형태의 기술을 숨쉬지 않고는 살아갈 수 없는 삶의 필수불가결한 도구와 수단이 되었다.

역사적으로 볼 때, 서구사회에서 과학기술은 산업혁명을 거치면서 폭발적으로 빠르게 발전했다. 르네상스 이전의 신 중심의 사회에서는 지식의 원천은 신이었고, 신의 '말씀'이 절대적 진리였다. 그때에는 인간이 마음과 머리 속에서 그릴 수 있었던 것은, 그리스-로마 신화나 중세 고딕 성당의 건축물들에서 볼 수 있는 것처럼, 신이 원하는 인간의 모습과, 신이 살고 있는 세계와, 신이 창조해 낸 세계, 또는 신이 이룩해 놓은 기적들에 관한 것들이 대부분이었다. 그러나, 르네상스 시대에 와서 코페르니쿠스나 갈릴레오와 같은 과학자들에 의해 시작된 과학적 사고의 혁명으로 인간의 이성이 지식의 원천이 되었고, 인간은 이성적 사고를 통하여 삶을 유지하고, 운영하고, 진작시키는 데 필요한 진리를 더 많이, 더 넓게, 더 깊이 탐구하고 습득하고 창조할 수 있게 되었다. 생각의 중심이 신에서 인간의 이성으로 옮겨 온 한쪽의 결과는 산업혁명이었고, 다른 한쪽의 결과는 프랑스 혁명과 미국 혁명이었다. 그 가운데, 기술혁명을 수반한 산업혁명은 공장제 공업을 성립시켰고, 산업자본의 축적으로 많은 기업들이 앞다투어 설립되면서 높은 효율과 생산성을 이룩해 냈다. 이로써 생산과 소비의 패턴이 획기적으로 변화된 것은 물론, 대규모 산업자본의 축적이 가능해졌고, 축적된 산업자본은 제 차례가 되어 기업활동을 왕성하게 했으며, 이는 경제체제와 사회제도뿐만 아니라, 교통과 통신을 비롯한 여타의 문화 전반에도 엄청난 변화와 영향을 몰고 왔고, 이어서 기술상의 대변혁이 연쇄적으로 반복되는 계기를 만들었다.

20세기에 들어 이룩된 연쇄적 발전과 혁신으로 지금 과학기술은 인간에게 단순히 도구의 차원을 넘어, 그 자체가, 공기나 물처럼, 아예 삶의 일부가 되어 버렸다. 그리고, 그것은 인간의 삶에 상상을 초월하는 변화와 축복을 안겨 주었다. 우리들의 생활 주변에 있는 어느 것에도 과학기술이 녹아 있지 않은 것은 없다. 문명이라고 일컬어지는 것들은 말할 것도 없고, 자연이라고 일컬어지는 것들조차 기술과 접목되지 않은 것은 찾아보기가 힘든 지경이 된 것이다. 물 한 모금, 풀 한 포기, 나무 막대기 하나, 흙 한 줌—자세히 들여다보면, 이 모든 것들 가운데 인공의 빛이 닿지 않은 것이라곤 거의 없지 않은가? 첨단 의료기술, 친환경 기술, 컴퓨터 기술, 인공위성, 유전자변형과 동물복제, 로봇기술, 원자력 이용 기술, 그리고 도시의 설계와 건설에 이르기까지 우리가 놀라워하는 모든 것들은 과학기술이 있어 비로소 가능해진 것들이다. 그렇다면, 인간은 과학기술을 발전시켜 무엇을 얻었는가? 아니면, 그 때문에 잃은 것은 없을까? 다시 말해, 과학기술의 발전이 인간에게 축복이기만 한 것일까? 혹시, 그것이 인간을 위기의 수렁으로 끌어들이는 저주는 아닐까? 포스트모던의 시대 21세기의 현대인들은 어쩌면 기술이라는 것과 역사상 가장 복잡하면서도 가장 위험한 관계를 맺고 살아가고 있는지도 모른다.

먼저, 과학기술은 인간의 창의성의 표현으로서 신이 인간에게 내린 최고의 선물이자 축복임에 틀림없다. 인간은 과학기술을 발전시킴으로써 비로소 생명을 보존할 수 있었고, 억눌린 욕망으로부터의 자유를 꿈꿀 수 있었고, 보다 나은 삶을 영위할 수 있게 되었기 때문이다. 인간에게 태초의 기술은 무엇이었을까? 인간에게 태초의 시는 어쩌면 하늘에 떠 있는 달을 쳐다보면서 외친 '달이 떴다'는 한마디였을지도 모르고, 인간이 수만 년에 걸쳐 찾은 이 태초의 시적 기술은 세계를 바라보는 인간 정신의 패러다임을 혁명적으로 바꾸어 놓았을 것임에 틀림없다. 그리고 그것으로, 세상은 인간들에게 보다 황홀하고, 보다 자유롭고, 보다 아름답게 보이게 되었을 것이다. 인간이 인지한 것을 말로 표현할 수 없었을 때에는, 그는 자신의 의식을 에워싸고 있는 어둠의 세계 속에 갇혀 살아야 했을 것이기 때문이다. 그러나, 그가 말하는 기술을 개발하자, 그의 의식이 개개인이 달고 다니는 머리의 작은 공간에서 해방되었고, 그것으로 그는 엄청난 희열과 행복을 느꼈을 것이며, 자신이 사는 세계 속에서 무한한 가능성을 보게 되었을 것이기 때문이다.

그리스 신화 속에 나오는 다이달로스와 이카로스의 이야기가 은유적으로 시사하고 있듯이, 인간은 창의성(creativity)이라는 능력이 있어 기술을 개발하고, 그것으로 인간에게 가장 소중한 가치인 자유(freedom)를 얻는다. 이야기 속에서 당대 최고의 명장(名匠)이었던 다이달로스는 미노스 왕에게 '어느 누구도 도저히 빠져나올 수 없는 미로(迷路)'를 만들어 주었었다. 그러나, 그는 훗날 아들 이카로스와 함께 자신이 만든 그 미로 속에 갇히는 신세가 되고 만다.[2] 최고의 명장이 가진 '기술의 아이러니'이다. 그러나, 다이달로스는 아무도 빠져나올 수 없도록 설계된 그 미로를 두려워하지 않았다. 그에겐 자유를 찾아 그곳을 빠져나올 수 있는 창조의 능력, 즉 창의성이 있었기 때문이다. 그는 밀랍(蜜蠟)을 녹여 날개를 만들어 자신과 아들의 등에 달고 하늘 높이 솟아올랐다. 그리곤 자유였다.

인간의 유전자 속에는 자유를 향한 욕망이 들어 있고, 그것은 곧 과학기술에 대한 사랑과 집착으로 이어져, 창의력을 계발하고 혁신을 이끌어 내는 원동력이 되어 인간 사회에 문명의 무한한 가능성을 열어 주었다. 옛날에는 길을 가로막고 버티고 놓여 있는 큰 돌덩이 하나가 바로 엄청난 부자유였고, 그래서 인간은 지렛대를 만들었다. 손으로 밀고, 어깨로 끌어야 했던 큰 짐짝도 거대한 부자유였기에 인간은 바퀴를 만들었다. 그러나, 세월이 흐르면서 인간의 자유에 대한 갈망은 무한히 커지고 넓어져, 이제는 인간의 활동을 제약하는 시간과 공간이, 드넓은 우주공간이, 인간의 인지적 한계가, 그리고 인간의 삶과 죽음이 모두 부자유로 다가왔다. 인류는 지금 다수확이 가능한 영농기술을 개발하여 빈곤의 문제를 해결하고, 고도로 발달된 교통과 통신기술로 시간과 공간의 한계를 넘어서며, 우주선을 띄워 우주공간을 탐색하고, 첨단 의료기술로 생체의 비밀을 풀어 젖히고 있다. 그리고, 이미 '계산기'의 차원을 넘어선 컴퓨터 기술로 가상의 현실을 만들어 '실재'(reality) 세계가 가진 한계를 무너뜨리고 있다.

한 가지 분명한 사실은 현대에 들어 인간이 개발해 낸 첨단의 기술들은 삶을 보다 흥미진진하게 만들어 주었다는 것이며, 극적으로 경제를 성장시켜 상상할 수 없을 만큼 인간의 삶을 편하고 윤택하게 해 주었다는 것이다. 그래서 사람들로 하여금 옛날 같으면 생업에 쏟아야 할 많은 시간들을 여가를 즐기며 여유롭게 보낼 수 있게 해 주었고, 컴퓨터 게임을 하면서 짜릿한 쾌감을 느낄 수도 있게 해 주었으며, 날 새워 모바일 메신저를 사용하면서 쫄깃한 손맛을 즐길 수도 있게 해 주었다. 또한, 사람들은 지구 반대편에 있는 친구를 영상으로 불러내 한담을 할 수도 있게 되었고, 죽음의 문턱에 선 구급환자가 생명의 촉촉함을 다시 찾을 수도 있게 되었고, 만약 상당한 경제적 여유와 두둑한 배짱이 있다면 가까운 장래에 우주여행을 계획해 볼 수도 있게 되었다.

현대의 과학기술은 인간의 삶을 욕망으로부터 무한히 자유롭게 하면서, 예전에는 꿈도 꿀 수 없던 생활을 가능하게 했다. 그것은 원시의 오지들과 황무지들을 문명의 요람으로 바꾸어 원시의 민족들에게도 문명의 빛이 들게 했다. 그것은 또한, 휴렛패커드(Hewlett-Packerd)의 회장을 역임했던 칼리 피오리나(Carly Fiorina)가 어느 인터뷰에서 말했듯이, 여성을 비롯한 여타의 사회적 약자들(the Other)을 너 나 할 것 없이 골고루 사회적 질곡에서 벗어나게 하는 '위대한 평등주의자'로서의 역할도 해 왔다. '왜 젊은 여성들이 과학기술을 습득해야 되는가?'라는 질문을 받았을 때, 피오리나는 다음과 같이 대답했다.

> 네, 아주 좋은 질문이네요. 저는 기술이 위대한 평등주의자라고 생각합니다. 기술은 누구나 이용할 수 있지요. 그것은 단지 사회를 평등하게 만드는 도구만은 아닙니다. 그것은 편견을 깨고 실력이 존중받는 사회를 만들지요.[3]

보다 높은 차원에서, 과학기술은 지배문명과 피지배문명의 관계를 대등한 관계로 만들어 주는 '위대한 평등주의자'이기도 했다. 과학기술이 소수의 힘 있는 민족이나 국가에 의해 독점되었던 시대에는 유럽의 백인들과 여타 지역의 제국주의자들은, 보다 우수한 문명을 창조한 민족이 보다 우월한 민족이므로 그들은 미개 민족을 지배할 권리를 갖는다는 그릇된 민족우월주의 신화로 무장하고, 실용적 기술의 개발에 소홀했던 민족이나 국가들을 폭력으로 지배해 왔었다. 그러나, 과학기술이 빠른 속도로 확산되어 보편화되고 있는 지금, 민족우월주의적인 발상은 세계 곳곳에서 엄청난 저항과 도전을 받고 있다. 그리고 정치적으로 볼 때, 과학기술은, 특히 전자통신기술의 발달은 시시때때로 다양한 정보를 뭇 사람들에게 제공함으로써 전체주의 체제의 존립을 위태롭게 하거나, 그 출현을 원천적으로 봉쇄하는 역할을 성공적으로 수행하고 있다.

과학기술의 발달로 인류의 삶이 폭은 넓어지고, 깊이는 깊어지고, 층위는 한없이 다양해졌다는 사실을 부인할 수는 없을 것이다. 그것으로, 사람들의 사고방식과 행동양식이 천양지차를 보이게 된 것은 물론, 의식의 폭과 양상도 크게 달라졌다는 사실도 부정하기 어려울 것이다. 무엇보다 교육과 통신매체의 발달로 사람들이 더욱 유식해지고, 더욱 많은 정보를 누리며 살아가게 된 것도, 기계가 우리들의 생활에서 예측할 수 있는 거의 대부분의 작업들을 한층 간편하게 기계화/자동화해 놓았다는 것도 부정할 수 없는 사실이다. 이제 인류는 가까운 미래에 그들이 싫어하는 대부분의 삶의 행위들을 대신해 줄 로봇(robot)을 개발해 낼 것이며, 많은 전쟁들이 로봇들의 대리전이 될 수도 있고, 산업생산물의 대부분을 로봇이 생산해 내는 시대가 머지않아 올 것이다. 간단히 말해, 과학기술은 삶이라는 큰 짐을 쉽게 짊어질 수 있도록 떠받는 거대한 지렛대가 되었음에 틀림없다.

그러나 인간은 수많은 초현대식 기술들을 가짐으로써 더욱 행복해졌을까? 아니면, 과학기술을 가짐으로써 오히려, 다이달로스 신화에서 장인(匠人) 다이달로스와는 달리, 자기가 만든 도저히 빠져나올 수 없도록 설계된 미로 속에 갇히게 된 것은 아닐까? 아니면, 그의 아들 이카로스처럼, 자신의 능력에 대한 오만으로 어느 순간 갑자기 섬뜩한 파멸을 맞는 것은 아닐까?

1848년 마르크스와 엥겔스는 그들의 『공산당 선언』(*The Communist Manifesto*)에서 19세기에 일어난 산업혁명으로 서구사회가 급격한 변화의 시대에 접어들었음을 설파했고, 이로써 인간과 기술문명 사이의 로맨스의 시대가 끝났음을 천명(闡明)했다.

> 끊임없는 생산혁명, 사회적 조건들의 멈춤 없는 흐트러짐, 가없는 불확실성이 주는 무한한 불안감—이런 것들이 자본계급의 시대와 그 이

> 전의 시대를 구분 짓는 특징들이다. 오랫동안 존경받아 오던 유서 깊은 생각이나 판단들과 함께, 단단하게 고정되어 있던 모든 관계는 말끔하게 일소되었다. 새로이 생겨난 관계들도 마찬가지였다. 그들도 굳어 못 쓰게 되기 전에 낡은 것으로 낙인이 찍혀 버려졌다. 금강석처럼 견고하던 모든 것들이 허공으로 사라졌고, 신성하다고 여겨졌던 모든 것들이 속화되었다. 마침내 인간은 자신이 처한 실제의 삶의 조건들과 다른 사람들과의 관계들을 직시하지 않을 수 없게 되었다.[4]

19세기에 이미 서구인들이 기술문명에 의한 삶의 변화에 깊은 두려움을 느끼기 시작한 것이다. 산업기술의 발달로 생산이 혁명적으로 늘어나면서 삶의 조건들이 전방위적 혼란의 도가니로 빠져들게 되었고, 모든 전통적 신념들과 확신들이 마구 뒤흔들리게 된 것이다. 소크라테스나 예수의 가르침과 같은 이제까지 신성한 것으로 여겨져 온 사상과 생각들까지 심하게 흔들리기 시작했고, 산업기술이 발전하는 속도에 맞추어 하루가 다르게 새로운 사상과 생각들이 봇물처럼 터져 나왔다. 마르크스와 엥겔스가 말한 대로, 금강석처럼 단단하던 모든 것들이 녹아내려 허공으로 사라져 버렸다. 뿐만 아니라, 아프리카의 콩고와 같은 가장 미개척된 나라들에 이르기까지 침략의 수단으로서의 문명이 파고들게 되었다. 19세기에 이미 유럽의 기술문명은 인간이 삶을 위하여 지각하고, 생산하고, 소비하고, 침략하고, 지배하는 방식을 송두리째 바꾸어 놓은 것이다. 산업혁명이 있기 전까지만 해도, 과학과 기술은 인간의 삶을 따뜻하게 비춰 주는 빛으로만 여겨졌었다. 그러나, 산업혁명으로 촉발된 기술의 발전은 인간의 정신이 감당할 수 없을 정도의 변화를 한꺼번에 몰고 왔고, 인간의 정신은 그만큼 혼미해지게 되었다.

사회비평가 대니얼 그린버그(Daniel Greenberg)가 교육현장에 기술을 접목하는 것에 대한 우려를 표명하며 말했듯이, 과학기술은 어쩌면 트로이 전쟁 때 그리스군이 만들어 트로이의 성문(城門) 앞에 놓아 둔 아름다운 '목마'(木馬) 같은 것인지 모른다.[5] 정말 희한한 물건처럼 보이지만, 일단 들여

놓으면 절대로 통제가 안 되기 때문에 곧 후회하고 마는 것 말이다. 트로이의 왕자 파리스가 그리스의 절대미색이자 자존심이었던 헬렌을 꼬여 도망쳤을 때, 그리스는 치욕을 되갚아 주기 위해 전쟁을 일으켰지만, 전쟁은 10여 년의 긴 세월이 흐른 후에도 교착상태에 빠져 있었다. 그리스군의 전략가인 오디세우스는 '굉장히 크고 아름다운 목마'를 만들어 트로이의 성문 앞에 놓았고, 전쟁을 끝내고 물러가는 시늉을 했다. 영문도 모르는 트로이군은 목마의 '아름다움'에 매료되어 그것을 성문 안으로 끌어들였고, 밤이 되자 목마의 뱃속에 숨어 있던 그리스 군사들이 몰래 빠져나와 트로이를 불태웠다. 그리고, 그것으로 트로이는 역사 속에서 사라졌다.

과학기술의 신묘함에 홀려 지금 우리는 '트로이의 목마' 같은 그것을 우리들의 삶 속으로 끌어들이고 있는 것은 아닐까? 아니면, 인간의 오만으로 우리는 과학기술이 가진 한계를 잊은 채, 태양을 향해 너무 가까이 날아오르는 것은 아닐까? 과학기술의 힘은 아이러니컬하게도 무도덕적이고 무윤리적인 중립의 힘이다. 인간이 그것을 이롭게 쓰지 않으면, 무한한 위험을 내포하고 있는 회색의 힘이다. 농작물의 재배 과정에 사용되는 농약은 인류의 건강을 치명적으로 위협할 수도 있다. 우주선을 쏘아 올리는 기술이 대량살상무기를 운반하는 수단으로도 쓰이고 있지 않은가? 산업혁명으로 잉태된 자본계급과 노동계급—그들 사이의 갈등과 불평등은 끊임없이 양산되고, 재생산되고, 심화되고 있다. 전 지구적 차원의 자원의 고갈과 환경오염의 문제도 오늘날의 인류가 풀어내야 할 숙제다. 핵무기와 생화학무기 같은 가공할 무기를 손에 쥐고 있는 국가들 사이에 일어날 세계적 규모의 전쟁은 어떤 모습일까? 인터넷망이 개개인의 삶의 공간을 무한대로 확장해 준 것은 맞지만, 그 때문에 그들의 삶은 초대형 정보저장장치(big data)를 독점한 정보전체주의의 전방위감시체제 안에 유폐되고 말았다. 이 시점에서 우리는 '개개인이 부자유를 느끼지 못한다면, 전체주의면 어떻고, 민주주의면 어떤가?'라고 반문할 수도 있다. 그러나, 정말 그런가? 과학기술 때문에 몹시 더러워진 공기를 정화하기 위한 공기청정기, 그 때문에 생겨난 발암물질로 암에 걸린 사람들을 치료하는 암치료 기술—이런 것들이 필요한 세상에 살아야 한다면, 이는 얼마나 엄청난 기술의 아이러니인가?

20세기에 들어, 기술문명의 양상은 크게 달라졌고, 기술문명이 불러온 변화에 대한 두려움도 가늠하기 어려울 만큼 커졌다. 기술문명이 일으킨 변화의 폭과 깊이가 상상을 초월했기 때문이다. 20세기로 들어서는 길목에서, 덴마크의 물리학자 닐스 보어(Niels Bohr)는 "지난 30년 동안에 일어난 과학기술의 진보는 그전 2천 년 동안의 진보를 넘어서는 것이며, 이러한 기하급수적 진보는 앞으로도 계속될 뿐"[6]이라고 예언했는데, 과학기술의 기하급수적 진보에 대한 그의 예언이 적중한 것이다. 원자폭탄이 대량살상 무기로 사용된 2차 세계대전을 전환점으로 해서, 컴퓨터의 시대인 20세기 후반에 들어 '기하급수적'으로 이루어진 기술문명의 발전은 신(神)의 영역을 넘볼 정도로 대담해졌으며, 그로 인해 변화의 폭이 무한정 넓어진 것은 말할 것도 없고, 변화의 속도 또한 가공할 정도로 빨라졌다. 미래의 삶에 대한 불확실성은 확실성을 압도할 만큼 커졌으며, 그에 따른 두려움도 상상을 초월할 만큼 증폭된 것이다.

하늘을 바라보면서 '달이 떴다'고 말하는 것이 가장 훌륭한 시적(詩的) 기술일 때가 있었다. 또한 쇠를 녹여 '못'을 만드는 것이 최고의 첨단기술일 때도 있었다. 이 시대에는 어느 누구도 이러한 기술들이 '부자연스러운' 기술이라거나, 인간 능력의 한계를 넘어서는 기술이라거나, 인간성을 타락시키거나 훼손하는 기술이라고 생각하지 않았고, 그러므로 그 기술들에 대해 두려움을 느낄 필요가 없었다. 이때에는 기술은 단지 생활의 수단이고 좋은 수단이 많아질수록 삶은 윤택해질 것이라고 생각되었기 때문이다. 그러나, 지금 인간은 우주공간에 인공위성을 띄우고, 그것을 조작하여 우주 구석구석의 정보를 얻어 생명체 탄생의 수수께끼를 풀기 위해 노력하고 있다. 생명체들의 DNA를 읽고 해부하고 조작하여 재생을 꿈꾸고, 심지어는 영생의 가능성을 점치고 있다. 컴퓨터를 이용한 통신기술의 발달로 지구촌 가장 깊숙한 오지(娛地)에 사는 생면부지의 낯선 사람들과 생각과 감정을 교환하고, 그것으로 살을 맞댄 대화를 대신하고 있다. 기술문명의 이러한 이기들은, 그러나, 지극히 위험하고 보다 비인간적인 영역으로 삶을 확장하는 수단으로서의 의미도 가진 것들로서, '자연인'으로서의 인간이 욕구하는 이상의 영역에 속하는 것들일 수도 있다. 이러한 기술들은 자연상태의 인간이라면 결코 욕구하지 않았을지도 모르는 것들일 수도 있기 때문이다. 기술문명에 너무나 집착한 나머지 미래의 인간들이, 행복과 조화와 질서에 대한 어떤 생각도 없이, 초월적 직관과 본능적 감성에 대한 어떤 고려도 없이, 기계처럼 말하고, 생각하고, 느끼게 된다면 어떻게 될까? 20세기 문명비평가들의 이 시대 기술문명에 대한 두려움이다. 인간은 기하급수적으로 발전하는 기술문명을 누리면서도 "인간적인, 너무나 인간적인" 모습을 잃지 않고 살아갈 수 있을까?

기술문명의 아이러니는 단순히 기술로 생겨난 문제를 해결하기 위해 새로운 기술이 필요해졌다거나, 그 때문에 인간이 필요 이상의 많은 것을 욕구하게 되었다는 것만이 아니다. 기술문명의 보다 큰 아이러니는 기술의 발달로 인간이 기계의존적인 삶을 살아가게 되고 인간의 육신이 무지하게 편해지면서, 인간의 정신이 점점 메말라 황폐화되고 있다는 것이다. 우리들의 기억은, 전통은, 그리고 신화(神話)는 과학기술이 이룩한 삶의 혁명이 가능하게 해 준 바로 그 풍요와 자유로움 때문에 인간의 정신이 어떻게 메마르고 황폐해져 가고 있는지를 말해 주고 있다. 화려한 무대장치 위의 웅장한 음악이 우리들의 텅 빈 마음을 한 가닥의 슬픔도 없이 채워 줄 수 있는 날이 올 수 있을까? 인터넷으로 가능해진 전 세계의 무명의 무수한 사람들과의 만남은 생활 속에서 어쩔 수 없이 밀려드는 참을 수 없는 존재의 가벼움과 외로움을 몽땅 걷어 내 줄 수 있을까? 생산기술의 기하급수적 발전으로 온갖 종류의 물질적 가난을 없앨 수 있다고 해도, 인간 정신 속에 뻿속 깊이 젖어 드는 영혼의 가난을 구제할 수 있을까? 한 걸음 나아가, 인간이 과학기술을 가짐으로써 예전에 인간이 가졌던 정신과 영혼의 폭이 반쪽으로 줄어들게 되었다면, 그래서 인간이 "인간적인, 너무나 인간적인" 인간에서 멀어지게 되었다면, 과학기술은 인류에게 축복보다는 저주에 가깝지 않을까?

유명 영화배우 하비에르 바르뎀(Javier Bardem)은 자신의 인생 50년을 되돌아보면서 했던 어느 인터뷰에서 과학기술의 발전으로 인류가 잃어버린 소중한 인간성에 대해 다음과 같이 말한 적이 있다.

> 정말 무서운 일이 벌어지고 있다. 우리는 지금 모든 사람들이 자기만을 바라보는 시대에 살아가고 있는 것이다. 내가 '내가 가장 이기적인 인간이야!'라고 말하는 첫 번째 사람이 아닐까? 우리 모두는 소위 말하는 '제1의 세계/자기만의 세계'(the first world) 속에 빠져서 산다. 우리 모두는 과학기술과 같은 것들에는 둘째 가라면 서러워할 만큼의 기술을 가지고 있을지 모른다. 그러나, 우리는 남의 일에 공감하는 일에는 점점 뒤쳐지고 있다. 우리는 지금 타자들의 불행과 고통을 바탕으로 해서 삶을 만들어 가고 있는 것이다.[7]

그가 말한 대로, 좋든 싫든, 현생의 인류는 타자—그것이 자연이든, 인간이든, 아니면 자아의 내면세계이든—와의 긴밀한 교감 속에서 행복을 생산하고 느끼는 공감의 능력(empathy)을 잃어버렸다. 우리는 모두 '제1의 세계', 즉 자기만의 세계에 갇혀, 타자의 고통을 때로는 외면하고, 때로는 이용하면서 물질적으로는 다소 풍요롭다 해도 정신적으로는 무미하고 불안한 삶을 살아가게 된 것이다.

20세기 전반에 영국의 시인 오든(W. H. Auden)은 그의 시「미술관」("Musee des Beaux Arts")에서 기술문명으로 영혼의 뿌리가 뽑히고 감정이 각질화된 인간들의 모습을 다음과 같이 그려 내고 있다.

그들은[옛 거장들은] 결코 잊지 않았다,
어떤 경외할 만한 순교도 아무렇지 않게 일어나고 만다는 사실을.
역사의 어느 한 모퉁이에서, 어느 지저분한 장소에서.
그곳에서는 개들은 개 같은 삶을 살아가고, 고문자들이 탄 말들은
아무것도 모른 채, 나무에 대고 가려운 엉덩이를 비빈다.
브뤼셀 박물관에 걸린 이카로스 그림 속에 하나의 예가 있다.
어떻게 모든 것이 그 엄청난 재난을 유유히 외면하고 있는가?
밭을 갈다가 '첨벙' 하는 소리와 버려진 외마디 소리를 들었을지
모르는 농부에게, 이카로스가 떨어진 건 대수롭지 않은 일이었다.
파란 물속으로 사라져 가는 그의 하얀 다리 위엔
태양 빛도 비치고 있었다, 단지 어떤 의무감으로.
절묘한 모양의 호화선박—놀라운 무엇을, 하늘에서 떨어지는 소년을
보았음에 틀림없으리라. 그러나 그것은 가야 할 곳을 향해 조용히
나아갔다.[8]

시 속에서 장인 다이달로스의 아들 이카로스는 젊음의 오만으로 아버지의 경고를 외면하고 태양에 너무 가까이 날아올랐기에, 양초로 만들어진 날개가 녹아내려 지금 바다로 추락하고 있다. 그러나, 주변에 있는 어느 누구도, 어느 무엇도, 이카로스의 죽음의 낙하에 인간으로서의 측은함을 보이지 않는다. 밭을 가는 농부, 호화로운 유람선에 타고 있는 부유층의 사람들, 심지어 따사로운 빛을 내리쬐며 하루의 시간을 재는 태양까지도 그의 죽음에, 그의 절망의 외침에 눈길 한 번 주지 않는다. 마치, 예수의 수난에도 세상 사람들이 어떤 연민도 보이지 않고 그들의 '개 같은 삶'(doggy life)에 전념했던 것처럼. 2차 세계대전이 발발하기 직전 전운(戰雲)에 휘감긴 유럽을 배경으로 한 이 시에서 오든은 연민과 동정이 없는 메마르고 비정한 세상을 그리며, 다른 사람의 아픔을 자신의 아픔으로 느끼는 측은지심(sympathy)이 사라진 세상이 얼마나 삭막하고 황폐한 세상인가를 생각하며 한숨짓고 있다.

변화란 언제나 변화 이전의 과거에 대한 부질없는 향수를 불러일으킬 때가 많다. 그렇다면, 20세기 문명비평가들의 문명에 대한 두려움은 기술문명 이전의 아름다웠던 과거에 대한 부질없는 향수에 불과한 것인가? 아니면, 그들의 두려움은 20세기의 기술문명이 이 시대의 인간들을 형이상학적 절름발이로 만들어, 그들로 하여금 인간성의 실체적 상실에 이르게 한 데 대한 두려움일까? 19세기 후반 독일의 철학자 니체의 문명에 대한 비판을 요약하면 다음과 같이 될 것이다. 인간의 정신 속에는 아폴로와 디오니소스라는 두 신이 산다. 지성과 조화와 질서와 문화와 예술을 주관하는 태양신 아폴로—그는 인간을 세상에서 가장 인간답게 만들어 주는 '인간으로서의 인간'의 모습을 상징한다. 감성과 야만의 행복과 무이성적 질서를 주관하는 포도주의 신 디오니소스—그는 인간을 자연의 일부로, 자연에 순응하면서, 자연과 조화를 이루고 살아가도록 하는 '자연으로서의 인간'의 모습을 상징한다. "인간적인, 너무나 인간적인" 인간이란 아폴로적 인간과 디오니소스적 인간이 영혼 속에서 어우러져 거침없이, 그리고 넉넉하게 자신들의 모습을 구현해 내는 인간이다. 그러나, 19세기에 들어 유럽의 타락한 문명은 인간에게서 "인간적인, 너무나 인간적인" 인간의 모습을 앗아갔다. 아폴로는 이해타산을 따져 맹목적으로 이익을 추구하는 '수리적(數理的) 인간'(the theoretical man)으로 전락했고,[9] 디오니소스는 미련하게, 그리고 맹목적으로 욕망을 쫓다가 자신과 사회를 혼돈과 무질서의 늪으로 빠뜨리는 '야만인'(the Barbarian)으로 전락했다.[10] 이제 기술문명의 짙은 그늘 아래서 고결한 이성과 숭엄한 감성을 모두 잃고 비인간화되어 쭉정이가 되어 버린 서구인들은 '디오니소스의 찬가'를 부르며, 고결한 이성과 숭엄한 감성이 살아 숨쉬는 '초인'(superman)으로 다시 태어나야 한다.[11]

기술문명의 발전이 역사상 최고조에 달한 20세기에 들어 수많은 사상가들과 작가들은 인간성 상실에 대한 니체의 혜안에 감동했고, 그들의 글 속에서 니체가 말한 '수리적 인간'들과 '야만인'들이 연출하는 폭력의 역사를 두려워하면서, 기술문명이 발전하는 과정에 잃어버린 "인간적인, 너무나 인간적인" 인간에 대한 향수를 담아냈다. 그리스 어원으로 '집으로 돌아온다'는 뜻의 'nostos'와 '고통'이라는 뜻의 'algos'의 합성어로 된 'nostalgia'(향수)란 '고향으로 돌아갈 수 없는 데서 오는 아픔', 즉 '행복했던 과거로 되돌아갈 수 없는 데서 오는 아픔'을 뜻한다. 그렇다면, 기술문명으로 고결한 이성과 숭엄한 감성을 잃은 현대인들이 되돌아가고 싶어 했던 아련하게 '행복했던 과거'는 무엇이었으며, 그들의 아픔과 두려움은 어떤 모습이었을까? 그것은 아마 니체가 말했던 바의 "인간적인, 너무나 인간적인" 모습의 인간으로 되돌아갈 수 없는 기술문명 속의 아픔이자, 그 모습을 잃어버린 현대인들이 만들어 낸 메마른 역사에 대한 두려움이 아니었을까?

엘리엇(T. S. Eliot)은 그의 시 『황무지』(*The Waste Land*)에서 현대인들이 돌아가야 할 잃어버린 영혼의 고향을 이렇게 그려 낸다.

> 고풍의 벽난로 위에는, 숲 속의 풍경이 내다보이는
> 창문처럼, 필로멜라의 변신의 그림이 걸려 있었다.
> 저 야만스런 왕에게 무참히 능욕당한
> 필로멜라의 그림이. 그 범할 수 없는 목소리로,
> 그림 속 나이팅게일은 아직도 황야를 채우고 있었다.
> 더러운 귓전에 대고, 아직도 '적 — 적 —' 하고 울어 대면서.
> 그러나, 세상은 여전히 그 짓을 계속했다.
> 벽에는 시들어 버린 시간의 또 다른 그루터기들이
> 인간사 많은 이야기를 하고 있었다. 매서운 눈매를 한 형상들이
> 몸을 뻗어 내밀면서, 기(氣)를 뿜어 방을 채우고 주위를 숙연케 했다.
> 층계를 오르는 발자국 소리,
> 벽난로 불빛 아래, 그녀가 머리를 빗어 올릴 때,
> 그녀의 머리카락은 등걸불 튀듯 흩어져,
> 말이 되어 달아올랐다가, 무서운 침묵으로 빠져들곤 했다.

"오늘 밤은 신경이 곤두서네요. 정말, 우울해요. 나와 함께 있어 줘요."[12]

이제는 시들어 버린 시간의 많은 그루터기들, 그러나 아직도 더러운 귓전에 대고 '적— 적—' 하고 피를 토하듯 노래하는 그 범할 수 없는 목소리들—이들이 바로 '아직도 [아무런 거리낌 없이] 그 짓을 계속하는' 현대인들이 돌아가야 할 영혼의 고향이 아닐까? 그리스 신화 속에서 형부 테레우스 왕에게 참혹하게 겁탈당하고 혀가 잘린 채 숲 속에 버려졌던 필로멜라라—그녀는 언니 프로크네를 도와 형부 테레우스에게 자기 아들의 인육을 요리해 먹임으로써 세상에서 가장 잔인한 복수를 한다. 그리고, 신들의 손에서 나이팅게일로 변신한 필로멜라는 아직도 세상 사람들의 더러운 귓전에 대고 순결한 영혼이 얼마나 숭엄한 영혼인가를 울부짖으며 노래한다. 그러나, 산업혁명의 단물을 먹고 클레오파트라처럼 화려한 대궐에 살면서, 삶에서 찾아야 할 어떤 숭엄한 가치도 정신 속에 지니지 못한 시 속의 '그녀'는 "인간적인, 너무나 인간적인" 인간의 모습을 잃은 지 이미 오래이다. 만물을 생성하게 하고, 생존하게 하고, 재생하게 함으로써 우주를 존속하게 하는 우주 생성의 근본적 힘으로서의 여성성(femininity)은 그녀에겐 오직 하룻밤의 우울함을 달래기 위한 하찮은 충동에 불과한 것이다. 고결한 영혼을 잃고 야만의 멀미 나는 삶을 살아가는 시 속의 그녀가 연출하는 역사가 곧 엘리엇이 두려워하는 인간 정신 속의 황무지가 아닐까?

19세기의 니체에게 "인간적인, 너무나 인간적인" 인간으로서의 초인의 다른 한쪽 모습은 지루하게 반복되는 일상에서 가치의 다양한 변주를 찾아 헤매고, 삶의 매 순간순간에서 새로운 의미를 창조하려 노력하는 긍정의 인간이다. 그러나 기술문명의 시대 20세기의 현대인들에겐, 허무란 한 발짝 앞으로 다가서면 그만큼 더 큰 절망으로 다가오는 절대허무였고, 그러므로, 그들에게 허무주의를 통한 삶의 긍정이란 지극히 어려운 일이었으며, 삶에서의 허무와 절망은 때때로 삶의 완전한 부정을 의미했다.

1931년에 출판된 에드먼드 윌슨(Edmund Wilson)의 비평서 『액설의 성』(*The Axel's Castle*)에는 삶에 대한 사랑을 더 이상 이어 갈 수 없어 죽음의 절망에 빠지는 허무주의자 액설 백작의 이야기가 나온다. 이야기의 두 주인공 액설과 사라—그들은 우여곡절 끝에 우연히 만난 자리에서 가슴골 깊이 저려 오는 황홀한 사랑에 빠진다. 사라는 그녀의 도움으로 찾게 된 액설 백작 가문의 보물이 가져다줄 멋진 미래를 그리며 가슴 설렌다. 그러나, 끊임없이 절망하며 새로운 절망을 꿈꾸려 하는 액설 백작은 물질적 황홀함의 정점에서 꾸는 그들의 꿈은 설렘도, 상상도, 황홀함의 환영(幻影)도 빼앗긴 무미한 꿈으로서 절망할 가치조차 없는 것이라고 말한다. 그리고, 그는 사라에게 삶에 대한 어떤 긍정도 없이, 무미함에 갇힌 처절하게 지루한 일상은 하인들에게나 맡기고, 함께 죽자고 제안한다.

> 그녀[사라]와 액설 백작은 벅찬 기쁨으로 서로 부둥켜안았다. 두 정숙하고 꼿꼿한 영혼들이 처음으로 그들의 열정을 쏟을 대상을 찾은 것이다. 사라가 백작에게 꿈속에서처럼 숨결로 말을 했다. "내 사랑하는 이여, 대상(隊商)들이 야자수 그늘을 지나 여행을 하는 그런 곳으로 여행을 떠나고 싶지 않으세요? … 스케이트 끈을 졸라매고 햇볕이 엷은 스웨덴의 거리를 달린다면 얼마나 즐겁겠어요! … 3억 5천만 다이얼러(dialer)의 값이 나가는 보물이면 우리들의 꿈을 실현시켜 줄 거예요."
>
> 그렇지만, 액설 백작이 '육중하고 둔탁한' 목소리로 대꾸한다. "왜 그런 꿈을 꿉니까?" 그가 비꼬아 말한다. "너무 아름다운 꿈이군요!" '사는 것처럼 살아 보자'는 그녀의 청에도 이렇게 대답한다. "사는 것처럼 살자고? 지금 우리는 삶을 가득 채우고 살고 있소. 아니, 삶의 컵이 흘러 넘치고 있소! 어떤 모래시계가 있어 우리들의 이 밤을 잴 수 있단 말이오! 미래라? … 내 단언컨대, 우리는 우리들의 미래를 이미 다 써 버렸소. 다가올 미래의 모든 현실들—우리가 이미 살아온 허망한 신기루를 넘어서는 것들이 우리들의 내일에 남아 있기는 한 것이

오? … 보시오, 이게 세상이오, 보이지 않소, 모두가 환상이 되어 버리지 않았소! 사라, 사실을 인정하시오. 이상한 꿈을 꾸면서, 우리는 삶에 대한 애정을 모두 파괴해 버렸소. 그래서 당신이 '현실'(REALITY)이라고 부르는 꿈 속에서는 우리는 (살아 있는 사람이 아니라) 혼백이 되어 버렸소. … 사는 것같이 살자고? 우리들의 하인들이 우리들을 위해 그 일을 해 줄 거요." … 백작이 제안했다. "지금 당장 함께 죽자"고. … 그리고는 그녀에게 설명하려고 애를 썼다. "내일이 되면, 나는 당신의 아름다운 육체에 노예가 되고 말 것이오! 그에서 오는 기쁨은 정숙한 내 삶의 에너지를 꽁꽁 묶어 나를 짐승으로 만들고 말 거요! 그렇게 되면, 사랑은 더 이상 지속되지 않을 것이며, 어느 저주받은 날에 사랑은 욕망으로 홀딱 타 버리고 말 거요!"[13]

삶에 대한 어떤 긍정도 없이, 무의미함에 갇힌 처절하게 지루한 일상—기술문명의 시대 20세기의 현대인들이 감내해야 할 운명적 삶이다. 엘리엇의 『황무지』에 나오는 '그녀'처럼, 윌슨의 『액설의 성』에 나오는 사라처럼, 20세기의 현대인들은 삶을 위해 어떤 고결한 가치를 창조하거나 추구할 줄 모르는 형이상학적 절름발이들이다. 그들은 현재의 사랑과 젊음과 사회적 지위와 권력과 3억 5천만 다이얼러 가치의 부뭄에 돼지처럼 만족하면서, 허무주의에 빠져 끊임없이 삶을 긍정하는 초인의 힘을 잃어버리고 살아가는 허울뿐인 인간들이다. 그들은 현실을 지배하는 타락한(decadent) 가치와 도덕에 절망할 줄 모른다. 그러므로, 의미 없이 지루하게 끝없이 반복되는 일상에 갇혀서도 그 권태로부터의 자유를 추구할 줄도 모른다. 그들의 삶은 영혼을 팔아 얻은 기술문명으로 기계에 의해 욕망이 조종되는, 노예근성의, 천하고 비굴한, 독창성을 잃어버린, 자기만의 세계에 몰입된 척박한 삶이다. 그들의 삶에는 전통적 의미의 로맨스가 없다. 그리고, '나'와 '너'의 '우리'가 서로에게 희망과 즐거움을 주며, 함께 공생하고, 함께 공공의 이익을 추구하는, 아름다운 타자(他者)도 없다. 뿐만 아니라, 국가와 민족의 번영

속에서 개인의 안녕을 추구할 줄 아는 공동체적 이상도 없다.

포스트모던 시대의 기술문명은 하루가 다르게 전대미문의 새로운 차원으로 발전하고 있다. 21세기의 현대인들은 TV와 휴대전화가 만들어 내는 미디어 공간(media space)과 인터넷이 만들어 내는 전자공간(cyberspace) 속에서, 오늘도 인공지능의 한계에 도전하고, 유전자 조작 기술의 완성을 향해 매진하며, 가상현실의 창조를 통해 현실의 무한한 확장을 꾀하고 있다. 그러나, 이 기술들을 얻고 나면, 인간은 신처럼 자유롭고 행복해질 것인가? 언론인 시드니 해리스(Sydney Harris)가 염려하듯, 과학기술의 발전에 감추어진 진짜 위험은 "컴퓨터가 인간처럼 생각하는 것이 아니라, 인간이 컴퓨터처럼 생각하게 되는 것"[14]일지 모른다. 미래의 기술문명 속에서, 인간이 모든 윤리의식과 사회성을 잃고, 기계처럼 지각하고, 사유하고, 행동하게 된다고 해도, 그 안에서 인간은 행복할까?

기술문명의 발달로, 미래의 인간은 전대미문의 무한한 자유를 얻을 것이다. 그러나, 기술문명의 아이러니로 미래의 인간은 인격 대신에 컴퓨터격을 가지고 살아가야 할 것이다. 이때에도, 그가 얻은 무한한 자유는 르네상스 시대의 인본주의자들이 외쳐 온 천부인권이 되어 줄까? 20세기 문화비평가인 에리히 프롬(Erich Fromm)은 그의 책 『자유로부터의 도피』(*Escape from Freedom*)에서 세상에는 추구해야 할 자유와 도피해야 할 자유가 있는데, 어떤 자유가 너무나 많은 부자유를 낳는다면, 그것은 도피해야 할 자유라고 말했다.[15] 그렇다면, 현대의 과학기술이 낳는 자유는 어디까지가 추구해야 할 자유이고, 어디서부터가 도피되어야 할 자유인가?

2. 소비주의 문명, 그리고 식민화된 자아

산업혁명의 역설, 자유주의, 그리고 소비형 인간의 탄생

혁명은 많은 경우 어떤 형태의 역설을 낳는다. '낡은 것' 또는 '참아 내기 어려운 것'으로부터 자유를 갈구해 온 혁명의 주체들이 때로는 욕망의, 때로는 두려움의 노예가 되어 보다 큰 속박과 보다 큰 부자유를 낳기 때문일 것이다. 아니면, 그들이 "오직 규율(規律)과 숙련(熟練)과 자제(自製)라는 부자유로부터만 진정한 자유가 잉태되며, 혁명이 성공하기 위해서는 혁명하는 자의 가슴 속에서 먼저 일어나는 혁명을 필요로 한다"[16]는 평범한 진리를 터득하지 못했기 때문일 수도 있다. 2012년 이집트에서 있었던 카이로의 혁명은 하나의 예이다. 혁명 후 미터기가 없는 '검은색 택시'는 거리에서 사라졌고, 허름했던 커피숍들은 말끔하게 새 단장을 했으며, 골목길 슈퍼마켓은 고가의 수입품들로 가득 채워졌지만, 가난은 오히려 뒷걸음질쳤다. 혁명이 부(富)의 '혁명적' 창출 없이 가난했던 사람들의 소비욕구를 헤집어 놓았기 때문이다. 이집트 사람들은 또 다른 혁명을 원했고, 제 손으로 뽑은 대통령을 감금했다. 그리고, 제 손으로 만든 헌법의 효력을 정지시켰다. 가슴 속에 먼저 일어난 어떤 혁명도 없이, 그들의 또 한 번의 혁명은 성공할 것인가?

18세기 후반에 있었던 프랑스 혁명은 혁명의 역설에 대한 또 하나의 좋은 예이다. 소설가 퍼트리샤 엘리엇(Patricia Elliott)은 프랑스 혁명기를 배경으로 한 자신의 소설 『살기 없는 자객』(*The Pale Assassin*)에 대한 짧은 논평에서 프랑스 혁명에는 참으로 많은 모순과 역설이 담겨 있다고 다음과 같이 말한다. '인정이 많았던' 왕 루이 16세(Louis XVI) — 그는 백성들의 고통에는 눈길을 주지 않았다. 사치와 허영의 왕비 마리 앙투아네트(Marie Antoinette) — 그녀는 초인적 인내심으로 옥살이를 견뎌 냈다. 온갖 부와 특권을 누리던 귀족들 — 그들은 엉뚱하게도 부정과 부패로 점철된 구제도(ancien regime)의 청산과 평등권의 구현을 선언하는 헌법의 제정을 적극적으로 지지했다. 도덕적으로 흠 없는 삶을 살았던 로베스피에르(Robespierre) ─ 그는 최고 권력을 손에 넣자 냉혈한이 되어 무시무시한 공포정치를 기획·설계하고, '공화국의 순결'(republic of virtue)을 지킨다는 명목으로 수천의 사람들을 단두대에 서게 했다. 프랑스 혁명에 담긴 많은 역설들 가운데에서, 하나의 거대한 역설은, 그러나, 혁명의 희생자들 가운데 상당수가 부패한 귀족들이 아니라, 내부의 적에 대한 두려움으로 혁명 주체들이 죄를 날조해 단두대에 세운 죄 없는 평민들이었다는 것이며, 또 하나의 보다 비극적이고 아이러니한 역설은, '자유와 평등과 박애'라는 인본주의적 이상들을 실현하기 위해 생명과 재산과 행복을 추구할 권리로서의 인간의 기본권에 대한 무자비한 유린과 부정(否定)이 자행되었다는 것이다.[17]

프랑스 혁명의 예에서 볼 수 있듯이, 혁명은 지나고 나면 언제나 이러저러한 필연의 법칙으로 설명되곤 하지만, 언제나 이러저러한 모순과 역설을 수반하기도 한다. 17-18세기 서구문명이 근대를 지나 현대로 이행되는 과정에서 있었던 사상혁명으로서의 자유주의(liberalism) 혁명과 생활혁명으로서의 산업혁명도, 역사상 일어났던 수많은 다른 혁명들과 마찬가지로, 많은 모순과 역설들을 낳았다. 먼저, 이 시기에 있었던 자유주의 혁명은 인본주의라는 종교를 낳았고, 개인주의라는 지극히 불안정하고 위험한 사상을 낳았다. 물론, 우주 속에서 인간은 존엄하다. 그럼에도, 인간은, 개인적으로나 집합적으로, 무엇에도 '양도할 수 없는' 권리를 가진, 절대로 존엄한 존재일까? 그래서, 사회 속에서, 또는 역사 속에서, 그가 어떤 선택이나 행동을 하더라도, 그것은 무조건적으로 존중되어야 하는가? 이 시기에 있었던 자유주의 혁명은 모든 인간 외적인 가치들을 인간적 가치들에 대한 종속가치로 만들어 놓았고, 그것으로 인간 너머의 초월적 세계를 꿈꾸고 상상하는 몽상가들을 삶의 언저리로 몰아냈다. 뿐만 아니라, 개개의 개인들에게 '천부인권'이라는 불가침의 권리를 부여함으로써 그들 마음속에 웅크리고 있던 검은 '욕망'들이 날개를 펴 세상을 휘젓고 다니도록 했다.

19세기 소설가 로버트 스티븐슨(Robert L. Stevenson)이 1886년에 쓴 그의 소설 『지킬 박사와 하이드』(*Dr. Jekyll and Mr. Hyde*)에서 간파했듯이, 인간에게는 누구에게나 정신 속에 선과 악 두 얼굴의 영혼이 깃들어 있다.[18] 심지어 사회가 극도의 존경을 표하는 인물들의 정신 속에도 예외 없이 표면으로 드러나지 않는 어떤 악성이 정체를 감추고 때를 기다리면서 꿈틀거리고 있는 것이다. 아무리 훌륭한 교육을 받은 사람이라도, 아무리 좋은 환경에서 자란 사람이라도 '천부의' 사악한 욕망 하나쯤 억누르고 살지 않는 사람이 있을까? 아니면, 사회나 문화 속에 깊이 뿌리내리고 있는 나쁜 편견 하나쯤 가지고 살지 않는 사람이 있을까? 자유주의 혁명의 가장 큰 역설은 개개인의 내면에 감춰져 있는 사악한 욕망이나 나쁜 문화적 편견들이 '천부인권'의 이름으로 비호(庇護)받게 되었다는 것이다. 그리하여, 바로 그 자유주의로 인해, 자유주의 이전의 혼돈과 무질서에 버금가는 혼돈과 무질서가 우리들의 삶과 가정과 사회를 아프게 하고 있다는 것이다.

자유주의 이전의 많은 권위들이 기존의 규범과 도덕과 질서에 대한 개인의 맹목적 순종을 강요함으로써 마땅히 도전받아야 했다면, 자유주의의 권위는 옛 질서에 저항하는 개인들의 자율권을 극단적으로 신성시함으로써 처음부터 옛 가치들의 함몰과, 그에 따르는 당연한 혼돈과 불행을 예비하고 있었다. 자유주의는 개인이 정신 속에 웅크리고 있는 '악마'의 충동으로 잘못된 선택을 하거나 나쁜 선택을 할 수 있다는 생각을 원천적으로 배제했고, 악마의 유혹을 견디어 낼 수 있도록 정신을 다잡아 주던 전통적 제도와 관습들을 철저하게 부정했으며, 개인들의 자유롭고, 속박이 없는, 자발적인 선택을 옹호했다. 토머스 홉스(Thomas Hobbes)나 존 로크(John Locke) 같은 자유주의자들에 의하면, 자연상태의 인간은 철저하게 독립된 상태에서 완전한 자율(autonomy)을 누리고 살았었다. 그리고, 개인이 천부의 자연권을 양도하는 경우도 있지만 그것은 삶의 조야한 환경에서 살아가기 위한 방편으로 어떤 통치자의 보호를 필요로 할 때, 기꺼운 동의를 통해 그렇게 했었다.

그러나 정말, 자연상태의 인간은 지금보다 훨씬 덜 이기적이고, 훨씬 덜 자아중심적이었을까? 그래서 자신의 권리를 타인이나 국가에 순순히 '양도'하는 보다 공동체적인 인간이었을까? 원시 시대의 사람들이 현대인들보다 훨씬 협동정신이 투철했을 수 있고, 공동체지향적이었을 수는 있다. 그러나, 그것은 그들이 덜 이기적이라거나 덜 자아중심적이었기 때문이 아니라, 자연이라는 거대한 공동의 적 앞에서 생존하기 위한 지극히 자아중심적인 발상에서 비롯된 것이었을 것이다. 개인적 권리의 희생을 통해 확보된 공동체의 안녕과 질서가 곧 자아의 안녕과 질서였기 때문이었을 것이다. 왜냐하면, 로널드 메이슨(Ronald M. Mason)이 그의 책 『참여 민주주의, 그리고 노동현장의 민주주의』(*Participatory and Workplace Democracy: A Theoretical Development in Critique of Liberalism*)에서 주장한 대로, 인간이란 선험적으로 자아중심적이고 물질지향적인 존재이기 때문이다.[19] 바꾸어 말하면, 자연상태의 인간은 지극히 자아중심적이고, 공동체와는 유리되어 있으며, 자아 속으로 침잠하고, 자신의 이익에 몰두하고, 자신의 개인적 기분을 좇아 행동하는 경향을 보인다는 것이다. 그러므로, 자유주의자들의 인간성에 대한 지나친 낙관은 개인으로 하여금 그의 내면에서 꿈틀거리는 지극히 이기적이고 자아중심적인 악마의 유혹에 빠져들게 하여, 기성의 도덕과 윤리와 종교에 의해 창조되고 유지되던 공동체적 삶의 안녕과 질서를 무너뜨리는 것은 물론, 개인적 삶의 안녕과 질서조차 무너뜨리는 심각한 위험이 될 수 있다.

자유주의 사상의 결정체라고 할 수 있는 미국 독립선언문의 모두(冒頭)에는 이렇게 쓰여 있다.

> 우리는 다음과 같은 사실을 자명한 진리로 받아들인다. 모든 사람은 평등하게 창조되었으며, 창조주는 우리에게 몇 가지 양도할 수 없는 권리를 주었다. 생명과 자유와 행복을 추구할 권리가 그것이다. 이 권리를 지켜 내기 위하여 우리는 정부라는 조직체를 만들고, 인민의 동

> 의를 통하여 그것의 정당한 권력이 나오도록 했다. 그러므로, 그 형태가 어떻든, 정부가 이러한 목적을 파괴하려 할 때, 그것을 혁파하거나 폐지하고 새로운 정부를 수립하는 것은 인민의 권리이다.[20]

그러나, 만약 선험적으로 이기적인 모든 개인이 심미적 선택을 통하여 자신만의 '생명과 자유와 행복을 추구할 권리'를 누리고자 할 때, 개인과 그가 속해 있는 공동체의 안녕은 확보될 수 있을까? 키르케고르는 삶은 선택의 점철이며, 인간은 의지적 선택행위를 통해 '실존'한다고 천명한 바 있다. 예를 들면, 고삐를 손에 쥐고 있을 뿐 말 등에서 잠이 들어 말을 부리지 않은 마부는 '존재'는 하되 '실존'하지는 않는다는 것이다. 그에게 '실존'한다는 것은 의지적으로 선택행위를 함으로써 삶의 의미를 찾으려 노력하는 것이다.[21] 그러나, 누군가가 자명한 권리로서의 천부인권을 외치며 의지적 선택행위를 하려 할 때에도, 모든 실존은 의미 있는 것일까? 다시 말해, 그의 실존적 행위로 개인이 안녕을 누리는 것은 물론, 공동체도 안녕을 누릴 수 있을까?

키르케고르에 의하면, 실존적 선택에는 심미적 선택(aesthetic choice)과 도덕적 선택(moral choice)과 종교적 선택(religious choice)이 있다.[22] 심미적 선택이란, 어떤 사회적·종교적·윤리적 고려도 없이 현재적 만족과 쾌락과 행복만을 추구하는 선택으로서 셰익스피어의 비극『로미오와 줄리엣』(*Romeo and Juliet*)에서 두 주인공 로미오와 줄리엣이 하는 선택 같은 것이다. 도덕적 선택이란, 윤리와 도덕과 관습과 제도적 규범에 바탕을 둔 규범적 선택으로서 공동체적 안녕과 질서를 추구하며, 공동체 속에서의 개인의 행복을 추구하는 선택으로, 셰익스피어의 극 속에서 로미오와 줄리엣의 부모들이 하는 선택 같은 것이다. 그리고 종교적 선택이란, 신의 계명(誡命)에 따른 선택이다. 이는 비종교적 관점에서 보면 터무니없는 선택인 것처럼 보이지만, 종교적 관점에서는 인류의 구원과 같은 지극히 이타적인 선택이 되는 것으로, 성경 속에서 자신의 아들 이삭을 하느님께 제물로 바치기로 결심하는 아브라함의 선택 같은 것이다. 물론, 세 가지 선택에 교집합이 없는 것은 아니다. 개인적 행복의 추구가 곧 도덕적이며, 그것이 곧 종교적일 수도 있기 때문이다. 그리고, 도덕적 선택이나 종교적 선택이 반드시 미덕이 되는 것도 아니다. 무지를 바탕으로 맹목적으로 하는 도덕적이거나 종교적인 선택은 공동체적 행복의 증진에 오히려 방해가 될 수 있기 때문이다. 그러나, 로미오와 줄리엣의 선택에서 보듯이, 교집합의 범위를 벗어난 심미적 선택은, 많은 경우, 개인적으로뿐만 아니라 사회적으로도 예기치 못한 비극을 불러올 수 있다. 그것은 과거에 대한 이해와 미래에 대한 고려가 소홀할 가능성이 큰 선택일 뿐 아니라, 공동체적 정신과 홍익인간의 정신의 결여로 나타날 가능성이 큰 선택이기 때문이다. 그러므로, 자유주의자들의 심미적 선택에 대한 찬미와 지나친 낙관은 인류사회에 대한 크나큰 위협으로 작용할 수 있다.

포스트모던 시대의 소비주의 문명은 자유주의적 사고에 빠져든 개인들이 공동체적 가치에 대한 고려 없이 무분별하게 행한 심미적 선택행위의 한 나쁜 결과라고 할 수 있다. 근대에 태어나 자유주의 사상으로 무장한 새로운 인간은, 능동적이고 발전적으로 그의 잠재력이 발현될 경우, 지성과 감성의 만족으로 유쾌한 삶을 추구하는 즐거운 쾌락주의자일 수 있을 것이다. 그러나, 이것은 자유주의자들이 그려 낸 삶의 낙관론적 그림일 뿐이다. 인간은 누구나 얼마만큼의 마성(魔性)을 지니고 있고, 그에게 심미적 선택의 기회가 주어질 경우 그는 지극히 이기적인 마성에 끌려 나쁜 선택을 할 가능성이 크기 때문이다. 삶이란 언제나 어떤 이유로도 부족함이 있고, 그 속에는 그에서 비롯된 두려움과 불안과 고통이 혼재한다. 특히, 물질적 욕구에 관한 한, 어떤 경우에도 충분하고 완전한 만족은 없다. 그러므로, 사회 구성원 하나하나가 각자의 물질적 욕구를 이기적이고 자아중심적인 수단을 통하여 채우려 한다면, 사회는 그에 상당하는 혼돈과 불안과 두려움 속으로 빠져들게 될 것이다.

'진정한 자유란 규율과 자제의 부자유로부터만 얻을 수 있다'는 단순한 진리를 외면한 채, 심미적 선택의 자유주의적 사고를 하는 근대의 '자유인'(liberal man)은 자유에 대한 맹목적 목마름으로 불안과 두려움에 찌든 인간이다. 그러나, 그의 물질적 부자유에 대한 불만족과 불안과 공포는 단순히 개인적 차원에서의 충동적 음모와 도발로 끝나지 않는다. 끊임없이 물러나는 행복과 만족의 지평선을 바라보며, 그는 마침내는 군중심리에 빠져, 익명의 군중 속에 자신을 숨기거나 자제력을 잃고 다른 사람의 언동에 휩쓸리게 될 것이기 때문이다. 그리하여, 구습의 타파를 외치는 심미적 선택의 '자유인'이 대중이라는 덫에 걸려 자신과 사회를 혼돈과 무질서의 늪으로 빠져들게 할 수도 있기 때문이다. 제임스 월러(James Waller)는 그의 책 『악마가 되기』(*Becoming Evil: How Ordinary People Commit Genocide and Mass Killing*)에서 욕구에 불만족한 개인이 군중심리에 휩쓸려 집단적 정체성을 갖게 될 때, 얼마나 부도덕해지고 잔인해질 수 있는지에 대해 다음과 같이 말한다.

> 니부어(Niebuhr)에게 있어서 인간성의 근본적인 천박함은 개인의 삶에 있어서보다 집단적인 삶 속에서 더욱 큰 규모로, 더욱 분명하게 나타난다. 그가 보기에는 모든 집단행동에서 이 단순한 사실이 분명하게 드러난다. 집단 속의 개인들은, 그들이 목적하는 바를 추구하기 위해서, 개인으로 따로 있을 때보나 훨씬 교만해지고, 훨씬 더 못된 위선자가 되며, 훨씬 더 자아중심적이 되고, 훨씬 더 무자비하게 행동한다. 그 결과 개인적 차원의 도덕과 집단 차원의 도덕 사이에는 어쩔 수 없는 긴장이 존재하게 된다. 니부어에 따르면, 개인적 차원의 개인이 주장하는 바와 집단 속의 개인이 요구하는 바 사이에 간격이 크면 클수록 문제는 더욱 심각해진다. 다시 말하면, 집단 속의 개인들은, 생존을 위한 전략으로, 개인으로 있을 때는 결코 하지 않을 일들을 요구하게 된다는 것이다. 그래서, 개인으로 있을 때는 착하고, 남을 배려할 줄 알

고, 도덕심이 강한 사람도 집단 속의 개인이 되면 다른 사람들과 똑같이 집단이 나타내는 폭력성을 갖게 된다는 것이다.[23]

월러가 간파한 것처럼, 대중 속에서의 개인은 더욱 거만해지고, 더욱 위선적이 되며, 더욱 자아중심적이 된다. 그리고, 개인들이 하나로 뭉친 집단의 욕구는 개인의 욕구를 훨씬 능가하게 되고, 집단에 연루된 개인은, 생존을 위하여, 또는 자신도 모르는 사이에, 거기에 연루되지 않았을 때에는 결코 하지 않을 행동들을 하게 된다. 다시 말해, 이때 개인으로 존재할 때의 도덕과 윤리, 이타심(利他心)과 선성(善性)이 집단의 야만성으로 뒤집혀 나타나게 되는 것이다.

혁명의 역설이라는 관점에서 보면, 인간의 삶에 무궁한 편익을 가져다 준 산업혁명도 자유주의 혁명 못지않게 모순과 역설로 가득했다. '산업혁명이란 무엇인가?'에 대한 대강의 답은 의외로 간단할 수 있다. 1750년경에 일어난 방직/방적기계의 발명은 농업 생산성에 비해 뒤처져 있던 산업생산성을 획기적으로 개선시켜 주었고, 산업생산량이 획기적으로 늘어나 산업생산물의 값이 평민들도 접근할 수 있는 수준으로 낮아졌다. 노동력이 시골의 오두막에서 도시의 공장으로 옮겨 오게 되면서, 노동력의 풍부한 공급과 제품의 값싼 생산이 가능해지자, 산업자본가들의 이익이 눈에 띄게 증가해 산업자본이 빠르게 축적되었고, 축적된 자본은 제 차례가 되어 산업생산을 다시 가속화했다. 그 결과, 국가사회의 경제구조와 경제주체들의 경제활동의 형태가 극적으로, 그리고 급격하게 바뀌게 되었고, 농업의 논리가 아닌 산업의 논리가 국가와 사회와 개인의 경제활동을 지배하게 되었다. 사람들의 평균 소득은 놀라울 만큼 늘어났고, 이에 따라 소비 부문에서의 전대미문의 성장이 나타났다. 그러나, 소득의 증가와 소비 형태의 변화가 질적인 면에서 사람들의 삶의 수준을 크게 끌어올려 그들을 보다 많이 행복하게 만들어 준 것일까? 아니면, 인간성을 보다 천진하고, 보다 사려 깊은 쪽으로 바꾸어 놓은 것일까?

산업혁명으로 총생산과 총소득 면에서의 물질적 풍요가 극적으로 증진된 것은 부정할 수 없는 사실이다. 그렇지만, 물질적 풍요의 역설 또한 부정할 수 없는 사실이다. 마르크스와 엥겔스가 주장했듯이, 인간적 능력으로서의 노동력이 상품화되어 노동자의 인격이 상품가치로 평가되면서, 무산계급의 삶이 시린 가난과 모진 착취와 가공할 질병에의 비인간적 삶으로 전락했기 때문이다.[24] 그러나, 자유주의적인 사상혁명과 맞물린 산업혁명의 보다 치명적 역설은 그것으로 인간의 내면 깊은 곳에서 억제되어 왔던 물질추구의 본능과 소비 본능, 그리고 경쟁의 본능이 자연스럽게 인간성의 표면 위로 솟아오르게 되었다는 것이다. 경쟁을 통한 사생결단과, 수단과 방법을 가리지 않는 물질의 소유와, 소비를 통한 현시욕의 충족이 총체적으로 삶을 뒤흔들어 놓게 된 것이다. 산업혁명으로 상업적 이윤의 추구가 인간 사회의 '양도할 수 없는' 최고의 가치로서 자리매김되기 시작했고, 이로써 비로소 산업생산과 상업적 이윤추구와 현시적 소비의 연결고리가 만들어지게 된 것이다. 간단히 말해, '사농공상'(士農工商)의 가치질서가 '상공농사'(商工農士)의 가치질서로 완전하게 전도된 것이 산업혁명의 최대의 역설이었다.

서구의 역사 속에서 19세기의 산업혁명은 심미적 선택의 무분별한 자유를 옹호하고 찬미하는 자유주의 혁명과 맞물려, 세상의 모든 것들을 산업자본주의의 상업적 질서로 재편해 놓았다. 두 혁명으로 유한 중산계급에 속한 사람들의 물질주구의 본능이 적나라하게 표면화된 것이다. "현시적 소비"(conspicuous consumption)[25]를 당연시하는 소비주의적 흐름이 조장되면서, 서구사회가 전통과 제도와 관습의 제어장치 없이 경쟁본능과 소비본능이 제멋대로 발현되는 소비주의 사회로 나아가게 된 것이다. 공장노동자들의 노동이 비인격적 상품가치로 평가되었고, 예술 · 문화 · 역사를 비롯한 모든 영역의 인간 활동들도 상품가치로 평가되기 시작했으며, 어떤 상품들을 사서 어떻게 현시하는가가 인격의 높낮이를 말해 주는 시대가 되었다. 이제는 어떤 고매한 시인도, 어떤 고고한 예술가도, 상업성을 외면하고 시를 쓰거나 예술활동을 할 수 없게 되었고, 훈육되지 않은 집단의 야만성으로 길들여진 대중들이 브로드웨이(Broadway)의 중심을 차지하게 되었다. 전위예술은 오프-브로드웨이(Off-Broadway)나 오프-오프-브로드웨이(Off-Off-Broadway)로 밀려나게 되었고, 같은 방식으로, 교육도 상품화되었다. 학교는 지식을 파는 가게가 되었으며, 저널리즘과 대중매체가 교육기관을 대신해 사람들이 지니고 살아야 할 가치와 이상과 이상형의 이미지들을 생산하고, 또 확대 재생산해 내게 되었다.

상업적 이윤의 창출이 최고의 가치인 자본가·생산자들에게 소비자들의 삶에 오래도록 보탬이 될 수 있는 내구적 상품의 생산은 큰 관심거리가 되지 못했다. 그들은 소비자들의 현시욕을 충족시킬 수 있는 값비싸고 화려한 물건들을 생산해 내는 데에만 혈안이 되어 있었고, 고급의 문화를 창조하고, 유지하고, 보존하는 일 따위는 안중에 없었다. 그러므로, 새로운 기술들이 하루가 다르게 개발되어 새로운 생산품들이 쏟아져 나왔지만, 그것들은 인간의 행복과 복지에 궁극적 책임을 지지 않는 '부정적 생산자'(negative producer)가 되기 일쑤였다. 생산자들은, '이익'을 얻을 수만 있다면, 자신의 생산품이 대규모의 전쟁을 수행하는 데 사용되는 것이라도 아랑곳하지 않았다. 원료와 노동력의 공급을 위해 제국주의가 필요했고, 제국주의의 묵인하에서 아프리카의 엘리트들과 유럽의 무역상들과, 노예를 거래하는 상인들이 공모해 노예무역이 횡행했던 것은 산업혁명의 슬픈 그림자였다. 또한, 생산자들은 생산물의 원활한 소비를 위해 시장이 필요했고, 소비자들을 시장으로 유인하기 위해서 광고가 필요했다. 그러나 광고는 단순히 '알림'의 기능만을 수행하지 않았다. 그것은 생산자가 소비자들을 유혹하기 위한 판매전략의 일환으로서, 소비자들의 무의식을 유린해 그들을 비이성적이고 충동적인 소비에 중독되게 하는 위선적인 판매수단이었다.

산업혁명의 순기능들이 열거하기 어려울 만큼 많은 것은 사실이다. 무엇보다 그것은 가난을 퇴치했고, 고용을 늘렸으며, 식량을 증산해 배고픔의 문제를 해결했고, 인권을 신장시켰으며, 미래의 성장동력을 창조해 냈다. 그러나, '부정적 생산자'로서의 그것의 역기능도 만만한 것은 아니었다. 윤리성과 합리성을 결한 산업혁명은 때로는 천연자원을 고갈시켰고, 환경을 오염시켰으며, 불건강한 도시를 만들었다. 그뿐이 아니었다. 한편으로 그것은, 생활의 혁신을 통해, 생업을 위해 바쳐야 할 시간, 특히 여성들이 가사노동을 하면서 보내야 할 시간을 현격하게 줄여 주었지만, 역설적으로 규율과 훈육과 자제력을 잃은 사람들의 삶을 한없이 권태롭게 했다. 그리고, 수많은 유한계급의 사람들로 하여금 소비를 일상으로 삼아 권태를 쫓으며 살도록 유도했다. 산업혁명 이후의 유한계급의 사람들에게 일상의 삶은 지루함 그 자체였고, 그들이 할 수 있는 유일한 일은 축적된 재화를 '소비'하는 것이었으며, 그것으로 얻어지는 쾌감이 존재의 유일한 이유가 되었다. 그러나, 키르케고르의 말처럼, '권태는 모든 악의 근원'이었다.[26] 아니면, 미국 청교도들의 민담 속에 나오는 말처럼, '노는 손은 악마의 연장'이었다.[27]

축적된 재화의 소비는 그것에 취한 사람들에게 순간의 행복과 쾌감을 가져다주었지만, 더 이상 그들을 자연적 욕망을 갈무리하고 사는 자연인으로 놓아 두지 않았다. 광고가 소비를 일상으로 살아가는 사람들의 무의식을 두드려 그들의 정신 속으로 '가공의 욕망'(artificial desire)을 심어 주었기 때문이다. 이제 그들은 자연적 욕망을 지닌 자연인이 아니라, 광고가 만들어낸 '인공의 자아'(the artificial self)가 가진 인공적 욕망을 충족하기 위해 몸부림치는 넋잃은 야만의 문명인으로 살아갈 수밖에는 없게 되었다. 권태에서 벗어나는 길은 '일'을 하는 것이었지만, 그들에게는 '돈'을 쓰는 일 외에는 할 '일'이 없었다. 그리고, '돈을 쓰는 일'은 언제나 터무니없는 불안과 공포를 불러왔다. 유행을 따라잡으려는 초조함과 남들보다 더 비싼 것을 소유해야 한다는 '현시적 공포'가 그것이었다. 이때, 대중은 불안과 공포를 덜어주는 편리한 피난처가 되어 주었다. 대중이라는 집단적 정체성에 숨어 소비

를 통해 현시적 욕구를 채움으로써 가공의 욕망으로부터 자유를 얻을 수 있었기 때문이다.[28]

물질적 풍요가 낳은 생활 속의 권태는 분명 산업혁명의 거대한 역설 중의 하나였다. 그러나, 산업혁명의 역설은 그것으로 끝나지 않았다. 그것이 잉여의 생산에서 비롯된 잉여의 삶을 낳았기 때문이다. 해가 거듭되면서 산업혁명은 삶에 불요불급한 너무나 많은 것들을 만들어 내게 됨으로써 사람들의 생활을 너무나 복잡하게 만들었고, 그들의 삶을 너무나 비효율적인 것으로 만들었다. 산업혁명 이전의 시대가 부족함으로 고통받는 시대였다면, 이후의 20세기는 잉여로 고통받는 시대가 된 것이다. 생산자들이 보다 화려한 것, 보다 역동적인 것, 보다 가시적인 것을 원하는 소비자들의 경쟁적이고 현시적인 욕구를 좇아 하루가 다르게 더 좋은 것, 더 많은 것을 생산해 내다 보니, 수요보다 더 많은 생산이 이루어졌고, 필요보다 더 많은 소비를 불러왔다. 백화점과 쇼핑센터들이 우후죽순처럼 생겨났고, 새로운 생산품의 도래를 알리는 광고가 봇물을 이루었다. 결과는, 어떤 의미에서는, 지극히 파괴적인 것이었다. 이제 교회도, 학교도, 국가도 최고의 권위와 존엄이 되지 못했으며, 광고를 전파하는 대중매체와 경박한 잡지들이 상업주의 이념의 가시적 생산자들이자 전달자들로서 그 자리를 대신하게 되었다. 교회와 학교와 국가로부터 백화점과 대형 쇼핑센터로 권위의 비극적 대이동이 일어난 것이다.[29]

또한, 산업혁명이 가능하게 만든 잉여의 생산은 생산과 판매와 소비의 삼각 축을 거꾸로 서게 하면서, 유한계급의 사람들이 가치도, 감동도, 의미도 없는 삶을 살도록 만들었다. 잉여의 상품을 팔기 위해 광고는 끊임없이 가공의 욕망들을 날조해 냈고, 사람들은 날조된 가공의 욕망들을 좇아 백화점과 쇼핑센터로 몰려들었다. 그러나, 광고로 가공된 인공자아의 욕망을 채우며 살기에 사람들의 수입은 턱없이 모자랐다. 그들은 현시적 소비욕을 채우기 위해 필요 이상의 노동을 해야 했고, 그들의 삶은 한없이 고단했다. 이제 사람들이 더 이상 현실을 좇아, 현실 속의 행복을 추구하며 살 수 없게 되었고, 광고로 가공된 인공자아의 환영을 좇으며 살아가게 된 것이다. 자연적인 삶에서 행복과 의미를 추구하는 인간의 본성이 변하게 된 것이다. 시장은 언제나 건전하지 못한 교육자였고, 백화점이나 쇼핑센터는 불건강한 놀이터였으며, 생활 속의 고된 노역이 그 놀이를 위해 바쳐졌다. 사람들의 삶은 방향을 잃었고, 대부분의 일상은 일어나지 말아야 할 일들로 가득 채워진 조야(粗野)하고 석화(石化)된 일상이 되었다. 내용도 의미도 없는 텅 빈 잉여의 삶을 위해 사람들 모두가 그렇게 고단한 삶을 살아가야 한다면, 그보다 더 큰 비극이 또 있을까?

자제와 훈육을 소중한 가치로 가르치지 않은 자유주의, 그리고 나태와 잉여의 삶을 낳은 산업혁명—두 혁명의 은밀한 공모 속에서 20세기의 소비형 인간이 태어났고, 잔잔한 삶 속에서 아름다움을 찾는 린위탕의 "생활의 발견"은 사람들의 기억 속에서 잊히게 되었다. 20세기 초에 이르기까지 서구사회는 대중소비사회(mass-consumer society)에 진입하게 되었고, '현시적 소비'를 축으로 하는 소비주의가 하나의 중요한 생활이념으로 자리 잡게 되었다. 상업주의의 도도한 흐름 속에서 자연인의 자연스러운 욕망은 새로운 상품의 도래를 알리는 광고가 만들어 낸 가공의 욕망으로 대체되었으며, 소비자들의 무의식은 광고 매체들이 만들어 낸 환영들로 가득 채워졌고, 그들의 생활은 현시적 소비욕을 채우기 위한 고된 노동으로 얼룩졌다. 상업주의에 물든 대중매체들과 패션잡지들이 사람들의 삶이 지향해야 할 최고의 가치로서의 현시적 소비를 생활 속에 형상화해 낸 것이다. 조엘 스프링(Joel Spring)이 그의 책 『소비형 인간의 교육』(*Educating the Consumer-Citizen: A History of the Marriage of Schools*)에서 개념화해 놓은 소비주의의 기본 이념들을 간추려 정리하면 다음과 같이 될 것이다.[30]

- 소비는 미덕이며, 사람들에게 일하는 동기를 부여한다.

- 소비는 생활을 앞으로 나아가게 한다.
- 평등하다는 것은 부를 모으고 쓰는 기회의 평등을 의미한다.
- 재산을 모았다는 것은 그가 가치 있는 사람이라는 증거이다.
- 노동은 나태한 삶을 멀리하게 하고 소비의 능력을 키워 줌으로 가치롭다.
- 광고는 보다 나은 생활에 대한 정보를 알려 줌으로 선이다.

소비주의 이념의 전파를 위해 대중매체는 물론 교육과 문학과 예술도 동원되었다. 그리고, 운동선수들이나 영화배우들과 같은 명사들이 광고에 등장하여 거짓된 이상적 이미지들을 만들어 냈다. 차츰 사람들은 광고 속의 이미지들에 세뇌되어 갔고, 그것들을 좇으며 고된 생활의 노역을 참아 냈다. 신문과 잡지의 지상광고가 라디오와 TV의 전파광고로 이어지는 1950년대가 되기까지 소비주의 이념이 산업사회 전반에 걸쳐 하나의 지배적인 이념으로 자리 잡게 된 것이다.[31]

소비주의 이념으로 세뇌된 현대의 소비형 인간은 도덕과 종교의 전통적 가치보다 소비사회의 상업적인 가치를 존중한다. 그들은 대체로 비이성적일지도 모르는 심미적 선택행위로 재화를 축적하고 소비하며, 대중매체의 광고 속에서 자아의 이상적 이미지를 구축하고, 집단적 정체성에 자신을 감추어 불안과 공포로부터의 자유를 찾는다. 그리고, 소비에서 오는 쾌감에서 존재의 이유를 찾는다. 이제 고요와 정숙, 부드러움과 평온함, 정신적 행복이나 공동체적 행복 따위는 그에게 주요한 가치가 되지 못한다. 그도 물론 온몸을 바쳐 열심히 일하기도 한다. 그것은 자연적 욕구를 만족시켜 얻을 수 있는 현실적 행복을 위해서가 아니라, 광고에 의해 구축된 인공자아의 현시적 행복을 위해서 그렇게 한다. 그러나, 그의 생활 속엔 진정한 자유란 없고, 그러므로 진정한 행복도 없다. 20세기의 소비사회에서 새로움은 끊임없이 새로이 공급되고, 소비형의 인간에게 낡은 것은 그 자체가 악이기 때문이다.

상업주의의 현시적 가치 이외의 어떤 가치도 부정하는 소비형 인간은, 주체할 수 없을 만큼의 부(富)를 앞에 놓고도, 끝없이 밀려드는 새로움 때문에 영원한 불만족으로 좌절한다.[32] 규율과 질서에서 행복을 찾던 자연인이 새로움의 풍요라는 덫에 걸린 것이다. 끊임없는 새로움을 소유하려는 현시적 자아의 소유욕에 빠진 것이다. 그에게는 지속되는 만족이란 없다. 그가 갖는 만족은 모두가 쉽게 깨어지는 만족이다. 상업주의가 만들어 낸 새로움의 환영이 지속적으로 무의식을 두드리고 공격적으로 새로운 상품에 대한 이미지를 구축해 무의식 속으로 던져 넣음으로써 새로운 형태의 생물학적 필요(biological need)를 창출해 내기 때문이다. 공장들의 컨베이어 벨트에서 쉼 없이 새로운 생산품들이 쏟아져 나와, 소비욕에 들뜬 사람들의 눈을 휘둥그렇게 만들어 놓기 때문이다. 이 시대의 소비형 인간은 그가 왜 어떤 물건을 원하는지 알지 못한다. 그가 아는 것은 단지 어떤 이유로든 그것이 새롭다는 것이며, 그래서 그것이 갖고 싶다는 것이다. 물론, 새로움을 추구하는 물질주의 그 자체가 세상에 내린 저주는 아니다. 인간은 본유적으로 자아중심적이고 물질지향적이기 때문이다. 그러나, 현대의 물질주의와 자유주의로 비로소 가능해진 지루함과 복잡함과 잉여는 20세기의 물신(物神)이 세상에 내린 저주였다. 그것으로 현대인들의 정신이 불건강해졌고, 현대인들이 궁극적 자유와 행복을 잃어버렸기 때문이다.

『쇼핑광, 맨해튼을 접수하나』(*Shopaholic Takes Manhattan*)에서 소설가 소피 킨셀라(Sophie Kinsella)는 20세기 물신의 저주로 정신이 불건강해져 궁극적으로 자유와 행복을 잃어버린 주인공 베키 블룸우드(Rebecca/Becky Bloomwood)의 이야기를 그린다.[33] 소설 속의 주인공은 백화점의 쇼윈도에서 자신의 자아상을 찾고, 새로이 전시된 신상품 중에서 갖고 싶은 것을 갖지 않으면 병이 나는 광적인 쇼핑 중독자이다. 그녀는 이미 너무나 많은 것을 가지고 있다. 그렇지만 그녀는 광고가 생산해 내는 인공의 필요와 욕망에 정신이 마비되어, 점점 더 많은 새로움을 원한다. 좁은 런던의 세계를 떠나 넓디넓은 유행의 도시 맨해튼에 도착했을 때 그녀는 이렇게 외친다.

> 이 값비싸고, 번쩍이는 물건들로 가득한 세상—나는 이곳을 향해 달려 왔었다. 호화로운 대형 자동차들, 꽃들, 왁스를 먹인 내닫이 창들, 바니스 백화점 디자이너 코너의 옷들. 이 사람들이 나의 사람들이고, 나는 바로 이곳에 오고 싶어 했었어.[34]

자연자아(the natural self)가 인공자아(the artificial self)에 점유되어 전복됨으로써 그녀는 도착된 자아를 갖게 된 것이다. 백화점의 쇼윈도에 전시된 신상품들이 자연상태의 그녀의 자아를 식민화한 것이다.

그러나, 소설 속에서 주인공이 쇼핑중독에 절망적으로 빠져 있다는 사실이 밝혀지기 전까지는 그녀의 삶은 평범한 것처럼 보인다. 아이러니컬하게도, 그녀는 경제잡지 『성공적인 저축』(*Successful Saving*)의 재무전담 기자로서 성공한 직업여성이기 때문이다. 그러나, 어느 순간 그녀는 그녀가 매월 늘어나는 빚을 감당할 수 없는 지경에 이르렀다는 것을 깨닫는다. 뒤늦게, 그녀는 씀씀이를 줄이고, 저축을 늘리려고 소동을 피우지만, 그 모두는 쓸데없는 짓이었다. 그녀의 삶은 이미 서서히 가라앉고 있었기 때문이다. 마침내 그녀의 삶에 최후의 일격이 가해진다. 쇼핑중독으로 파산한 재무전담 기자의 삶이 머리기사로 대중매체들을 도배하게 되자, 친구도, 직장도, 사랑도 모두 그녀에게 등을 돌린다.

다행스러운 일일까? 소설의 구성이 설득력이 있는 것은 아니지만, 베키는 그녀의 삶에 가해진 불의의 일격에 쓰러지지는 않는다. 오히려 그 일격이 자극제가 되어 그녀의 자연자아가 되살아나기 때문이다. 이제 그녀는 다른 사람의 아픔에 연민과 동정을 보내기도 하고, 자신의 처지에 두려움을 느끼기도 하며, 무엇보다 삶과 사람을 사랑할 수 있게 된다. 소설이 끝날 무렵,

베키는 그녀의 남자친구인 루크(Luke)로부터의 사랑을 이렇게 받아들인다.

> "그래." 그의 눈빛이 따뜻하고 부드러웠다. "베키, 그건 긍정을 뜻하는 것이지? 나를 사 주는…나의 쇼퍼가 되어 줄래?"
>
> 그는 내가 있는 쪽으로 한 발짝 다가왔고, 나와 거의 닿을 지경이 되었다. 나는 그에게서 늘 맡던 그의 냄새를 맡았다. 오 하느님, 내가 그를 그리워했나 봐요.
>
> "그래, 맞아." 나는 행복에 겨웠다. "그래, 내가 너의 쇼퍼가 되어 줄게."[35]

그리고, 이제 그녀는 상황이 좋은지 나쁜지를 판단할 수도 있고, 상상과 공상과 몽상으로 느끼는 필요가 아닌 생각과 감정으로 느끼는 필요를 느낄 수도 있게 되었다. 자유주의 혁명과 산업혁명으로 20세기에 태어난 소비형 인간이 자신의 비극에서 벗어나는 순간이다. 생산자들의 속임수에 통제되고 조종되던 인공자아가 인공적으로 만들어진 필요에서 자유로워지는 순간이다.

> "정말이지, 제 이야기를 실패담이라고 할 수는 없겠네요. 맞아요, 빚을 졌었습니다. 해고도 당했지요. 그렇지만 전 그냥 무너지지는 않았습니다." 나는 카메라를 보고 돌아섰다. "저처럼 수렁에 빠져 허우적거리고 있는 분들을 위해서 드리고 싶은 말이 있습니다. … 여러분도 거기에서 빠져나올 수 있습니다. 행동으로 옮기세요. 가진 옷들을 모두 파세요. 새로운 일자리를 찾아보세요. 다시 시작할 수 있습니다. 제가 했던 것처럼."[36]

『쇼핑광, 맨해튼을 접수하다』의 주인공 베키 — 그녀는 경제적 파산과 뒤따르는 치욕을 치른 후에야 그녀의 소비주의적 일상을 청산한다. 그러나, 명품의 습득이 곧 행복이라는 믿음을 가진 포스트모던 시대의 소비형 인간이 무한히 새로움을 추구하는 소비병(consumerism)이라는 "죽음에 이르는 병"을 쉽게 이겨 낼 수 있을까? 시간은 끊임없이 새로움을 창조하고, 산업은 끊임없이 명품의 풍요를 구현한다. 광고는 끊임없이 현실보다 더 현실 같은 초-현실(hyper-reality)의 이미지를 창조해[37] 지나침(excess)과 허영(futility)을 찬미함으로써, 소비자들의 무의식을 두드리고 인공적 필요를 창출한다. 그리고, 인공적 자아에 점령된 전도된 자아를 소유한 소비형 인간은 마침내 소비병이라는 몹쓸병에 걸려 백화점의 쇼윈도 앞에서 사투를 벌인다. 소비욕구를 이기지 못하고 명품 핸드백 하나를 사면, 디드로 효과(the Diderot effect)—가진 물건들끼리 어울리게 하려는 충동—에 의한 충동에 몰려 명품 핸드백에 어울리는 정장과 화장품 세트들을 사게 된다. 결과는 카드 빚과 고된 노동, 그리고 그를 뒤따르는 경제적 파탄이다. 경제학자 조지 그레이 몰리나(George Gray Molina)가 경고한 대로, "소비가 당신을 소비해 버린 것이다."[38] 그럼에도, 근대의 소비형 인간은 자신이 걸린 몹쓸병에서 헤어 나올 수 있을까?

소비병이라는 사치병(luxury fever)에 걸린 포스트모던 시대의 소비형 인간에게는 좋게 보이는 것이 좋게 느끼는 것보다 훨씬 중요하다. 경제학자 소스타인 베블렌(Thorstein Veblen)이 간결하게 말했듯이, 그는 '현시적 소비/소비자'(conspicuous consumption)인 것이다.[39] 19세기에 이미 마르크스가 말했듯이, 현대의 소비형 인간에게 상품은 그 자체로서의 효용가치는 갖고 있지 않고, 시장에서 형성되는 교환가치만을 갖는다.[40] 다시 말하면, 그것은 오직 같은 부류, 또는 같은 계층에 속하는 사람들을 찾기 위한 사회적 신호일 뿐이다. 뿐만 아니라, 현시적 소비자들의 새로운 것에 대한 욕망은 쉼 없이 무한히 팽창한다. 그는 가짐으로 해서 새로운 것을 무한히 원하는 '풍요병'(affluenza)에 걸린 것이다.[41] 그리고, 풍요병에 걸린 포스트모던의 소비형 인간은, 『쇼핑광, 맨해튼을 접수하다』의 주인공 베키처럼, 자신을 '현시하기' 위해 명품을 원한다. 그는 자기가 가진 돈을 고려하지 않고,

명품을 산다. 자기가 사는 명품의 효용가치가 얼마인가는 고려하지 않는다. 그는 카드회사에 너무나 많은 빚을 지고 있다. 빚과 가치하락에 대한 고뇌로 불안과 공포에 휩싸여 살아간다. 그렇다면, 이런 형태의 소비주의를 고발하는 반-소비주의 운동은 승리할 것인가? 폭식증을 이기기 위해서는 지나치게 음식을 좋아해서는 안 된다. 반대로, 거식증을 이기기 위해서는 지나치게 음식을 멀리하면 안 된다. 마찬가지로, 소비병을 이기는 것은 다음과 같은 조건하에서 가능할지 모른다. 현시적 소비를 미화하는 포스트모던의 권위들이 사라져야 한다. 맹목적으로 이윤을 추구하는 부정의 생산자(the negative producer)들이 많아서도 안 된다. 터무니없는 초-현실(hyper-reality)을 만들어 소비자들의 무의식을 유린하는 광고매체들도 없어져야 한다. 끝으로, 매일매일 지고 다시 떠오르는 태양이 자연스러운 순환 과정에서 만들어 내는 과잉생산과 과잉소비를 바라보면서 위안을 얻는 현시적 소비자가 없어야 한다. 가능한 일일까?

3. 세계화 문명과 지구촌 살이

성경의 「창세기」 편에는 천지창조에 관한 이야기가 나온다. 태초에 말씀이 있었고, 신이 말씀을 따라 1주일에 걸쳐 천지를 창조했다는 것이다. 첫째 날에는 빛을, 둘째 날에는 하늘을, 셋째 날에는 육지와, 육지의 식물과 바다를, 넷째 날에는 해와 달과 별을, 다섯째 날에는 하늘을 나는 새와 바다에서 헤엄치는 물고기를, 여섯째 날에는 육지에 사는 동물과 만물을 지배하며 살아갈 인간을 창조했다. 그리고, 일곱째 날에는 하루를 쉬고, 인간으로 하여금 그날을 거룩한 날로 정하여 신이 만들어 놓은 아름다운 세계를 칭송하게 했다. 그렇다면, 여덟째 날에 신은 무엇을 했을까? 그리고 아홉째 날에는?

성경을 쓴 히브리인들의 상상력 속에는 이에 대한 구체적인 대답이 없다. 성경에는 오직 신이 천지를 창조한 후 인간들이 세상 만물을 지배하며 살아온 이야기가 적혀 있을 따름이다. 그러나, 포스트모던 시대의 이야기꾼들은 천지창조의 이야기를 이렇게 이어 갈지 모른다. 여덟째 날에 신은 에덴의 동쪽(the east of Eden)을 창조하고, 아담과 이브의 자식들로 하여금 그들의 자유의지에 따라 삶의 단맛, 쓴맛을 보며 살도록 했다. 그리고, 아홉째 날에, 신은 에덴의 서쪽을 창조해, 아담과 이브의 자식들이 에덴의 동쪽과 서쪽을 두루 돌아다니며 말과 살과 생각과 삶의 양식(樣式)을 섞고 때로는 반목하고, 때로는 흥청거리며 살아가도록 했다. 세상의 온갖 종족들이 말과 살과 생각과 삶의 양식을 섞으며 때로는 반목하고, 때로는 흥청거리며 살아가는 세상—이것이 곧 포스트모던 시대 현대인들이 살아가는 '지구촌'(the global world)이라는 것이다.

에덴의 동쪽: 여덟째 날에 창조된 세상

여덟째 날에 신은 에덴의 동쪽을 창조하고, 지식의 열매가 달린 사과나무(the tree of knowledge) 앞에 현신해, 아담과 이브로 하여금 자유의지로 에덴에서의 삶과 에덴의 동쪽에서의 삶을 선택하게 했다. "이 나무의 열매를 따 먹으면, 너희는 나처럼 총명해질 것이다. 그러나, 일단 앎을 얻으면 너희는 유한한 시간과 고된 노동과 출산의 고통과 선택의 책임이 있는 에덴의 동쪽에서 살아야 한다." 아담과 이브는 삶의 고단함과 출산의 고통과 죽음의 시간과 선택의 책임에도 불구하고, 천리(天理)에 대한 깨침과 이성(異性)에 대한 앎이 있는 에덴의 동쪽에서의 삶을 선택했다. 그리고 자유의지에 의한 선택으로 앎의 열매인 사과를 따 먹고, 에덴의 동쪽으로 향했다.

> 눈물이 주룩 흘렀다, 그러나 그들은 곧 눈물을 닦아 냈다.
> 그들에게는 그들 앞에 놓인 세상이 전부였다. 이제 그들은
> 쉴 곳을 선택해야 했고, 신의 섭리에 따라 살아야 했다.

그들은 손을 맞잡고 천천히 방랑의 길에 올랐다.
에덴의 동산을 가로질러 외로운 길을 걸어갔다.[42]

그렇다면, 아담과 이브가 금단의 열매를 따 먹은 후, 그들에게는 무슨 일이 일어난 것일까? 로버트 프로스트(Robert Frost)는 그의 시 「사과를 딴 후에」("After Apple-Picking") 에서 그들이 사과를 따 먹은 후에 그들에게 무슨 일이 일어났는지를 다음과 같이 읊고 있다.

가지 사이에 걸쳐 놓은 긴 사다리는
아직 하늘 향해 서 있구나.
그 옆에는 채우다 만 통 하나가 놓여 있고,
나무엔 아직 따지 못한 사과가 두세 개 달려 있지만,
나는 이제 사과 따기를 그만두련다.
그날 밤 겨울잠에서 중요한 건
사과 향이다—나는 잠 속으로 빠져든다.
나는 그 묘한 느낌을 지울 수가 없다.
아주 커-다란 사과들이 눈 앞에 어른거린다.
꼭지도 배꼽도 선명하고,
적갈색 반점들도 또렷이 보인다.
발등이 시큰거리고,
사다리 살의 떠받는 압력이 발바닥을 짓누른다.
가지가 휘청거릴 때마다, 사다리는 흔들린다.
지하실로 무수한 사과들이
덜거덕거리며 굴러 들어오는 소리가 끊임없이 들린다.
너무 많이 땄기 때문이다.
너무 많은 소출에
나 자신이 지쳤기 때문이다.
갈무리해야 할 사과는 수만 개나 되었고,
모두 손으로 닦아서, 곱게 내려놓아야 했다.

일단
땅에 떨어지면,
멍이 들거나, 무엇에 찔리지 않은 것이라도,
못 쓰게 되어
과즙용으로 버려야 하기 때문이다.
잠인지 뭔지 모르지만,
내 잠을 어지럽히는 것이 무엇인지는 분명하다.
아직 겨울잠에 들지 않은 들쥐가 있다면,
그놈은 말해 줄 수 있으리라,
내 잠이 그의 긴 겨울잠과 같은 것인지,
아니면, 한갓 인간의 잠에 불과한지를.[43]

아담과 이브가 에덴의 동산에서 사과를 따 먹은 것은 굉장한 행운이었다. 에머슨(Emerson)이 말한 대로, 그것은 행운의 타락(the fortunate fall)이었다. 만약 그들이 그때 그 순간에 사과를 따 먹지 않았다면, 그들은 지금도 앎의 황홀함과 출산과 생산의 뿌듯함과 죽음의 시간이 없는 에덴의 텅 빈 낙원에서 두더지(woodchuck)처럼 무늬도 없고, 형상도 없는, 길고 멋쩍은 겨울잠을 자고 있을지 모를 일이다. 다시 말해, 청교도였던 밀턴이 그의 『실낙원』에서 현란한 수사(修辭)로 그려 낸 에덴의 동쪽에서의 삶은 모르고 살았을 것이다.

『실낙원』에서 밀턴이 그린 에덴의 동산에는 갖가지 색깔의 꽃과 가시 없는 장미가 피고, 창공에 별빛이 반짝이고 밤에는 나이팅게일이 요염한 사랑의 노래를 부른다. 그리고 아담과 이브는 서로의 팔에 안겨 아침 이슬이 영롱하게 반짝이고 땅이 흙냄새로 향기로운 이 천국을 음미한다. 그러나, 그곳은 과실나무에 과실은 달리되 따 먹을 수는 없고, 남녀가 서로 껴안고 있어도 잉태의 기쁨은 없는 '불모의'(fruitless)의 공간이다. 그렇다면, 그곳은, 천사 라파엘이 말한 대로, 어쩌면 천국이 아니라 '천국의 그림자'에 불과한 것은 아닐까?[44]

아담과 이브는 자유의지에 의한 선택으로 시간 속에서 펼쳐지는 역사의 아픔도, 욕망의 좌절에서 오는 노여움과 절망도 없는 작은 삶의 불완전한 낙원인 에덴의 동산에서 추방된다. 그리고, 욕망이라는 이름의 '악'(Evil)이 지배하는 '새로운 세계', 즉 에덴의 동쪽으로 오게 된다. 그렇다면, 에덴의 동쪽은 보다 큰 행복으로 충만한 낙원이 될 수 있을까? 만약 인간이 자신에게 주어진 자유의지로, 용솟음치는 욕망으로, 보다 큰 행복을 창조할 수만 있었다면, 에덴의 동쪽은 적어도 '천국의 그림자'만은 아니었을 것이다. 그러나, 자유의지란, 그리고 자유의지에 의해 부려지는 인간의 욕망이란, 중용과 질서와 형식의 아름다움을 지키지 못하고 멈춤의 지혜 없이 질주하는 것이 본성이다. 에머슨이 생각했듯이, 에덴의 동쪽은 어쩌면 에덴보다 훨씬 좋은 낙원의 조건(the condition of paradise)을 가지고 있을지 모르지만, 그것으로 오히려 더 큰 비극의 조건을 가진 셈이다.

멈춤의 지혜가 없는 자유의지에 의한 욕망의 질주—에덴의 동쪽에서 인간이 짊어진 비극의 조건이다. 에덴에서와는 달리, 에덴의 동쪽에 존재하는 것은 모두 그 자체로 낙원을 만들지는 못하기 때문이다. 자유의지에 의해 부려지는 인간의 욕망이 제어장치 없이 돌진할 때에는 반드시 엄청난 고통과 회한이 있는 지옥이 만들어지기 때문이다. 프로스트는 말한다. 사과를 딴 후에 빠져드는 겨울잠의 진수는 사과 향의 야릇함이 짙게 밴 악몽이라고. 사과를 너무 많이 수확한 것이다. 생명력으로 주어진 노동이 멈춤의 지혜를 잃음으로써 형식미(decorum)가 무너진 것이다. 과잉생산으로 수없이 많은 사과들이 더미째로 버려져야 하는 것이다. 그래서 몸은 지칠 대로 지치고, 잠은 잉여로 무가치해진 효용의 악몽에 매일 밤 시달리는 것이다. 프로스트는 묻는다. 진정 인간은 자유의지로 노동의 아름다움을 벼려 낼 수 있을까? 그리고 대답한다. 만약 그렇게 할 수 없다면, 인간은 두더지의 겨울잠에 깃든 작은 평온함도 없이, 깊고 넓은 욕망의 늪에서 허우적거리는 악몽을 꾸며 살게 될 것이라고.

르네상스 이후 500년 동안의 서구 역사는 서구인들이 멈춤장치 없는 자유의지를 추구하면서 삶의 조건을 낙원에서 지옥으로 바꾸어 간 비극의 역사였다. 그것은 1차 세계대전과 2차 세계대전의 엄청난 환란으로 집단자살극의 막을 내린 자기 파괴적 역사였던 것이다. 그러나, 시작이 아름답지 않았던 것은 아니다. 르네상스 시대 인문주의자들은 인간에게서 신에 못지 않은 아름다움과, 존엄과, 숭엄함과, 장엄함을 보았고, 그들의 예술에서 인간의 아름다움을 찬미했다. 1501년과 1504년 사이에 조각된 미켈란젤로의 조각상 〈다비드〉(David)와 1623년에 조각된 베르니니(Bernini)의 조각상 〈다비드〉—이들은 모두 르네상스 이전의 예술에 등장하는 어떤 인물에서도 찾을 수 없는 신성함의 기운이 감도는 인간의 자태—즉, 조화와 힘과 균형—를 잘 드러내 보여 주고 있다.

르네상스 인문주의는 17-18세기에 이르러 데카르트, 로크, 루소, 몽테스키외와 같은 사상가들에 의해 원형적으로, 그리고 변증법적으로 발전되고 계승되었다. 계몽주의 시대의 자유주의자들에게는 전통이나 제도에 옥죄이지 않은 자연상태의 자유로운 인간이 아름다웠고, 이성적으로 '생각'하며 미신을 타파하고, 전통을 해체하고, 구제도를 혁파하여 자유로운 인간의 이상을 실현시켜 줄 수 있는 '생각하는' 인간이 아름다웠다. 그리고 그들에게는 사람들 개개인이 지닌 자유와, 행복의 추구와, 생명과, 소유의 권리는 어느 누구도 침범할 수 없는 천부의 권리였다. 루소는 인간은 자유로운 상태로 태어나지만, 온갖 곳에서 사슬에 묶인다고 말했고, 로크는 모든 사람은 저마다 자신에 대한 소유권을 가지고 있으며, 법의 목적은 개인의 자유를 보존하고 신장시키는 것이라고 믿었다. 한편, 몽테스키외는 문명국가라 함은 땅이 비옥한 국가가 아니라 사람들이 살기에 자유로운 국가라고 말함으로써, 근대국가의 지향점이 이성의 빛으로 얻은 자유(freedom and liberty)와 그것으로 얻어지는 행복임을 분명히 했다. 포프는 그의 시 『인간론』에서 이 시대 사람들의 이성과 합리에 대한 보편적 믿음을 이렇게 예찬했다.

> 그대 알지 못하되, 모든 자연은 완전한 예술,
> 그대 볼 수 없으되, 모든 우연은 완전한 섭리,
> 그대 이해할 수 없다 해도, 모든 부조화는 완전한 조화.
> 부분적으로 악이 있다 해도, 전체적으로는 선,
> 오류를 범할 수 있는 이성의 교만에도 불구하고,
> 하나의 진리는 명백하니, 존재하는 것은 모두 마땅하다.[45]

『에밀』(*Emile*) 제4권에서 루소는 이렇게 외친다. "우리는 다시 태어난다—삶 속으로, 존재 속으로, 인간으로 한 사람의 인간으로."[46] 루소의 외침대로, 17-18세기에 서구인들은 누구에게도 양도할 수 없는 천부의 인권과 자신의 운명을 선택할 수 있는 자유의지를 가지고 존재 속으로, 삶 속으로 다시 태어났다. 그들은 '권리의 장전'을 만들어 그들을 옥죄고 있는 제도와 전통의 사슬을 끊어 냈고, 과학과 합리에 바탕을 두고 얻은 백과사전식 지식으로 그들의 정신을 풍성하게 했다. 그리고, 계몽주의 시대 그들의 자유주의 정신은 18세기에 있었던 두 혁명—미국 혁명과 프랑스 혁명—으로 이어졌고, 그들의 과학정신은 19세기의 산업혁명으로 이어졌다.

서구 17-18세기의 정신혁명과 산업혁명은 두말할 나위 없이 서구 역사의 전환점이 되었다. 이 시대에 와서 서구인들의 정신은 전례 없이 자유로워졌고, 그들의 삶에서 가난은 괄목할 만큼 퇴치되었다. 그러나, 인간의 이성은 결코 계몽주의자들이 믿었던 것처럼 절대선이 아니었다. 그것은 얼마만큼은 미신에 대한 해독제였고, 종교적 광기를 잠재우는 안정제였으며, 절대군주의 독재를 타도하는 무기가 되었지만, 인간의 정신을 결코 고매하게 만들어 주지도 못했고, 역사가 완전한 자유를 향해 나아가게 하지도 못했다. 광기는 원시의 어둠 속에만 있는 것이 아니었다. 그것은 문명의 빛 속에도 있었으며, 빛의 광기가 어둠의 광기보다 더욱 무자비한 광기였다. 문명의 어둠이 야만의 어둠보다 몇 배나 더한 칠흑의 어둠이었기 때문이다.

만약에 인간이 지옥을 만든다면, 이성의 얼음지옥이 더욱 참담할까, 아니면 욕망의 불지옥이 더욱 참담할까? 단테는 『신곡』에서 그의 지옥을 9중 지옥으로 만들고 차가운 이성으로 인간을 꾀어 원죄의 나락으로 떨어지게 한 사탄을 가장 깊은 지옥인 아홉 번째 지옥에 떨어지게 함으로써 이성의 얼음지옥이 욕망의 불지옥보다 더욱 가공할 지옥임을 말해 주었다.[47] 프란체스카(Francesca)와 파올로(Paolo)의 불같은 사랑—그들의 사랑은 비록 이루어질 수 없는 불륜의 슬픈 사랑이었지만, 그들의 불지옥은 그래도 서로에 대한 애타는 열정이 잦아들지 않은, 그러므로 그것을 바라보는 시인 단테의 단장을 끊어 내는 아름다운 지옥인 것이다. 그러나, 사탄의 얼음지옥은 눈물마저 얼어붙어 흐르지 못하는 끔찍하고 섬뜩한 지옥이다. 20세기의 미국 시인 프로스트는 그의 시 「불과 얼음」("Fire and Ice")에서 아주 훌륭한 곡언법(曲言法)으로 얼음이 가진 삶의 파괴력이 불이 가진 삶의 파괴력보다 훨씬 크고 잔인하다고 말함으로써 단테의 생각에 동의한다.

> 어떤 이들은 세상이 불로 끝나리라고 말하고,
> 어떤 이들은 얼음으로 끝나리라 말한다.
> 욕망의 맛을 알기에
> 나는 불로 끝난다는 사람들의 생각에 공감한다.
> 그러나, 만약 세상이 또다시 멸망해야 한다면,
> 증오에 대해 너무나 잘 알고 있는 나로서는
> 얼음의 파괴력도 만만한 것이 아니며,
> 오히려 그것을 능가하는 것이라고 말하겠다.[48]

미래학자 앨빈 토플러(Alvin Toffler)는 생산의 혁신으로 가난을 물리친 산업혁명을 '제2의 물결'이라고 불렀다. 그러나, 다른쪽에서 바라보면, 산업혁명은 이성에 대한 믿음으로 몽매함에서 깨어난 서구인들이 빛의 광기를 여과 없이 발산함으로써 얼음의 지옥을 만들어 낸 불행한 사건이었다. 그것으로 서구인들은 옛 제도와 전통에 담겨 있던 영적(靈的) 가치를 존중하는 마음을 잃어버리게 되었기 때문이다. 이 시기를 즈음해, 그들은, 「사과를 딴 후에」에서 프로스트가 은유적으로 표현했듯이, 사과를 너무 많이 거두기 시작한 것이다. 소유욕구와 지배욕구가 아무런 제어장치 없이 광란의 질주를 시작한 것이다. 이 시대에 와서 서구사회는 산업자본의 축적으로 새로이 생겨난 자본가 계급이 권력의 중심에 서게 되었고, 물질적 부(富/wealth)가 유일무이한 가치로 자리매김하기 시작했으며, 국가적 부의 원천이 되는 천연자원의 확보를 위한 국수주의적 제국주의가 발호해 독일, 영국, 프랑스 같은 서구의 강대국들이 식민지 경영에 열을 올리게 되었다. 이제 생활은 기계의존적 · 물질의존적으로 변해 갔으며, 토지는 농산물의 생산보다 공산품이나 기호품의 생산을 위해 중요해졌고, 노동을 포함한 인간의 능력이 돈을 받고 양도가 가능한 하나의 상품으로 전락했다. 근대사회가 산업자본주의 사회로 변모하게 되는 것은 돌이킬 수 없는 역사적 흐름이 되었고, 물질적 부가 중심 가치로 부상하게 된 것도 하나의 필연이었다. 이제 사회는 물질주의와 실용주의 정신이 지배하는 물질의존적 사회로 탈바꿈하였고, 윤리와 도덕이 있었다 해도, 그것은 영적이고 신성한 가치보나 물질적 가치에 바탕을 둔 윤리와 도덕이었다.

숭엄하고 장엄하다는 것과 우스꽝스럽고 부조리하다는 것은 불과 종이 한 장 차이였다. 17-18세기의 자유주의자들에게 절대의 빛으로 보였던 인간의 이성이, 조지프 콘래드(Joseph Conrad)가 그의 소설 『어둠의 핵』(*Heart of Darkness*)에서 간파한 것처럼, 야만의 어둠보다 더욱 어두운 '어둠의 핵/씨앗'으로 변했기 때문이다.[49] 산업혁명으로 가능해진 산업자본주의는 이제까지의 삶의 터전을 철저히 유린했고, 이 시대의 역사를 전대미문의 탐욕과 폭력과 무한경쟁의 수렁으로 빠져들게 했으며, 광기 띤 소유욕과 지배욕은 모순과 갈등과 불확실성의 위험한 세계를 만들어 냈다. 문명의 탈을 쓴 야만이 숭엄함과 장엄함으로 칭송받던 인간을 우스꽝스럽고 부조리한 괴물로 만들어 놓은 것이다. 카프카는 그의 소설 『변신』(*Metamorphosis*)에서 20세기 서구인들의 삶에서는 이성과 감성의 심원하고 신령스러운 교감을 가진 "인간적인, 너무나 인간적인" 인간이 사라졌음을 보여 주었다. 그리고, 그는 그가 쓴 어느 편지에서 20세기 현대인들의 비인간화된 인간에 대한 실존적 두려움을 이렇게 표현했다. "나는 두려움의 덩어리이다. … 그것은 아마 나의 진정한 일부일 것이다."[50]

20세기를 맞는 서구 현대인들의 실존적 두려움은 1차 세계대전으로, 러시아 혁명으로, 그리고 2차 세계대전으로 현실화되었다. 물질, 즉 자본(capital)이 문제였고, 물질의존적인 정신이 문제였으며, 정신이 피폐해진 인간들의 폭력과 횡포가 문제였다. 세계가 어떤 책임감도, 어떤 숭고한 목적도 없는 물신(物神)의 악령에 씐 것이다. 콘래드는 그의 소설 『어둠의 핵』에서 이성의 광기와 문명의 어둠에 덮인 냉혹하고 잔인한 20세기의 현대세계, 치밀하게 계산된 탐욕과 지배욕으로 차가워진 그 '무섭고, 두려운 세계'(The horror! The horror!)를 그려 냈다.

콘래드의 소설에서 어둠 속의 어둠이라고 할 수 있는 어둠의 핵이란 도대체 무엇인가? 기독교 신화 속에서 사탄은 타락 이전에는 원래 빛(Lucifer/light-bearer, 빛의 전달자/빛을 낳는 자)이었다. 그러나 그는 빛의 근원으로서의 신을 부정함으로써 스스로 빛을 가리는 차가운 어둠이 되었다. 그러므로 어둠의 핵이란, 원래 빛이었던 것이 어둠이 되어 빛의 근원을 가리는 어둠 속의 어둠으로서 인간의 정신 속에 깊이 침잠해 꿈틀거리는 그런 어둠이며, 20세기에 들어 차가운 어둠으로 변한 인간 이성의 어둠이다. 인간의 이성이 산업혁명을 거치면서 빛의 근원이기를 그만두었고, 20세기에 즈음해 인간의 정신 속에 칠흑의 어둠을 만들어 낸 것이다. 20세기를 즈음해서, 산업혁명으로 물질적 풍요를 맛본 근대의 유럽인들이 소유욕과 지배욕이 도착된 냉혈한이 되었고, 비이성적인 이성(irrational reason)을 가진 문명화된 야만인

(the civilized savage)이 된 것이다. 그들은 그들의 광기 띤 이성으로 자민족우월주의를 제창했고, 물질적 야욕을 채우기 위해 제국주의에 빠져들어 아프리카와 아시아의 미개의 오지들(dark places)을 식민 통치했다. 소설가 콘래드는 이 시대 제국주의자들의 정신에 깃든 칠흑의 어둠, 어둠 속의 어둠, 즉 어둠의 핵을 보았고, 그 광경을 지켜보면서 갖게 된 차가운 전율을 이 시대 제국주의의 하수인이었던 커츠(Kurtz)라는 인물로 형상화해 냈다.

소설의 화자인 말로(Marlow) — 대영제국 어느 상단(商團/the Merchant Navy)의 한 간부선원이었던 그는 이 시대 유럽의 젊은이들이라면 누구나 한 번쯤 가져 봄 직한 하나의 꿈을 가지고 있었다. 그것은 외항선을 타고 북극이나 아프리카 같은 미개척의 오지를 탐험해 보는 것이었다. 그는 꿈을 좇아 유럽 식민사업의 최전선인 아프리카 탐험의 기회를 얻게 되고, 그곳에서 '암흑의 대륙' 아프리카를 뒤덮고 있는 두 가지 어둠 — 인지(人智)가 깨이지 않은 원시와 천연의 어둠과 오작동하는 문명의 식민(植民)이라는 무시무시한 가공의 어둠 — 을 경험한다. 문명의 빛을 쬔 적이 없는 콩고강 유역의 원주민들, 계몽(enlightenment)을 명분으로 그들의 삶을 옥죄는 식민주의자들, 식민주의의 정수리에 뿔처럼 솟아올라 상투처럼 앉아 있는 전설적 풍운아(風雲兒) 커츠 — 그들은 왜 그렇게 실존의 멍에를 지고 쓰리고 고된 삶을 살아가야 하는 것일까? 아프리카로의 모험여행에서 천신만고 끝에 귀환한 말로는 지금 템스강 하구에 정박하고 있는 유람선 넬리호(the Nelly)의 갑판 위에서 한때는 선원이었지만 지금은 육상에 정착하여 편안한 일상을 즐기고 있는 몇몇 친구들에게 콩고강을 거슬러 오르며 자신이 겪었던 험난했던 경험, 즉 원시의 어둠과 문명의 어둠의 두 어둠에의 경험에 대해 이야기하고 있다.

빛이 어쩔 수 없는 존재의 일부이듯이, 어둠도 어쩔 수 없는 존재의 일부이고, 빛과 어둠의 교차 속에서 모든 존재는 생성사멸의 과정을 반복한다. 그러나, 만약에 어떤 존재 속에 빛과 어둠의 교차가 없이 어둠만 있다면, 그곳에는 오직 사멸의 과정만이 있을 것이다. 꿈에 취해 자신의 정체를 알지 못했던 낭만적 제국주의자 말로의 눈에 비친 신비의 검은 대륙 아프리카는 바로 그런 곳이었다. 식민사업의 전설적 인물 커츠에게 꽂혀 그를 만나겠다는 일념으로 짙은 운무의 콩고강을 거슬러 오르는 말로에게 아프리카는 영국의 탐험가 스탠리(Stanley)의 눈에 비친 '암흑 대륙'(the dark continent) 그대로였고,[51] 천연의 어둠으로 휘감긴 대륙으로서 이 대륙의 원주민들은 그저 어둠에서 깨어나지 못한 인격이 없는(inhuman) 아프리카 검둥이들(black Africans)이었다.

> 이 땅은 지구상에 있는 것 같지가 않았다. 그들은 모두 사냥꾼에게 잡힌 야수가 족쇄가 채워져 있는 형상을 하고 있었다. 그들은 괄은 짐승이었지만 자유가 없지는 않았다. 다만 지구상의 어떤 존재인 것 같지 않았을 뿐이다. 그렇다고, 그들이 인간이 아닌 것은 결코 아니었다. … 그들도 하품을 하면서 뛰어오르기도 하고, 빙빙 돌다가 무서운 표정을 짓기도 했다. 그러나 몸을 오싹하게 만드는 것은 그들이 과연 우리와 같은 인간인가 하는 생각이었다. 이렇게 짐승처럼 마구 표효하는 것들이 도대체 인간의 반열 저 먼 곳에라도 들기나 하는가 하는 의구심이었다.[52]

언뜻언뜻 눈에 띄며 스쳐 지나가는 콩고강변의 원주민 마을들—어떤 빛도 뚫고 들어올 수 없을 듯한 짙은 운무에 휘감긴 채, 지상에 있는 어떤 마을들로 보이지 않았다. 그리고, 어떤 이성도 작동하지 않는 듯한 어둠의 원주민들—북치고, 단조로운 선율로 반복해서 노래하고, 괴성을 질러 대는 그곳의 사람들은 자신과 같은 인간의 모습으로 보이지 않았고, 그저 아득한 옛날의 원시의 인간으로 보였다.

아직은 어떤 깨달음도 없이 콩고강을 거슬러 오르는 말로의 눈에 이 땅은 그저 문명의 빛이 닿은 적이 없는 원시의 정글들과 무지와 야만의 땅이었고, 이 땅의 사람들은 종족끼리 서로를 살상하고, 굶주림과 기아 속에서 하루하루를 연명하며, 삶의 어떤 희망이나 목적도 없이, 의미 없는 몸짓만으로 살아가는 부평초 같은 존재들로 보였다. 그러므로 어쩌면, 계몽주의 시대를 거치고 산업혁명으로 문명화된 서구가 이 땅에 문명의 복음을 펼치는 것은 너무나 당연하게 보였을지도 모른다. 또는, 서구문명에 의한 이 땅의 개화(enlightenment)가 마치 문명인들의 의무처럼 보였을지도 모른다. 나아가, 스펜서의 사회진화론적 적자생존의 관점에서 보면, 이 땅의 원주민들은 진화되지 못한 종족들로서 도태되어 마땅한 사람들일지도 모른다. 그래서 그들은 자연의 선택(natural selection)을 받지 못한 종족들로서 문명인들의 노예가 되어 그들의 욕구대로 움직이고, 학대받고, 재산을 빼앗겨도 너무나 마땅한 사람들이었을 것이다.

그러나, 말로를 놀라 까무러치게 했던 것은 원시의 어둠을 뚫고 콩고강을 거슬러 오르는 그의 눈 앞에 펼쳐진 또 하나의 검디검은 칠흑의 어둠이었다. 마치 검은 점들처럼 흩어져 있는 유럽인들의 식민 거류지(居留地)에서 벌어지고 있는 고단하고 처절한 아귀다툼이 바로 그것이다. 식민 일선의 사람들 — 상아 채취를 위해 몰려든 사람들, 상사 주재원들, 상사 지배인들 — 그들의 삶은, 한편으로는, 배반과 위선과 음모, 공포와 위협과 치를 떠는 전율로 가득한 삶이었고, 다른 한편으로는 살인과 고문과 학대, 폭동과 전쟁으로 가득한 삶이었다. 그리고, 무엇보다, 그들의 삶은 탐욕으로 초래된 죽음으로 둘러싸인 삶이었다. 그들은 제국주의라는 삐뚤어진 이상(理想)에 빠져 한 시대의 영웅이 되고자 했던 어설픈 야심가들이었고, 동시에 그 그릇된 이상의 제물(祭物)이 되어 선험적으로 주어진 원초적 양심을 버린 채, 한편으로는 미개의 원주민들과 불온한 기후와 처절한 사투를 벌이고, 다른 한편으로는 식민사업에 뛰어든 사람들끼리 생존의 사투를 벌여야 했던 사람들이었다. 한마디로, 그들은 부패의 원흉인 식민의 현장에서 영혼이 찌들고, 육체가 허물어지는 고초를 겪어야 했던 불행한 사람들이었다.

원시의 어둠과 문명의 어둠이 혼란스럽게 뒤섞인 식민의 현장은 혼돈과 공포의 아비규환으로 뒤덮여 있었다. 콩고강변에 설치된 유럽 무역회사들의 주재소를 들릴 때마다, 그곳들에는 단 하나의 예외도 없이 극심한 비능률과 잔학행위가 독버섯처럼 퍼져 있었다. 원주민들은 과로와 착취와 학대로 형언할 수 없이 고통받고 있었고, 상아 채취 작업에 혈안이 된 유럽인들은 그들의 삶에는 어떤 관심도 내보이지 않는 냉담하고 장엄한 정글 속에서 이름 없이 죽어 가면서도 제국주의의 허망한 허상만을 쫓고 있었다. 그들에게는 차고 넘치는 경제적 가치를 지닌 상아가 곧 생명이자 삶의 전부였던 것이다.

> '상아'라는 말이 허공에 울리고, 속삭임과 한숨 속에 섞여 있었다. 아니, 그들이 그것에 대고 기도라는 걸 하는 듯했다. 모든 것들에 어리석은 탐욕의 냄새가 배어 있었다. 마치 시체에서 풍겨 나오는 역한 냄새 같은 무엇이었다. 정말이지, 이런 비현실적인 광경은 결코 본 적이 없어![53]

상아를 좇아 검은 대륙 아프리카로 온 사람들에게 상아는 단순히 코끼리의 이빨이 아니었다. 그것은 경제적 자유와 신분의 상승을 의미했으며, 피고용의 상태를 벗어나게 하는 도피로였다. 그러므로, 그것은 단순한 추구의 대상이 아니라 숭배의 대상이었고, 그것을 쫓다 죽는 일은 치욕이 아니라 영광이었다. 이 광신적 믿음으로 코끼리들은 죽어 갔고, 원주민들도 죽어 갔으며, 그리고 유럽의 백인들도 죽어 갔다. 정체불명의 시체들이 둔덕에 흩어져 있고, 상아를 채집하러 나간 한 무리의 사람들은 정글의 무거운 침묵에 묻혀 버리곤 했다. 원시의 어둠을 유린해 존재의 부조리한 한계상황을 만들어 내는 식민사업—그것이 탐욕과 잔인함으로 인간의 정신을 속속들이 썩어 문드러지게 하는 것이라면, 문명의 그 어둠은 시간을 초월해 존재하는 악의 원흉이 아니고 무엇일까? 그것은 멀쩡한 인간을 '반인격의' 동물의 반열로 격을 떨어뜨리는 비열한 사업이었던 것이다.

원시의 어둠과 문명의 어둠—어느 쪽이 더 어두운가? 야만의 광기를 지닌 아프리카 원주민들의 어둠과 이성의 광기로 문명의 어둠을 뿜어내는 유럽 문명인들의 어둠—어느 쪽이 더 어두운가? 커츠를 만나기까지 말로에게는 아직은 어떤 깨달음도 오지 않았었다. 말로가 이성의 광기에 의한 문명의 어둠이 더욱 끔찍하게 비인간적이라는 실존적 깨달음을 얻게 되는 것은 문명화된 야만인 커츠와의 만남에서였다. 자신의 자리에 위협을 느낀 아프리카 본부 총지배인의 훼방과 간헐적인 원주민들의 공격으로 말로와 커츠의 만남은 몇 달포나 지연되었다. 말로 일행이 마침내 커츠의 두메지부에 도착했을 때, 커츠는 소문대로 심신이 몹시 쇠약해 있었지만 원주민들 사이에서 그는 아직도 크나큰 우상이었고, 신처럼 숭앙되는 영웅이었다. 말로의 선원들이 커츠를 들것에 들고 나왔을 때, 한 떼의 원주민들이 몰려들지만, 그들은 커츠의 말에 순종해 곧 숲 속으로 사라진다. 유럽에서의 명성대로 그는 다방면에 재능이 있는 사람이었고, 특히 수단이 뛰어난 달변의 장사꾼이었다. 그는 보통 사람이 상상할 수 없는 불량한 수단(the unsound methods)을 써서, 보통 사람이 이룰 수 없는 휘황한 업적을 내고 있었다. 그는 상아를 얻기 위해서라면 수단과 방법을 가리지 않았고 어디라도 공격을 했다. 그는 원주민들을 증오했고 그들을 마치 동물처럼 다뤘다. 그리고 저항하는 원주민들에게 교훈을 주기 위해 그의 공격으로 죽은 원주민들의 수급들을 잘라 그의 울타리에 걸어 두었다. 커츠의 두메 지부에서는 규범과 질서와 생명의 에너지로서의 태양신 아폴로의 아름다운 이성의 흔적은 어느 곳에도 없었다. 여기에서 이성신 아폴로는 오직 탐욕의 화신이었고 식민 침탈과 억압의 전도사였다. 커츠가 바로 제국주의적 이데올로기로 무장함으로써 도덕적 초자아(superego)가 허물어진 어둠의 핵이었던 것이다. '야만인들을 모두 박멸하라!' 식민사업의 선봉장 커츠의 텅 빈(hollow) 윤리적 내면에서 터져 나온 무서운 말이다.

말로에게 이성의 빛이 작동하지 않는 아프리카 원주민들은 인간이 아닌 것처럼 보였다. 그렇다면, 지나치게 많은 문명의 빛으로 이성이 까맣게 타 버린 커츠는 그와 동종의 인간이었을까? 커츠의 숭배에 반쯤은 미친 러시아인이 말로에게 경고했었다. 그는 보통 사람이 아니니 보통 사람을 재는 것과 똑같은 도덕적 잣대로 그를 판단해서는 안 된다고. 그렇다면 도대체 불량하고 잔인한 수단을 써서 비범한 업적을 낸 커츠를 평가하는 잣대는 무엇이어야 하는가? 말로에게 던져진 실존적 숙제들이었다. 말로에게 커츠는 첫 눈에 그저 물욕을 채우기 위해 식민사업에 투신한 다른 유럽인들과는 다른 무엇을 지니고 있는 것 같았다. 천신만고 끝에 만난 문명화된 야만인 커츠—그는 말로의 눈에 자신이 갖지 못한 능력을 지닌 비범한 사람(a remarkable man)이었고, 어둠에 가린 자신의 눈을 뜨게 해 준 현인이었다. 지금은 심신이 소진되어 넋이 나간 얼간이(hollow man)가 되어 누워 있지만, 말로는 첫눈에 그가 평범한 사람으로 보이지 않았다.

> 이것이 바로 내가 커츠를 비범한 사람이라고 하는 이유이다. 나와는 달리 그는 해야 할 말을 가지고 있었다. 그리고, 그는 그 말을 했고, … 그것도 세상의 물리를 깨달아 "무서워!" 하고 아주 간결하게 표현했다. 그는 비범한 사람이었다.[54]

비록 잘못된 철학이었고, 잔인무도한 수단이었지만, 식민주의 신화를 바탕으로 해서 그는 세상을 자기만의 체계 속에 가지런히 갈무리해 놓았던 것이다. 말로와 함께 콩고강을 거슬러 내려갈 때 죽음을 직감한 커츠는 자신이 써 온 편지 뭉치와 '야만인들을 박멸하라!'(Exterminate the Savages!)는 말로 끝나는 식민 지부 운영지침을 말로에게 맡겼다. 그것은 단순한 운영지침이 아니라, 그가 속한 두메 지부를 하나로 묶어 수렴시키는 정연한 철학이었다.

말로가 커츠에게서 비범함을 느낀 것은 단순히 하나의 철학서 같은 운영지침 때문만이 아니었다. 죽음을 맞는 그의 처연한 자세에는 말로의 폐부를 깊이 찔러 아프게 해, 그가 사경(死境)에서 벗어나 유럽으로 귀환한 후에도 그의 뇌리와 기억을 맴돌며 떠나지 않았던 것이 하나 있었다. 말로 자신도 역시 죽음의 문턱까지 가 본 적이 있었지만, 그는 창피하게도 세상이라는 것에 대해 도대체 할 말이 없었다. 그에게 세상은 너무나 종잡을 수 없는 일 들로 가득 차 있었고, 너무나 심오해서 그 뜻을 말로 옮겨 놓을 수가 없는 무엇이었다. 그런데, 커츠는 죽음의 문턱에서 세상의 물리(物理)를 터득했고, 그것을 말로 표현하기까지 한 것이다. 그것을 "끔찍하다! 끔찍해!"(The horror! The horror!)라는 한마디로 요약하기까지 한 것이다.

> 무슨 심상을 가졌는지, 무슨 환각을 가졌는지, 그는 두 번이나 외쳤다. 외침이라기보다는 숨결이 담긴 한 번의 호흡이었다. "끔찍하다! 끔찍해!"[55]

비록 잡힐 듯 말 듯한 애매한 말이었지만, 그는 복잡하고 오묘한 삶을 판단했고, 그것을 깎아 다듬어 한마디로 요약한 것이다. 말로 자신과 같은 보통의 다른 유럽인들과는 달리, 커츠는 죽음에 임해 제국주의 이데올로기로 잃어버린 자신의 도덕적 자아를 찾아내, 그것의 검은 내면의 궁극을 들여다본 것이다. 자신의 검은 내면에서 문명의 이름으로 미화된 채 그곳에 도사리고 있는 서구인들의 사악하고 검은 이성의 본질을 발견한 것이다. 커츠는 소리쳤었다. "끔찍하다! 끔찍해!" 임종의 순간에 커츠는 아마도 서구문명의 어두운 뒷면에서 인간을 이리저리 부리는 눈알이 시뻘건 악귀를 보고, 그의 내면에서 숨죽이고 억눌려 있던 양심이 내어 지르는 소리를 들었는지 모를 일이다.

폭력범도 수전노도 호색한도 보았지만, 정말이지 인간을 부리는 놈들 이야말로 억세고, 욕심 사나우며 눈알이 시뻘건 악귀들이야.[56]

에덴의 서쪽: 아홉째 날에 창조된 지구촌이라는 세상

아홉째 날에, 신은 에덴의 동쪽에서 살아가는 인간들의 모습에 눈살을 찌푸리고 어떤 생각에 골똘했다. '에덴의 서쪽을 창조하고, 동과 서의 경계를 튼다면, 인류는 지금처럼 처절하게 자신 속에 갇혀 살지는 않으리라.' 그리고 신은 에덴의 서쪽을 창조하여 이교도들과 신을 알지 못해 선악을 구별하지 못하는 사람들을 그곳에 살게 한 후, 동과 서를 가르는 장막을 치우고 하늘과 땅과 바다에 길이 열리도록 했다. 그리고, 아담과 이브의 자식들을 불러 모아 다시 한 번 새로운 낙원의 기회를 주었다. "너희는 앞으로 빛을 쪼개 쓸 수 있는 놀라운 과학기술과, 온갖 말들을 섞어 소통할 수 있는 소통의 기술과, 번개처럼 여기 저기를 오갈 수 있는 교통의 수단과, 포스트모던의 문명에서 스며 나오는 새로운 권위와 막강한 힘을 갖게 될 것이다. 다만, 너희가 이러한 기술과 수단을 가지면, 세상은 빛의 속도로 빠르게 변할 것이고, 모든 권위는 한순간에 새로운 것으로 대체될 것이다. 그러므로, 너희가 이러한 기술과 수단을 지혜롭게 쓰지 못하면, 풍요와 기술과 힘과 권위의 역설에 말려, 때로는 그것들의 노예가 되어 순응(conformity)의 고통으로 살게 될 것이며, 때로는 타자(他者)들의 저항과 시샘에서 오는 강자의 고통으로 하루하루를 지옥의 삶으로 살아가게 될 것이다."

아담과 이브의 자식들은 다시 한 번의 자유의지로 풍요와 기술의 노예가 될 위험과 타자들의 저항이 불러올 공포의 위험을 무릅쓰고, 끊임없는 변화와 가없는 소통과 새로운 권위의 가능성이 있는 지구촌(the global world)에서의 삶을 선택했다. 그리곤, 아침에는 스위스제 알람시계 소리에 눈을 뜨고, 이집트산 목화실로 베트남에서 짠 티셔츠와 뉴질랜드산 양털을 수입해 중국의 방적공장에서 짠 털실로 한국의 제봉공장에서 만들어 낸 양모바지를 입고 출근을 하면서 하루를 시작한다. 그리곤, 독일산 벤츠가 붕붕거리며 달리는 번잡한 거리를 미국산 자동차를 타고 세계 제일의 전자업체가 만든 노트북에서 흘러나오는 팝송을 들으며 100여 개가 넘는 나라들에 지점을 두고 그들과 교역하는 어느 다국적 회사에 출근해 하루의 시간을 보낸다. 간간히 다양한 국적의 비행기를 타고 세계 여러 나라로 출장을 가거나 여행을 즐기며, 때로는 최첨단 무기들의 위용에 가위가 눌리기도 하고, 때로는 최첨단 기술로 전송된 스마트폰 영상에 빠져들기도 한다. 그의 모국어는 영어이지만, 사용하는 언어의 절반은 기타의 언어이고, 때로는 아프리카 오지의 어여쁜 아가씨와 메신저를 하기도 하고, 가상의 현실 속에서 에스키모의 생활을 체험하기도 하며, 자신의 생전에 있을지도 모를 우주여행을 꿈꾸며 일상을 보낸다.[57]

그렇다면, 에덴의 동쪽과 서쪽을 자유로이 왕래하며 살아가는 지구촌 사람들의 삶은 지옥의 삶일까, 아니면 낙원의 삶일까? 1912년 4월 15일에 있었던 타이타닉호(the Titanic)의 침몰을 소재로 한 시 「쌍둥이의 숙명적 조우(遭遇)」("The Convergence of the Twain")에서 토머스 하디(Thomas Hardy)는 현대문명의 운명을 은유적으로 다음과 같이 예언했었다. "인간이 호화여객선(현대문명)을 건조할 때, 신은 그 짝으로 거대한 얼음덩이(문명파괴자)를 동시에 예비했다." 혹시 이 시에서 하디가 그린 타이타닉호의 운명이 바로 포스트모던 시대 지구촌의 운명은 아닐까?

VI.
글쎄, 우주 만물을 흔들며 주관하는 거대한 의지는
물살 가르는 날개 달린
이 물건을 만들면서,
VII.
먼 훗날 그 배의 불길한 배우자감으로

무척이나 야하고 큰
얼음덩이 하나를 준비했었다.
VIII.
그래서, 그 배가 때를 벗고 색깔이 입혀져
당당하고 우아한 모습을 드러낼 때,
속절없이 먼 곳에서, 그 빙산도 점점 커져만 갔다.
IX.
정말 어울릴 것 같지 않았다. 인간의 눈으로는
도저히 알아챌 수가 없었다,
훗날 그들의 역사적 접합을,
X.
한 거대한 사건의 쌍둥이 반쪽들이
우연히 스치는 길목에서 만나 즉각 하나가 될 길을
열심히 찾고 있었다는 전조를,
XI.
세월을 잣는 신이 '지금이야!' 하고 소리칠 때까지.
둘은 따로따로 이 말을 듣는다,
그리고 숙명적 만남이 오고, 두 반구(半球)는 충격에 휩싸인다.[58]

오만과 허영심과 이기심에 고도의 기술이 덧입혀져 창조된 지구촌 시대 서구의 포스트모던 문명—그것은 어쩌면 얼음 바다를 항해하기 위해 건조된 북대서양 횡단 여객선 타이타닉호와 같은 운명을 가졌을지 모른다. 허영심과 오만으로 건조된 비극의 배 타이타닉호—그것은 첫 번째 항해에서 빙산과 충돌했고, 충돌 세 시간 만에 완전히 침몰했다. 방수용 격벽이나 방수문들은 예측의 한계를 넘어서는 자연의 힘 앞에서 무용지물이었다. 출항 당시 승선 인원은 2,223명이었지만, 구명정을 타고 있다가 구조된 사람은 710명에 불과했다. 2/3가 넘는 1,514명이 익사한 것이다. 지금 인류가 만들어 가는 지구촌이라는 숙명의 배는 어떤 운명이 예비해 놓은 얼음 바다 위를 항해하고 있는 것은 아닐까? 그리고, 지구촌이라는 배 위에서 살아가고 있는 수십 억의 지구인들은 눈앞에 다가오고 있는 빙산과 배의 숙명적 조우를 상상도 못한 채, 순간순간의 희로애락에 젖어 살고 있는 것은 아닐까?

수니 레빈 연구소(SUNY Levin Institute)에 의하면, 세계화, 즉 지구촌화란 2차 세계대전 후 세계 여러 나라들이 자유시장 경제체제를 경제운용의 근간으로 받아들여 국가와 국가 사이에 인위적으로 처져 있던 무역과 금융의 장벽을 없앰으로써, 이 흐름에 동참하는 나라들이 생산 잠재력을 키우고 국제무역과 국가 간 투자의 기회를 현저히 넓혀 간 세계경제의 흐름이다.[59] 세계화의 과정에 여러 가지 형태의 협상과 조약으로 상품과 서비스의 국가 간 교역이 놀랄 만큼 증대되었고 다국적 기업의 역외 투자도 놀라운 규모로 팽창되었다. 세계화로 인해 외국 시장에서 새로운 기회를 맞게 된 수많은 기업들이 제3국에서 생산과 교역의 파트너를 찾고, 그곳에 공장을 증설하여 생산을 늘리거나 수송의 효율성을 높임으로써, 욕망은 무한하지만, 충족의 수단은 유한하다는 희소성의 원리(the principles of scarcity)에 지배되는 세계경제의 어려움을 상당 부분 해소시킨 것도 또한 사실이다.

물론, 국경을 넘나드는 문화와 경제의 교류가 어제오늘의 일은 아니었다. 중앙아시아를 가로지르는 실크로드(Silk Road)의 존재는 중세시대에 이미 중국과 유럽의 교역이 활발했음을 증명한다. 사실, 현대의 세계화의 흐름은 2차 세계대전 이전에 있었던 흐름과 교역의 방식이나 형식에 있어서 큰 차이가 있는 것은 아니다. 그 이전에도 상인들은 돈을 벌기 위해서 상품에 투자하고, 교역 상대방을 찾아 거래를 했으며, 국경을 넘나들며 공급과 수요를 창출해 왔기 때문이다. 그러나, 포스트모던 시대의 세계화는 자유주의적 시장경제라는 경제이념을 바탕으로 한 경제정책에 기반을 두고 있다는 점과, 고도로 발달한 기술문명에 의해 구현되고 있다는 점에서 이전의 세계화와는 판이하게 다르다. 교역과 투자와 사람과 물자의 이동이 상상을 초월하는 규모로 이루어짐으로써, 토머스 프리드먼(Thomas Friedman)이 외쳤듯이, 오늘날의 세계화는 "점점 멀리, 점점 빨리, 점점 적은 비용으로, 점점 깊은 수준으로"[60] 진행되게 된 것이다.

자유주의적 시장경제의 이념은 서구의 근대국가 형성기에 가장 위대한 경제학자였던 애덤 스미스의 손에서 태어났다. 그의 명저 『국부론』에서 스미스는 각각의 경제주체들이 국가의 간섭 없이 각자의 이기심에 따라 거래를 할 때, 시장이라는 '보이지 않는 손'에 의해 수요와 공급이 효율적으로 자동 조절되어 국부가 증진된다고 다음과 같이 주장했다.

> 사람들은 거의 언제나 이웃 사람들의 도움을 필요로 하면서 살아간다. 그러나, 이웃 사람들이 자비심 때문에 그를 도우리라는 생각은 어림없는 일이다. 상대방의 자기-사랑의 마음을 자극해서 그들이 그를 돕는 것이 그들 자신의 이익을 위하는 일임을 보여 줄 때, 그의 도움을 얻어 낼 확률이 훨씬 높아지기 때문이다. 거래를 제안하는 사람은 누구나 그렇게 한다. "내가 원하는 것을 주시오. 그러면 당신은 당신이 원하는 것을 얻을 것이오." 이것이 우리가 어떤 필요를 가졌을 때, 상대방으로부터 필요한 것을 얻어 내는 방식이다. 생각해 보라. 우리가 저녁상을 차릴 수 있게 되는 것은 푸줏간 주인이나 양조장 주인이나 빵가게 주인이 우리에게 자비를 베풀기 때문이 아니라, 우리가 그들로 하여금 그들의 이익을 취할 수 있도록 해 주기 때문인 것이다. … 거지가 아니라면 어느 누구도 동료 시민들의 자비에 의존해서 살아가는 사람은 없다. 심지어 거지도 전적으로 그렇게 하지는 않는다.
>
> … 사람들은 누구나 자신의 이익만을 생각한다. 다른 많은 경우에 있어서와 마찬가지로, 이 경우에도 어느 개인은 [시장이라는] 보이지 않는 손에 이끌려, 자신이 전혀 의도하지 않았던 [공동체 사랑이라는] 목적을 달성하게 한다.[61]

여기에서 '보이지 않는 손'이란 시장의 자율기능에 대한 은유로서, 자유방임적 시장에서 시장이 자율기능에 따라 움직일 때, 각각의 경제주체는 그가 사회를 이롭게 하려는 어떤 의도를 가지고 있지 않더라도, 자기-사랑의 정신에 따른 그의 행위가 자신도 모르는 사이에 사회를 이롭게 하게 된다는 것을 의미한다.

애덤 스미스의 자기-사랑과 공동체-사랑은 같은 것이라는 성선설에 바탕을 둔 자유방임적 시장주의는 그를 따르는 고전주의 경제학자들의 경제 자유주의의 기초가 되었고, 이를 바탕으로 한 고전적 의미의 자유시장 경제체제를 중심으로 한 산업자본주의는 산업혁명을 통해 인류역사상 최대의 생산력을 발휘하게 된다. 그러나, 1929년 미국에서 일어난 대공황(Great Depression)은 시장이라는 보이지 않는 손이 해결하지 못하는 실업이나 인플레이션과 같은 경제적 난제(難題)들을 노정(路程)했다. 이에 존 메이너드 케인스(John Maynard Keynes)는 시장에 대한 일정 정도의 국가 개입을 허용함으로써 국가가 경제에 영향력을 행사하도록 하는 수정자유주의로 경제적 자유주의에 수정을 가함으로써, 경제적 자유주의로 인한 시장경제의 실패를 극복하고자 했다.[62] 물론 소련과 같은 사회주의 국가에서의 시장에 대한 통제와는 비교가 되지 않겠지만, 냉전시대에 접어들어, 시장이 이념은 다르지만 권력의 속성은 같은 전체주의 권력에 의해 조종되면서, 시장에 대한 국가의 통제도 얼마만큼 증대되었다. 그러나, 국가의 개입으로 빚어지는 시장의 비효율성이 표면화되자, 1980년대에 들어 근대 초기의 자유주의 경제사상이 다시 주목받게 되었고, 시장에 대한 최소한의 통제와 최대한의 시장자율에 의한 경제 운용을 골자로 하는 신자유주의(Neo-Liberalism)가 힘을 얻게 되었다. 18세기 합리주의 경제학자들의 손에서 배태된 성선설에 기초한 자유방임적 시장주의가 옷을 갈아입고 새로이 빛을 보게 된 것이다.

포스트모던 시대의 지구촌 문명이 한편으로는 자유방임적 시장주의 이념에 바탕을 두고 발달한 것이라면, 다른 한편으로는 이 시대에 와서 고도로 발달한 기술문명에 의해 구현된 것이다. 20세기 후반에 급속도로 발달하기 시작한 교통과 통신 기술의 발달과 더불어 이룩된 영상기술의 발달은 포스트모던의 세계를 이전의 세계와는 판이하게 바꾸어 놓았고, 교역과 투자와 물자의 이동을 상상을 초월하는 속도와 규모로 이루어지게 했다. 그리하여, 세계화에 참여하는 지구촌인들의 삶을 공상과학영화 속의 장면 장면들처럼 극적으로 바꾸어 놓았다. 그것으로 선진국은 말할 것도 없고 후진국도 경제적 번영을 누릴 수 있게 되었으며, 후진국 국민들의 생활 수준도 놀랄 만큼 높아진 것은 부정할 수 없는 사실이다. 그들도 기독교적 계율에 따라 생활하는 법을 배우고, 민주주의의 가치에 대해 교육받으며, 커피를 마시며 휴식시간을 즐기고, 위생시설이 갖춰진 병원에서 예방적 차원의 검진을 받을 수도 있게 되었다. 그리고, 좀 더 유식하고, 좀 더 경제적 여유가 있다면, 그들 중 얼마만큼의 사람들은 인터넷으로 세계경제의 추이를 살피며, 세계 여러 나라의 주식시장을 기웃거릴 수도 있게 되었다.

그렇다면, 2차 세계대전 이후의 기술혁명 — 특히 통신혁명 — 으로 더욱 멀리, 그리고 더욱 깊이 진행된 세계화에 대하여, 때로는 개인적 차원에서, 때로는 집단적 차원에서, 때로는 국가적 차원에서 크고 작은 규모의 거센 저항이 끊이지 않는 것은 무엇 때문일까? 물론 세계화의 과정에서 강대국의 다국적 기업들이 각국 정부의 간섭 없이 자유로이 운영하는 국제적 규모의 시장을 만들고, 약소국의 기업과 문화와 국민들의 정신과 노동을 제물로 해서 큰 이익을 창출함으로써 그들만의 부(富)를 증진시켜 왔다는 데에서 하나의 원인을 찾을 수 있을 것이다. 2001년 9월 11일 항공기 납치 동시다발 자살테러로 미국 뉴욕의 110층짜리 세계무역센터(WTC) 쌍둥이 빌딩이 무너지고, 워싱턴 D. C.의 미국 국방부 펜타곤이 공격을 받았을 때, 조지 부시(George Bush) 당시 미국 대통령은 이슬람인들의 미국에 대한 적대적 행위에 대하여 다음과 같은 중대한 질문을 했었다. "그들은 왜 우리를 미워하는 것일까? 이렇게 잘해 주는데."[63] 그리고, 저명한 문화비평가 노엄 촘스키(Noam Chomsky)는 어느 강연에서 부시의 물음에 대하여 이렇게 대답했다.

『월스트리트 저널』이 은행가, 변호사, 미국 다국적 기업의 지점장 등 부유한 이슬람인들의 의견을 조사한 적이 있습니다. 미국의 정책으로 많은 혜택을 입었던 이들의 견해는 놀랍게도 반미적인 것으로 드러났습니다. 미국이 부패하고 타락한 정부를 지원하면서 민주적이고 독립적인 개발을 저지해 왔다는 것이지요. 또한 그들은 우리가 잊고 싶어 하는 또 하나의 사실을 기억하고 있습니다. 사담 후세인이 만행을 저지르고 있을 때 미국과 영국은 그를 지원했고, 대량살상무기 개발을 도왔으며, 그가 쿠르드족을 독가스로 학살할 때에도 그들은 막지 않았다는 것이지요. 요약하면, 중동 사람들이 미국을 미워하는 데에는 충분한 이유가 있습니다. 미국이 현상유지에 급급해 민주화를 방해하고 타락한 정부를 지원함으로써 에너지 자원을 통제하고 있다는 사실을 그들이 깨달은 것입니다. 뿐만 아니라, 그들은 왜 자기 나라의 부가 자기들에게 돌아오지 않고 서방과 그에 협력하는 부유한 이슬람들에게로만 흘러 들어가는지 이해할 수 없었기 때문에 평범한 사람들 마음속에조차도 뿌리 깊은 미움이 자라난 것입니다.[64]

부시 대통령의 물음과 촘스키의 대답에서 드러나는 한 가지 분명한 사실은, 현대적 의미의 세계화 또는 지구촌화는 애덤 스미스가 생각했던 것과는 달리, 자기-사랑 정신의 발로에 의해 자연발생적으로 생겨난 경제현상이 아니라는 것이다. 그것은 표면적으로는 자유주의적 시장주의를 표방하고 있지만, 사실은 자기-사랑이라는 보이지 않는 손 외에 미국이나 소련과 같은 강대국들의 안보나 영향력의 증대를 위해 움직이는 또 하나의 보이지 않는 손에 의해 조종되는 파렴치하고 무도덕한 경제현상이었다.

2차 세계대전 직후 냉전시대에는 군사력의 발동이나, 물질적 원조나, 기간산업의 개발과 같은 물리적 권력의 형태로 세계화의 흐름이 만들어졌고, 강대국들은 세계 곳곳에 꼭두각시 정권을 세우고, 그들의 힘과 영향력을 유지했다. 경질의 권력(hard power), 즉 물리적 권력에 의한 세계화는, 물론, 마치 제국주의 국가가 자신의 이익을 위하여 피식민국가의 경제개발을 도울 때처럼, 그 영향하에 있는 제3국의 경제발전에도 얼마만큼은 도움이 되었다. 그러나 문제는 강대국들이 자신들의 입맛에 맞는 정권을 세우면서 그 나라 정치 엘리트들의 영혼을 타락시켰고, 그들의 타락은 제 차례가 되어 피식민 사회의 구석구석까지를 오염시켰다는 것이다. 이곳에서 행해지는 모든 경제행위는 협박과 뇌물과 사기로 점철되어 있었고, 삶의 터전은 그 어느 때보다 황량해졌으며, 뇌물 게임을 할 수 없는 사람들이 직업인으로서 설 자리는 없게 되었다. 그렇다면, 자기-사랑이라는 순수의 가치가 자기만의 사랑이라는 파괴적 가치로 타락하여 영혼과 육체가 더러움으로 오염된 지구촌은 과연 살아 줄 만한 가치가 있는 곳일까? 이 물음은 이 시대 강대국들의 영향하에서 신음하고 있던 나라들이 함께 짊어지게 된 실존적 문제였고, 문명화된 야만에 맞서 순수한 영혼을 지키기 위한 파괴자들의 파괴(the destruction of the destroyers)는 불가피한 선택이었다.

이해 당사자들 간의 상호의존(interdependence)과 상호결합(interconnectedness), 그리고 그로 인한 문화적 다양성과 발전 목표의 성취 등의 가치를 추구하는 세계화가 강대국들의 영향하에 놓인 약소 국가들의 영혼에 증오의 불길이 타오르게 한 것은 단순히 강대국들의 자본주의적 착취에 대한 그들의 깨달음과 분노 때문만은 아니었다. 세계화가 진행되면서, 피지배국가들의 국민들도 지구촌인으로 살아가기 위해 그들이 무엇을 잃어버리게 되었는가에 대한 보다 진지한 비평적 시야를 갖게 되었고, 그들이 잃어버린 것이 단순히 물질이 아니라 인간을 인간이게 하는 근본적인 가치로서의 순수(innocence), 즉 자아에 대한 온전한 사랑임을 자각하게 된 것이다. 그들에게, 세계화란 단순히 사람과 자본과 산업이 옮겨 다니는 공간의 재조직(spatial reorganization)이 아니라, 영혼 속에서 다른 모든 가치들을 생성해 삶을 역동적으로 움직이게 하는 순수의 죽임이었다. 그리고, 이러한 순수의 죽임은 애덤 스미스의 자기-사랑을 통한 공동체 사랑이라는 자유주의적 시장경제의 이념 속에 이미 배태되어 있었다. 자기-사랑, 즉 이기심(self-interest/self-love)은 그것이 자기만의 사랑이 될 때 선으로서의 가치를 상실하고, 악으로서의 가치만을 갖게 되기 때문이다.

물론 인간의 이기심은, 애덤 스미스가 생각했듯이, 고결한 영혼의 정수일 수도 있다. 만약 인간에게 자신에 대한 사랑이 없다면, 그의 삶에는 열정이 없을 것이고, 그러므로 그의 삶은 불꽃으로 타오르지 않을 것이기 때문이다. 만약 자기-사랑의 열정이 없었다면, 19세기의 산업혁명도 없었을 것이며, 그랬었다면 인류의 오랜 염원이었던 가난으로부터의 해방도 실현될 수 없었을 것이다. 그리고, 그것으로 인류는 지금 그들이 소망하는 바를 이루어 가고 있다. 그렇지만, 인간의 자아에 대한 사랑이 인간의 행복방정식에서 절대적 대답이 될 수 없다는 것은 너무나 자명하다. 왜냐하면, 인간의 자아에 대한 사랑은 그것이 가진 천성으로 해서 쉽게 자기만의 사랑(selfishness)으로 변질될 수 있기 때문이고, 그때 그것은 세상의 무엇으로도 감당할 수 없는 악(vice)으로 변질되기 때문이다.

실존주의적 관점에서 볼 때, 자기만의 사랑으로 변질된 자기-사랑은 쉽게 인간성에 내재한 지성(intellect)을 유린하여 타락하게 하고, 순수(innocence)를 암살하여 사회로부터 추방하며, 인간성 속에 시원적(始原的)으로 잠재해 있는 폭력성 — 융(Carl G. Jung)이 '그림자'(shadow)라고 불렀던 시원적 폭력성65 — 이 표층으로 올라와 폭발하도록 유도할 수 있기 때문이다. 그러므로, 자기 사랑이 고결한 영혼의 진정한 정수가 되기 위해서는 그것이 자기만의 사랑이 되지 않도록 끊임없는 자기 감찰과 자기 계도가 필요하다. 물론 자기 사랑의 가치를 경제이론에 접목한 애덤 스미스도 이 점을 간과했던 것은 아니었으며, 그는 이 부분을 경계하며 자기에 대한 사랑은 올바른 자기-사랑(right self-interest)이 되어야 한다는 전제조건을 제시했었다. 그러나, 지구촌화가 점점 가파른 속도로 진행되는 현재, 신자유주의에 바탕을 둔 자유주의 시장경제의 이념에는 스미스가 천명했던 올바른 자기-사랑의 가치 — 즉, 자기 사랑이 곧 공동체-사랑이 되는 자기-사랑의 가치 — 가 전혀 배어 있지 않다는 것이 문제의 핵심이다.

가나의 소설가 아이 크웨이 아르마(Ayi Kwei Armah)는 자신의 소설 『아름다운 것들은 아직 태어나지 않았다』(*The Beautiful Ones are not yet Born*)에서 '인간의 이기심은 왜 인간의 지성을 제물로 하는가?'라는 실존적 문제를 던지며, 냉전시대 한 천재 지도자의 타락이 한 민족의 열망을 어떻게 사산(死産)에 이르게 했는지에 대해 생각하고 한탄한다.[66] 가나가 독립을 얻은 지 몇 년 지나지 않은 1968년에 쓰인 이 소설의 주인공은 정체성이 주어지지 않은 이름 없는 '그 사람'(the man)이다. 그는 도덕과 윤리의 무차별적 타락으로 뇌물이 횡행하는 초기 독립국가의 지성인들이 사회주의 국가이면서도 자본주의를 빰치는 물질적 타락에 빠져 있는 어두운 현실을 바라보며, 인간의 자기 사랑이 자기만의 사랑으로 타락하지 않고 고결한 가치를 지키는 것이 가능한가의 문제를 놓고 고뇌에 고뇌를 거듭한다. 소설의 플롯은 가나 독립 후 첫 대통령이 부정과 부패로 하야하게 되는 1965년의 성스러운 일주일(the Passion Week)과 하야 다음 날인 2월 25일 사이에 일어난 일들로 구성된다. 만연한 부정과 부패의 늪에서 이름 없는 주인공 '그 사람'은 자신이 과연 부정과 부패의 이 깊은 소(沼)에서 빠져나와 자신의 '순수'를 지킬 수 있을지 수없이 곱씹고 수없이 고뇌한다.

이집트어로 '아름다운 것'을 뜻하는 'Wn Nefer'는 진취적 정신을 수호하는 민족혼에 대한 이름이다. 그러므로 이 소설의 제목 "아름다운 것들은 아직 태어나지 않았다"는 추악한 것들이 죽지 않았기 때문에 아직은 진취적 민족 정신이 살아날 수 없다는 뜻이다. 이 소설에서 타락한 정치 지도자 쿰슨(Koomson)은 인간적 순수를 잃지 않으려는 실존적 고뇌를 가진 주인공 '그 사람'의 성격을 잘 드러내 돋보이게 하는 포일(foil)이다. 그는 좌절된 희망으로 절망하는 필부필부들의 영혼을 갉아먹는, 그리하여 독립으로 약속된 아프리카인들의 전도를 어둡게 하는 추악한 지성인으로서, 자기 사랑을 자기만의 사랑으로 타락시킨 탐욕의 원흉이다.

독립 후의 가나도 독립 전의 가나와 마찬가지로 여전히 이기심에 빠진 정치 엘리트들의 탐욕으로 피를 흘리고 있다. 자국 국민의 고혈로 자신들만의 배를 불리는 가나의 지성인들—민주주의와 자유주의를 기치로 가나의 독립을 쟁취했던 그들은 그들의 자손들을 노예시장에 내놓았던 그들의 선조들과 무엇이 다른가? 지금 아프리카에서 눈길이 닿은 곳은 어디나 정치 엘리트들의 무리들이 펼쳐 놓은 탐욕과 무절제의 흔적들—아무 데나 패대기쳐진 배설물들, 마구 뱉어 놓은 침들, 어디에나 널부러진 쓰레기들, 마구 휘갈겨 댄 낙서들—로 가득하다. 오직 가끔씩 내비치는 자연의 모습들만이 인간의 손길이 닿지 않아 아직은 깨끗함을 유지하고 있는 유일한 공간들이다.

> 모래사장이 무척이나 아름답게 보였다. 밤빛에 반짝이는 수많은 작은 모래알들—보는 이로 하여금 어린 시절의 감성으로 돌아가게 해 '무한한 무엇'에 대한 느낌을 갖게 했다. 존재 속에서 자신은 아무것도 아니라는 겸손한 마음을 갖게 했다.[67]

소설의 이야기는 번뜩이는 지성으로 일찍 뇌물수수에 눈을 떠 사회적 성공을 이룬 천재 지성인 쿰슨이 역무원으로 일하는 주인공 '그 사람'의 부인 오요(Oyo)를 꼬여 '그 사람'으로 하여금 자신의 부정한 거래에 말려들도록 할 때까지 아주 느리게 진행된다. 더러움과 뇌물에의 유혹으로 점철된 '그 사람'의 일상이 지루한 반복을 그리면서, 그 유혹을 뿌리치고 고결한 영혼을 지킨다는 것이 얼마나 힘든 일인가를 보여 주는 것이다. 그러나, 좀 더 여유로운 생활을 원하는 가족들의 바람은 그의 마음을 붙잡아 두지 못한다. 사회주의 사회에서는 공직자가 사치품을 소유할 수 없었기 때문에, 쿰슨은 얼마간의 대가를 약속하고 오요와 그녀의 어머니를 대리인으로 호화 요트를 살 수 있게 도와달라고 '그 사람'에게 요청을 한다. '그 사람'은 그와 그의 가족들이 그 요트를 단 한 번도 타 볼 수 없음을 알고 있지만, 아내의 애절한 바람을 이기지 못해 그 거래를 도와준다. 그러나 곧 자본주의 혁명이 일어나고 쿰슨이 쫓기는 신세가 되었을 때, '그 사람'은 그때에도 쿰슨의 도피를 돕는다. 똑같이 '이름 없는' 그의 스승이 '그 사람'으로 하여금 '순수'를 지키며 살도록 힘을 북돋아 준 것이다.

서양 현대문명의 껍질이 얼마나 얇고 천박한가, 그리고 그 해악은 얼마나 끔찍한가를 보여 주는 소설 『아름다운 것들은 아직 태어나지 않았다』에는 근대화의 미몽에 대한 제3세계의 깊은 통찰과, 세계화의 과정을 거쳐 그들의 세계로 침투해 들어온 현대문명의 분열된 정신에 대한 혜안(慧眼)이 들어 있다. 그리고, 그들이 왜 그 문명에 저항해야 하는지에 대한 비상한 각성과 저항의 불가능성에 대한 깊은 고뇌가 서려 있다. 가치 있는 전통이라면, 어떤 전통도 순수를 지향하면서 자기 사랑의 가치를 실현하게 하는 고결한 정신이 배어 있게 마련이다. 그렇지만, '자기만의 이기심'으로 경제적 이익을 추구하는 강대국의 자본주의가 전통적인 순수와 자기 사랑의 가치를 공격해 올 때, 그때에도 그것은 지켜질 수 있을까? 물론, 소설의 주인공 '그 사람'처럼, 끝없이 반복되는 유혹 앞에서도 무너지지 않고 인간성의 연약함을 정신의 강인함으로 극복하기 위해 각고의 노력을 기울일 수는 있다. 그러나, 쿰슨이 대변하는 쾌락을 추구하고 능력을 과시하는 문화가 압도할 때에도 자기 사랑의 진정한 정신은 지켜질 수 있을까? 그의 소설에서 아르마는 끊임없이 주문을 외운다.

> 우리는 아직도 우리 자신을 강하게 해서 소위 '지속 가능한 발전'을 이룩하기 위해 무언가를 할 수 있다.[68]

작가는 "아름다운 것들은 아직 태어나지 않았다. 추악한 것들이 죽음을 거부하기 때문이다"라고 말한다. 그렇다면, 추악한 것들이 계속해서 죽음을 거부한다면, 아름다운 것들이 태어나게 하기 위해 무엇을 해야 하는

가? 계속해서 작가는 외친다. "혼자서는 나는 아무것도 아니다. … 우리는 힘을 가지고 있다. 그러나 우리는 그 사실을 모른다. 그 힘이 작동하도록 우리가 함께 힘을 모을 때까지는 우리는 그 사실을 결코 알지 못할 것이다."[69] 그리고, 독자들에게 부정을 혐오할 것을 요구한다. 이어서, 그는 파괴자들을 파괴하는 것만이 한 발짝이라도 앞으로 나아갈 수 있는 유일한 길임을 다음과 같이 천명한다.

> 삶에 헌신해 온 사람들이라면 삶을 창조하는 것과 삶의 파괴자들을 파괴하는 것 사이에는 아무런 차이가 없다는 사실을 알게 될 것이다. 아니, 꼭 필요하고 도저히 뗄 수 없는 관계가 있다는 것을 알게 될 것이다. 파괴자들의 파괴를 위해 앞으로 나아가지 않는다면, 어떤 선(good)도 창조될 수 없다는 것을 말이다.[70]

작가 아르마는 그들의 가슴 속에 숨어 살고 있는 선험적인 '반문명인'(反文明人)—즉, 융의 이론에 등장하는 '그림자'(Shadow)로서 문명의 위협에 대하여 원시적 폭력으로 대응하는 폭력적인 원시인—을 되살려 냄으로써 그들을 속박하고 있는 문명을 뒤집어 엎어 주기를 요구하고 있는 것이다. 그에겐 새로운 삶의 창조와 파괴자의 파괴는 둘이 아니라 하나이다. 그에게 필요한 것은 타락한 천재들의 천재성이 아니라 진취적 정신이 살아 있는 이름 없는 '그 사람'들의 아름다운 도전 정신인 것이다.

타락한 지성이 지배하는 세계에서 순수의 아름다움은 살아남을 수 있을까? 이 물음은 강대국들의 이기심으로 작동하는 세계화라는 새로운 문명 현상에 휩쓸리게 된 제3세계 사람들, 이슬람인들, 그리고, 뒤늦게 개발도상국으로 합류한 아시아 여러 나라 사람들이 피할 수 없었던 실존적 질문이었다. 그렇다면, 포스트모던의 시대 세계화의 물결에 휩쓸려, 그것을 탐닉하며 살아가는 보편적인 지구인들—그들을 휘감고 있는 섬뜩한 불안과 공포의 실체는 무엇일까? 제3세계의 사람들에게는 강대국들의 패륜적 공격으로 그들의 자아 사랑의 가치가 자기만의 사랑으로 변질된 것이 문제였다. 그렇다면, 세계화 시대 지구촌 사람들이 보편적으로 당면한 불안과 공포는 어떤 다른 색깔의 실존적 문제로부터 생겨난 것일까? 경제적 신자유주의를 기반으로 하는 고삐 풀린 산업자본주의가 윤리와 도덕의 눈과 코와 입을 모두 막아 버리고 오직 물질적 이익만을 추구하도록 함으로써, 자기 사랑의 가치 자체를 인간성에서 지워 버렸다면, 그것은 그들에게 "참을 수 없는 존재의 가벼움"이 아니었을까? 냉전시대의 세계화가 제3세계 사람들에게 던진 실존적 문제가 순수라는 가치의 변질이었다면, 포스트모던 시대 세계화가 던진 인류보편의 실존적 문제는 순수라는 가치의 사라짐이 될 것이다.

퓰리처상 수상자인 허버트 스워프(Herbert B. Swope)가 2차 세계대전 이후에 재편된 세계질서에 대하여 1947년 '냉전'(Cold War)이라는 이름을 붙인 후, 냉전시대는 동구에 이어 소련연방이 무너진 1991년까지 지속되었다. 이 기간 동안에 세계는 미국의 자본주의 이념과 소련의 공산주의 이념을 따르는 나라들이 둘로 갈라져 대립하고 갈등하면서 무수한 내전과 무자비한 테러로 세계사를 얼룩지게 했다. 노벨 문학상 수상작가 윌리엄 골딩(William Golding)이 그의 소설 『파리대왕』(*The Lord of the Flies*)에서 시사하고 있듯이, 20세기는 "인류 역사상 가장 폭력적인 세기"였고,[71] 냉전의 시대는 전쟁 이상의 전쟁으로 그 이름을 장식했다. 한국전쟁, 베를린 장벽 축조, 쿠바 위기, 베트남 전쟁, 제3세계에서 있었던 크고 작은 대리 전쟁들에서 1989-1991년의 동구권과 소련연방의 붕괴에 이르는 냉전의 궤적은 이 전쟁에 참여한 나라들의 정치와 문화는 물론 그들의 일상을 송두리째 바꾸어 놓았고, 그것으로 세계 문명의 지형도가 완전히 바뀌게 되었다. 그리고, 냉전의 파도는 역사상 유례가 없는 무서운 파괴력을 지닌 채, 양 진영 사람들의 발과 입을 묶어 놓았고, 사상과 행동의 자유를 빼앗아 갔다.

1991년 소련연방의 해체와 함께 냉전은 적어도 선언적으로는 종식되었다. 그러나, 물리적 힘으로 문명의 지형도를 바꾸어 왔던 냉전의 시대가 끝났다고 해서 갈등이 끝난 것은 아니었다. 그것은 더욱 파괴적인 '무형의 힘'으로 포스트모던 시대 사람들의 삶 속에 침투해 들어와, 그들이 맞은 새로운 문명을 어떻게 안고 살아가야 하는가에 대한 보다 실존적 문제를 그들에게 던져 주었다. 냉전의 종식은 미국 주도의 자본주의를 바탕으로 세계질서가 재편되게 되었다는 것을 뜻했고, 따라서 세계화가 새로운 국면에 진입하게 되었음을 뜻했다. 그것은 또한, 인간의 정신을 지배하는 힘이 총과 칼의 물리적 힘으로부터 경제나 문화와 같은 무형의 '유연한 힘'으로 바뀌었음을 의미했다. 역사학자 존 개디스(John L. Gaddis)는 그의 책 『냉전: 하나의 새로운 역사』(*The Cold War: A New History*)에서 냉전은 "우리들의 시대에 모양을 준 역사의 합(合)"[72]이라고 말했는데, 다국적 기업들이 국경을 넘나들며 생산해 내는 경제력과 인터넷이나 대중매체가 만들어 내는 전대미문의 문명의 힘이야말로 우리 시대에 모양을 주는 역사의 합인 것이다.

1980년대 이후, 기술혁명과 교통·통신혁명을 등에 업고 미국이 신자유주의를 기치로 하여 주도해 온 세계화가 세계문명의 지형도를 놀랍게 바꾸어 놓았다는 데에는 한 치의 이견이 있을 수 없을 것이다. 그것은 지구촌을 더욱 빠르고, 더욱 가깝고, 더욱 상호의존적이고, 더욱 소밀하게 연결된, 더욱 풍요롭고 더욱 여흥이 많은 공간으로 만들어 놓았다. 또한, 세계화는 국경 너머까지 삶의 공간을 넓히고 재조직하여 자본과 노동과 상품과 사상이 자유롭게 이동하게 했고, 심지어는 인간의 욕망까지도 거래가 가능한 전 지구적 유통망을 구축해 결혼의 무대도 지구촌 전역으로 넓혀 놓았다. 특히, 21세기에 급속도로 발달한 인터넷은 지구촌 전역을 하나의 통신공간으로 묶어 하나의 상품시장으로 만들었으며, 지구촌에서 생겨나는 온갖 뉴스와 정보를 전 세계가 순식간에 공유할 수 있도록 했다. 그것으로 지구촌에 사는 사람들의 생활은 말할 수 없이 다채로워졌고, 수많은 사람들이 쉽고 편하게, 그리고 한꺼번에 다양한 정보를 교환할 수 있게 되었다.

그러나, 다른 한편으로, 지구촌의 시민이 된다는 것은 절망과 좌절이 가득한 역설의 공간에 사는 것이기도 했다. 무엇보다 그곳에는 삶의 구심점이 되는 정부가 없고, 그러므로 일사불란한 통치행위도 없으며, 행동에 질서를 주는 규준과 모범의 도덕과 윤리도 없다. 또한 그곳은 정통의 전통문화가 사라지는 공간이고, 거대 다국적 기업의 등쌀에 소시민들이 굴종의 삶을 살아야 하는 공간이며, 익명으로 존재하는 거대 통신조직들의 유-무형의 선전과 광고와 기사들로 사람들의 무의식이 유린되어 인공적 욕망을 지닌 인공자아(the artificial self)가 만들어지고, 그 때문에 자연상태의 욕망과 자기 사랑의 의지를 가진 자연자아(the natural self)가 삶 속에서 죽어 가는 공간이다.

키르케고르나 니체와 같은 실존주의자들은 힘 있고 풍만한 삶을 살아가기 위해서 우리 모두가 진정한 자아(the authentic self)를 가진 자신의 사람이 되어야 한다고 충고한다.[73] 그리고, 어느 누구의 생각에도 휘둘리지 않고, 가혹하리만큼 엄중하게 자신이 믿고, 느끼고, 원하는 것을 생각하라고 요구한다. 그러나, 지금 지구촌의 시민들 중에 그들의 요구에 부응할 수 있는 사람이 얼마나 될까? 많은 사람들이 자신들도 모르는 사이에 자신이 믿고, 느끼고, 원하는 것을 생각하는 자연적 자아를 잃어버리고, 어떤 정체성도 없이 방황하는 몰락의 삶을 살아가고 있는 것은 아닐까? 그리하여, 신문이, 잡지가, TV에 나오는 광고가, 또는 또래들이나 선배들이 해 주는 말들이, 그리고 인터넷으로 떠돌아다니는 소문들이 자신도 모르는 사이에 자신의 생각과 모습을 결정하고, 정작 자신은 그들이 만들어 준 인위적 욕망에 끌려 백화점이나 쇼핑몰을 헤매고 다니는 것은 아닐까?

진정한 자아를 가진 자신의 사람이 되기 위해서는 사람들은 스스로 생각하고, 스스로 결정할 수 있는 능동적 자아를 지녀야 한다. 그러나, 세계화로 만들어진 지구촌은 스스로 생각하고 결정하는 힘을 지닌 진정한 자아를 부수어 "가공의 자아를 만들어 내는 [거대한] 공장"(the factory of inauthenticity)[74]이다. 그곳에 사는 수십억 명의 사람들은 하나의 무리로 신기술을 쫓는, 물질지향적인, 자연에서 멀어진, 스스로 생각하는 영혼을 잃은, 얼빠진 사람들이며, 조립식 공장에서 찍어 내 군중의 냄새로 가득한(reeking of the mass herd) 로봇 같은 사람들이다. 그들은 가문과 공동체와 전통과 문화유산의 뿌리가 뽑힌, 영혼의 고향을 잃어버린 사람들로서 자신들의 자연적 자아로부터 완전히 유리된 불가사의한 이방인이 되었다.

냉전의 종식은, 한편으로는, 미국의 신자유주의적 경제정책에 따라 세계경제의 질서가 재편되었다는 것을 뜻했지만, 다른 한편으로는 군비경쟁의 시대로부터 기술경쟁의 시대로 역사의 흐름이 바뀌었다는 것을 뜻했고, 이 시대에 일어난 기술혁명, 특히 인터넷과 TV의 발달에 기인한 통신혁명이 역사상 유례를 찾을 수 없는 하나의 몰개성적이고, 통제가 불가능한 초정밀-고집적체(singularity)의 삶의 공간을 만들어 냈음을 의미했다. 지금 지구인들이 살아가는 세계는 인터넷과 TV에 의하여 지극히 조밀하게 하나로 연결된 철저하게 자기참조적(self-referential)인 세계로서, 실재하는 인간의 생각과 감정을 참조하지 않고 만들어지는 '모조의 가짜 세계'(fake, or Simulation in the Baudrillard's sense)이다.[75] 그것들이 제시하는 삶은, 사람들의 생각과 감정을 모양 짓고 조종하여 어떤 의도된 행위를 하도록 하기 위해 기획된 삶으로서, 실재하는 삶을 '재현'해 놓은 것이 아니라, 삶에 대한 가짜의 이미지로 만들어진, 실제의 삶과는 아주 동떨어진, 모조의 삶이다. TV나 인터넷 속의 뉴욕은 실재하는 뉴욕과 얼마나 다른가? 고가의 옷을 선전하는 광고 속의 어떤 예쁜 모델의 모습은 실제 모습과 얼마나 다른가? 그것들은 차라리 현실을 뒤틀어 왜곡해 놓은 것도 아니다. 모조의 현실을 만들어 현실의 모습을 입히고, 초정밀-고집적체의 현대세계에서 빠져나갈 수 없는 지구인들의 무의식을 에워싸 모양 짓고 조종하고 유린하는 것이다.

지구촌 시대에 산다는 것은 TV나 인터넷이 만들어 내는 '이미지 전체주의' 속에 산다는 것을 의미한다. 그곳에서는, 보드리야르가 말했던 것처럼, 현실이 이미지에 선행하는 것이 아니라, "이미지가 현실에 선행한다."[76] 즉, 현실을 참조하지 않고 만들어진 이미지가 지구촌 사람들의 의식과 무의식을 조종하여 자연상태에서 존재하지 않은 인공의 새로운 현실을 만들어 내도록 하는 것이다. 그러나, 그것은 원래는 가짜였지만, 사람들의 의식 속으로 파고들어 진짜 현실을 만들어 내기 때문에 '초-현실'(hyper-reality)이라고 불린다. 중요한 것은, 지구촌 사람들에게 선택의 여지가 없다는 것이다. 초-현실이 약간의 빈틈도 없이 현실을 에워싸고 있기 때문이기도 하지만, 작은 안정과 쾌락과 풍요를 보장해 주고 있기 때문이다. 그것은 그 나름의 매력과 역동성으로 삶을 자극하고, 삶에 가속도를 붙여 앞으로 나아가게 하고, 삶을 화려하게 만들어 주기 때문이다.

그러나, 문제는 TV나 인터넷에 의해 만들어지는 초-현실은 뿌리칠 수 없는 요구조건을 가진 전체주의적인 힘을 만들어 낸다는 데 있다. 무엇보다 그것은 통일성과 방향성을 결한 혼돈지향의 힘이며, 무조건의 추종을 강요하는 무형의 폭력이다. 뿐만 아니라, 이미지의 논리 외에는 어떤 형태의 도덕과 윤리도 없고, 어떤 형태의 양심도 작동하지 않는 무윤리적 힘이다. 더욱이, 그곳에서는 자기 사랑의 정신이 곧 공동체 사랑의 정신이 되는 길목은 완전히 차단되어 있다. 그곳에서는 자기 사랑의 정신은 철저하게 이기심의 충족을 위해서만 작동한다. 요약하면, 지구촌에서 사는 사람들은 통신혁명으로 세계를 초정밀-고집적체로 만들어 지배하는 이미지 전체주의의 덫에 걸려 영혼의 순수성을 잃고, 자연과의 연이 끊어진 채, 신자유주의적 자본주의가 만들어 낸 이미지의 초-현실 속에서 집단적 광기에 빠진 채, 가짜 자아와의 사랑에 빠져 살아가는 사람들이다. 그들은 통신혁명이 만들어 낸 전체주의적 힘에 의해 자기 최면에 걸려, 로봇처럼 사고가 굳어, 인간을 사랑할 줄도 모르고, 다른 사람을 보살필 줄도 모르고, 다른 사람과 관계를 맺을 줄도 모르는 로봇 같은 인간으로 살아가고 있다.

그렇다면, 이 초정밀-고집적체의 지구촌 문명의 융단폭격으로 자기 사랑의 진정한 자유를 빼앗긴 현대의 이방인들은 미래의 어느 날 자연상태의 의식을 가진 자연인으로 되돌아올 수 있을까? 자기 사랑의 숭엄한 가치를 잃고 모든 자연적인 것들로부터 뿌리가 뽑혀 집단적 광기에 휘말린 이 지구촌의 유랑인들은 지구촌 문명에 스스로 반란을 일으켜, 잃어버린 자아를 회복할 수 있을까? 가족과 생활공동체와 국가로부터 무서울 정도로 격리된 채, 휴대폰이나 인터넷에 중독된 공간에 갇혀 살아가는 현대인들에겐 자연은 오직 삶의 허상(虛像)일 뿐이고, 신은 죽었으며, 자신에게 생활의 원료를 제공하는 사회는 오직 숨을 쉬기 위해서만 존재한다. 실존주의 철학자였던 윌리엄 배럿(William Barrett)은 그의 에세이 「비이성적 인간」("Irrational Man: A Study in Existential Philosophy")에서 "정말 가장 무서운 소외는 자연상태의 욕망을 잃고 자신의 자아로부터 소외되는 것"[77]이라고 말했는데, 지금 지구촌인들은 세상에서 가장 무서운 자아로부터의 소외에 빠져 있는 것이다.

지구촌 문명의 자아에 대한 이 피할 수 없는 테러 앞에서, 어떤 실체도 없는 익명의 부조리신에 맞서며, 지구촌인으로 살아가는 사람들—그들은 이미 석화되어 버린 자기 사랑의 정신을 되찾고, 자신을 감싸고 있는 몰개성의 파괴적 기운을 걷어 내고, 자연상태의 욕망을 지닌 자연인으로 다시 되돌아올 수 있을까? 여기에서 현대인의 운명은 두 길로 갈라질 것이다. 하나의 길은 세계화가 만들어 준 '황폐한' 공간에서, 엘리엇의 『황무지』(*The Waste Land*)의 서시에 나오는 시빌처럼, 젊음이 없는 영생에 절망해 죽음을 소망하며 살아가는 것이다. 겨울의 따스함에 연연해 봄의 재생과 여름의 강렬함을 거부하면서.[78] 다른 하나의 길은 순수가 죽어 버린 유폐의 현실에 분노하고 포효하며, 잃어버린 자유를 찾아, 몰개성을 찍어 내는 거대한 우주적 음모에 맞서 온몸을 던지는 아주 위험한 삶을 사는 것이다.

포스트모던의 지구촌 문명 속에서 진정한 자아(authenticity)를 잃고 순응(conformity)의 삶을 살아가는 현대인들—그들은 과연 자아가 부서지는 위험을 감수하고, 순응의 사슬을 끊고 자기 사랑의 진정한 자유를 얻을 수 있을까? 그들은 과연 TV에 나오는 광고문구나 인터넷에 떠도는 연예인 이야기, 혹은 어느 친구가 들려준 아주 낭만적인 연애담에 현혹되지 않고 결혼 상대를 고르고 결혼 의례를 선택하며, 그것들이 보여 주거나 들려주는 이야기들에 휩쓸리지 않고 일상에 걸치고 다닐 옷 한 조각을 고르고, 내일 아침에 일어나 할 일을 생각하고, 다음 학기에 듣고 싶은 강좌를 선택할 수 있을까? 그렇게 할 수 있다면, 그것은 자신에 대한 혁명이 될 것이며, 자신의 정신과 육체를 반신불수로 만들어 놓은 이제까지의 선택에 대한 위험한 도전이 될 것이다. 그리고, 만약, 어떤 지구촌인이 아직도 의미 있는 무엇이 되려 한다면, 현대문명에 대한 이러한 혁명은 선택이 아니라 필수이다. 그렇지 않으면, 그는 어떤 형태의 자신만의 정체성을 얻을 수 없을 것이기 때문이다. 자신 속에 살고 있는 군중으로서의 자아로부터의 자유, 아무런 지각도 없는 순응의 삶으로부터의 도피, 그리고, 자기 사랑의 자유를 위한 혁명—이는 어쩌면, 미래의 지구촌인들에게 예비된 피할 수 없는 숙명일지 모른다.

리들리 스콧(Ridley Scott) 감독의 『검객』(*Blade Runner*—칼로 지배하는 자, 1982)은 기술혁명과 교통·통신혁명으로 지구촌 위에 펼쳐질 디스토피아를 섬뜩한 알레고리와 아이러니의 기법으로 그려 낸 공상과학영화이다. 고삐 풀린 유전공학의 뒤틀린 발전과 컴퓨터 네트워크의 패륜적 성장으로나 만들어질 수 있는 이 영화 속의 3차원 공간의 디스토피아에는 순응의 덫에 걸려 허우적거리는, 꼴사나운 순종(submission)의 지구인들이 자기 사랑의 어떤 아름다움도 없이 멋쩍은 순응(conformity)의 삶을 살아간다. 그리고, 예전에 복제되어 아직은 얼마만큼의 동정심과 얼마만큼의 사랑의 기억을 갖고 있는 보다 인간적인 복제인간들은 다른 별들로 추방된다. 자신들이 노동을 하기 위해 유전자가 조작된, 4년밖에 살지 못하는 단명의 복제인간(replicants)임을 알게 된 보다 인간적인 복제인간들 가운데 일부가 먼 별에서 반란을 일으키고, 생명연장의 방법을 찾기 위해 지구로 귀환한다. 그러나, 지구인들은 순응의 덫에 걸려 인간의 품위를 잃은, 복제인간보다 더욱 인간답지 못한 자신들을 보호하기 위해 경찰력을 동원하여 지구로 침투해 들어온 복제인간들을 제거하려 한다. 그들 간의 혈투는 어이없게도 귀환한 복제인간의 처리를 명령받은 블레이드 러너의 패배로 끝난다. 그러나, 인간에 대한 연민과 동정을 아직은 잃지 않았던 복제인간은 그를 제거하려 했던 블레이드 러너를 죽음에서 구하고, 자신은 수명이 다해 죽는다. 진정한 자기 사랑의 고결한 가치가 지상에서 사라지는 순간이다. 그러나, 이 영화의 감독 스콧은 영화 속에서 순응의 늪에 빠진 가련한 지구인들을 향해, 불행의 본질은 때이른 죽음이 아니라, 진정한 자아의 자기 사랑의 자유가 없는 영생이라고 외치는 듯하다. 인간보다 더욱 인간적인 인간들이 아직은 다른 별들에서 많이 살고 있을 것이다. 그리고 어쩌면 그들의 반란은 계속될지 모른다. 그러나, 그들의 반란은 성공할 것인가? 그래서, 지구가 인간다운 인간이 되돌아와 사는 아름다운 별이 될 것인가?

2019년 미국의 로스엔젤레스(LA), 산성비가 내리고 스모그가 심한 오염의 도시 — 인간다운 인간들은 더 이상 살 수 없는 이 황폐한 도시에서, 과밀화로 숨도 제대로 쉬지 못하는 인간 아닌 인간들이 그 더러운 곳을 지키기 위해 경찰국가를 만들고 살아간다. 그들은 다른 행성에 식민지를 경영하여 부족한 생필품들을 해결해야 했고, 그곳으로 보낼 노동인력을 얻기 위해 인간을 복제했다. 복제된 인간들은 얼마 동안 실험실에 보존되어 있던 세포배양으로 태어난 '인간'들이기 때문에 아직은 옛날 인간의 유전자를 얼마만큼은 가지고 있다. 그들은 사랑할 줄도 알고, 곤경에 처한 동물이나 사람들을 연민할 줄도 안다. 무엇보다 그들은 노동을 할 수 있다. 그러나, 그들은 복제된 인간이기 때문에 일찍 죽어야 한다. 이와 반대로, 지구촌에 오래 살아온 LA의 시민들은, 외형은 복제인간과 똑같이 생겼지만, 복제인간들이 지닌 지성과 감성은 지니고 있지 않다. 그들은 '경찰국가'가 요구하는 것에 획일적으로 순응하는 것 외의 어떤 일도 하지 못한다. 그러므로, 복제인간들이 반란을 일으켜 지구로 귀환했을 때, 지구인과 복제인간을 가리는 시금석은 '가족이나 동물들에 연민이나 사랑을 느끼는가?' 하는 것이었다.

지구로 돌아온 반란세력의 대장 격인 로이(Roy)는 일당 중의 한 명인 프리스(Pris)와 함께 일종의 거짓말 탐지기인 VK 머신(The Voight-Kampff machine) 앞에서 복제인간 테스트—동물이나 가족에게 연민의 정이 남아 있는가의 테스트—를 받다가, 블레이드 러너 중의 한 사람인 시험관을 사살하고 탈출한다. 전직 블레이드 러너—복제인간 제거임무를 부여받은 경찰—였던 릭 데커드(Rick Deckard)가 다시 임무에 복귀해 사건현장에 투입된다. 그 사이 로이와 프리스는 복제인간을 제작해 식민행성에 노동인력을 공급해 온 타이렐사(The Tyrell Corporation)에 침입하고, 그 회사의 유전학 박사를 이용해 그 회사의 회장 엔든 타이렐을 만나는 데 성공한다. 그러나, 그들의 입을 통해서 자신들의 수명연장이 불가능하다는 사실을 알게 되자, 그들은 유전학 박사와 타이렐 회장을 죽인다.

로이와 릭의 쫓고 쫓기는 게임이 시작되고 혈투가 거듭되면서, 인간이란 무엇인가에 대한 보다 본질적인 철학적 질문이 플롯 속에 배어 나온다. 인간다운 인간은 살아 내기 어려운 미래도시인 2019년의 LA—그곳에는 인간으로서의 자기 사랑의 가치를 실현할 수 없는 인간답지 않은 인간들이 산다. 포스트모던의 문명을 움직이는 어떤 부조리신의 불온한 의도에 순응하면서, 사랑의 감정조차 잃어버린 얼간이들이라고 할까? 블레이드 러너 중의 한 사람인 릭 데커드는 타이렐사에서 복제인간 테스트를 받고 있는 어느 여인을 만나 얼마만큼 가까워진다. 그러나, 자신의 임무가 더 중요했던 그는 그 여인이 복제인간임이 판명되자 그녀를 제거한다. 로이와 릭이 벌이는 혈투의 끝에서 릭이 위험에 처했을 때, 로이는 릭의 생명을 구해 주지만, 릭은 수명이 다해 죽어 가는 로이를 보며 어떤 연민의 감정도 느끼지 못한다.

LA라는 지구촌을 건설한 어떤 부조리신의 충직한 하수인 릭—그는 자신이 제거하려 했던 복제인간 로이보다 훨씬 비인간적인 인간답지 않은 인간이었던 것이다. 따지고 보면, 복제인간 로이가 자신을 제거하려 했던 릭보다 훨씬 인간적인 인간(more human than human)이었던 것이다. 그렇다면, 복제인간들의 반란이 성공하여 수명연장의 비밀을 알아내고, 순응의 지구인들에게 자기 사랑의 자유에서 오는 보다 충만한 삶을 되찾아 줄 희망의 날은 올 것인가? 이 영화가 던진 진지한 철학적 질문이다.

제3장

모더니즘 문학:
계몽의 역설에 대한 깨달음

1. 여명기의 모더니즘(Pre-Modernism): 어렴풋한 자각

문학 사조(思潮)로서의 모더니즘(modernism)은, 그 이름이 시사하고 있듯이, 서양 근대(the modern age)의 역사적 산물이다. 바꾸어 말하면, 서양의 근대를 살았던 사람들의 생각이 모여 역사로서의 근대를 만들고, 역사로서의 근대는 제 차례가 되어 역사에 대한 심미적 태도로서의 모더니즘이라는 예술 운동을 낳은 것이다. 그렇다면, 서양의 근대를 살았던 사람들은 어떤 생각을 하며 살았을까? 그들의 생각은 어떤 환경의 역사를 만들어 어쩔 수 없이 그 속에 살아야 했던 사람들이 어떤 생각과 어떤 감정을 가지고 살아가게 된 것일까? 그래서, 이 시대의 예술가들은 어떤 모양의 미학으로 그들의 생각과 감정을 예술 속에 갈무리한 것일까? 이러한 물음들은 문학 사조로서의 모더니즘을 이해하기 위해 피할 수 없는 질문들이다. 사람들의 생각이 바뀌면서 역사의 모양이 바뀌고, 역사의 모양이 바뀌면서 사람들의 삶이 바뀌고, 이에 따라 사람들의 감정과 행동이 바뀌는데, 그 한 결과가 한 시대의 예술이기 때문이다.

서양의 역사에서 근대는 인간이 신에 못지않게 위대하고, 존엄하고, 아름답다는 르네상스 시대 사람들의 인본주의적 깨달음에서 시작되었다. 중세 사람들은 신의 가호와 기도와 기적으로 그들의 미래의, 또는 사후(死後)의 안녕을 얻으려 했었다. 그러나, 르네상스 사람들은 이제 더 이상 기도와 기적으로 자신들의 운명을 결정하고 싶어 하지 않았다. 그들은 차라리 생각하는 힘으로 자신들의 운명을 개척하고자 했었다. "나는 생각한다, 고로 나는 존재한다"는 데카르트의 외침에서 알 수 있듯이, 그들은 생각하는 힘으로 스스로의 존재를 증명하고자 했고, 그 힘으로 우주의 로고스, 즉 우주의 이성적 질서를 깨우쳐 인간 사회의 질서를 만들어 가고자 했다. 인간의 이성을 생각의 중심에 둔 르네상스 사람들의 이러한 생각을 우리는 '르네상스 인본주의'(Renaissance humanism)라고 부른다. 그리고, 르네상스 시대 사람들의 이러한 '인본주의적'(humanistic) 생각의 경향은 중세 사람들의 '신(神)중심적' 생각의 경향과는 근본적으로 다른 것이었다. 삶의 패러다임(paradigm)으로서의 생각의 틀이 바뀌게 된 것이다. 그것으로, 역사의 모양이 바뀌게 된 것이다. 그리고, 르네상스 시대의 생각의 패러다임의 변화는 근대라는 한 시대의 역사를 새로이 열기에 충분한 것이었다.

인간의 이성에 대한 믿음을 새로운 패러다임으로 하여 열린 서양의 근대는 이성의 시대(the age of reason)로서 높은 희망의 시대였다. 이 시대의 사람들은 인간의 이성이 삶에서의 모든 부족과 불만족과 불편을 해소해 줄 것이라 믿었고, 본성적·제도적·종교적 편견으로부터 인간의 이성을 해방시켜 수많은 질곡으로부터 삶을 자유롭게 하고자 했었다. 또한 그들은 편견에서 해방된 이성으로 얻은 상식과 경험을 바탕으로 과학적 원리를 탐구하여 문명의 이기를 누릴 수 있을 것이라 믿었다. 긍정적인 측면에서 볼 때, 서양의 근대가 인간의 이성에 대한 믿음을 바탕으로 성취해 놓은 것을 과소평가하기는 어렵다. 『근대의 정당성』(*The Legitimacy of the Modern Age*)에서 블루멘베르크가 주장한 대로, 생각의 중심이 신에게서 인간에게로 옮겨 온 것만으로도 서양의 근대는 존재의 '정당성'이 있기 때문이다. 이로써 인간의 생각하는 능력이 고양되었고, 이성의 이름으로 개개인의 생명과 자유가 보다 귀하게 여겨지게 되었다. 뿐만 아니라, 이성의 빛으로 이제 인류는 맹목적인 신앙의 가두리에서 풀려나 정치, 경제, 종교를 비롯한 삶의 모든 영역에서 자유를 꿈꿀 수 있게 되었고, 인간이 상상하고 지각할 수 있는 인식의 언저리가 가없이 넓어지게 되었다. 이제 사람들은 이러저러한 이유로 금단의 세계 속에 묻혀 있던 아름다움과 풍요와 쾌락을 만끽할 수 있게 되었으며, 산업자본주의 시대가 도래하면서 찌든 가난으로부터 해방되었고, 자유와 평등을 기치로 하는 민주주의 체제의 확립으로 절대권력의 압제에서 풀려나 삶의 수고로움을 자신들을 위해 쓸 수 있게 되었다.

데카르트, 칸트, 헤겔과 같은 계몽주의 사상가들에게 이성(rationality)이란 로고스, 즉 우주를 관류하는 보편적 이성을 의미했고, 인간의 이성은 우주적 이성에 닿는 힘으로서의 인간의 고결한 능력을 의미했으며, 그러므로, 그들의 이성에 대한 믿음은 인간의 삶을 우주적 로고스의 질서 속에 갈무리하는 기능을 했었다. "시(詩)의 목을 잘라라!"[1]라는 데카르트의 단호한 외침에는 감성적 사유에 구속되지 않은 자유로운 이성의 자기 실현 능력에 대한 확신이 담겨 있다. 또한, 초월주의자(transcendentalist)였던 칸트는 그의 『순수이성 비판』(*The Critique of Pure Reason*)과 『실천이성 비판』(*The Critique of Practical Reason*)에서 감각기관(感覺器官)을 통하여 얻은 사물에 대한 지각으로서의 경험으로 수동적으로 자연계의 법칙을 찾아내는 이성을 순수이성(pure reason)이라고 비판하면서, 인간의 경험역(經驗域)을 넘어서는 초월적 세계의 보편법칙인 정언명령(categorical imperative)에 도달하는 능력으로서의 직관(intuition)에 대하여 무한한 신뢰를 보냈었다.[2] 또한, 헤겔은 우주적 이성의 힘으로 역사는 세계정신의 완전한 자유를 향해 나아간다고 말함으로써 우주에 편재하는 보편적 이성의 존재를 확신하고 있었다.[3]

그러나, 인간의 이성은 17-18세기 서구의 계몽주의자들이 생각했던 것처럼, 절대진리를 인식해 낼 수 있는 완전한 인지능력도 아니었고, 각종의 편견에서 온전히 자유로워질 수 있는 지고의 인지능력도 아니었다. 19세기에 와서, 좀 더 구체적으로는 서구 세계가 물질혁명으로서의 산업혁명과 정신혁명으로서의 미국 혁명과 프랑스 혁명을 겪은 이후, 인간의 이성은 보편적 이성으로서의 기능을 잃어버리게 된 것이다. 다시 말하면, 이제 서구사회에서 개개인의 관점이나, 편견이나, 욕망으로 채색되지 않은 이성은 없었다. 이제 그들에게 이성이란 욕망과 편견을 달리하는 개인마다, 또는 집단마다, 또는 나라마다 서로 다른 의미를 도출해 내게 되었다. 이제 인간의 이성은 관점이나 욕망이나 편견이 가리키는 바를 얻는 도구가 되었고, 그것들과 결부되지 않은 인식상의 보편적 이성은 사람들의 머릿속에서 존재하지 않게 되었다.

그렇다면, 19세기 서구사회가 산업혁명과 시민혁명을 거치면서 잃어버린 보편적 이성(the universal reason)이란 무엇일까? 그것은 관점이나 편견이나 욕망이 관여하지 않는 순수한 인식으로서의 강직한 이성을 의미한다. 즉, 그것은 2월의 어느 저녁에 잠자리에 들면서, 내일 아침이면 풀잎은 파랗게 자라 있을 것이며, 나뭇잎은 무성할 것이라고 말하지 않는 보편적 이성을 의미한다. 왜냐하면, 그것은 계절의 변화가 하룻밤 사이에 일어나지 않을 것을 '보편적으로' 알고 있기 때문이다. 그러므로 보편적 이성으로 사유하는 사람은 어떤 믿음이 위안이 되는가, 이익이 되는가, 인기에 영합하는가를 묻지 않는다. 이와는 반대로, 도구적 이성으로 사유하는 사람은 '어떤 믿음이 위안이 되는가? 이익이 되는가? 또는 인기를 얻을 수 있게 해 주는가?'를 묻는 사람이다. 물론, 보편적 이성이라고 해서, 어떤 목적도 지향하지 않는 것은 아니다. 그러나 보편적 이성의 지향점은 언제나 개인적 편견이나 사심이 없이 추구되는 인류 전체의 공동선(共同善)이 닿아 있는 곳이다. 반면에, 도구적 이성은 언제나 사심으로 가득 찬 어떤 개인이나 집단의 이익이나 목표점을 지향한다. 도구적 이성으로 사유하는 사람은 어떤 사회적·보편적·윤리적 목적에도 개의치 않고, 자신이 목적하는 바의 것을 얻는데 도움이 되는 행위만을 찾아서 하는 사람이다. 그러므로, 도구적 이성이란, 원하는 것을 얻기 위해서 생각할 수 있는 것은 무엇이라도 하는 비윤리적 이성을 의미한다.

인간의 생각하는 힘에 대한 무한한 신뢰와 보편선을 추구하는 초월적 힘으로서의 직관에 대한 가슴 벅찬 찬미로 이룩된 서양의 근대는 산업혁명과 두 자유주의 혁명—미국 혁명과 프랑스 혁명—의 시대에 와서 이성의 역설(the paradox of rationality)에 빠져들게 된다. 계몽의 역설(the paradox of enlightenment)이다. 산업혁명으로 얻게 된 부와 풍요가 역설적으로 사람들이 선험적으로 타고 태어난 소유욕과 지배욕을 흔들어 깨워 놓은 것이다. 천부인권의 실험실이었던 미국 혁명과 프랑스 혁명이 역설적으로 사회적 약자의 자유와 권리를 부정하는 역사의 장을 열어 놓은 것이다.

토머스 칼라일(Thomas Carlyle), 디킨스, 앨프리드 테니슨(Alfred Tennyson), 매튜 아널드(Mathew Arnold), 니체, 카프카 등의 19세기 후반 영국과 유럽의 작가들과 사상가들은 그들의 시대 산업혁명의 현장에서 들려오는 숨가쁜 비명들과 산업자본주의 문명에서 펼쳐지는 처참하고 황폐한 삶의 풍경들을 그들의 작품 속에 담아냈다. 적자생존의 사회적 다윈주의 철학을 바탕으로 하는 산업자본주의 사회 속에서 도구적이고 비윤리적인 이성의 지배로 모든 전통적인 참 가치들이 무너져 내리는 현장을 그려 낸 것이다. 물질적 부를 오직 최고의 가치로 삼는 중산계급(the middle class)의 사람들, 소수의 행복을 가벼이 여기는 공리주의 철학, 종교의 위기를 몰고 온 다윈주의와 복음주의, 합리에 대한 맹신이 불러온 타락한 중우민주주의, 이성편향적 사고로 잃어버린 감성, 대중의 기호에 편승한 저급한 예술—이들이 모두 도구적 이성의 위험성을 감지한 이 시대의 작가들이 주제로 삼은 것들이다.[4]

19세기 중후반 유럽과 영국의 문학은 도구적 이성으로 성취된 문명의 추악한 잔영(殘影)과 잔상(殘像)들로 가득하다. 아널드는 그의 시 「도버 해변」("Dover Beach")의 마지막 연에서 "문화", 즉 "우리가 알아 왔던 것들 가운데에서, 우리가 생각해 온 것들 가운데에서 가장 최선의 것들"[5]이 사라진 이후 생겨난 19세기 영국문명의 척박함을 이렇게 표현했다.

> 아, 사랑하는 이여, 우리 서로에게
> 진실합시다! 우리 앞에 펼쳐져 있는
> 세상이 그렇게 꿈같아 보이지요? 그렇게
> 다양하고, 아름답고, 새로워 보이지요? 그러나
> 기쁨도, 사랑도, 빛도 없는 세상이랍니다,
> 확신도, 평화도, 진통제도 없는 세상이랍니다,
> 우리는 지금 캄캄한 어둠의 평원에 서 있습니다,
> 피아를 구분 못하는 군대들이 어둠 속에서
> 격돌합니다. 아비규환 속에서 싸우다가 도망치면서.[6]

19세기 후반 영국 자본계급의 삶은 언뜻 보기에는 '그렇게 다채롭고, 그렇게 아름답고, 그렇게 새로워 보이는' 꿈같은 삶이었다. 그러나, 그것은 진솔한 사랑과 조화로운 균형으로 인간과 인간의 관계를 맺어 주는 삶이 아니었고, 삶에의 기쁨과, 사랑과, 빛과, 확신이 사라진 끔찍한 삶이었다. 그것은 마치 피아(彼我)를 구별할 수 없는 한밤의 전쟁터에서 목도할 수 있는 아비규환과도 같은 참혹한 삶이었다.

시 속의 화자는 해변의 자갈들이 파도에 쓸리며 내는 재그러운 소리에 실린 슬픈 곡조를 들으며, 역사의 흥망성쇠에 실린 삶의 고통과 슬픔을 명상 속에서 되뇐다. 헬레니즘 문명이 무너질 때 에게해안의 해변에서 소포클레스 또한 그런 삶의 애환을 느꼈으리라. 그러나, 시적 화자에게는, 그의 시대 다윈과 스펜서의 기계론적 진화론에 바탕을 둔 자본주의 문명 앞에서 목적론적 세계관을 바탕으로 했던 기독교 문명이 무너질 때의 삶의 처절함은 특별한 아픔으로 다가왔다. 그것은 마치 겹겹이 주름 잡힌 치마폭에 감겨 아픔다운 자태를 드러내던 여인의 허리춤이 맨살을 드러낼 때의 그 나신(裸身)의 황량함과 흉측함 같은 것이었다.

시인으로서 유일하게 귀족의 반열에 올랐던 테니슨 경(卿)도 그의 시 「율리시즈」(“Ulysses”)에서 19세기 후반에 있었던 대영제국의 일그러진 영광을 이렇게 묘사했다.

> 부질없는 일이야, 할 일 없는 왕이,
> 조용한 난롯가에 앉아서, 이 불모의 돌더미에서,
> 늙은 아내와 더불어, 어울리지도 않는 법을 펴고
> 베풀어 야만의 종족을 다스리는 것은. 재물을 모으고,
> 뒤집어 자고, 처먹을 줄만 알고, 나를 몰라보는 백성을.
> 원정을 그만두고 쉴 수는 없어, 인생의 막지까지
> 모두 마셔야 해. 나는 언제나 큰 희열을 맛보았었지,
> 큰 고통을 맛보았었지—나를 존경하는 사람들과 함께,
> 아니면 혼자서. 육지에서도, 아니면 휘몰아치는
> 폭류를 뚫고 비를 실은 히아데스 성좌(星座)가
> 침침한 바다를 괴롭힐 때도. 나는 영웅이 되었어,
> … … …
> 얼마나 지루한 삶인가, 원정을 그만두고 끝낸다는 건?
> 닦지 않아 녹슬게 하고, 쓰지 않아 빛나지 않게 한다는 건?
> 마치 숨만 쉬는 것이 인생인 양! 포개 놓은 삶은
> 다해 봐야 얼마 되지 않아. 내게는 그나마도
> 얼마 남지 않았어. …[7]

태생에 의해 숙명적으로 빅토리아조 영국에 살아야 했던 시인 테니슨—그는 동시대인들이 겪었던 정서적·심리적 혼란과 갈등을 그들과 함께했었다. 그의 마음 한편은 물질적 풍요와 안락함에 대한 감상에 젖은 소망과 바람으로 가득했고, 다른 한편은 인간의 존엄과 가치를 최고의 덕목으로 추구해 오던 전통적 종교와 윤리가 무너진 데서 오는 아린 아픔으로 가득했다. 찰스 라이엘(Charles Lyell)과 다윈의 기계론적 세계관(mechanical world view)으로서의 진화론(evolution theory)을 원용하면, 인간은 어떤 숭고한 목적도 없이 기계적으로 미지의 세계를 "꿈꾸고 탐구하면서 얻은 힘으로 약자를 정복하는 고등(高等) 동물"에 불과하고, 생물학적 필요에 따라 "먹고, 마시고, 잠자고, 먹이를 저장하는", 동물의 영혼을 지닌 미물에 불과하다.[8] 그렇다면, 인간은 정말 동물 이상의 어떤 초월적 존재일 수는 없는 것일까? 그는 정말 고결한 목적과 이상을 꿈꾸고 실현하는 단순한 고등동물 이상의 동물일 수는 없을까? 이 시에 나타나는 테니슨의 고뇌이다.

시 속의 화자 율리시즈는 실망에 찬 어조로 포효한다. 자신이 혼신의 힘을 다해 일구어 놓은 대영제국의 백성들에게서 호머 시대의 사람들에게서는 찾을 수 있었던 고결한 혼이 사라졌음을 슬퍼한다. 19세기의 영국에는 낮에는 베를 짜고, 밤에는 짜던 베를 다시 풀면서, 목숨을 걸고 유혹을 물리치며 정조를 지켰던 페넬로페(Penelope) 같은 아내는 없었다. 땀 흘려 땅을 가꾸며 아버지의 귀환을 기다렸던 효성 깊은 텔레마코스(Telemachus) 같은 자식도 없었다. 오직 자신과 같은 정복자들이 모험에 찬 정복으로 거둬들인 재물에 몰려 배불러 만족하는 돼지로 살아가는 동물 같은 군상들이 있을 뿐이었다. 제국 건설의 아이러니였다. 이제 땅은 비옥함을 잃고 흙 살이 패여 나가 황폐해진 자갈더미가 되었고, 그곳에는 삶의 맛도, 삶에서 오는 정도, 먹먹한 기다림도 없이, 벽난로의 따스함에 취해 그저 꿀꿀이 돼지처럼 살아가는 얼간이 백성들이 있을 뿐이었다.

산업혁명을 뒤따른 자본주의와 제국주의, 그리고 그것들로 일어난 일련의 변화들 — 그것들은 시인 테니슨에게 격심한 정신적 좌절을 안겨 주었다. 그러나, 그를 고통스럽게 했던 것은 아무런 목적의식 없이, 자연의 기계론적 법칙에 따라, 동물처럼 살아가는 대중들의 무위도식하는 삶만이 아니었다. 그의 시선은 어쩌면 또 하나의 보다 큰 제국의 아이러니에 놓여 있었는지 모른다. 극적 아이러니 — 극 속의 화자는 사실을 알지 못하지만, 극을 관람하는 청중은 사실을 아는 데서 오는 아이러니 — 의 기법으로, 시인 테니슨의 시선은 시 속의 화자인 낭만적 제국주의자 율리시즈에게 더 깊이 쏠려 있는지 모른다. 시 속의 화자 율리시즈는 삶을 찌꺼기까지 모두 들이키며, 세상을 편력하면서 이름을 날린 빅토리아 제국의 영웅이다. 그에게는 그저 포개 놓은 삶은 얼마 되지 않았다. 지평선 너머까지 펼쳐져 있는 드넓은 미지의 세계를 두고, 삶을 썩히기가 싫어서였다. 그러나, 제국의 영웅 율리시즈가 모르는 것이 있었다. 그는 왜 그의 발아래 짓밟히는 수많은 피지배 군상들의 고통은 아랑곳하지 않고, 그저 자신의 그 알량한 촉감을 만족시키기 위해 끊임없이 잔학한 정복을 감행한단 말인가?

녹이 슬까 저어해 무도하게 휘두르는 칼날에 무릎을 꿇은 수많은 피정복민들의 뼈아픈 고통이 정복 영웅의 욕망에 대한 대가라면, 그는 무엇을 얻자고 제국을 건설하는가? 대제국을 건설한 세기적 영웅의 기계론적 야망에서 비롯된 지배국 백성들의 무위도식하는 삶과 피지배국 백성들의 형언하기 어려운 처절한 아픔—그것은 시적 화자인 율리시즈 자신은 꿈에도 상상하지 못했을 엄청난 정복의 아이러니였다. 어떤 고결한 목적도 없는 그의 파렴치한 정복 욕구로, 백성들은 배불러 만족하는 돼지가 되고, 피정복민들은 숨통이 끊어지는 아픔을 겪어야 했다. 환경에 적합한 자만이 살아남는 약육강식의 자연법칙(the survival of the fittest as the natural selection)이 인간 사회에 있어서는 지극히 비윤리적이고 지극히 가혹한 법칙이었던 것이다. 시 속의 화자 율리시즈는 노구를 이끌고, 눈 앞에 펼쳐지는 삶을 운명에 맡긴 채, 모험을 천직으로 삼았던 옛 부하들과 함께, 꿈도 목적도 없는 정복의 모험을 다시 시작하려 한다. 도대체, 누구를 위해, 그리고 무엇을 위해 제국을 건설해야 하는가?

테니슨과 동시대 시인이었던 로버트 브라우닝(Robert Browning)도 그의 시 「나의 죽은 공작부인」("My Last Duchess")에서 빅토리아 시대 지배계급에 속한 사람들의 윤리적 허위의식으로 황폐화된 정신을 고발한다. 이 시 속에서 시인은 중세시대 전설 속에 존재했던 페라라(Ferrara) 공작의 죽은 부인의 이야기를 신화적 대유로 사용해, 유사 이래 인류가 직면해 온 질문 가운데 가장 대답하기 어려운 하나의 질문을 되풀이한다—'인간은 무엇을 위해 사는가?' 이 물음에 대해 브라우닝이 찾은 대답은 인간이 추구하며 살아가야 하는 무엇이 아니라, 인간이 추구해서는 안 되는 무엇이다. 이 시에 그려진 부와 권력과 윤리적 명분을 좇아 살아가던 빅토리아 시대 사람들의 허위의식으로 가득 찬 삶은 얼마나 잔인한가? 이 시 속에서 시적 화자인 페라라 공작은 재혼 협상을 위해 찾아 온 어느 백작의 사자(使者)를 앞에 놓고 자신이 왜 전 부인을 죽여 영원히 침묵하게 했는지를 다음과 같이 장황하게 설명한다.

내 전처는,
뭐랄까? 너무 너무 빨리 기뻐하는 가슴을 가지고 있었소.
너무 쉽게 감명을 받았지요. 바라보는 건
무엇이나 좋아했고, 어디든 눈길을 주었지요.
선생, 이 모든 게 똑같았단 말이오!
그녀의 가슴에 달린 내 선물, 서편에 지는 석양빛,
어떤 주제넘은 바보가 과수원에서 꺾어다 바친
벚나무 가지, 그녀가 타고 테라스를 돌아다니던
하얀 망아지. 이 모든 것들이 한꺼번에, 아니면 하나씩
그녀의 찬사를 자아내곤 했소. 최소한 얼굴에 홍조를
띠었지요. 감사의 표시로—좋소! 그렇지만, 어쨌든—
—어떻게 말해야 할까?—감사를 표했소.
900년의 명망을 지닌 내 가문의 가보와 아무 녀석의
선물을 같이 놓았단 말이오. 누가 구차하게 야단을 치겠소,
이 하찮은 일을 가지고. 비록 말재주가 있어
—난 그런 재주가 없지만—자신의 뜻을 분명히 하여,
"바로 이렇고 이런 것들이 내 비위에 거슬리오.
이런 것이 잘못이고, 이런 것이 지나치오."라고

말해 줄 수 있다고 한들—또, 그녀가 나의 꾸지람을
순순히 받아들여서, 맞서서 따지려 들지 않고,
진심 어린 사과를 한다고 해도, 구차하기는
마찬가지요. 그래서, 나는 택했소,
그런 구차스러운 일을 하지 않기로. 오 선생!
그녀는 늘 미소를 지었소, 내가 그녀 곁을 지날 때마다.
그렇지만, 모두에게 그랬소! 이런 일이 잦아지자,
나는 명령을 내렸소! 그래서, 지금 그녀는 모든 미소를
멈추고 바로 저기에 걸려 있소,
마치 살아 있는 것처럼.[9]

빅토리아 시대의 도덕은 사람들에게 실용주의 정신을 최고의 덕목으로 하여, 근면과 정직과 자제와 근검절약과 절제와 균형으로 물질적 안락함을 추구하며 살도록 요구했었다. 또한 가족의 안녕을 최고 가치로 삼아 분별력 있는 행동으로 사회적 질서를 구축해 나가도록 요구했었다. 그러나, 이 시대 가족의 가치나 물질적 안락함은 여성들이 가정에서의 위계질서에 절대적으로 순종하는 것을 바탕으로 유지되고 얻어질 수 있는 것들이었다. 아이러니컬하지만, 계몽시대의 자유정신과 합리주의 정신이 엄격한 가부장제(家父長制)하의 빅토리아 시대 여성들에게는 오히려 그들의 삶을 아내와 어머니로서의 의무에 묶어 두게 하는 족쇄가 된 것이다. 이 시대의 사람들은 여성들은 결혼을 해서 남편을 봉양(奉養)하고 자식을 잘 키우는 일에만 전념하는 '가정의 천사'(The Angel in the House)가 되기를 바랐고, 그것이 사회적 안정에 절대적으로 필요한 초석(礎石)이라고 여겼으며, 사회적 기대에 부응하지 못하는 여성들의 행동은 사회적 비난은 물론 처벌도 면할 수 없는 것이었다. 그러므로, 이 시대의 '가정의 천사'는 순종하는 삶을 살아야 했고, 어떤 재산이나 권력도 가질 수 없었으며, 굴종적으로 온순해야 했고, 우울함으로 가정의 분위기를 해쳐서도 안 되었으며, 자기 희생을 통한 경건함

으로 가정을 돌보아야 했다.

빅토리아 시대 여성들이 지켜야 할 덕목들 가운데에서 가장 중요한 것은 순결이었다. 이 덕목을 지키지 못했을 때 이 시대의 여성들은, 「나의 죽은 공작부인」에서 죽임으로 침묵당한 공작부인처럼, 어떤 경멸과 처벌도 감수해야 했다. 시 속의 페라라 공작은, 빅토리아조 지배계급의 사람들이 그랬던 것처럼, 윤리적 허위의식으로 황폐화된 정신을 가진 잔인한 위선자이다. 그는 자신의 소유욕과 지배욕을 채우기 위해 자신의 전 부인을 죽임으로 침묵하게 하면서, 가부장적 사회의 통념에 비추어 자신의 행위를 정당화하고, 죽어 침묵하는 그녀에게 칠거지악(七去之惡)의 죄를 뒤집어씌운다. 공작의 구차한 변명에 따르면, 죽은 공작부인은 웃음이 헤펐고, 귀족 가문의 전통을 소중하게 여기지 않았으며, 남편의 존엄을 지켜 주지도 않았다. 그래서 그는 구차함으로 그녀를 가르치는 대신에 그녀의 죽음을 명령했고, 그녀는 지금 그림 속에서 박제된 웃음을 보이게 된 것이다. 그러나, 도덕적 정당성을 확보하기 위한 공작의 변명은 그가 마음 깊이 감추고 있는 내면의 진실(psychological truth)과는 다른 것이다. 공작은 신붓감의 아버지가 되는 백작의 후한 씀씀이에 대해 말하면서 그의 소유에 대한 집념을 보여 준다. 또한, 해마(海馬)를 길들이는 해신(海神/Neptune)의 상(像)을 가리키면서 그의 지배에 대한 집착을 표출한다. 그리고, 진정 원하는 것은 새로이 공작부인이 될 사람의 신부로서의 인격이라고 말함으로써 자신이 위선자임을 드러낸다. 만약, 새로 들일 신부가 만족스러울 만큼의 지참금을 가져오지 못한다면, 결혼은 성사되지 않을 것이다. 만약 그녀가 결혼 후에 굴종의 자세를 보이지 않는다면, 그녀는 이전의 공작부인처럼 죽임으로 침묵당할 것이다.

1853년에 출판된 소설 『어려운 시절』(*Hard Times*)에서 영국의 소설가 디킨스도 산업문명의 짙게 드리운 어두운 그림자를, 산업혁명의 역설이 낳은 을씨년스러운 삶의 풍경을 그려 냈다. 디킨스의 상상력으로 채색된 19세기 영국의 산업도시 코크타운(Coketown)—그곳은 기계음과 소음과 매연과 공해로 오염된 도시로서 사실(fact)과 숫자에 대한 집착에 갇힌 공간이자 사실과 숫자의 위선에 갇힌 공간이다. 또한, 그곳은 사실과 숫자를 넘어선 상상력의 세계가 말살된 공간이자, 순수와 성실과 정직이 사실과 숫자의 위선에서 오는 작은 행복을 위해 이용당하는 공간이다. 이 시대 속물근성의 중산계급 사람들은 최대다수의 최대행복을 추구하는 공리주의 이데올로기에 사로잡혀 공리주의 밖의 세계를 바라볼 수 없었다. 소설의 첫머리에서 주인공 그래드그라인드(Gradgrind) ― 인간의 영혼을 천천히 갈아 없애는 자 ― 가 말했듯이, 그들에게 필요한 모든 것은 사실뿐이었고, 사실에 기초해 형성된 공리주의 정신뿐이었다.

> 자, 내가 원하는 것은 사실이오. 이 학생들에게 사실만을 가르치시오. 살아가는 데는 사실만이 필요한 거요. 사실 외에는 어떤 것도 심지 말고 사실 이외의 모든 것을 뽑아 버리시오.[10]

그러나, 소설의 서술자가 소설의 제1권 11장에서 말하고 있듯이, 계산기로 계산해 관리할 수 있는 인간의 정신이란 얼마나 될까? 1파운드짜리 엔진이 생산해 낼 수 있는 힘의 양은 쉽게 계산할 수 있을 것이다. 반면에, 나라 빚 모두를 계산해 낼 수 있는 계산기를 전부 동원한다 해도, 선과 악, 사랑과 증오, 덕성과 악성, 애국심, 불만족 등의 정신현상을 계산해 내는 것이 가능한 일일까? 작중인물 중의 하나인 바운더비(Bounderby)는 자기 공장의 노동자들을 '조용한 하인들'(these quiet servants)이라고 부르면서, 게으르고, 탐욕스럽고, 아무짝에도 쓸모없는 인간들이라고 규정한다. 계산과 측정과 사실의 축적을 통해 얻은 노동자들의 인간성에 대한 그의 이해는 얼마나 터무니없는가? 또한, 그 터무니없는 이해를 바탕으로 그들의 인간적 가치가 부정되거나 모독을 당한다면, 그 사회는 과연 정의로운 사회일까? 모순투성이의 사회제도, 그에 따른 가난과 고통, 그리고 닥쳐오는 거칠고 험난한 세파—이 수난과 역경이 정직하고 성실하게 살아가는 평범한 시민들의 삶이어야 한다면, 소설 속의 인물 시시 주프(Sissy Jupe)가 말한 대로, 타락한 사람들 100만 명이 걱정 없이 잘 먹고 잘 산다 한들 무슨 소용이 있겠는가? 최대다수의 최대행복을 추구하는 공리주의 철학의 사회적 정당성은 어디에 있는가?

아널드, 테니슨, 브라우닝, 디킨스 같은 빅토리아조 영국 시인들과 소설가들이 각기 다른 상상력으로 초기 산업자본주의 시대의 황량한 시대정신을 표현했다면, 독일의 철학자 니체나 영국의 시인 제라드 홉킨스(Gerard M. Hopkins)는 번득이는 혜안으로 이 시대의 과학정신과 실용주의 정신으로 잃어버리게 된 인간성의 고결함을 되살려 내려 했었다. 그들의 눈에는, 새로이 밀려든 물질지상주의 문명은 이 시대의 인류에게 물질적 풍요라는 축복을 안겨 주었지만, 다른 한편으로는, 기쁘면 웃고, 슬프면 울고, 아프면 고통스러워하고, 좋으면 다가가고, 싫으면 멀리하고, 졸리면 자는 "인간적인, 너무나 인간적인" 자연적 인간의 모습을 이 시대 사람들의 정신 속에서 앗아 가 버렸다. 니체는 그의 책 『비극의 탄생』(*The Birth of Tragedy*), 『짜라투스트라는 이렇게 말했다』(*Thus Spake Zarathustra*), 『바람난 과학』(*Gay Science*), 『선악의 피안』(*Beyond Good and Evil*) 등에서 현대문명을 이성중심주의 문명에 갇혀 자연적 생명력을 잃은 타락한(decadent) 문명이라고 정의했다. 그리고, 타락한 문명에 갇힌 현대인들의 삶을 밤의 어둠에서 솟아나는 잉태의 광희(狂喜)와 이성적 사고로는 가늠조차 할 수 없는 오묘한 황홀감(strange ecstasy)을 잃어버린 쭉정이 삶이라 믿었다.[11]

니체의 『바람난 과학』 125절(節)에는 밝은 '아침의 태양' 아래서도 빛을 보지 못하고 태양신(太陽神) 아폴로를 찾아 헤매며 "신은 죽었다"고 외쳐대는 광인(the Madman)의 우화가 나온다. 이 우화에서 아침의 태양은 미친 사람의 태양이 아니라, 19세기 역사가 만들어 낸 수많은 장돌뱅이들이 섬기는 태양이다. 그러므로 광인은 밝디밝은 아침의 태양 아래서 램프를 들고 영혼의 어둠을 비추어 줄 새로운 태양신을 찾고 있는 것이다.

> 이 화창한 아침에 랜턴을 들고 시장으로 달려가 끊임없이 외쳐 대는 광인의 이야기를 들어 본 적이 있는가? "나는 신을 찾고 있소! 신을 찾고 있단 말이오." 거기에는 신을 믿지 않은 많은 사람들이 모여 있었기에 그의 외침은 폭소를 자아냈다.
>
> "그래, 신을 잃어버렸소?" 한 사람이 말했다.
>
> "어린애처럼 길을 잃었는가?" 다른 사람이 말했다. …
>
> 이렇게 그들은 소리치고는 큰 소리로 웃어 댔다. …
>
> "신이 어디로 갔느냐고요?" 그가 외쳤다. "내 분명히 말하건대, 우리가 그를 죽였소—당신들과 내가 그를 죽였단 말입니다. 우리가 그를 살해했단 말입니다. "… 우리가 태양에 묶인 지구의 사슬을 풀고 난 후, 우리는 무엇을 했단 말입니까? 지금 지구는 어디로 가고 있습니까? … 모든 태양들을 모두 떠나보내고, 영원히 영원히 떨어지고 있지 않습니까? … 정말이지, 무한 무의 무한히 작은 무엇이 되어 길을 잃고 헤매고 있지 않습니까?"[12]

그의 논문 「니체와 신」("Nietzsche and God, Part I")에서 에이드리언 새뮤얼(Adrian Samuel)이 밝혔듯이, 이는 분명 신성모독(神聖冒瀆)이다. 그러나, 구경꾼들 중 어느 누구도 그의 신성모독을 비난하거나 탓하지 않는다. 다만, 아침의 태양 아래서 태양신을 찾고 있다는 그의 외침을 농담 거리나 가십 거리로 삼을 뿐이다. 그들의 마음속에서 이제까지 삶에 에너지를 주며 삶의 중심이 되어 주었던, 그리하여 삶의 방향과 의미를 주던 신이 사라진 것이다.

우화 속 광인의 외침대로, "신은 어디로 갔는가? 우리가 죽인 것이다. 당신들과 나—우리 모두가 그를 죽인 것이다." 이제 사람들의 마음속에 삶의 궁극적 의미가 담겨 있던 세계가 사라지고 본질적으로 어떤 의미도 낳지 못하는 세계가 들어선 것이다. 삶에 시간을 초월해 보편적인 의미를 주던 어떤 절대존재로서의 신이 사람들의 정신 속에서 사라지고, 그리하여 사람들은 '무한 무'(infinite nothing)의 허공을 가로질러 길을 잃고 헤매고 있는 것이다. 상상하고 생각하기에도 너무나 벅차던 거대한 신의 마법에 걸려 황홀경에 빠져 있던 영혼들이 그 마법에서 풀려나 모든 일에서 맹랑한 수지타산을 따지며, 일상사 작고 무미한 일들에만 골똘하게 된 것이다.

산업문명의 시대 19세기에 유럽에서 태어난 니체의 철학자로서의 딜레마는 이 시대의 아침의 태양이 태양의 모습을 하고서도 빛을 주지 못하는 어둠의 태양이라는 것이었다. 한낮의 모든 번뇌와 혼돈을 쓰레질하여 무화(無化)함으로써 새 생명을 잉태하는, 아픔과 생식의 밤을 품은 생명과 질서의 찬란한 아침의 태양이 더 이상 떠오르지 않는다는 것이었다. 니체는 19세기의 타락한 문명에서 의미나 가치가 담긴 어떤 질서도 찾지 못한 허무주의자(nihilist)였다. 그는 소크라테스와 그리스도의 '… 해서는 안 된다'(Thou shall not)는 이성지향의 계율과 율법에서 서구정신의 타락의 시작을 보았고, 19세기의 상업주의 문명에서 이성지향 문명의 완전한 한 끝을 본 것이다. 니체에게, 기독교 정신은 분명 나약한 인간성을 길러 내고 강한 쪽의 인간성을 좌절시키는 유약한 정신이었다.

> 기독교 신앙은 처음부터, 본질적으로 그리고 근본적으로, 삶에 대한 구역질이거나 삶에 대한 혐오였다. 단지 그것들이 '후생'이라든가 '보다 좋은 삶'이라는 것을 믿는 신앙에 의해 감추어지고, 가려지고, 포장되어 있을 뿐이었다.[13]

그러나, 19세기의 타락한 문명은 기독교 신(神)마저도 죽음으로 내몰았고, 그 때문에 현대인들의 정신 속에 조그맣게나마 남아 있던 인본주의적 가치에 대한 관념이 완벽하게 사라진 것이다.

니체에게, 세상 만물을 지배하는 존재의 철칙은 디오니소스의 밤과 아폴로의 낮의 '영겁회귀'(永劫回歸/eternal recurrence)였다. 그에 의하면, 존재하는 모든 삶의 과정은 한편에서 보면 한밤중의 죽음으로의 과정이지만, 다른 한편에서 보면 자연과의 원시적 합일(the primal unity of being)로의 과정이다. 그리곤, 한밤중의 어둠 속에서 다시 낮의 기운이 동하기 시작해 시간이 새벽녘을 향해 움직이면, 생명의 기운은 다시 뻗쳐오르고, 새로운 형상들이 밤의 요람 속에서 잉태된다. 잉태에서 개체적 형상으로, 형상에서 죽음으로, 죽음에서 시원적 합일로, 합일에서 잉태로—낮과 밤의 영속적인 순환 속에서 만물은 순리에 따라 태어남과 죽음을 영원히 반복한다. 그러나, 19세기 현대의 타락한 문명은 이 단순한 자연의 법칙을 범해, 한낮의 태양으로 밤으로의 과정을 멈추어 서게 함으로써 온 세상을 가치부재의 황무지로 만들어 버렸다.

니체는 구태(舊態)의 무화(無化)를 통해 자연과 원시적 합일에 이르게 하는 생식의 열정과 재생의 힘을 '디오니소스'라고 불렀고, 생명에 구조와 질서와 형상을 부여해 아름다움을 주는 힘을 '아폴로'라고 불렀다.[14] 그리고, 마치 두 개의 전극이 융합해 밝고 찬란한 빛을 만들어 내듯이, 디오니소스와 아폴로가 융합해 한 생명을 키우고 가꿀 때 그 삶이 가장 충만하고 아름다울 것이라고 생각했다. 그러므로, 한 생명이, 한 역사가 충분히 고결하고, 충분히 아름답기 위해서는, 물론 그 아름다움은 죽음으로의 회귀를 피할 수 없기에 어쩔 수 없이 비극적 아름다움이 되겠지만, 한밤의 어둠 속에서 와해(瓦解)와 잉태와 재생의 의식(儀式/ritual)을 치르고 태어난 생명이고 역사여야 한다. 그리고, 아침의 아폴로가 주는 생명력으로 아름다움의 질서와 형상과 구조를 가져야 한다. 그런데, 타락한 현대문명이 이 과정을 멈추어 서게 한 것이다.

니체에 의하면, 자신이 살았던 19세기 유럽의 산업사회는 이글거리는 태양 빛으로 형상과 구조가 무너진 사회였고, 유럽의 역사는 밤으로의 과정이 한낮의 뙤약볕 아래에서 멈춘 황량한 역사였다. 삶이란 본래적으로 이성과 합리의 작은 체제 속에 갇히기에는 너무나 큰, 수수께끼와 모순과 불확실과 부조리와 충동과 의지로 가득한 것이다.[15] 그러나, 이 시대의 문명은 너무 많은 합리의 체제들—자유주의, 공리주의, 공산주의, 보수주의, 다위니즘 등등—속에 삶을 가두어 버렸다. 현대의 문명이 삶의 본질이 되는 본능과 의지와 충동을 삶에서 몰아내, 이 시대의 사람들로 하여금 작고, 볼품없는 불모의 삶을 살아가도록 한 것이다. 이제 유럽인들의 정신 속에서 그나마 꿈틀거리던 기독교 신마저도 죽어 버렸다. 이제 남은 것은 모든 가치와 진리가 사라진 황량하고 메마른 영혼들뿐이었다.

니체는 19세기에 와서 삶을 아름답게 하던 모든 가치들이 사라졌다고 믿었던 허무주의자였다. 그러나, 그는 허무주의에 빠져 절망하는 염세주의자는 아니었다. 『비극의 탄생』에서 그랬듯이, 그는 그리스 비극에서 현대인들이 잃어버린 신의 모습을 보았고, 『짜라투스트라는 이렇게 말했다』와 『선악의 피안』에서 "인간적인, 너무나 인간적인" 모습의 초인의 모습을 그려 내 그의 허무주의를 극복하려 했다. 『짜라투스트라는 이렇게 말했다』에서 니체가 창조한 새로운 형태의 인간 '초인'은 세상에 존재하던 모든 가치들이 죽었다는 생각으로 허무주의에 빠진 자이다. 그는 그의 허무주의를 극복하기 위해 '힘에의 의지'를 굳건히 하고, 가능하면 많은 관점에서 세상을 바라봄으로써 가치를 스스로 깨치고, 그것으로 자신만의 새로운 가치체계를 정립한다. 그에게 힘에의 의지란 우주에 본유(本有)하는 삶과 자유에의 본능과 충동을 정(正)의 방향으로 일깨워 내는 의지이며, 자주(自主)를 향한 의지이자 타의 지배에서 벗어나려는 의지이다. 물론, 수양을 쌓지 못한 자의 힘에의 의지는 수많은 야만의 폭력을 낳는다. 그러나, 니체의 초인은 힘에의 의지가 자신의 내면에 잠재된 수성(獸性)을 제어하도록 자기 수양을 행한 자로서, 그것으로 자신이 보다 심오하고, 보다 강하고, 보다 독립적인 정신을 갖도록 끊임없이 자신을 채찍질하는 자이다. 그러므로, 자기 수양을 통해 고결해진 자주에의 의지를 지닌 니체의 초인은 그것으로 자기만의 가치체계를 정립하고, 세상의 모든 형이상학적 질곡으로부터 자신을 독립시킨 자이다.

서구의 오랜 이성 숭배의 전통 속에서 19세기에 범세계적으로 펼쳐지기 시작한 산업자본주의 문명이 생겨났다. 그리고, 이 시대의 산업자본주의 문명 속에서, 삶에 고결한 의미와 가치와 질서를 주던 신이 죽었고, '바람난 과학'(gay science)의 지원을 받아, 물욕으로 세상을 다스리는 물신(物神)이 태어났다. 그리고, 그의 지배하에서 모든 아름답고 장엄한 것들이 죽어버렸다. 니체와 동시대의 영국 시인 홉킨스는 그의 시 「신의 장엄함」("God's Grandeur")에서 이 시대의 사람들이 어떻게 신이 내린 영광을 짓밟아 놓았는지를 이렇게 표현했다.

> 세상은 신의 장엄함으로 충만해,
> 흔들리는 은박에서 빛이 뿜어 나오듯 터져 나온다.
> 기름틀에서 기름이 짜여 나오듯, 모여 위대함이
> 되리라. 왜 사람들은 그의 회초리를 두려워하지 않는가?
> 연년세세 사람들이 짓밟고, 짓밟고, 짓밟아 왔기에,
> 흥정으로 시들고, 노역으로 흐려지고 더럽혀져 버렸다,
> 인간의 때로 헐고, 인간의 냄새가 풍기게 되었다. 그리하여,
> 땅은 불모가 되고, 각질에 덮인 발은 지각할 수가 없다.[16]

그리고, 그의 시 「황조롱이」("The Windhover")에서 물신에 짓밟혀 잃어버린 인격의 숭고함에 대해 이렇게 읊조린다.

> 야성의 아름다움, 용기와 처신, 그리고 자태와 긍지와 명예가
> 여기에서 하나로 모인다! 그때, 그대에게서 터져 나오는 빛은
> 억만 배나 아름답고, 억만 배나 무시무시하다. 오, 나의 기사여!
> 너무나 당연하다. 곁눈질하지 않고 열심히 밭을 갈 때, 쟁기날은

> 반짝거린다. 아, 나의 소중한 이여, 푸름한 등걸불이 아픔을 견디며 떨어질 때, 터지며 펼쳐지는 황금빛은 얼마나 아름다운가?[17]

홉킨스에 의하면, 신은 특정한 종(種)의 생물에게 점지해 준 특유한 생명력이 있다. 홉킨스는 그것을 '내재력'(內在力/instress)이라고 했다. 그리고, 각각의 개체는 특정 종의 특유한 생명력을 개체의 모습으로 구현한다. 홉킨스는 그것을 '개체의 모습으로 구현된 종 특유의 생명력'(inscape)이라고 했다. 그리고, 홉킨스에게 그리스도는 신이 인간이라는 종(種)에게 점지해 준 특유의 생명력(instress)을 한 개체의 모습(inscape) 속에 가장 완전하게 구현해 낸 가장 아름다운 인간이다. 그의 모습은 마치 새벽녘에 온 힘을 모아(buckle) 멋진 비상을 하는 황조롱이의 모습과 같고, 잿더미 속에 감춰져 있던 등걸불이 탁 튀어 붉은 속살을 드러날 때의 모습과 같다. 또한, 수십만 번 갈고 갈아 반짝반짝 빛나는 쟁기날의 모습처럼, 어떤 존재가 가장 완전하게 모습을 드러낼 때의 모습 바로 그것이다. 19세기 말 타락한 물질문명 속에서 현대인들이 잃어버린 것—그것은 바로 이 완전하고 아름다운 인간으로서의 '초인' 그리스도의 모습이다.

2. 모더니즘의 실험: 길 잃은 세대들(the lost generation)

되돌아보면, 서구의 근대는 도구적 이성에의 편집증적 집착으로 말미암은 로봇화된(robotized) 자유의 시대였다. 근대 초기에 인간의 이성은 수많은 불유쾌한 권위들로부터의 해방을 의미했었다. 첫째는 맹목적 신앙을 요구하는 신(神)들로부터의 해방이었고, 그다음은 전제군주들의 절대권력으로부터의 해방이었다. 그리고 각종의 편견과 미신과 유한한 경험과 편협한 윤리의식으로부터의 해방이었다. 그러나, 르네상스에서 시작된 계몽정신으로 얻은 진적한 자유는 그리 오래가지 않았다. 사람들의 의식을 길들이고 지배하는 새로운 신이 창조된 것이다. 이성신(理性神)이었다. 그것은 오래지 않아 물신(物神)으로 변했고, 그다음은 기계적 영상의 주물신(呪物神/fetish)으로 세상에 현신(現身)했다. 20세기에 들어 사람들은 물신과 주물신에 대한 맹목적 숭배로 정신이 가난해졌고, 주물신의 주문(呪文)으로 길들여져 자연적 자아와 비판정신을 잃었다. 계몽정신으로 길들여진 인간이 만들어 낸 현대문명이, 역설적으로, 자연을 황폐화시키고, 인간 정신의 온전성을 빼앗아 간 것이다. 이제 20세기의 서구인들은 천연의 자연과 자연상태의 인간을 감각(感覺)하고 지각(知覺)하고 사유(思惟)할 수 없게 되었고, 제 모습을 잃은 자연은 인간들에게 복수를 꿈꿨다. 이제 "인간적인, 너무나 인간적인" 인간들은 세상에서 자취를 감추었고, 오직 '광기 떤 이성'(irrational rationality)만이 세상을 지배하게 되었다. 세상이 온통 계몽주의적 자유주의의 역설로 일깨워진 소유욕과 지배욕의 굴레에 갇히고 만 것이다.

20세기에 들어 펼쳐진 영국, 프랑스, 독일 등 서구 열강들의 제국주의와 식민주의에서 히틀러와 스탈린의 전체주의로 이어지는 유럽의 역사는 헤겔이나 마르크스와 같은 역사가들의 목적론적 역사이론으로는 설명할 수 없는 무서운 역사였다. 이 시대의 역사는 광기 띤 이성에 지배되는 역사였고, 역사 속에서 개인이 누릴 수 있는 자유는 없었다. 헤겔은 그의 『역사철학 강의』(*General Instruction to the Philosophy of History*)에서 역사란 세계정신이 완전한 자유를 실현해 나아가는 과정이라고 말함으로써 역사는 진보한다는 그의 생각을 확신에 찬 어조로 펼쳐 놓았었다.[18] 그리고, 마르크스는 그의 『공산당 선언』(*The Communist Manifesto*)에서 "존재하는 모든 역사는 계급투쟁의 역사이며, 공산주의는 계급투쟁의 역사에 담긴 수수께끼를 푸는 열쇠"[19]라고 선언함으로써, 역사의 궁극적 지향점이 공산사회임을 말해 주었었다. 그러나, 20세기에 즈음한 서구의 역사에서 역사가 진보한다고 말할 수 있는 어떤 근거나, 역사의 지향점에 대한 수수께끼를 풀 수 있는 어떤 열쇠를 찾을 수 있는가? 전대미문의 세계적 규모로 치러진 1차 세계대전에서, 그리고 1917년 2월 혁명에서 시작된 러시아 혁명의 역사에서 역사의 지향점이 무엇인가에 대한 어떤 단서를 찾을 수 있는가?

1차 세계대전은 제국주의와 식민주의와 민족주의가 복잡하게 얽혀 발발한 영토전쟁이었다. 전쟁은 민족주의적 성격을 띠고 시작되었다. 1914년 6월 28일 세르비아의 한 민족주의자가 사라예보를 방문 중인 오스트리아-헝가리 왕위계승자인 퍼디넌드 공작(Archduke Francis Ferdinand)을 살해한 것이다. 이로써 오스트리아-헝가리는 세르비아에 전쟁을 선포했고, 연이어 유럽의 이해 당사국들이 끼리끼리 연합군을 편성해 전쟁에 참여했다. 프랑스, 영국, 러시아가 연합군을 형성했고, 독일, 오스트리아-헝가리, 터키가 다른 한쪽의 동맹군을 형성했다. 유럽 전역에 걸친 전선의 참호들에서 '나라를 위해서'라는 의미 없는 구호가 공허하게 메아리쳤다. 그리고, 피아의 구분 없이 끝없이 펼쳐진 기나긴 전선에서, 총알과 포탄의 세례를 받거나, 감염된 상처가 덧나거나, 독가스에 질식되어, 수백만의 인명이 희생되었다. 독일은 1914년 8-9월에 러시아를 패퇴시켰다. 1915년에는 세르비아를 몰락시켰다. 연합군의 줄기찬 공격에도 터키는 1915년까지 꿋꿋하게 버텨 주었다. 그러나, 1917년 독일 잠수함의 연합군 상선에 대한 무차별 공격은 미국으로 하여금 고립주의를 버리고 연합군에 가담하게 했고, 결과는 독일에 치명적이었다. 1918년 11월 11일 독일이 연합군에 항복함으로써 전대미문의 대규모 전쟁은, 적어도 문서상으로는 끝이 났고, 베르사유 조약과 그에 연계된 많은 조약들로 유럽과 중동의 지도는 철저하게 다시 그려졌다.

영토의 확장과 산업자원의 획득을 목적으로 했던 1차 세계대전은 명분에 있어서 이미 천박하고 치졸한 것이었다. 20세기의 영토전쟁에 비하면, 절세의 미인 헬렌을 도적질당한 그리스가 국민적 자존심인 그녀를 되찾아 오기 위해 10여 년에 걸쳐 벌인 고대의 트로이 전쟁은 얼마나 아름다운 전쟁인가? 그러나, 산업혁명으로 발달된 전쟁산업으로 서구의 문명인들이 '인간의 인간에 대한' 역사상 가장 잔인한 유혈전쟁을 벌였다는 것은 인간성에 대한 도저히 풀 수 없는 하나의 수수께끼가 아닐 수 없다. 통계에 의하면, 연인원 6,500만 명이 전쟁에 참전했고, 약 1,000만 명이 전사했으며, 전사자의 두 배가 되는 장병들이 부상을 입었다. 만약 인간이, 이유 없이 빙벽에 떨어져 죽는 들쥐(lemming)들처럼, 정신 깊은 곳에 어떤 자살충동(lemming urge)을 갖고 있는 것이 아니라면, 그의 정신 속에 보편적 이성이라는 것이 조금이라도 남아 있다면, 어떻게 그와 같은 진저리 나는 전쟁을 치를 수가 있을까? 모더니즘 시대의 미국 시인 에즈라 파운드(Ezra Pound)는 그의 시 「휴 셀윈 모벌리」("Hugh Selwyn Mauberley")에서 1차 세계대전에서의 헤아릴 수 없이 많은 의미 없는 죽음들을 이렇게 노래했다.

> 무수히 많은 사람들이 죽었다,
> 가장 훌륭한 사람들도 죽었다,
> 이빨이 빠진 늙은 암캐를 위해,
> 흉물이 되어 버린 한 문명을 위해.
>
> 수려한 입가에 띤 매력적인 웃음,
> 총총한 눈망울—모두 땅속에 묻혀 버렸네.
>
> 깨어져 버린 두 개의 조상(彫像) 더미를 위해,
> 수천 권의 다 해어진 책들을 위해.[20]

서구 근대의 자유주의 혁명은, 그리고 산업혁명은 러시아 역사의 방향도 완전하게 바꾸어 놓았다. 산업화의 맛을 본 러시아 국민들은 마침내 정치적 개혁을 저어하는 전제군주의 지배를 더 이상 용납하지 않았다. 1904년에 있었던 러일전쟁에서의 패배는 군주의 무능과 부패를 여실히 드러내 보여 주었고, 1905년 1월 22일 일요일 마침내 모든 계층의 러시아 국민들—농부들, 노동자들, 군인들, 지식인들, 종교적·민족적 소수민들 등등—이 봉기를 일으켜, 일부 귀족들과 함께, 제국에 대한 불만과 분노를 폭발시켰다. 피의 일요일(bloody Sunday)이었다. 개혁에 대한 약속은 많았지만, 끝내 약속된 개혁은 이루어지지 않았고 혹독한 무력진압이 뒤따랐을 뿐이다. 그리고 맞은 1차 세계대전으로 혼란은 더욱 가중되었다. 정부는 무기력했고, 전선은 지리멸렬했으며, 민중들의 삶은 고단했다. 1917년 2월(러시아 구력) 폭동이 일어났다. 배고픔을 벗어나기 위한 폭동, 이유 없는 노역에서 벗어나기 위한 폭동이었다. 민중들은 시민의 자유와 행복을, 조국의 부흥을 외치며 혁명가를 불렀다. 진압군들은 발포명령을 거부했고 황제는 폐위되었다.

그해 4월 3일 독일이 제공한 봉인 열차를 타고 망명지 스위스에서 레닌이 급거 귀국했다. 그리고, 그해 10월 사회주의자들이 주축이 되어 볼셰비키 혁명을 일으켰다. 최초의 마르크스주의 혁명이었다. 혁명의 도시 페트로그라드(Petrograd)에서 장갑차에 오른 레닌은 함성과 박수로 자신의 귀환을 환영하는 민중들을 향해 볼셰비키로서의 자신의 포부를 단 세 문장으로 이렇게 요약했다.

> 민중은 평화를 원한다. 민중은 빵과 땅을 원한다. 그러니, 그들은 전쟁과 기아를 주었을 뿐 빵을 주지 않았고, 땅은 여전히 지주들이 소유하고 있다.[21]

그러나, 혁명의 역설은 러시아 혁명에 있어서도 어김없이 일어났다. 볼셰비키 혁명은 지주들에게서 땅을 빼앗는 데에는 성공했지만, 러시아의 민중들에게 평화와 빵을 가져다주지는 못했기 때문이다. 혁명은 내전으로 이어졌고, 1920년까지의 4년에 걸친 황제 편의 백군(White Army)과 볼셰비키 세력의 적군(Red Army) 사이에 있었던 내전의 참상은 참으로 참혹했다. 1919년 11월 13일 남부 시베리아에서 있었던 백군의 퇴각은 인류 역사상 어디에서도 찾아볼 수 없는 처참한 광경이었다. 백군의 사령관이었던 콜차크(Kolchak) 제독과 함께 태평양 연안을 향해 퇴각하던 100만 명 이상의 피난민들과 군인들이 얼어 죽었고, 500톤가량의 금이 얼음 광야에 버려졌다. 그들 중 25만여 명은 이듬해 2월 말쯤에 바이칼 호수에 도착했었다. 그러나 희망은 곧 절망이 되었다. 영하 69도의 혹한이 그들의 생존을 허락하지 않았기 때문이다. 25만여 개의 주검들이 눈 속에 매장되었고, 여름이 와 호수 밑으로 가라앉을 때까지 주검들은 호수 위에 그대로 남겨져 있었다.

내전은 이렇게 볼셰비키의 승리로 끝났다. 그러나, 가난과 기아는 그대로였고, 나라 전체가 폐허가 되었으며, 스탈린(Stalin, "man of steel")의 전체주의로 상처는 끝없이 깊어졌다. 1924년 레닌이 죽자, 비열한 음모와 피비린내 나는 숙청과 잔학한 테러가 이어졌고, 수천만의 인명이 유배나 처형으로 내몰렸다. 살아남은 사람들의 삶도 끔찍하기는 마찬가지였다. 이제 스탈린의 러시아에서는 개인은 죽었다. 오직 국가만이 존재했다. 혁명은 한 번으로는 충분하지 않았다. 개인의 자유와 행복은 집단농장과 집산화된 산업현장에서의 '영원한 혁명'(Endless Revolution)의 구호 속에 묻혀 버렸다. 이제 러시아에서 모든 개인은 죽었다. 억압과 테러는 1930년대에 극에 달했다. 그리고, 그 파고는 1950년대에 다시 한 번 몰아쳤다. 1934년에 출판된 시집 『살아 있지만, 느끼지는 못한다』(*We Live, Not Feeling*)에서 오시프 만델스탐(Osip Mandelstam)은 스탈린의 치하에서 숨죽이고 살아가는 민중들의 모습을 이렇게 읊조린다.

> 우리는 지금 살아 있지만,
> 발밑에서 숨쉬는 이 나라를 지각하지 못한다.
> 열 발자국만 떨어지면, 우리들의 말은 들리지 않는다.
> 그렇지만, 희미하게 대화를 알아들을 수 있는 곳에서는—
> 사람들의 이야기는 모두 크레믈린 궁에 사는 산적 놈에 관한 것이다.[22]

영국의 정치 소설가 조지 오웰(George Orwell)은 그의 소설 『동물농장』(*Animal Farm*)에서 신랄한 풍자로 스탈린 치하의 전체주의자들이 어떻게 불의(injustice)를 저질러 민중들의 삶을 도탄에 빠트렸는지와, 민중들을 현혹하고 통제하기 위해 어떻게 말과 논리를 더럽히고 오염시켰는지를 이렇게 말해 준다.

> 모든 동물은 평등하다. 그러나 어떤 동물은 다른 동물들보다 더욱 평등하다.[23]

20세기 초 서구 역사의 비극은 광기 띤 이성의 지배로 서구의 정신 속에서 '비극정신'이 죽었기 때문에 생겨난 참혹한 비극이었다. 1차 세계대전과 러시아 혁명이 증명해 보이듯이, 20세기 초의 유럽문명은 나약한 정신으로 창조된 쇠락한 문명으로서, 인간의 인간에 대한 어마어마한 폭력으로 점철된 문명이었기 때문이다. 19세기 후반 니체는 그의 『비극의 탄생』(*The Birth of Tragedy*)에서 광기 띤 이성에 의존해 살아가는 현대인들의 삶 속에서 '비극은 죽었다'고 선언했다. 현대인들의 타락한 삶에서 자발성과 역동성이 살아 있는 적극적인 삶과, 긴장과 갈등을 창조적 상보관계로 승화하는 고결한 삶이 사라졌다는 것이다. 또한, 정신분석학자였던 프로이트도 그의 『문명과 그 불만』(*Civilization and its Discontents*)에서 문명을 가짐으로써 현대인들이 누리게 된 자유는 사실은 허위의식이며, 원초적 욕망의 억압으로 생겨나는 강박증(노이로제)으로 값을 치러야 하는 조건화된 자유임을 천명했다. 산업자본주의 문명 속의 현대인들이 누리는 자유는 원시적 자아의 욕망을 억압한 대가로 얻은 허위의식화된 자유로서 부조리한 자유라는 것이다.

인간은 죽는다. 그러므로, 세상의 모든 삶은 어차피 비극이다. 그러나, 버나드 쇼가 그의 『인간과 초인』(*Man and Superman*)에서 갈파한 대로, "비극에는 두 가지 종류의 비극이 있다. 하나는 가슴에 파고드는 욕망을 좌절시키는 비극이고, 다른 하나는 그 욕망을 승화시키는 비극이다."[24] 다시 말해, 다른 하나는 삶 속의 아픔과 슬픔이 삶을 아름다운 모습으로 지속하게 하는 힘의 원천이 되는 비극이다. 그렇다면, 20세기의 산업자본주의 문명이 낳은 비극은 어느 쪽일까? 20세기 초의 서구인들이 겪었던 아픔과 슬픔은 어느 모로 보아도 삶을 아름다운 모습으로 지속하게 하는 힘의 원천이 되지 못했다. 비극정신의 죽음으로 삶의 비극미(悲劇美/tragic beauty)가 사라진 것이다. 20세기 서구문명인들의 아픔과 슬픔에는 어떤 자발성도 어떤 역동성도 살아 있지 않았으며, 그들의 아픔과 슬픔이 긴장과 갈등 속에서 보다 고결한 삶으로 승화되지도 못했기 때문이다. 또한, 20세기의 문명인들이 누리게 된 자유는 영혼 깊은 곳에서 소용돌이치는 원초적 욕망을 억압함으로써 얻은 자유로서, 소유와 지배의 강박증(노이로제)으로 그 값을 치러야 했던 자유였기 때문이다.

20세기 초 유럽의 역사에 펼쳐진 비극미가 사라진 참혹한 비극은 합리주의 문명에 취해 잠들어 있던 서구인들의 혼미한 정신을 흔들어 깨웠고, 그들에게 섬뜩한 자각과 함께, 계시(apocalypse)와 영감을 주었다. 모더니즘은 이 시대의 사람들이 얻은 타락한 문명에 대한 자각과 계시와 영감의 문학적·철학적 표현이다. 감수성의 측면에서 볼 때, 문학에 있어서의 모더니즘은 '계몽의 역설'에 빠진 20세기 문명에 대한 이 시대 서구인들의 문명에 대한 딜레마의 표현이자, 문명에 대한 비판이다. 좀 더 구체적으로 말하면, 그 문명에 대한 절망(disillusionment)이자 거부(resistance)이고, 초월에의 의지(the transcending will)이자 향수(nostalgia)이다. 그리고, 엘리엇, 파운드, 조이스, 포크너 등을 중심으로 하는 이 시대의 모더니스트 작가들이 그들의 절망과 거부, 초월에의 의지와 향수를 다다이즘(Dadaism)과 아방가르드(Avant-garde), 실존주의(Existentialism)와 고전주의(Classicism)의 형식으로 표현해 놓은 것이다.

20세기 초, 서양의 역사가 근대 계몽주의 문명의 한 막다른 골목을 향해 질주할 때, 프랑스의 현대시인이었던 폴 발레리(Paul Valery)는 그의 에세이 『정신의 위기』(*The Crisis of the Mind*)에서 유럽의 정신이 회복될 수 없는 심각한 위기에 처한 것을 보았다. 유럽문명의 신봉자로서 모든 것은 유럽을 향하고, 모든 것은 유럽에서 시작된다고 썼던 그는 이 에세이의 '첫 번째 편지'에서 "우리는 지금 우리 모두가 역사의 심연에 깊이 빠져 있는 것을 본다. … 우리는 모든 것을 잃었다, 그리고 모든 것이 사라져 버릴 것이라고 직감한다"고 쓰고 있다.[25] 발레리가 감지했듯이, 1차 세계대전을 몰고 온 유럽의 문명은 유리컵처럼 깨어지기 쉬운 혼돈과 무질서의 문명이었고, 그 혼돈과 무질서의 본질은 현대문명 그 어느 곳에서도 삶과 정신에 질서와 아름다움과 의미를 줄 참조체계(the reference system)가 없다는 것이었다. 이제 사람들은 무엇을 생각하고, 무엇을 상상하고, 무엇을 느끼며 살아야 할지를 알지 못했고, 조각조각으로 파편화된 생각들이 기괴한 불협화음을 내며 물신의 지배를 공고히 다져 주고 있었다.

19세기에 이미 니체가 선언했던 대로, 수천 년 동안 서구인들의 정신을 가다듬어 주었던 기독교 신은 죽었고, 그들의 정신을 기름지고 아름답게 해 줄 새로운 신은 아직 태어나지 않았다. 이에, 20세기의 유럽인들이 마침내 가늠할 수 없는 불안(anxiety)과 고뇌(anguish)에 휩싸이게 된 것이다. 독일의 신학자였던 폴 틸리히(Paul Tillich)는 그의 책 『삶에의 용기』(*The Courage to Be*)에서 그의 시대를 '불안의 시대'(the age of anxiety)라고 이름붙였다. 그리고, 이 시대의 불안이 '정신적 중심의 상실'(the modern world's loss of a spiritual center)에 기인하는 '삶의 의미 없음에 대한 불안'(the anxiety of meaninglessness)이라고 갈파했다.[26] 그에 의하면, 그의 시대의 유럽인들은 삶에 의미를 주던 어떤 신에 대한 믿음이나 어떤 신을 향한 목적도 없이, 삶의 문제들을 오직 자신의 선택만으로 해결해야 했다. 겉으로 보기에는 그들은 완전한 자유인이었다. 그러나, 그들의 자유는 어떤 신이나 어떤 본질(essences)에 대한 참조가 없는 선택의 자유로서, 자신뿐만 아니라 자신이 속한 공동체를 위해서 어떤 책임도 지지 않는 죽음(non-being)에의 자유이자, 죽음을 향한 자유로서 지극한 불안과 고뇌를 수반한 자유였다.

삶을 의미 있게 할 모든 가치들이 사라져 버렸다는 '가치의 죽음'에 대한 불안과 공포는 역사상 유례없는 규모로 치러진 1차 세계대전을 경험하며 마침내 유럽인들의 정신 속에서 정점에 다다랐다. 에리히 르마르크(Erich M. Remarque)는 그의 소설 『서부 전선에는 적막이 흐를 뿐』(*All Quiet on the Western Front*)에서 오직 죽음과 죽음에 대한 공포만이 모든 것을 설명해 주는 전선의 모습을 이렇게 소설로 옮겨 놓았다.

> 나는 젊다, 나는 스무 살이다. 그렇지만, 나는 인생을 모른다. 내가 아는 것은 오직 절망과 죽음과 공포와 얼빠진 허울이 슬픔의 심연을 덮고 있다는 것뿐이다. 사람들이 마주보고 전선을 이루어, 침묵 속에서, 자기도 모르는 사이에, 바보처럼, 명령에 따라, 천연스럽게 상대를 살해한다. 내가 알고 있는 또 하나의 사실은 살상의 무기들을 만들어 낸 것도 세상에서 가장 똑똑한 자들이 한 짓이고, 슬픈 현재를 그럴듯하게 말로 포장해 지속시키는 것도 그들의 짓이라는 것이다.[27]

그곳에는 오직 이성의 광기가 뒤덮인 전선의 참담함과 엄청난 규모의 전쟁을 일으킨 인간들의 우매함이 지배하고 있을 뿐이었다.

모더니스트 시인 파운드도 그의 시 「휴 셀윈 모벌리」에서 모든 참 가치들과 아름다움들이 식민주의자들의 식민야욕에 속아 전쟁의 포화 속에서 사라졌음을 이렇게 읊었다.

> 전대미문의 무모함, 전대미문의 손실.
> 젊은 피와 고결한 피,
> 예쁜 뺨들, 건강한 육체들.

예전엔 결코 들어 보지 못한 인내,
예전엔 결코 들어 보지 못한 솔직함,
예전엔 결코 말해진 적이 없는 환멸,
히스테리, 참호 속의 회개,
죽은 자의 배에서 새어 나오는 유령 같은 웃음.[28]

그리고, 헤밍웨이는 참 가치와 참 의미의 모든 참조체계가 전쟁 속에서 사라졌다는 불안과 상실감에서, 길을 잃고 무기력증에 빠져 허우적거리며 정신적 황무지를 방황했던 자신들의 세대를 '길 잃은 세대'(the lost generation)라고 이름 지었다.

모더니즘 예술은, 적어도 하나의 의미에서는, 비극미가 사라진 삶을 앞에 놓고 무가치의 절벽 앞에 선 이 시대 '길 잃은 세대'들의 지극한 허무와의 만남의 이야기였다. 니체는 에세이 『영웅 허무주의자』(*The Nihilist as Hero*)에서 허무와의 만남으로 오직 새로운 신은 탄생한다고 말하고, 『짜라투스트라는 이렇게 말했다』에서 허무와의 만남으로 어떻게 새로운 신인 '초인'이 태어나는가를 보여 주었다. 그러나 헤밍웨이의 '길 잃은 세대들'이 만났던 허무는 니체의 짜라투스트라가 만났던 허무와는 본질적으로 달랐다. 그것은 초월할 수 있는 허무가 아니었으며, 허무 그 자체로서 허무 그 이상도, 허무 그 이하도 아닌 '온전한 허무'(nothing itself)였기 때문이다. 헤밍웨이의 단편 「깨끗하고 환한 곳」("A Clean, Well-lighted Place")에는 헤어 나올 수 없는 허무 앞에서 절망해 자살을 하는 1차 세계대전 참전용사였던 한 노인의 이야기가 나온다. 참전용사로서 그 노인이 세계대전의 참상을 통해 들여다본 허무는 그가 가진 엄청난 돈으로도 도저히 넘어설 수 없는 어마어마한 허무였었다. 이 이야기 속에서 헤밍웨이는 한 인물의 입을 통해 그가 맞은 허무(nada/nothing)를 이렇게 정의한다. 그리고, 그로 하여금 허무의 신(神)에게 다음과 같은 조롱 조의 기도를 올리게 한다. "허무가 허무를 이겨 우리들의 삶을 허무에서 구해 주소서!"

> 그가 두려워했던 것이 무엇이냐고? 그건 말이야, 공포도 두려움도 아니야. 그건 그가 너무나 잘 알고 있는 어떤 허무였지. 그건 어떤 허무라는 것인데, 인간도 무용지물이지. 그게 전부이고 그걸 위해 필요한 것은 빛이 전부야. 아니, 약간의 깨끗함과 약간의 질서가 있으면 더 좋겠지. 사람들은 그 속에 살면서도 결코 그걸 느끼지 못해. 그러나 그는 그걸 알고 있었어—허무가 지나고 나면 또 허무, 허무가 지나고 나면 또 허무, 허무가 전부라는 걸 알고 있었어. 허무를 안고 사는 허무의 신이여, 허무가 그대 이름이 되게 하소서, 그대의 영토가 되게 하소서, 그리고 그대의 의지가 허무 속에 빠져 있게 하소서. 우리들이 매일같이 이 허무의 신을 섬기게 하시어 허무의 삶이 우리들의 삶이 되게 하시고, 허무가 허무를 이겨 우리들의 삶을 허무에서 구해 주소서. 허무로 충만한 허무를 열렬히 맞아, 허무가 그대와 함께 있게 하소서.[29]

헤밍웨이는 그의 소설 『태양은 또다시 떠오른다』(*The Sun Also Rises*)에서 그의 주인공 제이크 반스(Jake Barnes)로 하여금 다시 한 번 초월할 수 없는 허무와 마주하도록 한다. 전쟁의 상흔으로 육체적 사랑을 할 수 없었던 그에게는 태양은 떴다가는 지고, 뜬 곳으로 다시 돌아오지만, 진실한 사랑에 대한 그의 바람은 그것이 아무리 간절하다 해도 헛된 환상에 불과했다. 간절한 바람을 외면하는 도저히 넘어설 수 없는 허무—유럽의 아방가르드였던 다다이스트들(Dadaists)은 헤밍웨이가 '나다'(nada/nothing)이라고 불렀던 이 허무에 '다다'(dada, 목마/장난감 말)라는 이름을 붙여 주었다. 전설에 의하면, 그 이름은 우연히 펼친 사전 속에서 아무렇게나 마주친 한 단어에서 따온 것이었다고 한다. 그리고, 그들은 극단적 반이성주의자가 되어, 그들의 의식 속에서 광기 띤 이성과 합리의 흔적을 모두 지우려 했었다. 다다이즘이었다.

「1915년 취리히에서」("In Zurich, 1915")에서 한스 아르프(Hans Arp)는 이렇게 외친다.

> 화가도 그만, 작가도 그만, 음악가도 그만, 조각가도 그만, … 무정부주의자도 이제 그만, 사회주의자도 이제 그만, 볼셰비키도 이제 그만, 정치인도 이제 그만, … 우상이란 우상은 모두 없애 버려라. 이제 그만, 이제 그만, 이제 그만, 아무것도, 아무것도, 아무것도 안 돼.[30]

또한, 이 모임의 중심이었던 트리스탕 차라(Tristan Tzara)는 그의 글쓰기에서 모든 전통적인 문법의 흔적을 말끔히 쓸어 내는 기법으로 시를 쓰기도 했다. 그는 신문뭉치를 잘게 잘라 자루에 넣고 흔들다가 신문조각들을 꺼내 마구잡이로 나열했다. 결과는 다음과 같은 시가 되었다.

> 비행기가 짠다 전보 줄들
> 그리고 분수가 노래한다 똑같은 노래[31]

다다이즘은 반이성주의의 한 극단이었고, 이제까지 느껴 보지 못한 새로움에도 불구하고, 그것만으로는 아무것도 변화시킬 수 없는 공염불에 불과했다. 그에 따라, 다다에 참여했던 한 분파의 사람들이 프로이트에게서 혜안을 얻어 이성적 자아로부터의 무의식의 해방을 외치며, '안녕, 다다'를 선언하고, 초현실주의자들이 되었다. 그들은 프로이트의 도움을 얻어 꿈속에서, 그리고 환상의 순간에, 인간의 정신은 이성의 압제에서 벗어나 자유로워질 수 있다고 믿었다. 프랑스 시인 앙드레 브르통(André Breton)은 1924년에 출판된 그의 「첫 번째 초현실주의 선언」("The First Surrealist Manifesto")에서 자신들이 추구하는 초현실주의(Surrealism)를 '무의식적 자동 행동'(psychic automatism)이라고 선언하면서, 합리적 사고를 창의력과 상상력을 제한해 예술적 표현을 방해하는 불순한 정신으로 규정했다.[32] 그리고, 그는 인간의 의식이 닿지 않는 곳에 깊이 숨어 있는 무의식에 시적 진실이 있다고 믿으면서, 시적 영감을 얻기 위해 그곳에 도달하고 그곳을 표현해 내는 것을 예술 지고의 목적으로 삼았다.

초현실주의자들은 어떤 형태의 신비주의자들이었다. 그들은 꿈과 환상 속의 시간과 공간을 경험했고, 전화기나 X-ray나, 자동차나 비행기 같은 기술문명도 무의식의 흐름을 따라 경험했으며, 의식 속의 선과 면이 아닌 입체적이고 추상적인 방식으로 의식의 내면을 그려 냈다. 스티븐 컨(Stephen Kern)은 그의 책 『시간과 공간의 문화, 1880-1918』(*The Culture of Time and Space, 1880-1918*)에서 1880년경부터 1차 세계대전이 발발할 때까지의 기간 동안에 이 시대 초현실주의자들의 시간과 공간을 경험하는 방식의 변화에 대해 이렇게 설명했다.

> 기술과 문명의 일련의 급격한 변화 속에서 시간과 공간을 생각하고 경험하는 괄목할 만한 새로운 방식이 생겨났다. 기술의 혁신이 … 물질적 토대가 되어, '의식의 흐름' 소설, 정신분석학, 큐비즘, 상대성 이론과 같은 새로운 경향이 다른 무엇의 간섭도 받지 않고 인간의 의식을 직접적으로 모양 짓게 된 것이다. 결과는 삶과 사고가 걸쳐 있는 차원을 크게 변모시킨 것이었다.[33]

19세기 세기말의 프랑스 소설가였던 마르셀 프루스트(Marcel Proust)의 소설 『잃어버린 시간을 찾아서』(*In Search of Lost Time/Remembrance of Things Past*)는 이 시대 초현실주의자들이 어떻게 그들의 시간과 공간을 경험했는지를 보여 주는 하나의 훌륭한 예이다.[34] 병적으로 과민한 감수성의 소유자였던 프루스트는 1905년 어머니의 죽음을 기점으로 세상과 절연하고 닫힌 공간에 자신을 유폐했다. 그는 자신의 방을 코르크로 막고 커튼을 쳐 빛과 소리를 차단하고, 낮에 잠자고 밤에 글을 쓰면서 그 속에서 20여 년 동안이나 자신의 무의식을 탐색했다. 그는 꿈을 추적했고, 연상(association)을 좇아 기억의 실타래를 풀었다. 무의식 속에서의 그의 시간은 시계의 시간을 따라 흘러가는 기계적 시간의 흐름을 멈추게 했고, 그의 기억은 연상의 고리를 따라 스스로의 생명력으로 눈사람처럼 부풀어 올랐다. 4,000페이지에 이르는 여덟 권의 방대한 소설 『잃어버린 시간을 찾아서』는 이렇게 세상에 나왔다. 그렇지만, 프루스트에 의하면, 1922년 그가 죽을 때, 그는 아직 소설의 1/3을 미완으로 남겨 둔 상태였다.

이 소설을 통해 소설가 프루스트는 자신의 상상력에 의해 해방된 소설 속의 무의식의 공간이 합리와 이성의 틀에 묶인 어떤 의식의 공간보다 더 크고 넓다는 것을 증명해 보여 주었다. 그리고, 의식의 흐름이 이성의 틀에서 벗어날 때 어떻게 수많은 금기와 편견에서 벗어날 수 있는지도 보여 주었다. 그에게, 합리의 터부(taboo)에서 해방된 꿈과 환상의 공간은 어떤 이유로도 삶에서 배제될 수 없는 생명력 넘치는 삶의 아름다운 샘이었다. 이 소설을 통해 소설가 프루스트는 '상상의 자유는 그냥 자유가 아니다, 그것은 생명의 자유다'라고 선언하는 듯하다. 상상의 공간은 지성을 초월해 생명이 살아 있는 해방의 공간이기 때문이다.

3. 전성기의 모더니즘: 잃어버린 과거(the usable past)를 찾아서

다다이즘과 초현실주의의 모더니즘이 천연의 자연과 자연상태의 인간을 감각(感覺)하고 지각(知覺)하고 사유(思惟)할 수 없게 된 황폐한 정신에 대한 절망과 거부라면, 그 절망과 거부가 모더니즘의 전부는 물론 아니었다. 파운드나 엘리엇, 로런스, 조이스, 포크너, 카프카와 같은 '본격 모더니스트'들과 그들을 뒤따르는 실존주의자들은 광기 띤 이성으로 타락한 서구 합리주의 문명에서 그들이 느낀 문화적 위기의식과 '소중한 과거'(the usable past)

속에 갈무리되어 있는 고결한 가치들에 대한 문화적 통찰을 그들의 작품 속에 담아 냈다. 그들의 작품들은 어쩌면 절망의 현대문명 속에 갇혀 고결한 정신을 잃고 메마른 삶을 살아가는 사람들의 서글픈 자화상인지 모른다. 그러나, 19세기의 문화비평가였던 매튜 아널드에게 그랬던 것처럼, 모더니스트 작가들에게도 자발성과 역동성과 고결함의 가치들로 충만했던 과거는 아름다웠다. 또한, 로런스의 경우에 그렇듯이, 문명으로 뒤틀리지 않은 자연인의 소박한 자발적 욕정이 지고의 가치를 지녔었다. 그들은 이성을 섬기기 위해 감성이 죽어 버리지 않는 자연인의 열정을 되찾아 오기를 바랐고, 감성과 지성이 상보적 관계로 승화하는 삶이 존재했던 '소중한 과거'에 대한 진한 향수(鄕愁)를 내비쳤다. 그들은 "잃어버린 시간을 찾아서" 그리스와 로마의 신화 속을 거닐었고, 문명에 길들지 않은 오지에서 문명으로부터의 피난처를 찾았으며, 고결한 지조와 믿음으로 갈무리된 아름다운 부(富)를 추구했던 과거에 대한 비전을 잃지 않았었다. 그러나, 망측한 몰골의 현재가 이성과 감성의 균형 속에서 고결하고 아름다웠던 과거로 되돌아갈 수 없음을 깨달았을 때, 그들은 절망했다. 엘리엇은 그의 시 『황무지』에서 기도했다. "지금 내가 서 있는 물가의 땅 한 뼘만이라도 아름다운 질서 속으로 되돌릴 수 있기를."

> 조각난 시들을 쌓아 나는 내 폐허를 지탱해 왔다
> 당신 뜻에 따르지요. 히에로니모는 다시 꼭지가 돌았다.
> 주라, 동정하라, 자제하라.
> 샨티 샨티 샨티[35]

광기 띤 이성의 뿌리 깊은 타락에서 생겨난 물질지상주의 문명에 대한 모더니스트 작가들의 저항은 19세기의 그것보다 훨씬 깊고 어두운 모습으로 나타났다. 19세기의 니체에게처럼, 그리고, 20세기 초의 프로이트에게처럼, 모더니스트 작가들에게도 도구화된 이성의 광기로 창조된 현대문명은 지극히 불만족스럽고, 나아가 몹시 두려운 것이었다. 그러나, 모더니스트들의 문화적 감수성의 깊이는 19세기 작가들의 그것보다 훨씬 깊었으며, 그들의 상상력과 표현력도 훨씬 넓고, 깊고, 세련된 것이었다. 모더니스트들에게 삶이란 인간의 이성으로 만들어진 어떤 체제에도 온전하게 갈무리될 수 없는 너무나 큰 것이었고, 20세기 문명 속에서의 인간 정신의 타락은 상상을 초월하는 것이었기 때문이다. 20세기 서구의 산업자본주의 문명은 이러저러한 합리지향의 체제들—자유주의, 보수주의, 과학주의, 자본주의, 공리주의, 공산주의, 제국주의, 국수주의 등등—속에 삶을 감금해 버렸다. 결과는 삶의 본질적 생명력과 비극미—죽음을 지향하기에 어쩔 수 없이 비극적이지만, 디오니소스적 생식에의 열정과 아폴로적 형상에의 의지가 있기에 한없이 아름다운 삶이 지닌 아름다움—가 사라진 문명의 파산이었다. 예이츠, 파운드, 엘리엇, 조이스, 포크너 등의 모더니스트들은 그들의 작품 속에서 그들이 몸담고 살아가는 문명의 파산을 애도했다.

예이츠: 비극미를 잃은 현대문명

예이츠가 '본격 모더니스트'인가에 대한 논란이 끊이지 않지만, 적어도 문화적 감수성의 면에서는, 그리고 그의 후기 시에 나타난 상상력과 표현력의 폭과 깊이에 있어서는 그는 한 사람의 모더니스트 작가임이 틀림없다. 20세기 전반 수백 년 동안이나 영국에 문화적으로 예속되어 있었던 아일랜드에서 시를 썼던 시인 예이츠—그는 긴 노예상태에도 조금도 아랑곳하지 않는 아일랜드 국민들에게서 깊은 절망을 보았기 때문이다. 그리고, 아일랜드의 전설 속 영웅들의 비극적 삶을 초탈하려는 의지와 열정을 그려 냄으로써, 깊이 잠든 아일랜드 사람들의 영혼을 깨워 내려 했기 때문이다. 예이츠는 그의 시 「시간의 십자가 위에 피어난 장미에게」("To the Rose upon the Rood of Time")에서 그들의 선조들이 시간 속에 숙명적으로 잠재되어 있는 삶의 비극성을 어떤 열정과 의지로 초탈하려 했는지, 그리하여 다른 누군가에 예속되지 않은 보다 큰 삶을 어떻게 살아가려 했는지를 이렇게 그린다.

붉은 장미, 자랑스런 장미, 슬픈 장미 — 내 삶을 함께했었지!
내가 옛날을 노래하는 동안, 내 가까이 있어 다오.
쿠 훌린(Cuchulain)은 짠 바닷물과 싸웠었지.
숲에서 수양을 한 조용한 눈을 가진 백발의 드루이드 사제는
퍼거스에게 꿈을 던졌었지 — 말로 다 할 수 없는 파멸. …
내게 가까이 와서, 인간의 숙명에 더 이상 현혹되지 않게 해 다오,
그래서, 내가 영겁의 아름다움을 찾을 수 있게 해 다오.
그것은 지금 사랑과 증오의 나뭇가지 아래서, 또는
하루를 살고 마는 가련하고 어리석은 것들에서 헤매고 있으니.[36]

시 속의 화자는 자신의 생애 동안 삶에 대한 열정(red rose)과 자긍심(proud rose)과 슬픔을 함께 주어 왔던 아일랜드 십자가 속의 장미(the rose upon the rood)에서 시적 영감을 구하려 한다. 혈혈단신으로 울스터(Ulster)를 방어하다 짧은 생을 다했던 쿠 훌린(Cuchulain)의 용기와 켈트족 젊은이들에게 꿈과 희생정신과 비극적 삶을 가르쳐 주었던 드루이드교 사제들의 지혜를 노래하려 한다. 그리고, 그것으로 초탈을 갈망하는 평범하고 작은 것들에도 자신의 장미 숨결을 나눠 주고 싶어 한다. 그러나, 그의 속세로부터의 초탈에의 소망은 죽을 운명을 진 필부필부들의 노역 어린 무거운 희망을 저버릴지 모른다는 두려움으로 심하게 흔들린다. '신(神)이 오래전에 죽은 현자(賢者)들의 가슴에 대고 몰래 말해 주었던 이상한 이야기들을 나 혼자 듣게 되는 것은 아닐까? 사람들이 한 번도 들어보지 못한 말투로 내가 노래하게 되는 것은 아닐까?'

시인 예이츠에게 부르주아 계급이 지배하는 20세기 아일랜드의 역사는 사랑과 연민과 후회가 없는, 매너리즘에 빠진 비인간적인 역사로서 무디

고 잔인한 역사였다. 포스터(R. F. Forster)가 그의 책 『예이츠의 생애』(*W. B. Yeats: A Life*)에서 말해 주었듯이, 예이츠는 평생 그의 고향이자, 아일랜드인들의 마음의 고향이었던 슬라이고(Sligo)를 동경했다. 그곳에서는 그가 그토록 싫어했던 '더블린 자본계급의 넋 빠진 삶'을 멀리할 수 있었고, 그곳은 아일랜드의 산하(山河)에서 풍기는 옛 아름다움과 아일랜드 문화에 깃들어 있는 기품 있는 정신이 묻어나는 곳이었기 때문이다. 그리고 무엇보다 그곳의 사람들은 사람을 대할 때 불량한 태도와 마음가짐을 보이지 않았기 때문이다.

> 슬라이고는 예이츠 세대의 아이들에게는 그들의 조상들이 끊임없이 강조해 왔던 삶의 범절들을 품고 있는 곳이었다. 그곳의 풍경과 그곳 사람들의 삶에는 아일랜드 사람들의 기품 있는 정서와, 품위 있는 대화와, 예술을 대하는 심미안과, 신사다운 태도가 배어 있었다. 이런 것들이 막돼먹은 도시 런던과 자본계급이 판치는 더블린 세계에서 멀리 떨어져 있어 받는 불이익을 보상해 주고 있었다.[37]

사람들이 '세상'이라고 불렀던 더블린 중산계급의 사람들에게는 예술은 할 일 없는 사람들의 소일거리였고, 가슴 저린 아픔을 주는 사랑은 부질없는 짓이었다. 그의 시 「아담의 저주」("Adam's Curse")에서 예이츠는 더블린에 사는 '세상 사람들'의 속물근성을 이렇게 묘사한다.

> 감미로운 가락을 엮어 생각을 싣는 것은
> 세상 어떤 노동보다 힘든 일이지만,
> 순교자들이 세상이라고 부르는
> 은행원이나, 선생이나, 목사 나부랭이 같은 속물들에게는
> 하릴없는 놈팡이들이 하는 짓으로 보일 겁니다.[38]

이어서 그의 시 「청옥 부조(靑玉 浮彫)」("Lapis Lazuli")에서는 예술혼이 말라 버린 인간들이 만들어 낼 세상이 어떤 세상인가에 대해 다음과 같이 말한다.

> 히스테리에 빠진 여자들이 말했다.
> "정말 역겨워! 팔레트도, 바이올린 활도, / 마냥 즐겁기만 한 시인 나부랭이들도. / 어떤 단호한 조치가 취해지지 않는다면 / 에어로플레인과 제플린이 날아와서 / 빌리 왕처럼 폭탄을 마구 퍼부어 댈 거야. / 그러면 도시 전체가 완전히 납작해지겠지. / 누구나 이미 다 알고 있는 거 아닌가? / 아니면 마땅히 알아야 할 일 아닌가?"[39]

예이츠의 눈에는, 아일랜드의 '세상 사람들'은 어떤 깊은 영적 갈망도 없이, 노예근성의 비굴한 매너리즘에 빠져 이렇게 살아간다. 그들에게 민주주의를 지지하지 않은 것은 곧 포악한 전제정치를 지지하는 것이고, 부르주아 민주주의는 언제나 풍요와 자유를 약속하는 버팀목이며, 가톨릭교 신앙은 여전히 현세의 비극적 삶을 구원해 줄 단 하나의 열쇠였다. 「미친 제인이 주교와 이야기한다」("Crazy Jane Talks with Bishop")의 시작 부분은 이 시대 아일랜드의 '세상 사람들'이 절망적인 현실 앞에서 얼마나 굴종적인 매너리즘에 빠져 있었는가를 여실히 보여 준다.

> 거리에서 주교님을 만나
> 많은 이야기를 나눴다.
> "젖가슴이 다 무너졌구나!
> 이제 피도 바짝 말라 버릴 거야,
> 더러운 돼지우리에 살지 말고,
> 하느님의 저택에서 살아야지."[40]

이 시에서, 아일랜드 성당의 주교는 아직도 수천 년 전에 도식화된 교리, 즉

신에 대한 형이상학적 사랑만이 영혼의 구원을 얻는 단 하나의 진정한 길임을 말한다.

「아담의 저주」에서 예이츠는 숙고한다. 세상에 가치 있는 것 — 예술이든, 여성의 아름다움이든, 사랑이든 — 은 무엇 하나 공들이지 않고 얻을 수 있는 것은 없다. 그러나, 20세기의 역사 속에서는 혼신의 내공을 다한다 해도, 가치 있는 어느 하나도 얻을 수가 없다. 무엇 때문일까? 시인 예이츠가 대답한다. '아담의 저주' 때문이라고. 먼 옛날 인간이 신성을 접해 역사가 시작될 때, 그가 신의 '힘'을 입으면서 엄청난 전율과 쾌감을 느꼈을 뿐, 신의 '섭리'는 받아들이지 못했기 때문이라고. 이탈리아식 소네트 형식으로 쓰인 「레다와 백조」("Leda and the Swan")의 후반 6행에서 예이츠는 대담한 수사의문(修辭疑問/rhetorical question)으로 퇴행적 역사의 일그러진 현재를 다음과 같이 설명한다.

> 허리춤의 전율 — 그것으로 성벽은 무너지고,
> 지붕은 불타고, 탑은 주저앉았다,
> 그리고, 아가멤논도 죽었다.
> 하늘에서 날아든 짐승에게 그렇게 움켜잡혀,
> 그의 피에 그렇게 정복당했을 때,
> 흥미를 잃은 그의 부리가 그녀를 놓아 주기 전에
> 그녀는 그의 힘과 함께 그의 지혜도 전수받은 것일까?[41]

그 옛날 인간 레다와 제우스 신의 교접으로 인간의 역사가 시작되었을 때, 그녀가 드높은 신성을 입지 못한 까닭으로, 마치 하늘의 달이 쉼 없는 시간의 파도에 쓸리고 쓸려 파리하게 이울듯, 인간의 정신도 이울고 이울게 되었으며, 그에 따라 역사도 그렇게 이울게 된 것이다.

그러나, 이울고 또 이울어 역사는 어디로 가는 것일까? 그의 시 「재림」("The Second Coming")에서 예이츠는 소름 끼치는 이미지로 광기 띤 합리주의 역사의 종언(終焉)을 본 한 허무주의자의 몸서리쳐지는 전율을 다음과 같이 그린다.

> 재림! 말이 떨어지기가 무섭게
> '영혼의 저장소'에서 나온 한 거대한 형상이
> 내 눈을 어지럽힌다. 사막의 모래사장 같은 곳에서,
> 사자의 몸뚱이에 인간의 머리를 한 짐승이,
> 하늘의 태양처럼 횅댕그렁하고 무자비한 눈빛으로,
> 느린 걸음으로 걸어 나온다. 주위에는
> 성난 새들이 그림자로 원을 그리며 선회한다.
> 어둠이 다시 내린다. 그렇지만, 나는 알고 있다.
> 흔들리는 요람이 2천 년의 깊은 잠을 깨워
> 악몽에 시달리게 했음을.
> 아, 무슨 괴물인가! 마침내 제 시간이 되었을 때,
> 그는 강림을 위해 베들레헴으로 천천히 걸어오고 있다.[42]

그리고, 새로이 태어날 역사의 미래를 예언한다. 르네상스에서 시작된 합리의 역사가 끝나고 새로이 태동하는 역사는 인간의 머리에 사자의 몸뚱이를 한 반인반수(半人半獸)의 역사가 될 것이다. 이제는 아침이 되어도 온 세상에 빛과 생명과 질서를 주던 시원의 태양은 다시 떠오르지 않을 것이다. 오직 횅댕그렁한 눈빛으로 세상을 비추는 비정한 태양이 신의 모습으로 세상을 지배하게 될 것이다. 그리고, 그 태양신의 은총 아래서, 테베의 전설 속에 나오는 괴수(怪獸)의 모양을 한 험악한 괴물(rough beast)이 어슬렁거리며 잉태의 요람으로 걸어와 수천 년의 인간의 역사를 초토화하고, 새로운 기원의 짐승의 역사를 열어 갈 것이다.

역사가 이울고 이울어 어쩔 수 없이 비극으로 종언을 고할 때, 그 비극을 어떻게 맞고 살아갈 것인가? 이는 20세기 초 아일랜드의 굴종적 현실에

서 환멸을 느꼈던 예이츠에게 풀리지 않는 하나의 수수께끼였다. 예이츠는 『짜라투스트라는 이렇게 말했다』에 나오는 니체의 '초인'에게서 허무주의를 넘어서는 하나의 방법을 찾았었다. "모든 역사는 어쩔 수 없이 비극으로 가득하지만, 비극의 내연(內延) 깊은 곳에는 처연하지만 헤아릴 수 없이 큰 아름다움이 들어 있다."[43] 비극미라는 것이다. 삶은 어쩔 수 없이 아픔과 슬픔으로 가득한 것일지라도, 적어도 그것은 아름다운 형식 속에 갈무리될 수는 있다는 것이다. 그의 시 「청옥 부조」에서 예이츠는 단 몇 줄의 시구로 삶에 대한 이 엄청난 진리를 이야기한다.

> 인간은 누구나 자신의 비극을 연출한다. …
> 저기 햄릿이 점잖을 빼며 걷고 있다, 저기엔 리어 왕이,
> 저기엔 오필리아가, 아니 저기엔 코딜리아가.
> 그러나, 비극이 마지막 장면까지 이어지려면,
> 그래서 거대한 무대의 막이 내리기 위해서는,
> 그들의 연출이 의미 있는 무엇이 되기 위해서는,
> 배우는 흐느껴 울며 대사를 망쳐서는 안 된다.
> 비극의 주인공임에도, 햄릿과 리어는 즐겁다.
> 두려움을 모두 즐거움으로 바꾸어 버리는 환희.
> 인간은 누구나 추구하고, 찾아내고, 잃어버린다.
> 소등(消燈)하라! 하늘은 불타며 머릿속으로 들어오고,
> 비극은 절정에 이른다. 햄릿이 어슬렁거리고,
> 리어가 분노를 터트리고, 온 세상의 비극이
> 한꺼번에 막을 내린다 해도, 비극은
> 단 한 치도, 단 한 온스도 커지지 않는다.[44]

슬픈 운명의 인간이 자신의 삶 속에서 헤어나기 어려운 어떤 비극과 맞닥뜨릴 때, 울어서 대사를 망쳐 버린다면, 비극은 예술로 막을 내릴 수 없을 것이다. 그 속에서의 아픔은 어떤 즐거움(gaiety)도 주지 못하고, 마냥 아픔

만을 주고 끝나게 될 것이다. 그러나, 존재 속에서의 슬픔은 언제나 그 슬픔을 대하는 방식에 따라 예기치 못한 큰 기쁨을 담고 있게 마련이다. 그러므로, 비극을 맞는 자가 울어서 자신의 대사를 망가뜨리지 않고 자신이 맡은 역(役)을 끝까지 수행해 슬픔 속에 담긴 기쁨을 찾을 때, 비극은 하나의 예술이 되고, 그 예술은 다른 사람들로 하여금 비극적 삶의 아름다움을 심미적 방식으로 경험할 수 있게 한다는 것이다.

로런스: 『채털리 부인의 사랑』

20세기 초반 서구의 문인들이 보여 준 "문명과 그 불만"의 특별한 한 국면은 로런스(D. H. Lawrence)의 『채털리 부인의 사랑』(*Lady Chatterley's Lover*)에서 찾을 수 있다. 그도 역시 이 시대의 다른 문명 비평가들과 함께, 그의 시대 과문명화된 사회(over-civilized society) 속에서 문명으로 인간성이 파괴되는 문명의 아이러니를 보았기 때문이다.

문명의 아이러니에 대한 반문명의 정서는 고래(古來)로부터의 잠언들과 명작들 속에 깊은 깨달음과 함께 녹아 있다. 인간성의 타고난·선성(善性)을 강조하고, 문명으로 타락하지 않은 인간을 이상화하는 전통은 이미 그리스 시대 테오크리토스(Theocritus)의 「전원비가(田園悲歌)」("pastoral elegy")에서 그 유래를 찾을 수 있고, 17세기 루소의 유명한 잠언인 "자연으로 돌아가라."("Back to Nature.") 속에도 고결한 원시인(noble savage)의 모습이 잘 형상화되어 있기 때문이다. 그리고, 동양에서도 동진(東晉) 시대의 도연명(陶淵明)이 그의 유명한 「귀거래사」(歸去來辭)에서 문명의 잡념과 복잡함이 없는 고향으로의 귀환을 진술하고 감동적으로 이렇게 표현해 놓았었다.

> 자, 돌아가자.
> 고향의 뜰이 황폐해지려는데, 어찌 돌아가지 않겠는가?
> 지금까지 고귀한 정신을 육신의 노예로 만들어 버렸구나. …

앞으로는 바른 길을 좇는 것이 옳다는 것을 깨달았다. …
이제야 지난날의 벼슬살이가 그릇된 길임을 알았다. …
머슴아이 길에 나와 나를 반기고,
어린 것들이 대문에서 손 흔들어 나를 맞는다. …
무릎 하나 들일 만한 작은 집이지만 이 얼마나 편안한가? …
때때로 머리 들어 먼 하늘을 바라본다.
구름은 무심히 산골짜기를 돌아 나오고,
날다가 지친 새들은 둥지로 돌아올 줄 안다.
친척들과 정담을 나누며 즐거워하고,
거문고 타고 책을 읽으며 시름을 달래련다.
농부가 내게 찾아와 봄이 왔다고 일러 주니,
앞으로는 서쪽 밭에 나가 밭을 갈련다. …
어찌 마음을 대자연의 섭리에 맡기지 않으리,
이제 새삼 초조하고 황망스런 마음으로 무엇을 욕심내리.[45]

그러나, 도연명의 「귀거래사」에는 문명 속의 인간이 돌아가야 할 과문명(over-civilization)의 모습이 구체적으로 그려져 있지 않다. 어쩌면, 현대적 관점에서의 과문명 자체가 없었을지도 모른다. 거기에는 너무 단순한 목동의 삶과는 다른 조금은 복잡한 도시생활에서의 즐거움과, 조금은 복잡하게 꾸려진 사회제도 속에서의 얼마만큼의 부자유가 있을 뿐이다. 루소가 "인간은 태어날 때 자유롭지만, 도처에서 사슬에 묶인다"고 외칠 때마저도, 문명의 사슬은 분명 자연의 사슬에 비해 그리 더 크지 않았다. 다만, 도연명이 읊은 대로, 고귀한 정신이 얼마만큼 편안함을 추구하는 육신의 노예가 되었을 뿐이다. 그러나, 20세기의 문명은 이전의 문명과는 비교할 수 없는, 산업자본주의를 거쳐 1차 세계대전으로 이어지는 과문명이었다.

과문명이란 자신의 손으로 만든 제도를 스스로 통제할 수 없고, 자신의 손으로 벌어들인 재화에 스스로의 정신이 노예가 되고, 자신의 손으로 얻은 과학기술이 걷잡을 수 없는 폭력으로 자신을 향해 되돌아올 때이다. 20

세기 문명은 어느 모로 보아도 과문명이었음에 틀림없다. 자연과의 거룩한 친교(親交)를 잃어버린 이 시대의 사람들은 자연의 섭리를 거스르며 스스로 반자연적이고 반인간적인 역사를 만들어 냈기 때문이다. 로런스는 그의 소설 『채털리 부인의 사랑』에서 20세기의 현대인들이 어떻게 자연과의 친교를 잃어버리고 비인간화된 반쪽의 인간으로 살아가게 되었는지를 말해 준다. 물질적 편안함과 전방위적 권력을 추구하는 데에만 몰두하면서, 어린것들이 흔드는 손에서도, 산골짜기를 돌아 나오는 구름에서도, 친척들과의 정담에서도 어떤 정감을 느끼지 못하는 인간이 반쪽의 인간이 아니고 무엇일까? 『채털리 부인의 사랑』에서 로런스는 과문명의 그늘에서 자연인으로서의 사랑을 잃어버린 현대인들에게 자연인으로 돌아가 잃어버린 자아를 되찾으라고 외친다.

문명은 반드시 자연의 대척점에 서야 하는가? 그리하여 인간이 문명을 가지면 반드시 자연을 잃게 되는가? 『채털리 부인의 사랑』에서 로런스는 인간이 자연의 섭리를 거슬러 과문명을 창조하고 스스로 그 문명의 노예가 될 때, 인간은 자신의 정신 속에서 자연인으로서의 생명력(man as nature)을 잃어버리고 "인간적인, 너무나 인간적인" 인간의 모습에서 멀어지게 된다고 말한다. 로런스에게 20세기는 '비극적인 시대'였다. 인간의 정신 속에서 대지진이 일어나 삶이 무너져 내린 시대였던 것이다.

> 우리들의 시대는 본질적으로 비극적인 시대이다, 그래서 우리는 그것을 비극적으로 받아들이려 하지 않는다. 대격변이 일어났고, 우리는 지금 그 폐허 속에 있지만, 새로이 자그맣게 살 집을 짓기 시작하고, 새로운 희망도 갖기 시작했다. 꽤나 힘든 일이다. 미래로 가는 길에 쉬운 길은 없다. 그러나, 우리는 돌아가기도 하고 장애물들을 타 넘고 가기도 해야 한다. 아무리 많은 하늘이 무너져도 살아야 하니까.[46]

그에게는, 만약 20세기의 인류에게 남아 있는 한 오라기의 삶에 대한 열정이 있다면, 그것은 오직 '현시(顯示)에의 열정'(the passion for making a display) 뿐이었다.

> 이 인간들에게 남아 있는 한 조각의 열정이 있다면, 그것은 아마 '현시에의 열정'일 것이다. 성적으로는 그들은 열정을 잃은 지 오래이다. 아니 죽은 것이다.47

삶을 향한 다른 모든 열정은 죽어 버린 것이다. 그리고, 삶에의 열정을 바탕으로 하는 모든 가치들이 함께 죽은 것이다. '사랑', '기쁨', '행복', '가정', '어머니', '아버지', '남편' 등과 같은 위대한 말들이 돈과 이데올로기와 명분과 성취욕에 짓밟혀 죽은 것이다.

이 소설에서 두 남성 인물들—클리퍼드 채털리(Clifford Chatterley)와 미켈리스(Michaelis)—은 모두 20세기 문명으로 정신이 마비된 정신적 불구자들로 그려져 있다. 클리퍼드는 전쟁에서 받은 상처로 하반신이 마비된 신체적 불구자이기도 했지만, 작가로서, 사업가로서 현시적 성공을 원했던, 돈과 명예만을 좇아 삶에의 사랑과 열정을 잃은 정신적 기형아이다. 그는 현대문명이 낳은 황폐한 인간의 모든 면을 갖추고 있다. 그는 사랑이 없는 위안을 찾고, 계급의 우월성에서 오는 거만함에 빠진 허약한 정신의 대단찮은 귀족이며, 영혼이 없는 돈과 명예를 추구하고, 무엇보다, 혼이 담기지 않은 말들의 유희에 몰두하는 작가이다. 그는 강렬한 육감에서 오는 삶의 생동감을 잃은 문명인이자 지식인으로서 살아 있는 인간이라고 보기에는 너무나 무력한 존재이다. 그리고, 성공한 극작가의 반열에 끼어 있는 미켈리스 역시 같은 부류의 인간으로서, 클리퍼드와 함께, 이 시대 지적-감성적 무력감에 빠진 지식인들의 정신상태를 반영하는 인물이다. 그도 역시 성공의 노예이고, 허황한 생각을 흩뿌리며 텅 빈 무감정의 언어를 쏟아 내는 파편화된 인간이다.

이 소설의 여주인공 코니(Connie/Constance Reid)—그녀는 후기 빅토리아 시대 자유분방한 성문화 속에서 자라고 교육받은 여성이자, 높은 교양을 갖춘 부모에게서 태어나 돈과 명예를 쫓아 1917년 1차 세계대전 중 잠깐 휴가를 나온 클리퍼드 경(Sir Clifford)과 결혼하는 여성으로서, 성(sexuality)의 실존적 의미에 대해 깊이 교육받지 못하고 사회 속으로 던져진 여성이다. 전쟁터로 복귀한 클리퍼드는 곧 하반신을 영구히 쓸 수 없는 큰 부상을 입고 집으로 돌아온다. 그때서야, 코니는, 물론 처음에는 희미한 깨달음이었지만, 자신이 반쯤은 죽어 버린 것을 깨닫는다. 그녀의 불만은 남편의 성적 무기력에 기인한 것만은 아니었다. 그것은 남편의 성적 무기력이 상징하는, 남편 클리퍼드와 극작가 미켈리스가 중심에 서 있는, 무기력함에 빠진 "문명과 그 불만"이었다.

> 코니에게는 그들의 세대들에게서 모든 위대한 말들의 의미가 삭제된 듯한 느낌이 들었다. 사랑, 기쁨, 행복, 가정, 어머니, 아버지, 남편—이 위대하고 역동적인 말들이 반쯤은 죽었고, 하루하루 죽어 가고 있는 듯했다. 가정이란 들어가 사는 장소일 뿐이고, 사랑이란, 만약 당신이 "기쁨"이 무엇인가에 대해서 속이지 않는다면, 그저 하루 저녁 춤출 대상을 찾는 것이며, 행복이란 허세를 부려서 다른 사람들을 속이기 위해 사용하는 말이고, 아버지는 자신의 존재를 탐닉하는 한 인간이며, 남편이란 함께 살며 농담이나 따 먹는 인간이 되어 버렸다. 성적 관계를 갖는 것—그것은 진솔한 의미의 마지막 말인데—은 칵테일을 마시다가 확 하고 일어났다가 금방 가라앉는 어떤 흥분 같은 것에 쓰는 말이다. 다 닳아 버렸구나! 너무나 값싼 것들로 만들어져서, 다 해어져 버린 너 자신의 모습 같구나.[48]

문명에 의해 만들어진 온갖 허례와 허식들, 관념과 허위의식들, 폭력과 갈등들—이들이 바로 삶에서 진지함과 진솔함을 앗아 간 것들이다. 이들이 사랑, 기쁨, 행복, 가정, 어머니, 아버지, 남편 등의 모든 위대한 말들의 의미를 삶 속에서 지워 버린 것이다. 자발적 감성에서 솟아나는 불가사의한 생명과 열정의 힘을 느끼지 못하도록 한 것이다. 모든 생명에 원초적 힘이 되는 성적 본능이 이데올로기나 허위의식이나 허례허식들 같은 인위적인 장신구들에 묶이거나 갇혀 어떤 다른 목적의 수단이 되어 버린 것이다.

로런스의 소설 『채털리 부인의 사랑』은 이 '비극적인 시대'에 사람들의 정신 속에 일어난 대격변을 안고 어떻게 살아야 하는가에 대한 하나의 대답이다. 이 소설에서 로런스는 말한다. 하늘이 수없이 무너져도 우리는 살아가야 한다고. 그리고 그는 믿는다. 인간에게는, 특히 여성에게는, 비극적 삶에 직면해 그 불행으로부터 벗어나는 생명으로의 복원력이 있음을.

> 여자는 남자가 원하는 것을 줄 수밖에 없다. 때로는 남자는, 마치 어린애처럼, 비열해지거나, 화를 내고 나가 버리거나 해서 모처럼의 즐거운 관계를 망쳐 버린다. 그러나 여자는 자신의 내면의 자유로운 자아를 남자에게 바치지는 않는다. 성에 대해 말해 온 시인들이나 여타의 사람들이 바로 이 점을 간과해 왔다. 여자는 자신을 온전히 다 주지 않고도 남자를 취할 수 있는 것이다.[49]

이 소설에서 여주인공 코니의 불행한 삶은 클리퍼드 경 정원의 사냥터 관리인인 멜러스(Mellors)에 의해 구원을 받는다. 멜러스가 이 불행한 여인에게서 20세기의 현대문명에 취해 잃어버린, 그러나 한 사람의 자연인으로서의 내면에 깊이 침잠해 있던 성애(性愛/sexual relationship)의 능력을 되살려 복원시켜 주기 때문이다. 문명의 간섭이 없는 성애로 맺어지는 인간 대 인간의 관계에서 심오한 인간미를 느낄 수 있도록 해 주기 때문이다.

작가 로런스에게 인간에게 주어진 성애의 본능을 가볍게 여기는 것은 인간성 자체를 부정하는 것이다. 그리고, 그것을 수치로 여기는 것은 인간 정신의 본질적인 에너지를 억압하는 것이다. 그에게는 둘 모두 문명 타락의 심각한 징후였으며, 문명으로 죽어 버린 오감(伍感)을 되살려 다시금 삶을 만끽하도록 하는 것이 문명의 위기에서 벗어나기 위한 필수적 전제였다. 그 때문에, 그는 성애의 능력을 회복시켜 줄 진정하고 건강한 새로운 성도덕(性道德)을 세우는 것이 그의 시대가 안은 피할 수 없는 사명이라고 생각했다. 자신의 에세이 「『채털리 부인의 사랑』에 관하여」("A Propos of Lady Chatterley's Lover")에서 로런스는 인류가 자연상태의 성애를 회복할 수 있기를 소망하면서, 다음과 같이 천명한다.

> 나는 남자들과 여자들이 성에 관하여 깊이, 완전하게, 정직하게, 그리고 사심 없이 생각해 보기를 바란다.[50]

이 에세이에서 로런스는 20세기의 인류가 문명으로부터의 감금에서 벗어나, 문명에 감금되지 않은 성감을 느끼고, 내면 깊은 곳에서 솟아오르는 아름답고, 순수한 자유를 만끽할 수 있기를 바란 것이다.

많은 비평가들이 주장하듯, 로런스가 인간의 성(sexuality)의 문제에 흠뻑 취해 있었던 것은 사실이다. 그러나, 그가 몰입했던 성은 인간의 본성 가운데 가장 소중하고 가장 가치로운 것으로서의 성이자, 20세기 문명으로 인간이 잃어버리게 된 소중한 모든 것들에 대한 대유로서의 성이었다. 광부의 아들로 태어난 로런스에게 자본계급의 통제력을 잃은 부(富)는 그 자체가 곧 악이었고, 산업자본주의 체제의 존속을 위한 자원(資源)과 시장(市場)을 놓고 벌어진 세계적 차원의 전쟁들은 도저히 용서할 수 없는 문명의 추악한 결과들이었다. 그러므로, 『채털리 부인의 사랑』에서 로런스가 그리려고 했던 것은 20세기의 문명이 얼마나 인간의 자연적인 본성을 비틀어 일그러지게 했는지, 성적 본성의 타락으로 인간이 어떻게 타고난 생명력을 잃어버리게 되었는지 하는 것이었다. 아울러, 인간의 자발적 본성이 문명의 틀 밖으로 벗어나 자유롭게 발현될 때 얼마나 아름다울 수 있는가 하는 것이었다.

어떤 관념적 매체도 거치지 않은 육감적 직접성으로 자연상태의 자발적 감성이 자연스럽게 펼쳐질 때, 삶이 얼마나 역동적이고, 생명으로 고동칠 수 있는가 하는 것이었다. 성본성(性本性)의 타락이 20세기 문명에 의한 인간성 타락의 훌륭한 대유임을 깊이 믿었다는 점에서, 그는 어쩌면 '성의 종교'에 빠져 있었던 사람이었는지 모른다.

스티븐스: 괄호 속에 묶인 관념

현대문명의 눈부신 성취 속에 숨어 있는 공포를 보았던 것은 문명비판에 적극적이지 않다고 비난을 받았던 20세기 미국 시인 월러스 스티븐스(Wallace Stevens)도 마찬가지였다. 『채털리 부인의 사랑』에서 로런스가 문명이 인간의 자발적 감성을 억압하여 삶을 얼마나 비틀어 놓았는지를 보여 주었다면, 스티븐스는 문명이 만들어 낸 종교적·철학적·사회적·문화적 관념들이 풍선처럼 부풀어 올라 사람들의 자연스런 정신활동을 얼마나 방해하게 되었는지를 보여 주었다. 로런스가 자연에 순응하여 성적 본성에 잠재해 있는 신비로운 힘을 되찾을 때 인간이 삶의 얼마나 깊은 곳까지 경험할 수 있는지, 그래서 그의 삶이 얼마나 충만할 수 있는지를 보여 주었다면, 스티븐스는 문명으로 겹겹이 덧씌워진 관념의 껍질들을 삶에서 벗겨 내면, 실존의 속살은 얼마나 역동적으로 아름다울 수 있는가를 보여 주었다. 로런스는 문명의 허울에 덮여 발현되지 못하는 현대인들의 자발적 감성이 자연상태의 성애의 경험으로 되살아나기를 원했었다. 그리고, 스티븐스는 해묵은 관념들로 조건 지어진 현대인들의 의식이 관념의 껍질들을 벗겨 버림으로써 정화되기를 바랐었다.

스티븐스는 그의 시에서 현상학자 후설의 철학적 방법을 차용하여 현재 이전에 주어진 믿음이나 전제, 또는 괄호(bracket) 안에 묶여 있는, 현대문명의 버팀목이 되는 관념들을 해체함으로써 현대인들의 삶에서 문명으로 소진된 생명력을 복원하려 했다. 후설은 그의 현상학에서 철학적 진리—어떤 사물이나 생각의 본질, 또는 순수의식(pure consciousness), 또는 실재하는 존재로서의 현상에 대한 인식—를 얻기 위해서 사물이나 생각에 대하여 이미 가지고 있는 믿음을 중단해야 한다고 생각했다.[51] 즉, 어떤 사물이나 생각이 현재 이전에 주어진 관념의 괄호 안에 묶여 있는 한, 그것들은 기성의 관념으로부터 자유로울 수 없으며, 그 때문에 철학적 진리에 도달하는 데에 방해가 된다고 생각했다. 스티븐스는 그의 시 「설인(雪人)」("The Snow Man")과 「일요일 아침」("Sunday Morning")에서 후설의 현상학적 방법을 차용해 지극히 불유쾌한 현대문명을 해체하려 한다.

그의 시 「설인」에서 스티븐스는 예단된 전제들에 대한 믿음을 갖지 않은 정신을 '겨울의 마음'(the mind of winter)이라고 했다. 그리고 겨울의 마음을 가진 설인만이 추상의 무(nothing itself)로 존재하는 사물의 본질을 꿰뚫어 볼 수 있다고 말한다.

사람은 겨울의 마음을 가져야 한다,
그래서 서리를 응시하고, 눈 덮여 딱딱해진
소나무의 가지들을 응시해야 한다.
또한 오랫동안 추위에 떨어서,
얼음 조각들이 주렁주렁 달린 향나무와
일월의 햇살로 거칠어진 전나무 가지를
바라볼 수 있어야 한다. 그래서, 바람 소리에서,
몇 잎 남은 나뭇잎들이 흔들리는 소리에서,
죽음의 슬픔을 생각해서는 안 된다.
그 바람은 바람으로 가득한 같은 곳에서
불어오는 똑같은 바람이니까.
눈 속에서 귀를 기울이고 듣는 자에게는
그 바람은 똑같이 벌거벗은 곳에서 불어온다.
자신도 벌거벗은 그는 거기에는 존재하지 않지만,
그 너머에서는 존재하는

'추상으로 벌거벗은 무'를 본다.[52]

시인에 의하면, 잎이 무성했던 여름나무의 기억을 가진 사람은 나무의 본질이 무엇인지 알 수 없다. 나뭇잎들이 떨어지고 남은 추상의 민나무를 상상할 수 없기 때문이다. 낙엽 진 나뭇가지에 매달려 바람에 날리는 몇 잎의 나뭇잎들에서 처절한 슬픔을 보는 사람도 바람의 본질을 알 수 없다. 추상의 순수한 바람에는 어떤 슬픔도 실려 있지 않기 때문이다. 그러므로 나무나 바람과 같은 사물들의 본질에 도달하기 위해서는 오랫동안 추위에 떨어 추상의 상태로 환원된(reduced), 어떤 것으로도 관념화되지 않은(bare) 나무와 바람을 바라볼 수 있는 설인이 되어야 한다. 왜냐하면, 오직 그때에만, 어떤 전제에 덮여 추상의 본질이 가려져 있는 곳(there)에서는 존재하지 않지만, 모든 것을 벗어던진 현상세계에서는 존재하는 추상의 무(nothing)를 볼 수 있기 때문이다.

겨울의 마음을 원했던 시인 스티븐스에게 삶의 아름다움과 생명력의 원천은 어떤 관념에도 묶이지 않은 벌거벗은 현상, 즉 추상의 무 속에 들어 있다. 그러므로 그는 그의 시 「아이스크림의 황제」("The Emperor of Ice Cream")에서 근원적 존재(be)가 관념적 허구(seem)의 결미(結尾/finale)가 되게 하라 — "Let be be the finale of seem." — 고 명령한다. 삶 속의 어떤 현상이나 존재는 관념화되지 않고는 어떤 경우에도 인간의 의식 속으로 들어올 수 없기에 어쩔 수 없이 이러저러한 관념에 싸여 있어야 하지만, 관념화 이전의 추상의 상태에 대한 상상이 없다면, 관념이란 추상적으로 존재하는 근원적 존재에 대한 허구가 아니라, 그것에 이미 입혀져 있는 허구에 대한 허구가 되기 때문이다.

그렇다면, 우리는 삶의 여정에서 누구도 피할 수 없는 죽음이라는 현상을 어떻게 맞아야 할까? 스티븐스는 삶의 여정에서 어느 누구도 피할 수 없는 죽음이라는 현상을 맞을 때, 이제까지의 수많은 문명들이 그것에 덮어

씌워 놓은 관념이나 의식(儀式/ritual)들을 모두 벗겨 내고, 눈앞에 놓인 추상의 죽음에 그때그때 맞는 관념을 만들어 입힐 것을 주문한다. 수만 명의 조문객들이 구름 떼처럼 몰려들어 거짓된 의식으로 왁자지껄하게 망자(亡者)의 혼을 칭송하는 것이 그에게 작별을 고하는 보다 의미 있는 방법일까? 스티븐스에게 그것은 죽음이라는 근원적 존재에 대한 최상의 허구(the supreme fiction)가 아니다. 그것은 과거의 오랜 시간 동안 관념에 관념이 덧입혀져 만들어진 허구로서 허위의식으로 가득한 허구이며, 해체되고 다시 입혀져야 할 허구이다. 그것은 현시욕에서 배태된 허구로서 사람들의 정신을 허위의식에 가두는 파괴적 허구이다.

그의 시 「아이스크림의 황제」에서 스티븐스는 '있는 그대로의 현상'에 어울리는 '최상의 허구'를 만들어 고인의 죽음을 애도하라고 주문한다. 응유를 저어 아이스크림을 만들고, 묵은 신문에 싸인 꽃으로 빈소를 차리고, 고인이 평소에 입던 옷으로 주검에 수의를 입히라고 주문한다. 시간 속의 모든 것을 지배하는 절대의 법칙이 덧없이 사라지는 것, 즉 아이스크림의 황제(the emperor of ice cream)일 때, 그것을 맞는 최상의 방법은 무엇일까? 현상(phenomena)을 벌거벗기고 생겨나는 감정을 가능한 한 진솔하게 표현하는 것이 아닐까?

20세기의 서구문명에서, 서구인들의 자발적 감성을 가로막아 온 가장 두텁게 덧씌워진 관념들은 어떤 것들이 있을까? 인간의 이성에 대한 믿음은 분명 그 하나일 것이다. 그리고, 그리스도(Christ)를 통한 구원에의 믿음도 또 다른 하나일 것이다. 스티븐스는 그의 시 「일요일 아침」에서 그리스도를 통한 구원에의 믿음이 어떻게 터무니없는 관념들을 만들어 사람들의 자발적 감성을 가로막고 죄의식을 불러일으켜 왔는지, 그리고 수만 년에 걸쳐 만들어져 온 태양신에 대한 믿음을 해체하면, 그 속살은 얼마나 생명력으로 아름다운지를 보여 주었다.

'내일 아침 해가 뜨지 않는다면 어떻게 될까?' 이는 무궁한 힘의 자연

앞에서 태초의 인류가 가졌던 가장 큰 두려움이었을 것이다. 태양은 곧 생명이자 삶이었기 때문이다. 시간이 흐르면서, '하늘에 떠 있는, 빛을 내는, 노랗고, 동그란 그 무엇'은 곧 신(神)이 되었고, 차례가 되어 사람들의 의식을 지배하게 되었다. 그다음은 무엇이었을까? 신이 된 태양은 6일 동안 세상을 창조하고 일곱째 날에 하루를 쉰 기독교의 '하느님'이 되었고, 그는 만물의 영장으로 창조된 인간으로 하여금 일곱째의 그날을 '해의 날'(Sunday)로 정하여 자신에게 예배하도록 했다. 이제 '일요일의 예배'는 세상을 창조한 창조주에 대한 인류의 거룩한 의무가 되었고, 그 의무를 게을리할 때 사람들은 깊은 죄의식에 빠져들게 되었다. '하늘에 떠 있는, 빛을 내는, 노랗고, 동그란 그 어떤 현상(實存)'으로서의 태양에 덧씌워진 두터운 관념들이 현대인들의 의식을 묶는 현상학적 '괄호'가 된 것이다. 이제 현대인들은 그 괄호 안에서만 하늘에 떠 있는 벌거벗은 태양을 바라볼 수 있게 되었고, 그 관념을 통해서만 삶의 의미를 창조할 수 있게 되었다.

스티븐스의 시 「일요일 아침」의 시적 인물인 '그녀'에게 일요일 아침에는 예배를 보러 교회에 가야 한다는 관념이 의식 속으로 들어오기 전에는, 잠옷은 아침 햇살에 포근했고, 과일들은 짜릿한 맛으로 느껴졌으며, 융단 위에 수놓인 새는 거침없는 자유를 누리고 있었다. 그러나 그녀의 의식이 관념 속으로 빠져드는 순간, 이 모든 것들은 구세주 예수의 수난을 기리는 의식(儀式)에 쓰이는 서글픈 용품들로 보였다. 스티븐스에게, 문명의 문제는 이처럼 존재의 속살에 두텁게 덧씌워진 관념들의 문제였다. 그것으로 현대인들이 생명과 자유와 아름다움과 희열을 잃은 껍데기 삶을 살게 된 것이다. 만약 시 속의 그녀에게 태양신/기독교신 숭배의 관념이 없었다면, 그녀는 어쩌면 그 큰 죄의식에 결코 빠져들지 않았을 것이기 때문이다. 2연에서 6연으로 이어지는 시 속에서, 현상학적 가르침을 주는 시적 화자는 기독교적 관념에 빠진 그녀의 의식을 해체함으로써 그녀를 해묵은 전제들의 속박에서 해방시킨다. 그는 수사적 물음으로 묻고 대답한다.

왜 그녀는 죽은 이들에게 자비를 베풀어야 하는가?
신성이라는 것이 환영(幻影)으로만, 오직 꿈속에서만
올 수 있는 것이라면, 그것은 도대체 무엇인가?
태양 빛의 포근함 속에서, 과일 맛의 짜릿함에서
초록빛 날개 같은 것들에서,
지상의 어떤 향기나 아름다움에서,
그녀가 천당만큼 소중한 무엇을 찾을 수는 없을까?
신성은 분명 그녀의 마음속에 깃들어 있으리라!
비가 내릴 때의 열정, 눈이 내릴 때의 기분,
외로울 때의 슬픔, 숲 속에 꽃이 필 때 솟구치는
억누르기 힘든 고양된 마음,
가을 밤비가 내리는 길에서 느끼는 격한 감정,
여름-겨울의 나뭇가지들을 기억하며 갖는
그 모든 회한과 희열 — 이 모두가
그녀의 영혼을 재도록 숙명 지워진 잣대들이다.(2연)[53]

그러나, 스승의 대답은 아직 그녀의 바람을 만족시키지 못한다. 그녀는 대꾸한다. 그렇지만 여전히 영원히 사라지지 않을 지극한 행복을 원한다고. 스승은 다시 한 번 대답한다. 시간 속의 모든 존재들에게는 죽음이 아름다움의 어머니라고.

죽음은 아름다움의 어머니, 죽음으로부터,
오직 죽음으로부터만, 우리들의 꿈과 욕망은
만족을 얻으리라. 비록 죽음이,
우리들이 가는 길에 — 아픈 슬픔이
있었던 길, 부드러운 사랑이 있었던 길에
확실하게 망각의 잎새들을 흩뿌릴지라도,
죽음은, 발치에 펼쳐진 풀밭에 주저앉아
풀잎을 바라보고 싶어 했던 처녀들을 위해

태양 빛 속에서 버드나무를 떨게 한다.
죽음이 있어, 소년들은 갓 익은 자두와 배를
버려진 쟁반에 담고, 처녀들은 맛을 본 후,
북받치는 감동으로 흩어지는 나뭇잎들 사이를 헤맨다.(5연)

죽음은 아름다움의 어머니—신비로워라,
죽음의 타는 가슴에서 우리는 생각한다.(6연)[54]

7연과 8연에서 시 속의 인물 그녀는 마침내 자신의 의식을 지배하던 과거의 관념들로부터 자유로워지고, 자신의 의식 속에서 새로이 창조된 싱그러운 태양신을 찬미한다. 그녀에게 낙원은 이제 더 이상 천상의 낙원으로서의 관념 속의 낙원이 아니다. 이제 그것은 그녀의 피에서 생겨나 하늘에 닿은, 죽음의 절대법칙이 지배하는 지상의 낙원이다. 과거의 어떤 태양신의 관념에도 묶이지 않은, 그리하여 자유롭고, 뜻이 정해져 있지도 않으며, 활짝 편 날개 위에서 자유롭게 비상하는, 어떤 목적도 주어지지 않은, 텅 빈 낙원이다.

유연한 정신을 가진 한 무리의 사람들이 격동하며,
어느 여름 아침에 찬미하리라.
현재의 신이 아니라 미래의 신일 수 있는
태양에 대한 그들의 넘치는 열정을,
껍질을 벗어 원시의 근원처럼 된 태양을.(7연)

소리 없는 물 위에서, 그녀는 외침 소리를 듣는다.
"팔레스타인에 있는 무덤은
떠돌아다니는 영혼이 들어갈 문이 아니다.
그것은 예수의 무덤이며, 그가 지금 거기에 누워 있다."
이제 우리는 태곳적 태양의 혼돈 속에,

낮과 밤의 서로에 대한 해묵은 의존 속에,
거리낌 없이 자유로운, 그러나 피할 수 없는,
넓은 바다 섬의 고독 속에 산다.
산에는 사슴들이 제멋에 겨워 뛰어놀고,
메추라기가 천연스럽게 울어 댄다. …
저녁 무렵, 텅 빈 하늘에는
멋대로 무리 지은 비둘기 떼가
날개를 활짝 펴고, 애매한 날갯짓을 하며,
어둠을 차고 아래로 날아내린다.(8연)[55]

융의 유산: '축적된 경험'으로서의 집단무의식(collective unconscious)

로런스에게 20세기 서구의 현대문명이 자발적 감성의 발현을 가로막는 암초(暗礁)였다면, 스티븐스에게 그것은 현상의 추상적 본질을 가리는 관념의 굴레였다. 반면에, 파운드나 엘리엇, 조이스나 포크너 같은 모더니스트들에게 20세기 문명은 소중한 과거(the usable past)에 대한 기억을 지워 버리는 '악마의 꽃'이었다. 다시 말해, 20세기의 물질문명, 과학문명, 기계문명 속에서 현대인들이 인간의 정신을 모양 짓고, 인간 정신에 구조를 주던 가치 있는 정신의 틀을 잃어버린 것이다.

20세기 초반의 대표적 심리학자였던 융에 의하면, 인간 무의식의 밑바닥에는 민족이나 종족의 오랜 경험의 축적으로 얻어진 집단적 기억의 덩어리인 집단무의식(the collective unconscious)이 묻혀 있다. 그것은 인류의 오랜 정신활동의 퇴적물(precipitate) 또는 흔적들의 집합(palimpsest)으로서 인간으로서의 종을 특징지어 주는 본능들(instincts)과 함께 개개인의 정신을 모양 짓거나 개개인의 정신에 구조를 주는 인간 정신의 틀이다.

원형(archetypes)이란 생각과 심상들을 조직해 내는 선험적이고 본유적인 충동이다. 그것은 본능들을 관계 지어 주는 틀을 만들어 내기도 한다. 그것은 또한, 선조들의 오랜 의식작용의 결과로 생겨나 무의식 속에 쌓여 있는 퇴적물들이 의식 속에 재현할 수 있게 해 주는 틀이기도 하며, 수억 번 반복되고 수억 번 압축되어 온 유기체적 삶의 축적으로 이루어진 인간적 경험을 재현할 수 있게 하는 틀이기도 하다.[56]

본능이 인간으로 하여금 특별히 인간적인 존재 형태를 갖도록 하는 것이라면, 원형이란 특별히 인간적으로 세상을 이해하고 인식하는 방식에 대한 틀이 되어 주는 것이다.[57]

융은 본능과 함께 정신의 틀을 이루는 집단무의식 속의 이 퇴적물을 처음에는 '원초적 이미지들'(primordial images)이라고 했다가 훗날에는 '원형들'(archetypes), 또는 '원형적 이미지들'(archetypal images)이라고 불렀다. 융에 의하면, 인간 정신활동의 틀(pattern)이 되는 이 원형들은 논리나 서술의 형태로 집단의 종족적 기억 속에 저장되어 있는 것이 아니다. 그것은 엄마/아빠(mother/father), 그 여자/그 남자(the anima/the animus), 현자(the wise old man), 못된 놈(the shadow), 나(the self) 등의 원형적 이미지들의 형태로 인간의 무의식 속에 은밀히 저장되어 있다가, 신화(myths)나 꿈(dreams)이나 환상(fantasies) 같은 것에서, 때로는 원형적 환경 속에서, 때로는 원형적 인물로, 때로는 원형적 생각으로 은연중에 드러난다.[58]

융의 생각 가운데에서 특별히 중요한 것은, 인간의 집단적 기억 속에 이미지의 형태로 저장되어 있다가 신화나 꿈이나 환상들에서 은연중에 나타나는 이 원형들이 개개인의 정신활동의 방향을 가리킬 뿐 아니라, 그의 정신을 모양 지어 준다는 것이다. '엄마/아빠는 자식들에게 어떤 일을 하는 사람일까?' '자신이 원하는 배우자는 어떤 모습, 또는 어떤 덕목을 가져야 할까?' '나는 삶의 지혜를 어떤 사람으로부터 배워야 할까?' '내 삶을 가로막는 그놈은 왜 내 앞에 존재하는 것일까?' '나는 언제, 어떻게 나 혼자의 힘으로 삶을 만들어 갈 수 있을까?' 종족적 기억 속에 저장되어 있는 원형적 이미지들이 삶의 이 근본적인 물음들에 대답을 준다는 것이다.

융에 의하면, 이 원형적 이미지들은 개개인들의 삶 속에서 수없이 다양한 형태로 투사되어 나타난다. 그리하여, 누군가가 편향된 생각에 집착하거나, 고정관념에 빠져 있거나, 정신적 성장을 멈추게 하는 허위의식에 젖어 있을 때, 그의 삶에 대한 태도나 가치관을 바로잡아 주거나, 평형을 유지하게 해 주거나, 부족한 부분을 보충해 주는 역할을 한다. 그러므로, 그것들은, 개인적 차원에서뿐 아니라, 공동체적 차원에서도, '경험의 빛'이 되어, 다양하고 다채롭게 나타나는 개인과 개인, 개인과 집단, 집단과 집단 간의 반목과 긴장을 해소하고, 그로 인한 정신분열 현상을 치유하게 된다.[59]

20세기 문명에서 파운드나 엘리엇, 조이스나 포크너가 문제 삼았던 것은 바로 현대문명으로 인해 인류가 인간 정신활동의 틀이 담겨 있는 신화와 꿈과 상상과 환상을 잃어버렸다는 것이다. 서구인들이 신화나 꿈, 상상이나 환상들과 같은 것들에 저장되어 있는 인류 보편의 집단적 기억을 잃어버림으로써, 평형(平衡)과 평정(平靜)을 이끌어 내고 균형과 조화를 만들어 내는 인간 내면의 힘을 잃어버리게 되었다는 것이다. 하나의 예를 들면, 융의 원형들 가운데에서 특히 주목할 만한 하나의 원형은 나(the self)의 원형이다. 그것은 십자가에 못 박힌 예수가 내보이는 원형적 이미지 같은 것으로, 자아가 개체성을 얻어 가는 과정에서 어떻게 자아성취를 이끌어 내고, 어떻게 인격의 온전성(wholeness)과 완전성(perfectness)을 이루어 내는가를 보여 주는 원형이다.[60] 융에 따르면, 그것으로 인간은 자아가 집단에서 분리되어 독립성을 얻어 가는 과정에서 나타날지 모르는 분열과 갈등을 봉합하고 통합한다. 그것으로 개인은 집단과 조화롭고 건설적인 관계를 이루어 전체 속의 개인으로 살아가게 된다. 그러나, 20세기의 산업자본주의 문명에 취한 현대인들은 먼 과거로부터의 오랜 기억 속에 저장되어 있는 신화와 꿈과 상상과 환상을 잃어버리고, 황폐화된 정신으로 살아가게 되었다.

파운드와 엘리엇, 조이스와 포크너 같은 모더니스트 작가들은, 융의 예를 따라, 집단무의식 속에 잠재해 있는 '원형적 이미지'들을 현대인들의 의식 속에 일깨워 냄으로써 그들의 삶이 다시금 충만해지고, 그들이 삶 속에서 성취와 구원의 경험을 가지고 살아갈 수 있기를 바랐다. 「휴 셀윈 모벌리」에서 파운드의 눈에 비친 현대문명은 20세기 서구 현대인들의 머리 위에 내리쳐 아름다움의 감각을 잃어버리게 한 낙뢰(落雷)와 같은 무엇이었다. 이 시의 1연에서 '키르케'(Circe)의 아름다움을 추구하는 파운드의 시인 E. P.는 테베의 성벽 앞에서 힘 자랑을 하다가 제우스가 던진 벼락을 맞고 죽은 카파네우스에 비유된다. 파운드의 시인 E. P.는 그가 세상물정 모르고 아름다움의 가치만을 추구하다가 고리대금업(usury)으로 역사를 오염시킨 야만의 땅 영국에서, 서른한 살의 젊은 나이에 세간의 기억에서 사라지게 된 것이다.

'세파의 흐름'에서 비껴 서 있었기에
약관 30세에 사람들의 기억에서
잊혔으니, 시신의 월계관에
아무런 보탬이 되지 못했다.[61]

아름다움의 도락에만 빠져 세상을 등지고 살았던 E. P.에 대한 파운드의 시선이 고왔던 것은 물론 아니다. 그러나, 시인의 마음을 저리게 했던 것은 아름다움에 대한 인간의 종족적 기억을 지워 없애고 E. P.를 시장 바닥으로 내몰아 죽게 한 '세상'과 '세월'이었다. 그의 눈에는, 헤라클레이토스가 말한 대로, "역사는 흐른다. 그러나, 그것은 겉만 번지르르한 싸구려 아름다움을 향해 흐른다."

세상 모든 것은 변화한다,
현인 헤라클레이토스가 말했다.
그러나 값싼 번지르르함이

우리 시대를 넘어 살아남을 것이다.

사모트라케에서 선고가 이루어진 후,
심지어 기독교적 아름다움마저 흠이 났다.
우리는 시장 바닥에서
천명되는 아름다움을 보게 되었다.

이제 우리에겐 수목신의 육체도 없고,
미래에 대한 성인(聖人)의 예지(銳智)도 없다.[62]

이 시에서의 파운드의 비전에 비추어 보면, 20세기 현대인들의 집단 무의식 속에서 인류가 잃어버린 소중한 하나의 '원형'은 '아름다움을 추구하는 E. P.의 원형'이다. 20세기 문명 속에서 심미적 가치로서의 아름다움은 죽고, 시장에서 사고 팔리는 상업적 아름다움만이 남아 있게 된 것이다. 그러므로, 너무나 당연하게, 심미적 아름다움을 추구하는 예술가는 세월에 유폐되어 어떤 정체성도 없이, 빛이 없는 어둠 속에 그들만의 아름다움을 묻고 살아가야 했다.

조이스: '아버지'의 부재

조이스는 그의 소설 『젊은 예술가의 초상』(*A Portrait of the Artist as a Young Man*)과 『율리시즈』(*Ulysses*)에서 종족의 가치로운 경험이 담긴 신화를 잃어버린 현대 아일랜드 사회의 정신적 황폐함을 그렸다. 소설 『율리시즈』의 배경으로 그려지는 1904년 6월 16일—그날은 조이스가 훗날 부인으로 맞게 되는 노라 바너클(Nora Barnacle)과 첫 데이트를 한 날이다. 그리고, 그해에 그는 그녀와 함께 아일랜드를 떠나 영원히 고국으로 돌아오지 않았다. 그렇다면, 아일랜드인으로서의 조이스의 삶에서 1904년은 어떤 해였을까? 그는 왜 그때에 그토록 아일랜드를 증오하게 된 것일까? 『젊은 예술가의 초상』

제5장 중반부에서 주인공 스티븐 디덜러스(Stephen Dedalus)는 당시 아일랜드 정신이 처한 역사적 위기상황을 이렇게 설명한다.

> 스티븐이 다소 애매한 어투로 말을 했다. 영혼은 내가 말한 바로 그 순간에 태어난다. 그것은 육신이 태어나는 것보다 훨씬 신비로운 방식으로 아주 천천히, 아주 어두운 곳에서 태어난다. 한 인간의 영혼이 이 나라에 태어날 때, 그 영혼은 그것이 비상하지 못하도록 처져 있는 여러 겹의 그물 속에 갇히게 된다. 너, 나에게 애국심과, 말과, 종교 따위에 대해 말했었지. 나는 그런 그물들을 피해서 날아오를 것이다.
>
> "아일랜드라는 나라가 도대체 어떤 나라인지 알기나 해?" 스티븐이 차갑고 격렬한 어조로 물었다. "아일랜드는 자기 새끼를 잡아먹는 늙은 암퇘지야!"[63]

19세기 말과 20세기 초의 아일랜드 역사는 혼돈과 폭력과 값싼 감상과 불확실성으로 점철된 역사였다. 정치적으로는 아직도 영국의 지배하에 있었고, 온건하고 중도적인 독립운동으로서의 '자치운동'(the Home Rule movement)은 뿌리 깊은 갈등으로 거듭 좌절되었다. 다른 한편으로, 친영국의 프로테스탄트와 반영국의 가톨릭 간의 심각한 종교적 대립이 아일랜드의 역사를 더욱 깊은 수렁으로 몰아넣었다. 특히 가톨릭 교회의 편협하고 완미(頑迷)한 신앙과 값싼 민족주의는 아일랜드 정신의 창의성을 가두고 억압하는 폭력으로 작용했다.

무엇보다, 조이스의 믿음으로는, 이 시대의 아일랜드 사람들은 먼 옛날의 목가적 평화에 대한 짙은 향수(nostalgia)에 사로잡혀 의미 있는 현재를 창조하지 못하고 있었다. 역사가 후손들에게 '삼강오륜'(三綱伍倫)의 원형적 기억과, 조화와 균형의 원형적 가치와, 자아성취(individuation)의 원형적 이상을 물려주지 못한 것이다. 아일랜드의 선조들이 집단적 무의식 속에 침전되어 있는 원형적 이미지들을 잃어버리고 고정관념에 빠져 편향된 생각에 집착함으로써, 그리고 허위의식으로 후손들의 정신적 성장을 방해함으로써, 이 시기의 아일랜드는, 『젊은 예술가의 초상』의 주인공 스티븐이 그의 민족주의 성향의 친구 대빈(Davin)에게 말한 대로, '새끼를 잡아먹는 암퇘지'가 된 것이다. 『율리시즈』에서 조이스의 주인공 스티븐은 다시 한 번 외친다. "역사는 그것으로부터 내가 깨어나고자 몸부림치는 악몽이다."[64] 그것은 때로는 애국심을 볼모로 한 저열한 민족주의로 후손들의 정신이 자유롭게 성장하는 것을 막았고, 고착되고 석화된 종교적 신념과 과거에 대한 값싼 향수로 후손들의 민족혼과 예술혼을 말살했기 때문이다.

『젊은 예술가의 초상』 제5장에서 조이스는 허물어져 내린 아일랜드의 정신을 이렇게 그려 낸다.

> 그래서 어딘가에서 자고 가거나 걸어서 집으로 가는 수밖에 없었어. 그래서 나는 시작했고, 계속해서 걸었어. 발리오라라는 고개에 이르렀을 때는 밤이 아주 깊었어. … 나는 한두 번 길가 얕은 숲 아래서 담배를 피웠어. 이슬이 많이 내려서 거기에 누워 자지는 못했어. 마침내, 길굽이 하나를 돌았을 때, 나는 창에 불이 비친 작은 오두막 하나를 보았지 뭐야. 문을 두드렸더니 안에서 누구냐고 물었어. 버트반트에서 시합 구경을 하고 오는 길인데, 물 한 모금 얻어 마셨으면 고맙겠다고 대답했어. 잠시 후, 젊은 여인이 우유 한 잔을 들고 나왔어. 그녀는 내가 문을 두드렸을 때, 막 잠자리에 들려 했던 것처럼, 옷을 반쯤 걸치고 머리도 풀어헤치고 있었어. 그녀의 모양새와 눈빛으로 나는 그녀가 임신을 했다고 생각했어. 그녀는 나를 문간에 세워 놓고 계속해서 말을 시켰어, 가슴과 어깨를 드러내 놓고 말이야. 그녀가 피곤하면 하룻밤 자고 가라고 말했어. 그리고, 집에는 자기 혼자뿐이며, 자기 남편은 시누이를 바래다주려고 그날 아침 퀸스타운으로 갔다고 말했어. 스티비, 그녀는 이야기하는 동안 내내 나를 빤히 쳐다보며 내게 바짝 붙어 있어서, 그녀의 숨소리가 다 들렸어. 내가 우유 잔을 넘겨 주자, 그녀는 마침내 내 손을 잡고 나를 문 안으로 끌어들이면서 말했어. "들어와서

> 자고 가요. 겁낼 것 없답니다. 우리밖에는 아무도 없답니다." 스티비, 나는 들어가지 않았어. 고맙다고 말하고 몸이 불덩이가 된 채 나는 가던 길을 계속 걸었어. 길이 굽이진 곳에서 돌아보니, 그녀는 아직도 문 앞에 서 있었어.
>
> 친구 대빈이 해 준 이야기의 마지막 말이 그의 기억에 울림을 일으켰다. 그의 이야기 속의 여인의 모습이 옛날 클레인에서 학교 마차를 타고 지나갈 때, 문간에 나와 서 있던 농촌 여인들의 모습에 투사되어 자기 앞에 서 있었다. 여자라는 종족의 한 전형으로, 아니 아일랜드 민족의 한 전형으로 서 있었다. 어둠과 은밀함과 외로움 속에서 자신의 의식에 눈을 뜬 박쥐 같은 영혼, 아무것도 숨기지 않은 여인에게 속한 눈빛과 음성과 몸짓으로 이방인을 자신의 침대로 끌어들이는 천박한 영혼.65

대빈의 이야기 속에서 소설의 주인공 스티븐이 보았던 것은 무너진 아일랜드 정신의 결정적으로 중요한 한 단면이었다. 그리고, 그것은 바로 '이방인을 어떤 스스럼도 없이 자신의 침대로 끌어들이는 창녀정신'(a bat-like soul, calling to the stranger to her bed)이었다. 이 시점에서 예술가 조이스는 그의 영혼의 '대장간'인 소설 쓰기를 통해 '아일랜드 민족의 양심'을 벼려 내기로 결심한다.

> 4월 26일: 어머니가 새로 산 내 헌 옷을 정돈하고 계신다. 어머니는 "내가 집과 친구를 떠나 혼자 살아가면서, 정이라는 것이 뭔지, 그리고 어떻게 느끼는 것이 정인지 배우게 되도록 기도하시겠다"고 말씀하신다. 아멘, 그렇게 하소서. 오너라, 인생아! 살아 있는 경험과 천만 번이라도 마주쳐, 내 영혼의 대장간에서 내 민족의 미창조의 양심을 벼려 내기 위해 지금 나는 떠난다.66

그리고, 유럽에서 쓴 소설 『율리시즈』에서 조이스는 고국으로 돌아오기를 거부한 망명자로서 고군분투하면서, 무너진 아일랜드 정신을 버려 내기 위해, 삭아 쓸모없게 된 아일랜드 정신의 속살을 후벼 낸다.

『젊은 예술가의 초상』에서는 그리스 신화 속의 다이달로스와 이카로스의 이야기를 차용하고, 『율리시즈』에서는 호머(Homer)의 서사시 『오디세이』의 구조를 차용함으로써, 조이스는 그의 시대 아일랜드 정신의 함몰이 어디까지 이르게 되었는지를 보여 준다. 신화 속에서 이카로스의 아버지 다이달로스는 크레테의 왕 미노스를 위해 거대한 미로(迷路)를 지어 준 아테네의 명장(名匠)이다. 이야기 속에서 다이달로스는 미노스 왕의 딸 아리아드네에게 '실타래'의 비결을 알려 주어 그녀의 연인이자 미노스의 정적(政敵)인 테세우스가 미노스의 미로를 빠져나올 수 있도록 도와준다. 아들 이카로스와 함께 자신이 만든 미로에 갇히는 신세가 된 다이달로스는 장인정신을 발휘해, 새의 깃털과 양초로 두 벌의 날개를 만들고 아들과 함께 미로를 날아올라 크레테를 탈출한다. 훌륭한 장인이자 물리를 깨친 현자(賢者)였던 다이달로스는 아들에게 이른다. "네가 달고 있는 날개는 양초로 만든 것이므로, 태양에 너무 가까이 날면 녹아 떨어질 것이고, 바다에 너무 가까이 날면 습기에 굳어 날갯짓을 할 수 없을 것이다."

신화 속에서 다이달로스와 이카로스가 맞은 고난과 역경은 어쩌면 인간이 살아가면서 피할 수 없는 하나의 원형적 고난과 역경이다. 인간은 누구나 살아가면서 이러저러한 고난과 역경을 맞고 살기 때문이다. 그러나, 인간이 이러저러한 역경을 이기고 고난을 헤쳐 나가 역사를 면면히 이어지게 하기 위해서는 다이달로스와 같은 '아버지'의 빼어난 장인정신과 예지(叡智)를 필요로 한다. 그러나 조이스의 『젊은 예술가의 초상』에는 아들 스티븐의 정신적 성장을 돕고, 그리하여 아일랜드의 새 역사를 창조하게 할 장인정신과 예지를 가진 아버지는 없다.

호머의 『오디세이』에서도 주인공 오디세우스는 트로이 전쟁을 끝내고 고향으로 돌아오는 길에 수많은 고난과 역경을 맞는다. 그 또한 어쩌면 인간으로서의 삶에 피할 수 없이 놓여 있는 또 다른 하나의 원형적 고난과 역경일 것이다. 그러나, 조이스의 『율리시즈』에 있어서와는 달리, 호머의 오디세우스에게는 그가 지키고 키워야 할 효성 지극한 아들 텔레마코스와 영웅의 귀환을 애타게 기다리는 충직한 아내 페넬로페가 있다. 이 서사시에서 왕 오디세우스는 그리스의 영광을 되찾아 오기 위해 트로이 전쟁에 동참하고, 20년의 긴 세월 동안 권좌를 비우지만, 자신의 부족과 가족을 지키기 위해 온갖 고난을 무릅쓰고 고향으로 귀환한다. 그리고 아들 텔레마코스는 아들의 위치에서, 아내 페넬로페는 아내의 위치에서 최선을 다해 자신들이 지켜야 할 도리와 의무를 다한다.

트로이와의 마지막 전쟁에서 해신(海神) 포세이돈의 신전을 범했던 오디세우스는 고향으로 돌아오는 바닷길에서 해신의 노여움으로 끊임없는 시련을 겪어야 하지만, 그때마다 초인적인 기지를 발휘해 고난을 뚫고 고국으로 돌아옴으로써 자신이 다스리던 땅의 평화와 질서를 회복한다. 아들 텔레마코스는 아버지의 생존을 확신하고 있었고, 그의 귀환을 돕기 위해 그를 찾아 나섰으며, 그가 귀환한 후에는 질서의 회복을 위해 혼신의 노력을 다한다. 그리고, 아내 페넬로페는 시아버지의 수의(壽衣)를 마련해야 한다는 명목으로 낮에는 베를 짜고 밤에는 베를 풀며 구혼자들을 속이고, 거지꼴을 하고 나타난 남편을 알아보고 그만이 쓸 수 있는 장대한 활을 내어놓음으로써 왕의 부재로 생겨난 혼란을 평정하게 한다. 물론 그들이 역사적 과업을 수행하는 데에는 오디세우스의 늙고 충직한 돼지우리지기 에우마이오스와 같은 협객들의 도움이 반드시 필요할 것이다. 역경을 무릅쓴 혈혈단신의 귀환, 아버지에 대한 확고부동의 믿음과 신뢰, 남편에 대한 흔들림 없는 충절, 협객과 의인들의 사심 없는 자기 희생—이들의 아들이 다시 아버지가 되고, 그 아들이 다시 아버지가 되어 건강한 역사가 길이 이어지게 되는 역사의 원형적 틀일 것이다.

조이스의 생각으로는, 20세기 초의 아일랜드 역사에는 '아들이 다시 아버지가 되고, 그 아들이 다시 아버지가 되어 건강한 역사가 면면히 이어지는 역사의 원형적 틀'이 더 이상 존재하지 않았다. 그의 소설 『젊은 예술가의 초상』과 『율리시즈』에 그려진 불건강한 아일랜드의 모습에는 '아들이 자라 아버지가 되는 법'을 가르치는 아버지는 어디에도 없다. 두 소설의 주인공 스티븐에게도 물론 육신을 낳아 준 생물학적 아버지(the blood father)는 존재한다. 그러나, 그의 아버지 사이먼(Simon Dedalus)은 한 번쯤 사업에 성공했었던, 그러나 그에 대한 기억으로 오히려 가족과 함께 자신을 나락으로 떨어지게 하는 술주정뱅이이다. 그는 정치 지도자 파넬(Parnell)이 낙마하고 '자치운동'(the Home Rule movement)이 좌절된 현재의 정치적 상황에 크게 낙담하고 있으며, 과거에 연연하면서 미래에는 지극히 비관적인 과거지향적 인물이다. 무엇보다, 그는 아들 스티븐이 가진 예술가로서의 잠재적 능력을 폄하하고, 아내나 자식에 대한 책임감도 없으며, 미래의 삶에 대한 스티븐의 생각을 사사건건 못마땅하게 여긴다. 그는 자식들에게 고함을 질러 권위를 세우려 한다. 그리고, 아들 스티븐을 '아무짝에도 쓸모없는 게으른 자식'(a lazy bitch)이라고 몰아붙이며 그의 예술가로서의 소망을 꺾어 놓는다. 가정을 이끌고, 그것으로 가족의 역사를 이어 가야 할 가장으로서의 기능을 총체적으로 잃은 것이다. 그는 이제 오직 성미가 급하고 고약해져 다루기 어려운, 매사에 짜증으로 가득한 한 늙은이일 뿐이다. 스티븐에게 그의 아버지가 20세기 초 아일랜드의 쇠락한 가정에 대한 상징이자 나아가 아일랜드의 허물어진 역사에 대한 상징처럼 보였던 것은 너무나 당연한 일이었다. 스티븐은 바로 그 두렵고 무서운 존재로부터 도망치기 위해 '자기망명'(self-enforced exile)의 길을 택한다. 이 소설의 끝에서 그는 그리스 신화 속의 장인 다이달로스에게서 영감(靈感)을 얻는다. 그리고, 그를 "지혜로운 아버지시여! 지혜로운 장인(匠人)이시여!"라고 부르며, 예술가로서의 소명을 지키기 위해 가족과 조국을 떠날 마지막 결심을 한다.

> 4월 27일: 지혜로운 아버지시여! 지혜로운 장인이시여! 지금, 그리고 앞으로도 영원히 저를 굳건히 잡아 주소서.[67]

소설 『율리시즈』는 스티븐이 1902년 아일랜드를 떠났다가 어머니의 장례를 치르기 위해 다시 고국을 찾았던 1904년 6월 16일 하루 동안의 그의 의식의 흐름을 그린다. 소설 속의 아일랜드는 예나 다름없이 가정도 사회도 혼돈의 도가니이다. 자식의 자아성취의 꿈을 짓밟는 허울뿐인 육신의 아버지, 완미(頑迷)한 신앙으로 자식의 예술혼을 옥죄는 야속하고 못난 어머니, 그리고, 역사에 난타당한 무딘 의식으로 친구의 삶을 갈구는 못된 친구들—그들 사이에서 스티븐은 '나는 무엇이어야 하는가?' 하는 물음을 끊임없이 되뇌며 '영혼의 아버지'를 찾아 그날 하루도 인생의 모진 모험을 한다.

소설 속에서 스티븐이 가진 삶의 모든 인간적 매듭들은—천륜으로 맺어진 인연들이든 사회적 만남으로 맺어진 인연들이든—모두 그가 진정한 자아를 실현해 나아가는 데 방해가 되거나 그에 위해를 가하는 것들이다. 스티븐은 물질주의적 현실과 타협하여 아일랜드 역사의 쇠락을 보지 못하는 친구들—벅(Buck), 헤인스(Haines), 디지 씨(Mr. Deasy)—로부터 자신을 멀리 떼어 놓으려 하고, 내면에서 비치는 창조의 빛을 가리는 가족적 환경에서 벗어나려고 몸부림친다. 그의 삶의 한 중심에는 구태의연한 지식과 의무로 스티븐을 옥죄는 부모가 있다. 어머니는 임종의 순간에도 기도하기를 거부하는 아들을 야속하게 생각하며 매섭게 꾸짖는다. 스티븐에게 이 사건에 대한 기억은 철없던 어린 시절 그가 가톨릭 교회에 바쳤던 신심(信心)에 대한 기억과 함께 깊은 회한과 후회의 응어리가 되어 남아 있다. 또한, 아직도 건강하게 생존해 있는 아버지는 고착된 신념과 낡은 지식으로 스티븐의 정신적 성장에 커다란 암초가 된다. 스티븐의 모든 것에 대해 부정과 비난으로 간섭하는 아버지—스티븐은 그의 존재를 안중에 두지 않고, 아버지의 그물로부터 자유로워지기만을 원하며, 그의 세계에서 벗어나 자유롭게 숨

쉴 공간을 찾기 위해 가쁘게 노력한다. 그리고, 자신을 찾으려는 가쁜 노력은 필연적으로 아버지의 세계 전부와 아일랜드 그 자체에 대한 회의(懷疑)와 거부로 나타난다. 그는 신과 대영제국의 권위를 거부하지만, 그의 재능을 비웃으며 그에게서 창조의 기회를 빼앗아 가는 그 외의 모든 것들의 권위도 거부한다. 1932년에 쓴 그의 마지막 시 「이 소년을 보라」(“Ecce Puer”)에서 조이스는 스티븐으로 인물화된 자신이 이 시기에 ‘아버지’의 권위에 대해 했던 도전과 반항을 가슴 에는 깊은 회한을 담아 이렇게 표현한다.

어린아이는 잠들어 있는데,
아버지는 가고 없네.
오, 버림받은 아버지
당신의 아들을 용서하세요.[68]

『율리시즈』의 끝 무렵에 스티븐은 가장 가까웠던 친구 벅 멀리건(Buck Mulligan)과 결별하고 역사 교사로서의 자리도 버림으로써 아일랜드 사회로부터 자신을 철저히 유리시킨다. 15번째 이야기 마지막쯤에서, 스티븐은 자신을 둘러싼 모든 것들로부터 버림받았다는 느낌에 만취상태가 되어, 거의 의식을 잃은 채 쓰러져 있다. 길잡이 없이 천방지축으로 헤매는 그에게는 자신의 생각에 공감하고, 자신과 소통하고, 자신을 이끌어 줄 누군가가 절실히 필요했던 것이다. 정신적 미로에서 혼미해진 의식의 순간에 그의 구세주로 나타난 사람은 바로 이 소설의 또 다른 주인공 블룸(Bloom)이었다. 배고픈 비둘기나 산통을 겪는 산모 등 어려움에 처한 것이라면 어떤 것들에도 동정심을 베푸는, 타고난 연민의 자질을 지닌 블룸—그의 부엌에서 스티븐은 그날의 이른 아침 이래 처음으로 술이 아닌 음식을 입에 대는 것이다. 그리고, 삶을 지탱해 주는 공감의 힘을 깨닫게 되는 것이다.

그러나, 블룸의 타고난 공감과 연민의 자질이 그것만으로 ‘아들이 다시 아버지가 되어 역사를 면면히 이어 가게 하는 아버지'의 자질로서 충분한 것일까? 술에 취해 의식이 혼미해진 스티븐으로 하여금 다시 음식을 먹게 해 몸을 지탱하게 해 주는 것 정도로, 스티븐이 자신의 창조적 자아를 깨쳐 내 실현할 수 있을까? 또한, 블룸이 지닌 공감과 연민의 자질이 기껏해야 부정과 불륜의 아내를 이해하고, 그것으로 와해된 가정의 붕괴를 가까스로 막아 내는 구실을 하는 것에 지나지 않는다면, 그가 만드는 가정을 아버지와 어머니가 각자 자신의 자리에서 맡은 바의 의무와 소명을 다하는 건강한 가정이라고 할 수 있을까? 이쯤에서 정신과 양심을 모질게 벼려 내지 못한다면, 아일랜드는 더 이상 내일을 위해 '새끼의 혼'을 키워 낼 수 있는 생존의 땅이 되지 못할 것이다.

조이스는 그의 소설 『젊은 예술가의 초상』과 『율리시즈』에서, 아버지의 장인정신과 혜안을 물려받은 아들이 훗날 아버지가 되어 새로운 가치와 경험을 보태고, 그가 다시 그의 아들에게 자신의 지혜를 물려줌으로써 역사가 면면히 이어지는 역사 선순환의 원형적 틀을 잃어버린 현대 아일랜드의 불건강한 모습을 그렸다.

엘리엇: '과거의 현재성'(the presentness of the past)과 '거울로서의 과거'

조이스와 동시대의 미국 시인 엘리엇도, 조이스가 그랬던 것처럼, 신화와 고전에 담겨 있는 경험과 지혜로 면면히 이어지는 역사 존속의 가치로운 원형들을 일깨움으로써 물질문명의 침투로 깊이 가라앉은 현대인들의 황폐화된 정신을 벼려 내려 했다. 그의 시 「바람 부는 밤의 광상」("Rhapsody on a Windy Night"), 「프루프록의 연가」("The Love Song of J. Alfred Prufrock"), 『황무지』(*The Waste Land*), 『4중주곡』(*Four Quartets*) 등에서, 엘리엇은 유용한 과거에의 기억(the usable past)과 현재를 벼려 낼 창조적 의지와 아름다운 미래에 대한 강렬한 소망을 모두 잃어버려 정신이 황폐해진 못난 현대인들을 그려냈다. 그리고 그리스-로마 신화와, 단테의 『신곡』(*The Divine Comedy*)과, 제시

웨스턴(Jessie Weston)의 『의식(儀式)에서 전설로』(*From Ritual to Legend*)와, 제임스 프레이저(James Frazer)의 『황금가지』(*The Golden Bough*)를 비롯한 많은 서양고전들에서 생명의 정신이 살아 숨쉬는 인물들을 찾아내, 그들을 메마른 정신의 현대인들의 대척점에 놓음으로써 현대 물질문명의 황폐화된 현주소를 보여 주려 했다.

1910년 가을 엘리엇은 콜레주 드 프랑스(College de France) 강의실에서 '의식의 형성과 진화'(the progressive evolution of consciousness)에 관한 베르그송의 강의를 들었고, '심리시간'(the duration/the psychological time)과 '의식의 흐름'(the stream of consciousness)과 '우주에 편재하는 생명력'(elan vital/the vital force/the life force)에 관한 그의 생각들에서 깊은 영감을 얻었다. 또한, 인간이 가진 기억에는 과거의 기억들이 기계적으로 뭉쳐져 있는 '들기억'(the ordinary memory)과 유기적으로 결합되어 창조적으로 미래를 건설하는 '참기억'(the pure memory)이 있다는 것도 배웠다. 그리고, 산업자본주의 문명을 살아가는 20세기 서구의 현대인들이 '창조적 기억'으로서의 '참기억'과 우주의 생명력을 흡입하는 '창조적 정신'으로서의 '직관'을 잃어버렸음을 깨달았다.

베르그송에 의하면, 인간의 의식 속에는 현재 이전에 흘러간 모든 시간(duration)에의 기억이 실타래처럼 감겨져, 동시성을 띄고 현재라는 의식의 단면을 구성하는 또 하나의 시간이 있다. '심리시간'이라는 것이다.[69] 그것은 시계가 가진 '기계적 시간'(the mechanical time)처럼 분초로 나누어 잴 수 있는 시간도 아니고, 신(神)이 가진 '신의 시간'(the divine time)처럼 시계의 시간이 아무리 흘러도 조금도 변함이 없는, 존재의 원형을 담은 '원형적 시간'도 아니다. 또한, 그것은 균질(均質)한 단위로 잴 수 있는 것도, 시계적 시간의 순서대로 가지런하게 정렬되어 있는 것도, 숫자로 계산해 낼 수 있는 시간도 아니다. 그것은 인간의 의식이 경험하는 시간과 공간 속의 모든 기억들을 하나로 담고, 시내들이 모여 큰 물결의 강물이 되어 흐르듯이 흘러

가는 시간으로서, 과거의 기억들이 동시성을 띄고 의식이라는 하나의 평면 위에서 새로운 경험과 어우러져 새로운 기억과 모양을 형성하고, 연상(聯想/association)과 해리(解離/dissociation)를 거듭하면서 '시계의 시간에 따라' 면면히 흘러가는 의식 속의 시간이다.[70]

> … 어떤 의식도 매 순간 변하지 않는 의식은 없다. 기억을 갖지 않는 의식이란 없기 때문이다. 현재의 지각에 과거의 기억이 보태어져 비로소 의식이 되고 이러한 현상은 매 순간, 끊임없이 일어난다. 그리고, 현재의 지각에 과거의 기억이 보태어져 형성되는 의식이 얼마만큼 지속될 때 그것이 곧 'duration'(얼마 동안 지속된 의식)이 된다. 그러므로 기억에 의해 의식의 변화가 지속되는 시간인 'duration'이란 과거라는 것이 현재 속에 살아남아 현재를 끊임없이 변화시키는 기억으로 만들어진 의식/삶인 것이다. … 쉼 없이 점점 커지는 과거의 덩어리라고 할까? 좀 더 심오하게 말하면, 질적인 면에서 계속해서 변화하는 과거를 담은 의식의 덩어리가 곧 'duration'이라는 것이다. 나이가 들수록 우리는 점점 무거운 기억의 덩어리를 끌고 다닌다. 만약에 현재 속에 살아남은 과거라는 것이 없다면, 오직 의식의 순간성이 있을 뿐, 의식의 지속성을 의미하는 'duration'이라는 것은 없을 것이다.[71]

베르그송은 과거의 기억들이 동시성을 띄고 의식이라는 하나의 평면 위에서 면면히 흘러가는 의식 속의 시간을 '의식의 흐름', 즉 '심리시간'이라고 했다. 그것은 '의식에 의해 경험되는 시간'(time as experienced by consciousness)으로서 우리가 음악을 들을 때 갖게 되는 의식의 흐름과 유사한 시간이다. 우리가 음악을 들을 때 듣게 되는 멜로디는 단지 불연속의 단속된 선율들의 집합이 아니다.[72] 그것은 과거의 의식이 현재의 의식 속으로 들어와 살아 있는 기억의 연속체이며 해리에 의해 가벼워지기도 하지만, 연상에 의해 점점 무거워지는 기억의 덩어리로서 현재적 삶의 질을 바꾸어 놓는 시간이다. 그러므로, 과거의 경험에 대한 살아 있는 기억을 갖지 못한 사람들에게는 오직 현재라는 순간순간만이 있을 뿐, 연속체로서의 무거운 의식의 시간(duration)은 없다.

베르그송의 생각을 따르면, 우주는 편재하는 '생명력'(elan vital)으로 가득하다. 그것으로 우주 속의 모든 유기체들의 의식은 진화하고 발전한다. 그것으로 모든 유기체들은 창조력을 얻고 성장한다. 그것으로 모든 유기체들은 스스로 생명의 질서와 체계를 만들어 내고, 점점 복잡하고 정교한 구조를 가진 생명의 형상을 만들어 간다. 그것은 마치 기관차의 엔진에서 나오는 동력처럼 우주 속의 모든 유기체들의 의식을 피어나게 하는 힘이자, 모든 유기체들의 삶에의 의지로 나타나는 신비롭고 불가사의한 힘이다. 그것으로 모든 유기체들은 생명의 길에 놓인 수많은 장애물들을 극복할 수 있고, 노화와 죽음에의 길을 지연시킬 수 있다.[73] 그러나, 우주에 편재하는 이 생명력은 그 자체로서, 즉 그 존재만으로 유기체들의 의식을 부풀어 오르고 진화하게 하지는 못한다. 우주 속의 생명력이 유기체들의 생명현상으로 발현되기 위해서는 유기체들 각각의 '생명에의 의지'가 필요하고, 그것으로, 베르그송이 '진짜 시간'(the real time)이라고 불렀던 의식의 시간, 즉 심리시간 속으로 생명의 기운이 흘러 들어옴으로써 비로소 유기체들의 의식은 점점 부풀어 오르고 진화하게 된다.

그렇다면, 기억의 덩어리로서의 심리시간은 언제 생명에의 의지를 얻어 의식의 진화를 이루어 내는 '창조적 시간'(the creative time)이 되는 것일까? 다시 말해, 왜 어떤 유기체의 의식은 크고, 깊게, 멀리 진화하고, 어떤 것은 그렇지 못한가? 베르그송은 그의 책 『창조정신: 형이상학 서설』(*The Creative Mind: An Introduction to Metaphysic*)에서 우주에 편재하는 '생명력'(elan vital)의 흐름을 꿰뚫어 보는 '명철한 직관'(intuition)과 그것을 흡입하여 의식의 진화를 이루어 내는 '창조적 정신/의지'(the creative mind)를 강조한다. 그리고, 『질료(質料)와 기억』(*Matter and Memory*)에서 의식 속의 시간을 구성하고 있는 기억을 '기계적 기억/들기억'(mechanical/ordinary memory)과 '창조적 기억/참기억'(creative/pure memory)의 두 가지 형태로 나눔으로써 이 물음에 대답한다. 그에 의하면, '창조적 직관'이란, 세상을 부분 부분의 기계적 집합이 아닌 하나의 전체로 이해하는 능력이며, 그것은 '다소 모호하긴 하지만 그럼에도 부정할 수 없는' 진리에 이르게 하는 빛이다. '창조적 직관'이라는 빛이 없이는 어떤 과학도 기성의 사고와 양식을 넘어서는 진리에 도달할 수 없고, 어떤 철학도 기성윤리의 테두리 밖에 있는 '옳음'(rightness)을 지각할 수 없다. 그러므로, '창조적 정신/의지/직관'이야말로 우주적 생명력을 흡입하여 의식의 진화를 이루는 요체이다. 그에게는 "존재한다는 것은 변화한다는 것이고, 변화한다는 것은 성숙해진다는 것이며, 성숙해진다는 것은 '창조적 의지'로 우주적 생명력을 흡입해 끊임없이 자신을 벼려 내는 것"이기 때문이다.[74]

베르그송에 의하면, 유기체들의 '천재성'(genius)이란 명철한 직관과 창조적 정신에 창조적 의지를 가해 우주적 생명력을 흡입함으로써 '무기력한 인간성'을 깨워 내고, 마침내 배움에 이르는 것이다. 그렇다면, 유기체들의 이러한 천재성은 기억의 덩어리인 의식의 시간과는 어떻게 연결되는 것일까? 『질료와 기억』에서의 베르그송에 의하면, 의식의 시간 속에 들어 있는 유기체들의 기억에는 기억의 기계적 조합에 불과한 들기억과 직관과 의지로 생명력을 흡입해 생명의 질서를 만들어 내는 참기억이 있다. 인터넷 페이지 『공부의 길잡이』(*Study Guide*)에는 창조적 기억으로서의 베르그송의 참기억이 이렇게 요약되어 있다.

> 들기억(ordinary memory)은 순간순간 지각된 촉감의 기계적 조합이다. 우리들의 정신 속에서 들기억은 마치 컴퓨터에 입력된 사실들이 하는 것과 유사한 기계적인 일을 우리들의 정신 속에서 한다. 촉감들의 유기적 결합 없이 기계적으로 인식이 이루어지는 것이다. 반면에 참기억(pure memory)은 힘이자 정신이다. 그 힘으로 우리는 촉감한 것을 통

제하고 조직한다. 참기억은 인식행위가 이미 끝난 때에도 인식 당시에 가졌던 심상을 잃어버리지 않고 있는 기억이다. 이것은 능동적/의지적으로 [심상들을 조직해 의미를 창조하는] 기억으로서 우리들의 삶에 정보를 제공하고 방향성을 주는 기억이다.[75]

다시 말하면, 들기억이란, 컴퓨터 안에 저장된 일련의 정보들처럼, 기계적으로 쌓여 있는 죽은 과거들의 집합으로서 그 자체로서는 의미 있는 현재를 창조하는 데 어떤 기여도 하지 못하는 기억이다. 반면에, 참기억이란 긴 시간의 과거 동안(duration)에 일어난 일들에 대한 기억들이 창조적 의지와 명철(明哲)한 직관력을 지닌 어떤 힘찬 정신에 의해 유기적 질서체로 재조직된 기억으로서, 창조적 정신이 깃들어 살아 숨쉬는 과거의 집합이다. 그러므로, 역동적이고 의미 있는 현재와 미래를 창조하기 위해서는, 유기체들의 의식의 흐름 속에 창조적 정신이 살아 숨쉬는 참기억이 들어 있어야 한다. 베르그송은 옛 성인들과 영웅들의 의식 속에서 참기억으로 역동적 현재와 미래를 벼려 냈던 창조적 시간들의 예를 찾는다.[76]

베르그송의 강의에서 깊은 영감을 얻었던 시인 엘리엇에게 산업자본주의 물질문명에 취해 살아가는 20세기 초엽의 현대인들은 들기억으로 의식이 황폐화된 황무지인들로 보였다. 그들의 기억은 마치 컴퓨터 속의 정보들처럼 기계적으로 쌓여 있는 죽은 과거들의 단속적 집합으로서, 연상과 해리를 통해 부풀어 오르지도 않았으며, 그러므로 현재적 삶의 의미와 가치를 창조하지도 못했기 때문이다. 그들에게는 오직 현재라는 순간순간만이 있을 뿐, 과거의 연속체로서의 의식의 시간(duration)은 없다. 「바람 부는 밤의 광상」에 등장하는 시적 화자의 삶에서 볼 수 있듯이, 현대인들의 삶에는 '미치도록 황홀한 선율'이 흐르는 시간은 없다. 또한, 「프루프록의 연가」에서 시적 화자는 의식 속에 기계적으로 쌓여 있는 기억 외에는 어떤 참기억도 갖지 못한, 그리하여 어떤 가치로운 현재나 미래도 창조할 수 없는 현대적 자아의 치욕적 현재를 고백한다. 그리고, 『황무지』에는 참기억으로 세상 만사를 꿰뚫어 보는 시적 화자 티레시아스(Tiresias)의 눈 앞에 소중한 과거에 대한 기억을 모두 잃어버린 수많은 황무지인들의 군상이 만화경처럼 스쳐 지나간다.

엘리엇의 시 『황무지』에서 엘리엇은 물질문명에의 탐닉으로 참기억을 잃어버린 현대문명인들이 살아가는 세상을, 단테가 그의 『신곡』에서 그려 낸 지옥의 모습에 빗대어, 다음과 같이 그려 낸다.

> 겨울 새벽의 갈색 안개에 뒤덮인
> 부자연의 도시,
> 군중들이 무리 지어 런던교를 건넌다, 너무나 많은 군중들이,
> 죽음이 저렇게 많은 사람들을 파멸시켰단 말인가?
> 가끔씩 짤막한 한숨을 몰아쉬며,
> 각자 자기 발등만을 쳐다보며 걷는다.[77]

그리고, 그곳에 살아가는 황무지인들의 대척점에 참기억으로 생명의 정신이 고동쳤던 수많은 원형적 인물들을 놓는다. 그리스-로마 신화 속의 티레시아스와 같은 인물들, 단테의 『신곡』에 나오는 귀도(Guido)와 같은 인물들, 제시 웨스턴의 『의식에서 전설로』(*From Ritual to Legend*)에 나오는 품행이 곧고 바른 어부왕(漁夫王)의 기사(knight), 프레이저의 『황금가지』에 나오는 젊음과 풍요와 재생을 기원하는 사제들—이들이 모두 참기억의 원형적 인물들이다. 이들에 비하면, 이들의 대척점에 놓인 엘리엇의 황무지인들은 정신이 얼마나 메말라 있는가? 엘리엇의 "황무지"에 사는 사람들은 누구 하나 현재성을 지닌 유용한 과거에의 기억과 의미 있는 현재를 벼려 내기 위한 창조적 의지와 보다 아름다운 미래에 대한 강렬한 소망을 지니고 살아가는 사람은 없다.

인간에게 참기억과 창조적 정신이 없다면, 시간 속의 기억의 집합인 역

사는 영원히 삶의 참 의미와 참 가치를 드러내지 못할 것이다. 다시 말해, 역사에 대한 참기억이 없는 사람들에게, 역사는 현재와 미래에 대한 거울이 되지도 못할 것이며, 꿈과 소망을 실현해 주는 촉매가 되지도 못할 것이다. 엘리엇의 시 「게론티온」("Gerontion")의 시적 화자가 말한 대로, 역사의 길목에는 정교하게 기획된(contrived) 너무나 많은 덫(corridors)이 놓여 있기 때문이다.

이 모든 걸 안 후에, 어찌 용서할 수 있겠는가? 그러니 생각하라,
역사는 수많은 교활하게 꾸며진 통로와, 술책으로 가득한
회랑(回廊)과 출구를 가지고, 야망을 들쑤시고 허영심을 불질러
우리들을 속인다. 그러니 생각하라,
역사는 주의가 흩어져 있을 때 우리들에게 주어서,
우리들을 비굴한 혼돈으로 빠져들게 해,
주는 것이 오히려 갈망으로 굶주리게 한다. 또한, 너무 늦게 준다,
믿지 못하는 것을―, 믿고 있다고 해도 기억 속에만 있어,
식어 버린 열정이 되어 버린 것을―. 아니면, 너무 일찍 쥐어 준다,
연약한 손에, 없어도 지낼 수 있다고 생각되는 것을, 그래서
받기를 거절하는 것이 두려움을 낳는 것을. 이제 생각하라,
두려움도, 용기도 우리를 구원하지 못함을. 영웅심이
언제나 잔혹함을 낳는다. 파렴치한 죄를
지은 자들이 언제나 미덕을 강요한다. 눈물은
언제나 분노의 열매를 맺는 앎의 나무에서 떨어진다.[78]

엘리엇에게 르네상스 이후의 계몽(Enlightenment)의 역사는 너무나 많은 덫이 놓인 역설의 역사였고, 그러므로 용서할 수 없는 역사였다. 그것은 이 시대의 사람들을 계몽이라는 풍설(風說)로 속여 엉뚱한(whispering) 야망을 품게 했고 황당한 허영에 빠져들게 했다. 그것은 작은 물질적 편안함과 안락함으로 생각을 뒤흔들어 놓았기에(confusions) 때로는 주는 것으로 더 많은

것을 욕구하게 했고(the giving famishes the craving), 때로는 너무나 연약한 손에 너무나 빨리, 너무나 큰 것을 쥐어 주었기에 주는 것의 참 가치를 알아보지 못하게 했으며, 때로는 가치가 있는 것은 너무나 늦게 주어 그것에 대한 열정이 식어 버리게 했다.

이 시대의 사람들에게 이제 남은 것은 두려움과 만용뿐이었다. 가치 있는 것을 잃어버렸을지 모른다는 두려움과 더 이상 가치롭지 않은 것을 움켜잡으려는 만용—그것이었다. 그리고, 만용으로부터 부자연스러운 악이 배태되었고, 두려움은 삼감이 없는 범죄로 이어져 해괴한 미덕을 싹 틔우고 키워 냈다. 모든 것은 '계몽'이라는 마법의 거름으로 키워진 사과나무에 달린 앎의 열매를 따 먹은 결과였다. '직관'의 큰 이성(理性/Reason)이 아니라 '오성'(惡性/reason)의 작은 '순수이성'으로 얻은 보잘것없는 '앎'(knowledge)으로 우주의 '정언명령'(categorical imperative)—칸트 철학에서, 행위의 결과에 관계없이 그것 자체가 선(善)으로서 무조건적으로 지켜져야 할 도덕적 명령—을 덮으려 했기 때문이다. 르네상스 이래로 생겨난 인본주의, 자유주의, 민주주의, 자본주의, 공리주의, 국수주의, 제국주의, 공산주의 등등의 수많은 계몽주의적 이념들에 갇힌 이 시대의 사람들이 계몽의 감옥에서 만들어진 물질적 풍요 속에 익사해 역사에 대한 참기억과 창조적 의지와 명철한 직관을 잃고서 정신적 황폐함을 안고 살아가게 된 것이다.

계몽의 역사가 엘리엇의 세대들에게 남긴 정신적 황폐함은 바람결 하나, 달빛 한 자락에까지 배어 있었다. 「바람 부는 밤의 광상」에서 엘리엇의 시적 화자는 달빛 가득한 어느 바람 부는 밤에 가로등 늘어선 거리를 따라 걷고 있다. 만약 이 달빛이, 베토벤의 소나타 14번 〈월광곡〉(Moonlight Sonata)에서처럼, 격한 열정과, 강렬한 아픔과, 표표한 낭만을 가득 머금은 광상(狂想)을 자아내고 있었다면 얼마나 좋았을까? 그러나, 유감스럽게도 고도로 산업화된 도시의 후미진 뒷골목에 살고 있는 그의 의식은 녹슬고 부러진 용수철처럼 탄성을 잃었고, 그의 의식 속에서 어슴푸레한 달빛에 젖은 만물과 만물 사이의 경계와 관계는 무너질 듯이 허물어져 있다.

뒤틀어진 많은 것들—기억의 표면 위로
떠올라, 말라 퍼드러진다.
파도에 씻기우고 닳아, 반들거리는,
해변에 내동댕이쳐진 뒤틀린 나뭇가지 하나,
마치 세상이 하얗고 뻣뻣한
자기 해골의 비밀을 드러낸 듯하다.
공장 마당의 부서진 용수철,
녹이 덕지덕지 붙어 탄성이 없어졌구나—
틀어지고, 딱딱해져, 툭 부러질 지경이구나.[79]

눈곱만큼의 참기억도 없고, 창조적 의지나 직관도 없으며, 삶에 대한 진지한 추론이라고는 약에 쓰려 해도 찾을 수 없는 화자의 뇌리는 부서지고 찌그러진 일상에 대한 기계적이고 단속적인 기억의 이미지들로 가득할 뿐이다. 그의 기억에는 달빛 가득한 호수 위의 낭만이나, 떠나간 연인을 향한 식지 않은 애틋한 열정이나, 이별의 아픔이나, 눈먼 어느 소녀에 대한 연민과 같은 원형적 '광상'의 흔적은 없다. 서양 근대의 계몽주의 이념을 바탕으로 생겨난 산업화된 도시에서의 생활이 그에게서 '미치도록 황홀한 선율'이 흐르는 시간을 빼앗아 간 것이다.

「바람 부는 밤의 광상」에서 시적 화자의 의식은 을씨년스럽기 그지없는 텅 빈 삶의 이미지들로 가득 채워져 있다. 시인 엘리엇은 묻는다. 현대인의 의식 속에 도대체 '광상'의 선율이 흐르는 시간이 있을 수 있을까? 이 시의 시적 화자의 삶도 물론 여느 삶처럼 시간 속의 경험으로 생겨나는 의식의 흐름으로 흘러간다. 그러나, 그의 삶에는 순간순간 이어지는 기계적이고 단속적인 현재만 있을 뿐 먼 과거에 대한 원형적 기억에서 오는 연상과 해리로 부풀어 오르는 의식의 시간은 없다. 뿐만 아니라, 다가오는 미래에 대한 어떤 소망이나 희망도 보이지 않는다. 그저 달빛으로 열어진 어둠 속에서 바람결에 흩어지는 공허한 삶의 울림과, 바람과 달빛과 찌그러지고 뒤틀린 도시의 풍광과 어떤 희망도 없이 힘없이 뛰는, 살아는 있으나 살아 있지 않은 심장의 뒤엉킴만이 있을 뿐이다.

밤 열두 시, 이 시의 화자는 달빛의 주문(呪文)에 걸린 후미진 밤거리를 뒤죽박죽이 된 기억의 그림자를 잡고 걷고 있다. 새벽 한 시 반, 그는 바람에 흔들리는 가로등 불빛 속에서 문을 힐끔 열고 자신을 유혹하는 술 취한 여인의 게슴츠레한 눈을 응시한다. 새벽 두 시 반, 그는 썩은 버터 조각을 탐식하는 고양이 한 마리를 목격한다. 새벽 세 시 반, 그는 모든 기억을 잃고 가냘픈 눈을 깜박거리며 밤의 온갖 냄새들과 더불어 떠 있는 달을 의식한다. 새벽 네 시, 계단 위의 방문을 열고 들어가, 반겨 주는 이 없는 텅 빈 침대에 올라 내일을 준비한다. 달빛 아래 가로등을 따라 몇 시간의 배회 끝에 잠의 휴식이 있는 삶터로 돌아오지만, 그의 가슴엔 남아 있는 삶에 대한 낭만과 열정이란 조금도 없다.

도대체 이 시의 화자에게 내일이란 있는 것일까? 있다 하더라도, 그것은 어떤 내일이 될까? 뒤죽박죽이 되어 마구 흩어져 있는, 찌그러지고 뒤틀린 도시의 이미지들이 그의 의식 속에 남아 있는 전부이다. 그의 의식이 바람과 달빛과 가로등에 지배된 탓이다. 그것들이 비추고 들추어내는 썩어 문드러지고 단절된 불모와 절망의 삶의 이미지들로 그의 의식이 가득 채워져 버렸기 때문이다.

「바람 부는 밤의 광상」에서는, 도시화된 문명의 삭막함을 안고 살아가는 시적 화자의 황폐화된 내면공간이 '의식의 흐름'(stream of consciousness)의 기법으로 드러난다. 반면에, 「프루프록의 연가」에서는 계몽주의 역사가 성취해 놓은 물질적 풍요에 갇힌 시적 화자가 참기억을 잃어버리고 살았던 자신의 치욕스러운 삶을 '의식의 흐름'을 통해 고백한다. 「바람 부는 밤의 광상」의 화자와는 달리, 이 시의 화자는 먼 과거에 대한 원형적 기억들을 갖고 있고, 그것들에 비추어 자신의 현재를 판단하는 직관력도 지니고 있다. 그럼에도 그는 자신의 의미 있는 현재와 미래를 창조하고 벼려 낼 의지와 정신을 가지고 있지 못하고, 그러므로 창조적 시간을 갖지 못한다. 물질의 풍요 속에서 그의 정신이 타락하고 빈곤해져 현실을 벼리고 창조할 의지와 정신을 잃어버렸기 때문이다. 그를 둘러싸고 있는 환경이 창조와 재건의 시간을 향한 그의 노력을 꺾어 놓았기 때문이다.

이 시의 화자인 프루프록(Prufrock)—그는 나이 지긋한 중년이 되어서야 자신의 삶이 사랑과 창조와 벼림이 없는 위선의 헛된 삶이었음을 깨닫는다. 그리고, 자신의 깨달음으로 예나 다름없이 속물근성에 빠져 허우적거리는 여인들에게 '사랑 노래'를 불러 주고 싶어 한다. 그렇다면, 이 시의 제목에 들어 있는 '사랑'의 의미는 무엇일까? 그것은 누군가와 또는 무엇인가와 하나가 되고 싶고, 함께하고 싶고, 함께 영혼을 나누고 싶은 욕망(a desire for oneness, togetherness, and communion)이다. 그러나, 프루프록의 사랑 노래는 끝내 그 여인들의 마음을 움직이지 못한다. 속속들이 속물인 그 여인들의 의식 속으로 프루프록의 사랑 노래가 들어가 자리할 여지가 없었기 때문이다. 프루프록 또한 지옥의 불길 속으로 뛰어들어 문명의 달콤함에 취한 자신의 영혼을 벼려 낼 용기와 각오가 없었기 때문이다.

시 속의 화자는 자신의 사랑 노래를 거부하는 여인들을 위해 순교하는 것을 두려워하고, 대의와 명분을 위해 자신을 버릴 만큼의 대단한 각오도 없는 비겁한 현대인이다. 그가 가치로운 삶이란 무엇인가에 대한 원형적 기억을 잃어버렸던 것은 아니지만, 그의 기억들은 그로 하여금 창조적 시간을 벼려 내 의미 있는 현재를 갖도록 하는 데 어떤 기여도 하지 못하는 들 기억들일 뿐이다. 성경과 고전과 신화 속 인물들에 대한 많은 기억에도 불구하고, 현재라는 기계적 시간 속에서 그가 할 수 있는 일이라곤 오직 '머리를 뒤로 넘기면 어떨까?' '배 하나 깎아 먹어 볼까?' 등의 사소한 일로 고민하는 것뿐이다. 그리고, 참기억을 잃어버린, 20세기 문명인이라는 의미에서 철저하게 '인간적인'—그러므로 지극히 비인간적인—세계 속에 '빠져 죽는 것'이 전부이다.

프루프록의 기억 속에 창조적 시간 속에서 새 삶을 벼려 내려 했던 인물들에 대한 원형적 기억들이 남아 있는 것은 사실이다. 그러나 프루프록의 문제는 이 원형적 기억들이 20세기 문명에 취해 창조적 정신을 잃은 그에게는 참기억으로 되살아나지 못한다는 것이다. 이 시의 '서시'(proem)에는 살아 있을 때 달변의 능력으로 수많은 사람들의 삶을 곤경에 빠트리고 죽어 지옥에 간, 단테의 『신곡』에 나오는 인물 귀도의 이야기가 나온다. 그는 지금 죽은 후 던져진 지옥의 불길 속에서 이승에서의 치욕을 씻어 내기 위해 아무런 기약도 없이 영혼의 담금질을 계속한다. 그리고 스승 버질(Virgil)의 손을 잡고 자신을 찾아온 이승의 시인 단테에게 자신이 살았던 치욕적인 삶에 대해 지옥의 언어인 불꽃의 언어로 말한다.

> 내가 만약 이승으로 다시 돌아갈 사람에게 대답하는 것이라고 생각한다면, 이 불꽃은 조금도 흔들리지 않으리라. 그러나, 내가 들은 것이 사실이라면, 이 깊은 지옥에서 살아 돌아간 자 없기에, 나 수치에 대한 어떤 두려움도 없이 당신의 물음에 대답하겠다.[80]

또한, 프루프록은 예수에게 세례를 주고 구원자의 강림을 예언했던, 그리고 헤롯 왕실의 실정(失政)과 헤롯 왕과 헤로디아스 왕비의 혼인을 비판했다가 왕비의 농간으로 처형당했던 성 세례요한(St. John Baptist)의 이야기를 기억한다. 복수의 구실을 찾고 있었던 헤로디아스 왕비는 왕의 생일에 자신의 딸 살로메(Salome)를 춤추게 하고, 그녀로 하여금 소원을 말하게 하여 그를 처형할 구실을 찾는다. 이때 살로메의 소원은 세례요한의 목이 접시에 올려져 자신에게 바쳐지는 것이었다. 그리고, 프루프록은 부왕에 대한 삼촌 신하의 반역으로 '존재의 위대한 고리'(The Great Chain of Being)가 무너진 상황에서 "사느냐 죽느냐, 그것이 문제로다"의 고뇌에 빠졌던 햄릿 왕자의 절체절명의 망설임도 기억한다. 햄릿에게 존재의 위대한 고리가 무너져 혼돈에 빠진 세계를 감당하는 것은 죽음보다 두려운 삶이었지만, 무너진 고리를 회복하지 못하고 맞은 죽음으로 영겁의 모진 악몽에 시달리는 것은 삶보다 더한 고통이었다.

유황 불꽃 속에서 영혼을 정화하는 귀도의 기억이나, 세상의 구원을 위해 순교를 선택하는 성 세례요한의 기억이나, 사느냐 죽느냐의 문제로 고뇌하는 햄릿 왕자의 기억이나, 이들 가치로운 삶에의 기억들은, 그러나, 프루프록의 현재를 창조적 시간으로 만들어 주지 못한다. 현재적 삶의 물질적 안락함이 존재에 본유하는 창조적 정신과 의지를 무력화시켜 놓았기 때문이다. 그는 고백한다. 중년을 지나 머리가 성글어질 때까지도, 역사 속에 존재했던 수많은 창조와 재창조의 위대한 시간들에 대한 기억을 되뇌고만 있었다고.

> 시간은 있으리라, 시간은 있으리라, …
> 무너뜨리고, 다시 지을 시간, 삶 속의 모든 일들을
> 수행하고 손으로 갈무리할 날들의 시간,
> 접시 위에 고민을 올려놓고 고뇌할 시간,
> 그대를 위한 시간, 나를 위한 시간은 있으리라,
> 그리고, 수백 번 마음을 고쳐먹을 시간도,
> 수백 번 보고, 다시 볼 시간도 있으리라.
> 토스트를 먹고 차를 마시기 전에.
>
> 방 안에서 여인들이 이리저리 거닌다,
> 미켈란젤로 이야기를 하며.
> 정말이지 시간은 있으리라,
> '한번 해 봐?' '정말 한번 해 봐?' 하고 되뇔 시간은, …

'우주를 한번 뒤흔들어 봐?' 하고 용기를 낼 시간은.[81]

그리고, 그 수많았던 되뇜의 시간들이 물질적 풍요에 갇힌 시계적 시간의 쉼 없는 흐름과 속물주의에 흠뻑 젖어 사는 여인들의 치마폭 속에서 함몰되고 말았다고.

내가 그들을 이미 알고 있었기에, 알고 있었기에.
내가 살아온 아침, 오후, 저녁들 — 그 모두를 알고 있었기에,
나는 내 인생을 커피 스푼으로 재어 왔었지. …

나는 그 눈들을 모두 알고 있었어, 그들 모두를,
틀에 박힌 말로 당신을 꼼짝 못하게 하는 그 눈들을,
내가 틀 속에서 핀에 박혀 발버둥치면서,
내가 벽 위에서 핀에 꽂혀 몸부림치면서,
내 어찌 시작할 수 있을까? 뱉어 낼 수 있을까?
내가 살아온 나날들에 끼어 있는 찌꺼기들을?
어찌 감히 하겠다고 할 수 있을까?[82]

베르그송이 생각했던 것처럼, 어쩌면 모든 유기체는 창조적 의지와 충동(a creative urge)을 본유적으로 가지고 태어날지 모른다. 그리고, 그 창조적 의지와 충동으로 진화의 방향을 결정하고, 눈에 보이지 않는 방식으로 환경에 의지를 가하고 변화를 주어, 보다 높은 질서를, 보다 높은 아름다움을 창조해 갈지 모른다. 그러나, 문명의 역설 속에 빠져든 엘리엇의 프루프록은 내적 의지의 결여와 창조적 정신의 결핍으로, 옛 진리와 가치를 보존하고 새로운 진리와 가치를 창조함으로써 역사를 존속시키는 힘을 잃어버렸고, 그러므로 역사 속에 익사하게 되었다. 20세기 문명의 파리잡이 병에 갇힌 프루프록이 할 수 있는 일이라곤 오직 커피 스푼으로 인생을 재며, 머리

에 가르마를 탈 것인가를 망설이고, 바짓단을 걷어올릴 것인가를 망설이고, 배를 한 입 베어 물 것인가를 망설이는 하찮은 일상에 흠뻑 젖어 살아가는 것뿐이다.

서구 계몽의 역사가 몰고 온 전대미문의 물질적 풍요와 전대미문의 윤택한 여가시간이 서구인들의 삶에 축복이었던 것만은 결코 아니었다. 아니, 어쩌면, 크나큰 저주였을지도 모른다. 더없는 풍요와 여가가 무서운 역설을 낳은 것이다. 문명으로 정신이 탁해진 삶 속에서 행복함수를 찾기가 어려워졌고, 쾌락 추구의 생활 속에서 행복지수는 크게 떨어졌기 때문이다. 풍요와 여가의 역설에 빠진 현대인들은, 한편으로는 행복한 삶을 향한 창조적 의지와 충동을 잃게 되었고, 다른 한편으로는 쾌락지향의 삶에서 오는 망연(茫然)한 권태로움에 빠져들었다. 그러나, 계몽의 역설은 행복과 자유와 가치를 추구하는 정신을 잃어버린 것으로 끝나지 않았다. 더 이상 자연과 인간의 도(道)가 가르치는 순환과 재생의 이치(理致)를 깨치며 살아갈 수 없게 되었다. 20세기의 서구인들이 영혼을 팔아 쾌락을 좇는 욕망의 노예가 되어, 순간순간의 기계적 시간 속에 함몰되어 죽은 영혼으로 살아가게 되었기 때문이다.

엘리엇은 그의 시 『황무지』에서 순환과 재생의 우주적 이치를 깨치지 못하고, 죽은 영혼으로 살아가는 사람들의 황폐한 정신을 그린다. 이 시에서의 엘리엇에 의하면, 자연은 봄-여름-가을-겨울의 순환으로 인간들에게 재생의 도(道)를 가르친다. 그것은 봄날의 탄생과 재생의 환희를, 여름날의 풍성함의 기쁨을, 생명이 스러져 가는 가을날의 고뇌를, 겨울날의 죽음의 아픔과 고통을 가르친다. 그리고, 깊은 고통 속에서의 긴 기다림과, 재생을 향한 간절한 소망과, 아침이 오듯 다시 찾아오는 봄날의 재생에서 용솟음치는 환희와 행복을 가르친다. 그러나, 계몽의 역설 속에 빠진 20세기의 현대인들은 재생의 고통과 환희에서 오는 이 행복감을 잃어버렸다.

물론, 엘리엇에게도 욕망이란 행복과 자유의 유일무이한 원천이다. 그것으로 인간은 우주 속에 세우고, 짓고, 깃들어 살며, 재생산하여 역사를 이어 간다. 그러나, 나쁜 방법으로 잘못 사용된 욕망은 부수고, 끊고, 역사를 단절시킨다. 이 시의 서시(proem)에 나오는 시빌(Sibyl)의 삶이 보여 주듯이, 잘못 사용된 욕망은 재생과 창조가 없는, 불임과 불모의 사막 같은 삶을 만들어 낼 뿐이다. 엘리엇의 시 속의 땅 "황무지"에 살아가는 사람들에게는 어느 하나의 예외도 없이 오직 한 번의 젊음이 주는 순간적 욕망의 분출과 그것을 뒤따르는 긴 죽음에의 갈망이 있을 뿐이다. 그들은 모두 자연과 인간의 순환과 재생의 도(道)를 잃은 지 오랜 사람들이다. 그들은 영혼이 죽은 사람들로서 생성과 순환의 본질이 되는 욕망을 잘못 분출하며 살아가는 사람들이다.

이 시의 서시에는 고대 그리스 시대 아폴로 신의 신탁을 받아 전했던 무녀 시빌의 이야기가 나온다. 어느 날 아폴로 신은 자신의 신탁을 충실하게 세상에 전해 온 시빌에게 소원이 있으면 들어주겠다고 했다. 시빌은 먼지 한줌을 움켜잡으며 일말의 주저도 없이 말했다. "먼지 알 만큼의 많은 삶을 제게 주십시오." 신탁을 전하는 신비의 능력을 가졌던 시빌에게도 자신에게 주어진 인간적 욕망을 창조적으로 사용하는 혜안은 없었다. 젊음의 재생이 없는 먼지 알만큼의 많은 삶 속에 들어 있는 공포가 어떤 것인지를 상상조차 할 수 없었던 것이다. 아폴로의 약속은 지켜졌고, 시빌은 지금 한 번의 젊음 후에 찾아온 영겁의 늙음으로 몸이 쪼그라들어, 병 속에 갇힌 채 추녀 끝에 매달려, 죽음보다 두려운 삶을 이어 가고 있다. 그리하여, 지금 그녀의 유일한 소망은 '나는 죽고 싶어'가 되었다.

엘리엇의 시적 상상력 속에서 전대미문의 풍요와 쾌락에 빠져 살아가는 20세기 현대인들의 모습은 추녀 끝에 매달려 죽음을 소망하는 시빌의 황폐한 삶과 너무나 닮아 있다. 엘리엇은 그의 시 『황무지』에서 남녀 양성의 삶을 살아 보기도 하면서 수천 년의 삶을 경험했던 티레시아스적 인물의 눈에 비친, 재생의 가능성이 없이 영겁의 불모(不毛) 속에서 허우적거리며 살아가는 20세기 현대인들의 삶을 그린다.

『황무지』의 제1부 「사자(死者)의 매장」("The Burial of the Dead")에서 엘리엇은 매장의 의식(the ritual of the burial)에 담긴 뜻이 무엇인지를 모르는 현대인들의 불모의 삶을 그린다. 왜 인류는 그 오랜 세월 동안, 사자들을 매장하며, 매장의 의식을 치러 온 것일까? 한 가지 분명한 것은 살아남은 자들이 죽은 자의 죽음 앞에서 죽음에의 고뇌와 재생에의 갈망을 의식(儀式)으로 풀어내려 했다는 것이다. 그러나, 현대인들의 의식(意識) 속에는 죽은 자들을 매장하며 재생의 의식(儀式)을 치르는 이 원형적 기억이 없다. 시 속에서 불모의 삶을 살아가는 황무지인들은 죽음에의 고뇌와 재생에의 갈망으로 매장의 의식(儀式)을 치름으로써 생명의 도(道)를 터득하는 이 원형적 기억을 상실한 것이다.

자연은 언제나 생성과 정화와 순환을 향한 창조적 욕망과 그에 대한 참기억을 섞으며 재생의 봄을 잉태한다. 그러나, 생성과 정화와 순환의 참기억을 상실한 황무지인들은 생명을 잉태하는 겨울의 차가움과, 생명을 피워 내는 봄의 따스함과, 생명이 소용돌이치는 한여름의 불볕더위를 부정하고, 겨울의 작은 따스함에 기대어 '마른 뿌리'로 작은 생명을 연명한다. 그렇다면, 파괴적 욕망으로 재생을 부정하며 들기억으로 수동적 삶을 살아가는 현대인들에게, 죽음과 재생의 원형적 기억을 흔들어 깨우는 4월의 봄은, 마치 늦잠꾸러기 아들을 학교에 가라고 흔들어 깨우는 엄마처럼, 얼마나 잔인한가?

4월은 가장 잔인한 달, 기억과
욕망을 뒤섞고, 메마른 뿌리를
뒤흔들어, 죽은 땅에서
라일락을 키워 냈으니.
차라리 겨울이 우리를 따뜻하게 했었다,
망각의 눈으로 땅을 뒤덮어

마른 뿌리로 작은 생명을 키워 냈으니.[83]

겨울의 추위를 피해 남쪽으로 가는 사람들, 여름의 더위를 피해 북쪽으로 가는 사람들, 타롯 팩의 점괘에 담긴 삶과 죽음의 고뇌와 진실을 외면한 채 사기 점을 치는 감기 든 점쟁이, 매장의 의식에 담긴 죽음에의 고뇌와 재생에의 갈망이라는 속뜻을 까마득하게 잊은 채 지극히 의례적으로 전우의 죽음을 이야기하는 퇴역 병사들—어떤 원형적 기억도 갖고 있지 않는 그들에게, "(참)기억과 (창조적) 욕망을 뒤섞어/ 봄비로 마른 뿌리를 흔들어 생명의 힘을 불어넣는 / 4월은 가장 잔인한 달"이 아닐까?

『황무지』의 제2부 「체스 게임」("The Game of the Chess")과 제3부 「불의 설교」("The Fire Sermon")에서도 재생과 정화와 순환의 원형적 기억을 상실한 현대인들의 슬픈 이야기는 계속된다. 음과 양—여성성(femininity)과 남성성(masculinity)—의 열정적 결합은 우주적 차원에서의 재생과 정화와 순환을 위한 초월적 본질이다. 그리고, 어느 한쪽의 결함으로도 재생과 정화와 순환을 통한 역사의 흐름은 이어지지 못한다. 이 시의 제2부와 제3부에 나오는 여성들은 모두—상류층의 여성이든, 하류층의 여성이든, 사무직 여성이든 할 것 없이—재생과 순환의 본질로서의 여성성에 대한 원형적 기억을 잃어버린 타락한 여성들이다. 그들에겐, 그리스 신화 속의 필로멜라와 프로크네나 셰익스피어의 햄릿에 나오는 오필리아와 같은 여성인물들이 보여 주는 음과 양의 창조적 결합을 향한 뜨거운 열정은 없다. 그들은 오직 현대문명을 뚜쟁이 삼아, 여성성을 순간적 쾌락의 도구로 이용하는 기계적 욕망만을 소유한 불모의 여인들이다.

고풍의 벽난로 위에는 삼림이 내려다보이는 창문과도 같이
'필로멜라의 변신'이 걸려 있다. 그녀는 그 야만스런 왕에게
무참히 능욕당했었지. 그림 속에서 나이팅게일은

범할 수 없는 목소리로 황야를 가득 채우며,
아직도 여전히 울어 댄다. 그러나, 세상은 그 짓을 계속한다,
"죽, 죽"—추잡한 귓전에 대고 나이팅게일이 울어 댄다. …
계단을 밟고 오르는 발자국 소리,
불빛 아래서, 솔질한 그녀의 머리칼이
흩어져 날카롭게 번쩍인다,
말이 되었다가는, 고요 속으로 무섭도록 빨려든다.
"오늘 저녁 신경이 몹시 예민해요, 그래요 몹시. 그러니 같이 있어 줘요."[84]

엘리엇은 이 시의 제5부 「천둥의 설교」("What the Thunder Said")에서 창조적 열정이 없는 불모의 여인들과 그들과 공모하여 역사를 나락으로 몰고 가는 무능한 남성들이 살아가는 현대판 황무지의 복원을 위한 구원의 조건을 제시한다. 긴 세월을 살고, 남녀의 삶을 번갈아 살아 보기도 했던, 그리하여 과거와 현재와 미래를 꿰뚫어 보는 혜안을 지닌 이 시의 티레시아스적 화자는 현대인의 황폐화된 영혼을 치유할 처방을 다음과 같이 내어놓는다. "주라! 공감하라! 통제하라!"

따—
주라. 우리는 무엇을 주었는가?
친구여, 내 가슴을 뒤흔드는 피,
한 시대의 분별력으로도 결코 거둬들일 수 없는
한순간의 굴복에 이르는 무서운 용기,
이것으로, 오직 이것만으로 우리는 존재했다.
따—
공감하라. 언젠가 나는 열쇠로 문을 여는 소리를
들은 적이 있다, 단 한 번뿐이었다
우리는 각자 자신의 감방에서 열쇠를 생각한다,

열쇠를 생각하면서, 자신이 갇혀 있다는 사실을 확인한다….
따—
통제하라. 배는 노련한 사공의 손놀림에
호응해 즐겁게 미끄러졌다.
바다는 평온했다, 당신의 마음도
부름을 받았더라면, 당신의 삶을 평정(平定)했던
손을 따라 기껍게 움직였으리라.[85]

문명이 가져온 풍요와 여가로 사람들이 창조적 의지와 충동을 잃고 역사의 미로를 헤매게 되었다는 것은 분명 부정할 수 없는 문명의 역설이다. 그리고, 문명이 더 많은 풍요와 여가로 사람들을 자기만의 공간에 유폐시키고, 그들에게서 주고, 공감하고, 통제하는 능력을 빼앗아 간 것도 또 하나의 문명의 역설임에 틀림없다. 그렇다면, 현대인들이 이처럼 자기 파괴적인 문명의 역설에서 벗어나는 길은 없을까? 다시 말해, 현대인들이 전대미문의 문명을 누리면서도 창조적 의지와 충동을 잃지 않고, 주고, 공감하고, 통제하며 살아가는 방법은 없을까?

엘리엇은 그의 에세이 「전통과 개인의 재능」("Tradition and the Individual Talent")에서 현대인들이 문명에 대한 잘못된 믿음을 버릴 수 있다면, 문명의 터무니없는 역설에서도 벗어날 수 있다고 제언한다. 그리고, 온고지신(溫故知新)을 문명의 역설에서 벗어나는 하나의 길로 제시한다. 문명의 역설은 지나간 시간에 대한 되돌아봄이 없는 근시안적 사고에서 비롯되기 때문이다. 그에 의하면, 과거는 단순히 지나간 시간이 아니고, 옛것은 단순히 낡은 것이 아니다. 그것은 오랜 경험의 보고로서 과거에 속한 것이면서도 과거성과 현재성을 동시에 지닌 축적된 시간이자 온고지신의 지혜를 주는 성스러운 책이다. 베르그송은 창조적 의지와 명철한 직관력을 버려 주는 과거에 대한 가치로운 기억을 '참기억'이라고 했고, 엘리엇은 현재적 의미를 담고 있는 인류의 오랜 경험을 '전통'(tradition)이라고 했다.

그러나, 엘리엇에 의하면, 지나간 과거이지만 현재적 의미와 가치를 지닌 과거로서의 전통을 누구나 습득할 수 있는 것은 아니다. 그것은 오직 과거 속에서 살아 있는 현재를 보는 감각, 즉 역사감각(the historical sense)을 지닌 예술가가 혼(魂)을 바쳐 찾을 때에만 습득되는 것으로서, 그때에만 과거는 유용한 과거(the usable past)가 되는 것이다.

> 전통은 물려받을 수 있는 것이 아니다. 만약 당신이 전통을 원한다면, 엄청난 노력을 들여 그것을 습득해야 한다. 전통을 습득하는 데에는 무엇보다 역사감각(the historical sense)이 필요하다…. 역사감각이란 과거의 과거성뿐 아니라, 과거의 현재성을 인식해 내는 감각이다. 시간 속의 것과 시간을 초월해서 존재하는 것을 동시에 지각할 수 있는 역사감각이란 그러므로 한편으로는 시간을 지각하는 감각이지만, 다른 한편으로는 시간을 초월해 존재하는 것을 지각하는 능력이다. 그리고, 이 감각이 한 작가를 '전통적인' 작가로 만들어 준다. 이 감각이야말로, 한 작가를 시간 속에서의 자신의 일시적 위치뿐만 아니라, 시간을 관류하는 자신의 통시성(contemporaneity)을 날카롭게 의식하도록 해 준다.[86]

그렇다면, 과거 속에서 살아 있는 현재를 보는 역사감각이란 무엇인가? 그것은 다름 아닌 '시간 속의 시간'(the temporal)에 대한 감각일 뿐만 아니라 '시간 밖의 시간'(the timeless)까지도 지각하는 감각이자, 시간 속의 시간과 시간 밖의 시간을 동시에 지각하는 감각이다. 그러므로, 만약에 과거를 지각하는 자가 역사감각을 가지지 못한다면, 과거는 과거로서의 과거성(the pastness of the past)만을 지닌 죽은 과거로서 기계적 시간 속에 남아 있게 된다. 반면에, 과거가 역사감각을 지닌 자의 의식 속으로 들어올 때, 그것은 그에 비추어 현재적 삶의 의미와 가치를 가늠할 수 있는 살아 있는 과거가 되고, 현재적 삶에 대한 원형으로서의 과거가 되며, 동시에 현재성을 지닌 과거(the presentness of the past)가 된다. 엘리엇은 그의 에세이 「전통과 개인의 재능」에서, 만약에 어떤 예술가가 전통에 담긴 의미와 가치를 습득하려 한다면, 피나는 노력과 의지와 소망으로 역사감각을 길러 유용한 과거를 꿰뚫어 보고, 그 속에서 인류 보편의 가치와 의미를 찾아야 한다고 역설한다.

엘리엇에게 온고지신의 정신으로 역사감각을 기르고, 전통의 의미를 습득하는 것은 자기 파괴적인 문명의 역설에서 벗어나는 하나의 길이다. 그러나, 엘리엇은 그의 『4중주곡』의 첫 시 「불에 타 버린 노턴 마을」("Burnt Norton")에서 현대인들이 자기 파괴적 문명의 역설에서 벗어나는 또 하나의 길을 제시한다. 그것은 우주 속에 편재하는 존재의 틀(the pattern of the cosmic existence)을 지각하고 살아가는 것이다. 엘리엇에 의하면, 시간 속의 모든 존재는 시간 밖의 어딘가에 그것의 본/틀(pattern)이 있다. 엘리엇은 '존재의 본/틀'이 담긴 '시간 밖의 시간'이자 '시간 밖의 장소'를 '고요의 시간'(the still point)이라고 했다.

> 회돌이치는 세상의 어느 고요한 곳. 육신이 있는 것도, 육신이 없는 것도 아니다.
> '어디에서'도 없고, '어디로도'도 없다. 그 고요한 곳에서는 흔들림만이 있다,
> 그렇다고 멈춤이나 움직임이 있는 것도 아니다. 그저 '결코 변하지 않는 틀'이라고 해 두자,
> 그곳에서 과거와 미래가 하나로 모인다. …87

'고요의 시간'이란 시간과 공간의 개념이 결합된 것으로서, 인간이 지니고 살아가는 시계의 시간이나 의식의 시간 밖에 존재하는 시간이며, 인간성의 본(pattern)이 들어 있는 시간이자, 인간이 의식할 수 있는 모든 시간이 정지된 시간으로서 추상의 공간이자 시간 속의 시간인 현재와 과거와 미래

가 만나는 공간이다.

추상의 '하얀' 욕망을 본질로 하는 신의 시간에는 존재할 수 있는 모든 것들이 가능성으로 '응축'되어 들어 있다. 존재의 '본/틀'이다. 그러나, 그곳에서의 욕망의 율동은 의식의 시간 속으로 들어오지 못한다면, 실현되지 못한다. 또한, 실현되지 못하므로 기억되지 못한다. 오직 추상의 율동만이 있을 뿐 실체는 없는 것이다. 다시 말하면, 오직 인간이 의식하는 시간 속에서만 신의 시간 속의 추상의 욕망과 율동은 삶으로 실현되고, 그것으로 기억되는 것이다. 엘리엇이 말했듯이, 오직 시간 속의 시간에서만, 시간 밖의 시간인 신의 시간은 실현되고 기억되어 '정복되는'(conquered) 것이다.

오직 시간을 통해서만, 시간은 정복된다.88

그러나, 신의 시간 속에 응축되어 들어 있는 가능성으로서 인간성은 한꺼번에 모두 시간 속의 시간으로 들어오지는 못한다. 그것은 과거나 현재나 미래와 같은 시간 속의 시간이 감당하기에는 너무나 엄청난 것이기 때문이다. 그렇다면, 숙명적으로 시간 속의 의식만을 가지고 살아가야 하는 인간은 어떻게 가능성으로서의 인간성을 깨치고, 그에 비추어 참 가치를 찾아 살아갈 수 있을까? '현재'라는 불완전한 시간만을 가진 인간이 어떻게 신의 시간 속에 잠재된 인간의 모습을 온전히 그리고, 신이 예비해 둔 인간적 가치들을 찾아 실천하며 살아갈 수 있을까? 엘리엇에 의하면, 시간 속의 모든 시간들의 점철로 이루어진 역사는 실체적 삶으로 실현된 것(what has been)과 실현되지 못해 가능성으로 남아 있는 것(what might have been)으로 이루어져 있고, 실현된 것은 기억으로, 가능성으로 남아 있는 것은 추론(speculation)을 통해 인간성의 온전한 모습을 드러낸다.

시간 현재와 시간 과거는 둘 다

아마도 시간 미래 속에 현존하고,
시간 미래는 시간 과거 속에 현존한다.
비록 모든 시간은 영원히 현존하지만
한꺼번에 하나의 시간 속으로 들어오지는 못한다.
'있을 수 있는 것'은 추상이어서
영원히 가능성으로 남아 있기 때문이다.
오직 추론의 세계에서만
'있을 수 있는 것'과 '있었던 일'은
하나의 점에서 만난다, 영원히 현존하는 하나의 점에서.[89]

그러므로, 가능성으로 존재하는 인간성에 대한 진지한 추론이 없다면, 시간 속의 시간의 집합인 역사는 영원히 삶의 참 의미와 참 가치를 드러내지 못할 것이다. 다시 말해, 역사에 대한 참기억을 갖지 못하고, 직관적 추론에 굼뜬 사람들이나 역사에 대해 그릇된 지식을 가진 번잡한 마음의 사람들에게는 역사는 참다운 삶에 대한 꿈과 소망을 실현시키는 촉매가 되지 못할 뿐 아니라, 현재와 미래에 대한 거울이 되지도 못한다.

포크너: '어머니'의 부재

포크너는 그의 소설 『소음과 분노』(*The Sound and the Fury*)에서 현대문명 속에서 바보들이 엮어 내는 시끄러운 이야기를 그리면서, 이 소설의 지성적 주인공 쿠엔틴(Quentin)으로 하여금 '사랑'과 '보살핌'과 '믿음'의 가치를 품에 간직한 '어머니'가 사라지고 없는 공허한 세계를 앞에 놓고 이렇게 절규하게 한다.

어머니가 한 분 계셨더라면, 어머니, 어머니 하고 불렀을 텐데.[90]

남북전쟁 이후 파고든 양키의 물질주의 정신의 침윤으로 미국 남부에서

'사랑과 보살핌과 믿음의 어머니'가 사라진 것이다. 어머니의 가르침을 받지 못한 딸들이, 쿠엔틴의 여동생 캐디(Caddy)처럼, 순결의 가치를 팽개치고, 성적 난교(亂交) 속으로 빠져들어, 가문을 풍비박산 나게 한 것이다. 전통적인 모성애를 지닌 어머니의 존재로 아름다웠던 할아버지 시대의 세계로 되돌아갈 수 있었다면, 그리하여, 지금 이 세상의 공허함과 무의미함을 이길 힘을 얻을 수 있었다면 얼마나 좋았을까? 쿠엔틴은 비운(悲運)의 콤슨가(the Compsons)에 불어닥친 가치부재의 대재앙을 견디지 못하고 자살을 한다.

그렇다면, 20세기 초엽의 미국문명에서 삶의 가장 중요한 가치로서의 '어머니'는 왜 사라지게 된 것일까? 19세기 후반에 있었던 남북전쟁에서 남부가 패배했고, 그와 함께 남부적 가치들이 몰락하게 되었다는 것이 하나의 이유가 될까? 19세기 후반에 있었던 미국의 남북전쟁은 단순한 노예해방 전쟁만은 아니었다. 그것은 차라리 가치관을 놓고 벌인 이데올로기 전쟁이었고, 이 전쟁에서 북부가 승리함으로써 전쟁에 패한 남부는 북부 산업사회의 양키 가치관의 침윤으로 남부귀족들이 지향했던 고결함과 아름다움의 가치들을 모두 잃고 정신적 공백상태에 빠져들게 되었기 때문이다. 남북전쟁에서 남부가 패하고 북부적 가치를 중심으로 남부가 재건되면서 남부는 이제까지 누려오던 부(富)와 전통적인 가치관과 생활방식을 잃고, 역사 속에서 허우적거리게 된 것이다. 전쟁이 끝나고 북부가 그린 밑그림을 바탕으로 남부의 재건이 이루어지면서 남부를 고결한 삶의 터전으로 만들어 놓았던 남부정신이 반세기에 걸쳐 몰락하게 된 것이다.

『소음과 분노』를 비롯한 포크너의 소설들은 대부분 이 시대에 일어난 남부정신의 고통스러운 몰락 과정을 소설로 형상화해 놓은 것이다. 포크너는 자신이 나서 자란 미국 남부 미시시피주의 옥스퍼드현(Oxford County)을 허구적으로 재탄생시켜, 신화적 지방행정 구역인 요크나파토파현(Yoknapatawpha County)과 이 구역의 중심이 되는 소도시 제퍼슨(Jefferson) 마을을 만들고, 이 마을을 미국 남부를 대표하는 상징으로 설정했다. 그리고, 여기에서 분수와 도리를 저버리고 살아가는 남부귀족 군상(群像)들의 이야기를 그려 냄으로써 남부정신의 몰락의 단초들을 적나라하게 파헤치고 있다. 『소음과 분노』(1929), 『내가 죽을 때』(*As I Lay Dying*, 1930), 『8월의 빛』(*Light in August*, 1932), 『압살롬, 압살롬!』(*Absalom, Absalom!*, 1936) 등의 소위 요크나파토파 소설들이라고 불리는 포크너의 대표작들은 대체로 요크나파토파현의 제퍼슨 마을에서 일어난 남부 귀족정신의 몰락을 그린다. 이 소설들의 주인공들은 대체로 남북전쟁으로 거의 폐허가 되다시피 한 이 도회의 여기저기에 흩어져 허물어져 가는 저택에서, 현재와 단절된 채 과거의 영광에 파묻혀 사는 옛 명문가의 후예들이거나, 남부의 가문을 일으켰던 귀족들의 자손들이거나, 남부를 지키기 위해 용맹스럽게 싸웠던 고위직 군인들이거나, 남부의 자연을 지키기 위해 애썼던 고결한 정신의 소유자들이다. 그러나, 그들은 모두 현재라는 시간에 적응하지 못하거나, 현재라는 시간을 뒤틀어 받아들임으로써 남부의 전통을 지키지 못하는 남부의 못난 후예들이다.

그렇다면, 요크나파토파현의 남부귀족들은 왜 이제까지 남부가 누려오던 부(富)와 전통적인 가치관과 생활방식을 지키지 못하게 된 것일까? 북부적 가치관의 전방위적 침윤이 남부사회를 모질게 뒤흔들어 놓았던 것은 부정할 수 없는 사실이다. 그러나, 그 침윤을 남부적 가치로 소화해 내려는 남부인들의 창조적 의지가 부족했던 것도 또 하나의 부정할 수 없는 사실이다. 전쟁 전 남부의 귀족사회는 용기와 명예(courage and honor), 높은 수준의 윤리의식(moral strength), 불굴의 정신(perseverance), 기사도 정신(chivalry) 등의 남성적 가치와 순결함(feminine purity), 우아함, 온정과 관대함, 순박함(homeliness), 천진함(innocence and honesty) 등의 여성적 가치를 바탕으로 지탱되어 왔었다. 그러나, 전쟁에서의 북부의 승리와 북부가 그린 밑그림을 바탕으로 한 남부의 재건은, 『소음과 분노』에서의 콤슨가의 경우에서 볼 수 있듯이, 남부귀족들의 가치관을 송두리째 뒤흔들어 놓았다. 중심을 지탱할 수 없을 만큼 거센 폭풍이 몰아쳤을지도 모른다. 그럼에도 중심을 잃지 않으려는 피나는 노력은 있었어야 했다.

그의 대표작이라고 할 수 있는 『소음과 분노』에서 포크너는 분수와 도리를 지키지 않은 남부의 '어머니'가, 그리고 '아버지'가 그 사회의 몰락에 어떻게 이바지하게 되는지를 적나라하게 보여 주고 있다. 이 소설에서는 어쩔 수 없이 타인의 손에 의해 자신의 역사가 쓰이는 시대를 살아야 했던 네 사람의 비극적 주인공들의 넋두리가 펼쳐진다. 남부귀족의 딸로 태어나 순결을 지키지 않은 캐디, 오직 현재만을 지각하면서 현재라는 시간에 어떤 대처 방안도 찾을 수 없는 백치 벤지(Benji), 죽은 과거 속에 살면서 과거의 영광을 지키려고 발버둥치다 자살하는 쿠엔틴, 과거의 영광을 깨끗이 잊은 채 현재를 더럽히며 살아가는 제이슨(Jason) — 이들은 왜 그들의 인생에서 무언가가 잘못되어 감을 지각하면서도 어떤 대처도 할 수 없었던 것일까? 아니면, 자신에게 주어진 상황을 바르게 지각하지 못하고, 그럼으로써 그것에 대한 올바른 대처방법을 찾지 못한 것일까? 과거를 따뜻하게 함으로써 현재를 새롭게 맞게 할 어떤 길잡이도 존재하지 않았기 때문일 것이다. 술주정뱅이가 된 아버지는 현재를 통찰할 눈을 잃은 지 이미 오래이고, 과거의 영화에 연연하며 자기 도취에 빠져 사는 어머니는 자식들에게 어떤 사랑도, 어떤 애정도, 어떤 교육도 주지 않았다. 남부사회가 속절없이 무너져 내리는 것은 너무나 당연했다. 사랑과 훈육으로 가족을 결속시켜 앞으로 나아가게 하는 동력을 잃은 이 가정이 어찌 무너지지 않을 수 있었겠는가? 그 사회가 어떻게 무너지지 않을 수 있었겠는가?

포크너는 그의 소설 『소음과 분노』의 제목을 셰익스피어의 비극 『맥베스』(*Macbeth*)」의 5막 5장에서 따옴으로써, '아버지', '어머니' 같은 길잡이를 잃어버린 현대인들이 직면한 슬픈 운명을 상징적으로 말해 준다.

> 아직은 죽어서는 안 될 사람이었어.
> 그런 소식은 훗날 언젠가에 들었어야 해.

내일, 그리고 내일, 그리고 또 내일은
아장거리는 발걸음으로, 역사의 마지막 순간까지,
하루하루 종말의 시간 속으로 기어들고,
어제, 그리고 또 어제는 먼지 낀 죽음으로 가는 길을
바보들에게 밝혀 왔었지. 꺼져라! 짧은 촛불이여!
인생이란 한갓 걸어다니는 그림자에 불과한 것,
무대 위에서 뻐기고 안달하며 돌아다니다가는
영영 잊혀 버리는 가련한 배우일 뿐.
소음과 분노로 가득 찬 바보들의 이야기.
티끌만큼의 의미도 없는 이야기.[91]

셰익스피어의 극 『맥베스』에서 맥베스의 부인이 그의 야망을 부추겨 왕을 시해하게 하지 않았더라면, 그로 하여금 존재의 위대한 고리를 무너뜨려 세상을 경천동지의 혼돈 속으로 몰아넣지 않았더라면, 다시 말해, 그녀가 아내로서의 자신의 분수를 지키고 남편으로 하여금 신하로서의 도리를 다하게 했다면, 그들의 삶은 어떤 모습이 되었을까? 극중 주인공 맥베스와 그의 아내의 삶은 적어도 '소음과 분노로 가득 찬 바보들의 이야기'가 되지는 않았을 것이다. 그것은 아마도 이 극의 주인공 맥베스가 절망에 차 읊조리는 티끌만큼의 의미도 없는 허무한 삶이 되지는 않았을 것이다. 셰익스피어의 비극 『맥베스』는 어떤 사회가 헤어 나오기 어려운 혼돈과 절망으로 빠져들지 않기 위해서, 가정에서의 아내/어머니가 분수를 지키고 도리를 다하는 것이 얼마나 중요한가를 말해 준다. 그렇다면, 이 극의 두 주인공—맥베스와 맥베스 부인—은 어째서 바보인가? 그들 두 사람은 둘 다 바보인가?

셰익스피어 극의 주인공 맥베스가 "인생은 소음과 분노로 가득 찬 바보들의 이야기"라고 절규할 때, '바보'란 어떤 사람을 두고 하는 말일까? 자신의 인생에서 무언가가 잘못되어 가고 있음을 지각하면서도 그에 대해 어떤 대처도 할 수 없는 사람, 주어진 상황을 바르게 지각하지 못함으로써 올

바르게 대처하지 못하는 사람, 또는 인생에서 펼쳐진 최선의 상황을 최악의 상황으로 이끌어 가는 사람—이런 사람이 바로 맥베스가 울부짖는 바보가 아닐까? 극 속에서 맥베스와 그의 아내는 자기 인생 최고의 순간을 맞는다. 스코틀랜드의 장군으로서 맥베스는 전장에서 혁혁한 공을 세우고 코도르(Cawdor) 지역 영주에 제수되어 귀환한다. 그러나, 전쟁을 승리로 이끌고 귀환하는 길에 맥베스는 사악한 생각에 이끌린다. 전쟁터에서는 용맹한 장군이었지만, 덕을 쌓지 못했던 그는 왕을 시해하고 자신이 왕이 되겠다는 유혹에 쉽게 빠져드는 것이다. 귀환 길에 황야에서 만난 마녀들이 그에게 이제 곧 그대는 왕이 될 것이라고 예언해 준다. 코도르의 영주가 되어 돌아온 그에게 아내는 의지가 약해지지 않도록 스스로를 다잡으면서 남편의 야망을 이렇게 타오르게 한다.

> 까마귀마저 목이 쉬어 우는구나,
> 덩컨 왕이 죽음도 모르고 내 성으로 오고 있네.
> 오라! 악령들이여! 못된 생각을 도와 파멸을 부르는
> 자들이여! 내게서 여자의 여린 마음을 벗겨내 다오,
> 머리끝에서 발끝까지 잔인한 마음으로 채워 다오.
> 내 피를 걸쭉하게 해 다오.[92]

맥베스는 마침내 덩컨 왕을 시해하고 왕이 된다. 그러나, 그 후 그와 그의 아내가 맞았던 인생 최고의 순간은 최악의 상황을 향해 치달린다. 맥베스의 아내는 자신들이 저지른 잔학한 행동들의 결과를 심리적으로 감당할 수 없어 몽유병에 걸려 죽는다. 아내의 죽음 앞에서, 맥베스는 "인생은 소음과 분노로 가득 찬 바보들의 이야기"라고 외치며 절망한다. 그러는 사이 세상에서는 잔학함이 또 다른 잔학함을 낳아 세상을 온통 폭력과 학살로 가득한 혼돈의 도가니에 빠져들게 한다. 존재의 위대한 고리(the great chain of being)

가 무너지면서, 가정이 무너지고, 사회가 무너지고, 나라가 무너진 것이다.

셰익스피어의 비극 『맥베스』는 어떤 사회가 전쟁으로, 혹은 혁명으로, 혹은 피식민으로 절체절명의 위기에 있을 때 그 사회를 지켜 주는 힘이 가족에서 나온다는 것을 말해 준다. 마키아벨리가 그의 『군주론』에서 말했듯이, 생존의 위협에서 국가와 민족을 구하는 일은 군주의 몫이다. 조이스가 『젊은 예술가의 초상』에서 그렸듯이, 자유와 번영을 이룩해 개인과 사회를 연년세세 앞으로 나아가게 하는 일은 '아버지'(father, fatherland, Godfather)의 몫이다. 그리고, 어떤 사회가 위기에 처했을 때 그 사회를 넘어지지 않도록 떠받는 일은 '어머니'의 몫이다. 포크너는 그의 소설 『소음과 분노』에서, 위기에 처한 어떤 사회가 무너지지 않고 지탱하기 위해서는 그 사회의 구성원들 각자가 분수를 지키고 도리를 다하는 것이 반드시 필요하다고 말하고 있다. 특히 격변에 흔들리지 않는 '아버지'와 '어머니'의 힘이 절대적이라고 말한다. '아버지'의 훈육과 전통적 가치의 전수, 그리고 '어머니'의 사랑과 애정과 교육이 없이는 어떤 사회도 위기 앞에서 온전할 수 없다는 것이다.

소설 『소음과 분노』는 도합 네 개의 장으로 이루어져 있는데, 하나의 이야기가 하나의 장(章)으로 되어 있다. 처음 세 장은 기계적 시간의 순서 없이 흘러가는 서술자의 '의식의 흐름'에 따라 서술되어 있고, 마지막 한 장은 작가가 제3자의 관점에서 기계적 시간의 순서를 흐트러뜨리지 않고 서술하고 있다. 처음 세 장에서는 콤슨가의 세 형제들—벤지, 쿠엔틴, 제이슨—이 복잡하게 뒤엉킨 기억들과 생각들을 자신들의 이야기에 담아 각자 서로 다른 목소리로 들려준다.

첫째 장은 백치에 가까운 33세의 벤지의 이야기로서, 여기에서 서술자인 벤지는 그의 33번째 생일인 1928년 4월 7일 하룻동안 그가 좋아했던 누이 캐디를 중심으로 그의 머릿속을 흘러간 일들과 기억들과 생각들을 두서없이 주절댄다. 둘째 장은 하버드 대학에 재학 중인 쿠엔틴의 이야기로서, 그가 자살을 했던 1910년 6월 2일의 이야기이다. 여기에서 근친상간에 가까울 만큼 쿠엔틴이 집착했던 누이동생 캐디의 혼교(混交)를 통한 순결의 상실과 관련된 많은 일들이 그의 의식의 내면 공간을 훑치고 지나가고 있다. 셋째 장은 농자재 가게 점원으로 일하는 제이슨의 1928년 4월 6일의 이야기로서 자신의 가혹한 운명을 모두 캐디의 부정한 행위 탓으로 돌리는 그의 의식의 흐름으로 이루어져 있다. 그리고, 넷째 장의 화자는 작가인 포크너 자신이며, 여기에서 그는 전지적 관점에서 콤슨가의 흑인 가정부인 딜지(Dilsey)에 초점을 맞추고, 재건의 시대 남부의 명문인 콤슨가에서 일어난 일을 서술한다.

소설 속의 이야기는 네 부분으로 나뉘어 있지만, 네 이야기는 모두 남북전쟁에서 남부가 패하고 난 뒤 일어난 콤슨가의 몰락이라는 하나의 이야기를 다른 관점에서 바라본 것이다. 특히 앞의 세 이야기는 세파에 치이고 상처를 입어 바보가 된 인물들이 각자 자신의 관점에서 콤슨가의 몰락, 특히 캐디의 혼전 순결의 상실과 그 결과에 대해 서술한다. 좀 더 구체적으로 말하면, 남북전쟁에서 남부가 패하고 북부적 가치가 침윤함으로써 남부적 가치들이 모두 무너지게 되었고, 남부적 가치들을 지키고 바로 세워 콤슨가를 지탱해 나가야 할 '아버지'와 '어머니'의 부재로 이 집안의 네 자녀들은 모두 이 기간 동안에 역사 속에 일어난 변화를 대처할 능력을 잃게 되었으며, 가문이 풍비박산 나게 되었다는 것이다. 이 소설에서 콤슨가의 형제들은 모두 자기들의 누이 캐디가 터무니없는 상상으로 순결을 상실했던 순간을 기억한다. 그리고 각자 다른 방식으로 그 사건에 대해 의미를 부여한다. 그렇다면, 캐디는 왜 그녀의 순결을 어이없는 순간에 잃게 되었을까? 콤슨가를 지탱해야 할 아버지가 무능했기 때문이다. 또한, 과거의 영광에 대한 환상에 젖어 자기 세계에 빠진 어머니가 어떻게 딸에게 순결의 의미를 교육할 수 있었을까?

『소음과 분노』에서 캐디가 순결을 잃고 혼교에 빠져드는 것은 '아버지'와 '어머니'라는 남부적 가치의 부재에 대한 상징이며, 동시에 남부의 몰락에 대한 상징이다. 처음 세 장에서 각기 다른 세 서술자들의 의식의 흐름은 똑같은 사건도 각각 다른 주관적 관심과 기억으로 채색된 채 흘러가기 때문에, 어느 하나도 완전히 객관적인 진실을 담고 있지는 않다. 그러나, 세 사람의 의식의 흐름을 쫓아, 사건의 인과성을 찾아간다면, 소설 속의 이야기는 결국 콤슨가의 몰락에 관한 이야기가 되며, 콤슨가의 몰락은 캐디의 혼교와 임신에 기인한다는 사실로 귀결된다. 그리고, 캐디의 혼교와 임신은 그녀에 대한 아버지와 어머니의 관심과 사랑과 훈육의 부재에 기인한다는 결론으로 귀결된다.

콤슨가는 미시시피주 제퍼슨 마을의 몇몇 명문가 중의 하나였다. 그들의 선조는 이곳에 정착해 남북전쟁 동안 이곳을 방어하기 위해 최선을 다했었다. 그러나, 전쟁이 끝나고 전후의 재건 과정에서 콤슨가의 부와 명성이 점점 허물어지게 되었는데, 가문의 명예를 지키기 위해 피나는 노력을 했어야 할 이 가문의 가장 콤슨 씨(Mr. Compson)는 술주정뱅이가 되어 넋을 놓은 채 폐인으로 살아가고 있었고, 가계가 무너지지 않도록 떠받쳤어야 할 콤슨 부인(Mrs. Compson)은 영광과 명예가 있었던 과거라는 시간에 유폐된 채, 자기 도취증 환자(self-absorbed hypochondriac)로 살아가고 있었다. 그들의 네 자녀의 양육은 이 집안의 가정부이자 하녀인 흑인 딜지에게 맡겨진 상태였는데, 그녀는 그 나름의 양식과 양심을 지닌 선량한 사람이었지만, 이 집안의 자녀들에 대한 그녀의 양육과 교육은 그녀가 지닌 지적·정서적 능력의 한계 안에서만 가능했고, 그러므로, 네 자녀는 모두 구심력을 잃은 채, 무너져 내리는 가문을 지켜 낼 수 없었다.

맏이인 쿠엔틴은 다감하고 감수성이 예민한 젊은이로서 하버드 대학 학생이었지만, 과거지향적 인물로서 과거라는 시간에 유폐된 채, 과거의 영광에 연연하며 현실을 직시하거나 현실과 타협하지 못하는 인물이다. 그의 여동생 캐디는 고집이 세기는 하지만 따뜻한 마음을 가진 여성으로서 막내 벤지를 지성으로 돌본 인물이다. 셋째인 제이슨은 심술과 악의가 가득한 인물로서 자신에게 떨어지는 모든 재앙을 다른 사람의 탓으로 돌리고, 다른 사람을 해코지하려 드는 망나니이다. 그는 오직 현재라는 시간 속의 자신의 물적 이익에만 몰두한다. 그리고, 막내인 벤지는 정신지체아로 태어난 저주받은 인간으로 시간이나 선악에 대한 관념이 없는 백치이며, 오직 현재라는 시간 속에서 호/불호, 만족/불만족의 감정만을 가지고 살아간다. 이들에게는 과거를 따듯하게 하여 새로운 미래의 비전을 가르쳐 줄 '어머니'나 사랑과 애정으로 자식들의 아픈 마음을 어루만져 줄 '어머니'가 없다. 그들에겐 오직 과거 속에만 있었던 영광의 허상을 쫓으며 현재라는 시간 속의 물적 이익만을 추구하면서 제이슨에게만 정을 주는, 자기 도취증 환자인 콤슨 부인이 '어머니'의 자리를 차지하고 있을 뿐이다.

시간이 흐르면서 아이들은 자라 어른이 되어 간다. 쿠엔틴은 하버드로 갈 준비를 하고, 콤슨 씨는 상당한 재산을 처분해 그의 학자금을 마련한다. 벤지는 캐디와의 하루하루를 잠재의식 속에 담으며 세월을 보낸다. 그러던 어느 날, 어머니에게서 남부귀족의 여성적 가치에 대한 어떤 교육도 받지 못했던 캐디는 읍내의 어느 건달에게 순결을 사기당하고 임신을 하게 된다. 그리고, 이 사건은 남부의 유서 깊은 가문 콤슨가를 뒤흔들어 놓는다. 캐디가 순결을 잃은 것에 대해 가장 크게 상심했던 것은 쿠엔틴이었다. 그는 순결은 반드시 지켜야 할 남부여성의 가장 중요한 가치라고 생각해 왔었고, 캐디의 혼교와 혼전임신으로 남부귀족 가문의 명예가 잃어버려졌다고 생각한다. 그는 캐디의 임신에 대해 자책을 하며, 자신이 임신의 당사자라고 아버지에게 거짓말을 해 보지만, 아버지는 그 말을 믿지 않았을 뿐 아니라, 그 일을 그리 대단한 일이라고 생각하지도 않는다.

콤슨가의 명예를 더럽힌 캐디의 비행을 덮기 위해, 아버지는 급하게 서둘러 캐디를 인디애나주의 한 은행가와 결혼시킨다. 이때, 은행가 시드니 허버트 헤드(Sydney Herbert Head)는 제이슨이 은행에서 일자리를 얻을 수 있도록 주선해 주겠다고 약속을 한다. 그러나, 허버트는 캐디가 다른 남성과의 사이에서 임신을 했다는 사실을 알고는 그녀와 이혼을 하고, 제이슨에게 제안했던 일자리도 거두고 만다. 과거의 명예에 대한 집착으로 자책감을 느끼고 있었던 쿠엔틴은 결국 하버드에서 1년을 보냈을 무렵에 찰스강(the Charles River)에 몸을 던져 자살을 하고 만다. 쿠엔틴가는 캐디를 집에서 내쫓고, 그녀의 딸 미스(Miss) 쿠엔틴만을 집으로 받아들인다. 콤슨 씨도 술독에 빠져 살다가 쿠엔틴이 죽고 난 후 1년이 지난 즈음에 죽고, 제이슨이 가장이 되어 집안을 꾸려 간다. 지역 농자재 가게의 종업원으로 일하던 제이슨은 자신의 조악한 운명을 캐디의 탓으로 돌리고, 어머니 쿠엔틴 부인의 묵인하에 서류를 조작해 캐디가 자기 딸 쿠엔틴 부인에게 보내오는 양육비를 모두 가로챈다.

미스 쿠엔틴은 사랑과 애정과 교육이 없는 불행한 환경에서 반항아로 자라고, 자기 어머니처럼 정조를 헤프게 내돌린다. 그녀는 늘 사악한 삼촌 제이슨의 손아귀에서 벗어날 기회를 엿본다. 그러던 1928년 부활절에 제이슨의 돈 수천 달러를 훔쳐 순회공연을 다니는 한 남자와 함께 도망을 간다. 제이슨이 미스 쿠엔틴의 행방을 쫓아 보지만 허사다. 딜지는 벤지와 남은 가족 모두를 데리고 교회에 가서 이 가정에 평화가 오기를 빌며 기도한다.

그러나, 어머니의 사랑과 애정과 삶의 가치에 대한 교육이 없는 이 가정에 평화가 깃든다면, 그 평화는 어떤 모습의 평화일까? 가치가 무너지고, 대가 끊기고, 희망이 사라진 가정에 깃드는 죽음의 평화가 아닐까? 남겨진 것은 오직 흑인 가정부 딜지의 책임감에 의한 돌봄뿐이다. 이것으로 이 가문의 영광은 지켜질 수 있을까? 지금 콤슨가에는 영적 교감으로 삶을 감미롭게 하는 어떤 사랑도, 가족들의 힘을 묶어 주는 어떤 결속력도, 살아가는 방법을 가르치는 어떤 교육도 없다. 아버지는 과거의 메아리에 묻혀 공허한 울림으로 살아가다 돌아가고, 어머니는 과거의 그림자를 쫓으며 자기만의 세계에 취해 살아간다. 캐디는 사랑의 소질을 가지고 태어나지만, 그 소질은 계발되지 못한다. 쿠엔틴은 캐디를 사랑하지만, 그것은 병적 집착으로 뒤틀린 것이다. 제이슨은 육체적 관능의 힘을 소유하고 있지만, 그것을 절제 잃은 육욕으로 거리에서 발산하고 만다.

제4장

포스트모던 시대의 문화비평가들

리오타르, 데리다, 라캉, 푸코 등의 포스트모던 시대의 문화비평가들에게, 포스트모던의 세계는 '합리'의 고리로 연결되지 않은 부조리한 세계였고, 인과법칙에 따라 흘러가는 필연의 세계가 아니었으며, 헤겔이나 마르크스가 생각했던 것과는 달리 '궁극적 선'이 아니라 '궁극적 악'을 지향하는 세계였다. 그들에게 존재의 본질은 '진리 아님'이었고, 시간은 부(負)의 함수였으며, 역사는 퇴행의 과정으로서 엔트로피의 과정이었다. 그러므로, 그들이 할 수 있는 모든 것은, 모더니스트들이 했던 것들과는 달리, 창조를 통한 발전이나 수리를 통한 재건이라기보다, 시간의 파괴성과 인간의 자기소멸 의지 앞에서 부단한 용기와 의지로 역사의 엔트로피 과정을 늦추려 노력하는 것뿐이었다.

20세기 중반의 포스트구조주의 문화비평가들은, 이 시대의 포스트모더니스트 작가들과 함께, 포스트모던의 문턱에서 마주하게 된 합리주의 문명의 거대한 아이러니 앞에서 전율했다. 그들은 중요한 가치들이 하나둘씩 삶에서 사라지는 것을 보았고, 삶의 자연적 필요와 리듬을 잃은 현대인들의 영혼이 메마르고 척박한 정신적 황무지를 헤매는 것을 보았다. 그들도 역시 이 시대의 역사가 만들어 낸 가치의 진공상태를 메울 무언가를 필요로 했었다. 그러나, 모더니스트 작가들과 사상가들이 삐뚤어지고 무너져 내린 광기 띤 이성을 수리함으로써 가치의 진공상태를 메우려 했다면, 이 시대의 문화비평가들과 포스트모더니스트들은 이성의 본질 속에 내재된 부조리성을 삶의 피할 수 없는 존재론적 일부로 받아들임으로써 가치의 진공상태를 메우려 했었다.

리오타르, 데리다, 라캉, 푸코 등의 포스트구조주의 문화비평가들은 합리와 과학에 대한 광신적 믿음으로 이룩된 계몽주의 역사의 형이상학적 바탕을 해체(deconstruction)함으로써, 존재의 본질이 필연이 아니라 우연이며, 조리가 아니라 부조리이며, 선이라기보다 악이며, 창조와 발전이 아니라 엔트로피이며, 연속이 아니라 불연속이며, 확실성이 아니라 불확실성임을 밝혀냈다. 그들은 모더니즘까지의 계몽주의 문명이 축으로 삼아 왔던 중심들—'존재'(being), '재현'(representation), '주체'(the subject), '진리'(logos), 정사(正史)로서의 '역사'(history) 등등—을 해체했다. 그리고, 그 중심들의 허구성을 밝힘으로써 총체성을 지향하는 일원적(一元的) 세계에 대한 비전을 부수고, 다양성을 구현하는 다원적(多元的) 세계에 대한 비전을 제시함으로써, 포스트모던 디스토피아에서 불행의 총량이 기하급수적으로 늘어나는 것을 막으려 했었다.

1. 리오타르: 설화적 지식(narrative knowledge)

제1세대 포스트모더니스트로서 프랑스의 문화비평가였던 리오타르는 현대인들의 삶이 계몽주의 거대담론(the grand narratives)의 역설로 생겨난 전체주의 이데올로기로 채워져 있음을 설파했고, 생명이 숨쉬는 유기적 삶의 공간을 되찾기 위해 앎의 모든 분야—철학, 심리학, 미학, 윤리학 등등—에서 계몽주의 거대담론의 역설에 저항할 것을 촉구했다. 그는 그의 책 『포스트모던 시대의 삶의 조건』(*The Postmodern Condition*)에서 서구 근대사의 이념적 바탕이 된 계몽주의 거대담론들—진보(human progress), 자유(emancipation/freedom), 천부인권(natural rights) 등의 담론들—이 만들어 낸 역설에 종속된 삶을 현대인들이 떠안고 살아가야 할 "포스트모던 시대의 삶의 조건"으로 제시하고, 서양 현대를 지배해 온 계몽주의 담론(grand narrative)의 역설에 저항함으로써 포스트모던 시대를 살아가는 사람들의 삶이 조금은 더 다채롭고 조금은 더 자유로워질 것이라고 믿었다.[1]

알제리 독립운동이 프랑스-알제리 간의 전쟁(the Algerian War, 1954-1962)으로 번지기 직전이었던 1950-1952년 사이에 프랑스령 알제리에서 교편을 잡았던 프랑스 지식인으로서, 리오타르는 그곳에서 전체주의적 힘으로 알제리 독립을 억압했던 서구 자유민주주의 국가들과, 똑같은 전체주의적 힘으로 알제리 독립군을 엄호했던 파렴치하고 잔악무도한 소련 사이의 전체주의적 거대담론들의 비극적 충돌을 목도했다. 그리고, 계몽주의 담론이 전체주의 독일의 나치즘과 전체주의 소련의 스탈린주의로 추악하게 변질되어 괴물스럽게 뒤틀린 모습으로 나타나게 된 것을 상기했다.[2] 이어서, 계몽주의의 거대담론으로 일어난 기술혁명과 산업혁명을 바탕으로 세워진 현대의 상업자본주의 체제가 모든 가치들을 블랙홀처럼 빨아들여 비인간적 가치들로 뒤틀어 왜곡시키고 있음을 절감했다. 그에게, 포스트모던의 시대는 물신(物神) 지배의 상업자본주의 체제하에서 모든 아름다운 것들, 모든 가치로운 것들, 모든 정의로운 것들이 '상품화'(commodification)되는 시대였고, 모든 전통적인 가치들이 상업자본주의적으로 획일화된 전체주의 자기장 속으로 빨려 들어가, 가치의 무정부 상태를 만들어 내는 시대였다. 그러므로, 그에게 포스트모던의 시대는 계몽주의 역사의 파국적 진행을 멈추게 하고 와해(瓦解)시킬 '소요(騷擾)와 혁명의 시간'(the moment of disruption)이어야 했다. 철학과 윤리와 예술과 문학의 전 분야에서 포스트모던의 전체주의적 거대담론을 와해시킬 '도전정신'을 불살라, 가치의 무정부 상태에 빠져든 역사를 구출해야 할 시간이어야 했다.[3]

리오타르에 의하면 어느 집단이나 부족, 또는 민족이나 대단위 문화 공동체의 행동과 의미를 결정하고, 그 사회의 정신을 지탱하게 하며, 그것을 바탕으로 해서 그 사회가 앞으로 나아가게 하는 추력을 주는 것은 그 사회 구성원들의 정신 속에 첩첩이 깃들어 있는 신화, 즉 '설화적 지식'(narrative knowledge)을 담은 '큰 이야기/거대담론'(grand narrative)이다. 그것은 남아메리카 아마존강 유역의 캐시나후아(Cashinahua) 원시 부족사회에 전해져 내려오는 부족 이야기처럼, 어느 사회의 정신을 모양 짓고 행동방향을 제시함으로써 그 사회가 나아갈 바를 밝혀 주는 이야기로서, '얘들아, 이런 영웅의 이야기가 있었단다'로 시작해서 '그러니, 이 이야기는 이렇게 끝난다'로 끝나는 믿음과 확신의 이야기이다. 그리고, 그것으로 그 사회를 구성하는 사람들의 정신 속에 일체감과 유대감을 깊숙이 심어 정치 · 문화 · 윤리 · 철학 · 문학 · 예술 · 과학 등의 이야기 가지들에 총체적으로 통일성을 주면서 만들어 내고 키워 내는 이야기이다. 리오타르에 의하면, 큰 이야기는 가지 이야기 또는 작은 이야기들의 틀로서 근본이 되고, 가지가 되는 이야기들을 관장하는 규율을 담고 있으며, 그 이야기들이 움직여 갈 방향을 제시하고, 그 이야기들이 담는 내용에 정당성을 준다.

> "나는 늘 '이런 영웅의 이야기가 있었단다'로 시작하는 이야기를 들어 왔었다. 이제 내 차례가 되어 내가 너희들에게 그 이야기를 해 주겠다." 이런 식으로 이야기는 어느 공동체의 과거의 세대에서 현재의 세대로 전해져 내려온다. 그 이야기는 또 하나의 틀에 박힌 말—"이 이야기는 이렇게 끝난다"—로 끝난다. 너에게 이야기를 전해 줄 사람은 캐시나후아 이름을 가진 사람일 수도 있고, 백인이라면 스페인이나 포르투갈 이름을 가진 사람일 수도 있다.[4]

그러므로, 어느 큰 공동체의 문화를 이루는 작은 이야기들—철학, 윤리, 예술, 사회, 역사, 심리학 등등—은 그것들의 틀이 되는 큰 이야기의 규율이나 철학과 맞물리는 규율과 철학을 갖게 되고, 다른 집단의 문화가 가진 큰 이야기의 규율이나 철학과 구별되는 규율과 철학을 갖게 된다. 그리고, 어느 큰 이야기가 갖는 규율과 철학의 독특함으로 그 문화권 속의 개인이나 집단은 특별한 개성을 지닌 정체성을 얻게 되고, 특별한 목적과 특별한 형태의 아름다움과 특별한 형태의 질서와 특별한 형태의 정의를 추구하게 된다. 리오타르에 의하면, 어느 사회 속의 구성원들의 자아(self)는 자율에 의해 만들어지는 것이 아니라, 이 큰 이야기의 규율과 철학에 맞춰 훈육되고 성장하면서 만들어지는 것이다. 그 때문에, 그 자체로는 대단한 존재가 아니며, 독립된 개체로 떨어져서 존재할 수도 없다. 그것은 그가 전수받은 큰 이야기로 해서, 그가 태어나기 전에 이미 이야기 속의 인물로서의 자리를 차지하게 되기 때문이며, 어쩔 수 없이 이야기 속에 정해진 삶의 길을 따라 움직여 가야 하기 때문이다.

> 개인의 자아란 대단한 것이 아니며, 다른 것들과 동떨어져 존재하는 섬 같은 존재일 수도 없다…. 심지어 그가 태어나기도 전에, 그에게 주어진 이름만으로도, 인간으로 태어난 어린이는 그의 주위에 있는 사람들이 하게 될 이야기 속에 나올 인물로서의 지위를 얻는다. 이렇게 생각해 보면, 그의 삶의 여정은 어쩔 수 없이 미리 정해져 있는 것이다.[5]

리오타르에 의하면, 서양 근대사의 방향과 의미를 결정하고, 이 시대의 앎/지식을 담은 작은 이야기들—철학, 역사, 문학, 예술 등등—이 생성되고, 조직되고, 사회 속으로 편입되는 데 필요한 규율과 철학을 주었던 큰 이야기는 유대감과 일체감을 주는 설화적 지식의 담론이 아니라, 분열과 소외를 가져오는 과학적 지식의 계몽주의 담론(enlightenment narrative)이었다. 신에 못지않게 인간이 아름답고 위대하다는 르네상스 인본주의자들의 생각은 곧 인간은 이성적인 동물이며 생각함으로 위대하다는 계몽주의 거대담론을 낳았고, 이것으로 깨침을 얻은 계몽주의자들은 이성적으로 생각하고 합리적으로 판단해 보면, 모든 인간은 선험적으로 자유롭고, 생명과 자유와 행복을 추구할 천부인권을 갖고 있으며, 역사는 완전한 자유를 향해 진보한다는 무서운 생각을 하게 되었다. 그리고, 이 시대의 이 무서운 계몽주의적 생각이 앞으로의 서양 근대사가 어떤 지식을 추구하며, 그것을 어떻게 교류하고, 그것에 어떻게 접근하며, 그것을 어떻게 사용하는지, 그리고, 누가 그것의 흐름을 통제하고, 그래서 그것들이 어떻게 사람들의 삶을 모양 지으며, 그것으로 해서 사람들이 어떻게 세상을 경험하게 되는지를 결정했던 큰 이야기였던 것이다.

리오타르에 의하면, '인간은 이성적인 동물이다'라는 계몽주의 거대담론은 그것이 세상의 모든 것을 설명할 수 있는 절대진리로서의 기능을 수행하는 한, 그리고 분석의 대상이 아니라 믿음의 대상인 한, 다시 말해, 로고스에 대한 믿음이 세상의 모든 속박과 미망(迷妄)에서 사람들의 정신을 자유롭게 해 주는 한, 그것은, 캐시나후아 원시 부족사회에 전해져 내려오는 부족 이야기처럼, 문화공동체들이 안고 있는 삶의 모든 문제들에 대한 해답을 주었었다. 그리고, 그것에서 나온 가지 이야기로서의 온갖 영역의 앎과 지식들이 인간성의 향상이라는 본연의 책무를 터득하고, 본연의 역할을 충실히 수행하는 한, 계몽주의 담론은 크게 문제 될 것이 없었다.

> 거대담론에 대한 믿음 속에서, 모든 사회제도들—법, 교육, 기술 등등—은 하나로 뭉쳐 절대지식이나 보편적 해방과 같은 전 인류의 공동선을 지향해 나아간다. 지식이 보다 숭고한 선을 지향할 수 있기 위해서 해야 할 일과 역할을 갖게 되는 것이다.[6]

그로부터 생겨난 수많은 작은 이야기들—법, 교육, 기술, 예술, 역사 등등의 이야기들—이 화합하여 근대의 역사가 자유, 평등, 행복, 부, 건강, 아름다움 등등의 공동선을 향해 나아갈 수 있게 했기 때문이다.

그러나, 리오타르에 의하면, 계몽주의 거대담론은 철저하게 시장(市場) 논리에 지배되는 지구촌 경제 시대인 20세기에 접어들면서 변질되기 시작했고, 문제를 일으키기 시작했다. 2차 세계대전 이후 세계질서가 상업자본주의 질서로 재편되면서 진선미의 공동선을 지향하던 계몽주의 담론은 더 이상 거대담론으로서의 제 기능을 할 수 없는 절름발이 담론이 되었고,[7] 진리와 진보와 해방과 천부인권을 추구하는 앎과 지식에 정당성을 줄 수 없게 되었다. 따라서 사람들은 더 이상 진리와 진보와 자유와 천부인권을 추구하는 계몽주의 담론에서 자신들의 정체성을 찾을 수 없게 되었다. 뿐만 아니라, 계몽주의 담론이 추구하던 특별한 형태의 아름다움과 특별한 형태의 정의와 특별한 형태의 가치들도 20세기 후반의 상업자본주의 파고가 높게 일면서 무너져 내려, 효율(efficiency)과 이윤(profit)이라는 상업자본주의적 가치에 매몰되고 말았다.

리오타르의 말을 따르면, 포스트모던 시대를 살아가는 사람들이 근대사의 바탕이 된 계몽주의 담론을 더 이상 신뢰할 수 없게 된 것이다. 계몽주의 담론에 대한 신뢰의 상실—그것이 곧 포스트모던 시대의 삶의 조건이 된 것이다. 이제, 사람들은 '무엇이 참인가? 무엇이 정의인가? 무엇이 아름다움인가?'라는 물음에서 정당성을 찾지 않았고, '무엇이 효율과 이윤을 가져오는가?'라는 물음에서 정당성을 찾았다. 그리고 '합리를 통해 자유, 평등, 행복, 아름다움 등의 공동선을 실현하는 존재'로서의 자신의 정체성을 구하지 않았고, '과학기술을 발달시켜 효율성을 높이고, 그것으로 재화의 생산력을 증대하고 더 많은 이윤을 창출해야 할 존재'로서의 자신의 정체성을 찾았다.

포스트모던 시대 과학기술, 특히 통신기술의 놀라운 발달은 앎과 지식의 생산과 전달방식을 완전히 바꾸어 놓았고, 삶 속에서의 앎의 지위 자체를 크게 뒤흔들어 놓았다. 상업자본주의 체제 속에서, 계몽주의 담론 속의 이성은 기계문명을 발전시키고 편리함을 추구하는 도구쯤으로 전락했고, 그것으로 얻은 앎이나 지식은 편리함(commodity)을 얻는 수단으로서 시장에서 사고 팔리는 상품이 되어 버렸다. 이제 효율과 이윤을 창출하는 앎과 지식을 장악하는 자가 지배자가 되었고, 그는 제 차례가 되어 모든 가치들을 효율과 이윤을 근본이념으로 하는 획일화된 자본주의 체제 속에 가두어 버렸다. 그리하여, 포스트모던 시대를 살아가는 사람들을 그 체제 속에서 살아남기 위한 무한경쟁의 톱니바퀴 속으로 몰아넣었다. 그러나, 문제는 이 시대의 앎과 지식이 효율과 이윤을 지향하는 전체주의 권력을 낳고, 스스로 상품화되어 모든 사람들을 상업적 질서 속의 무한경쟁 속으로 몰아넣었다는 사실만은 아니었다. 보다 본질적인 문제는 사람들이 그 숱한 물질적 풍요 속에서도 획일화된 사고와 행동과 경쟁으로 행복하지 못하다는 것이었다. 어떻게 하면, 포스트모던의 삶의 공간을 돌과 바위밖에 없는 황량한 공간에서 벗어나 물과 신선한 공기가 있는 생명의 공간으로 되돌릴 수 있을까? 그것이 바로 리오타르가 제시한 포스트모던 시대의 문제였다.

자본주의 담론으로 변질되어 철저하게 절름발이가 된 계몽주의 담론에 대한 전방위적 저항—이것이 리오타르가 "포스트모던 시대의 삶의 조건"을 부정하기 위해 찾아낸 하나의 방법이다. 그는 상업자본주의 담론의 수리를 통해 계몽주의 담론이 거대담론으로서의 제 기능을 회복할 수 있을 것이라는 모더니스트들이나 하버마스나 제임슨의 생각에 동의하지 않았다. 또한, 계몽주의 거대담론에 대항할 수 있는 새로운 거대담론을 창조함으로써 새로운 전체주의를 만들어 내는 것에는 강력하게 반발했다. 그가 원했던 것은 상업자본주의 담론으로 변질된 계몽주의 담론의 힘을 와해시킴으로써, 세상에 이미, 그리고 오랫동안 존재해 왔지만 자본주의 담론에 의해 '배리'(背理/paralogy)로 배척당해 생명력을 잃은 많은 거대담론들을 소생시켜 내는 것이었다. 그는 가능하면 앎의 많은 영역에서 배리들을 찾아냄으로써 효율과 이윤의 창출을 지상 목표로 삼는 상업자본주의 거대담론을 약화시키고, 생명이 숨쉬는 다양한 담론들이 삶의 공간에서 유기적으로 공존할 수 있기를 바랐다.

과학의 영역에서의 양자물리학(quantum physics)은 하나의 예였다. 리오타르는 '원자 속의 전자의 질량이나 움직임은 불확실성의 원리에 지배된다'는 양자물리학이 결코 잘못된 추리(推理)의 결과가 아니며, 같은 계급의 앎으로서 확실성의 원리를 전제하고 있는 전통적인 물리학의 바탕을 뒤흔들어 놓았다는 사실에 주목했다. 그리고, 20세기 초에 있었던 아방가르드 예술운동이 표현주의, 입체주의, 추상주의, 초현실주의 등으로 새로운 형태의 예술을 실험하면서 전통 예술의 고정관념들을 어떻게, 그리고 얼마나 많이 뒤흔들어 놓았는지를 상기했다.

세상에는 상상으로 도달할 수 없는 것, 인지적 능력으로 지각할 수 없는 것, 옳고 그름을 판단할 수 없는 것, 크고 작음을 잴 수 없는 것, 효용과 가치를 가늠할 수 없는 것, 그림으로 그려 낼 수 없는 것, 값으로 계산해 낼 수 없는 것들이 너무나 많이 존재한다. 리오타르에게, 너무나 크고 엄청난 세계를 앞에 두고, 그 부조리하고 불가능한 세계를 이성의 힘으로 이해하고 통제할 수 있다고 생각했던 것은 계몽주의적 인간의 터무니없는 오만이었다. 그리고, 효율과 이윤을 창출하는 능력으로 인간의 삶을 무한히 향상시킬 수 있다고 확신하며 살아가는 것은 포스트모던 시대 사람들의 착각이었다. 리오타르는 삶에서 만날 수 있는 부조리와 불가능과 무한함을 삶 속으로 끌어들이지 못하는 이 시대 사람들의 무지의 눈을 띄워 주고 싶어 했었다.

리오타르에 의하면, 포스트모던 시대 계몽주의 담론의 변형(transformation)으로 생겨난 현대의 상업자본주의 담론은 경제적으로뿐 아니라, 정치, 사회, 문화, 예술, 과학의 모든 측면에서 문제를 일으키는 문제아였다. 그것은 아름다움도, 정의도, 진위의 판단이나 선악의 판단도 모두 효율과 이윤의 저울 위에 올려놓는다. 그것은 미신으로부터의 해방이라는 논리를 내세워 아프리카와 중동에서의 서구 열강들의 식민지배를 합리화함으로써 자본주의 확산의 단초를 제공했을 뿐 아니라, 격이 높은 화랑에서 좋은 값으로 팔리는 예술품이 아름답다고 세상을 기만한다. 그것은 또한 강대국의 법정에서 그들의 법에 따라 구현된 정의가 보편적 정의라고 주장하면서, 세상의 모든 것을 효율과 이윤의 전체주의적 자본주의 논리에 가두고 재단한다.

계몽주의 담론의 변형으로 생겨난 전체주의적 상업자본주의 담론이 낳은 결과는 무서운 것이었다. 무한히 크고, 무한히 아름답고, 무한히 부조리하고, 도저히 불가능한 세계가 효율과 이윤을 추구하는 아주 작고 아주 추악한 세계 속에 갇히게 된 것이다. 리오타르의 생각으로는, 효율과 이윤의 상업자본주의적 전체주의 체제는 와해되어 마땅했다. 그리고, 그것을 와해시키는 가장 좋은 방법은 가능하면 앎의 많은 영역에서의 근대 서구의 전체주의 담론에 저항력을 지닌 배리들을 찾아내는 것, 그리하여 현재의 지배 담론을 뒤흔들어 놓는 것이었다. 리오타르에 의하면, 세상에는 효율과 이윤의 자본주의 담론에 담을 수 없는, '숭고미'(崇高美/the sublime) 같은 것이 존재한다. 미국의 법정에서는 절대로 실현될 수 없는 인디언들의 큰 이야기에 담긴 정의도 있다. 그리고, 찾기로 들면, 이것들 외에도 계몽주의 담론에 맞서 그 바탕을 와해시킬 수 있는 무수히 많은 배리들이 있을 것이다. 리오타르의 주장에 따르면, 어떤 앎이든, 일단 그것에 대한 강력한 배리가 나타나면, 그 앎의 체제는 흐트러지게 마련이고, 그렇게 되면, 그 앎으로 생겨난 전체주의 체제도 무너지게 마련이다.

리오타르는 그의 논문 「'포스트모던이란 무엇인가?'에 대한 하나의 대답」("An Answer to the Question: What is the Postmodern?")에서 '아름다움'(the beautiful)과 '숭고한 아름다움'(the sublime)을 구분했던 칸트의 '숭고미' 개념을 원용하여 "포스트모던의 삶의 조건"을 점검하고, 포스트모던 시대 예술과 미학의 역할에 대해 고찰한다.[8] 칸트는 그의 책 『판단력 비판』(*The Critique of Judgment*)에서, 세상에는 두 가지 종류의 서로 다른 아름다움—즉, 경험 영역 안에서의 조화와 질서로 사람들의 마음을 매료하는 아름다움과 경험 영역을 넘어서 느껴지는 조화와 질서로 사람들의 마음을 매료하는 숭고한 아름다움—이 있음을 밝히고, 숭고미란 경험할 수 없이 너무나 크거나, 형언할 수 없이 너무나 장엄해서, 아름다움을 느끼는 데에서 오는 희열의 감정과 웅대함을 느끼는 데에서 오는 두려움의 감정을 동시에 자아내는 경외로운 아름다움이라고 설파했다.[9]

리오타르는 숭고미에 대한 칸트의 이해를 바탕으로 인간의 이해를 넘어서는 이 숭고한 아름다움에 대한 사람들의 심미적 태도를 세 가지 형태로 나눈다. 그 하나는 리얼리즘이고, 다른 하나는 모더니즘이며, 또 다른 하나는 포스트모더니즘이다. 리얼리즘은 인간의 이해를 넘어서는 이 경외로운 아름다움을 앞에 두고, 당대의 역사를 지배하는 지배담론—예를 들면, 근대에 있어서의 합리주의 담론—속에 그것을 담고 갈무리하려 하는 아름다움에 대한 심미적 태도이다. 그리고 이러한 태도는 오만에 빠지거나 매너리즘에 빠지면, 본질이 되는 '웅대함'과 '경외로움'을 '숭고한 아름다움'에서 제거해 구우일모(九牛一毛)의 작고 보잘것없는 아름다움으로 바꾸고, 이러한 심미적 인식으로 공동체 구성원들의 의식을 모양 짓고 조종하려 하는 전체주의적 발상이 된다.

반면에, 모더니즘과 포스트모더니즘은 숭고미와 같은 어마어마한 초월적 존재를 희석해 아주 작고 추한 것으로 만드는 리얼리즘의 파괴적 전체주의에 저항하는 심미적 태도이다. 그 가운데에서 모더니즘은 '세상의 어떤 담론도 초월적인 숭고미를 담아내지 못하며, 인간은 오직 그 노력만으로 위대하다'는 깨달음이 담긴 '깨달음의 미학'이다. 그러므로, 모더니즘 예술은 숭고미의 초월적 아름다움이란 어떤 지배담론에 담긴다 하더라도 '무언가 얼마만큼을 잃어버렸다는 느낌'(feeling of loss: nostalgia for the impossible)이 남아 있기 마련이라는 깨달음이 들어 있는 예술이며, 그 느낌으로 득도(得道)에 이르는 고결한 의식(consciousness)을 찬미하고, 그렇게 함으로써 담론의 형식을 바꾸지 않고도 불완전한 담론으로서의 지배담론의 지위를 흔들어 무너지게 하는 예술이다.

한편, 포스트모더니즘은 '숭고미를 가진 형언할 수 없이 큰 어떤 존재에 대한 재현은 어떤 방식을 동원한다 하더라도 불가능하며, 이 세상에 존재하는 모든 담론은 이 형언할 수 없이 큰 어떤 존재를 재현하려는 헛된 의식(儀式)으로서의 유희(遊戲)일 뿐'이라는 통렬한 인식이 담긴 '불가능의 미학'이다. 그러므로, 여기에서 리오타르는 포스트모더니즘 예술은 어떤 지배담론의 재현형식에도 가지런하게 담길 수 없는 숭고미의 초월적 아름다움의 존재를 의식하고, 그것을 재현해 내려는 수없이 많은 어떤 형식적 노력도 결국에는 재현 불가능성의 확인에 불과하다고 주장하면서 당대의 지배담론이라는 것도 전체주의적 담론으로서의 자격이 없는 오직 하나의 작은 유희에 불과하다는 사실을 강조한다. 그리고, 그리함으로써, 당대 지배담론의 재현형식에 형식적 배리—즉, 지배담론에 의해 침묵되어 묻혀 있거나, 아니면 완전히 새로운 어떤 형식—를 찾는 데에서 오는 즐거움으로 축배를 들고, 당대를 지배하는 담론의 지위를 흔들어 무너지게 한다.

리오타르에 의하면, 세르반테스의 『돈키호테』(*Don Quixote*)나 로런스 스턴(Lawrence Sterne)의 『트리스트럼 섄디』(*Tristram Shandy*)는 포스트모더니즘적이다. 그리고 프루스트의 『잃어버린 시간을 찾아서』는 모더니즘 예술에 속하며, 조이스의 『율리시즈』나 『피네간의 경야』(*Finnegan's Wake*)는 포스트모더니즘 예술에 속한다. 세르반테스의 『돈키호테』는 중세가 끝날 무렵 유럽의 심미적 지배담론이었던 '기사도'(chivalry)라든가 '로맨스'에 대한 형식적 배리로서 당대의 지배담론에 도전하고 있으며, 스턴의 『트리스트럼 섄디』는 18세기 유럽의 심미적 지배담론이었던 '자아 찾기 내러티브'(identity narrative)에 대한 형식적 배리로서 당대 심미적 지배담론의 뿌리를 뒤흔들고 있다. 그리고, 프루스트는 그의 『잃어버린 시간을 찾아서』에서 어떤 연상(association)이나 기억, 어떤 생각이나 회한으로도 잃어버린 시간은 삶 속으로 되돌아오지 않고, 흐르는 시간 속에서 잃어버리는 수많은 것들—잃어버린 사랑, 잃어버린 정(affection), 잃어버린 우정, 잃어버린 순결(innocence) 등등—은 오직 시간의 파괴력에 맞서는 예술가의 예술혼으로 예술 속에서

만 허구적으로 재현될 수 있을 뿐이라고 말함으로써 전통적 서술의 형식을 전복하지 않고도 '현실의 궁극'(ultimate reality)에 대한 완전한 정복을 꿈꾸는 리얼리즘을 전복하는 배리를 만든다는 것이다.

리얼리즘 담론에 대한 형식적 전복을 하지 않으면서 그에 대한 배리를 만들어 내는 모더니즘과는 달리, 포스트모더니즘은, 조이스가 그의 『율리시즈』와 『피네간의 경야』에서 했듯이, 리얼리즘 담론에 대한 내용의 전복뿐 아니라 그 형식의 전복도 꾀한다. 조이스는 『율리시즈』와 『피네간의 경야』에서 존재하는 모든 표현방법의 실험을 통하여 '현실의 비인간적 궁극(ultimate inhuman reality)은 어떤 경우에도 인간의 의식 속으로 가지런하게 들어오지 못하며, 그러므로, 어떤 상징체제로도 표현될 수 없다'는 사실을 말해 줌으로써, 근대 합리주의의 리얼리즘 담론에 대한 완전한 전복을 꿈꾼다.

> 포스트모던하다는 것은 근대가 재현해 놓은 것 속에 내재되어 있는 재현 불가능한 것을 드러내 보여 주는 것이며, 올바른 형식을 찾았다는 생각에서 오는 위안을 거부하는 것이며, 불가능한 것을 함께 꿈꿀 수 있도록 해 주는 통일적인 심미적 감각을 거부하는 것이다. 또한, 그것은 즐거움을 얻기 위해서가 아니라 재현이란 불가능한 것이라는 느낌을 더 잘 갖게 하기 위해서, 새로운 모양의 재현 형식을 찾아 나서는 것이다.[10]

세상에는 인간의 인지력으로 도달할 수 없는 '숭고한 아름다움'이 있는 것처럼, 인간의 경험이나 이해의 한계를 넘어서는 어떤 '무궁함'을 속성으로 하는 '현실의 궁극'(ultimate reality)이 있으며, 그것은 어떤 거대담론으로도 완전하게 설명될 수 없다는 것은 분명해 보인다. 그럼에도, 어느 시대의 지배담론은, 20세기의 상업자본주의 담론처럼, 언제나 자신이 현실의 어떤 궁극에 대한 한 가지 견해 또는 판본에 불과하다는 사실을 부정한다. 그리고, 오직 하나의 의미만을 고집하면서 여타의 다른 담론들을 침묵시킴으로써, 이 거대하고, 부조리하고, 불가능한 세계를 아주 작고 불행한 세계로 만들어 사람들을 그것의 전체주의 체제 속에 가두어 놓는다.

리오타르는 그의 논문 「'포스트모던이란 무엇인가?'에 대한 하나의 대답」에서 칸트가 정립해 놓은 숭고미의 개념을 바탕으로, 포스트모더니즘 예술이 근대 합리주의 거대담론 ― 진보, 발전, 자유, 천부인권의 담론 ― 에 대한 배리를 만들어 그것의 변형으로 만들어진 상업자본주의 담론의 전체주의성(totality)에 저항해야 한다고 주장한다. 그의 주장을 따르면, 모더니즘과 포스트모더니즘 예술은 세상에는 인간적 삶의 이야기 속으로 순순히 들어올 수 없는 장엄하고 숭고한 무엇(the sublime)이 있음을 입증하고, 그것으로 지배담론의 억압으로 침묵당한 다른 이야기들과 이야기의 형식들이 있음을 보여 줌으로써, 당대의 지배담론에 의해 확립된, 하나의 의미만을 지향하는 전체주의적 규율과 철학을 와해시켜 내야 한다. 간단히 말해, 포스트모더니즘 예술은 당대 지배담론에 담긴 규율과 철학의 내용뿐만 아니라 그 서술의 형식까지 문제 삼음으로써, 지배담론의 이야기와 이야기 방식을 모두 부정하는 잠재력을 가지고 있다는 것이다. 그러므로, 리오타르의 포스트모더니즘 예술에 대한 관심은 단지 '예술이란 무엇인가?'에 놓여 있는 것이 아니라, '예술이 무엇을 할 수 있는가?'에 놓여 있는 셈이다. 그에게 포스트모더니즘의 예술은 단순히 리얼리즘 예술의 규율과 철학을 부정하는 것이 아니라, 단 하나의 의미만을 지향하고, 다른 의미를 지향하는 삶의 다른 이야기들을 위협해 침묵시킴으로써, 아주 작고 몹시 불행한 세계를 만들어 내는 지배담론의 전체주의성에 대해 전쟁을 수행한다.[11]

리오타르에게, 포스트모더니즘은 삶에 대해 다른 이야기들을 하는 목소리들을 침묵시키는 지배담론에 내재된 전체주의에의 지향성의 위험이 얼마나 큰 것인가를 보여 주는 생각의 가지이다. 리오타르의 생각으로는, 심미적 관점에서의 '숭고미'라는 것이 인간적 이야기 속으로 결코 들어와 주지 않는 것처럼, 정치적 관점에서의 '정의'라는 것도, 역사적 관점에서의

'역사'라는 것도, 인간의 의식 속으로 결코 가지런히 들어와 주지 않는다. 그러나, 지배담론은 인간의 이해를 넘어서는 현실의 어떤 궁극들에 대해 자신이 가진 이야기의 문맥 속에서만 정의를 실현하고 역사를 해석한다. 리오타르는 그의 논문 「다름의 순간: 논쟁의 여지가 있는 어절(語節)들」("The Differend: Phrases in Dispute")에서 'Phrases'의 개념을 사용해, 그의 논문 「'포스트모던이란 무엇인가?'에 대한 하나의 대답」에서 제기한 문제에 대한 또 하나의 대답을 제시한다. 그에게, 'Phrases'란 몇 개의 단어들이 문법에 따라 조합을 이루고 있는 어절(語節)로서, 예를 들면, "나중에 너의 집으로 갈게(I can come over to your house later)." 같은 것이다.[12]

만약 서로 다른 큰 이야기 밑에서 서로 다른 정체성을 가지고 자란 다툼의 두 당사자가 각자의 문맥에서 이 '어절'을 읽어 내고, 그리하여 이 어절에서 굉장히 다른 의미를 찾는다면, 두 당사자 사이의 다툼에서 '정의'라는 것이 이루어질 수 있을까? 만약, 어느 아메리칸 인디언이 미국의 법정에서 그의 부족들에게 전해 내려오는 부족법에 입각해 땅의 소유와 이용에 관한 권리를 주장한다면, 그의 주장은 정당성을 얻을 수 있을까? 서로 다른 큰 이야기를 들으며 자란 두 당사자들 사이에는 정의란 존재하지 않으며, 오직 정치적인 결정만이 존재한다. 그리고, 어떤 의미에서의 약자에게는 문맥을 바꾸어 말하도록 강요되는 침묵이 있을 뿐이다. 포스트모더니즘은 여기에서 미국의 법정에서 이루어진 정의란 사실은 정의가 아니라, 정치적 결정일 뿐이라는 사실을 알려 준다. 그리고, 전체주의적 힘으로 이루어진 정치적 결정은 강요된 정의의 실현일 뿐이며, 그러므로 침묵된 목소리는 부활되어야 한다는 것을 뜻한다. 리오타르의 이 글에서 '다름의 순간'(differend)이란, 이해의 당사자들이 같은 어절을 놓고 같은 의미에 도달할 수 없는 순간을 의미한다. 그리고, 영원히 같은 의미에 도달할 수 없는 두 이야기의 문맥 중 어느 하나도 침묵되어서는 안 되는 순간을 의미하기도 한다. 2차 세계대전 중 나치의 유태인 집단 수용소(the Nazi concentration camp)가 증명하듯이, '역사는 진보한다'는 근대의 합리주의 담론이 정의를 이루어 내지 못했다는 것은 너무나 명백하기 때문이다. 이 세상에 존재하는 모든 어절들은 다른 문맥이 주어지면 언제나 다른 의미를 창출할 가능성이 있기 때문이다.

리오타르에게, 포스트모더니즘은 모더니즘의 급진주의적 변형이다. 모더니즘 예술에서 숭고미는 작품 속 인물이 득도하는 모습에 나타난다. 그러나, 포스트모더니즘 예술에서 숭고미는 표현 양식의 부적절성, 즉 재현 불가능성에서 나타나고, 주제의 문제보다 재현 불가능성의 문제에 더 많은 관심을 보인다. 다시 말해, 지배담론의 전체주의성과 그 전복의 필요성에 더 많은 관심을 보인다.

계몽주의의 거대담론은 왜 2차 세계대전 이후의 서구에서 회복 불능의 상태로 변질된 것일까? 리오타르의 진단은 이 시대의 서구인들이 인간이 가진 보잘것없는 능력으로 인간 너머의 커다란 세계를 바라보면서, 자신이 찾은 작은 질서에 대해 확신하는 오만을 저질렀기 때문이라는 것이다. 리오타르에게, 세계는 상상할 수 없는 것, 지각할 수 없는 것, 옳고 그름을 판단할 수 없는 것, 크고 작음을 잴 수 없는 것, 효용과 가치를 가늠할 수 없는 것, 그림으로 그려 낼 수 없는 것, 값으로 계산해 낼 수 없는 것 등의 너무나 엄청난 것으로 존재한다. 그러나, 계몽주의적 인간은 자신의 능력으로, 특히 자신에게 주어진 신성한 힘인 이성의 힘으로, 그 부조리하고 불가능한 세계를 이해하고 통제할 수 있다고 믿었다. 그리고, 그 때문에, 자신이 찾은 세계 밖의 세계에 관용을 베풀지 않았고, 그 세계의 가치를 받아들이기를 거부했다. 리오타르는 그의 논문과 책들에서, 포스트모던 시대의 삶의 조건을 비극으로 몰고 간 서구 계몽주의 담론의 인지적 결함을 밝히기 위해, 인간이 살아가는 세상이 계몽주의 담론의 인지력의 한계를 얼마나 넘어서는 것인가를 보여 주려 했고, 그리하여, 계몽주의 담론의 변질로 만들어진 비극적 존재 조건에 저항할 수 있도록 했다.

2. 데리다: 없음의 형이상학(metaphysics of non-existence)

리오타르는 부조리성의 세계에 대처해 온 삶의 배리들을 찾아냄으로써 계몽주의 거대담론에 저항하고, 그렇게 함으로써 침묵된 목소리들을 되살려 내려 했다. 반면에, 데리다는 서구문명의 철학적 기초였던 로고센트리즘(logocentrism) — 로고스 중심주의/로고스 지상주의/이성중심주의 — 의 '있음의 형이상학'(metaphysics of presence)에 대한 '없음의 형이상학'(metaphysics of absence)을 배리로 내세움으로써 강자의 문명인 서구문명의 기초를 무너뜨리려 했다. 리오타르에게 알제리의 내전장이 철학적 영감을 준 학교였듯이, 데리다에게도 철학적 영감을 준 학교는 무질서와 혼돈, 타락과 부패, 불평등과 억압과 착취, 차별과 폭력과 지배, 고통과 탄식, 원한과 절망의 땅 알제리였다. 벤자민 프랭클린(Benjamin Franklin)과 월트 휘트먼(Walt Whitman)이 인쇄 공장에서 삶의 빛과 어둠에 대해 많은 것을 배웠듯이, 알제리에서의 삶은 데리다에게 20세기 물질문명의 거대한 성취 뒤에 숨어 있는 무시무시한 공포에 대해 많은 것을 가르쳐 주었다. 그곳에서 그는 '우리'라는 낱말 속에는 너무나 많은 층위의 의미가 들어 있다는 사실을 깨달았다. 친구 간의 두 사람도 '우리'라고 말한다. 부모와 자식도 '우리'라고 말한다. 그런데, 식민주의자와 피식민인도 '우리'라고 말한다. 그리고, 식민주의자와 피식민인 사이에 쓰이는 '우리'라는 낱말에는 '차별과 지배와 폭력과 착취'의 무서운 의미가 들어 있었다. 그것에는 '이미, 그리고 항상' 대문자 'French'와 소문자 'algerian' 간의 이항대립적 위계에 대한 암시가 들어 있었다.[13] 그렇다면, '우리'라는 낱말의 확정된 의미는 무엇인가?

죽음과 어둠의 땅 알제리에서 데리다는 '우리'라는 낱말이 어떤 확정된 의미도 갖지 못하는 지극히 불안정한 텍스트(text)라는 사실을 깨달았다. '우리'라는 낱말은 언제나 '나'(I)라는 낱말과 연관되어 의미를 가진다. 그러나, '알제리에서 태어난, 프랑스 국적의, 여러 종족의 피가 섞인 유태인으로서, 지금 알제리에 살고 있는' 자신의 정체성이 무엇인지에 대해 확신할 수 없다면, 그리고, 자신인 '나'가 '자기 스스로도 알 수 없는 무엇'으로 가득 차 있다면, 그렇다면, 도대체 '우리'라는 낱말은 어떤 의미를 지닌 텍스트일까? 만년에 데리다는 자신에게 유태인으로서의 정체성을 부여하고 쓴 『잿더미』(*Cinders*)라는 책에서 나치 전체주의의 유태인 대학살(the Holocaust)의 산 제물로서 "잿더미" 속에서 사라져 간 혼령들의 목소리를 듣는다. 그러나, 자신의 상상력 속에서 들리는 그 수많은 목소리들에도 불구하고 대학살의 참상에 임해 산 제물들이 느꼈을지도 모르는 그 무시무시한 두려움과 공포는 형언할 수 없는 상태로 고스란히 남아 있었다. 도대체 나치 전체주의의 유태인 대학살이라는 텍스트의 확정성은 어디에 있는 것일까? 아니면, 언제 찾을 수 있는 것일까? 데리다는 절대진리로서의 '로고스'를 참조체계로 해서 세상에 존재하는 모든 것의 확정된 의미를 구하고, '로고스'에 비추어 상하의 위계를 구분 짓는 '있음의 형이상학'을 부정했다. 그리고, 의미의 불확정성을 존재의 본질로 받아들이고, '있음'과 '없음'을 상호의존적인 동등체로 인식함으로써, 의미의 원천이 되는 '초월적 의미태'(transcendental signified)를 '없음의 로고스'로 바꾸어 낸다. 다시 말해, 비판적 사고를 통해 '로고스 중심주의'의 편견을 깨고, 창조적인 물음을 통해 '없음'에서 새로운 가치를 찾는 '없음의 형이상학'이 철학의 새로운 원리가 되기를 바란 것이다.

수 대에 걸친 여러 종족 간의 혼혈로, 확정된 정체성이 없는 '투명인간'으로 태어났음에도 불구하고, 데리다는 자신이 유태인이라는 사실을 결코 부정할 수 없었다. 2차 세계대전에서 독일의 전세가 훨씬 유리하던 1942년, 식민제국의 칙령에 의해 알제리 내의 모든 학교에서 유태인들의 교육이 거부당했을 때, 데리다도 역시 학교 교육의 현장에서 쫓겨나게 되었고, 이 잔혹한 식민과 지배의 현장에서 그는 어쩔 수 없이 한 사람의 유태인이 되었다.[14] 그리고, 일단 자신에게 유태인으로서의 피할 수 없는 정체성이 부여되자, 그의 뇌리를 떠나지 않고 끈질기게 그를 괴롭혔던 단 하나의 유일한 생각은 나치의 유태인 대학살 때, 잿더미 속에서 스러진 유태인들의 최후에 대한 생각이었다.[15] 데리다는 그의 회고록 『살아가기』(*Learning to Live*)에서 이때의 아픈 기억을 이렇게 썼다.

> 나의 '유태인으로서의 정체성'에 놓인 수많은 문제들에도 불구하고, 나는 그것을 부정하지는 않을 것이다. 나는 언제나 '우리 유태인들은' 하고 말할 것이다. 내가 그토록 고통스러워했던 '우리'라는 말 — 그 말은 내가 얼마간의 웃음을 띠고 '유태인들의 최후'라고 언급하는 어떤 사람에 대해 생각할 때, 내 가슴을 후벼 파는 말이다. 그 말은 아리스토텔레스가 '기도'라는 말을 할 때처럼, 내 생각 속에 머물러 있을 것이다. 진실인지 거짓인지는 모르겠다. 그렇지만, 그것이 문자 그대로 '기도'인 것은 사실이다.[16]

혼혈 유태인으로서 겪어야 했던 알제리에서의 핍박과 설움의 고통 속에서 태어난 그의 글은, 그의 철학은, 그의 말대로, 또는 『데리다의 기도와 눈물』(*The Prayers and Tears of Jacques Derrida: Religion without Religion*)에서 존 카푸토(John D. Caputo)가 말한 대로, 차라리 어떤 '초월적 타자'(Transcendental Other)에게 하는 간절한 '기도'였다.

> 모든 기도는 초월적 타자로서의 타자에게 행해진다. 예를 들면, 매우 충격적인 말이지만, '신'(God)에게 하는 기도 같은 것이다. 초월적 타자에게 하는 기도에는 때로는 요구가, 탄원이, 그 외의 간절한 무엇이 담겨 있다.[17]

아니면, 크리스틴 판 보히먼-사프(Christine van Boheemen-Saaf)가 그의 책 『조이스, 데리다, 라캉, 그리고 역사의 상흔(傷痕)』(*Joyce, Derrida, Lacan, and the Trauma of History: Reading, Narrative, and Postcolonialism*)에서 지적한 대로, 데

리다의 글은, 그의 철학은, 아일랜드인 조이스의 『피네간의 경야』에서의 짓뭉개진 구문(構文)들처럼, 아물지 않은 아픔의 역사를 지고 신음하는 식민화된 자아의 표현 불가능한 아픔에의 절규일지 모른다. 보히먼-사프에 의하면, 식민지의 핍박받는 시민으로서 조이스가 타고 태어난 세계는 식민주의자의 내러티브로는 표현이 불가능한 깊은 어둠과 부재의 세계였다. 그리고, 조이스의 소설은 식민주의의 희생자로서의 형언할 수 없이 아픈 '상실'과 '없음'과 '억압'의 경험이 각인된 해방의 몸부림이었다. 보히먼-사프에 의하면, '모국어'(native language), 즉 '자기만의 언어'(personal language)를 빼앗긴 아일랜드 소설가로서 조이스에게, '불확실성의 언어'(uncertainties)와 '틈과 구멍과 여백'(gaps)과 '간격과 전치(轉置)의 뒤틀린 내러티브'(displacement)로 도배가 되어 있는 그의 소설은 식민상태에서 '자기만의 언어'(personal language)를 잃어버린 무기력한 자아의 상실감에 대한 의태적(擬態的) 표현인 것이다. 다시 말해, 식민주의자의 언어에는 없는 '상실의 언어'(the language of loss)이자 그 언어 속에는 빠져 있는 '여백의 언어'(the language of blank)인 것이다. 뿐만 아니라, 그것은 무언가 방향을 잃었다는 느낌, 무언가 설 자리를 잃었다는 느낌, 처한 환경이 어딘가 자기와 맞지 않는다는 불편하고 불안정한 느낌을 표현하는 '방향감각 상실의 언어'(the language of disorientation)였고, '있음'과 '지배'와 '목적'과 '방향인식'이 언제나 확실한 식민주의자의 언어에 대한 해체의 언어이며, 식민주의자의 내러티브로는 도저히 표현할 수 없는 '없음'과 '상실'과 '피지배'에 대한 새로운 방식의 표현법이었다.[18]

1994년에 있었던 어느 원탁 인터뷰(Roundtable)에서 "당신에게 제임스 조이스는 무엇이었는가?"라는 질문을 받았을 때, 데리다는 "조이스의 내러티브 방식에서 깊은 영감을 얻었다"고 천명하는 듯한 말로 그 원탁 인터뷰를 마무리했다고 전해진다.[19] 그렇다면, 데리다의 해체철학은 근대의 로고스 중심주의 철학사조가 펼쳐 놓은 '있음의 형이상학', 즉 식민주의 강자의 형이상학에 대한 해체의 언어로서 '없음'과 '상실'의 언어가 아닐까? '없음'과 '상실'과 '불확실함'이 '있음'과 '얻음'과 '확실함'에 대한 상호의존적 등가물이 되기를 바랐던 철학자 데리다에게, '없음'과 '상실'과 '불확실함'은 언제나 종속함수가 되고, '있음'과 '얻음'과 '확실함'이 언제나 지배함수가 되는 강자들의 식민주의 논리인 '있음의 형이상학'은 해체되어야 마땅했다. 그러므로, 데리다는 이성적 주체는 로고스를 꿰뚫어 볼 수 있는 이성의 능력으로 시간을 초월해 존재하는 보편적인 진리에 도달할 수 있고, 편견이나 전제 없이 세상을 바라본다면 인식의 이성적 주체는 인식 대상물이 되는 세상의 본질 또는 본질적 의미인 로고스에 도달할 수 있다는 서구 철학의 로고스 중심주의에 저항했다.

데리다에 따르면, 어떤 인식행위로도 인간이 객관적이고 보편적으로 도달할 수 있는 로고스란 없다. 인간은 오직 인식의 주체가 의식하고, 이해하고, 해석해 놓은 세계와 그 세계를 언어라는 지극히 불완전한 도구로 변환해 놓은 '텍스트'(text)를 가지고 있을 뿐이다. 데리다에 의하면, 인간이 가진 모든 언어는 텍스트로서 의미를 담는 몹시 불완전한 도구이다.[20] 그러므로, 텍스트가 나타내는 의미는 언제나 무한히 불안정하고, 무한히 모호하다. 그러므로, 데리다는 그의 전 생애를 통해, 의미의 확정성과 의미의 우열성에 집착하면서, '있음', '본질', '존재', '실체', '주체' 따위를 로고스로 삼아 강자의 논리를 정당화하는 로고스 중심주의 철학에 반기를 들었다. 그리고, '무엇이 본질인가? 무엇이 진리인가? 무엇이 로고스인가?'를 결정하는 어떤 확정자도 없는 상황에서 식민주의 강자의 순전히 자의적이고 자족적인 논리에 의해 주변으로 밀려나고 침묵당한 앎과 의미와 진리와 목소리와 지위와 정체성을 복원하고 싶어 했다. 그러므로 그는 로고스 중심주의 형이상학의 근대적 첨병들인 후설의 현상학과 소쉬르의 구조주의를 공격했고, 그들에 대한 공격의 수단으로서 그의 '해체철학'을 내세웠다.

'부조리와 마주하지 않고는 어떤 모퉁이 하나도 돌 수 없다'는 카뮈와

'실존이 본질에 선행한다'는 사르트르의 실존주의 철학은 데리다가 자신의 해체철학을 구축하는 데 크나큰 영감을 주었다. 부조리신이 지배하는 세계에서는 이성중심주의자들이 주장하는 '보편적인 진리'라든가 '본질적 의미'로서의 로고스 따위는 없기 때문이다. 그는 로고스 중심주의적 사고에 억압되어 버려지거나 변두리로 밀려난 억압된 약자들(suppressed weaknesses)과 신원이 불분명한 약자들(uncertain weaknesses)을 양지로 나오게 함으로써, 그들의 신원을 회복하려 했다. 그는 주변과 중심을 가르는 틈새를 찾아 이으려 했고, 뜻한 바 없어 본질 속으로 들어오지 못하거나, 돌봄이 없어 남루한 모양을 한 존재론적 약자들도 본질의 일부가 되거나, 존재론적 강자들과 합쳐져 본질적 의미의 풍요를 이룰 수 있기를 바랐다.

1966년 「구조, 기호, 유희」("Structure, Sign, Play")라는 제목의 강연으로 미국학계에 등단한 데리다는 이 강연에서 안정된 의미구조를 가정함으로써 상징구조의 확정된 의미를 찾으려 했던 인류학자 레비스트로스(Lévi-Strauss)의 구조주의적 사고를 공격했고, 그가 찾은 의미의 확정성은 '상징의 유희'(play of signifiers)로 의미가 불확실해질 수 있다는 가능성을 배제함으로써 얻어진 잘못된 추론이라고 결론지었다.[21] 그러나, 데리다는 탈구조주의자라기보다 초구조주의자였다. 그는 소쉬르의 구조주의 언어학을 부정하지 않았다. 다만 해체했을 뿐이다. 그는 '상징'(the signifier)과 '의미'(the signified)의 관계는 순전히 '자의적'(arbitrary)이라는 소쉬르의 언어학 이론을 긍정했다. 다만, 상징체계 속에 감춰져 있는 '숨은 구조'(hidden structure)를 찾아낼 수 있다면, 어떤 상징에 대해서도 확정된 의미를 얻을 수 있다는 의미의 확정성을 전제하는 소쉬르의 구조주의를 해체했을 뿐이다. 데리다에 의하면, 상징과 의미의 관계는, 소쉬르의 말대로, 순전히 자의적이지만, 상징이란 바로 그 자의성 때문에 의미의 무한히 불완전한 도구이고, 그 때문에 그들 사이에는 확정된 의미란 생성될 수 없다는 것이다.

데리다의 해체철학은 '해체철학의 성경'이라고 불리는 『그림문자를 공부하며』(*Of Grammatology*)에서 완성된다. 여기에서 그는 먼저 로고스 중심주의의 중심이면서 동시에 후설 현상학의 바탕이 되는 '음성언어 중심주의'(phonocentrism)를 해체했다.[22] 언어의 기원(origin)이면서 소리와 의미의 자연스런 합일로서의 음성언어가 음성언어의 복제물로서의 문자언어보다 발화자의 의식에 선험적으로 가까이 있는 상위 언어라는 후설의 생각은 잘못된 생각이라는 것이다. 데리다에 의하면, 원시인들이 동굴 벽에 그려 놓았던 물고기 그림으로 된 문자언어가 "물고기를 잡으러 간다"는 음성언어적 의사표현보다 앞선 것으로 볼 수도 있기 때문이기도 하지만, 발화자의 의식 속에 표면적으로 존재하는 것에 지나치게 의미를 부여하는 것은 발화되지 못하고 의식 속에 남아 있는 것을 폄하하는 결과를 가져오기 때문이다. 사랑을 고백할 때, 문자언어로 더 많은 것을 표현할 수 있을까, 음성언어로 더 많은 것을 표현할 수 있을까? 여기에서 그는 음성언어 중심주의를 해체하는 데 그치지 않고, 문자언어가 음성언어에 선행하는 언어이며, 음성언어는 문자언어의 그림자에 불과하다는 주장을 펴기도 한다. 상징들의 차이에 의해 의미가 생성되는 문자언어가 보다 명쾌한 상징체제라는 것이다. 그리고, 그는 문자언어는 말로는 차마 표현할 수 없는 것을 표현할 수도 있다고 보았고, 무대 위의 안무(choreography), 음악, 조각, 회화 등이 음성언어에 선행하는 '제1의 문자언어'(arche-writing)가 될 수 있다고도 생각했다.

『그림문자를 공부하며』에서 데리다는, 한 걸음 더 나아가, '차이/지연'(差延/differance)의 개념을 창조해 로고스 중심주의의 중심이 되는 '초월적 의미태'로서의 로고스를 해체한다.[23] 데리다에 의하면, '초월적 의미태'란 그것으로부터 모든 생각과 의미가 나오는, 그러므로 모든 생각과 의미의 근원이 되는 의미의 본질로서의 로고스이자, 구조주의자들이 생각했던 상징과 의미를 확정적으로 관계 지어 주는 의미의 '숨은 구조'(hidden structure)이다. 그것은 의미의 불변의 중심이자 근원으로서, 서구 형이상학 속 모든 이항대립적 위계질서도 그것으로부터 나온다. 그러므로 데리다는 먼저, '이성적 주체는 로고스를 꿰뚫어 볼 수 있는 이성적 능력으로 시간을 초월해 존재하는 보편적인 진리인 로고스에 도달할 수 있다'는 생각은 이성중심주의적 편견임을 밝힌다.

데리다가 창조한 '차이/지연' 개념은 프랑스어에서 '다르다'(differ)와 '연기하다'(defer)라는 두 단어의 명사형인 'differance'의 의미를 차용한 개념이다. 그 첫째 의미는, 상징과 의미의 관계는 소쉬르의 말대로 지극히 자의적이기 때문에, 어떤 경우에도 상징은 그것이 지시하는 사물의 의미와 같을 수 없다는 것이다. 그리고, 두 번째 의미는 상징은 그것이 '의미하는 바'에 가까워지게 하기 위한 아무리 많은 노력에도 불구하고, 바로 그들 관계의 자의성 때문에, 그것이 의미하고자 하는 사물과는 영원히 합일에 이르지 못한다는 것이다. 말하자면, 상징과 의미의 합일은 무한히 연기되는 셈이다. 따라서, 데리다의 결론에 따르면, 만약 상징과 의미 사이에는 영원히 좁힐 수 없는 간격이 있고, 상징과 의미 사이의 간격을 없애려는 어떤 노력에도 그 둘의 합일이 무한히 연기된다면, 이성적 주체가 그의 이성으로 의미의 본질인 로고스에 도달할 수 있다는 로고스 중심주의적 전제는 잘못된 가정으로 해체되어야 마땅하다. 데리다에 의하면, 인간은 어떤 경우에도 순수하고 직접적인 실제(實在)에는 도달할 수 없기 때문에, 실재이기 때문에 진리(眞理)이자 중심으로 생각되어 온 모든 것들—이성(the Logos), 말씀(the Word), 신성(the Divine), 정신(the Mind), 의식(consciousness), 이데아(Idea), 세계정신(the World Spirit) 등등—은 진리이자 중심으로서의 자리를 내어놓아야 한다. 이항대립(binary opposition)—정신/물질, 주체/객체, 영혼/육체, 속/겉, 실재/재현, 외양/실체, 시작/끝, 문명/자연, 말/글, 의식/무의식, 본질/실존, 진실/거짓, 실제/상상, 공산주의/자본주의, 전체주의/민주주의 등등—의 대립항 사이에서 존재하는 위계(位階)도 당연히 해체되어야 한다는 것이다.

『그림문자를 공부하며』에서 '차이/지연' 개념을 이용해 초월적 의미태로서의 로고스를 해체한 데리다는 이어서 로고스 중심주의에서 파생된 이항대립의 위계(the hierarchical system of binary oppositions)를 해체한다.[24] 데리다에 의하면, 이성중심주의에서의 상하의 위계질서는 '선/악'(good/evil), '낮/밤'(day/night), '말/글'(speech/writing) 따위의 상위관념의 존재를 가정한 '이항대립 체제'(binary oppositions)에 바탕을 두고 세워진 것이다. 그러나, 본질의 의미가 지극히 불안정한 상태에서, 그 안정성을 가정하고 얻은 위계는 참이 될 수 없다. 참이라고 여겨져 온 본질의 참조체계가 허위인 상황에서, 어떻게 이항대립에서의 앞선 항의 관념이 그것을 뒤따르는 항의 관념보다 우월할 수 있겠는가? 데리다는 그러한 우열의식은 모두 로고스 중심주의적 편견에 불과하다고 결론짓는다. 데리다의 주장을 따르면, 대립항 속의 두 관념들은 극과 극의 상반되는 것들이 아니라, 평행으로 포개져 공존하는 것들로, 서로가 서로의 일부로서 알 수도 없고, 영원히 도달할 수 없는 본질의 평등한 부분들이다. 음성언어는 결코 문자언어보다 우월하지 않으며, 선과 악은 정의를 재는 잣대와 상황이 달라지면 그들의 자리가 바뀔 수도 있을 것이다. 그리고, 밤과 낮은 서로가 서로에 의존하며 하루의 시간을 이루는 본질의 혼합물들이다. '자연/문명'(nature/culture) 사이의 관계는 어떤가? 이 모든 것들이 기원이 역사보다, 있음이 없음보다, 밝음이 어둠보다 우월하다는 서구 이성중심주의 철학의 있음의 형이상학의 편견 때문이 아닐까? 데리다의 관점에서는 그가 '폭력적인 위계'(violent hierarchy)라고 불렀던 이항대립의 위계질서를 낳는 있음의 형이상학은 해체되어야 마땅했다.

말/글의 이항대립적 위계에 대하여 데리다는 다음과 같이 해체한다. 일반적으로 글은 한편으로는 의식에 남겨진 사물의 흔적이 '은유'(metaphor)와 '대유'(metonymy)의 방법으로 표현된 것이므로 실재의 변형으로 생각되어 왔다. 그리고, 또 다른 한편으로는, 금기적(禁忌的)인 것들을 감추려는 본능으로 다시 한 번 변형된 것으로, 그것은 실재로부터 이중으로 멀리 떨어져 있다고 생각되어 왔으며, 그러므로 실재의 세계를 직접 표현하는 말이

'실재'를 '재현'(再現)하는 것이라고 여겨져 왔다. 그러나, 실제로 따지고 보면, 실재에 대한 이중의 변형이라고 여겨지는 글은 말 이전에 이미 존재하는 것이며, 말로 표현되기 이전의 의식에 자국을 남기게 되기 때문에 말의 전제조건이 되는 것이다. 말 가운데서 실재에 가장 가깝다고 여겨지는 꿈속의 말조차도 글이 의식에 남긴 자국을 전제조건으로 하여 얻어지는 경우가 많으며, 그것도 글과 똑같은 변형의 과정—은유와 대유에 의한 변형과 금기적인 것들의 표현을 피하려는 본능에 의한 변형—을 거쳐 표현되므로 글보다 실재에 더 가깝다고 할 수 없다.

그리고, 자연/문명의 위계적 이항대립에 대하여 데리다는 다음과 같이 해체한다. 언어에 의해서 재현된 '자연'은 이미 '자연 아님'(자연)이며, 그것은 자신의 설명을 위해 무언가의 도움을 필요로 하고 그것과 대립되는 개념인 '문명'이면서 '문명 아님'인 문명의 개념에 의하여 설명된다. 그러나 스스로 '자연 아님'이며 그것과 대립되는 '문명'의 개념으로밖에 설명이 불가능한 '자연'은, 실재하는 '자연'에 대하여 그렇게밖에는 재현이 불가능하기 때문에, 그것이 부적절하지만 그렇게 표현하는 것이다. 실재하는 '자연'은 결코 '재현'될 수 없고, 인위적으로 재현된 '자연'은 그것 스스로 '문명'의 일부이며, 그러므로 '문명'에 대한 상위개념이 될 수 없는 것이다.

『그림문자를 공부하며』에서 데리다의 해체철학의 중심은 로고스와 그것을 바탕으로 하여 생겨난 이항대립적 위계의 해체로부터 텍스트의 해체로 옮겨 간다.[25] 데리다에 의하면, 로고스 중심주의자들이 찾아 놓은 로고스라는 것은 보편적 진리를 담고 있는 의미의 본질이 아니라, 여느 많은 다른 관념들처럼 하나의 텍스트에 불과하다. 그러므로 데리다의 해체철학에서는 텍스트의 범주를 벗어나는 보편적 진리란 존재하지 않는다. 여기에서 그는 힘주어 선언한다. "텍스트 바깥에 존재하는 것은 아무것도 없다(There is nothing outside of the text)." 모든 상징은 텍스트이고, 어느 하나도 예외일 수 없다는 뜻이다. 이에 보태어, 데리다는 어떤 텍스트도 초월적 의미태로서의 로고스에 대한 객관적 설명이 될 수 없고, 설사 어떤 위대한 작가가 그것을 꿰뚫어 보았다 하더라도 그가 인식한 것을 그대로 옮겨 놓을 수는 없으며, 독자가 이해한 만큼 의미가 주어지는, 어떤 객체에 대한 이해이자 해석일 뿐이라고 주장한다. 그에 의하면, 만약에 로고스라는 것이 있고 신이 그 로고스의 저자라고 해도, 그리고 어떤 작가가 천혜(天惠)를 입어 그것을 그의 책 속에 담아 놓을 수 있었다고 해도, 신이나 저자의 흔적은 텍스트 속에 오직 흔적으로만 남아 있을 뿐, 온전한 모습으로는 결코 드러나지 않는다. 그러므로, 그에 의하면, 신도, 작가도 텍스트 속에서는 이미 죽은 것이다.

데리다는 그의 해체철학을 통해, '있음'과 '본질'과 '확실성'을 중시하는 로고스 중심주의를 해체하고, '없음'과 '주변적인 것'과 '불확실성'의 언어인 없음의 형이상학의 신원을 복원하려 했었다. 그는 그의 '차이/지연'의 이론을 내세워 로고스 중심주의의 이항대립의 위계질서와 작가 중심의 텍스트 이론을 해체함으로써 로고스 중심주의의 뿌리 깊은 편견을 무너뜨리려 했으며, 그 편견 때문에 억압받는 약자들이 강자들과 공존하는 세계를 꿈꾸었었다. 그는 이성적 주체는 편견과 전제가 없이 '로고스'를 꿰뚫어 봄으로써 보편적 진리를 얻을 수 있다고 생각했던 후설의 현상학을 해체했고, 텍스트의 '숨은 구조'를 찾아낼 수 있다면 그것에 작가가 부여한 확정된 의미를 찾을 수 있다고 생각했던 구조주의를 수정했다. 그리고 그렇게 함으로써 진리란 존재하는 것인지는 모르지만, 인식될 수는 없는 것이며, 오직 인식하는 자의 의식에 의해 만들어지는 것이라고 밝힘으로써, 20세기 식민주의자들이 주장하는 진리가 하나의 허위의식에 불과하다는 사실도 밝혀냈다. 그는 로고스 중심주의가 만들어 낸 이항대립항의 우월항에 속하는 '로고스', '신', '존재', '진리', '있음', '구조' 등의 말들에도 텍스트성이 있음을 주장했고, 이들의 상대어들도 이들과 똑같이 진리성이 있음을 설파했다. 그에 의하면, 세상에 모든 것들은 위계로 존재하는 것이 아니라, 상호의존으로 존재하는 것이다. 철학/문학, 말하기/쓰기, 구조/자유유희(structure/free play), 원본/증보(origin/supplement), 선/악, 낮/밤, 있음/없음 등등에 근원적으로 우열이 존재하는 것일까? 그것들은 모두 상호의존적이고 상호보완적인 것이어서, 어느 하나가 없으면, 다른 하나도 완전할 수 없는 것이 아닐까? 그리고 그것들은 둘이 함께 있어야 비로소 조금이나마 본질에 가까워질 수 있는 것이 아닐까? 그는 선언한다. 이항대립에서 뒤쪽에 있는 것들도 '언제나, 그리고 이미' '원본' 속에 들어 있던 것임을. 그러므로, 그 둘 사이에는 어떤 상하의 계급도 없는 것임을.

3. 라캉: 계몽주의 이데올로기에 식민화된 인간 정신의 해방

전대미문의 식민과 정복의 욕구로 전대미문의 잔학성을 드러냈던 1차 세계대전을 경험하면서, 20세기 초 유럽의 지성인들은 이성 집착의 문명에 대한 자연스러운 반항아가 되었다. 그들이 입은 전쟁의 정신적 내상(內傷)과 상흔은 말할 수 없이 큰 것이었고, 이 시대에 생겨난 초현실주의(surrealism)는 그에 대한 하나의 표현이었다. 이 시대의 초현실주의자들은 프로이트에게서 혜인을 얻어 이성적 지아로부터의 '무의식의 해방'을 외치며, 꿈속에서, 그리고 환상의 순간에 인간의 정신은 이성의 압제에서 벗어나 자유로워질 수 있다고 믿었다. 프랑스의 초현실주의 시인 앙드레 브르통이 1924년에 출판된 그의 「첫 번째 초현실주의 선언」("The First Surrealist Manifesto")에서 그랬듯이, 그들은 합리주의 이데올로기를 창의력과 상상력을 제한해 "인간적인, 너무나 인간적인" 삶을 방해하는 불순한 정신으로 규정했다. 그리고, 인간의 의식이 닿지 않는 곳에 깊이 숨어 있는 무의식 속에 '시적 진실'(poetic truth)이 담겨 있다고 믿으면서, 삶의 영감을 얻기 위해 무의식의 세계에 도달하고 그것을 표현해 내는 것을 지고의 목적으로 삼았었다.[26]

20세기의 위대한 정신분석학자(psychoanalyst)였던 라캉도, 그의 시대의 다른 지성인들처럼, 이성도착적 문명에 대한 반항아였고, 정신분석학자이기 이전에 이미 초현실주의 예술운동에 심취한 반이성주의자였다. 그는 앙드레 브르통의 초현실주의 운동에 적극적으로 참여했으며, 초현실주의 잡지인 『미노토르』(*Minotaure*/소 머리 사람)를 발간했고, 조이스의 『율리시즈』 독회(讀會)에 참여하기도 했었다. 라캉 비평가 딜런 에반스(Dylan Evans)가 추측했듯이, 라캉은 어쩌면 "그가 인생 초년기에 가졌던 초현실주의에 대한 공감과, 광기(狂氣/madness)를 미(美)의 발작(發作)이라고 보았던 신낭만주의적 발상과, 반이성(irrationality)에 대한 찬미와, 자연을 발겨 생명을 앗아 내는 과학자들에 대한 증오를 결코 그의 마음에서 평생 동안 지워 버리지 못했던 것" 같다.[27]

초현실주의자들이 그랬던 것처럼, 라캉도 역시 인간의 무의식을 '과학적으로' 이해하려 했던 프로이트에 깊이 심취했었다. 그러나 인간 이성의 고결성에 대한 믿음을 잃지 않았던 프로이트와는 달리, 라캉은 도착된 이성으로부터의 인간 정신의 해방을 꿈꾸며 인간의 무의식을 연구했다. 근본적으로 합리주의자이자 문명애호가였던 프로이트는 무의식에 잠재된 원초적 욕망과 충동의 덩어리인 '이드'(Id)를 사회와 문명의 질서를 위협하는 잠재적 위험으로 보았다. 반면에, 근본적으로 반합리주의자였던 라캉은 무의식을 외부의 어떤 힘에 의해 길들여지지 않은 '자연상태의 자아', 즉 '존재론적 자아'(the ongological self)가 깃든 심리적 내면공간으로 보았으며, 사회와 문명의 질서 속에서 '합리'의 이름으로 모양 지어지고 길들여진 '자아'(the ego)를 가진 '주체'(the subject)를 문명에 대한 잠재적 위험으로 보았다. 합리주의자인 프로이트의 주요 관심이 이드의 공격성과 파괴성을 제어하여 그가 지닌 에너지를 어떻게 문명이나 예술로 '승화'(sublimation)할 수 있는가에 놓여 있었다면, 인간 정신에 담겨 있는 합리의 힘을 근본적으로 믿지 않았던 라캉은 문명을 추구하면서 인류가 어떻게 온전한 인간으로서의 순수한 모습을 잃고, 불완전한, 혹은 추악하고 뒤틀린 모습의 자아를 갖게 되는

지에 더 깊은 관심을 가졌었다.

라캉도 역시 인간은 결코 합리적 존재가 아니라는 프로이트의 주장에 동의했다. 그러나, 프로이트가 "인간은 비합리적 존재"라고 말할 때와 라캉이 "인간은 비합리적 존재"라고 말할 때, 그 둘의 의미는 크게 달랐다. 프로이트에 의하면, 인간의 정신 속에는 의식(consciousness)과 독립적으로 존재하면서 의식의 행위(behavior)에 결정적인 영향을 미치는 비합리의 영역인 무의식, 즉 이드가 활동하는 영역이 존재한다. 그러나, 라캉의 경우에는 의식 깊은 곳에 존재하는 무의식은 물론 무합리적(non-rational) 정신이지만, 그것을 감독하고 제어하는 의식이나 주체라는 것도 "아버지의 이름으로"(in the name of the father) 만들어진 불완전한 존재로서, 근본적으로 합리를 추구하는 정신이 아니라는 것이다. 그렇다면, 사회와 문명의 편견에 사로잡힌 요구를 '이미', 그리고 '어쩔 수 없이' 내포하고 있는 '아버지'(the father)의 요구에 자연상태의 자아인 이드가 모양 지어짐으로써 '자아'라는 것이 생겨나고 그 사회문화적인 자아의 주인인 '주체'라는 것이 만들어질 때, 주체라는 것은 과연 서구 계몽주의 이데올로기가 전제하고 있는 것처럼, 언제나 '이성적으로' 사고하고 판단하며 행동하는 정신이라고 할 수 있을까? 만약 그렇지 못하다면, 서구의 '합리주의' 문명의 정당성은 어디에서 찾을 수 있는가? 이 물음은 정신분석학자이자 후기구조주의자로서의 라캉의 문명과 역사에 대한 궁극적 질문이다.

계몽주의 사상가들이었던 데카르트나 칸트나 헤겔에게 '주체'란 치밀하고 진지하게, 그리고 객관적이고 안정적으로 사유(思惟)함으로써 초월적 세계의 보편적 절대가치에 도달하는 개개인의 정신이다. 데카르트에 의하면, 주체란 인식된 실재의 확실성에 대해 끊임없이 회의(懷疑)하고, 지성(intellect)의 유한성을 초월하여 인식한 바를 성찰함으로써 실재에 대한 인식을 환상이나 상상, 또는 감각의 불완전한 지각과 분간해 내고, 그렇게 함으로써 인식의 안정성을 확보하고, 그것으로 객관의 진리에 이르는 정신능력이다. 따라서 데카르트가 "나는 생각한다, 고로 나는 존재한다"고 말할 때, '나'는 '참'(truth)으로 판명(判明)된 인식과 '거짓'으로 인식된 지각을 구별함으로써 '참'을 지향해 나아가는 능력의 소유자이다. 그러므로, 데카르트적 주체는 자아를 속이는 주관적 인식을 스스로 물리치고, 신이 인간에게 부여한 사유능력을 바르게 사용하는 정신의 소유자로서의 유한한 '나' 속의 무한한 '나'이다. 데카르트가 인간의 이러한 정신능력을 코기토(cogito)라고 했다면, 칸트는 그것을 순수이성(오성/悪性/intellect/pure reason)을 넘어서는, 신에 의해 선험적으로 인간에게 주어진, 초월적 세계의 질서를 꿰뚫어 볼 수 있는 초월적 이성(超越的 理性), 즉 대문자 이성(理性/Reason) 또는 직관(直觀/intuition)이라고 했다. 그리고, 그는 이 능력으로 인간의 이성적 주체는 현상계(phenomena)를 초월해 존재하는 초현상계(noumena)의 절대진리(絶對眞理)인 정언명령, 즉 로고스에 도달할 수 있다고 믿었다.

또 한 사람의 계몽주의 사상가였던 헤겔도, 인간의 사유하는 정신이 초월적 세계의 보편적 절대가치에 도달할 수 있다는 믿음을 가졌던 것은 마찬가지였다. 다만, 헤겔은 초월적 세계의 보편적 절대가치를 '완전한 자유'라고 했고, '세계정신'의 완전한 자유는 내면적 대립과 모순이 완전히 해소되어 조화와 균형의 이상적인 상태에 이른 것으로서, 개인적 자아나 집단적 자아의 변증법적 지양(止揚)—즉, '자기 부정'(self-negation)으로 대립과 모순이 해소되어 한층 높은 단계로 나아가는 일—의 과정에서 실현되는 것이라고 생각했다. 헤겔에 의하면, 어떤 개인적이거나 집단적인 개체가 완전한 자유를 얻어 흔들림 없이 확실한 인식에 이르게 되고, 그리하여 내면적 모순이 없는 안정적인 주체를 얻게 되는 것은 끊임없이 자기 외적 세계를 부정함으로써 자신의 필요를 충족시키고, 동시에 끊임없는 자기 부정을 통해 자신의 내면에 생겨나는 모순을 해소해 나갈 때이다. 그러므로, 헤겔의 주체는 시간성 속에서의 끊임없는 자기 부정과 자기 변혁을 통해서 얻어지는 것으로서, 사유하는 정신의 자유로운 주인인 셈이다.

객체를 주관화함으로써 '견실한 자아상'(coherent selfhood)을 확립하고자 노력한다는 점에서 헤겔의 계몽주의적 주체와 라캉의 포스트모던적 주체는 크게 다르지 않다. 그러나, 헤겔의 주체는 주관화(subjectification)의 과정에서, 변증법적 지양을 통해, 객관의 세계를 부정(否定)하여 자아를 건조해 냄으로써 '흔들림 없이 전능한 자아의 상'(consistent selfhood)을 얻어 내는 반면, 라캉의 경우 주관화의 과정, 즉 '자아상'(selfhood)을 얻어 가는 과정은 '자연적 자아'(the ontological self)의 상실의 과정이자 인식대상으로서의 객체를 오해(misapprehension)해 가는 과정으로서, 불완전하거나, 뒤틀리거나, 감금된 자아를 얻어 가는 과정이다.[28] 헤겔의 주체는 주체화의 과정에서 외연(外延)의 객체를 주관화하여 객체의 세계를 전유(專有)하고, 그것으로 완전하게 자율적인 절대적 자아를 얻는다. 그러나, 라캉의 주체는 그 과정에서 '이미', 그리고 '예외 없이' 사회문화적 의미로 흠뻑 젖어 있는 상징적 객체들에 유폐됨으로써 불완전하거나, 심각하게 오염되거나, 모질게 뒤틀린 자아상을 얻게 된다.

그렇다면, 왜 라캉의 주체는 항상 세계를 불완전하게 전유하여 이처럼 초라한 자아상을 얻게 되는 것일까? 『담론, 문화, 폭력』(*Discourse, Culture, Violence*)에서의 마이클 샤피로(Michael J. Shapiro)의 해설을 따르면, 라캉의 주체는 '언제나', 그리고 '어쩔 수 없이', 사유의 '객체'가 지닌 본질과 속성을 이해하지 못한 채, 사회문화적 상징을 통해서만, 그리고 불완전하고 뒤틀린 인식행위를 통해서만 세계를 인식하기 때문이다. 정신분석학자였던 라캉의 뇌리를 집요하게 헤집어 놓았던 하나의 질문은, '나'를 의식하는 '나'는 도대체 누구인가 하는 것이었다.[29] 그리고, 그의 논문과 저작들로 이 질문에 대답해 가는 과정에서, 라캉은 자아가 상징적 객체들에 유폐됨으로써 모질게 뒤틀린 주체를 얻어 가는 과정을 그려 냈다.

라캉에 의하면, 심리적 성장단계의 첫 단계인 '거울상 단계'(the mirror stage)를 지나는 '어린아이'는 거울에 비친 자신의 얼굴상을 보고 그것을 자기 자신이라고 착각을 한다. 그리고, 나이가 들어 '상징 단계'(the symbolic stage)에 들어서면, 의식의 주체는 '아버지'의 말씀에 의존해 자신의 자아에게 정체성을 부여한다. '너, 엄마 옆에 가지 마. 엄마는 내 거야!' 상징을 체득할 수 있는 나이가 된 라캉의 어린아이는 '아버지의 이름으로', 즉 아버지가 정한 규범에 의해, 엄마는 아빠 거니까, 나는 엄마 옆에 가까이 가면 안 되는 존재로 자신에게 정체성을 부여하는 것이다. 결국, 자연적이었던, 그러므로 보다 온전하게 인간적이었던 의식의 주체—즉, 엄마의 옆에 다가가고 싶고, 엄마와 부둥켜안고 싶고, 엄마의 젖꼭지를 만지며 잠들고 싶어 하는 의식의 주체—가 사회문화적 의미로 흠뻑 젖은 상징들에 담긴 규범과 규율들을 체득하면서 모양 지어지고 감금되어, 자연상태의 인간적 자아를 잃어버리게 되는 것이다. 소위 문명이라는 것이, 갖가지 사회적 요구를 '이미' 담고 있는 상징들을 통해, 즉 '아버지의 이름으로', 개체의 의식 깊숙이 파고들면서 개체나 집단은 '실재하는 세계'(the real)와는 동떨어지게 의미화된 객체를 주관화하게 되고, 그것으로 형편없이 작아지고 왜곡된 자아를 얻어 살아가게 되는 것이다.[30]

라캉에게 주체의 문제는 결국 언어의 문제로 귀결된다. 라캉에게 자아라는 것은 불가피하게 어떤 형태의 언어행위/상징행위의 산물이며, 자아의 주인인 주체는 오직 언어/상징이라는 것을 통해서만 세계와 연결된다. 그리고, 자연상태의 자아를 거느렸던 주체는 사회화의 과정에서 언어 속에서 스스로 언어의 객체가 되어 자연적 주체로서의 주체성을 상실한다.

> 내가 사용하는 말 속에 내가 누구인가에 대한 대답이 들어 있다. 그러나, [언어는 이미 사회화된 의미를 담고 있는 것이므로,] 내가 사용하는 말 속에 들어 있는 '나'는 '본래의 나'을 잃어버리고 얻은 나로서, 주체가 아닌 객체로서의 나이다.[31]

라캉에 의하면, 언어가 가진 하나의 속성은 사회문화적 의미가 '이미' 실려 있는 상징이라는 것이고, 다른 하나는 자연상태의 자아의 무의식적 발화라는 것이다. 그런데, 각각의 개체는 자라나면서 '상상계'(the Imaginary register), '상징계'(the Symbolic register), '실재계'(the Real register)로 나뉠 수 있는 3차원적 현실(the reality) 속으로 들어가게 되는데, 그때마다 주체는 그가 가진 '자연적 자아'의 무의식적 발화능력을 잃어버리게 되고, 사회화의 과정에서 사회문화적 의미 속에 갇혀 규격화(regimentation/standardization)된다. 유아기의 어린이는 대체로 '상상계'의 초기 단계인 '거울상 단계'에 머물며 거울에 비친 자신의 얼굴을 보면서 자신의 정체성을 '상상'하고, 아(我)와 타(他)를 구분하게 된다. 그는 거울을 보며, '이건 엄마, 이건 나, 그리고 이건 누나' 하고 거울 속의 상(像)을 자신과 동일시하면서 자신과 타자를 구별하고, 자신의 정체성을 얻는다. 그러나, 그가 조금 더 자라 사회문화적 상징을 익히거나, 어쩔 수 없이 사회문화적 상징을 통해 문명의 요구를 수용해야 하는 때가 되면 '상징계'를 현실로 갖게 된다. 그는 처음에는 '아버지의 이름'이 상징하는 바의 사회적 규범에 따라 자신의 정체성을 찾는다. 그는 엄마는 아빠 거니까, 엄마 옆에 가면 안 되는 존재가 되는 것이다. 그가 나이가 들어 세상 물정을 더 많이 알게 되는 때가 되면, 그의 자아는 '실재계' 속으로 들어가게 되고, 자신의 의식 속으로 들어온 세상은 실재하는 세상과는 전혀 다른 세상임을 알게 되지만, 자신은 어쩔 수 없이 사회문화적 상징으로 편견이 입혀진 왜곡된 세상에 살아가야 한다는 사실을 깨닫게 된다.[32]

요약하면, 라캉에게 주체라는 것은 문명의 요구를 수용하면서, 본래의 자연적 자아를 상실하고, 사회문화적 상징에 의해 편견이 입혀지고, 규범과 규칙을 수용하면서 규격화되고, 언어의 본질적 한계 때문에 왜소화된 자아를 부리고 살아가는, 사회문화적 상징의 보잘것없는 노예인 것이다. 인간이 문명을 거부할 수 없는 한, 주체의 문명에의 예속을 막을 수는 없기 때문이다. 그리고, 인간이 언어행위를 통해 사회적 규범을 만들어 내고, 익히고, 실천하며 살아가는 한, 인간은 언어와 실재계 사이에 존재하는 간격을 피할 수 없기 때문이다. 그렇다면, 실재계를 결코 재현해 낼 수 없는 언어문명에 의해 규격화되고, 세뇌된 자아를 거느린 초라한 주체—그는 과연 아직도 계몽주의 사상가들이 생각했던 것처럼, 우주의 로고스를 품어 전능해진 주체에 버금가는 절대정신의 소유자일까? 라캉에 의하면, 예속의 끈을 조금이라도 늦추기 위해서는, 자연적 자아의 무의식적 발화를 되찾으려고 노력하는 것뿐이다.

라캉의 글쓰기는 사회문화적 상징에 예속되지 않으려고 몸부림치는 한 자유인의 표상이다. 사회문화적 규범의 구속을 벗어난 규칙성 없는 말장난, 무의식적 절규, 뜻 없이 흘러나오는 쉰 소리, 꿈속의 흩어진 언어들—이들은 모두 '합리'지향의 계몽주의 이데올로기가 금기로 삼고 있는 언어들이다. 라캉은 그의 글 속에서 주체가 원시상태의 주체성을 잃어버리지 않도록 하기 위해 전통문법의 규칙성을 부정하고, 무의식적 발화의 자연성을 되찾으려 노력한다. 라캉에 의하면, 인간의 무의식은 사회화의 과정에서 사회문화적 의미를 담은 언어에 의해 조율되고 억압되면서 재창조되고, 그것으로 사회문화적 규칙과 규범을 반영하는 자아가 탄생한다. 그러므로, 라캉에게 사회화된 "무의식은 언어적 구조를 갖는다."[33] 그리고, 의식은 사회문화적 규범의 상징으로서의 '언어'에 의해 표준화된 무의식을 자아로 하는 주체를 갖는다. 그러나, 다른 한편으로, 라캉의 무의식은 사회적 규범의 속박에서 풀려나 자유를 얻기 위해 처절하게 발버둥치는 자연상태의 자아가 깃든 공간이기도 하다. 라캉은 자신의 내면에서 자유를 외치며 버둥거리는 자연상태의 자아를 되찾아 오기를 희망한다. 그는 전통문법의 규칙성을 부정하고, 혼신의 힘을 다해, 끊임없이, 자연상태의 무의식적 발화를 추구한다. 그리고, 그렇게 함으로써, 기성의 문명에 저항하며 그 뿌리를 뒤흔들어 놓으려 시도한다.

정신분석학자로서의 라캉의 주요 관심이 '오토머티즘'(automatism) 환자—무의식적 자동 행동증에 걸린 사람, 즉 자신의 행동과 말과 글이 외부의 어떤 전능한 힘에 의해 통제되고 있다고 믿는 사람—들에 놓여 있었던 것은 우연한 일이 아니었다. 1936년에 거울상 단계에 관한 논문을 발표한 이래, 라캉이 쓴 글의 주제 대부분은 주체의 성장 과정에서 생겨나는 자아의 변모에 관한 것이며, 주체의 내면에서 형성되는 자아가 어떻게 자아 밖의 외부적 힘에 의해 변형되고, 규격화되고, 감금되는지에 관한 것이었기 때문이다. 어떻게 주체가 욕망과 충동의 생물학적 자아를 거느린 주체에서 사회문화적 의미를 지닌 상징체계 속으로 편입되어 규격화된 사회적 자아를 거느린 주체로 변모해 가는지를 보여 주려 한 것이기 때문이다.

유아기의 어린이는 거울에 비친 자신의 모습이 자신의 '거울상'(the mirror image)일 뿐, 자기 자신이 아니라는 사실을 알지 못한다. 그러나, 개체가 개체성을 얻어 가면서 거울상 단계는 극복할 수 있다 해도, 그의 일부는 여전히 실재하는 사물(the real)과 상상 속의 사물을 구분하지 못하는 상상계 속에서 지속적으로 살아가게 된다. 한편, 어린이가 자라 언어를 습득하는 단계에 이르면, 그의 자아의 일부는 라캉이 '상징계'라고 부른 상징의 세계, 즉 언어의 세계 속에서 살게 되고, 그곳에서 타자(the Other)의 규율과 규범에 종속된 언어행위를 통해 습득한 지식으로 주체를 형성한다. 주체의 생물학적 욕망이 사회문화적 상징에 의해 제어되고 변형되는 순간이다. 이는 또한 주체가 지극히 불안정한 의미를 내재한 상징의 횡포에 의해 마구 흔들리는 불완전한 자아를 갖게 되는 순간이기도 하다. 『로마에서의 담론』(*The Discourse of Rome*)에서 라캉은 말한다. "인간이 말을 하는 것은 그가 말의 피조물이기 때문이다."[34] 라캉이 말한 대로, 인간은 말을 함으로 인간이고, 말의 피조물임으로 인간이다. 사회화된 의미를 담은 상징의 습득으로 형성된 주체를 가지고 살아갈 수밖에 없다는 뜻이다. 그리고 이 깨달음은 프로이트 사상의 신봉자였던 라캉이 자아의 안정성과 합리성에 대한 믿음을 공고히

하려 했던 프로이트 학파와 영구히 결별하게 된 이유였다. 라캉의 말을 다시 한번 풀어 쓰면 다음과 같이 될 것이다. "인간이 인간인 한, 인간의 자아는 결코 언어의 영향을 벗어날 수 없고, 언어의 의미가 안정될 수 없는 한, 자아의 불안정성은 결코 치유될 수 없다."[35] 라캉에게 정신분석의 진정한 목적은 합리에 입각해 안정적으로 판단하는 자아란 존재하지 않는다는 사실을 분석해 내는 것이다. 그의 손에서, 자아의 합리적 사고력을 전제로 설계된 계몽주의 형이상학과 그것의 주체에 대한 정의가 무너지는 순간이다.

1966년에 출판된 그의 논문집 『에크리』(*Écrits*)에는 주체가 사회문화적 자아를 얻으면서 어떻게 '자연적 자아'와 멀어져 가는가에 대한 라캉의 생각이 집약되어 있다.[36] 여기에서 라캉은 르네상스 이후 구조주의에 이르기까지 이성중심의 합리주의 문명의 철학적·수사적(修辭的) 기초였던 '주체', '매개언어'(metalanguage), '의식'(consciousness), '자아'(ego)의 개념들을 재정의함으로써 이성과 '의식'을 중심으로 하는 근대 후기의 합리주의 문명이 존재의 밖으로 밀어냈던 삶의 주변적인 것들을 삶 속으로 끌어들였다. 여기에서 라캉의 입장은 분명했다. 그는 모든 현상은 문화적 편견의 산물이라고 주장하는 현상론자의 입장에 섰고, 그러므로 사회적 현상은 이해되어야 하며 설명되어서는 안 된다는 해석학자의 입장에 섰다. 그리고, 그는 실재를 인식하고 진리에 도달하며 그것을 재현하는 제일의 정신능력으로 여겨져 왔던 '의식'과 그것을 운용하는 힘을 지닌 '자아'의 정체를 밝혀냄으로써 삶의 구성에 있어서 그것들이 가졌던 절대적 중요성을 상대적 중요성으로 격하했다.

라캉은 '지시내용'의 생성 과정을 재고함으로써 이 세상에 존재하는 모든 의미가 어떤 절대적 구조를 가진 매개언어로부터 만들어지며, 그러므로 '지시어'(the signifier)와 '지시내용'(the signified) 사이에는 안정된 관계가 있다는 구조주의자들의 주장을 반박했다. 그리고, 헤겔의 궁극적 자유를 획득해 가는 '절대적 주체'의 개념이나, 실존주의자들의 실존에 의미를 부여하는 의미 있는 행동으로서의 '합리적 선택'의 개념을 부정하고, '결핍'에 대한 인식으로부터 형성되는 '주체'의 개념을 정립했다. 라캉에 의하면, '자아'란 사회의 요구에 의하여 생겨난 언어적 산물이며, 자아의 획득 과정은 자연상태로부터의 유리의 과정이고, 그것은 필연의 과정이다. 라캉은 헤겔과 프로이트, 모더니스트들과 실존주의자들을 포함한 합리주의자들이 존재의미를 참조할 '매체담론'(媒體談論/metadiscourse)의 철학적 · 수사적(修辭的) 기초로 삼았던 '개체의 자율성', '합리적 선택', '절대적 주체', '통합적 자아'의 개념들을 뒤집음으로써 포스트모던 문명의 기초를 해체하려 하였다.

4. 푸코: 역사는 힘의 이야기

1926년 프랑스에서 태어난 푸코는 1930년대 후반에 펼쳐진 서구 역사의 격동기를 지켜보면서 그의 10대를 보냈다. 그리고, 1984년 임종을 앞두고 역사철학자로서의 그의 필생의 일들이 대부분 이 시대의 역사상황에 대한 기억과 연관이 있음을 확인해 주었다.[37] 1930년대에 발호한 히틀러와 스탈린의 전제주의가 낳은 역사는 그에게 헤겔이나 마르크스의 목적론적 역사이론으로는 이해할 수도, 설명할 수도 없는 무서운 역사였고, 심리학과 철학을 전공했던 그에게 '역사란 무엇인가?'라는 물음은 그의 철학의 변함없는 주제가 되었다. 그가 기억했던 역사는 역사가 지향점으로 삼아 나아갈 어떤 이상적 궁극도 말해 주지 않았고, 역사 속의 개인이 누릴 수 있는 어떤 자유에 대해서도 말해 주지 않았기 때문이다. 1950년을 전후해 잠깐 동안 푸코는 공산주의자였고, 공산당의 일원이었다. 그러나, 그는 곧 '역사는 원시공산사회를 지향해 나아간다'는 마르크스의 목적론적 공산주의 역사관을 버렸고, 깊은 회의주의자가 되어 '역사는 진보한다'는 계몽주의적 관점에서 인간의 삶과 역사를 바라보는 기존의 역사철학에 저항했다. 그는 17-18세기 서구에서 세워진 계몽주의적 역사관을 해체했다. 그리고, 계몽주의적 역사인식의 중심 개념들인 합리, 자유, 진보, 권력 등등을 해체함으로써, 그 때문에 언저리로 밀려나 통제되고 핍박받아 온 역사 속의 삶—광기, 통제된 성, 억압된 앎 등등—을 삶 속으로 복원하려 했다. 그에게 역사란 힘의 이야기였고, 포스트모던의 역사란 계몽주의적 이데올로기로 무장한 힘의 기계적 논리 속에서 삶이 고통스럽게 죽어 가는 이야기였다. 그는, 니체의 예를 따라, 포스트모던의 지배담론(master discourse)인 힘의 이야기(history)를 해체하려 했고, 그 때문에 죽어 가는 삶의 이야기(genealogy)를 되살려 내려 했다.

1930년대 유럽에서 펼쳐진 공포와 전율의 역사를 살아가면서 푸코는, 자신이 살아가는 포스트모던의 사회가 계몽주의 철학으로 세워진 규율(discipline)들—이성, 합리, 자유, 진보, 증거, 합의, 계약, 민주주의, 능률, 이윤, 행복 등등—에 따라 움직이는 사회임을 보았고, 역사가 '합리'(rationality)를 기치로 한 계몽주의적 규율들의 '반합리'(irrationality)에 대한 독백으로 진행될 때, 그 독백으로부터 얼마나 모질고, 얼마나 잔인한 힘이 생겨날 수 있는가를 절감했다. 르네상스 시대 '인간은 신에 못지않게 위대하고, 아름답고, 존엄하다'는 인본주의적 생각으로 사유의 중심이 '신에서 인간에게로' 옮겨 왔을 때, 미래의 인간은 이성적 사유와 합리적 행동으로 삶의 모든 질곡에서 풀려나 완전한 자유를 누리며 살아갈 듯했다. 데카르트는 "나는 생각한다, 고로 나는 존재한다"고 확신에 찬 선언을 했었고, 포프는 "신께서 말씀하셨다, "'뉴턴이 있으라.' 그리곤 모든 것이 빛이었다"고 읊으면서, 과학자로서의 뉴턴의 업적에 찬사를 보냈다. 루소는 "인간은 자유롭게 태어나지만, 도처에서 사슬에 묶인다"고 선언함으로써 '민중의 동의'와 '사회계약'의 중요성을 역설했고, 미국의 독립선언서에는 "모든 인간은 생명과 자유와 행복을 추구할 천부의 권리를 갖고 있으며, 이 권리를 보장받기 위해서 국민은 동의를 통해 정부를 만든다"는 내용이 담겨 있다. 그리고, 역사철학자 헤겔은 "역사는 세계정신의 완전한 자유를 향해 앞으로 나아간다"고 말함으로써 '역사는 진보한다'는 확고한 믿음을 만들어 주었었다.

그러나, 17-18세기 서구의 합리주의에 바탕을 둔 인문학과 과학적 사유에 대한 믿음의 결과는 역사의 터무니없는 아이러니였다. 민중의 동의와 '사회적 계약'을 통한 민중민주주의의 형식으로 성립된 히틀러와 스탈린의 희대의 두 전체주의에서 어떤 자유와, 어떤 합리와, 어떤 진보와, 어떤 행복을 찾을 수 있었는가? 또는 냉전시대 이후 등장한 증거와 합의와 능률과 이윤을 기치로 하는 상업자본주의적 문화전체주의 사회는 경제적 약자들에게 어떤 자유와 어떤 합리와 어떤 진보와 어떤 행복을 가져다주었는가? 푸코에게 포스트모던의 서구사회는 계몽주의적 규율(discipline)들을 바탕으로 만들어진 담론(discourse)—즉, '이성적 사유와 합리적 행동'의 논리를 앞세워 불특정 다수를 설득하여 그들로 하여금 자신의 논리에 동의하고 따르게 할 목적으로 하는 담화—이 앎과 진리를 낳고, 그 앎과 진리가 제 차례가 되어 힘을 낳는 계몽주의적 '규율사회'(disciplinary society)였고, 그 규율들이 낳은 앎과 진리가 무시무시한 악의 소용돌이를 만들어 서로 충돌하는 숨막히는 고통과 절규의 사회였다.[38] 푸코는 17-18세기에 세워져 포스트모던의 사회를 지배해 온 계몽주의적 규율들을 해체함으로써 선악의 힘이 공존하며 조화와 균형을 이루는 "인간적인, 너무나 인간적인" 삶의 세계를 복원하고자 했다.

1950년대 초반 푸코는 그에게 영감을 주었던 알튀세르(Louis Althusser)의 마르크시즘을 버렸다. 그는 동유럽의 여러 나라들에서 마르크시즘이 실현되는 양상을 보았고, 그의 시대의 다른 지식인들과 함께 그 나라들이 처한 폭압적 상황에 깊이 절망했기 때문이다. 그러나, 사회적 질서를 새로이 창조하고 재창조하는 기능을 가진 사회경제적 제도들이 곧 그 속에서 살아가야 하는 사람들의 생각과 행동을 조종하고 억압하는 도구라는 알튀세르의 인식론적 마르크시즘(epistemological Marxism)은 그의 생애 내내 그의 생각 깊은 곳을 떠나지 않았었다.[39] 그는 계몽주의적 규율들을 바탕으로 만들어진 사회경제적 제도들에 갇혀 생각과 행동이 조종당하고 억압당해, 공동체적 삶에의 의미 있는 참여를 거부당한 포스트모던 사회의 구성원들을 체제 속에서의 감금으로부터 해방시키고 싶어 했다.

푸코는 그의 저술에서 빅토리아조의 남성중심주의적 성 이데올로기(the ideology of sexuality)에 갇힌 순종적 여성들의 수동적 삶을 꿰뚫어 보았고, 동성애를 생물학적 천성으로 타고난 성 소수자들의 뼈아픈 소외를 가슴아파했다. 나아가, 그는 계몽주의적 이데올로기로 생성된 사회적 규범과 제도에 갇혀 폭력의 역사를 살아가게 된 포스트모던 서구사회의 모든 구성원들이 좀 더 자유롭고, 좀 더 평화로운 삶을 살아갈 수 있기를 바랐다.[40] 그는 규율과 제도에 기인하는 억압과 조종의 메커니즘을 파헤쳐 힘과 앎의 상호관련성을 찾아내고, 힘의 생성원리에 비추어 '힘의 이야기'로서의 '역사'(history)를 설명하려 했다. 다시 말해서, '앎과 힘의 고고학', 즉 앎과 힘의 관계의 변천사(變遷史)를 살펴봄으로써, 포스트모던의 역사를 지배하는 앎(knowledge)이 어떤 담론(discourse)을 만들고, 그 담론은 제 차례가 되어 어떤 힘을 낳았는가를 밝혀내려 했다. 그리고, 포스트모던의 역사를 움직이는 무서운 힘을 만들어 내는 '합리'와 '증거'와 '이윤'지향의 담론에 저항함으로써, 포스트모던의 역사를 움직이는 힘에 저항하려 했다.[41]

푸코의 역사철학에서 중심을 이루는 개념은 '담론'(discourse)의 개념이다. 19세기를 넘어서면서, '인간이 실재(實在)하는 세계를 있는 그대로 인식하고 표현할 수 있는가?'의 문제는 서구철학의 중요한 주제였고, 따라서 '절대진리'(absolute truth)에 대한 믿음은 상대적으로 약화되었다. 수학자였던 앙리 푸앙카레(Henri Poincaré)는 '2+2=4라는 것은 유클리드 기하학의 특정한 조건하에서만 참'이라는 사실을 밝혀냈고, 니체는 인간이 가진 모든 앎은 인간의 인식기관을 통해 얻어 낸 실재하는 세계에 대한 '인간적 변형'이며, 그러므로 실재하는 세계에 대한 '거짓'(lie)이거나 '허구'(fiction)라고 선언함으로써, 인간이 '있는 그대로의 세계'(the real)에 도달해 절대진리를 얻는 것은 불가능함을 말해 주었었다.[42] 그리고, 20세기 초의 과학자들은 원자의 영역에서 찾을 수 있는 확실성은 없다는 결론에 도달함으로써, 일정한 한계를 넘어선 인간의 인식은 '불확실성의 원리'(the principle of uncertainty)에 지배된다는 것을 과학적으로 입증했다. 20세기 중반의 철학자였던 푸코는 그의 선배 사상가들처럼 '절대진리'를 인식할 수 있는 인간의 능력을 믿지 않았다. 그러므로, 그에게 인간이 하는 모든 언어행위는 결코 '절대진리'에 대한 진술일 수 없었고, 어느 하나의 관점에서, 어느 시간 속에서, 어떤 입장에서, 어떤 목적으로, 누군가를 설득해 자신의 입지를 세우기 위해 행하는 담화, 즉 '담론'일 뿐이었다. 그리고, 그 담론은 수많은 앎 가운데에서 어떤 이유로 그 시대를 지배하게 된 앎(knowledge)에 근거를 두고 행해질 때, 그 시대를 지배하는 힘을 낳아 한 시대의 역사를 건설한다. 푸코에게 '진리'란 '힘'에 의해 만들어지는 것이고, 힘을 모태(matrices)로 하여 변화하는 것이며, 새로운 힘은 새로운 진리를 낳는다.[43] 그리고, 담론의 싸움에서 이긴 자가 만들어 낸 진리가 힘을 낳아, 그것으로 새로운 역사가 창조된다.

억압과 조종과 지배의 메커니즘 속에서, 푸코에게 역사란 '힘 (있는 자)의 이야기'(His-story)이다. 그에게 역사란 어떤 절대진리의 실현이 아니라, 우연히 어느 시대를 지배하게 된 앎에 근거해 행한 담론으로 얻어진 힘의 발현이기 때문이다. 히틀러의 '지배민족(master race, super race)' 담론과 스탈린의 '공산주의' 담론이 20세기 중반 서구에서 무시무시한 전체주의 역사를 낳지 않았던가? 다시 말하면, 역사는 한 시대를 지배하는 앎을 전략적으로 교묘히 사용해 얻은 담론으로 '역사 속에 갇혀서 어쩔 수 없이 살아가야 하는 사람들'(subjects, or inmates)을 설득해 냄으로써 힘을 얻게 된 자의 이야기이다.[44] 그리고, 그가 힘의 행사를 정당화하기 위해, 자신이 벌인 일들을 자신의 관점에서 취사선택해 윤문해 놓은 이야기이다.

『삼라(森羅)의 질서: 인문과학의 고고학』(*The Order of Things: An Archaeology of Human Sciences*)에서의 푸코의 주장에 따르면, 포스트모던의 역사는 하나의 좋은 예이다.[45] 18세기 이후 서구에서는 '인문과학'(human sciences)이라는 새로운 형태의 앎이 힘을 낳는 수단으로 사용되었고, 계몽주의 철학으로 얻은 앎, 특히 과학적 사유(思維)를 통해 얻은 과학적 지식과 합리지상주의를 통해 얻은 인문학적 앎에 근거한 담론으로 새로운 힘의 역사가 탄생했다. 그 역사의 한 끝이 바로 포스트모던의 역사였고, 그것은 크게 보아 '합리'의 역사이자, 계몽주의적 규율들의 '반합리'(irrationality)에 대한 독백으로 진행된 역사였으며, 그 독백으로부터 모질고, 잔인한 힘이 생성되어 포스트모던의 사회 속에 살아야 했던 무수한 '사람들/신민(臣民)들/수용자(收容者)들'(subjects or inmates)에게 모진 고통을 안겨 주었던 역사였다. 푸코의 논리대로라면, 르네상스의 인본주의와 17-18세기의 과학만능주의가 포스트모던의 역사를 지배하는 앎과 담론으로 연결되지 않았더라면, 포스트모던의 역사는 지금과는 전혀 다른 양상을 띠고 나타났을 것이다. 히틀러와 스탈린이 각각 '독일민족 우월주의'와 '공산주의의 실현을 위한 영원한 혁명'이라는 담론으로 '동의'와 '계약'이라는 형식을 취한 힘을 얻어 내지 못했다면, 그때에도 포스트모던의 역사는 지금과는 전혀 다른 양상으로 전개되었을 것이다. 또한, 사유재산권이 신성불가침의 권리로 여겨지지 않았다면 오늘날의 상업자본주의적 문화전체주의도 그 양상이 크게 달랐을 것이다.

푸코가 밝힌 억압과 조종과 지배의 메커니즘에서 '힘이 앎에 근거한 담론에서 나오는 것'이라면, 그 '앎'은 도대체 어디서 나오는 것일까? 그리고, 앎과 힘의 관계는 무엇일까? 푸코의 대답에 의하면, 전통사회에서와는 달리 포스트모던 사회에서 힘은 왕이나 황제와 같은 소수가 모든 것을 침묵시키는 절대권력에서 나오지 않는다. 그것은 복잡하게 얽힌 '앎의 그물'을 전략적으로 교묘하게 이용해 '만들어지는 진리'에서 나온다. 포스트모던의 현대사회에서 '만들어지는 진리'의 바탕이 되는 '앎'은 '말해진 앎'(the said)—어떤 담론을 지닌 개체나 집단이 가진 앎이나 사회적 제도, 추상적으로 존재하는 담론들, 법률들, 제도들, 전통들 등등에 녹아 있는 앎—과

'말해지지 않은 앎'(the unsaid)—가능성으로 존재하거나 존재했다가 사라진 모든 인간적인 앎들—의 집합이며, 그것들은 서로 찐득찐득한 반투명의 거미줄로 얽혀 있다. 그들 사이에서 어떤 앎이, 어떤 이유로 지배적 지위를 갖게 되는가는 설명이 불가능한 것이다. 다만 한 가지 확신할 수 있는 것은 지배적 지위를 가진 어떤 앎을 내세워 사람들의 마음을 설득하고 꼬드겨 냄으로써 한 시대의 '담론'이 만들어진다는 것이며, 또한 그 '담론'이 '힘'을 낳는다는 것이다. 그리고, '힘'은 제 차례가 되어 인식의 변화를 가져와 새로운 '앎'과 새로운 '진리'를 만든다는 것이다.[46] 후세에 '진리'라고 받아들여진 물리학의 법칙들이 당대의 담론들에 의해 진리로 받아들여지지 않아 힘을 만들지 못했던 앎들이 얼마나 많은가?

푸코가 피에르 리비에르(Pierre Riviere)라는 인물의 근친살해 사건에 관한 기록들을 모아 편집한 책 『나 피에르는 어머니와 누이와 형을 죽였다』(*I, Pierre Riviere, having slaughtered my mother, my sister, and my brother: A Case of Parricide in the 19th Century*)는 '고고학적'으로 '진리'라는 것이 어떻게 만들어져 왔는지와, '진리'와 '힘'과 '앎'과 '담론'의 관계가 무엇인가를 은유적으로 보여 주는 좋은 예이다. 이 책에서 피에르는 아버지와 자신이 어머니의 전횡(專橫)에서 벗어나기 위해 어머니와 누이와 형을 죽이고, 친족살해로 감옥에 갇힌다. 그리고 거기에서 범행의 동기와 범행사실에 대해 서술하는 자서전을 쓴다.[47] 그의 죄가 논의되는 과정에서, 역사학, 정치학, 문학, 심리학, 생리학, 법학, 정신병리학 등 각 분야의 앎이 담론화되어 부딪히고, 마침내 하나의 '진리'가 만들어진다. 이 사건의 판단에 관여하는 모든 사람들이 나름의 담론을 갖고 있기에 피에르라는 '작가'(the author)는 죽고 그의 텍스트만이 남게 되며, 그 텍스트의 의미가 되는 '진리'는 담론들의 역학관계 속에서 결정된다. '의미'가 결정될 때까지는 서로 상반되는 많은 앎들은 공존하며 갈등한다. 그러나, '의미'가 결정되고 나면, '진리'는 하나가 되며, 오직 하나의 '진리'만이 힘을 낳는다. 그렇다면, 피에르의 재판에서 친족을 살해한 그는 어떤 형을 받았을까? 놀랍게도, 이 사건의 경우는 '무죄'가 '진리'였다. 피에르의 사건을 다루는 법정에서 '정신병리학'이라는 출처를 알 수 없는 새로운 '앎'이 기존의 '힘의 장치'를 변화시켜, 새로운 담론을 만들고, 새로운 진리를 만들어 냈기 때문이다. 다시 말하면, 자서전 속에 기술된 피에르는 정신병리학적으로는 지적 판단을 할 수 없는 정신박약아였기 때문이다. 이처럼, '진리'는 '앎'과 '힘'이 상호의존적으로 결합하고 배척하면서 만들어 내는 자장(磁場) 속에서 얻어지는 것이다. 그리고 진리로 만들어진 앎이 힘을 낳아 새로운 역사를 창조하는 것이다.

역사가 '힘(을 가진 자)의 이야기'라면, 그 힘에 억압되고 조종당해, 버려지거나 묻혀 버린 '삶의 이야기'는 어떻게 할 것인가? 역사철학자로서의 푸코가 필생의 노력으로 대답하고자 했던 질문이었다. 그의 책 『권력/앎』(*Power/Knowledge*)의 제5장에는 1976년에 했던 그의 두 강연이 담겨 있고, 그의 역사관의 핵심이 되는 '잡사'(雜史/genealogy) — 힘에 의해 역사 밖으로 추방당한 삶의 역사 — 의 개념이 정리되어 있다. 여기에서 푸코는 계몽주의에서 발원한 한 흐름의 앎이 어떻게 2차 세계대전 이전까지 수 세기 동안의 서구 역사를 휩쓸며 초토화시켰는지를 개괄하고, 어떻게 하면 중심지향성을 지닌 그 힘의 자장을 무너뜨릴 수 있는지를 고뇌한다.[48] 푸코에 의하면, 포스트모던의 시대가 오기까지 역사를 지배해 온 '합리'지향의 힘은 '보편선'(universal good)과 '위계적 질서'(hierachical order)와 '원리주의적 앎과 가치'(essentialist knowledge and value)에 무게중심이 놓인 특권화된 담론에서 생성된 것이었다. 푸코는 당위적 가치들로 생성된 이 특권화된 힘의 이야기를 해체함으로써, 그 때문에 변방으로 쫓겨난 삶의 이야기를 복원해야 한다고 주장한다. 그의 주장을 따르면, '억압된 앎들'(subjugated knowledges)을 '격렬하게 분출'시켜 지배권력을 무너뜨림으로써, 그 때문에 핍박받고, 버려지고, 주변으로 밀려나고, 부서지고, 변방으로 쫓겨나 무명이 되어 버린 삶들이 다시 온전한 삶 속으로 들어올 수 있기 때문이다.

푸코에 의하면, '억압된 앎들'은 어디에나 존재한다. 침묵당한 전통들, 담론들, 버려진 앎들, 신비로운 예언들, 원리주의에서 배척된 욕망들, 경험칙(經驗則)으로 모욕당한 선험적 직관들—무수히 많은 앎들이 계몽주의 이후 '이성(reason)의 반이성(unreason)에 대한 독백' 과정에서 억압당하지 않았던가? 푸코는 이 억압된 앎들이 봇물처럼 터져 나와 '이성의 시대(The Age of Reason)의 빛나는 얼굴'에 일격을 가할 수 있다고 생각한다. '두더지 역사가'(mole historian)를 자처했던 푸코는 만약 어떤 역사가가 인류의 삶의 진정한 자취를 알기를 원한다면, 그는 지배담론을 해체해, 변방으로 밀려난 것, 가치를 박탈당한 것, 정당성을 상실한 것, 일관성을 잃어버린 것—the "local," the "disqualified," the "illegitimate," the "discontinuous"—들의 삶 속에서의 의미를 재발견해야 한다고 주장한다. 그리고, 허구화된 '진실'의 이름으로 그들에게 의미를 부여하고 위계를 정해, 그들을 삶 밖으로 걸러 내던 가지런하고 일관성 있는 계몽주의적 이론과 담론에 맞서야 한다고 생각한다. 그리고, 자신과 같은 '두더지 역사가들'에게 땅굴을 파고 들어가 묻혀 버린 앎들—반/비이성적인 것들, 존재했다가 사라진 것들, 불가사의한 것들—을 발굴해 내, 그 '억압당한 앎'으로 '정사'(正史/foundationalist history)가 아닌 '야사'(野史/antifoundationalist history/genealogy)를 써 주기를 요구한다. 그리하여, 어둠 속에 갇혀 있던 많은 '작은 앎'(local knowledge)들을 유폐에서 풀려나게 하고, 그것으로 역사 속의 삶이 획일성을 벗어나 풍요로워질 것을 기대한다.[49]

인간 존재의 보다 총체적인 모양을 알기 위하여 억압당한 앎의 역사인 '잡사'를 복원해야 한다고 생각했던 푸코는 스스로 '광기의 역사'나 '성의 역사'와 같은 잡사를 썼다. 그의 박사학위 논문인 『광기와 문명』(*Madness and Civilization*)에서 그는 '억압당한 앎'(suppressed knowledge)의 한 예를 '광기'에서 찾았고, 역저(力著) 『성의 역사』(*The History of Sexuality*)에서는 '억압당한 앎'의 또 하나의 예를 '성'(sexuality)에서 찾았다. 특히, 광기의 역사를 다루고 있는『광기와 문명』에서 그는 '광기의 고고학'을 펼쳐 중세 이후 포스트모던 시대에 이르기까지 '문명'에 감금된 '광기'(Madness)의 양상, 즉 '비정상의 삶'의 양상을 파헤쳤다. 그에게 '미침'(madness)이란 개념의 테두리가 명확한 질병이 아니라, 주어진 문명의 속성과 구조에 따라 의미가 달라지는 '인간적 비정상의 한 징후'였고, 인위적으로 만들어진 '정상'(定常)에 의한 '인간적 비정상'(非正常)의 억압과 조종과 지배의 한 현상이었다. 그에 의하면, '광기'가 제도적으로 사회로부터 격리되는 것은 중세 말부터였고, 이때에 나병을 대신해 '광인'(狂人)들이 사회로부터 격리되기 시작했다. 그리고, 포스트모던의 시대에 이르기까지 '미침'의 의미는 '의학적 치유를 필요로 하는 정신병적 현상'이라는 고전적 의미에서 멀어지고, '어떤 형태로든 사회적 질서를 위협하거나 어지럽히는 도덕적·정신적·물리적 행태'로 변화하게 되었고, 그것은 도덕적·경제적·정치적 '감찰(surveillance)의 대상'으로 관리되어 왔다.

푸코에 의하면, 18세기 서구의 이성에 대한 절대적 믿음으로부터 앎의 주체인 인간이 스스로를 앎의 객체로 하는 인문과학이 생겨났다. 즉, '앎의 대상으로서의 인간이란 무엇인가?'에 대한 연구가 시작된 것이다. 그리고, 새로운 '지배담론'을 만들어 내는 이 새로운 인문과학에 근거해 "인간은 '생각함'으로 인간이다"라고 대답함으로써, 이성의 비이성에 대한 독백이 시작되었으며, 이성에 의한 비이성의 대감금이 시작되었다. 18세기 서구의 이성은 '비이성'이 곧 '반이성'이라는 '합리적 증거'를 필요로 했는데, 중세와 르네상스에는 문둥병(leprosy)이나 광기와 같은 감정적으로 받아들일 수 없는 것들만 반이성의 증거로 여겨졌고, 광인들은 소위 '바보들의 배'(the Ship of Fools)에 감금되어 '정상인들'의 사회로부터 격리되었다. 그러나 18세기 이후 이성의 시대에는 '과학성'과 '합리성'을 근거로 반실용적인 것들 — 예를 들면, 게으름, 열정(熱情), 히스테리, 우울증, 거지근성, 수성(獸性) 등 — 도 모두 반이성의 증거가 되었고, 이러한 성정을 지닌 사람들은 '합리지향적인' 정상사회로부터 격리, 감금되었으며, '합리적' 생활양식을 배우도록 '훈육'되었다. 한 걸음 나아가, 19세기 이성의 역사는 반실용적인 것뿐만 아니라 비능률적인 것도 모두 '반합리적인' 것들로 규정되었고, 그것들을 규제하기 위해서 물리적인 감금보다 정신적 감금의 방법인 '교정'(矯正/education)이 보다 효과적인 수단임을 깨닫게 되었다. 포스트모던의 시대에 와서 이성지향의 '정상사회'는 모든 사람들에게 도덕적·사회적·문화적 획일성을 요구하며 언제 어디에서나 모든 사람들의 일거수일투족을 감시하는 '전방위감시체제'(全方位監視體制/panopticonism)를 갖게 되었고, 모든 자유분방한, 열정적인, 위대한 정신은 '광기'라는 명목으로 '정상의 문화' 속에 감금되었으며, 감시자의 시계(視界) 안에서 '항상' 감찰의 대상이 되었다. 따라서, 이성의 역사의 진행은 '반이성'의 팽창과 확대이자 이성에 의한 그것의 대감금이었다. 그리고, 그것이 곧 포스트모던 시대의 '광기의 역사'였다.[50]

푸코는 서구의 역사에서 이성의 반이성에 대한 독백과 이성의 반이성에 대한 대감금이 본격적으로 일어난 시기를 19세기로 보았다. 이 시대에 와서 '동의'와 '증거'를 황금률로 하는 민주주의가 전례 없이 강하게 표방되면서 그에 따라 '힘'이 발현되는 양상이 확연하게 달라졌기 때문이다. 푸코가 꿰뚫어 보았던 것은 이 시대에 와서 힘은 더 이상 절대권력을 쥔 소수와 힘없는 대중 사이에서 발현되지 않았고, 온갖 형태의 사회적 제도 속에 용해되어 발현되게 되었다는 사실이다. 다시 말하면, 이 시대에 와서 힘 있는 자의 허구적 진리가 온갖 종류의 사회적 제도 속으로 침투해 들어가고, 그것이 훈육(discipline)과 교육(education)을 통해 개개의 사회적 주체들을 허구적 주체를 가진 '꼭두각시'(inmates/sbujects)로 만들어 그들의 생각과 행동을 조종하고 억압하게 되었다는 것이다.[51] 푸코는 이러한 형태의 힘의 발현을 '훈육에 의한 감찰'(disciplinary surveillance)이라고 불렀다. 그리고, '훈육에 의한 감찰'의 상징적 이미지를 감옥의 구조개혁을 주장하며 벤담이 구상했던 '원형교도소'(panopticon)에서 찾았다. 푸코의 책 『클리닉의 탄생』(*The*

Birth of the Clinic)에 기술되어 있는 현대의 과학적 의료기관은 현대세계에서 전방위감시체제가 어떻게 효과적으로 작동되고 있는가를 보여 주는 하나의 예이며, 그 속에서 모니터링을 통해 '전방위적 감시'(panoptical monitering)를 받고 있는 환자는 전방위감시체제에 갇힌 현대인들에 대한 날 선 알레고리이다.

포스트모던의 현대사회에서 합리지향의 계몽주의 이데올로기에 갇혀 '훈육에 의한 감찰'을 받고 있는 것은 단지 사람들의 생각과 감정과 행동뿐이 아니다. 푸코가 『앎의 고고학』(*The Archeaology of Knowledge*)에서 보여 주고 있듯이, 현대사회에서는 앎/지식의 운명도 이와 흡사하다. 원래 앎이란 허구적 진리를 낳는 단순한 담론 이상의 것이어야 하지만, 이성지상주의적인 현대사회에서는 모든 앎이 직관과 상상이 제거된 채 얄팍한 담론 속에 가두어져 있다. 푸코의 말대로, 존재는 '말로 다 할 수 없는 것'(the unsaid)이어야 한다. 그런데 왜 '말해질 수 있는 것들'만이 진리를 만드는가? 푸코에 의하면, 19세기에 '감찰'하는 것이 보다 '효과적'인 '처벌'의 수단이라는 사실이 발견된 후, 진리는 진/위(truth/false)를 가리는 기능을 그만두고 '반이성적인' 어떤 것을 공격하고 '이성적인' 어떤 것을 방어하는 수단으로 사용되었다.[52] 베이컨이 말했던 것처럼 '아는 것'은 여전히 힘이었지만, 그것은 더 이상 인간을 자유롭게 하는 힘은 못 되었고, 오히려 인간을 감찰하고, 규제하고, 인간 정신을 규격화하는 수단이 되었다. 즉, 역사가 '기술적 합리성'(technical rationality)—'능률'을 기준으로 가치를 평가하는 합리성—을 지향하게 되면서 신화(神話)들에 담겨 있던 모든 신화성(神話性)을 규제와 감찰을 통해 제거해 버린 것이다.

포스트모던의 시대는 '기술적 합리성'의 시대로서 의식의 주체가 가진 사고, 관념, 생각, 인식, 개념, 신념 등등 어느 하나도 '능률'이라는 가치에 조건화되지 않은 것은 없다. 인간의 이성이 훈육과 교육으로 도구화되어 그 너머의 어떤 것도 쫓지 않게 되었기 때문이다. 푸코의 역저 『성의 역사』는 기술적 합리성의 시대로 역사가 이행되는 과정을 적나라하게 보여 준다. 프로이트가 성에 대한 대담한 담론을 펼치기 전까지 '성'(sexuality)은 '이성적'으로 설명되는 무엇이라기보다는 '육감적'으로 느껴지고 설명되는 무엇이었다. 제도화된 성이 있었다 해도 교회에서 행해지는 고백성사(告白聖事)가 고작이었다. 그러나 프로이트가 신경정신병(neuroses)은 성적 원인에 기인한다고 말해 성을 '과학적/합리적' 담론 속으로 제도화했을 때, 상황은 크게 달라지게 되었다. 다시 말하면, 프로이트가 인간의 성을 표준화하여 규격화함으로써 '합리적으로' 통제할 수 있는 가능성을 열어 준 것이다. 인간 존재의 안쪽이지만 많은 부분이 이성의 바깥쪽에 존재해 왔던 인간의 성을 담론화함으로써 '진리 아닌 진리'로 성을 훈육하고 교육할 수 있도록 한 것이다.[53] 결과는 '과학적' 담론에 따라 성의 행위를 하도록 인간의 성이 '원형교도소' 속에 감금된 것이다. 산아제한, 불임약의 개발, 사창가의 제도화, 정신대의 조직 등등의 수많은 것들이 제도화된 성의 예가 될 것이다. 푸코에 의하면, 18세기 이전에는 오직 '육감적인 성'(the flesh)만이 존재했다. 그러나 18세기 이후 영혼의 구원을 위한 고백성사라는 종교 의식이 '제도 속의 성'으로 들어왔고, 19세기 말 프로이트의 시대로부터 '성'은 '성의 과학'에 종속되었다. 선생, 의사, 판사, 경찰, 정치가들이 훈육과 교육으로 과학적 담론들의 정당성을 확대 재생산해, 성이 제도 속에 갇히게 되었고, 그 결과 보다 인간적인 성으로서의 육감적 성은 사람들의 삶 속에서 멀어지게 되었다.

포스트모던의 시대는 자연상태로 존재해 왔던 인간 존재 속의 모든 삶의 현상들이 합리적/과학적 담론으로 규격화되거나 표준화되어 일탈을 감시하는 전방위적 원형교도소에서 제도적 감찰을 받게 된 시대였다. 그리고 이 시대는 자신도 모르는 사이 의식이 습관화된 모든 개인들이 합리와 과학의 담론들에 조건화되어 허구화된 주체를 가진 꼭두각시로 살아가게 된 시대였다. 푸코에게 역사란 '이성'(reason)의 '반이성/비이성'(unreason)과의 대화로부터 '이성'의 '반이성/비이성'에 대한 독백으로의 과정이며, 그러므로 포스트모던의 시대는 이성의 독백에 의한 반이성/비이성의 대감금의 시대이다. 그것은 '광기' 속에 내재한 '지혜'의 소실의 시대이며, 자유분방한 위대한 정신의 대감금의 시대이고, 일상의 의식이 획일성을 요구하는 사회적·심리적 통제체제가 지닌 폭력에 의해 곤경에 처한 시대이다.

제5장

포스트모더니즘 문학:
출구 없는 절대허무

1. 근대성 논쟁

서구의 역사에서 근대란 무엇인가? 그리고, 이 시대의 속성으로서의 근대성이란 무엇인가? 포스트모던의 시대를 연구하는 많은 사람들은 서양의 근대가 르네상스 시대의 인본주의 사상에 바탕을 두고 시작되었다는 믿음을 기초로 하여 근대를 설명하는 데 주저하지 않는다. 이 시대에 와서 인류는 역사상 처음으로 인간도 신에 못지않게 위대하고, 존엄하고, 숭엄하다는 깨달음을 얻게 되었으며, 그 깨달음으로부터 배태된 역사가 서양의 근대라는 것이다. 그리고, 그 생각으로부터 일어난 혁명적이고 혁신적인 일련의 변화가 곧 근대성의 표현이라는 것이다.

르네상스 시대에 신이 아니라 인간이 세상의 중심이라는 생각에 이르자, 신의 '말씀'을 참조체계로 하여 이루어진 삼라만상의 존재와 현상의 해석에 대한 재해석이 이루어지게 된 것은 필연이었고, 사람들의 생각 속에서 만물이 차지하던 자리가 달라지게 되었으며, 사람들이 세상을 바라보는 관점이나 좌표도 급격하게 변하게 되었다. 그러나, 생각의 변화는 그것으로 끝나지 않았다. 그것은 이제까지의 전통과 관습과 관념들을 무너뜨렸고, 정치, 경제, 과학, 문화, 윤리, 사회, 철학, 문학, 예술 등의 제 영역에서 제도와 규범과 관습들을 완전히 바꾸어 놓았으며, 국가의 모양과 산업의 양상까지도 급격하게 바뀌게 되었다. 이제 인간은 더 이상 신의 계명에 묶여 행동하지 않았고, 가없이 무한한 상상의 세계 속으로 생각의 영역을 넓혀 갔다. 그리고, 자신이 처한 삶의 조건들을 급격하게, 그리고 광범위하게 변화시켜 나아갔다. 한마디로 말해, 르네상스 시대에 있었던 생각의 패러다임의 변화는 근대라는 한 시대의 역사를 새로이 열기에 충분한 것이었다.

그렇다면, 르네상스 시대에 와서 왜 사람들의 세상에 대한 생각과 감정과 태도가 급격하게 달라지게 되었을까? 한 가지 분명한 것은 이 시대에 와서 사람들은 지나간 시대의 앎과 가치에 대해 깊은 회의를 갖게 되었고, 새로운 앎과 가치에 대한 강렬한 욕망을 갖게 되었다는 것이다. 이 시대 사람들의 생각 속에서 이제 태양은 더 이상 지구의 주위를 돌지 않았다. 오히려 우주에 편재하는 만유인력으로 지구가 태양의 주위를 돌았다. 사람들은 차츰 기적을 통한 구원을 믿지 않게 되었고, 인간에게 주어진 '생각하는 힘'으로 자신들의 영혼을 구원하고자 했으며, 자연에 순응하는 삶보다 자연을 이용하는 삶을 추구하게 되었고, 자연에 가까워지기보다 스스로 자연에서 멀어지는 문명에의 길을 택했다. 사람들의 정신 속에서 신이 차지하고 있던 자리에 인간의 이성이 들어서게 되었으며, 봉건 영주들과 제왕들이 '민중'(people)들에게 권력을 이양하면서 공화정이 수립되었고, 봉건제도는 관료제도로 바뀌게 되었으며, 개개인의 타고 태어난 천부인권이 강조되면서 개인주의 사회가 확립된 것도 역사의 근대성의 하나였다.

17-18세기 서구의 계몽주의는 새로운 앎과 가치에 대한 강렬한 욕망의 철학적 표현이었고, 앎과 가치로서의 인간의 이성에 대한 굳건한 믿음이었다. 칸트나 헤겔과 같은 계몽주의 사상가들에게 인간이 이성을 수단으로 얻은 앎은 곧 '자유'와 '성장'과 '진보'에의 길이었기 때문이다. 칸트는 1784년에 쓴 에세이 「'계몽이란 무엇인가?'라는 물음에 대한 하나의 대답」("An Answer to the Question: What is Enlightenment?")에서 '계몽'—즉, 깨달음의 빛을 얻은 것—이란 이성이라는 선험적 능력을 타에 의존하지 않고 스스로

사용할 수 있는 용기와 의지를 갖는 것이라고 다음과 같이 정의했다.

> 계몽이란 인간이 자초한 몽매함에서 벗어나는 것이다. 그리고 몽매하다는 것은 다른 사람의 힘을 빌리지 않고는 스스로는 자신에게 주어진 세상을 이해하는 힘을 사용할 수 없다는 것을 뜻한다. 그런데, 이러한 몽매함은 자초한 것이다. 왜냐하면, 인간이 몽매해지는 것은 그가 세상을 이해하는 이성을 가지고 태어나지 않았기 때문이 아니라, 다른 사람의 힘에 의존해서만 그것을 사용할 용기와 의지를 갖게 되기 때문이다. … 많은 사람들이 어떤 거리낌도 없이 몽매함에 빠져 살아가는 것은 바로 그들이 한편으로는 게으르고, 다른 한편으로는 용기가 없기 때문이다. … 몽매하다는 것은 살아가기에 얼마나 편리한 도구인가! 나를 대신해서 세상을 이해하게 해 줄 책이 있다면, 나를 대신해서 양심을 길러 줄 선생이 있다면, 나를 대신해서 식단을 만들어 줄 의사가 있다면, 나는 아무런 노력을 하지 않고도 잘 살아갈 수 있을 것이다.[1]

칸트에게, 세상을 꿰뚫어 보고 이해하는 힘인 '이성'(Reason)은 누구에게나 선험적으로 주어진 것이며, '계몽'이란 자신에게 빛으로 주어진 이성의 힘을 책이나 목자(牧者)나 의사와 같은 '후견인'이 없이 독립적으로 사용하기를 배우는 것이다. 역사 속에서, 칸트의 희망은 곧 현실이 되었고, 미국 혁명과 프랑스 혁명에서 시작된 사고(思考)의 혁명은 19세기 이후의 역사 속에서 '거대한 중우집단'(great unthinking masses)을 '거대한 생각하는 대중'(great masses THINKING)으로 바꾸어 놓았다.

칸트에게 계몽주의 근대의 역사적 속성이 '생각하는 정신의 성장을 통한 낡은 권위로부터의 해방'이었다면, 헤겔에게 그것은 역사의 진보를 원활하게 한 윤활제였다. 헤겔에게 서구의 근대는 '세계정신'(the World Spirit)이 '완전한 자유'(ultimate freedom)를 추구해 나아갈 때 반드시 거쳐야 하는 역사적 전환점이었기 때문이다. 헤겔에 의하면, 우주는 '자유의 실현'을 본질적 목적으로 하는 '초월적 이성'(Reason), 혹은 '세계정신'이라는 절대정신에 의해 움직인다. 그리고 이 세계정신이라는 절대정신은 인간의 역사를 통해 자신의 자유를 실현한다. 그러므로, 헤겔에게 세계정신은 인간의 역사를 앞으로 나아가게 하는 '추력'(the driving force)이며, 인간들은 역사 속에서 보다 큰 자유를 얻기 위해 그들의 이성을 통해 세계정신에 닿는다. 다시 말하면, 인간의 이성과 우주적 이성의 상호작용 속에서 세계정신은 자신의 자유를 실현해 나아가며, 동시에 인간도 역사 속의 자유를 실현하는 것이다. 그러므로, 헤겔에게 역사란 한편으로는 세계정신의 자기 실현의 과정이지만, 그 과정 속에서 인간이 보다 큰 자유를 실현해 가는 과정이기도 하다.[2]

헤겔에게, 세계정신이 인간의 역사를 통해 자신의 자유를 실현해 나아가는 과정은 예술가가 상상으로만 존재하던 예술미를 창작을 통해 실현해 나아가는 과정과 유사하다. 세계정신이 오직 정신으로만 존재하던 자유의 정신을 인간 역사의 구체적인 사건들을 통해 실현해 나아간다는 것이다. 원시시대 인간들의 삶의 조건은 짐승들의 그것과 다를 바가 없었다. 그러나, 인류는 역사 속에서 오랜 시간 동안 열과 성을 다해 공을 들였고, 마침내 원시의 비참함과 불행에서 벗어나 문명에 이르게 되었으며, 그리하여 자연상태의 부자유에서 벗어날 수 있게 되었다. 인간들은 불의 발명으로 추위를 이길 수 있게 되었고, 농경기술의 개발로 허기를 달랠 수도 있게 되었다. 그러나, 고대나 중세시대에는 오직 극소수의 사람들만이 자유를 누렸었다. 헤겔의 주장을 따르면, 보편적 자유의 질이 급격하게 높아지고, 자유를 누릴 수 있는 사람들의 수도 기하급수적으로 늘어나게 된 것은 계몽주의의 근대에 이르러서였다. 이 시대에 와서 정치적으로나 사회적으로 더 많은 사람들이, 질적으로 더욱 높은 자유를 누릴 수 있게 된 것이다. 미국의 독립혁명이나 프랑스 혁명 등으로 자유, 평등, 박애, 행복이라는 추상의 자유가 구체적인 역사로 실체화된 것이다. 헤겔의 예언대로라면, 세계정신은 '보다 합리적인 관료제도'(enlightened bureaucratic existence of Western civilizations)의 발전을 통해 미래의 역사 속에서 더 크고 더 많은 자유를 실현하면서 '완전한 자유'(the perfect freedom)를 향해 앞으로 나아갈 것이다. 그리고, 세계정신이 완전한 자유를 실현해 나아가는 과정에서 인류는 질과 양의 측면에서 모두 더욱 자유로워지고 더욱 존엄해질 것이다.

계몽주의 시대를 거쳐 19세기에 이르렀을 때, 서구의 역사가 드러낸 가장 두드러진 특징은 산업화였고, 민주주의였다. 계몽주의 시대의 합리적 사고를 근간으로 하여 과학이 발전했고, 과학의 발전은 기술의 발전으로 이어져 산업혁명이 일어났다. 그리고, 산업혁명은 산업생산력과 산업자본을 증가시켜 물질적 풍요의 시대를 열었다. 다른 한편으로, '인간이 존엄하다'는 르네상스 인본주의자들의 깨달음은 이성과 합리의 시대를 거치고, 산업혁명의 시대를 거쳐 회오리치면서, 민주주의와 개인주의 이념을 근간으로 하는 산업자본주의 시대를 연 것이다. 계몽주의 시대의 서양 사람들이 본성적·제도적 또는 종교적 편견으로부터 인간의 이성을 해방시킨 결과였고, 역사가 수많은 질곡들로부터 자유로워진 대가였다. 르네상스 시대에 데카르트는 감성적 사유에 구속되지 않은 자유로운 이성의 자기 실현 능력에 대한 확신을 담아 "시(詩)의 목을 잘라라!"라고 단호하게 외쳤는데, 산업자본주의의 근대를 연 것은 인간의 이성에 대한 이러한 믿음과 확신의 결과였다.

그러나, 르네상스에 시작된 서양 근대의 속성이 '낡은 권위로부터의 해방'이나 '역사의 진보', '산업화'와 '민주주의' 등의 긍정의 요소들만은 아니었다. 역사란 너무나 큰 것이어서 이성만으로 인간이 삶의 모든 질곡에서 온전히 자유로워질 수는 없는 일이었기 때문이다. 그것이 그릇된 목표를 추구할 때에는, 인간의 이성은 오히려 위선(僞善)의 가면을 쓴 악마의 손잡이가 되기 일쑤였기 때문이다. 서양의 역사에서 보편적 이성을 추구하는 계몽주의의 순수한 열정이 사그라들었을 때, 산업화 시대의 서양의 역사는 무윤리성(無倫理性)의 도구적 이성(instrumental reason)을 추구하는 경향이 뚜렷해졌다. 산업혁명으로 얻게 된 부와 풍요가 역설적으로 무의식 속에 침잠해 있던 소유욕과 지배욕과 정복욕을 흔들어 깨웠고, 천부인권을 외치던 자유주의 혁명들이 '역설적으로' 사회적 약자의 천부인권을 부정하는 아이러니를 낳았다. 이제 사람들은 '민주적 동의', '개인의 천부인권', '경제적 이윤', '자본과 기술의 효용과 효율' 등등을 불가침의 최고 가치로 삼는 저질적 민주주의와 추악한 자본주의에 조건화된 삶을 살아가게 되었고, 추악한 산업자본주의 문명은 그들이 헤치고 살아가야 할 운명으로서의 새로운 '현실'(reality)이 되었다.

프랑스의 자유주의 사상가였던 루소는 18세기에 이미 서구문명 속에서의 '이성의 역설'을 꿰뚫어 보았고, 그의 『사회계약론』(*Of the Social Contract*)에서 이성·문명으로 잃어버린 자유를 되찾기 위해 "자연으로 돌아가라"고 역설했다. 그에게 자연은 '자유'였고, 이성·문명은 '사슬'이었으며, 그러므로 인간은 '사회계약'을 수단으로 해서야 자연상태의 인간이 가졌던 '자유'를 얼마만큼 되찾을 수 있었다.[3] 19세기 중반 독일의 사상가 니체에게는, 그러나, 문명은 단순한 '사슬'이 아니라, 인간의 소중한 반쪽을 앗아 가 인간을 "비인간적인, 너무나 비인간적인" 인간으로 만드는 악마였다. 그에 의하면, 자연상태의 인간의 정신 속에는 이성지향의 '아폴로 신'과 감성지향의 '디오니소스 신'이 산다. 그런데, 이 시대의 산업자본주의 문명으로 인간은 디오니소스 신을 죽이고, 손익의 계산에만 몰두하는 추악한 모습의 아폴로 신만 숭배하며 살아가게 되었다.

19세기 서구 역사의 한쪽 면은 분명 도구적 이성에 지배되는 역사였다. 그리고, 다윈과 스펜서는 그들의 진화론으로 도구적 이성의 지배에 대한 이론적 근거를 만들어 주었다. 다윈은 그의 『종의 기원』(*On the Origins of Species*)에서 "인간은 만물의 영장이 아니라, 작은 미물들이 환경에 적응하면서 진화하는 과정에 생겨난 하나의 고등동물일 뿐"[4]이라고 주장했고, 사회적 진화론자였던 스펜서는 "인간 사회에서도 '환경에 가장 적합한 자가 살아남는 것'(the survival of the fittest)은 너무나 당연하다"고 주장했다.[5]

다윈과 스펜서의 진화론으로 이제까지 어떤 의심도 없이 받아들여지던 '신이 어떤 고결한 목적을 가지고 우주를 창조했다'는 목적론적 세계관(the teleological worldview)이 산산조각이 나게 되었다. 그리고, '우주는 이미 예정된 '자연의 법칙'(the natural law)에 따라 한 치의 오차도 없이 움직인다'는 기계론적 세계관(the mechanical worldview)이 세상을 혼돈 속으로 몰아넣었다. 19세기 영국 시인 매튜 아널드는 이때의 혼돈을 다음과 같이 읊조렸다.

> 두 개의 세계—하나는 죽어 있고,
> 다른 하나는 너무나 연약해 태어나지 못한다,
> 어디에다 내 머리를 누일까? 그들 사이에서
> 거닐자니, 외롭기 짝이 없구나.[6]

그리고, 19세기의 미국 시인 에밀리 디킨슨은 그녀의 시 「시편 1614」("Poem 1614")에서 약육강식의 잔인한 자연법칙이 지배하는 정글의 세계를 다음과 같이 표현했다.

> 서리가 내려, 행복하게 나부끼는
> 꽃들의 머리를 장난 삼아 댕강 잘라 버린다.
> 전혀 놀라운 일이 아니다—
> 함부로 휘두르는 힘 속에서
> 핏빛 도륙은 계속된다—
> 신의 묵인하에
> 태양은 태연하게 제 갈 길을 간다,
> 또 하루의 시간을 재며.[7]

니체가 선언했듯, 이제 "[삶과 존재에 의미를 낳던 참조체계로서의 기독교] 신은 죽었다." 그리고 새로이 태어난 다윈의 신은 더 이상 찬란하고, 자비롭고, 아름다운 모습의 신은 아니었고, 미리 예정된 약육강식의 자연법칙에 따라 한 치의 동정심도 없이 세상을 다스리는 후안무치(厚顔無恥)의 잔인한 신이었다. 그의 '섭리' 속에서 서리는 장난 삼아 행복한 꽃들을 핏빛으로 도륙하고, 태양은 어떤 측은지심도 없이 무심히 하루해의 제 갈 길을 간다.

칸트나 헤겔이 생각했던 것처럼, 서구 역사의 근대성의 부정할 수 없는 한 축은 인간 이성의 실천성에 대한 믿음으로 얻어진 자유와 진보와 해방이었다. 그러나, 서구 역사의 근대성의 부정할 수 없는 또 다른 한 축은 인간 이성이 지닌 본질적 '도구성'으로 태어난 후안무치의 잔인한 다윈의 신이었다. 19세기에 들어서면서, 유럽 지성인들의 의식은 약육강식의 자연법칙에 따라 움직이는 세계에 대한 경험과 그 속에서의 파괴와 상실과 억압의 경험으로 각인되기 시작했다. 산업혁명 이후 재편된 자본주의 질서와 프랑스 혁명과 같은 폭력적 혁명을 경험했던 사람들에게, 서구 역사의 근대성의 경험은 인간 이성의 모진 '자기 파괴성'(self-destructiveness)의 경험이었기 때문이다. 그들에게 인간의 이성은 때로는 이글거리는 욕망의 시녀였고, 때로는 순연한 욕망을 억압하는 무자비한 폭군이었으며, 때로는 모든 문명을 짓부수어 무화(無化)시키는 잔인한 야만인이었다.

마르크스에게 산업혁명 이후의 자본주의 질서는 인간의 재능과 노동과 인간 신체 그 자체를 상품화(commodification of labor)한 비인간적 질서였고, 니체에게 현대문명은 현대인들의 삶에서 비범함과 영웅성과 '디오니소스의 찬가'를 빼앗아, 현대인들을 '작은, 너무나 작은' 난쟁이로 만들어 버린 불모의 공간이었으며, 프로이트에게 그것은 삶에서의 '쾌락 원칙'(the pleasure principle)을 제물로 하여 '현실 원칙'(the reality principle)을 충족시킴으로써 삶을 욕구불만과 두려움의 덩어리로 만들어 낸 집단 노이로제의 공간이었다.

물질주의적 역사주의자로서 마르크스는 그의 유명한 『공산당 선언』(*The Communist Manifesto*)에서 도구적 이성을 기초로 한 자본주의 경제체제가 어떻게 사회경제적 약자들을 비인간적인 삶의 환경 속으로 몰아넣었는가에 대해 통찰했다. 그리고, 거기에서 자본주의 경제체제가 노동의 인격적 측면과 생산물의 '효용가치'를 전혀 고려하지 않는 비인간적 경제체제로서, 역사상 가장 비도덕적이고 비윤리적인 경제체제라고 갈파했다. 마르크스에 의하면, 근대의 산업자본주의하에서는 삶의 모든 국면들이 인격의 고려가 없는 물신숭배(fetishism)적 경제력에 의해 평가되어 결정되고, 노동은 돈과 교환되는 하나의 상품에 불과하며, 생산 과정에서 노동자들은 인격과 창조력이 말살되거나 소진되는 아픔을 겪는다. 이 제도하에서는 모든 것은 이윤을 남기는 수단이고, 인간의 재능이나 노동, 성적 매력이나 외관을 포함한 모든 것에는 가격표가 붙어 있다. 인간 자체도 예외는 아니어서, 인간 그 자체에게도 역시 인격표라는 것은 없다.

> 생필품을 사기 위해서 사람들은 임금을 받고 그들의 노동력—일을 할 수 있는 능력—을 팔아야만 했다. 그들의 노동력이 사고파는 상품(commodity)이 되어 버린 것이다. 이제 모든 사람에게는 그들의 가격표가 붙게 되었고, 모든 사람은 이윤을 내는 수단으로 전락했다.[8]

자본주의 경제체제의 허구성에 대하여 마르크스가 보여 준 통찰 가운데에서 가장 깊은 통찰은 자본주의 체제하에서 생산된 재화는—유/무형 할 것 없이 모두—'그릇된 교환가치(false exchange value)로 그 가치가 결정되고, 동시에 그것들에 내재된 효용가치(use value)는 잊힌다'는 것이다. 교환가치로 값이 치러지는 '시장'(the market)에서는 어떤 재화가 어떤 목적으로 생산되고, 무엇을 위하여 존재하게 되는가에 대한 것은 중요하지 않다. 중요한 것은 오직 그것이 얼마나 많은 '돈'과 바꾸어질 수 있는가 하는 것뿐이다. 이 사회에서는 모든 것이 돈으로 통한다. 이 사회에서 돈은 대부분의 모든 사회적 소통의 결정적 수단이자, 사회적 연대의 결정적 수단이기도 하다.

현대 정신분석학의 태두(泰斗)였던 프로이트에게도 서구의 현대문명이 '불만족스럽기는' 매한가지였다. 그에게도 서양 역사의 근대성이란 편집적 이성에 의한 감성의 억압이자, 그로 인한 문명의 정신병적 현상이었기 때문이다. 다시 말하면, 프로이트에게, 문명이란 인간 무의식 깊은 곳에 잠재해 삶의 원천이 되는 '이드'(Id/It)가 이성이라는 허위의식에 유폐되고 억압되어 병적인 상태에 빠져들게 되는 것이다. 니체의 디오니소스적 감성과는 달리, 프로이트의 '이드'는 공격적이고 파괴적인 원초적 욕망과 충동의 덩어리이다. 그것은 삶의 원천이기는 하지만, 문명지향적 충동인 '이성적 자아'(Ego)와 '도덕적 자아'(Superego)의 도움 없이는 그 자체로는 어떤 가치로운 삶도 만들어 낼 수 없는 완벽하게 무윤리적이고, 완벽하게 에너지 소진적인, 완벽하게 자기 파괴적이고, 완벽하게 공격적인 힘이다. 그의 책 『문명과 그 불만』(*Civilization and its Discontents*)에서 프로이트는 '공격성'(aggressiveness)과 '파괴성'(destructiveness)을 잠재적 속성으로 하는 '이드'의 모습을 이렇게 설명한다.

> … 인간은 원래 사랑을 바라고, 기껏해야 공격받았을 때에만 자신을 방어하는 유순한 피조물이 아니다. 반대로, 그는 공격성으로 똘똘 뭉친 본능을 가지고 태어난 피조물이다. 그 때문에, 그에게 그의 이웃은 잠재적 조력자이거나 성적 대상일 뿐 아니라 그들을 유혹해 자신의 공격적 욕망을 채우거나 보상을 하지 않고 그의 일하는 능력을 이용해 먹을 대상이며, 동의를 받지 않고 성적 욕구를 충족하거나 그의 소유물을 강탈하고, 그에게 욕설을 퍼붓거나 고통을 주며, 때로는 그를 고문하고 죽이기까지 할 대상인 것이다.[9]

프로이트에 의하면, 이드는 인간의 본능적 충동과 욕망이 깃들어 사는 집으로, 끊임없이, 그리고 무이성적으로, 욕망의 충족을 요구하는 원시적 에너지의 덩어리이다. 그것은 오직 욕망의 충족을 욕구할 뿐, 어떤 가치도 추구하지 않으며, 그러므로 선과 악에 대한 어떤 의식도 갖고 있지 않다. 그리고, 그것은 성적 욕구의 해방을 제일의 충동으로 가지고 있으며, 본능적으로 고통을 회피하려 하고, 욕구가 부정되면 절망하고, 분노하고, 히스테리에 빠지며, 가치의 어떤 판단도 없이 타자를 공격하고, 파괴하고, 학대한다. '그것'에게 타자는 오직 욕구충족의 수단(object)일 뿐, 사랑, 조화, 화합, 균형, 질서, 아름다움 따위의 가치들을 추구하는 대상은 결코 되지 못한다. 바로 이 점에서, '이드'는 사랑과 조화와 화합과 질서와 아름다움을 추구하는 문명에의 충동으로서의 '이성적 자아'(ego)와 충돌한다.

프로이트에 의하면, 인간의 정신 속에서 이성적 자아가 지고 있는 책무는 욕구의 충족만을 추구하는 이드를 통제하고 질서를 주어 보다 가치로운 에너지로 승화시키는 것, 즉 이드를 '숭엄화'(sublimation)하는 것이며, 그것으로 가치로운 문명이나 예술을 창조해 내는 것이다.

> 나에게 있어서 인류의 운명을 가를 중대한 질문은 인간이 문명을 가짐으로써 인간의 본능적 공격성과 자기 파괴성으로 흐트러진 공동체적 삶에 질서를 회복할 수 있는가, 회복한다면 어느 정도까지 회복할 수 있는가 하는 것이다.[10]

그러나, 프로이트가 우려했듯이, 이성적 자아가 항상 자신의 책무에 성공하지는 못한다. 인간의 이성은 아주 종종 이기심을 바탕으로 한 계산으로 이드의 공격성과 파괴성을 교묘히 조종해 그것을 억압하거나, 불만족과 불행에 빠뜨림으로써 그것을 가공할 히스테리 발작으로 몰아넣기 때문이다. 공격적이고 파괴적인 에너지로서의 '이드'가 문명이나 예술과 같은 어떤 가치로운 삶으로 승화되어 결실을 맺기 위해서는 이성의 도움이 필연적이고 절대적이지만, 이 과정에서 많은 경우 도구화되어 평정심을 잃은 이성적 자아에 의해 이드의 억압이 일어나고, 때로는 지나치게, 때로는 심미적으로나 윤리적으로 빗나간 방향으로 억압과 유폐가 이루어져, 정신의 병적 현상인

노이로제로 나타나게 된다는 것이다.

『문명과 그 불만』에서의 프로이트에 의하면, 개인의 경우에 있어서와 마찬가지로, 문명 속에서의 이성의 억압으로 공동체적 이드도 집단 히스테리와 노이로제로 빠져들게 된다. 여기에서 프로이트는 인간은 문명에의 충동으로 개인과 공동체의 발전을 이룩하지만, 그 발전 과정에서 이성적 자아의 이드에 대한 불유쾌하고 부조리한 억압이 일어나, 억압된 이드를 무의식으로 가진 개인과 집단이 정신병에 걸리게 되는 것이라고 다음과 같이 말한다.

> 만약 문명의 발전이 개인의 성장과 아주 유사한 속성을 지니고 있다면, 그래서 [개인의 성장에서 사용되는 억압의 기제와] 유사한 기제가 문명의 발전에도 사용된다면, 우리는 다음과 같은 진단을 내릴 수 있을 것이다. '문명에의 충동으로, 어떤 문명 때문에, 아니면 어떤 시대의 문명으로, 전 인류가 집단적 노이로제에 걸리게 되지 않을까?'[11]

문명의 창조 과정에서 '쾌락 원칙'에 따라 행동하는 이드가 어쩔 수 없이 통제되거나 억압될 수밖에 없는 것이라면, 얼마간의 절망과 불행과 히스테리는 인류가 문명을 가짐으로써 지불해야 할 피할 수 없는 대가일 것이다. 그러나, 이때 이성적 자아가 이드의 원시 에너지를 승화 또는 숭엄화함으로써 문명이나 예술을 만들어 내는 고결한 책무를 버리고, 선전 따위로 이드를 세뇌하거나, 그에 이네올로기의 옷을 입혀 가학적 발작을 일으키게 하거나, 군중을 선동하고 반대파를 숙청하는 수단으로 억압된 이드를 사용한다면, 그 대가는 참으로 참혹할 수밖에 없을 것이다. 1차 세계대전과 러시아 혁명의 참절(慘絶)함을 목격했던 프로이트는 인간이 지닌 '도구적' 이성의 '악마성'과 '야만성'에 다음과 같이 절망한다.

> 민족 대이동의 시기에, 훈족이 침공해 왔을 때, 칭기즈 칸이나 티무르

> 의 지배하에서, 십자군 원정의 시대 예루살렘에서 있었던 잔학한 참상이나 최근에 있었던 세계대전에서 펼쳐진 무시무시한 광경들을 기억하는 사람이라면 누구라도 … 벌거벗은 인간성의 진실 앞에서 겸허히 고개를 숙이게 될 것이다.[12]

그리고 이드에 대한 자아의 검열이 올바른 방향으로 작동하지 못해 벌어진 수많은 참극들을 역사 속에서 찾아낸다. 어쩌면, 훈족의 침탈이나 칭기즈칸의 몽고나 십자군 원정, 그리고 20세기에 있었던 대규모 전쟁이나 혁명들이 그처럼 파괴적이고 참혹할 수 있었던 것은 도구적 이성이 가학성의 이드에게 쥐어 준 가증스런 명분과 목적들 때문이었을 것이다. 프로이트의 눈에는, 러시아 혁명이나 1·2차 세계대전과 같은 전대미문의, 인간의 인간에 대한 폭력으로 점철된 현대문명은 이성편집증에 걸린 서구 현대인들의 집단적 자아가 자신들의 이드를 그릇된 방향으로 억압함으로써 생겨난 집단적 광기의 산물이었다.

니체와 프로이트와 마르크스는 역사상 처음으로 인간 이성의 효용에 대하여 본질적인 의문을 제기한 19세기의 사상가들이다. 그들은 인간의 이성이 어떤 그릇된 목적을 위해 도구적으로 사용될 때, 그것이 얼마나 엄청난 파괴성(destructiveness)과 악마성(evilness)을 지니게 되는지를 보여 주었었다. 인간의 이성은 창조적 힘으로 사용될 때, 계몽주의자들이 생각했던 것처럼, 자유와 해방과 진보에의 힘임에 틀림없다. 그러나, 다른 한편으로 그것은 질곡과 비인간화와 노예화로의 힘이기도 하다.

20세기에 들어 자기 파괴적 이성의 남용과 절대권위로서의 이성의 지위의 상실에 대한 관심이 커지면서, 니체와 프로이트와 마르크스의 예에서 볼 수 있듯이, 진보와 해방과 자유의 '근대성'(modernity)에 대한 믿음은 턱없이 약해졌다. 그러나, 하버마스나 마셜 버먼(Marshall Berman)과 같은 문화비평가들은 역사의 근대성으로 초래된 문명의 폭력과 타락—문명의 이기에 수반되는 수많은 불협화음들, 노이로제들, 폭력들, 편견들, 잘못된 절대권위들, 합리의 가면을 쓴 전체주의들—을 인정하면서도, 여전히 근대성의 긍정적 가치에 대한 굳건한 믿음을 버리지 않았다. 그들도 역시 현대문명이 얼마나 '실재하는 삶'(life world)과 유리된 가치들을 지향하게 되었는지, 그리고 그 때문에 현대인들의 삶이 얼마나 자연에서 멀어진 '가상의'(virtal) 삶에 유폐되었는지에 대해 고뇌했다. 그러나, 하버마스가 그랬듯이, 그들은 부자유투성이의 근대문명이 '역사적 근대성'(modernity)의 마지막 기착지임을 받아들이지 않았다. 그들은 현재의 문명이 역사적 근대성—즉, 인간의 이성에 대한 굳건한 믿음—이 잘못 표현된 하나의 예일 뿐, 인류가 그 실수로부터 배움과 깨달음을 얻는다면, '계몽'이라는 근대적 사업은 아직은 '미완의 사업'으로서 원래의 목적인 자유와 진보에 더 가까이 다가갈 수 있다고 믿는 사람들이었다.

하버마스는 그의 논문 「근대성: 미완의 사업」("Modernity: an Unfinished Project")에서 근대의 역사가 삐뚤어진 길로 접어들게 된 시점을 '이성의 분화'(the separation of three spheres of substantive reason)가 일어난 곳에서 찾는다. 그에 의하면, 예전에는 종교와 철학의 통합적 권위를 받쳐 주던 이성이 근대가 진전되면서 '앎'(knowledge)과 '정의'(justice)와 '심미적 취향'(taste)을 추구하는 능력으로 분화되었고, 그것들은 대학이라는 환경 속에서 각기 '과학', '법과 윤리', '미학'의 영역으로 제도화되었다. 그 결과, 과학은 과학대로, 법은 법대로, 예술은 예술대로, 각자 자기 나름의 내면적 논리를 가진 학문으로 발전하게 되었고, 서로 소통이 되지 않는, 그리고 실재하는 삶과는 사뭇 동떨어진, 오직 추상적 이론으로만 설명이 가능한 여러 개의 자율적 세계들을 구축하게 되었다. 사회성을 고려하지 않은 맹목적인 과학의 세계, 공동체 정신을 외면하는 개인주의적 법의식(legal consciousness), 윤리적 고려 없이 관능미를 추구하는 '예술지상주의'(art for art's sake) 예술 등은 이 시대 이성의 분화로 야기된 불유쾌한 결과들이다.[13]

그러나, 하버마스에게는 '이성의 분화' 그 자체가 잘못된 것은 아니었다. 그에게 크게 잘못된 것은 분화된 이성이 '삶과 동떨어진' 아카데미아의 세계 속으로 침잠하게 되었다는 것이며, 그리하여 실재하는 삶의 생명력을 유린하는 기생물(寄生物)이 되었다는 것이다. 여기에서 하버마스는 아카데미아에서 개발된 추상의 이론들이 삶으로의 '실용적 접목(接木)'(pragmatic appropriation)을 통해 실재하는 삶의 경험역(經驗域)을 넓히는 데 기여할 수 있다면, 분화된 이성은 그 자체로서 개인과 집단이 보다 큰 자유와 진보를 얻는 데 장애물이 되기는커녕 오히려 촉진제가 될 수 있다고 주장한다. 예를 들어, 대학에서 개발된 미학이론이 대학이라는 폐쇄된 공간에 유폐되지 않고, 보통 사람들이 사용할 수 있는 심미적 돋보기로서의 기능을 가질 수 있다면, 예술영역의 비평이론들은 사람들의 심미안(審美眼)을 자극하고 더욱 크게 눈뜨게 할 수 있을 것이다. 그렇게 함으로써, 그들이 더욱 멀리까지 바라보게 하는 디딤돌이 될 뿐 아니라, 보통 사람들의 일상의 경험이 예술의 틀 안으로 들어와 삶의 새로운 의미를 생산해 내는 수단으로 사용될 수 있을 것이다. 추상이론의 '실용적 접목'—즉, 실체적 이성의 근대적 재활용—으로 이성은 새롭고, 기이한, 그러면서도 유용한 이론의 가면을 만들어 삶에 입힘으로써 그렇지 않으면 무미할지도 모를 삶에 새로운 의미를 부여하고 새로운 모양을 만들어 내는 데 기여할 수 있다는 것이다.

마셜 버먼에게도 이성적 사고에 의한 삶에서의 자유의 확장은 분명 서구의 근대사가 지닌 역사적 근대성의 빼놓을 수 없는 하나의 의미였다. 그러나 버먼이 생각했던 더욱 중요한 또 하나의 의미는 공동체적 가치를 금과옥조로 삼는 사회로부터 개개인의 '주관성이 해방'(the liberation of subjectivity)된 것과 그것으로 얻게 된 '새로운 것'(newness)에의 무한도전의 정신이었다. 18세기의 자유주의적 합리주의가 각각의 개인들에게 자유와 생명과 행복을 추구할 신성불가침의 천부인권에 대해 가르쳐 주었을 때, 공동체적 가치에 배치되는 개인의 주관성이 관습과 전통이라는 기성의 권위에서 풀려나 자유를 얻게 되었다는 것이다. 그리고, 기성의 권위에서 풀려난 무한 도전의 정신은 욕망의 전방위적 해방을 불러와 진취적 도전정신을 무한대로 확대시켜 놓았으며, 이로 인해 새로움의 혁명이 일어나 서구의 역사는 이제까지의 모든 권위들이 '허공으로 사라지는' 경험을 하게 되었다는 것이다.

버먼은 그의 책 『단단하던 모든 것들이 녹아 허공으로 사라진다』(*All That Is Solid Melts into Air*)에서 서양 근대인들의 한편으로는 '현기증 나지만'(dizzy), 다른 한편으로는 '몹시 놀라운' 이 황홀한 경험을 인간이라면 반드시 맛보아야 할 '필수적 경험'(a mode of vital experience)이라고 부르면서 서구 역사의 '근대성'(modernity)을 이렇게 정의했다.

> 현대세계에는 전 세계의 모든 사람들이 함께, 그리고 필수적으로 하게 되는 경험의 형태가 있다. 시간과 공간의 경험, 자아와 타자의 경험, 삶의 가능성과 그에 내포된 위험의 경험들이 그것이다. 필자는 이러한 경험의 형태들을 합쳐서 '근대성'이라고 부르겠다.[14]

버먼에 의하면, 이제까지 금강석처럼 견고했던 제도화되고 특권화된 가치와 신념들이 녹아 허공으로 날아가지만, 그리고 새로이 생겨나는 모든 것들도 또다시 생겨나는 새로운 것들에 밀려 끊임없이 허공으로 사라지고 있지만, 이 시대의 사람들은 그들의 삶 속에서 시간과 공간, 자아와 타자, 가능성과 위험들에 대하여 총체적으로 새로운 경험을 하게 되었고, 이 새로운 경험의 총체가 근대성이라는 것이다. 그들은, 괴테의 주인공 파우스트가 그랬듯이, 불가능을 꿈꾸고 사랑했고, 불가능에 대한 꿈과 사랑으로 자신들의 영혼을 팔아야 했지만, 영혼을 팔아 얻은 '신묘한 기술'(black magic)로 오늘날의 산업자본주의 사회를 종착역으로 하는 전대미문의 기발한 세계를 맛볼 수 있었다. 마르크스의 말처럼 근대화란 인격(人格)을 물격(物格)으로 바꾸는 '자기 파괴적' 혁명이고 근대성이란 그 자기 파괴적 근대화의 미몽에서 제정신을 차리고 깨어나는 것이기도 하다.[15] 그렇지만, 산업의 발전을 통한 자본주의 체제의 구축이라는 근대화의 경험은 자기 파괴, 즉 인간적 가치의 상품화에 기인하는 비인간화에도 불구하고, 그 과정에서 얻게 되는 물질적 풍요와 미지의 세계로의 모험이 주는 무한한 쾌감이 담긴 역설적 경험이었다.

근대성이 이성에의 믿음에 의한 자유의 확장이라고 믿었던 하버마스나 근대적 경험이 숨막히는 새로움과 짜릿한 모험의 경험이라고 생각했던 버먼과는 달리 프랑크푸르트 학파에 속했던 아도르노나 포스트모던의 문화비평가였던 보드리야르와 제임슨은 '긍정의 변증법'(positive dialectic)이 아닌 '부정의 변증법'(negative dialectic)으로 역사의 근대성을 설명했다. 즉, 인간 이성에 대한 믿음을 근간으로 해서 세워진 근대의 역사는 진보의 역사가 아니라 퇴행의 역사라는 것이다.

아도르노도 마르크스처럼 변증법적 변화의 관점에서 근대 자본주의 문명의 파산과 그 문명에 노예화된 현대인들을 바라보았다. 그들에게도, 역사는 모순과 갈등에서 생겨나는 변증법적 변화를 통해 앞으로 나아갔다. 그러나, 마르크스가 긍정의 변증법으로 역사의 궁극적 진보를 점쳤다면, 아도르노는 그의 동료인 호르크하이머와 함께 부정의 변증법으로 20세기 문명 속에서의 역사의 퇴행을 설명했다. 마르크스에게 역사는 생산수단을 점유한 자본계급과 생산의 수단으로 전락한 노동계급 간의 갈등과 대립의 장이며, 역사발전의 한 국면으로서의 자본주의 사회는 계급 간의 첨예해진 대립이 무산계급의 혁명으로 이어짐으로써 계급 간의 갈등이 해소되는 역사 진보의 결정적인 한 전환점이었다. 그러나, 아도르노와 호르크하이머에게 역사란, 자본주의에 내재한 모순과 갈등이 해소되는 과정이 아니라, '계몽정신'(enlightenment)에 선험적으로 내재된 모순과 갈등 때문에 20세기 문명이 야만으로 빠져드는 과정이었다.

아도르노와 호르크하이머에게 근대의 역사는 무산계급의 승리에 의한 무계급의 유토피아로 나아가지 않았다. 반대로, 역사는 인간의 이성에 내재하는 상반되는 두 힘—즉, 문명을 건설하는 힘과 문명을 파괴하여 야만으로 되돌리는 힘—의 변증법적 대립과 갈등으로 이성의 건설적 힘이 마비되고 자유로운 주체가 소멸되는 퇴행의 과정이었다. 이성은 한때 세상에 질서와 합리와 아름다움과 물질적 풍요와 과학기술을 구현하는 힘으로서의 지고지선의 절대가치였었다. 그러나, 1차 세계대전과 2차 세계대전의 대량살상과 스탈린주의하에서의 대량학살을 목도했던 그들에게 상업자본주의의 근대사회에서 이성은 대량살상의 무기를 개발하고, 대중매체를 수단으로 대중의 무의식을 유린하고, 불만에 찬 대중들에게 최면을 걸어 판단력을 마비시키는 '도구' 이상이 아니었다. 그들에게, 히틀러나 무솔리니나 스탈린 같은 인물들의 포악한 전체주의가 역사 속에 등장하게 된 것은 형언할 수 없이 엄청난 충격 그 자체였고, 그 충격은 그들의 가슴 속에 인간의 계몽정신에 뿌리를 두고 창조된 현대문명에 대해 깊은 회의를 몰고 왔다. 그들은 그들의 책 『계몽의 변증법』(*The Dialectic of Enlightenment*)의 서문에 이렇게 적고 있다.

> 우리가 '이 책에서' 하려고 했던 것은 인간성이 왜 인간의 참 모습을 보이는 방향으로 나타나지 않고, 어떤 야만으로 빠져들게 되었는지를 설명하는 것이다.[16]

아도르노와 호르크하이머는 이 책에서 이성과 계몽에 편집적으로 집착해 온 서구의 근대사가 어떻게 전대미문의 새로운 야만으로 침잠하게 되었는지를 설명하려 했다. 그리고 지고지선의 절대가치로서의 건설적 이성이 어떻게 개기식(皆旣蝕/the eclipse of reason)에 빠져 비이성적 이성(irrational rationality)으로 전락해 자기 파괴적 야만을 낳게 되었는지 그 원인을 찾으려 했었다.

아도르노와 호르크하이머에 의하면, 20세기에 들어 서구의 대중들이 야만지향의 이성에 최면이 걸려 전체주의적 독재자들에게 그들의 자유를 온전히 바치고 스스로 노예가 되는 과정은 신들의 시대에 돈독한 신앙을 가졌던 사람들이 상상 속에서 신(神)을 만들고 그에게 절대의 권위를 부여해, 주체성을 잃고 몸과 마음을 바쳐 스스로 신의 노예가 되었던 과정과 너무나 흡사하다. 신의 시대 신화(mythology)가 신의 권위에 대한 믿음으로 인간의 이성/주체가 함몰된 것(collapse or 'regression' of reason)에 대한 이야기라면, '문명산업'(culture industry)의 시대 문화적 또는 정치적 전제주의 속에서 이성적 사유의 능력이 붕괴된 개인들의 이야기는 신의 시대에 주체성을 잃어버린 신화 속 개인들의 이야기와 너무나 흡사하다는 것이다.

그들의 책 『계몽의 변증법』의 서문에서, 이 두 문화비평가는 이렇게 선언한다. "신화는 이미 [무너져 내린] 계몽정신의 다른 이름이고, 계몽정신은 [무너져] 다시 신화로 돌아간다."[17] 신들의 시대에 인간의 신에 대한 믿음으로 계몽정신이 무너졌을 때, 자유정신을 가진 개인, 비평정신이 살아있는 개인은 한 번 죽었었다. 또한, 신의 권위 밖에 놓여 있던 진리에 대한 믿음이나 우주가 신의 피조물 이상의 어떤 영적 존재라는 믿음도 사라졌었다. 남은 것은 오직 신을 꼭두각시로 내세운 이용과 착취와 지배의 객체로서의 자연과 인간과 인간들의 집단인 사회뿐이었었다. 그리고, '문명산업'의 시대인 근대에 와서도, 인간 이성의 붕괴의 이야기로서의 합리주의 신화는 똑같은 양식으로 재현되었고, 자유정신을 가진 개인, 비평정신이 살아있는 주체로서의 개인이 다시 한 번 죽게 되었다는 것이다.

아도르노와 호르크하이머에 의하면, 20세기의 문명은 희망했던 바의 자유를 주지 않았고, 오히려 이성적 사유의 능력을 무력화하는 '문명산업'으로 변질되어 개인들의 정신 속에서 자발성과 주체성을 앗아 가 버렸다. 계몽주의에 바탕을 둔 문명의 실패는 먼저 '대의민주주의'(parliamentary democracy)의 실패에서 나타났다. 계몽주의 시대의 대중들은 자유주의적 민주사회를 꿈꾸며 전제주의(專制主義) 권력에 맞서 혁명을 일으켰다. 그러나, 그들이 자유를 양도하여 수립한 '의회민주주의'는 그들에게 민주시민으로서의 평화와 행복을 주기는커녕, 그들이 양도한 자유와 권리를 담보로 타락한 산업자본주의 사회를 비호하는 세력으로 성장해, 다수의 대중들을 작은 경제적 이윤을 좇아 허둥대는 '정치경제적 난쟁이(little men)'로 만들고, 그들을 민주주의와 자본주의라는 숨 막히는 허울 속에 가두어 버렸다. 계몽주의가 낳은 근대사회의 또 하나의 거대한 실패는 눈부신 기술혁명으로 이룩된 자본주의적 상업주의하에서 개인의 개체성과 주체성이 말살되었다는 것이다. 라디오, TV, 신문, 광고, 상품, 교육 등을 통해 한쪽 방향으로만 전해지는 메시지들의 홍수 속에서 개인들은 획일화되어 판단력과 주체성을 잃은 채 무리 속에서 안도감을 느끼는 '생각 없는 군중'(unthinking mass)의 일원이 되어 버렸다.

전체주의적 야만의 물리적 폭력이 현대문명의 하나의 문제였다면, 다른 하나의 문제는 문화전체주의적 대중매체들의 집단적 무의식에 대한 폭력과 그에서 비롯된 '실재감(實在感)의 상실'(the loss of the sense of the real)이었다. 프로이트가 그의 책 『문명과 그 불만』에서 천명했듯이 문명이란 근원적으로 '불만족스러운' 것인지도 모른다. 그러나, 보드리야르나 제임슨 같은 20세기의 문명비평가들에게 그들의 문명은 이드의 억압과 속박을 낳는 단순히 '불만족스러운' 것이라기보다는 차라리 '자연적 자아'(the natural self)의 '자연적 욕망'(the natural desire)을 통째로 살아없는 '위험천만한' 것이었다. 아도르노와 호르크하이머가 보여 주었듯이, 현대의 자본주의 문명은 의회민주주의의 이름으로 무뇌화된 '소시민들'(little men)들을 선동해, 그들로부터 소위 '민주적 동의'를 이끌어 내고, 그들의 동의를 바탕으로 전대미문의 잔학한 전체주의 독재를 불러왔었다. 색깔과 결이 상당히 다르긴 하지만, 제임슨이나 보드리야르에게도 현대문명은 무뇌화된 대중들의 '민주적 동의'를 통해 부여된 신격(神格)화된 권위로 개인들의 판단력과 주체성을 말살하는 몹쓸 문명이었다. 다른 점이 있다면, 제임슨이나 보드리야르가 찾은 전체주의적 권위는 "문명과 그 불만"에서 비롯된 가학성의(sadistic) 동의가 아닌, 탐닉과 도취에서 비롯된 피학성의(masochistic) 동의로 얻어진 것이라는 점이다. 현대문명 속의 무뇌의 대중들은 영상매체들이 만들어 내는 가지각색의 3차원적 영상문화를 미친 듯이 탐닉하며, 그것들이 만들어 내는 '현실 이상의 현실'인 '초현실' 속으로 기꺼이, 그리고 자발적으로 빠져들어 그 속에서 장렬하게 익사한다.

칸트가 그의 『순수이성 비판』(*The Critique of Pure Reason*)의 서문에서 선언한 대로, 인간은 숙명적으로 있는 그대로의 실재세계(實在世界)를 인식하며 살아갈 수는 없다. 인간이 인지하는 어떤 진리도 실재세계와는 '아주 거리가 먼', 인식의 과정을 거쳐 인간의 의식 속으로 들어온 '인식화된'(cognized) 객체일 뿐이다.[18] 그렇지만, 20세기 후반의 영상문화가 만들어 내는 '현실 이상의 현실'로서의 '초현실'은 칸트가 생각했던 '인식화된 객체'로서의 인간적 허구와는 차원이 다른 것이었다. 20세기 후반에 들어 급속도로 발달된 과학기술을 등에 업은 상업주의적 영상문화 속에는 '실재하는 삶'(the real)을 표현하기 위한 '성실'(sincerity)과 '정직'(honesty)과 '온전함'(integrity)과 '진정성'(authenticity)과 '독창성'(originality)의 원칙은 없다. 그곳에서는 모더니즘 시대의 '창조자로서의 예술가'(author)는 죽었고, 오직 상업적 잇속으로 조작된 '현실 이상의 현실'로서의 '초현실'이 있을 뿐이며, 의식의 깊은 심연에서 회오리치는 삶의 기쁨과 아픔을 탐닉하려는 독자도 없다.

보드리야르에 의하면, 영상문화를 대표하는 TV 프로그램의 제작자들의 관심은 오직 TV 앞에 앉아 있는 무뇌의 대중들(unthinking mass)의 눈과 귀를 사로잡는 것뿐이며, 어떻게 하면 자신들의 프로그램이 상업적으로 성공할 것인가에만 쏠려 있다. 그들은 오직 생각 없는 대중들의 말초적 촉감을 효과적으로 자극할 가공(架空)의 이미지를 만드는 것에만 몰두하고, 그들의 영상이 참인가에 대한 가치판단은 아예 하지 않는다. 그러므로, 오늘날, TV나 여타의 영상 프로그램 제작자들이 만들어 놓은 영상 속의 현실들은 많은 경우 실제의 삶과는 아무런 연관이 없는 완전한 비현실(unreality)로서의 '초현실'(hyper-reality)이며, 실재의 삶과 비슷한 모양을 하고 있지만 실제의 삶과는 터무니없이 다르다는 점에서 삶의 '모조품'(pure simulacrum)에 불과하다. 그것들에도 역시 실재하는 삶의 파편들과 유사한 모양의 삶이 들어 있는 것은 사실이다. 그러나, 그것들은 상업주의적 목적으로 변형되면서 현실과 거리가 먼 상상들의 조합으로 탈바꿈하고 만다. 그리고, 이렇게 만들어진 삶에 대한 가공의 이미지들은, 제 차례가 되어, '생각 없는 대중'들의 의식 속으로 파고들어, 그들의 삶을 지배하고, 조종하며, 그들의 마음속에 새로운 현실을 잉태하게 한다. 생각 없는 대중들이 대중매체들이 생산해 내는 가공의 이미지들을 바탕으로 그들의 마음속에 가짜의 삶을 잉태하는 것—이것이 바로 대중매체 속의 가공의 현실들이 '현실보다 더욱 현실 같은 초현실'이 되는 이유이다.

뉴질랜드의 시드니 대학에서 했던 「영상이라는 악마들」("The Evil Demon of Images")이라는 제목의 강연에서 보드리야르가 선언했듯이, 포스트모던 시대의 대중매체들은 오직 '자기참조의 원칙'—'이익'을 절대기준으로 삼는 원칙—에 비춰서만 그들의 영상을 창조한다.

> 이 자리에서 나는 [영상매체들이 생산하는] 이미지와 그것이 지시하는 소위 현실이라는 것 사이의 삐뚤어진 관계를 드러내 보여 주려 합니다. 그들의 관계는 이미지와 현실의 관계를 혼돈으로 빠지게 하는 관계로서 가상의 관계이지만 되돌릴 수 없는 관계입니다. 그 혼돈의 본질이 무엇인지를 가늠하는 것은 점점 어려워지고 있습니다. 이미지가 현실을 잡아먹고 그들의 관계를 모호하게 하는 데에는, 즉 이미지가 악의적으로 현실을 유혹해 진흙탕에 빠뜨리는 데에는 여러 가지 양태가 있기 때문입니다. 그 가운데에서 가장 나쁜 것은 지극히 의심스

러운 '자기참조의 원칙'이라는 것인데, 그 원칙으로 만들어진 이미지는 겉으로 보면 실재하는 현실을 참조해서 만들어진 것 같지만, 실제로는 논리적으로 보나 시간적으로 보나 실재하는 현실 이전의 가공의 현실을 참조해서 만들어진 것입니다. 그러므로 자기참조의 원칙으로 만들어진 이미지는 어느 하나도 사실이 아닙니다. … 이미지가 실재하는 현실을 선행한 것이지요. 그래서 인과성에 의해서 논리적으로 전개되는 실재하는 현실과 그 재현의 과정을 뒤집어 놓은 것이지요.[19]

포스트모던 시대 대중영상매체들이 창조해 낸 이미지들의 세계는 현실 속의 어떤 실제적 삶도 참조하지 않고 만들어진 '무의미의 영상세계'[the (non) meanings of a world]로서 그 속으로 생각 없는 대중들이 기꺼이 빠져들어 그들의 모든 비판의식이 마비되는 '용감한 신세계'(the brave new world)라는 것이다. 물론, 그 속에도, 사랑의 낭만이 있고, 전쟁의 아픔이 있으며, 생명의 신비가 있고, 잉태의 기쁨과 삶의 고단함이 있다. 그러나, 이 세계의 삶들은 모두 '대중들의 말초적 촉감을 자극하고 사로잡기 위해' 영상매체들이 자기참조체계 속에서 찾은 것들로서 현실과 유사한 모양을 하고 있을 뿐, 이미 현실이 아닌, 현실 속에서의 의미와 형상은 모두 거세된 '모조의 삶들'(simulacura)이 꿈틀거리는 세계이다.[20] 더욱 중요한 것은, 그것들이 대중들의 의식 속에 새로운 욕망을 창조하고, 그리하여 그들의 현실 속의 행동을 결정한다는 것이다. 그것으로 무뇌의 대중들이 그 영상들에 접촉하지 않았다면 결코 갖지 않을 인공의 욕망을 갖게 된다는 것이며, 인공적 욕망을 가진 인공자아가 자연상태의 자아를 지배함으로써 자연상태의 자아라면 결코 하지 않을 행동을 스스럼없이 하게 된다는 것이다. 보드리야르에 의하면, 포스트모던의 대중영상문화 속에서 비평의식을 잃은 '생각 없는 대중'들은 영상매체들이 만들어 낸 가공의 이미지들을 탐닉하며 피학성의(masochistic) 동의를 통해 자발적으로 '현실이 실종된'(the loss of the real) '초현실'을 분별없이 소비하며 그 속에 빠져 기꺼이 익사한다.[21]

자기참조체계 — 이익을 절대가치로 삼는 대중매체들의 참조체계 — 의 바탕 위에서 창조된 영상문화에 대한 보드리야르의 비판은 포스트모던의 시대 문명비평가인 제임슨에게로 이어진다. 제임슨은 그의 책 『포스트모더니즘: 후기자본주의의 문화논리』(*Postmodernism, or the Cultural Logic of Late Capitalism*)에서 후기자본주의 문화논리로 움직이는 포스트모던의 이미지 지향적 문명을 컴퓨터로 관리되고 광고를 위해 만들어진 '속이 없는 얄팍한'(depthlessness) 문명이라고 비판한다. 제임슨에 의하면, 현대문명 속에는 살아 있는 삶이 없다. 그 속에는 생명이 없는, 기성의(ready-made), 추상화된(abstracted) 가짜 삶의 영상들이 가득 들어 있을 뿐이다. 그것은 기성의 삶의 영상들을 자르고 붙여 만든 '알맹이가 빠진'(abstracted) 삶의 조합들로 가득하다.[22]

제임슨은 현대문명의 '얄팍함'(shallowness)을 보여 주기 위해 반 고흐의 그림 「농부의 신발」("Peasant Shoes")과 앤디 워홀의 그림 「고급 먼지신발」("Diamond Dust Shoes")을 나란히 놓는다.[23] 그리고 제임슨은 말한다. 고흐의 그림에는 특정 시대의 어느 개인이 처했던 사회적·지리적·역사적 환경이 깊이 새겨져 있다. 다시 말하면, 고흐의 그림에는 작가가 살았던 전기 자본주의 시대 시골의 농부들이 겪었던 뼈저린 가난과 삶의 고뇌와 생활의 비참함이 진솔하게 표현되어 있다. 반면에, 후기자본주의 시대의 예술가인 워홀의 그림에서는 '삶에 대한 모조의 영상'(simulacura)들에 의해 무의식이 지배되고 조종되는 포스트모던 현대인들의 마구 흐트러진 표피적 삶이 진하게 묻어난다. 포스트모던의 '공간적 형식'(the spatial form)의 기법으로 그려진 워홀의 그림이 상징적으로 보여 주듯이, 현대인들의 의식의 공간을 가득 채우고 있는 이 신발들의 영상에는 인문, 지리, 사회, 역사 등의 의미 있는 삶의 흔적은 없다. 그것은 오직, 기계적으로 조립되어 새로운 욕망을 창조하고 새로운 충동을 자극하는 영상들로 가득 채워져 있을 뿐이다. 겉으로는 번지르하지만 속은 텅 빈 '얄팍한' 삶의 주인공들 — 잘려 나간 의미와 형상을 붙들고, 세파에 밀려, 질서와 아름다움에 대한 어떤 열정도 없이, 부표처럼 떠다니는 그들의 삶은 어떤 의미가 있을까? 현실과 부딪치며 치열한 싸움을 벌이기를 거부하는 그들의 정신은 다시 예전의 고결함을 되찾을 수 있을까?

제임슨에 의하면, 워홀이 들여다본 현대인들의 의식에 각인된 영상의 한 단면—그것은 상업주의적 후기자본주의가 만들어 심어 주지 않는다면 절대로 가질 수 없는, 컴퓨터 같은 기계에 의해서 인위적으로 만들어진 '참을 수 없이 가벼운' 삶의 한 단면의 영상으로서 '품위를 잃은', '얄팍한', '겉만 반짝이는', '속이 텅 빈' 현대인들의 의식의 한 단면인 것이다. 그의 주장대로, 초기자본주의의 문제는 생산의 수단을 전유한 자본가 계급이 이윤의 추구를 최고의 가치로 하여 생산활동을 하면서, 인격을 오직 물격으로만 값을 매김으로써 노동계급의 삶에 아픔과 절망을 가져온다는 것이었다. 그러나, 후기자본주의의 논리의 문제는 모든 고결한 인간성이 자본의 급속순환을 위해 희생되고 있다는 것이다. 이 시대의 모든 과학기술은 '소비를 위한 소비'(consumption for the consumption's sake)를 효율적으로 조장하기 위해 동원된다. 그리고, 이 시대의 모든 인지적(人智的) 능력도 '소비를 위한 소비'를 효율적으로 관리하기 위해 소모된다.[24]

2. 포스트모던의 디스토피아, 그리고 절대허무

근대문명의 문제는 도구적 이성에 대한 집착으로 팽배해진 물신주의 사고 속에서 인간이 영혼의 고결성과 영웅성을 잃어버리게 된 것이었고, 모더니즘은 온고지신의 정신으로 인간 영혼의 고결성과 영웅성을 되찾으려는 노력이었다. 반면에, 포스트모던 문명의 문제는 전체주의 권력의 물리적 폭력과 문화전체주의 권력의 '눈에 보이지 않는 폭력'(invisible soft power)으로 인간의 영혼이 '피학적 쾌감'(masochistic pleasure) 속에 유폐된 것이었고, 포스트모더니즘은 '피학적 쾌감'에의 유폐라는 절망의 공간에서 어떤 행복의 레시피도 찾을 수 없다는 극단적인 염세주의의 표현이었다.

포스트모던의 전체주의적 대중사회는 물리적 폭력이 죄의식 없이 난무하는 '광기 띤 이성'의 아이러니컬한 야만의 사회였고, 진지한 것을 경원시하는 풍경사회(the society of the spectacle)였으며, 상품가치와 교환가치를 중시하는 소비사회(consumer society)였고, 증거와 합의로 소비를 조종하는 관료사회(the bureaucratic society of controlled consumption)였다. 그리고, 기계적 가치와 능률가치를 숭상하는 후기산업사회(post-industrial society)였으며, 시청률과 이윤을 자기참조체계로 하는 매체사회(media society)였다. 이 사회에서는 물질과 능률과 증거와 합의와 이윤과 기술이 최고의 가치였고, 진, 선, 미, 정의, 도리 등의 전통적 가치들은 종속가치가 되었으며, 물질로 환산될 수 없고, 경험으로 증명될 수 없으며, 능률로 이윤을 창출하지 못하면, 어떤 경우에도 삶에서 배제되고 말았다. 따라서, 이 사회에서는 언어와 지식의 본질뿐 아니라 진리와 아름다움의 속성까지도 변모되었으며, 이에 따라 삶과 경험을 조직하는 방식도 크게 달라지게 되었다. 이성의 광기 띤 빛이 정신의 어둠을 낳아 삶의 조건을 지극히 메마르고 피폐하게 만들어 놓은 것이다.

포스트모던 시대의 대중들은, 물질적 편안함이 있다면, 어떤 전체주의적 가치들에도 기꺼운 동의를 바칠 각오가 되어 있었으며, 순간적 쾌감만 있다면 숭엄한 주제와 정교한 기교가 없는 어떤 공연이나 그림도 '예술'로 받아들일 준비가 되어 있었다. 이제, 포스트모던 시대의 대중들에게는, 목적 없이 흔들어 대는 손이나 다리의 놀림들이 문화의 미명으로 '예술'이 되었고, 전통적으로 문화라고 정의되어 왔던 '고급문화'는 '대중문화'의 언저리로 밀려나게 되었으며, 귀족적인 삶과 고고한 사고는 경멸의 대상이 되었다. 또한, 이 시대의 대중문화는 '현재'가 갖는 의미를 깨닫지 못한 채 '현재'가 가진 모든 질곡들을 무너뜨리려는 거대한 야성적 에너지도 갖고 있었다. 뿐만 아니라, 이성의 독아(毒牙)에 물려 과학문명을 통제할 정신적 힘을 상실한 현대인들은, 현대 미국 시인 로웰이 말했듯이, 도구적 이성의 종교에 '마취되어'(tranquilized) '백치화된'(lobotomized) 삶을 살아가게 되었다.

그렇다면, 포스트모던 시대에 와서 사람들은 왜 '기꺼운 동의'를 통해 '백치화된' 삶을 살아가게 된 것일까? 아도르노와 같은 프랑크푸르트 학파들은 '합리 속의 비합리'(rational irrationality)에서 계몽의 역설에 대한 원인을 찾았다. '합리'(rationality)란 언제나 그 속에 무시무시하게 비이성적인 무언가를 담고 있다는 것이다.

> … 프랑크푸르트 학파의 이론가들에게, 자본계급의 합리는 언제나 그 속에 무시무시한 비합리를 내포하고 있었다. 그들이 '유태인 대학살'(the Holocaust)을 계몽정신이 야만의 정신으로 타락해서 생겨난 것이라고 보지 않고, 도구적 이성에 선험적으로 내재되어 있는 '반이성'이 파국적으로 나타난 것이라고 보는 것은 바로 이 때문이다.[25]

이는 어쩌면, 『문명과 그 불만』에서 프로이트가 밝힌 대로 인간은 선험적으로 이성적인 동물이 아니기 때문일지도 모른다. 프로이트에게 인간은 결코 '생각함'으로 존재하지 않고, '욕망함'으로 존재한다. 겉으로는 합리의 얼굴을 한 인간의 모든 행동이 근본적으로는 파괴적이고 공격적인 무의식적 욕망과 충동에 의해 결정되는 한, 다시 말해, 인간의 거의 모든 의식이 허위의식인 한, 인간은 이성적 동물이라는 전제는 환상에 불과한 것이다.

포스트모던 시대가 행복의 레시피를 찾을 수 없는 디스토피아에 빠져들게 된 또 하나의 원인은 과학이라는 사이비 종교에 빠져든 인간이 과학기술과 그것으로 얻은 물질적 부에 대한 맹신으로 도구적 이성을 자기 파괴적인 힘으로 사용한 것이다. 2차 세계대전이라는 역사적 사건을 계기로 가속화된 '제3차 산업혁명'이 이성이 곧 과학이고 과학은 곧 물질적 부이자 권력이라는 매체담론(媒體談論/metadiscourse)을 만들어 세상을 지배하게 된 것이다. 인간의 정신이 기계에 종속되었고, 문명이라는 이름으로 자연은 훼손되어 자기 정화의 기능을 잃어버리게 되었다. 또한, 지구상의 모든 인류가 과학기술의 발전으로 개발된 원자폭탄이나 화학무기와 같은 최첨단 무기들의 즉각적인 사정권 안에서 살아가게 되었다. 그뿐이 아니다. 인간의 무의식은 영상매체들이 쏟아 내는 광고영상들로 유린되어 미적 감각과 윤리의식을 잃어버리게 되었으며, 인류는 그들이 조종하는 대로 규격화되고 표준화된 사고와 행동을 하며 무미건조한 삶을 살아가게 되었다. 예술의 죽음도 포스트모던 디스토피아의 한 풍경이었다. 이제 포스트모던 시대의 인류는 영혼이 제거된 음들을 연결하고 음향효과로 색칠한 노래를 듣고, 컴퓨터로 분석해 낸 음소들의 집합과 배열로 쓰인 시를 읽으며 낭만을 즐긴다. 기계가 만들어 주는 삶의 리듬에 맞추어 살아가면서, 기술문명을 통제할 정신적 힘을 잃어버린 것이다. 미국의 현대 시인 존 베리먼(John Berryman)은 그의 시집 『꿈속의 노래들』(*Dream Songs*)에서 포스트모던 시대의 디스토피아에 살아가는 현대인들의 삶을 손수건을 넣어 만든 맛대가리 없는 샌드위치에 빗대어 이렇게 표현했다.

> 최근에 나에게는 아주 나쁜 일은 일어나지 않는다.
> 어떻게 설명해야 할까? ―본즈 씨, 이렇게 설명하자,
> 최대한 당신의 그 말똥거리는
> 말투를 빌려서. 여자도 없고, 전화 걸어오는 이도 없네,
> 본즈 씨, 당신에게 무슨 나쁜 일이 있겠소?
> ―만약 인생이 손수건을 넣어 만든 샌드위치 같다면 말이오, …[26]

포스트모던의 삶의 터전이 왜 디스토피아인가? 이에 대한 또 하나의 답은 포스트모던 시대의 합리의 종교가 진리에 도달하는 수단을 전치(顚置)시켜 놓았다는 데에서 찾을 수도 있다. 이 시대에 와서 진리에 도달하는 수

단이 '믿음'(faith)에서 '증거'와 '능률'과 '동의'로 전치된 것이다. 그리하여 '증거'가 없어도 자명한 영적(靈的)인 진리의 기능이 정지된 것이다. 또한, '증거'가 있다고 해도, 민중의 동의에 의해 '진리'라고 받아들여지지 않는다면, 진리로서의 기능을 수행할 수 없게 된 것이다. 이제 삶에서 '어떤 것이 직관적으로뿐 아니라 감정적으로도, 또는 민중의 동의 없이도 참인가?'라는 물음은 더 이상 유용하지 않게 되었다. 그리고, 포스트모던의 대중사회 속에서는 그 어느 누구도 '비이성적 이성'의 덫에 걸리지 않고 살아가는 개인도 없게 되었다. 이 문명 속에서는 생산의 원동력으로서의 '노동'(labor)도, 우주적 재생의 원동력으로서의 '성'(性)도 예외 없이 편취의 대상이며, 모두 '증거'와 '능률'과 '동의'에 의해 매겨진 값으로 사고팔린다. 이 문명 속에서는 물질의 향유에서 오는 만족을 대체할 어떤 대체만족도, 물질의 소유로 얻는 자유를 대체할 어떤 대체자유도 없다. 그리고, 대체만족과 대체자유가 없다는 것은, 유한한 인간은 죽어야 한다는 사실만큼이나 부조리한 것이다.

포스트모더니즘 문학은 행복의 레시피가 없는 포스트모던 시대의 디스토피아에 살아야 하는 현대인들의 피폐한 삶의 이야기이다. 다시 말하면, '합리 속의 비합리'(rational irrationality), 또는 '비합리적 합리'(irrational rationality)를 속성으로 하는 포스트모던 시대의 부조리투성이의 세계에서 '어떻게 살아야 하는가?'의 문제에 관여하는 하나의 지배적인 방식이다. 포스트모던의 현대세계는 합리의 미명으로 고매한 이상과 아름다운 꿈과 고결한 감성을 모두 잃어버리고, '불모의 균질성'(sterile homogeneity)을 속성으로 하는 디스토피아가 되어 버린 것이다. 포스트모더니스트 작가들은 20세기 후반의 '풍요로운 사회' 속에서 목적의식과 창조성을 상실한 채 균질화되어, 인간 본연의 모습으로부터 멀어진 인간들의 모습을 보았고, 겉으로 보기에는 기계적 에너지의 이동으로 열려 있는 듯하지만 실제로는 인간적 에너지의 소진으로 꽉 닫혀 있는 폐쇄회로에 갇힌 현대사회를 보았다. 그들에게 포스트모던 서구의 역사는, 배리 레빈슨(Barry Levinson) 감독의 영화 『저주받은 인간』(*Rain Man*)에 상징적으로 표현되어 있듯이, 어떤 의미에서는 장미화원을 떠나, 고결한 정신의 유산으로 남겨진 자동차를 타고, 라스베이거스의 도박장으로 가도록 '저주받은' 역사였다. 20세기 중반의 서구인들은 자신들도 모르는 사이에 행복을 마구 흩어 놓는 비인간적인 힘들을 대량생산해 내는 기계문명의 여정에서 하나의 기착지(寄着地)에 도착했다. 그곳은 삶의 도박장이었으며, 영혼과 감정을 지닌 인간은 없었고, 돈과 계산에 종속된 인간만이 있었다. 그들의 세대들은 모두 도박기계의 복잡한 회로를 이해하고 계산해 낼 만큼 고도의 지능을 가지고 있지만, 한 치의 감정도 향유할 수 없는 자폐증 환자들이다. 포스트모더니즘 문학은 포스트모던의 '이성중심문화'가 만들어 온 역사의 미로 속에서 서구인들이 갖게 된 자폐증의 자각이며, 그들의 세계에 관여함으로써 그들의 머리 위에 얹혀 있는 저주에서 벗어나려는 예술적 노력이다.

3. 포스트모더니즘 문학: 행복의 레시피가 없는 세계들

베케트: 부조리극(the Theater of the Absurd)『고도를 기다리며』

2차 세계대전 전후의 시대는 환멸의 시대였고, 절대허무의 시대였다. 무엇이 이 시대를 이렇게 만들었을까? 이 시대 속의 사람들은 어떤 모습을 하고 살아가는 것일까? 사뮈엘 베케트와 같은 포스트모던 시대의 작가들이 그들의 작품 속에서 대답해야 했던 절체절명의 물음이었다. 쑥대밭이 된 전후 세계에 펼쳐진 죽음과 파멸과 공포의 황무지를 앞에 두고, 그들은 역사는 결코 유토피아를 향해 진보하지 않는다는 사실을 깨달았고, 진보와 자유와 행복을 꿈꿨던 계몽주의적 이성지상주의 거대담론들이 더 이상 작동하지 않는다는 사실도 절감했다. 전후 세계의 길 잃은 세대들에게, 존재의 조건은, 리오타르가 설파한 대로, 계몽주의 거대담론이 만들어 낸 문화전체주의에 갇혀 사는 것이었고, 계몽주의 거대담론이 지향하는 가치들을 더 이상 신뢰할 수 없게 되었다는 것이다. 그들은, 앙드레 브르통이나 마르셀 프루스트 같은 초현실주의 예술가들의 예를 따라, 서구인들의 의식을 뒤덮고 있는 '이성'의 껍데기들을 한 꺼풀씩 벗겨 냈다. 그리고, 이성 저 깊은 곳 무의식의 심연에 웅크리고 앉아 있는 서구 현대인들의 초췌하고 추악한 자아를 발견했다. 그리고, 카뮈나 사르트르와 같은 실존주의자들의 가르침에서 인간 존재의 조건은 '합리'가 아니라 '부조리'이며, 의미 있는 삶이란 순간순간의 '의미 있는 선택'으로 그 '부조리'에 저항하는 것임을 배웠다. 또한, 조이스나 프루스트와 같은 작가들에게서 '의식의 언어'로는 기술할 수 없는 '무의식의 세계'와, 무논리의 세계인 '무의식'의 세계를 기술해 내기 위한 '무의식의 언어'에 대해 배웠다.

포스트모던 시대의 전위작가 가운데 한 사람이었던 베케트는 20세기 초 아일랜드에서, 건설 자재상을 하는 아버지와 교편을 잡은 어머니 사이에서 유복하게 태어났다. 그러나, 그가 자신의 유년기를 회고하며 했던 "나는 행복을 찾는 소질은 없는 사람이었어."[27]라는 말에 함축되어 있듯이, 그의 유년기의 삶은 '의미 있는' 삶도, '행복한' 삶도 아니었다. 그는 '외로웠고'(lonely), '삶에서 자신을 유리시켰으며'(aloofness), '우울감에 빠져 있었고'(melancholy), '주저함이 많았으며'(reserved), 늘 '심기가 불편했고'(sullen), 어머니의 속물적(snobbish) 처세에 '저항적'(rebellious)이었다. 중년의 삶도 다르지 않았다. 때때로 우울증에 시달렸고, 폭음으로 정신이 혼미했으며, 몇 번은 신경쇠약으로 심각한 고통을 겪었다. 유복함이 삶의 의미와 행복을 만들어 주지 못했던 것이다. 의미와 행복을 만들어 줄 모든 참조체계들이 사라지거나 무너져 버린 것이다. 삶의 작은 일상에서 의미와 행복을 찾아 주던 신(God)은 죽은 지 오래였고, 진선미의 가치판단을 해 주던 계몽주의의 거대담론들은 모두 과학의 종교와 물신(物神)의 지배하에서 분열과 분화와 파괴의 담론으로 변질된 것이다.

인간 존재에 대한 베케트의 번뇌에 최후의 일격을 가했던 것은 히틀러의 출현이었다. 그는 유럽을 돌아다니며 여행하던 끝에 1937년에 파리에 정착했고, 2차 세계대전이 발발하자 프랑스의 지하 레지스탕스에 가담해 '자신의 친구들'을 고통에서 벗어나게 하고자 했다. 그러나 모두가 부질없는 일이었다. 전쟁 동안, 독일의 게슈타포에게 쫓기면서, 종전(終戰)까지 나치를 피해 은거하거나 노동자로 생활하면서 현대문명의 참상을 목도했던 것이다. 그의 눈에 히틀러는 "인류의 삶을 지옥으로 빠져들게 하는"(making life hell for my friends)[28] 악마였다. 그는 고뇌했고, 그를 고질적인 고통에서 구해 주었던 것은 오직 '글쓰기'뿐이었다. 오직 그곳에만, 의미와 아름다움과 행복의 비전이 있었다. 오직 그곳에서만, 잘못된 '습관'의 노예가 되어 행복의 문을 두드리지 못하는 얼간이들을 마음껏 조롱해 줄 수 있었다.

20세기 미국 시인 로웰은 그의 시 「칼리굴라」("Caligula")에서 그의 주인공 칼리굴라로 하여금 외치게 한다. "인간은 죽는다, / 인간은 행복하지 못하다(Man dies, / he is not happy)." 시인 로웰에게, 인간이 죽기 위해서 태어나야 한다면, 그것은 분명 부조리였다. 아일랜드의 극작가이자 소설가였던 베케트도 포스트모던의 문명 속에 숙명으로 스며 있는 불치의 고독과 절대고통의 부조리를 보았다. 파리에서 프루스트에 대한 공부를 하면서 베케트는 인간들이 '말뚝에 묶여 구역질을 하는 개'(the ballast that chains the dog to his vomit)처럼 '습관'의 노예로 살아가고 있다는 사실을 깨달았다.[29] 그리고, 융(Carl G. Jung)의 '원형심리학'(archetype psychology)을 공부하면서, 인간들이 '살아 있는 채로 삶겨 죽을 운명에 있는 바닷가재'(irremediable solitude to which human being is condemned)처럼 절대고독과 절대고통을 지고 죽어간다는 사실을 알게 되었다. 그리고, 그것을 1934년에 출판된 그의 단편집 『차는 것보다 찌르는 것이 더 아프다』(*More Pricks than Kicks*)에 실린 「단테와 바닷가재」("Dante and the Lobster")라는 단편에서 그려 냈다.[30] 인간이 '구역질'을 하면서도 파괴의 '습관'에 묶여 살아야 한다면, 인간의 숙명은 얼마나 부조리한가? 산 채로 삶겨 죽는 절대의 고통을 스스로 창조하며 살아가는 것이 인간의 또 하나의 숙명이라면, 그 또한 얼마나 부조리한가?

부조리 작가 베케트의 그다음 문제는 현대인들의 삶 속에 숙명처럼 얹혀 있는 이 부조리들을 어떻게 글로 써낼 것인가였다. 그에게 파리에서 만난 조이스는 하나의 해답을 주었다. 조이스에게서 의식 깊은 곳에서 구역질 나는 습관에 묶여 절대고통을 감내하며 초췌한 모습으로 웅크리고 있는 무의식을 표현해 낼 수 있는 무논리의 언어를 배운 것이다. 그리고, 1949년에 출판된 『고도를 기다리며』(*Waiting for Godot*)는 '의식의 언어'로는 기술할 수 없는 '무의식의 세계'를 무논리의 언어로 기술해 낸 베케트의 대표작이자 부조리 문학의 정수였다. 그러므로, 베케트의 부조리극 『고도를 기다리며』를 읽어 내기 위해서는 무논리의 언어로 기술된 무의식의 세계를 의식의 언어로 풀어내는 지난한 작업을 수행해야 한다.

실존주의 철학자였던 카뮈는 그의 『시지푸스의 신화』에서 '인간이 삶을 너무 사랑한 죄로 영원토록 헛된 노역에 시달려야 한다면 이 얼마나 엄청난 부조리인가?' 하고 묻는다. 포스트모던의 시대가 오기 전에, 서구의 기독교는 이 물음에 대해서 하나의 대답을 가지고 있었다. 인간의 삶이 그토록 부조리한 것은 신이 존재한다는 사실을 알게 하기 위함이라고. 심지어, 카뮈조차도 자신의 물음에 대한 하나의 대답을 가지고 있었다. 인간에게는 영원토록의 헛된 노역 속에서도 자유의지라는 행복의 비결이 있다고. 그러나, 2차 세계대전 전후의 세계에는 더 이상 어떤 '행복의 처방전'이 존재하지 않았다. 존재가 부조리투성이의 실존에 무방비 상태로 던져진 것이다. 베케트의 절망은 2차 세계대전 전후의 세대들에게는 부조리의 실존을 이겨낼 행복의 처방전이 없다는 것이었고, 『고도를 기다리며』를 포함한 그의 작품들은 처음부터 끝까지 그 처방전을 갖지 못한 이 시대의 길 잃은 세대들에 대한 연민의 표현이었다.

그러나, 『고도를 기다리며』에서의 길 잃은 전후 세대들에 대한 베케트의 시선은 단순한 연민에 그치지 않는다. 이 극은 행복의 처방전이 없다는 절망에 빠져 있으면서도, 어떻게 하면 그것을 얻을 수 있는지에 대해 고뇌하지 않는 현대인들에 대한 조롱으로 가득 차 있기 때문이다. 또한, 행복의 처방전은 영혼을 치유하는 '의사'에게서 받으라고 충고하고 있기 때문이다. 1944년까지 3년에 걸쳐 쓰였지만 1953년에 출판된 『와트』(*Watt*)에 나오는 '도무지 알 수 없는 신'(an inscrutable God)은 엉뚱한 곳에서 자신을 찾는 모든 인간들을 조롱한다. 이 극에서 '노트 씨'(Mr. Knott)의 하인인 와트(Watt)는 노트 씨의 대저택 주위를 맴돌며 노트 씨를 찾고 있다. 그리고, 『고도를 기다리며』에서는 계속해서 피나는 노력을 하지 않고, 헛된 방법으로 처방전을 구하려 하는 두 주인공 블라디미르(Vladmir)와 에스트라공(Estragon)을 어릿광대 찰리 채플린(Charlie Chaplin)의 익살 섞인 농담의 형식으로 '왜 당신은 처방전을 받으러 병원으로 가지 않는가?'라고 마음껏 비꼬아 준다.[31]

1949년에 출판된 『고도를 기다리며』는 자유의지에 의한 선택권이 주어진 인간들이 어떤 창조적인 '행위'도 하지 않고, '습관'이라는 말뚝에 묶여, 그들의 자유의지로 오직 '기다림'이라는 수동적인 '행위'만을 선택하는 인간 실존의 부조리를 고발한다. 20세기 중반의 서구정신사는 누가 뭐래도 세계대전이라는 '대참사의 유령에 사로잡힌' 공포의 역사(holocaust-haunted history)였다. 그러므로, 베케트는 한편으로는 행복의 처방전을 모두 잃어버린 현대인들의 부조리한 존재조건을 연민한다. 그러나, 다른 한편으로는, 그 속에서 행복의 처방전을 찾으려 하지 않는 현대인들의 수동성을 조롱한다. 그리고, 그의 뒤따르는 『행복한 나날들』(*Happy Days*)에서 베케트는 모래무덤 속으로 서서히 빨려들어 가 마침내 죽음을 맞이하는 주인공의 모습을 그리며, 포스트모던 시대의 '행복'이란 바로 이런 것이라고 말해 준다.

2차 세계대전 전후의 불모화된 황무지 유럽에서 베케트가 만난 부조리 신의 손아귀에 잡혀 고통받는 현대인들의 모습은 어떤 논리나 설명의 이성적 언어로는 표현이 불가능한 꿈속의 한 장면 같은 무엇이었다. 그래서 그는 2차 세계대전과 같은 전 인류적 대참사에서 극도의 내상(內傷)을 입은 한 인간이 꿀 수 있는 꿈을 생각했다. 그 꿈에는 아마 초라한 쉼터 하나도 남김이 없이 모조리 부서져 버린 초토화된 불모지를 앞뒤에 두고, 생명의 그늘이 되어 줄 수 없는 메말라 가는 나무 한 그루 밑에서, 어디에서 오는지 어디로 가는지도 모를 길 위에 앉아서, 당근과 순무로 목숨을 연명해 가면서, 길을 가르쳐 줄 구원자를 기다리는 인간들의 처참한 모습이 나타나지 않았을까? 베케트는 『고도를 기다리며』에서 무의식의 언어인 꿈의 언어로 절대 허무의 소용돌이에 빠져 허우적거리는 현대인들의 절망을 그려 냈다.

프로이트는 그의 『꿈의 해석』(*The Interpretation of Dreams*)에서, 꿈이란 '금지된 소망의 성취'(wish fulfillment)이며, 꿈의 언어는 도덕적 자아의 검열을 피하기 위해 '은유'(metaphor)와 '대유'(metonymy), '압축'(condensation)과 '치환'(displacement)의 방법으로 '금지된 소망'을 변형시켜 표현하는 '무논리의 언어'(illogical language)라고 정의했다. 이 극에서 베케트의 언어는, 프로이트가 설명했던 것처럼, 은유와 대유, 압축과 치환의 방법으로 금지된 소망을 표현하는 꿈의 언어이다. 그러므로, 베케트가 이 극에 등장시킨 인물들이 가진 금지된 소망은 무엇인가, 그리고 그들이 처한 곤경은 무엇인가를 알아내기 위해서는 지극히 무논리적인 은유와 대유, 압축과 치환의 방법으로 펼쳐지는 그들의 언어를 풀어헤칠 수 있어야 한다.

그렇다면, 『고도를 기다리며』에서 베케트가 은유와 대유, 압축과 치환의 무논리의 언어로 표현하고자 했던 현대인들의 곤경과 그들이 마음속 깊숙이 간직하고 있던 금지된 소망이란 도대체 무엇이었을까? 결론부터 말하면, 이 극의 주인공들이 처한 헤어 나올 수 없는 곤경은 그들이 부조리신의 손아귀에 잡혀 있으면서도, 부조리신을 이기고 행복의 비책을 찾아내는데 도움을 줄 신(God)은 이미 죽었다는 것이다. 그래서 그들의 무의식 깊숙이 숨어 있는 금지된 소망은 부조리신의 압제에서 벗어나게 해 줄 신인 '고도'(Godot)를 만나는 것이었다. 그렇다면, 먼저 그들이 신을 만나 걷어 내고 극복하고자 했던 부조리란 도대체 무엇이었을까?

베케트가 이 극을 통해 그려 낸 인간에게 씌워진 가장 큰 실존적 부조리는 '태어났다'는 사실 그 자체이다. 스페인의 극작가 칼데론(Calderon)은 그의 극 『인생은 한낱 꿈일 뿐이야!』에서 "인간이 지은 죄 가운데에서 가장 큰 죄는 '태어났다'는 사실 그 자체이다(Man's greatest sin is to have been born)."[32]라고 선언했는데, 『고도를 기다리며』에서 주인공 에스트라공은 칼데론의 말을 다음과 같이 바꾸어 말한다.

> 에스트라공: 뭐라고?
> 블라디미르: 참회라는 거 해 보면 어떨까.
> 에스트라공: 무슨 참회?
> 블라디미르: 아! … (잠시 생각한다) 너무 자세히 들어갈 건 없잖아.
> 에스트라공: 태어난 것 말이야?[33]

에스트라공에게 원죄란 에덴의 동산에서 사과를 따 먹은 것이 아니라, 태어난 것 바로 그 자체인 것이다. 인간이 말할 수 없는 고통을 참고 살아가야 하는 것은 그의 비극적 선택 때문이 아니라, 단순히 태어났기 때문이라는 것이다. 오직 죽음만이 존재에 지워진 고통의 짐을 내려놓을 수 있는 유일한 길이라면, 인간의 실존은 얼마나 부조리한가? 에스트라공은 블라디미르에게 자신을 죽여 달라고 말한다. 그리고, 블라디미르는 죽을 때까지 고통의 짐을 지고 살아가는 것이 인간의 숙명이라고 대꾸한다.

> 에스트라공: 제일 좋은 건 다른 이들처럼 콱 죽어 버리는 건데.
> 블라디미르: 다른 사람 누구? (잠시 쉬고) 다른 사람 누구?
> 에스트라공: 수억 명의 다른 사람들처럼.
> 블라디미르: (간결하게) 모든 사람은 크고 작은 숙명을 지고 살지.
> (한숨짓는다) 죽을 때까지.[34]

그들이 기다리는 것은 어쩌면 행복의 비결을 알려 줄 구원자로서의 '고도'가 아니라, 무덤덤한 일상에 겹겹이 쌓인 고통을 잊을 수 있게 하는 죽음의 신 '고도'인지 모른다.

베케트에게는, 그러나, 인간의 실존이 부조리한 것은 '태어났다'는 사실 그 자체만은 아니었다. 그에게 인간은 태어나서 살아가는 과정에 수많은 부조리들에 첩첩이 둘러싸인 존재였다. 인간의 실존을 둘러싸고 있는 수많은 부조리들—그 가운데 하나는 인간을 포함해 존재 속으로 무작정 던져진 모든 것들이 살면서 겪어야 할 고통이 상상할 수 없을 정도로 어마어마하게 크다는 것이다.

> 에스트라공: 그 많은 죽음의 소리들.
> 블라디미르: 그들은 커다란 날개처럼 훽훽거리지.
> 에스트라공: 나뭇잎 소리 같기도 해.
> 블라디미르: 모래가 구르는 소리. … 아니, 그 모두가 한꺼번에 내는 소리 같아.
> 에스트라공: 저마다 저 자신에게 내는 소리지. … 모두 다 제 이야기야.
> 블라디미르: 산다는 것만으로는 그들에게 충분하지가 않아. … 죽는다는 것만으로도 충분하지가 않아.[35]

2차 세계대전 전후 세계 도처에 펼쳐진 참상에서 볼 수 있듯이, 그것으로 살아 있던 것들이 겪어야 할 고통은 죽어서도 말하지 않고는 견딜 수 없을 만큼 큰 것들이었다. 그래서 죽은 자들은 '날갯짓'으로 말하고, '속삭임'으로 말하고, '바스락거림'으로 말한다. 죽음이 전부가 아니라는 것을. 죽음 이상의 무엇이 완전히 자의적인 힘으로 존재를 옥죄고 있다는 것을. 더욱이, 죽음이 이 세상의 고통을 끝내는 '자비'(mercies)로운 수단으로서가 아니라, 임의의 어떤 순간에 완전히 자의적인 어떤 힘에 의해, 단말마적인 고통으로서 온다면, 이 세상에서의 존재는 참을 수 없이 부조리한 것임에 틀림

없다.

인간이 자유의지로 '생각'을 하고 '선택'을 한다는 것은 부조리신이 인간에게 베푼 자비일까 저주일까?

> 블라디미르: 정말 무서운 건 생각을 하고 있었다는 거야.
> 에스트라공: 그런데, 정말 생각을 하고 있었던 것일까?
> 블라디미르: 저 많은 시체들은 어디에서 온 것이야?
> 에스트라공: 저 많은 해골들. …
> 블라디미르: 우리는 조금은 생각을 했어야 했어.
> 에스트라공: 맨 처음에 말이지.
> 블라디미르: 납골당이야! 납골당이야!
> 에스트라공: 쳐다보지 마.
> 블라디미르: 어떻게 안 볼 수 있어.
> 에스트라공: 그렇지?[36]

블라디미르에게 '생각'한다는 것은 축복이 아니라 저주로서 또 하나의 부조리였다. 인간이 '에덴의 동산에서 사과를 따 먹고 난 후' '생각'하기를 시작하고, 2천 년의 세월이 흘렀다. 그러나, 지금, 인간은 바로 그 '생각' 때문에 죽음을 맞는 순간에도 왜 죽음을 맞아야 하는지 도무지 알지 못하고 죽어가게 되었고, 죽어 간 수많은 것들의 시체들이 상복을 입은 자들의 어떤 슬픔의 애도도 받지 못한 채 들판에, 산기슭에, 강물 위에 흩어져 있다. 이는 황량하고 삭막한, 눈물조차 흘릴 수 없는 슬픈 광경이었고, 아무리 눈을 돌려도 피할 수 없는 무시무시한 광경이었다. 베케트는 이 광경을 상징을 통해 이렇게 극화했다. 무대가 열리면, 휑뎅그렁한 무대 위에 오직 몇 잎의 나뭇잎이 대롱대롱 달린 나무 한 그루가 덜렁 서 있다. 어디로 가는 길인지도 모를 길 하나가 그 황무지를 가로지른다. 그리고, 그 나무 아래에는 자신의 운명을 모르는 두 주인공 에스트라공과 블라디미르가 '자유로운 선택' 행위를 통해 '기다림'을 선택하고, 구원자 '고도'를 기다리고 있다. 이렇게가 아니면 어떻게 20세기 중반 서구의 역사적 상황을 무대 위에 올릴 수 있을까? 성경 속에서는 구원자의 출현으로 그 저주가 풀린다. 그러나, 20세기 중반에도 그 저주를 풀어 줄 구원자는 강림할 것인가?

자유의지를 가진 인간이 '생각'함으로 인간이라면, 그는 또한 '선택'함으로 인간이다. 그러나, 그에게 '생각'이 자신을 파멸에 이르게 하는 저주라면, '선택'도 또한 자신의 구원의 길을 막는 저주이다. 부조리신이 인간에게 '자유의지'를 주면서 동시에 '습관'이라는 '죽음에의 유전자'를 슬쩍 끼워 넣고, '습관'에 의해 '창조'가 아니라 '기다림'을 선택하도록 한 것이다.

> 블라디미르: 다른 사람들이 고통스러워할 때, 나는 잠을 자고 있는가? 잠을 자고 있단 말인가? 내일 아침 깨어나서 생각이라는 걸 한다면, 나는 오늘에 대해 무슨 말을 할 것인가? 그저 에스트라공과 함께, 바로 이곳에서, 저녁이 올 때까지 고도를 기다리고 있겠지? … 정말이지, 습관이란 생각을 마비시키는 위대한 죽음의 인자이니까.[37]

블라디미르는 순간순간 고통의 도가니에 빠져 살아가는 자신과 동료 인간들이 처한 곤경에 대해 생각한다. 그리고, 자신이 그 곤경을 벗어나기 위해 무엇을 했는가를 반문한다. 그리고, 자신이 '습관'이라는 "죽음에 이르게 하는 병"(deadener)에 걸려 범인간적 곤경을 벗어나기 위해 아무것도 하지 못했음을 안다. 그러나, 또한, 그는 앞으로도 영원히 "죽음에 이르게 하는 병"을 고칠 수 없다는 사실도 안다. 고도를 기다리겠다는 자신의 선택이 무덤덤한 일상의 끝없는 반복으로 이어져 왔기 때문이다. 그리고, 습관의 노예가 된 자신에게 그 반복은 앞으로도 영원히 이어질 것이기 때문이다. 이렇게 해서, 인간들에게서 고통이란 가장 기본적이고, 영원히 비켜 갈 수 없는 존재의 조건이 되는 것이다. 모든 인간들이 고통받고 있는데, 그것을 멈추게 할 확실한 하나의 답이 없다는 것, 용기를 내어 습관의 벽을 무너뜨리고 나올 수 없다는 것—그것이 바로 블라디미르의 문제이자, 에스트라공의 문제이다.

그렇다면, 인간은 왜, 자신에게 주어진 자유의지에도 불구하고, '습관'의 '노예'가 되어 존재의 조건으로 주어진 '고통'을 순순히 받아들이고 살아가는 것일까? 삶은 어쩔 수 없이 끊임없는 선택행위의 결과물이다. 그리고, 인간은 때로는 자신이 가진 종교에 비추어, 때로는 부모의 가르침에 따라, 때로는 자신만의 심미적 쾌감을 얻기 위해 선택을 한다. 그러나 부조리신은 여기에서도 인간에게서 행복을 빼앗을 비책을 준비한다. 선택의 자유의지를 주면서도 선택의 결과는 지극한 불확실성에 지배되도록 해 놓은 것이다. 또한 잘못된 선택의 결과로 얻게 되는 비굴한 '종살이'(servitude)에서도 얼마만큼의 피학적 쾌감을 느낄 수 있도록 해 놓았다. 그래서, 인간들이 잘못된 선택인 줄 알면서도, 또 다른 잘못된 선택을 할까 두려워, 아니면, 잘못된 선택으로 누릴 수 있는 어떤 쾌감을 잃을까 두려워, 새로운 선택을 할 수 없도록 해 놓은 것이다.

『고도를 기다리며』에서 블라디미르와 에스트라공은 둘 다 반복되는 일상에서 뛰쳐나와 죽음으로 세상을 뒤흔들어 볼지를 생각한다. 특히 블라디미르는 치욕적인 일상에 노예가 된 럭키(Lucky)를 보며 불같이 화를 낸다. 그러나 그들은 어떤 경우에도 단 한 발짝도 일상에서 벗어나려 하지 않는다. 에스트라공의 발대로 그것이 가상 안전하기 때문이다.

에스트라공: 그렇다면 우리 당장에 목을 매자.
블라디미르: 나뭇가지에? (둘은 나무 앞으로 다가가서 쳐다본다)
이 나무는 믿을 수가 없는걸.
에스트라공: 그래도 한번 해 보자.
블라디미르: 너 해 봐라.

에스트라공: 네가 먼저.

블라디미르: 아냐. 네가 먼저 해.

에스트라공: 왜?

블라디미르: 네가 나보다 가벼우니까.

에스트라공: 바로 그러니까 하는 말이다.

블라디미르: 무슨 소린지 모르겠군.

에스트라공: 잘 생각해 봐라. (블라디미르 생각한다)

블라디미르: (생각한 끝에) 모르겠는데.

에스트라공: 그럼 내 설명해 주지. …

블라디미르: 역시 너밖에 없어. … 그럼 어떡한다?

에스트라공: 아무 짓도 안 하는 거지. 그게 더 안전하니까.

블라디미르: 그놈은 뭐라고 할지 어디 기다려 보자.

에스트라공: 누구?

블라디미르: 고도 말이다.[38]

뿐만 아니라, 럭키는 자기의 주인인 포조(Pozzo)가 그를 시장에 팔아 버리지나 않을까 두려워한다. 그는 포조의 노예로 있는 한, 어떤 생각의 고통도, 어떤 선택의 고통도 겪을 필요가 없기 때문이다. 그는 그에게 붙여진 이름대로, '운이 좋은 사내'(Lucky)인 것이다. 그는 주인이 시키는 대로 생각하고, 주인이 시키는 대로 '노예 춤'(the Net)을 추고, 목에 심한 생채기가 난 줄도 모르고, 주인이 목줄을 흔들어 대는 대로 걸어간다.

이 극에 담긴 또 하나의 부조리를 찾으라면, 그것은 어쩌면 부조리신이 수많은 인간들을 세상에 존재하게 하면서, 모래알처럼 각자의 세계 속에 스스로를 가두고 살아가게 했다는 것이다. 두 주인공 블라디미르와 에스트라공—그들에게는 근본적으로 동료애란 것이 없다. 그들은 언제나 서로를 서로에게서 소외시키면서 살아가고 있다. 그들의 마음의 뿌리를 들여다보면, 그들은 서로를 필요로 하지 않으며, 이러저러한 이유로 서로가 서로에게 혐오감을 느낀다. 그들은 다만 외로움이 두려워 함께 있을 뿐이다. 그렇다면,

그들을 설명할 수 있는 가장 좋은 말은 무엇일까? 친구? 동료? 주인과 종? 단순히 친분이 있는 사람들? 어느 하나도 그들에게 적합한 말이 아니다. 두 사람은 끊임없이 서로에게 묻는다. '네가 없으면, 내가 더 행복할까?' 어쩌면 그럴 것이다. 그러나, 분명히 더 외로울 것이다. 그래서 그들은 떨어지지 못한다.

블라디미르: 돌아와 줘서 고맙구나. 영원히 떠난 줄 알았지.
에스트라공: 나도 그래.
블라디미르: 마침내 둘이 함께구나! 축배라도 들자. 그런데 어떻게? (생각에 잠긴다) 일어서야지 끌어안지.
에스트라공: (불편한 듯) 지금은 말고. 지금은 말고.[39]

그들은 언제나 한 사람이 다가서려 하면 한 사람은 떨어지고 싶어 하고, 얼마간의 고통을 나누어 가지면서도 결코 하나가 되지 못한다. 그들은 그들이 가진 시간의 절반을 '우리가 진짜 친구인가?' '상대방이 없을 때 더 행복한 것이 아닐까?' 등의 물음에 대답하려고 노력하면서 산다. 그러나 그들의 결론은 언제나 '자기만의 세계' 속에 온전히 남아 있고 싶다는 것이다.

에스트라공: (무서움을 떨치고) 잠이 들었어! (낙담한 어조로) 잠 좀 자게 두면 안 돼?
블라디미르: 쓸쓸해서.
에스트라공: 꿈을 꿨어.
블라디미르: 나한테 말하지마!
에스트라공: 꿈을 꿨단 말이야—
블라디미르: 말하지 말래도!
에스트라공: (우주를 향한 몸짓으로) 이 정도는 해 줘야지? (침묵) 디디 너, 정말 못됐구나. 너한테 못하면 누구한테 하란 말이냐?
블라디미르: 너만 가지고 살아. 너도 알다시피, 난 그걸 감당할 수가

없어.[40]

『고도를 기다리며』에서 블라디미르와 에스트라공의 문제는 그들의 삶에서 목적과 의미를 주던 신(God)이 사라졌다는 것이다. 그래서, 인간들은 지금 자신들의 선택의 결과가 어떠할 것인가에 대해 확실한 답을 해 줄 어떤 도덕도, 어떤 종교도, 어떤 신념도 갖고 있지 못하다는 것이다. 니체의 말대로, "신은 죽었다, 그리고 우리가 신을 죽인 것이다." 설상가상으로, 그들은, 신을 죽임으로써, 현재와 과거와 미래를 연결해 줄 기억마저 모두 잃어버리게 되었고, 그것으로 불확실성의 덫을 벗어날 수 있는 길을 모두 잃게 되었다. 극의 말미에서 럭키를 종으로 부리는 포조가 말한다. 삶은 덧없는 것이다. 블라디미르가 대꾸한다. 삶은 습관이라는 병 때문에 의미가 없는 것이다. 블라디미르는 심지어 자신이 깨어 있는지조차 의심한다. 그들에겐 이제 삶이란 하고 싶은 일도, 할 수 있는 일도 없는 무덤덤한 일상의 더미가 되어 버린 것이다.

그렇다면, 그들에게 살아 있다는 것의 가치는 무엇일까? 절망이다. 죽음도 삶도 어느 쪽도 선택할 수 없는 데서 오는 절망—그것이 곧 살아 주는 것의 대가이다. 『고도를 기다리며』에서 주인공들의 존재의 조건은 확실히 셰익스피어의 『햄릿』의 주인공 햄릿이 처한 실존적 딜레마와 같다—"사느냐 죽느냐, 그것이 문제로다." 그들 모두는 삶에서의 고통을 덜어 줄 '진정제'로서 '죽음'을 필요로 하지만, 셰익스피어의 햄릿이 그랬던 것처럼, 죽음이 또 다른 고통을 불러올 것이 두려워 죽지 못한다. 이 극에서 블라디미르와 에스트라공은 죽음의 결과가 불확실하기 때문에 죽지 못하고, 다람쥐 쳇바퀴 돌듯이 습관의 노예로 되돌아가, 의미 없는 일상을 기계적으로 반복하며, 오늘도, 내일도, 또 내일도 '기다림'으로 헛된 시간을 보낸다. 에스트라공 자신도 자신이 왜 떠날 수 없는 것인지 의아해하지만, 곧 그 이유를 알아낸다. 고도를 기다려야 하기 때문이다. 그렇다면 왜 기다려야 하는가? 고도에게 기도를 했고, 만나기로 약속을 했기 때문이다. 그렇다면, 그들은 왜 습관의 노예가 되어 언제나 치욕적인 일상으로 다시 돌아가는 것일까? 왜 과감한 행동과 결단으로 습관의 벽을 부수지 않는 것일까? 그들은 이 부조리한 질문에 대해 성경 속의 '두 도둑의 이야기'에서 그 대답을 찾는다.

> 블라디미르: 두 놈의 도둑이 같은 시간에 우리들의 구세주처럼 십자가에 못이 박혔어. 하나는—
> 에스트라공: 우리—뭐라고?
> 블라디미르: 우리들의 구세주. 한 놈은 구원을 받았고, 다른 놈은 … ('구원을 받다'에 반대되는 말을 찾는다) … 저주를 받았지.[41]

성경 속에서 예수와 같이 처형된 두 도둑 중에서 한 명은 구원을 받았고, 다른 한 명은 지옥에 떨어졌다. 구원의 확률이 50%인 것이다. 그들이 습관의 노예로 끊임없이 되돌아가, 자신들이 기다리는 고도를 만나고, 죄를 사하고 구원을 받을 가능성이 적어도 50%는 있다고 믿기 때문이다.

『시지푸스의 신화』에서의 카뮈에 의하면, 자살을 한다든가, 내일에 희망을 건다든가, 신에 맹목적으로 의지하는 것은 부조리신에 대한 항복을 의미한다. 베케트에게도 마찬가지였다. 에스트라공과 블라디미르가 50%의 구원 가능성에 대한 믿음으로, 간절하게 신을 구하지도 않고 수동적으로 기다리기만 하는 것은 부조리신에 대한 항복을 의미한다. 왜일까? 이 극의 제목과 황량한 무대 배경이 이 물음에 대한 하나의 대답이 될 수 있다. 거대한 황무지가 되어 버린 세계를 앞에 놓고 '습관'이라는 '죽음의 병'에 노예가 되어 고도가 매일매일 찾아와도 알아보지 못한다면, 그래서 시간이라는 창조자가 허무한 '기다림'으로 채워져 버린다면, 삶의 의미는 영원히 없을 것이기 때문이다.

일상이 끝없는 반복과 깊이 모를 무덤덤함에 내던져진 것이라면, 그 존재는 얼마나 견딜 수 없이 가벼운가? 이 소설의 두 주인공 블라디미르와 에스트라공은 그들이 이 참을 수 없는 부조리 속에 던져져 있으며, 그 때문에 견딜 수 없는 고통 속에 살아간다는 것을 어렴풋이 알고 있다. 그리고, 고도라는 구원자가 나타나 그들을 이 참을 수 없는 절대의 절망에서 구원해 주기를 바란다. 그러나, 그들의 바람에는 어떤 절실함도 없다. 뿐만 아니라, 어떻게 구원자를 찾아야 하는지도 모른다. 그들은 오직 기다릴 뿐, 행동하지 않는다. 부조리신의 지배에 대한 완전한 항복이다. 베케트는, 한편으로는, 그들을 연민한다. 왜냐하면, 그들의 절망이 절대의 절망이었기 때문이다. 그러나, 다른 한편으로는 그들을 조롱한다. 그럼에도 불구하고, 삶은 '계속되어야' 하기 때문이다.

만약 블라디미르와 에스트라공이 기다리면서 '행동한다면' 무엇이 달라질까? 그들에게는 하루에 한 번씩 구원자가 나타난다. 만약 그들이 행동한다면, 그들은 구원자의 모습을 알아볼 수 있는 신통력을 갖게 될 것이다. 그러나, 그들은 어떤 행동도 하지 않기에, 그러므로 구원자는 언제나 그들을 스쳐 지나가고 만다. 그들이 기다리는 고도는 인간의 형상을 하지 않은 추상체여서 그 자체로는 현현되지 못한다. 그러므로, 기독교 신이 그리스도의 몸을 빌려 지상에 현현했듯이, 고도도 인간의 형상을 빌려 은밀한 방법으로 두 사람 앞에 나타날 것이다. 그렇다면, 그는 누구일까? 포조의 손에 목줄이 매달린 채 끌려다니면서 수난을 당하는 럭키가 바로 그이다. 럭키는 포조의 잔인한 대접으로 목에 흉한 생채기가 난 채, 죄 많은 인간들의 구원을 위해 '수난'(crucifixion)을 자처하는 인물이다. 그러나, 구원을 위해 '행동하지 않는' 블라디미르와 에스트라공에게, 고도의 모습은 보이지 않는다. 예수의 제자들이 예수의 부활을 지각했던 것처럼, 럭키의 모습에서 '수난'을 겪고 있는 현대판 예수의 모습을 읽어 낼 수 있었더라면 얼마나 좋았을까?

『고도를 기다리며』에서 럭키를 '종'(the slave)으로 부리는 포조는 자신의 가학적 쾌감을 만족시키기 위해 모든 것을 물질적 가치로 환원시키는 부조리신에 대한 현대판 알레고리이다. 그리고, 럭키는 부조리신 포조의 가학적 쾌감을 만족시켜 주면서, 동시에 자신의 피학적 쾌감을 얼마만큼 만족시키는 삐뚤어진 신성을 가진 현대판 구원자이다. 럭키는 주인의 명령에 의해서만, 춤춘다. 그의 춤은 '덫에 걸린 자의 고뇌의 춤'(the Net)이다. 그는 주인의 명령에 의해서만 생각한다. 그의 생각은 밑도 끝도 없고, 어떤 연결고리도 없는 주절거림이다. 럭키는 목줄에 매여 포조의 손에 끌려다니며, 시장에서 팔릴까 봐 전전긍긍하면서, 하루에 한 번씩 블라디미르와 에스트라공 앞에 나타난다. 주인의 손아귀에 잡혀 종으로 산다는 것이, 즉 잘못된 습관에 노예가 되어 아무런 생각도 못하고 덫에 걸린 자의 '덫 춤'(the Net)을 추고 산다는 것이 무엇과 같은가를 알려 주기 위함이다. 그러나 블라디미르와 에스트라공은 럭키가 그들의 구원자라는 사실을 꿈에도 생각하지 못한 채, 오늘도, 내일도, 그리고 또 내일도 구원자 고도가 나타나 자신들에게 '행복의 레시피'를 전해 주기를 기다린다. 너무나 오랜 시간이 지나, 포조는 이미 귀가 어두워졌고, 럭키도 이미 말문이 막히고 말았다. 연민이 블라디미르와 에스트라공에게 보내는 베케트의 하나의 시선이라면, 또 다른 하나의 시선은 조롱이다.

핀천: 불통의 미로 『49호 품목의 경매』

미국의 1950-1960년대는 문명의 관점에서는 우주선을 쏘아 올릴 만큼의 눈부신 발전의 시대였지만, 정치적으로나 사회문화적으로는 글자 그대로 모든 중심이 무너진 격랑의 시대였다. 이 시대는 냉전체제의 산물인 매카시즘(McCarthyism) ―1950-1954년 미국을 휩쓴 공산주의자 색출 열풍―의 광풍이 휘몰아치던 시대였고, 마약이 사람들의 일상 속으로 깊이 침투해 들어온 시대였으며, 기성의 정치, 문화, 성(姓)의 질서로부터 완전한 자유를 추구하는 히피(hippie) 문화가 뿌리를 내리기 시작한 시대였다. 그리고, 전자증폭장치가 달린 악기들과 그것들에서 터져 나오는 둔탁한 박자와 투박한 리듬의 단순한 반복으로 구성된 로큰롤(rock-'n-roll) 음악이 사람들의 머리를 때리기 시작한 시대이기도 했다. 또한 케네디 대통령 암살, 마틴 루터 킹 암살, 민권운동, 여성해방운동 등의 정치적·문화적 사건들이 봇물처럼 터져 나왔던, 극적일 만큼 중심이탈적인 시대였다. 중세시대 성모 마리아에 대한 신앙을 바탕으로 조밀하게 만들어졌던 하나의 세계는 산산이 부서졌다. 그리고, 생활 주변의 모든 것들이 신원불명의 중심에서 폭발적으로, 그리고 무차별적으로 이탈하여 혼돈과 소음의 도가니로 빠져들었다. 핀천은 그의 단편 「엔트로피」("Entropy")와 중편 『49호 품목의 경매』(*Crying of Lot 49*)에서 1950-1960년대 미국에서 벌어진 무작위적 중심이탈의 세계와 그것으로 만들어진 혼돈의 미로에서 "인간적인, 너무나 인간적인" 삶으로부터 유리된 채, 삶과의 교감을 잃고 헤매는 현대인들의 엔트로피화된 삶의 모습을 그린다.

20세기로의 전환기에 『헨리 애덤스의 교육』(*The Education of Henry Adams*)을 썼던 헨리 애덤스(Henry Adams)는 그의 책에서 '에너지 불변의 법칙'을 원용하여 다음과 같이 역사를 설명한다. "발전기가 굉음을 내며 힘의 중심을 흩어 놓는 20세기는 '중심이 흩어진 다중세계'(multiverse)로서 행복의 에너지가 소진되고 무질서의 엔트로피의 양이 크게 증가한 세계가 되었다. 이제 미래의 세대들은 점점 늘어난 엔트로피로 행복 에너지가 고갈된 세상에서, 무기력증에 걸려 살게 될 것이다."[42] 애덤스의 예언은 반세기도 채 지나기 전에 1-2차 세계대전을 겪은 전후 세대들에게 공포스러운 현실로 다가왔다. 무한히 발달한 기술문명이 만들어 내는 기계적 에너지가 행복을 낳는 유기적 에너지를 굉장한 속도로 소진시켰기 때문이다. 그리고, 엔트로피화된 세계에서 뿜어져 나오는 소통불능의 신호음들이 인간의 삶을 극한의 무질서와 혼란으로 몰고 가 현대문명을 통제불능 상태에 빠지게 했기 때문이다.

1986년에 쓴 어느 편지에서 체코의 극작가 바츨라프 하벨(Vaclav Havel)

이 선언했듯이, "삶의 구조가 고도로 복잡해져서, 이제는 엔트로피와 싸워야 하는 것이 삶의 기본법칙이 되어 버렸다."[43] 20세기 미국 시인 로웰은 그의 시 「석 달 동안 집을 비우고」("Home after Three Months Away")에서 거대한 힘의 집적체가 된 현대문명이 삶의 숭엄함을 얼마나 처참하게 무너뜨려 놓았는지, 그리고 행복 에너지가 소진된 삶에서 엔트로피의 양이 얼마나 증가하게 되었는지에 대해 이렇게 선언한다.

> 회복기에 들어, 몸은 처지고 힘은 나지 않았다.
> 3층 저 아래
> 잡역부 하나가 손바닥만 한 꽃밭을 손질한다.
> 일곱 송이 튤립이 머리를 세우고 피어 있다.
> 바로 1년 전만 해도,
> '네델란드산'이라는 족보가 있는 꽃이었는데,
> 이제는 아무도
> 꽃인지 잡초인지 분간하지 못한다.
> 늦은 봄눈에 멋스러움을 잃은 게다,
> 1년여에 걸쳐
> 속수무책으로 원기를 잃은 게다.
>
> 내게 이제는 어떤 지위도, 어떤 신분도 없다.
> 치유는 되었지만, 지글거리며 오그라들어 생기를 잃었다.[44]

20세기 중반의 눈부시게 발전한 기술문명이 현대인들에게서 수고를 마다하지 않고 삶을 자아내는(spin and toil) 열정(熱情), 즉 삶에 대한 뜨거운 마음을 앗아 가 버린 것이다. 마치 족보 있는 수입산 튤립이 한 해 겨울 된서리를 맞고 잡초가 되어 버린 것처럼, 현대문명의 된서리를 맞은 현대인들이 인간으로서의 숭엄함과 열정을 잃어버리게 된 것이다. 행복 에너지의 양이 급격하게 줄어들고, 무기적 에너지 — 무질서(lack of order), 무작위(randomness), 무생명(death)의 에너지—가 급격하게 늘어난 문명이 불협화의 신호음들을 양산해 냄으로써, 문명 속에서의 삶이 전기충격으로 광기가 잠재워져 열정이 사그라진 삶이 되어 버린 것이다. 병적인 세계의 판타지 속에서 파격과 자유를 찾는 삶, 재생과 구원의 에너지인 음양의 기운(sexuality)을 순간적 쾌락을 얻는 데 소진하는 삶, 그리고 확정된 의미가 사라진 언어의 유희 속에서 불통(不通)의 덫에 걸려 고독과 소외의 아픔으로 가득한 삶이 되어 버린 것이다.

『헨리 애덤스의 교육』에서 영감을 얻었던 미국의 현대 소설가 핀천은 그의 중편 『49호 품목의 경매』에서 혼돈의 시대였던 1950-1960년대의 미국사회에 만연한 죽음의 질서들을 펼쳐 보인다. 이 시대에 와서 미국의 문명은 유기적 에너지를 다 써 버린 '균질화된 평형의 순간'(the moment of equilibrium)을 맞게 되었고, 무기력, 무작위, 무질서로 대변되는 기계적 질서만이 그 공간을 지배하게 된 것이다. 다시 말해, 엔트로피 진행의 끝 지점인 '열사상태'(heat death)에 빠진 것이다. 그렇다면, 현대문명은 도대체 왜 자연과 인간 사이, 인간과 인간 사이, 인간과 삶 사이, 감응지수와 소통지수, 그리고 행복지수가 모두 영(零)이 되는 열사상태를 향해 치닫는가? 핀천의 중편 『49호 품목의 경매』는 미국의 현대문명이 직면한 감응지수와 소통지수, 행복지수 영의 딜레마에 대한 보다 깊은 천착으로서 소통과 감응과 교감을 가로막는, 그리하여 삶의 주체를 삶으로부터 유리시켜 심각한 고독과 절망에 빠뜨리는 불통의 기제(the mechanism of miscommunication)를 규명하려 한다.

그렇다면, 미국의 현대문명은 왜 행복 에너지가 소진되어 삶이 '열사상태'에 빠지는 엔트로피의 끝점에 서게 된 것일까? 『49호 품목의 경매』에서 핀천이 찾아낸 불통의 기제는 놀랍게 복잡해진 문명 속에서 소음과 잡음으로 '탱탱하게 부풀어 오른 교신체제'(the inflation of communication)였다. 핀천에 의하면, 문명이 현대에 가까워질수록, 신호를 생산하고 전달하는 과정에 너무나 많은 불순물이 관여해 신호음의 강도가 현격히 줄어들거나, 신호음의 속성을 완전히 다른 것으로 바꾸어 놓거나, 신호음의 길이와 빈도를 뒤죽박죽으로 뒤섞어 놓기 때문에 깨끗한 신호의 전달이 불가능해졌다는 것이다. 다시 말해, 포스트모던의 문명 속에서 만들어지는 대부분의 신호음들이 불순물이 꽉 낀 불량의 신호음들이라는 것이다. 『49호 품목의 경매』는 현대를 살아가는 사람들이 말하는 것 대부분이 어떻게 해서 소음이 되는지, 그리하여 어떻게 그들의 삶이 아리아드네의 실타래가 없이는 헤어 나올 수 없는 거대한 불통의 미로에 던져지게 되었는지를 보여 준다.

이 소설의 주인공 에디파 마스(Oedipa Mass)—그녀의 이름은 아마 20세기 미국의 '대중문화 속에 사는 여성 오이디푸스'(Oedipus living in Mass Culture)쯤으로 풀어 읽을 수 있을 것이다. 그녀는 어느 날 예고 없이 날아든 '거짓을 꿰뚫어 보라'는 신탁을 담은 한 통의 편지로 되돌아 나올 수 없는 불통의 미로 속에서 자신의 정체를 찾아야 하는 '정체의 딜레마' 속으로 던져진다. 이는 그리스 신화 속에서, 또는 소포클레스의 『오이디푸스 왕』(*Oedipus the King*)에서, 테베 왕 오이디푸스가 어느 순간 찾아와 도시를 휩쓸고 있는 역병의 원인을 밝히려는 과정에서 선왕인 라이오스 왕을 죽인 자를 찾아 복수를 하면 역병이 물러간다는 아폴로의 신탁을 듣게 되는 것과 같은 형식의 플롯이다. 그러나, 에디파는 신호체계가 소음으로 부풀어 오른 '대중문화 속에서의 오이디푸스'이기에, 그녀의 자아탐정의 여정은 신호에 잡음이 끼지 않았던 고대 그리스 시대 오이디푸스의 자아탐정의 여정과는 사뭇 다르게 펼쳐진다.

소포클레스의 『오이디푸스 왕』에서 주인공 오이디푸스는 자신의 친부라는 사실을 까맣게 모르고 라이오스 왕을 죽였었다. 그리고, 아직도 자신이 라이오스의 살해자라는 사실을 까맣게 모르는 오이디푸스는 범인을 찾기 위해 자신의 모든 노력을 경주할 것을 맹세하고, 당대 그리스 최고의 현인(賢人)이었던 티레시아스를 불러오게 한다. 그러나, 티레시아스는 정말 뜻밖에도 오이디푸스 자신이 바로 그 장본인임을 말해 준다. 오이디푸스는 처음에는 삼촌 크레온이 티레시아스를 조종하여 근거 없는 사실을 말하도록 했다고 생각하고, 크게 분노한다. 그러나, 그는 곧 뒤따르는 모든 정황들—어머니이자 아내인 이오카스테의 증언, 자신을 숲 속에 버리는 일을 맡았던 목자의 증언, 어린 자신을 코린토스 왕에게 데려다주었던 사자(使者)의 증언, 등—이 한 치도 빈틈없이 살인자로서의 자신의 정체와 자신에게 내려졌던 저주스러운 신탁의 진실성을 말해 주고 있음을 깨닫는다. 그리고는 어머니를 알아보지 못한 육신의 눈을 찌르고 얻은 마음의 눈으로 세상의 섭리—'숙명이란 거역할 수 없는 것이다'—를 깨달아, 딸 안티고네에 의지하여 이곳저곳을 떠돌아다니며, 외로운 삶을 살아가게 된다.

『오이디푸스 왕』에서의 비극은 오염이나 부패도 없고 잡음이나 뒤틀림도 없는 깨끗한 신호음으로 거침없는 교신이 이루어져 사건의 전말이 명백하게 밝혀지고, 오이디푸스의 정체가 명백하게 드러남으로써 생겨난다. 반면에 『49호 품목의 경매』에서 에디파의 비극은 그와는 대척적인 상황에서 생겨난, 자신의 정체성을 규명할 수 없는 혼돈에서 야기된 고립과 절망의 비극이다. 에디파의 자아탐정의 여정에는 그녀의 정체를 꼬집어 알려 주는 티레시아스 같은 고금의 현자가 없을 뿐 아니라, 그녀에게 내린 신탁—'트리스테로(Tristero)의 비밀을 파헤쳐, 거짓을 꿰뚫어 보라'—의 진정한 내용이 무엇인지, 또는 그녀가 언제 어디에서 무엇을 했던 인물인지를 정확하게 알려 주는 심부름꾼도 찾을 수가 없다. 그녀가 할 수 있는 일이라곤 오직 불량한 신호음들의 미로에서 고독과 절망에 빠져 허우적거리는 것뿐이다.

『49호 품목의 경매』는 한편으로는 '정체성의 문제'를 다루는 소포클레스의 비극 『오이디푸스 왕』에 대한 패러디이지만, 다른 한편으로는 '유폐의 딜레마'를 다루는 독일의 동화 『라푼젤』(*Rapunzel*)의 패러디이기도 하다. 소설 속에서 이 두 패러디는 절묘한 조합을 이루어 '현대문명에 내린 저주스러운 신탁의 진정한 내용은 무엇이며, 자신도 모르는 사이 현대문명 속에 갇히게 된 현대인들이 그 신탁의 저주와 유폐에서 풀려날 수 있는 방법은 무잇인가?'라는 물음을 제시한다. 어느 순간 배달된, '당신이 거부(巨富)로 알려져 있는 당신의 옛 사랑 피어스의 유산관리인으로 지명되었다'는 내용의 한 통의 편지가 '현대문명 속의 여성 오이디푸스'인 에디파에게 풀지 않고는 견딜 수 없는 오이디푸스적 삶의 딜레마를 던져 주었다면, 어느 순간 엄습해 온 라푼젤 타입의 유폐의 딜레마 또한 현대문명 속의 에디파가 풀고 넘어가야 할 하나의 숙제가 된 것이다.

독일 동화 속에서 라푼젤은 자기 엄마의 지극히 인간적인 욕망—그녀는 라푼젤을 뱃속에 가졌을 때, 이웃에 사는 마녀가 그녀의 정원에서 키우던 '라푼젤'이라는 채소를 죽도록 먹고 싶어 했었다—때문에 열두 살 때 마녀의 숲 속에 있는 높은 탑에 유폐되었던 '이 세상에서 가장 예쁜 여자아이'였다. 그 탑에는 오직 창문이 하나 있을 뿐 출입구가 없었다. 현대문명이라는 출구 없는 '탑'에 유폐된 에디파처럼, 라푼젤도 '탑 속에서의 유폐'라는 절체절명의 한계상황 속에서 절망의 시간을 보내게 된 것이다. 그러나, 에디파와는 달리, 라푼젤은 세상을 자신에게로 끌고 올 수 있는 '아름다운 목소리'를 가지고 있었고, 세상은 그녀의 아름다움과 목소리를 움켜잡고 끌어안을 '열정'을 가지고 있었다. 어느 날 숲을 지나던 왕자가 그녀의 아름다운 노랫가락에 끌려 탑을 찾았고, 라푼젤과 왕자는 곧 깊은 사랑에 빠졌다. 물론 행복은 쉽게 그들의 손에 쥐어지지 않았다. 라푼젤이 무의식 중에 마녀에게 자신의 사랑을 발설한 것이다. 마녀는 라푼젤의 긴 머리를 자르고 그녀를 황야로 내쫓아 혼자 힘으로 황야에서의 거친 삶을 살아가게 했다. 이 사실을 모른 채 탑으로 다시 찾아온 왕자—그는 마녀와 싸우다가 가시덤불 위로 떨어지고 가시에 눈이 찔려 앞을 볼 수 없게 된다. 7년여의 긴 세월을 라푼젤을 찾아 황야를 헤매던 왕자는 마침내 쌍둥이를 낳아 살고 있던 라푼젤과 재회를 하게 되고, 라푼젤의 눈에서 떨어진 뜨거운 눈물로 왕자는 시력을 되찾아, 그들과 함께 자신의 왕국으로 돌아와 행복한 나날을 보내게 된다. 그렇다면, '라푼젤'을 먹고 싶어 했던 엄마의 지극히 인간적인 욕망 때문에 마녀의 탑 속에 갇히게 된 라푼젤과는 달리, 똑같이 부조리하지만 지극히 비인간적인 운명의 장난으로 출구 없는 현대문명의 탑 속에 유폐된 에디파—그녀는 어떤 '아름다움'으로 '길 가던 왕자'를 탑으로 불러들일 수 있을까? 아니면, 길 가던 왕자는 어떤 뜨거운 열정으로 에디파의 유폐를 풀어 줄 수 있을까?

결론부터 말하면, 현대문명이라는 거대한 부자유의 탑에서 그녀를 구해 줄 열정의 '왕자'는 없다. 불행인지 다행인지 모르지만, 지극히 우연한 기회에 그녀는 어떤 부조리신의 장난 섞인 편지—'당신이 거부(巨富)로 알려져 있는 당신의 옛 사랑 피어스의 유산관리인으로 지명되었다'—로 남편 무초 마스(Mucho Mass)의 세계로 대유(代喩)되는 '탑에서의 유폐'를 벗어날 기회를 갖는다. 그러나, 그녀는 현대문명이라는 부자유의 탑을 둘러싸고 있는 거대한 황야—옛 애인 피어스가 만들어 놓은 현대도시 샌나르시스(San Narsis)—에서 헤어나지는 못한다. 그녀에게는 유폐의 탑에서 자신을 자유롭게 해 줄 '아름다운 목소리'도, 황야에서의 삶의 고난을 헤치고 이겨 나갈 의지도, 목적의식도, 정의감도, 그녀를 황야의 부자유에서 자유롭게 해 줄 뜨거운 열정의 '왕자'도 존재하지 않았기 때문이다. 그녀는 옛 애인이자 복화술사인 피어스가 알쏭달쏭한 말로 남긴 편지를 받아 들고 남편 무초의 세계에서 도망쳐 나와, 자유방임의 충동에 끌려 피어스가 유산으로 남긴 죽음의 황야 '샌나르시스'를 헤매며 돌아다닌다. 그러나, 에디파는 '거짓의 껍질을 벗겨 유폐의 본질을 꿰뚫어 보라'는 피어스 인버래러티(Pierce Inverarity)—그의 이름은 "Pierce Inveracity"의 익살스런 변형으로, 그 이름에는 '거짓을 꿰뚫어 보라'는 엄중한 명령이 담겨 있다—가 남긴 유언 편지의 횅한 행간을 읽어 내지 못한다. 그녀는 스스로의 힘으로 무생명, 무질서, 무의미의 도시인 이 도시의 창조자가 곧 자신이라는 사실을 깨닫지 못하는 것이다. 뿐만 아니라, 그녀가 이 도시에서 만난 사람들은, 단 한 사람의 예외도 없이, 어떤 형태의 '소음'(noise)으로 얼룩진 불통의 언어를 가진 자들이었다. 그리하여, 어느 누구도 깨끗한 교신음으로 그녀의 정체를 밝혀 주지 못했고, 어느 누구도 '뜨거운 열정'으로 20세기 미국문명의 황야에 유폐된 그녀를 구해 주지 못했다.

역병의 저주가 내린 도시 테베처럼, 또는 가시덤불 뒤덮인 마녀의 황무지처럼 에디파에게 유산으로 물려진 도시 샌나르시스는 '집단적 고통과 궁핍을 유발하는 폭풍'이 '풍요의 계절풍을 압도하는' 기상도 위에 놓인 1960년대의 '미국 그 자체'이다. 에디파에게 복화술의 암호로 '거짓의 껍질을 벗겨 유폐의 본질을 꿰뚫어 보라'는 엄중한 명령을 내리고 사라진 그녀의 옛 애인 피어스 인버래러티—그는 '이 도시'를 '땅을 소유하고, 개조하고, 새로운 스카이라인을 만들어 내겠다는 신념'으로 일구어 냈다. 언젠가 그가 그녀에게 말했었다. "쉼 없는 도약! 그게 비결이야, 쉼 없는 도약!" 그러나, 그는 '쉼 없는 도약!'을 태반(胎盤)으로 해서 만들어진 자신의 도시 샌나르시스가 어떻게 끝날지를 알고 있었음에 틀림없다. 그러기에, 그는 신탁(神託)과도 같은 거짓 유언장에 '집단적 고통과 궁핍'의 노도 속에서도 행복을 얻을 수 있는 비결, 즉 '트리스테로'를 암호화하여 집어넣었을 것이다. 그러나, 이 도시에 사는 사람들은, 부조리신의 의지와는 달리, 그가 암호화해서 집어넣은 트리스테로의 수수께끼를 풀지 못한다. 그들은 트리스테로의 저항과 추방에 담긴 참뜻을 물려받지 못했고, 그래서 그들은 지금 0과 1의 상형문자 같은 '고통과 궁핍'의 터널 속에 갇혀 살게 된 것이다. 그렇다면, 에디파를 포함한 이 도시의 사람들은 왜 피어스의 수수께끼를 풀지 못한 것일까?

에디파가 피어스의 유언장을 들고 샌나르시스의 곳곳을 헤매는 동안, 그녀는 트리스테로에 관한 수많은 교신음들을 발견한다. 그럼에도 불구하고, 그녀는 수수께끼를 풀 실마리를 전혀 찾지 못한다. 무엇 때문일까? 간과할 수 없는 하나의 이유는 마음의 눈을 떠 역병의 창조자가 자신이라는 사실을 깨닫게 된 오이디푸스와는 달리, 에디파는 자신이 곧 그 도시의 또 한 사람의 창조자라는 사실을 깨닫지 못한다는 점이다. 뿐만 아니라, 이 도시의 어느 누구도 그녀의 정체를 올바른 신호음으로 알려 줄 사람이 없기 때문이다. 또한 라푼젤과는 달리 그녀에게는 삶을 치열하게 사랑하고 맛있고 아름답게 가꾸려는 뜨거운 열정이 없었기 때문이다. 그러나, 보다 중요한 이유는 그녀뿐만 아니라, 그녀를 둘러싼 세계가 온통 삶에 대한 뜨거운 마음과 사랑의 언어를 잃고 오직 환각의 세계 속에서 자유에의 환상만을 갖고 살아가기 때문이다. 무엇보다, 그들 모두가 신호음이 깨끗한 감응의 언어를 잃어버리고, 소음이 꽉 낀 육욕의 언어와 무역사적 언어와 환각의 언어와 같은 불통의 언어를 가지고 살아가기 때문이다.

피어스가 예측했던 대로, 에디파는 황야의 도시 샌나르시스를 거미줄처럼 감고 있는 트리스테로를 발견한다. 그러나 그녀가 타고 다니는 현대판 트리스테로의 거미줄은 육욕의 언어와, 무역사의 언어와, 환각의 언어로 꽉 채워진 불모의 통신망이었다. 그것은 더 이상 16-17세기의 비밀통신망 트리스테로가 가졌던 '닫힌 세계'에 저항하는 기능을 수행하지 못하는 허울뿐인 비밀통신망이었다. 에디파가 던져진 황야는 삶을 치열하게 사랑하거나 따뜻하고 아름답게 가꾸려는 의지가 사라진, 어떤 교감과 감응의 언어도 갖지 못한 죽음의 세계였던 것이다. 그곳에서 사는 사람들은 어떤 목적의식도, 어떤 사랑의 소망도, 어떤 역사감각도, 어떤 형태의 상상력도 갖지 못한 채, 상형문자처럼 펼쳐져 있는 풍요의 0과 고통의 1의 행렬 사이에서 오직 고통의 1만을 의식하고 살아가는 사람들로서 의식이 죽은 사람들이었다. 그곳에는 오직, 육욕과 환각이 있을 뿐, 사랑과 역사의식과 삶을 깨어나게 하는 상상이나 기상(奇想)은 어디에도 없었다.

인류의 역사를 통틀어, 이 세상에서 가장 소중하고, 가장 강력한 교감과 감응의 언어가 있다면, 그것은 아마 '성(sexuality)의 언어'일 것이다. 성의 언어, 즉 '사랑의 언어'는 천지창조의 근본일 뿐 아니라, 피조물과 피조물 사이의 교감과 감응을 일깨우는 가장 궁극적이면서도 가장 신성한 수단으로서 그들 사이의 관계를 만들고, 바꾸고, 바로 세우고, 용솟음치게 하는 원동력이다. 「나의 노래 5」("Song of Myself 5")에서 휘트먼은 성(sex)이 바로 천지창조의 근본임을 이렇게 읊고 있다.

> 천지창조의 근본은 사랑이다.
> 들판에 흐드러지게 피어나는 빳빳한 잎새들, 늘어진 잎새들,
> 샘가 풀잎들 아래 붙어 있는 갈색 개미들,
> 꾸불꾸불한 울타리에 붙어 있는 곰팡이 딱지들, 돌더미들, 인동덩굴들
> 현삼과의 잡초들, 넓은 잎 잡초들,
> [어느 하나 사랑의 은총 없이 피어난 것은 없다.][45]

그러나, 『49호 품목의 경매』에 등장하는 인물들은 어느 누구도 '성의 언어'를 갖고 있지 않다. 감응과 교감의 능력을 잃어버린 현대인들은 닫힌 자아 속에 오직 한 순간의 말초적 욕망을 채워 줄 육욕의 언어만을 가지고 살아간다. 그리고 이 소설에서 모든 언어는 '사랑의 언어'가 아닌 '육욕의 언어'로 통한다. 법을 하는 사람의 언어도, 과학을 하는 사람의 언어도, 음악을 하는 사람의 언어도 모두 '육욕의 언어'인 것이다.

피어스가 유산으로 남긴 세계 샌나르시스에서 사라진 것은 사랑의 언어만이 아니었다. 이 도시에 살아가는 사람들에게 '과거'(the past)는 오직 과거성(pastness)만을 지니고 있을 뿐, '현재'라는 시간에 어떤 교훈도 주지 못한다. 에디파는 피어스가 남긴 우표 책을 들춰보다가, 그곳에 '약음기가 달린 우편나팔'이 그려진 위조우표가 들어 있다는 사실을 발견한다. 그것이 '트리스테로'라는 급진적 개혁주의자들이 우편업무의 국가 독점에 반발하여 개인적인 우편배달체제를 개발해 사용하던 위조우표에 그려진 그림이라는 사실도 알게 된다. 그리고, 그녀는 발길이 닿는 곳곳에서 현대판 트리스테로의 흔적들을 발견한다. 그러나, 현대판 트리스테로 체제와 관련된 사람들 가운데 에디파를 포함한 어느 누구도 트리스테로 신화의 의미를 알고 있는 사람은 없다. 뿐만 아니라, 그것의 의미를 알려고 하는 사람도 없다. 그

들 모두에게 '과거'는 그저 과거일 뿐, 그것의 현재적 의미는 없는 것이다. 만약 이 소설의 인물들이 역사에 대한 어떤 감각을 가지고, 트리스테로가 가진 신화적 의미—'닫힌 체제에 저항'하는 하나의 수단—를 깨달을 수 있었다면, 그들은 아마 도시 곳곳에 흩어져 있는 현대판 트리스테로 체제를 이용해 샌나르시스라는 현대판 '닫힌 체제'를 열어젖힐 하나의 수단을 찾아냈을지도 모른다. 그러나, 포스트모던 시대의 전형적 인물로서의 에디파는 불행하게도 '역사감각'을 가지지 못했고, 그녀가 만난 인물들 어느 누구도 그녀에게 '역사감각'을 불어넣어 주지 못했다.

에디파의 황야에는 육욕의 언어와 무역사적 언어 외에도 소음에 찌든 교신과 닫힌 체제에 대한 표피적 저항을 유도하는 또 하나의 언어가 있다. 그것은, 육욕의 언어나 무역사적 언어처럼, 현실감각을 파괴하여 들려오는 신호음을 잘못 듣게 하고, 눈에 보이는 현실을 잘못 보게 함으로써 교감과 감응을 파괴하는 언어로서 바로 '환각(illusion)의 언어'이다. 이 소설에 등장하는 인물들은 모두 환각의 운동장에 뛰어놀며 환각으로 마취된 숨을 헐떡거리며 살아간다. 술과 마약을 통해 인위적으로 확장된 의식에서 만들어지는 약물의 환각, 전문적 지식이 없이 막연한 환상으로 만들어지는 유사과학의 환각, 육욕의 충족이 자유의 길이라는 최음(催淫)의 환각, 과거는 과거일 뿐 현실과는 어떤 관계도 없다는 죽은 과거의 환각—이러한 환각들이 잘못된 실마리를 제공하고, 잘못된 길을 만들고, 잘못된 가치와 이상을 창조하여 신비로운 마술처럼 사람들을 불통과 혼돈의 미로 속으로 인도하는 것이다.

세르반테스의 현실풍자 소설 『돈키호테』(*The Adventures of Don Quixote*)에서 볼 수 있듯이, 인류의 긴 역사 속에서 상상력으로서의 판타지는, 볼록렌즈 안경을 끼고 세상을 바라볼 때처럼, 우리들 머릿속에 잠들어 있는 상상력을 일깨워, '풍차처럼' 버티고 서서 꿈쩍도 하지 않는 굳게 닫힌 현실을 뒤흔들어 놓을 때가 많다. 포스트모던 시대의 가수인 마이클 볼(Michael Ball)은 이 소설의 주인공 돈키호테의 이상주의를 번안하여 「이룰 수 없는 꿈」("The Impossible Dream")에서 이렇게 노래한다.

이룰 수 없는 꿈을 꾸고,
이길 수 없는 적과 싸우고
참을 수 없는 슬픔을 삼키고
용사도 감히 가지 못하는 곳으로 내달린다

고칠 수 없는 악을 고치려 들고
순결하고 정숙한 여인을 멀리서 바라보며
몸이 천 근이라도 다시 일어나
하늘의 별을 향해 손을 뻗는다

저 별을 따는 것—이것이 나의 꿈이다
절망이 아무리 크고, 꿈이 아무리 멀어도
추호의 의심도, 추호의 멈춤도 없이,
정명(正命)을 좇아, 기꺼이 지옥을 향해 내달리는 것[46]

상상 속에서 실현 불가능한 것을 꿈꾸거나, 이길 수 없는 것과 싸워 봄으로써, 그래서 현실을 마음껏 비웃어 줌으로써, 판타지는 때로는 참을 수 없는 고통을 참을 수 있게 하고, 때로는 고칠 수 없는 악을 교정할 수 있게 하며, 때로는 도저히 도달할 수 없는 곳에 도달할 수 있게 해 준다.

그러나, 『49호 품목의 경매』에 등장하는 인물들의 판타지는 돈키호테의 그것과는 확연히 다르다. 그들의 판타지는 진리와 외관이 아주 유사한 것을 찾아냄으로써 현실의 찌그러진 모습을 비춰 주는 거울이 아니라, 인위적 방법으로 확장된 의식 속에서 재창조된 '환각'으로서, 판타지 이전의 현실 속에서 머리를 어지럽히던 모든 복잡하고 어려운 문제들을 신묘한 방법으로 말끔히 치워 주는 허황한 도피처로서 몽환적으로 희화화(戱畵化)되어 불만스러운 현실을 대체하는 새로운 현실이다. 그것은 어떤 의미 있는 삶도 담을 수 없는 구멍이 뻥 뚫린 그물 같은 무엇이어서, 그 안에서 진짜 현실은 고약한 냄새를 풍기며 썩어 문드러지고 풍선처럼 부풀어 오른다.

소설 『49호 품목의 경매』의 배경이 된 미국의 1960년대는 술과 마약과 전자음악이 생활 속으로 파고들면서 환각의 문화가 깊이 뿌리를 내리기 시작한 시대였다. 그리고 이 소설에 등장하는 인물들은 예외 없이 알코올이나 이러저러한 약물에 중독되어 이러저러한 환각의 소용돌이에 빠져 살아가는 사람들로서 이 시대의 대변인들이다. 변호사는 변호사대로, 의사는 의사대로, 약사는 약사대로, 그들의 직업은 다르지만, 그들의 언어는 모두 환각의 언어로 수렴한다. 소설 속에 등장하는 많은 인물들—에디파 자신, 그녀의 남편 무초, 그녀의 심리치료사 힐래리어스(Dr. Hilarius), 그녀의 조력자인 변호사 메츠거(Mertzger), 트리스테로의 비밀을 푸는 데 조언을 하는 주막의 밴드 '패러노이즈'(Paranoids)의 멤버들—그들은 모두 마약이나 술이 만들어 주는 약물의 환각 속에서 삶에 대한 어떤 의무감도, 정의감도, 목적의식도 없이 순간순간의 환각에 취해 살아간다. 그들은 모두 충격적인 경험이나 답답한 일상에서 벗어나는 것 외의 어떤 목적도 없이, 마약을 제조하면서, 또는 마약이나 술에 중독되어, 물귀신처럼 다른 사람들의 삶에 달라붙어, 그들의 삶을 환각 속으로 끌어들이고 헤어 나오지 못하게 한다.

이 소설에서 중심이 되는 판타지는 물론 에디파의 것이다. 그녀는 주변 인물들의 판타지에 에워싸여 산다. 그러나, 그녀는 판타지의 희생자이면서 동시에 현실파괴적 판타지의 생산자이기도 하다. 그녀가 받은 '당신이 옛 애인 피어스의 유산관리인으로 지명되었다'는 내용의 편지는 처음부터 아예 없었던 것인지도 모른다. 에디파의 물신주의적 판타지 속에서 그녀의 의식 속에 내린 어떤 부조리신에 의해 날조된 가상의 현실이면서, 동시에 그것으로 삶을 앞으로 나아가게 하는 판타지로서의 진짜 현실인지도 모른다. 그녀는 판타지적 현실 속에서 때로는 일회성 성의 쾌락을 탐닉하고, 때로는 술과 마약으로 흥청거리며, 환각 속에서 만들어진 피어스의 유산 목록을 들고, 발길 닿는 대로 우연히 눈에 띄는 회사에 들리거나, 어떤 전문가를 만나 본다. 그리하여 수많은 다른 사람들의 판타지적 현실들과 만나고 부딪친다. 그러나, 그녀의 만남과 부딪침 속에는 오직 환각과 환각의 만남으로 이루어진 몽환적 조우(遭遇)와 끝없이 물러나는 지평선과 같은 절망이 있을 뿐이다.

에디파의 환각의 한가운데 '소리 없는 트리스테로의 제국'이 있다. 그녀는 그것이, 마치 '맥스웰의 악마'(Maxwell's Demon)가 자연의 엔트로피화를 멈추게 할 수 있듯이, 자신의 마음속에서 무너져 내리는 모든 것들을 허물어지지 않게 잡아 줄 수 있을 것이라는 환각에 빠져 있다. 그래서 그녀는 어떤 목적의식도 없이 금문공원(the Golden Gate Park)을 돌아다니기도 하고, 꿈속에서 밤새워 놀았다는 한 떼의 어린이들을 만나기도 한다. 그 어린이들은 그들이 '약음기가 달린 우편나팔'에 대해 알고 있다고 말하면서 분필로 트리스테로의 그림을 그려 놓은 보도 위에서 뛰어논다. 그들은 '트리스테로'라는 낱말과 'Turning Taxis'라는 말의 리듬에 맞추어 돌차기 놀이를 하는데, 에디파는 'Turning Taxis'가 아니라 'Thurn and Taxis'라고 교정해 준다. 그리고, '약음기가 달린 우편나팔'에 대해 알아보기 위해 피어스의 옛 친구를 만나기도 하고, 세탁소에서 또는 공항의 화장실에서 '약음기가 달린 우편나팔'의 그림을 보기도 하며, 아들과 헤어지는 어떤 엄마가 아들에게 W.A.S.T.E.(소설 속의 비밀 통신망)를 통해 소식을 전하라고 말하는 모습을 목격하기도 한다. 버스를 타고 가다가 "Don't Ever Antagonize the Horn."을 상징하는 "D.E.A.T.H."라는 두문자조합어를 보기도 하는데, 두서없이 이어지던 분열성의 환각은 그녀가 정신착란증(DTs: Delirium Tremens)으로 고통받고 있는 어떤 노인의 부탁으로 그의 편지를 받아 W.A.S.T.E. 조직의 우체통에 넣고, 집배원의 뒤를 추적하다가 그 모든 편지들이 사기꾼 과학자 존 네파스티스(John Nefastis)의 집으로 배달되는 것을 목도하는 것으로 끝난다.

이 소설의 여주인공 에디파는 탱탱 부풀어 오른 교신 불능의 언어들로 '열사상태'에 빠져든 현대도시 샌나르시스를 대표하는 시민으로, 현대문명 속에서 교신이 불가능한 불모의 언어들을 구사하며 살아가는 현대인들의 표상이다. 그러므로, 그들이 자신들에게 맞는 감응과 교감의 언어를 창안해 내지 못하는 한, "49호 품목의 경매"—소음과 환각의 도가니에서 뜻밖의 행운을 꿈꾸는 일—는 현대문명 속에서 끊임없이 재현될 것이다. 소음 낀 정보가 기하급수적으로 늘어나 새로이 소음 낀 불통의 정보를 낳는다. 그리고, 그것으로 현대문명은 한없이 어떤 의미에도 도달하지 못한 채, 어떤 교감과 감응도 없는, 수없이 많은 부서진 조각들의 집합이 된다. 현대문명 속에서는 언어라는 것이 끝없는 자기 부정으로 어떤 교신도, 어떤 교감도, 어떤 감응도 불가능하게 하는 것이다. 그리하여 현대인들에게서 교감과 감응의 언어를 통해 세상을 따뜻하게 호흡하는 능력을 빼앗아 버리는 것이다. 현대인들의 언어에는 진솔함과 윤리의식이 배어 있는 사랑의 언어가 없다. 그들의 언어는 유희나 장난의 언어이거나, 사기와 공갈과 협박의 언어이거나, 신화적 의미가 사라지고 죽은 과거들로 가득 채워진 무역사적 언어일 뿐이다. 그리고, 무엇보다, 그들의 언어는 환각의 언어이다. 왜냐하면, 그들의 언어는 술과 마약과 물질만능주의적 사고가 만들어 낸 환각으로 오염되고 뒤틀린 언어이기 때문이다.

소설의 첫 장에서 결혼한 지 2년이 되는 에디파는 남편 무초 마스(Mucho Mass)—'숱한 대중들 중의 한 사람'이라는 뜻의 이름일 것이다—의 세계에서 라푼젤 타입의 유폐를 경험한다. 그녀의 남편 무초는 KCUF—거꾸로 쓰면 'fuck'이라는 외설어가 된다—라는 라디오 방송국의 디스크 자키이자 중고차 시장에 '자리'(lot) 하나를 얻어 중고차 중계인의 일을 하는, 필부필부 중의 한 사람이다. 그의 세계의 한쪽은 통제가 철저히 불가능한 집단 난교(亂交)의 세계였고, 또 다른 한쪽은 경제적으로 버림받은 사람들이 숙명(lot)처럼 밀려드는 세계였다. 그곳에서는 가난한 흑인이나 멕시코인, 백인 빈민들이 자신들의 차를 더 나은 차와 교환하기 위해 1주일 내내 줄지어 끔찍한 중고차들을 끌고 밀려든다. 자신들의 전 인생과 다름없는 낡은 차들—구겨진 형체, 녹슨 내부, 덧칠한 티가 나는 범퍼, 어린애들 냄새, 슈퍼마켓에서 파는 싸구려 술 냄새, 이삼 대째 내려오는 찌든 담배 냄새, 먼지 냄새가 나는 그런 차를 말이다. 차 안에는 5센트, 10센트짜리 할인 쿠폰, 다른 사람과 교환하려던 우표들, 시장에서 파는 특별상품을 광고하는 분홍빛 전단지, 담배꽁초, 이 빠진 빗, 구인 광고, 전화번호부에서 찢어 낸 광고지, 유행이 지난 해묵은 내의나 헌 옷 조각들이 흩어져 뒹굴고 있다.

그러나, 에디파가 참을 수 없었던 것은 무초의 세계 그 자체가 지닌 절망이라기보다 그와의 결혼으로 빚어진 참을 수 없는 닫힘의 세계에 대한 절망이었다. 무초와의 결혼은 어쩌면 달리 방도가 없었기 때문에 그녀가 선택한 '미신'(迷信) 같은 무엇이었는지 모른다. 에디파는 그 굳은 닫힘의 세계에서, 마치 마녀의 탑에 갇혔던 라푼젤이 그랬던 것처럼, 탈주의 욕구를 느낀다. 그리고, 그녀는 무초와 결혼하기 전의 옛 사랑 피어스에게서 막연한 구원의 손길을 꿈꾼다. 그러던 어느 날, 에디파는 어느 법무회사로부터 '당신의 옛 사랑 피어스 인버래러티가 죽으면서, 당신을 그의 유산관리인으로 지명했다'는 마치 신탁(神託)과도 같은 한 통의 편지를 받는다. 처음 그녀는 착잡한 심경에 빠진다. 피어스의 재산에 관한 난맥상을 알고 있었기 때문이고, 그가 온갖 복화술로 이상한 소리를 내며 전화를 걸어왔던 마지막 통화의 순간을 기억했기 때문이다. 그렇지만, 에디파는 피어스가 남긴 유산을 관리하는 임무를 맡기로 결심을 하고, 피어스의 고향인 남캘리포니아의 도시 샌나르시스로 발길을 옮긴다.

일요일 아침 그녀는 임플라를 빌려 타고 샌나르시스로 들어갔다. 어떤 움직임도 없이 조용했다. 햇볕에 시려 눈을 가늘게 뜨고 언덕 아래를 바라다보았다. 그곳에는 다닥다닥 한데 모여 붙어 있는 많은 집들이 멋없는 갈색 대지 위에 넓게 펼쳐져 있었는데, 그것은 마치 곡식을 심어 잘 손질해 놓은 농지 같았다. 그녀는 건전지를 갈아 끼우기 위해 라디오 뚜껑을 열고 그 안에 있는 회로판을 들여다보았던 처음의 순간을 생각했다. 높은 곳에서 내려다본 집들과 거리들은 아주 놀랍게 선명했던 라디오의 회로판처럼 정연한 질서의 소용돌이를 만들어 내고 있었다. 그 둘의 외형은 숨은 의미를 담은 어떤 상형문자 같았다. 샌나르시스에 도착한 순간, 그녀는 어떤 알 수 없는 문턱을 넘어 어떤 계시가 떨면서 자신에게로 다가오고 있음을 느꼈다. 지평선 주위는 연무로 둘러싸여 있었고, 밝은 담갈색 시골마을에 내리쬐는 햇볕은 고통스러웠다. 그녀와 쉐보레 자동차가 마치 기묘한 종교적 순간의 한복판에 멈춰 서 있는 듯했다. 그 계시에 담긴 말은 마치 다른 대역의 라디오 주파수에서 흘러나오는 어떤 말 같기도 했고, 너무나 천천히 회오리가 일어 열 받은 피부가 열을 밖으로 밀어내는 서늘한 바람을 느끼지 못하게 하는 회오리바람의 눈에서 흘러나오는 것 같기도 했다.

피어스의 편지로 에디파가 던져진 황무지 샌나르시스—이 도시는 '라디오 회로판 속의 기계적 질서'와 같은 선명하고 완전하지만, 그러나 어떤 교감이나 감흥도 일어나지 않는 죽음의 질서를 가진 도시였다. 이 도시에 오기 전에도 에디파는 이미 여러 번 사랑이 없는 사랑에의 유혹을 받은 적이 있었다. 피어스의 유언이 든 편지를 들고 자신의 변호사 로즈먼(Roseman)을 찾았을 때, 그는 어떤 교감도 없이 함께 도망을 치자고 제안을 했었다. 그리고 그녀의 심리치료사 힐래리어스는 그가 만든 새로운 환각제를 시험해 보자고 새벽 3시에 전화를 걸어왔었다. 그들의 관계에는 한 오라기의 사랑의 감정이나 연민의 정은 없다. 다만 육욕과 물욕의 언어가 그들을 연결해 주고 있을 뿐이다. 샌나르시스의 세계는, 그러나, 무초의 세계와 나란히 존재하지만, 무초와의 '결혼'이라는 구속은 없는 '가시덤불 무성한' 황무지의 세계였다. 라푼젤에게 왕자가 고난의 길을 걸어 그녀를 구하러 왔듯이, 피어스는 샌나르시스라는 황무지에 던져진 그녀를 구하기 위해 고난의 길을 마다하지 않고 찾아와 줄 것인가?

교감의 언어가 없는 죽음의 질서는 샌나르시스의 보편적 질서였다. 그녀가 샌나르시스에서 첫발을 들여놓은 호텔의 지배인—그는 '패러노이즈'(정신분열)라는 악단의 일원이었는데, 에디파가 몇 마디 말을 걸자 다짜고짜 그녀가 자신과 함께 자고 싶어 한다는 망상을 한다. 그리고, 피어스의 유산 관리를 위해 법무회사에서 파견된 변호사 메츠거 — 그는 에디파의 유혹자들 가운데 가장 교활한 유혹자이다. 그는 자신의 기괴한 과거사를 늘어놓으면서 에디파에게 많은 양의 술을 먹이고, 자신이 배역을 맡았던 영화를 에디파와 함께 보면서 옷 벗기 게임인 '스트립 보티첼리'(Strip Botticelli) 게임을 하자고 제안한다. 에디파는 입을 수 있는 만큼의 많은 옷을 껴입고 게임을 시작하지만, 그것은 어느 쪽이나 눈가림이었다. 자신의 옷이 다 벗겨지기도 전에 에디파는 메츠거에게 달려들어 먼저 키스를 했고, 그들은 술에 취한 채 비몽사몽간에 밤새 사랑이 없는 사랑을 나눈다. 그리고, 그들의 관계는 메츠거가 소설의 무대에서 사라질 때까지 계속된다. 틀린 답을 말할 때마다 옷을 한 겹씩 벗어야 하는 게임인 '스트립 보티첼리' — 이는 여기에서 샌나르시스라는 죽음의 도시에 대한 중요한 상징이다. 에디파가 '사랑이 없는 사랑'이라는 죽음의 질서 속으로 빠져들기를 원하지 않았다면, 그녀는 애초에 그 게임을 시작하지 않았어야 했다. 에디파의 삶은 곧 벌거숭이가 되어 '메츠거' — 이는 독일 이름으로 백정(butcher)이라는 뜻이다 — 의 손에 '도살'되고 만다. 유폐된 세계에서의 죽음을 면하기 위해서 열어젖힘은 어쩌면 필연이지 모른다. 그러나, 그 열어젖힘이 보다 견고한 닫힘과 죽음을 예비하고 있다면, 그 열림은 도대체 무슨 의미가 있는 것일까?

> 에디파는 자신의 인생에서 처음 느껴 보는 듯한 극심한 외로움에 잠겨 앉아 있었다. 자신이 술 취한 남자 동성애자들로 가득한 술집에 앉아 있는 유일한 여자임을 알았을 때, 그녀는 생각했다. 내 삶의 내막을 알고 나면, 무초는 결코 내게 말을 걸어오지 않겠지, 힐래리어스도 귀 기울여 들으려고 하지 않을 거야. 심지어 클러크 멕스웰은 나를 쳐다보지도 않았어. 주변에 있는 어느 누구와도 성적인 관계를 가질 수 없다

고 생각할 때 느껴지는 절망감이 그녀를 엄습해 왔다. 그녀는 격렬한 증오…에서부터 무미건조한 사색…에 이르기까지 거기에서 흐르고 있는 감정의 스펙트럼을 하나하나 살펴보았지만 그중 어느 것도 지금의 그녀에겐 전혀 도움이 되지 못했다. 그래서 그녀는 잠시 후 일어나 '그리스 방식'이라는 술집을 나섰다. 그리고 다시 도시로, 그 오염된 도시로 걸어 들어갔다.[47]

에디파는 남편 무초의 세계를 버리고 떠나왔었다. 그리고, 이제 그녀의 새로운 연인이 되었던 메츠거의 세계도 그녀의 시야에서 멀어져 갔다. 인간과 인간 사이의 '성적인 관계' 속에서 생겨나는 희로애락의 순간들은 더 이상 그녀의 삶 속에 남아 있지 않게 되었다. 혼돈과 죽음의 샌나르시스가 빛이 바래지 않은 생경함으로 그녀의 앞에서 아직도 푸른 서슬을 세우고 소용돌이치고 있을 뿐이다. 소설의 제3장에서, 에디파는 피어스가 남긴 유산의 지도를 그림으로써 자신이 유폐된 세계의 실체를 파헤칠 수 있을 것이라 생각하고, 그가 만들어 놓았던 우표 책을 들춰 보는 것으로 그녀의 임무를 시작한다. 그리고, 훗날 에디파는 그 우표 책에 '약음기가 달린 우편나팔'이 그려진 위조우표가 들어 있다는 사실을 발견한다.

어느 날, 에디파는 '기회'(the Scope)라는 간판이 붙은 주점에 들르게 되는데, 그곳에서 급진적 개혁주의자 마이크 팰러피언(Mike Fallopian)을 만나게 되고, 우편업무의 국가독점에 반발하여 개인적인 우편배달체제를 개발해 위조우표를 사용해 편지를 주고받는 '피터핑퀴드 우편조합'(the Peter Pinquid Society)이라는 극우(an extreme right-wing) 우편단체에 대해 알게 된다. 그리고, 그 주점의 화장실에서 '약음기가 달린 우편나팔'의 그림을 보게 되고, 그림의 밑에 적혀 있는 'We Await Silent Tristero's Empire'의 두문자조합어인 '황무지'(W.A.S.T.E.)라는 단어를 발견하고는 그 단어에 마음이 꽂힌다.

며칠 후, 에디파는 마니 디프레소(Manny di Presso)라는 어느 소송대리 변호사를 만나게 되는데, 그는 자신이 피어스로부터 사기를 당했다고 주장하는 소송의뢰인을 대신하여 피어스를 상대로 소송을 준비하고 있다고 말한다. 디프레소에 의하면, 피어스는 2차 세계대전 때 전사한 미군들의 뼛가루로 특수 담배필터를 만들어 돈을 벌었는데, 그들의 뼈를 발굴해다 준 사람에게 대금을 지불하지 않았다는 것이다.

'패러노이즈' 악단의 한 멤버가 디프레소의 이야기를 듣고, 그 이야기의 상황이 17세기 극작가 리처드 워핑거(Richard Wharfinger)의 『밀사의 비극』(*The Courier's Tragedy*)의 상황과 비슷하다는 의견을 냄으로써 위의 우편조합의 이야기와 『밀사의 비극』의 이야기가 하나로 합쳐져 소용돌이치게 된다. 에디파는 자신의 조력자인 메츠거와 함께 이 연극을 보게 되고, 극의 4막 마지막 부분에서 '영국 제임스 왕조 시대의 독점적 우편제도의 전복과 혁파'를 뜻하는 단어 '트리스테로'(Tristero)라는 단어가 들어 있음을 알고 몸이 얼어붙는 듯한 느낌을 갖게 된다.

연극이 끝난 후 에디파는 피어스가 갈아서 담배필터를 만드는 데 사용했다는 '뼈'에 대해 물어보기 위해 연극의 제작자인 랜돌프 드리블레트(Randolf Driblette)를 만나지만, 그녀는 원래의 목적을 까맣게 잊어버리고, 그에게 이 극의 원전과 '트리스테로'라는 낱말이 실린 대본을 보여 달라고 요구한다. 그러나, 드리블레트는 원본은 이미 사라졌고, 자신이 갖고 있는 것은 수많은 복사본 가운데 하나이며, 자신이 헌책방에서 구입한 것을 다시 복사한 것이라고 말해 준다. 그리고, 샤워 안개에 덮여 머리통만 내보이면서, 혹은 온몸이 감춰진 채 팔을 내밀어 머리를 가리키며, '원본'이라든지 '진리'라는 것은 성경의 글귀 속에서 청교도들이 찾았던 것처럼 분명하게 존재하는 것이 아니라고 말하며, 자신의 극 속에 있는 트리스테로 이야기는 자신의 필요에 맞게 바꾸어 쓴 것이라고 다음과 같이 말한다.

"그 표정은 원래 대본에 있는 거예요? 아니면 당신이 만들어 넣은 거예요?"

"내가 만들어 넣은 겁니다. 나는 그 암살자 셋을 4막에 등장시켰는데, 아시다시피 워핑거는 그렇게 하지 않았어요."

"왜 그렇게 했나요? 다른 어디에선가 그에 관해 들은 적이 있었나요?"

"당신들은 이해하지 못해요." 드리블레트는 화를 냈다. "당신들 태도는 성경구절에만 매달리는 청교도들의 태도와 아주 흡사해요. 그러니 이제 대본의 내용에 관한 이야기는 그만합시다. 당신도 알다시피, 연극은 그 서류철에도, 당신이 찾는 그 어떤 문고판에도 존재하지 않습니다. 바로 여기 머릿속에 들어 있을 뿐이에요." 베일과도 같은 샤워실의 수증기 속에서 불쑥 나타난 부유하는 자신의 머리를 가리킨다. "이게 바로 내가 추구하는 것이에요. 영혼에게 육체를 주기 위해. 누가 그런 것에 신경을 쓴단 말입니까? 말은 단지 파티를 즐겁게 하거나 배우의 두개골 경계선을 지나 기억장치 부근에 도달하는 데 사용되는 기계적인 소음들에 불과할 뿐입니다. 내 말이 틀립니까? 실체란 이 머릿속에 들어 있는 법이에요. 사방이 닫힌 그 소우주는 나의 입과 눈, 때로는 다른 구멍들로부터 뛰쳐나오니까 말입니다. … 당신은 여러 가지 단서들을 모아, 그 등장인물들이 트리스테로의 존재 가능성에 왜 그렇게 반응했는지, 그 암살자들이 왜 습격을 했는지, 왜 그들이 검은 옷을 입었는지, 하나의 논리를 전개시킬 수도 있을 것입니다. 그렇게 당신의 일생을 허비해 버릴 수도 있겠지만 결코 진리 근처에는 가지 못할 겁니다. 워핑거가 말과 이야기를 제공해 주었다면, 난 그것에 생명을 불어넣은 셈입니다."[48]

원본은 이미 수없이 재해석되고 재생산되어 흔적도 없이 사라졌다는 것이다. 그래서, 원본 따위는 아랑곳하지 않고, 자신의 필요에 맞게 바꾸어 놓았다는 것이다.

극우의 우편단체도 연극연출가 드리블레트도 역사감각이 없는 것은 마찬가지였다. 그들은 모두 '트리스테로'라는 역사적으로 존재했던 '체제전복적인 인물' 혹은 '조직'을 순전히 자의적으로, 자신들의 현재적 필요에 따라 재해석하여 원용하고 있는 것이다. 에디파는 '기회'라는 주점의 화장실 벽에서 '소리 없는 트리스테로의 제국'에 대해 알고 난 후, 왜 그토록 전율을 느꼈을까? 드리블레트는 왜 그의 잔인무도한 연극 『밀사의 비극』 4막 끝부분에 트리스테로에 관한 이야기를 끼워 넣었을까? 그는 다만, 영국 제임스 왕조 시대의 '복수극'(revenge tragedy) 하나를 연출하려 했을 뿐이라고 대답한다. 원본의 의미는 사라지고, 작가의 필요만 남게 된 것이다.

스스로도 역사감각을 갖지 못했던 에디파는 주변에서 밀려드는 수많은 오염된 정보와 언어 속에 갇히고 만다. 그 때문에 그녀가 내던져진 샌나르시스의 죽음의 도시로서의 정체를 알지 못하고, 그곳을 부수어 자유를 얻을 방법도 찾지 못한다. 그녀의 주변에서 일어나는 모든 일들은 자신이 곧 행위자였기 때문이고, 수많은 트리스테로의 흔적들은 모두 심각하게 오염된 정보들이었기 때문이다. 여기저기에 뒤숭숭하게 마구 얽힌 채 흩어져 있는 불가사의한 사건의 파편들—제임스 왕조 시대의 우편제도인 '스런 앤드 택시스/트룬 운트 탁시스'(the Thurn and Taxis), '약음기가 달린 우편나팔', 19세기 미국 우편 역사에 나타나는 '약음기가 달린 우편나팔의 그림', 속달우편물을 실은 조랑말을 공격했던 인디언 복장의 사람들, 그 표식을 달고 다니는 수많은 인물들—이들 중 어느 하나도 트리스테로의 '원본'을 가리키지 않았기 때문이다. 에디파가 발길 닿는 대로 떠돌아다니다 만나는 조각난 트리스테로의 흔적들—수많은 지류문화들, 히피족들, 대학의 사람들, 극장, 제임스 왕조 시대의 유럽, 학계와 의약계의 사람들, 저항의식을 지닌 음악 그룹들—이들 중 어느 누구도 그들을 가두고 있는 체제에 저항의식을 갖고 있는 사람은 없다.

'그리스 방식'(the Greek Way)이라는 간판이 붙은 술집에서, 에디파는 소음이 끼지 않은 신호음을 가진 유일한 사람을 만난다. 트리스테로 문양이 새겨진 단추가 달린 옷을 입고 있는 그는 에디파에게 'Kirby'라는 낱말은 비밀리에 사용되는 '암호'(code name)이며, 자신은 사랑에 빠져서 상처받은 사람들이 사랑의 중독에서 풀려날 수 있도록 도와주는 비밀단체에 속해 있다고 말해 준다. 그에 의하면 사랑이란 "모든 중독 가운데에서 '가장 지독한 중독이다'(Love is "the worst addiction of them all")." 그러나, 에디파는 사랑지상주의의 현대문명은 혁파되어야 한다는 내용의 그의 말을 알아듣지 못하고, 트리스테로와 그를 어떻게 연관 지을 수 있는지 고민하다가, '트리스테로라는 낱말이 두 개의 다른 그룹을 지칭하는 것이구나' 하고 막연히 생각할 뿐이다.[49]

에디파는 한번은 패러노이즈 악단의 한 멤버가 소개해 준 네파스티스라는 사기꾼 과학자를 만난 적이 있다. 그는 '맥스웰의 악마'라는 이름의 기구를 만들어 에너지 소진을 막음으로써 엔트로피의 법칙을 무너뜨렸다고 주장하면서, 에디파에게 수작을 부린다. 에디파는 '네파스티스는 정신병자야. 잊어버려. 그는 진짜 미치광이일 뿐이야'라고 생각하면 생각할수록, 점점 그에게 빠져든다. 에디파는 마지막 순간에 성폭행의 위기는 모면하게 되지만, '맥스웰의 악마'—에너지의 재충전 없이도 영구히 운동을 지속할 수 있도록 고안된 기구—는 에디파의 환각 속 가장 깊은 곳에 자리 잡게 된다. 그녀가 자신의 삶을 황당무계한 유희로, 죽음으로 몰고 갈 환각상태에 빠지게 된 것이다.

소설의 제5장에서 에디파의 환각은 걷잡을 수 없이 확산된다. 또한 그것은 술이나 담배, 또는 마약과 같은 것들에 그녀가 취하게 됨으로써 상승작용을 일으킨다. 과거에 취해 사는 어느 인디언과의 만남에서, 하룻밤의 비몽사몽간의 여행길에서(all-night excursion), 그리고 자신이 실제로 경험한, 또는 어떤 몽상 속에서 에디파는 현실과 비현실을 구분할 수 없는 분열성의 환각에 빠진다. 그녀의 환각 속에서 조작된 트리스테로에 대한 수많은 흔적들이 현실과 비현실의 언저리를 넘나들며 혼돈 속에 뒤죽박죽으로 얽힌다.

한번은 피어스가 지었다는 베스퍼헤이븐(Vesperhaven)이라는 낡은 옛집에서 에디파는 '토스'(Mr. Thoth)라는 인디언 살해자를 조상으로 둔 한 인디언 늙은이를 만난다. 그는 에디파에게 "자신의 할아버지에 대하여 이상한 꿈을 꾸었다"고 말해 주면서, "자신의 할아버지는 인디언을 죽이고 가락지를 빼앗아 낀 인디언 살해자였으며, 지금 그 가락지를 자신이 끼고 있다"고 말해 준다. 그때, 에디파는 그가 보여 주는 가락지에 새겨져 있는 '약음기가 달린 우편나팔'의 그림을 보게 된다.[50] 그러나, 정말 그 가락지에 '약음기가 달린 우편나팔'의 그림이 새겨져 있었을까? 그것은 혹시 트리스테로의 환각에 갇혀, 보이는 것을 제대로 보지 못하는 에디파의 망상으로 만들어진 환영은 아닐까?

제5장의 뒷부분에서 에디파는 눈앞에 혼란스럽게 펼쳐지는 트리스테로의 흔적들 사이를 헤매며, 그 혼란의 한가운데 '소리 없는 트리스테로의 제국'이 있으며, 그 제국이 자신의 마음속에서 무너져 내리는 환각에 빠진다. 환각 속에서 그녀는 어떤 목적의식도 없이 금문공원을 돌아다니기도 하고, 꿈속에서 밤새워 놀았다는 한 떼의 어린이들을 만나기도 한다. 그리고, 피어스의 옛 친구를 만나기도 하고, 세탁소에서 또는 공항의 화장실에서 '약음기가 달린 우편나팔'의 그림을 보기도 한다. 어떤 엄마가 헤어지는 아들에게 W.A.S.T.E.를 통해 소식을 전하라고 말하는 모습을 목격하기도 하고, 버스를 타고 가다가 'Don't Ever Antagonize the Horn.'의 두문자조합어인 'D.E.A.T.H.'라는 표지판을 보기도 하고, 어떤 노인의 부탁으로 그의 편지를 W.A.S.T.E. 조직의 우체통에 넣고, 집배원의 뒤를 추적하다가 그 모든 편지들이 사기꾼 과학자 네파스티스의 집으로 배달되는 것을 목도하기도 한다.

걷잡을 수 없이 펼쳐지는 환각의 당연한 하나의 귀결은 죽음이며, 마지막 장인 제6장에서 죽음(D.E.A.T.H.)에 관한 이야기가 펼쳐지는 것은 우연이 아니다. 그리고, 추리소설에서는 실마리가 많아질수록 의문은 적어진다. 그러나 에디파의 환각의 세계에서는, 실마리란 것이 상당 부분 망상으로 얻어진 것이기 때문에, 실마리가 많아질수록 의문은 깊어진다. 에디파가 W.A.S.T.E 지하조직의 종착역이 사기꾼 과학자 네파스티스의 집임을 알게 되었지만, 그것으로 그녀의 혼란이 잦아든 게 아니라, 오히려 더 큰 혼란에 빠지게 되는 것이다. 그녀가 정처 없이 보낸 환각의 하룻밤 동안 경험하게 된 현실적/비현실적 실마리들—그 때문에 그녀의 생각은 더욱 꼬이고, 현실과 비현실의 경계는 더욱 모호해졌으며, 자신이 알 수 없는 어떤 음모의 거미줄에 걸려 있을지 모른다는 그녀의 의혹은 더욱 깊어진 것이다. 구조적 관점에서 볼 때, 지극히 불량한 소음이 섞인 정보의 양이 많아졌기 때문에 불확실성도 그만큼 커진 것이다.

에디파는 샌나르시스에서 벗어나 남편 무초와 심리치료사 힐래리어스가 있는 원래의 삶터로 돌아간다. 그리고 자신이 겪은 모든 일들이 불안정한 자신의 마음이 만들어 낸 한바탕의 긴 꿈이었다는 것을 확인하고, 자신이 빠져든 환각의 세계에서 빠져나오는 방법을 찾기 위해 힐래리어스를 찾아간다. 그러나, 한바탕의 긴 환각의 여행에서 에디파가 돌아온 세계, 이전에 그녀를 가두고 있었던 무초와 힐래리어스의 '탑의 세계'는 더욱 음산하고 더욱 추악한 꼴을 드러내고 있었다. 무초와 힐래리어스—그들은 모두 심각한 고독의 중독자가 되어 정신을 놓은 채 살고 있었고, 환각제인 LSD에 의존해 하루하루를 버티며 살고 있는 남편 무초는 현실감각을 완전히 잃어버리고 자폐적 몽상에 침잠해 있었다. 에디파는 그에게서 어떤 인간적 유대도 찾을 수 없었으며, 심지어 그가 이 세상에서 모르는 어떤 사람으로 보였다. 2차 세계대전 때 유태인 수용소에서 생체실험약을 조제했던 심리치료사 힐래리어스—그도 역시 먼 과거의 죄의식으로 점점 더 깊이 빠져들어 온전한 정신의 인간이 아니었다. 그는 모든 사람들이 자신의 과거의 죄를 단죄하기 위해 음모를 꾸미고 있다고 생각하면서 눈에 띄는 모든 사람들을 향해 총을 겨눈다. 그리고, 에디파가 환각의 세계에서 벗어나고 싶다고 말하자, 그 세계를 단단히 붙잡고 있으라고 충고한다.

> "내가 여기 온 것은 환상에서 벗어나도록 당신이 날 도와주길 바랐기 때문이었어요." 그녀가 말했다.
>
> "그 환상을 소중히 간직해!" 힐래리어스가 격렬하게 외쳤다. "달리 당신이 가진 게 없지 않소? 환상의 작은 촉수를 꼭 움켜잡아요. 프로이트의 추종자들이 당신을 꾀어 그것을 없애 버리거나 약사들이 독약으로 그것을 제거하게 하지 말아요. 그것이 무엇이든 소중히 간직해요. 왜냐하면 그것을 잃어버릴 때 당신은 그만큼 더 다른 사람에게 넘어가기 쉬워질 테니까 말이오. 당신은 그 순간부터 아마 존재하지 않게 될 거요."[51]

에디파는 다시 한 번 무초와 힐래리어스의 탑의 세계에서 도망쳐 샌나르시스로 돌아온다. 그러나, 그것은 아이러니컬하게도, 탑으로부터의 도망이 아니라, 삶으로부터의 도피였다. 무초와 힐래리어스의 세계와 절연한 그녀에게 남아 있는 '인간적' 삶은 아무것도 없었기 때문이다. 이제 에디파는 무초와 힐래리어스처럼 고독의 중독자가 되어 그들이 가던 길을 되밟을 것이기 때문이다. 견디기 어려운 생활이 무초를 고독의 중독자로 만들었듯이, 한없이 무거운 과거가 힐래리어스를 고독의 중독자로 만들었듯이, 그녀가 지닌 불통의 언어는 그녀를 지독한 고독 속으로 던져 넣을 것이기 때문이다. 에디파는 지금 자신의 삶터와의 인연을 완전히 끊고, 완전한 불동과 무감응의 세계로 다시 돌아가는 것이다. 이제 그녀에게는 어떤 감정도, 어떤 영적 교감도, 어떤 지성적 활동도 남아 있지 않고, 오직 환각과 망상에 쫓기며 몸과 마음이 피폐해지는 기계적 일상만이 기다리고 있을 뿐이다.

이 소설의 마지막 부분에서 에디파는 다시 주막 '희망'(the Scope)에 들른다. 여기에서 에디파는 주막의 패러노이즈 단원 중의 한 사람인 마이크 팰러피언에게 이제까지 자신이 찾은 모든 것에 대해 말해 준다. 마이크는 의문을 제기한다. '혹시 트리스테로에 대한 모든 생각들이 피어스가 그녀를 골려 주기 위해 고안해 낸 부조리한 익살은 아닐까?' 에디파도 한 번쯤 그런 생각을 했었지만, 그녀는 그런 생각을 곧 단호히 물리쳤었다. 그리고 얼마쯤 후에 에디파는 W.A.S.T.E.가 "We Await Silent Tristero's Empire."의 두문자조합어임을 알게 되어 다시 한 번 피어스의 자산을 훑어보게 되고, 드리블레트의 극장도 그 자산에 포함되어 있었음을 알게 된다. 자신이 몰랐던 것은 모든 길이 피어스로 통하고 있었다는 것이다. 에디파는 그제야 자신이 만난 모든 사람들, 자신이 자문을 구하고 도움을 얻었던 모든 사람들은 피어스가 매수해 놓은 사람들이고, 그 사이에 벌어진 모든 일들은 그의 농간일지 모른다는 생각을 어렴풋이 하게 된다. 그리고, 더 이상 어떤 것에도 확신을 가질 수 없었기 때문에, 에디파는 그다음 몇 주를 어떤 불안과 초조의 강박관념에 젖어, 악몽에 시달리며, 쑤셔 오는 이빨의 아픔을 참으며 보낸다.

에디파는 행복의 가장 기본적인 요소들을 모두 잃어버리고 자포자기의 상태로 지내던 어느 날, 자신이 추구했던 트리스테로의 상징물인 '위조우표'가 49호 경매품목에 올라 있다는 소식을 듣는다. 그리고, 경매장에서 가장 고액의 입찰자가 누구인지 알아보려 애쓰며, 경매 중개인의 외침 소리를 듣는다. 최고입찰자는 누구일까? 그는 무엇 때문에 그 경매에 참여하는 것일까? 그는 아마도, 세상을 상대로 또 한 번의 부조리극을 펼치기 위해 그 물건을 사는 부조리신 피어스 인버레러티가 아닐까?

인간이 엔트로피의 법칙이라는 '불행한 죽음에의 법칙'에 영원한 종속변수로 살아야 한다면, 그렇다면, 피어스와의 만남은 어쩌면 필연인지 모른다. 그러나, 만약, 피어스 자신이 '명령'하고 있듯이(Pierce Inveracity!), 그의 가면을 꿰뚫어 볼 수만 있다면, 삶은 조금은 덜 불행하고, 조금은 덜 고독할 것이다. 에디파는 트리스테로라는 이름에만 꽂혀 트리스테로의 정신에는 다가갈 수 없었다. 만약 그녀가 그 이름에 그토록 집착하지 않았다면 현대라는 장중하게 닫힌 체제도 아주 작은 틈새 하나쯤은 내보였을 것이다. 카뮈의 시지푸스가 돌을 밀어 올릴 때, 두 발을 벌리고 잠시 버티고 서서, 부조리신의 예측하지 못한 행복의 레시피를 찾을 수 있었듯이. 그러나, 그녀는 트리스테로의 이름에 집착한 나머지 그녀가 알아 왔던 삶, 그녀가 알고 있어야 할 삶에서는 멀리 유리되었고, 지금은 삶의 모든 요소들을 잃어버리게 된 것이다.

쿤데라: "참을 수 없는 존재의 가벼움"

불교에서는 무서울 만큼 참으로 긴 시간을 '겁'(劫)이라고 한다. 그리고, 이생에서의 옷깃을 스치는 인연조차도 전생에서의 수천 겁의 인연이 있어야 맺어지는 소중한 인연이라고 설명한다. 삶 속에서의 아주 우연한 마주침을 불가사의한 필연(necessity)으로 무겁게 설명한 것이다. 다시 말하면, 이 세상에서 우연이라고 여겨지는 것들 모두는 인간의 '무지'(ignorance)를 넘어서는 불가사의한 우주적 섭리의 일환이라는 것이다. 그러나, 우연의 삶에 의미를 주어 필연의 섭리로 무겁게 설명하는 것—이러한 일은 불교에서만 일어나는 일은 아니다. 20세기가 오기까지 동서양의 모든 형이상학은 이처럼 무거움의 '본질'(essence)을 앞세워 가벼움의 '실존'(existence)을 설명하곤 했다.

사르트르나 카뮈와 같은 20세기 실존주의 철학자들이 가벼움의 '실존'을 무거움의 '본질'에 앞세움으로써 기존의 형이상학에 대한 사고(思考)의 대전환을 모색할 때까지는 필연으로 설명되는 당위적 가치로서의 삶의 '본질'이 실존적 가치로서의 삶의 '실존'보다 훨씬 무겁게 여겨졌었다. 당연히, 존재하는 것이나 일어나는 것은 모두 마땅한 인과성 속에서, 합당한 이유를 가지고, 무겁게 존재하거나 일어났고, 따라서 그에 마땅한 무거운 의미를 지니고 있었다. 그리고, 그 마땅한 인과성을 규명하고, 그 마땅한 의미를 찾는 것이 곧 가치 있는 삶이었다. 그러나, 실존주의 철학자들에게는 존재는 가벼움투성이의 부조리였다. 어떤 마땅한 이유도 없이, 어떤 무거운 의미도 없이, '지금, 여기에' 던져진 것이다. 그들에게 실존은 어떤 경우에도 예정된 합리적 의미란 것을 갖고 있지 않았다. 또한, 실존은 어떤 경우에도 예정된 합리의 길을 따라 일어나지 않았다. 그들에겐, 모든 실존은 조리에 닿지 않는 의미와 조리에 닿지 않는 길을 따라 펼쳐지는 부조리한 우연의 연속일 뿐이었다.

그렇다면, 사르트르나 카뮈와 같은 실존주의자들에게 '인간은 무엇을 위해 존재하는가?' 다시 말해, 인간은 한 치의 무거움도 없는 '참을 수 없이 가벼운' 존재인가? 그들은 대답한다. 비록 실존이 가벼움투성이의 부조리한 우연에 둘러싸여 있다고 하더라도, 부조리신은 인간의 존재를 아주 의미 없이 만들어 놓지는 않았다고. 적어도 인간에게는 자신의 의지대로 쓸 수 있는 아주 작지만, 그러나 무한히 의미 있는 자유의지라는 것이 주어져 있다고. 그래서, 인간의 존재의미는 인간에게 주어진 작은 자유의지로 존재 속에 던져진 부조리한 우연들에 맞서 싸우는 것, 다시 말해, 인간을 부조리의 늪으로 던져 넣은 부조리신과 싸워 이기는 것이라고.

그러나, 포스트모던의 시대인 20세기 후반에 들어, 존재는 어떤 무거움도 없는 '참을 수 없이 가벼운' 것으로 느껴지게 되었다. '본질'이나 '의미' 따위의 존재를 무겁게 하던 것들이 어느 순간에 지극히 하찮은 것들이 되고 만 것이다. 나아가, 지극히 흉악하고 고약한 것들이 되고 만 것이다. 이 시대의 사람들은 너무나 많은 당위적 가치들이 무너져 내려 홍수에 휩쓸려 내려가는 것을 보았고, 너무나 많은 성현들의 가르침들, 너무나 많은 이념들, 너무나 많은 주의와 교리와 학설들, 너무나 많은 정치적·종교적·사회적 신념들, 케케묵은 관습과 제도들, 심지어 실존주의라는 무겁디 무거운 삶의 태도까지, 이 모든 것들이 감당할 수 없을 만큼의 육중한 악(evil)의 무게로 삶을 짓부수고 있다는 것을 깨달았다. '도대체 무엇 때문에 삶에 대한 이 무거운 짐들을 짊어지고 살아가야 하는가?' 포스트모던 세대들의 뇌리를 헤집어 놓은 철학적 질문이었다.

쿤데라와 같은 포스트모던의 세대들은 이제까지 삶에 '무거운' 의미와 이유를 주던 모든 인본주의적 가치들이, 모든 사회적·종교적·윤리적 가치들이 '천박하고, 때로는 잔인한, 삶의 유희'(키치/kitsch)로 변하게 되었다는 것을 깨달았다. 그 모든 '무거운' 것들이 그것들에 담겨 있던 인본주의적 가치들과, 독창성과, 윤리성을 잃어버렸다는 것을 깨달은 것이다. 쿤데라는 그의 소설 『참을 수 없는 존재의 가벼움』(*Unbearable Lightness of Being*)에서 작중인물 사비나로 하여금 이렇게 소리치게 한다.

> "당신은 지금 당신의 나라가 해내려고 하는 과업을 위해 싸우지 않겠다는 뜻이지요?" 그녀는 아마 그들에게 이런 말을 해 주고 싶어 했을 것이다. 공산주의건, 파시즘이건, 모든 점유나 침략 뒤에는 보다 근본적이고, 보다 깊이 스며 있는 악이 숨어 있으며, 한목소리로, 일사불란하게 팔을 들어 올리며 행진을 하고 있는 사람들의 모습이 바로 그 악의 이미지라고.[52]

쿤데라의 세대들은, 소설 속의 인물 사비나처럼, 그들이 공산주의라든가, 파시즘이라든가, 아니면 또 다른 어떤 전체주의의 망령에 사로잡혀 살아가고 있다는 사실을 깨달았고, 그 망령이 바로 '악의 화신'이라는 것을 꿰뚫어 보았으며, '한목소리로, 주먹을 추켜올리고, 고함을 지르며 행진을 하고 있는 군중의 무리들'에서 악의 망령들의 살아 있는 '이미지'를 보았다. 그리고, 그 이미지들에 의해 지탱되고 있는 '완전무결한' 전체주의가 이제까지의 그 어떤 '불완전한' 전체주의적 현실보다 포악하고, 잔인하다는 것을 알았다.

쿤데라는 삶의 무거움을 강요하면서 개인의 개체성과 창조적 역량을 말살하는 모든 형태의 전체주의를 독창성과 진실성이 엿보이지 않는 나쁜 감상주의 예술인 '키치'와 동일선상에 놓았다.[53] 그리고, 쿤데라의 세대들은 공산주의든, 파시즘이든, 아니면 그 어떤 주의나 이념이든, 전체주의적 힘으로 개인의 자유로운 생각과 행동을 옭아매는 것이라면 모두 '키치'라는 쿤데라의 생각에 동의했다. 그러므로, 그들은 이제 모두 '키치'—'싸구려 잡념'—가 되어 버린 수많은 주의와 이념들로부터 필사적으로 도망치며 살아야 했다. '자기민족 우월주의'를 기치로 했던 히틀러의 나치즘이 그들이 도망쳐야 했던 '키치'에 대한 하나의 예라면, '노동자 계급을 주체로 한 영원한 혁명'을 기치로 했던 레닌과 스탈린의 공산주의도 다른 하나의 예였다. 2차 세계대전 이후 냉전이라는 이념전쟁의 시대에는 인본주의적 가치의 몰락은 더욱 종잡을 수 없는 방향으로 일어났다. 전 세계적으로 자유방임적 상업자본주의가 창궐하면서, 사농공상의 위계는 완전하게 전복되었고, 가족, 친구, 결혼, 성공, 애국, 생명, 자유 등등의 인본주의적 가치들은 전체주의적 힘의 자장 속에서, 자석에 휘둘리는 작은 쇳조각처럼, 힘이 조종하는 대로 무기력하게 끌려다녔다.

이제 쿤데라의 세대들에게 주어진 필생의 물음은 '어떤 비전도 보여 주지 않는 이 무거운 '싸구려 이념'들을 짊어지고 계속 살아가야 하는가?'였고, 이 물음 앞에서의 하나의 소망은 어떤 무거운 것들로부터도 사회적으로나 윤리적으로 어떤 속박도 받지 않고, 사상적으로뿐 아니라 행동의 면에서도 완전히 자유로운 '자유인'(libertine)이 되는 것이었다. 얄팍한 감상과 날선 선동의 '싸구려 잡념'이 되어 버린 모든 인본주의적 가치들 앞에서, 포스트모던의 세대들이 '무거운 삶으로부터의 도피'와 순간적 아름다움과 쾌감을 좇아 살아가는 가벼운 삶을 꿈꾸게 된 것이다. 그러나, 그들은 정말 그 꿈속에서 행복할까? 그들이 꾸는 꿈속에서의 삶은 '참을 수 없이 가벼운' 삶은 아닐까? 개인의 개체성과 창조성을 잔학하게 말살하는 전체주의 권력 앞에서, 쿤데라의 가슴을 짓눌러 온 물음이었다.

체코슬로바키아 태생의 포스트모던 세대 소설가인 쿤데라는 그의 소설 『참을 수 없는 존재의 가벼움』에서, 어떤 존재가 전체주의적 힘의 자장 속에 들어 있는 것이라면, 그것은 무거운 삶으로부터 도피해 가볍게 살 때에도, 무거운 삶을 추구해 무겁게 살 때에도, 그 삶이 '참을 수 없이 가볍기는' 매한가지라고 설파한다. 그 삶은 어떤 경우에도 필연의 무게보다 우연의 무게가 턱없이 무거울 것이기 때문이다. 그에 의하면, 전체주의적 힘 속에서는, 의미와 가치를 추구하며 진지하게, 꼼꼼하게, 그리고 열정적으로 삶을 살아간다 해도, 끝내 삶은 우연의 무게를 이기지 못하고 끝나고 만다. 무거운 삶에서 도피해 현재적 쾌감과 아름다움을 추구하면서 우연에 기대어 삶을 '가볍게' 살아갈 때도, 우연이 만들어 내는 삶이 허망하기는 마찬가지이다. 어느 쪽도 결국은 존재에 대한 어떤 의미나 가치도 찾지 못한 채, 죽음 앞에서의 두려움으로 존재의 종말을 맞이하게 될 것이기 때문이다. 이 소설의 두 여주인공 테레자(Tereza)와 사비나(Sabina) — 한 사람은 삶의 무거움을 좇으며 살고, 다른 한 사람은 삶의 가벼움을 좇으며 산다. 그러나, 그들은 전체주의 힘의 자장 속에서 살아야 했기에 모두 우연의 무게 앞에서 좌절하거나 절망한다. 어떤 존재도 '참을 수 없이 가볍기는' 마찬가지인 이유이다.

1929년 체코슬로바키아 중산층의 가정에서 태어난 쿤데라는 그의 시대가 '비극'(tragedy) 부재의 시대임을 목도했다. 그의 시대 체코슬로바키아 사람들의 공산주의 이념에 옭매인 슬픈 삶에서는 비극 속에서 묻어나는 어떤 '존엄'(dignity)이나 어떤 '장엄함'(grandeur)도 묻어나지 않았고, 죽지 못해 살아가는 삶에의 어쩔 수 없는 긍정만이 있을 뿐이었다. 체코 공산당의 독재하에서 이 나라 국민들의 생각과 행동은 극도로 자유롭지 못했고, 그들의 생각과 행동을 이끌어 줄 어떤 가치도 존재하지 않았다. 1968년 체코인들은 '인간의 얼굴을 가진 사회주의의 약속'(the promise of Socialism with a human face)이라는 구호에 감격해, 두 주먹 불끈 쥐고, 한목소리로 외치며, '프라하의 봄'을 꿈꿨었다. 그러나, 그들의 꿈은 소련군의 진군으로 산산조각이 났다. 체코의 예술가이자 작가로서 '프라하의 봄'에 참여했던 쿤데라는 그 후 '반공산당 활동'이라는 죄목으로 시민권을 박탈당했고, 1975년 프랑스로 망명했다. 그의 소설 『참을 수 없는 존재의 가벼움』은 사람들에게서 생각과 행동의 바탕을 허물어 인본주의적 가치에 대한 비전을 빼앗은 전체주의적 공산주의 체제하에서의 '삶의 가벼움'과 그 '참을 수 없음'을 그린 소설이다. 그렇다면, 그들이 꿈꿨던 '프라하의 봄' 속의 삶은 '참을 수 없이 가벼운' 삶이 아니었을까?

이 소설의 작가 쿤데라는 1984년에 출판된 『참을 수 없는 존재의 가벼움』이 '프라하의 봄'을 경험한 체코인들만의 이야기로 읽히는 것을 경계했다. 이유를 말하지는 않았지만, 아마도 그의 소설이 20세기 후반의 체코 사람들의 이야기이면서 동시에 이 시대를 살아가는 보편적인 서양인들의 이야기라고 생각했던 듯하다. 공산주의라는 정치적 전체주의 속에서 신음하는 이 소설의 주인공들이 곧 포스트모던 시대 상업자본주의적 문화전체주의에 신음하고 있는 포스트모던의 세대들에 대한 대유가 되기도 한다는 것이다. 『참을 수 없는 존재의 가벼움』에서, 쿤데라는 전체주의적 힘의 자장 속에서, 아니면 부조리신의 손아귀에서 살아가는 개인들의 운명이 얼마나 무의미하고 덧없는 것인지를 말해 주려 한 것이다.

쿤데라의 소설 『참을 수 없는 존재의 가벼움』은 '인생은 왜 참을 수 없이 가벼울 수밖에 없는가?'에 대한 철학적 고찰로 시작된다. 소설의 첫머리에서 화자는 인생이 처음으로 되돌아가 다시 살아 볼 수 없는 외길이고, 이 길과 저 길의 비교를 통해 의미를 찾을 수 없는 꽉 막힌 길일 때에는, 의미가 있어야 할 그곳에는 오직 참을 수 없는 가벼움만이 존재한다고 말하면서 이야기를 시작한다. 그리고, 전체주의의 무지막지한 힘의 자장 속에서 꽉 막힌 외길을 살아가야 했던 주인공 토마스(Thomas)의 삶을 통해 '의미가 있어야 할 곳에 아무런 의미도 존재하지 않는 삶'—즉, 참을 수 없이 가벼운 삶—이란 어떤 것인지를 보여 준다.

이 소설의 배경은 1968년의 프라하이다. 공산주의 권력의 전체주의가 무소불능(無所不能)의 물리력을 행사하는 이곳에서의 삶에는 오직 '꽉 막힌 외길'이 있을 뿐, 마땅히 있어야 할 의미라곤 어디에도 없다. 그러므로, 사방에는 온통 "참을 수 없는 존재의 가벼움"만이 느껴질 뿐이다. 삶이 가장 의미 있게 느껴지는 것은 언제일까? 프로이트는 이를 '쾌락 원칙'(the pleasure principle)과 '현실 원칙'(the reality principle)으로 설명했다. 쉽게 말하면, 삶의 의미는 '즐겁다는 느낌'과 '살아 있다는 느낌' 속에 존재한다. 그리고, '즐겁다는 느낌'은 인간에게 선험적으로 주어진 '성애의 능력'(sexuality)으로, '살아 있다는 느낌'은 인간에게 선험적으로 주어진 '노동의 능력'(labor)로 충족된다. 그러나 '프라하의 봄'이 좌절된 이 도시에서는 그 어디에서도 '즐겁다는 느낌'과 '살아 있다는 느낌'이 존재하지 않았다. 만약 1968년의 프라하가 아니었다면, 이 도시에서 손꼽히는 의사였던 소설의 주인공 토마스의 삶에는 누구나 납득할 만한 충분한 의미가 있지 않았을까? 그러나, 그는 지금 전체주의적 힘의 자장 속에서 '성애'로 맺어진 가족 사이에서 가질 수 있는 '즐겁다는 느낌'도, '노동'을 하면서 얻어지는 희열로 느낄 수 있는 '살아 있다는 느낌'도 없이 우연에 몸을 맡긴 채 '참을 수 없이 가벼운' 삶을 살고 있다.

어떤 의미에서 보면, 토마스는 자유인(libertine)이다. 그는 어떤 가치나 체제에도 구속되지 않고, 자유롭게 세상 안팎을 드나든다. 그러나, 그는 자유주의자(liberalist)는 아니다. 자유주의자란 어떤 체제나 제도의 속박에서 벗어나기 위해 성적 자유, 종교적 자유, 언론과 사상의 자유 따위를 권리로 주장하면서, 체제나 제도에 저항하는 사람이기 때문이다. 1968년의 프라하는 이미 자유주의자가 숨 쉴 수 있는 삶의 공간이 아니었다. 그곳에서는 결혼이나 노동의 신성함 따위는 어디에도 존재하지 않았다. 오직 전체주의적 힘에 의해 무너진 삶과 어쩔 수 없는 삶의 긍정만이 존재했다. 토마스는 자신의 삶을 무겁게 하는 모든 가치와 힘으로부터 무작정 벗어나고 싶어 했을 뿐이다.

한 번의 결혼에 실패했던 토마스에게 가정이라는 가치는 아무런 의미가 없다. 그는 지금 아내와 어린 아들을 만나지도, 보고 싶어 하지도 않으면서, 독신으로 살아가는 데 너무나 익숙하다. 그러던 중 어느 날 그는 과장 대신에 우연히 왕진을 가게 되고, 조그만 도시의 어느 카페에서 웨이트리스로 일하는 테레자를 만난다. 그녀는 토마스와의 우연한 만남을 운명이라고 생각한다. 그래서 시골생활을 청산하고, 짐을 싸 들고 토마스를 찾아온다. 그러나, 토마스는 그녀가 자신의 인생을 그에게 '제물로 바칠 각오가 되어 있음'(offer him up her life)을 직감하고, 낭만의 무게가 자신의 삶을 짓눌러 옴을 느낀다. 낭만의 무게에 짓눌리지 않으려고 잠시 망설이지만, 그는 사랑의 감정에 굴복한다. 그의 무의식 속에는 아직 삶의 무거움을 지향하는 충동이 얼마만큼은 남아 있었던 것이다.

테레자는 무거운 삶을 살아왔지만, 끝까지 무거움을 지향하는 삶의 태도를 버리지 않는다. 그녀는 조그만 시골마을 카페에서 일하는 웨이트리스이다. 그러나, 그녀는 늘 사랑을 잃고 함부로 살아가는 엄마로부터 벗어나고 싶어 했고, 보다 큰 지성적 꿈을 위해 시골에서의 삶으로부터 도망치고 싶어 했다. 그녀는 토마스에게서 그녀가 꿈꾸어 오던 지성인의 모습을 본다. 그리고, 몇 가지 우연에서 숙명을 느끼며, 순간의 우연들에서 필연의 흔적을 읽어 낸다.

> 우리들의 삶을 설명해 주는 것은 오직 우연, 우연이라는 것뿐이다. 필연으로 일어난다고 생각되어 온 모든 것들, 하루도 빠짐없이 반복되는 일상들과 일어날 것으로 기대되는 모든 것들—그것들은 아무런 설명도 해 주지 못한다. …
>
> 그 호텔 식당에 토마스가 나타난 것은 테레자에게는 절대적 우연의 계시였다. 그는 책을 앞에 펴 두고 탁자에 앉아 있었다. 그는 테레자를 쳐다보고 미소 지으면서 말했다. "코냑 한 잔 줘요!" 이 순간 음악이 라디오에서 울려 나왔다. 테레자는 코냑을 가져오기 위해 카운터로 갔다. 그리고 라디오 소리를 더 크게 하려고 스위치를 돌렸다. 라디오에서 나오는 음악이 베토벤의 곡임을 알아차렸던 것이다. … 카운터

를 돌아 주문받은 코냑을 토마스가 앉아 있는 탁자로 가져오는 동안 그녀는 이 우연에서 무엇인가를 읽으려 애썼다. 그녀가 알지는 못하지만 자기의 마음을 끄는 이 남자에게 코냑을 갖다 주고 있는 지금 하필이면 베토벤의 곡을 듣는다는 것이 어떻게 가능했는가?

필연으로는 이 신비를 도저히 설명할 수가 없다 — 오직 우연만이 설명할 수 있는 것이다.[54]

테레자는 천생의 연분을 찾았다고 생각하고, 짐을 싸 들고, 아들을 버리고, 어머니를 떠나 토마스에게로 와서, 그와의 결혼을 꿈꾼다. 그들은 같이 산다. 그러나, 토마스는 난교(亂交)의 버릇을 버리지 못한다. 테레자에게는 얼마 동안 사실을 숨기지만, 마침내 그의 부정(不貞)을 털어놓고, 자신의 신념을 말한다. 섹스와 사랑은 완전히 별개의 것이라고. 토마스의 행동과 신념을 받아들일 수 없었던 테레자는 악몽에 시달리다가 자살을 기도한다. 그러자, 테레자를 안심시키기 위해 토마스는 그녀와 결혼을 한다. 그럼에도, 그는 그의 난교의 버릇을 버리지 못한다. 특히 가장 오랫동안 관계를 가졌던 사비나 — 무모하지만 아름답고 재능이 많은 화가 — 와는 지속적으로 관계를 갖는다.

결혼에 의한 삶의 구속을 당연한 것으로 받아들이면서 무거운 삶을 추구하는 테레자에게도 삶의 가벼움에 대한 제어할 수 없는 충동이 숨어 있었다. 자기도 모르게 그녀는 삶을 가볍게 살아가는 사비나에게 끌리고, 두 사람은 친구가 된다. 사비나의 도움으로 테레자는 '프라하의 봄'을 취재하는 사진작가가 된다. 그럼에도 불구하고, 테레자의 사비나에 대한 질투심은 사그라들지 않는다.

소련군이 프라하를 점령하자, 체코 공산당을 비판하는 글을 쓴 적이 있는 토마스는 체코를 떠나도록 종용받는다. 사비나가 먼저 체코를 떠나고, 테레자와 토마스는 나중에 스위스에서 그녀와 합류한다. 스위스에서 테레자는 할 일이 없이 무료한 시간을 보내야 했고, 그 와중에 토마스는 많은 여인들과 난교를 지속한다. 테레자는 강자가 약해져서 약자를 어찌할 수 없게 되면, 약자는 강자를 버리고 떠날 만큼 강해져야 한다고 생각하면서, 프라하로 돌아온다. 토마스에게 테레자가 없는 며칠간은 자유였다. 그러나, 그 자유가 즐거움만을 주지는 않았다. 그도 곧 인간다운 삶이라곤 없지만, 테레자가 있는 프라하로 돌아온다. 그것은 곧 자유의 포기였고 삶의 무거움에 대한 굴복이었다. 그들에게는 더 이상의 탈출이 허락되지 않을 것이고, 그는 더 이상 그녀를 떠날 수 없을 것이기 때문이다.

토마스가 테레자를 좇아 프라하로 돌아온 것은 외관상 분명 '삶의 무거움'으로의 회귀였다. 그러나, 그것은 자유인으로서의 자유의 포기를 의미하는 것은 아니었다. 그가 테레자에게 돌아온 것은 테레자와의 결혼에 대한 의무를 지키기 위한 것이 아니라, 전체주의적 힘의 소용돌이 속에서 자신의 삶을 철저하게 우연에 맡기기 위한 것이었기 때문이다.

> 그는 그녀 때문에 프라하로 돌아갔다. 우발적인 사랑을 걸고 내린 치명적인 결정이었다. 7년 전 외과 과장의 좌골신경통이 아니었다면, 존재하지도 않았을 그놈의 사랑 때문에. 완전히 우연으로 맺어진 그녀가 지금 그의 옆에 누워 있다. 깊게 숨을 들이쉬면서.[55]

토마스와 테레자의 로맨스는 처음부터 끝까지 철저히 우연에 의해 맺어진 것이었다. 토마스는 지금 테레자가 '6번의 우연'(six fortuities)으로 자신의 삶 속으로 들어온 여자라고 생각한다. 7년 전에 토마스가 일하던 병원의 과장이 좌골신경통을 앓지 않았더라면, 그는 테레자를 만나지 못했을 것이었다. 그리고, 그가 묵었던 방의 번호, 책들, 베토벤에 이르기까지 수많은 우연들이 그들의 삶을 연결시켜 주었었다. 그녀를 뒤좇아 프라하로 돌아온 것도 마찬가지였다. 토마스는 자신이 왜 스위스에서 누릴 수 있는 일과 행복을 버리고 그녀를 뒤쫓아 프라하로 돌아왔는지를 스스로에게 설명할 수가 없었다. 그에게는 자신의 삶에서 소중한 그 많은 것들을 테레자라는 한 여자를 위해 희생하기로 결심하는 데 어떤 생각도 관여하지 않았다는 것이 너무나 의아했다.

프라하에서 토마스는 의사로서의 직업을 잃고 정치적으로 대단한 곤경에 직면한다. 반공산주의 글을 철회하지 않았기 때문이다. 반공산주의 지하조직으로부터도 따돌림을 당했다. 되돌아보니, '프라하의 봄'을 꿈꿨던 그들의 이념도 그의 삶을 무겁게 하기는 마찬가지였기 때문이다. 그것도 또한 똑같이 천박한 삶의 유희에 불과했기 때문이다. 자신의 젊은 아들이 그가 하는 애국운동에 동참하라고 애원했지만, 토마스는 뿌리친다. 결국, 토마스는 유리창을 닦는 청소부가 된다. 그럼에도 그는 주변의 여자들과의 '참을 수 없이 가벼운' 관계를 지속한다. 무거운 삶에서 벗어날 수는 없었지만, 가벼운 삶에의 충동 역시 그를 지탱하는 힘이었던 것이다.

한편, 바텐더 일을 하면서 절망의 시간을 보내는 테레자—그녀는 가벼운 삶을 버리지 못하는 토마스의 삶에 좀 더 가까이 다가가고 싶어서, 어느 날 주점을 찾아온 키가 훤칠한 남자에게 잠시 몸을 맡겨 본다. 그러나, 그것은 그녀에게는 참으로 불행한 일이었다. 그 남자는 협잡으로 다른 사람을 유인해서 정치적으로 이용해 먹는 불량한 인간이었기 때문이다. 테레자는 토마스에게 시골로 가서 같이 살자고 제안을 한다. 토마스는 이제까지 살아온 삶의 방식 전부를 포기하고 그녀와 함께 시골로 가서, 얼마 동안을 평화롭게 지낸다. 가정의 가치가 살아 숨쉬는 무거운 삶을 받아들인 것이다. 그러나, 그의 꽉 막힌 외길 인생은 여기에서 끝나지 않았다. 이번에는 부조리신의 손아귀를 벗어날 수 없었던 것이다. 어느 날 저녁 운전을 하다가 교통사고로 그들 부부는 함께 즉사한다. 사랑, 삶, 죽음이 도무지 알 수 없는 여정을 따라 가다가, 아무런 의미도 없이 '참을 수 없는 가벼움'을 남긴 채 끝나고 만 것이다.

토마스의 이야기가 참을 수 없이 가벼운 존재에 대한 하나의 이야기라면, 그의 정부였던 사비나의 이야기 또한 참을 수 없이 가벼운 존재에 대한 하나의 이야기이다. 사랑과 섹스에 대해 철저하게 심미주의적인 사비나—토마스가 프라하로 떠난 후 제네바에 남아 있던 그녀는 그곳에서 대학교수인 프란츠(Franz)를 만난다. 테레자처럼, 프란츠도 섹스의 가치보다 가정의 가치를 무겁게 받아들이는 사람이다. 그러므로, 사비나와 함께 낭만적 애정행각을 벌이면서도 그는 아내에 대한 죄책감으로 번민한다. 사비나에게 섹스가 그 자체로 즐거움과 아름다움을 낳는 것이어야 하는 것이라면, 프란츠에게 섹스는 결혼이라는 틀 안에서 가정의 가치를 충족시키는 수단이어야 했다. 가정과 섹스 사이의 선택의 갈림길에서 프란츠는 아내에 대한 자신의 배신을 받아들일 수 없어 고뇌한다. 그러나, 결국 그는 가정이 아닌 섹스를 선택하고, 아내를 떠난다.

사비나는 섹스가 그 자체로 아름답기 위해서는 그것이 어떤 이념이나 제도로 얽매여서는 안 된다고 생각한다. 그러므로, 그녀는 그게 누구든 남편의 아내에 대한 배신은 곧 '미지의 세계로 나아가는 첫걸음'이어야 한다고 여긴다. '미지의 세계'로 나아가기 위해 모든 무거움을 내려놓는 것—사비나는 그것이 곧 배신이며, 그 속에 개성과 창의성이 담겨 있다고 믿는다.

> "그래, 배신. 철모르는 젊은 시절에 우리는 학교 선생님이나 아버지가 배신이 가장 못된 짓이라고 말하는 소리를 듣는다. 그렇지만, 배신이란 도대체 무엇인가? … 배신이란 자신이 속한 자리에서 이탈해 미지의 세계로 들어가는 것이 아닌가." 사비나는 미지의 세계로 들어간다는 것보다 더 숭고한 것은 알지 못했다.[56]

그 때문에, 그녀는 결혼이라는 가치에 매인 채, 감상적으로 섹스를 선택하는 프란츠의 배신을 '싸구려 감상'(kitsch)이라고 생각하고 받아들이지 않는다. 그녀는 프란츠의 기대를 저버리고 스위스를 떠나 파리로, 다시 파리를 떠나 미국으로 간다.

사비나가 떠난 후, 프란츠는 젊은 여학생에게서 위안을 얻으며 사비나의 성에 관한 미학을 결코 이해하지 못한다. 구태의연한 관념 속에 갇힌 보수적인 대학교수 프란츠는 '인간에게 성이 무엇이어야 하는가?'에 대한 어떤 생각도 하지 못하는 것이다. 과거의 관념 속에 노예가 되어 있다는 점에서, 프란츠의 부인은 그보다 훨씬 보수적이다. 그녀는 그와의 이혼을 받아들이지 않았을 뿐 아니라, 그가 죽었을 때 '오랜 방황을 끝내고 돌아왔음'(A return after long wanderings)이라고 말하며, 그의 시신에 대한 권리를 주장한다.

한편, 사비나는 머나먼 이국 땅 미국에서 토마스와 테레자의 사고 소식을 들으면서 과거와의 마지막 고리가 끊어진 것을 안다. 심미주의자로서의 가볍디가벼운 삶을 살아온 사비나의 이야기는 나이 많은 어느 미국인 부부와 함께 살아가게 되는 것으로 끝난다. '무거운 것들로부터 무한정 도망하며 살아온 삶의 끝이 이런 것이어야 하는가?' 사비나가 자신에게 던지는 질문이다.

무거운 삶으로부터 도망치다가, 전체주의 권력의 폭력하에서 모든 것을 잃고, 생채기투성이인 자신의 삶을 긁적이며, 테레자의 손에 이끌려 무거운 인생으로 발길을 들여놓았던, 그러나 부조리신의 장난 속에서 테레자와 함께 교통사고로 생을 마감해야 했던 토마스—그의 삶이 더 참을 수 없이 가벼운가, 아니면, 무겁게 짓누르며 삶을 에워싸고 있는 삶의 모는 '싸구려 이념'(kitsch)들을 부정하고, 현재적 만족과 쾌감만을 추구하며, 심미주의자로서의 성적 아름다움을 갈구하다가, 의미 없는 삶의 유희로 빠져드는 사비나—그녀의 삶이 더 참을 수 없이 가벼운가? 이 소설의 작가 쿤데라는 아마 이렇게 대답하는 듯하다. 어느 한 사람의 삶이 전체주의적 힘의 자장 속에 들어 있다면, 삶이 참을 수 없이 가볍기는 어느 쪽도 마찬가지이다. 그 속에서 의미를 찾는다 해도, 의미랄 게 없기 때문이다.

로웰의 고백시

20세기의 현대문명은 천당인가, 지옥인가? 모더니스트들에게도 이미 20세기의 현대문명은 '죽음을 통한 재생'(life through death)이라는 자연의 순환법칙을 거역한 지옥이었다. 그러나, 모더니스트들에게 현대문명은 물을 길러 관수가 가능한 황무지였고, 모더니즘은 황무지를 개척하기 위해 물을 찾아 헤매는 노력이었다. 그러나, 로웰이나 실비아 플라스 같은 포스트모던 시대의 작가들에게는 포스트모던 시대의 과문명(over-civilization)은 수리가 불가능한, 오직 완전한 파괴를 통한 구원자의 재림으로만 구원이 가능한 불모지였다. 중세의 시인 단테는 그의 『신곡』(*The Divine Comedy*)에서 지옥문의 현판을 이렇게 달았다. "들어오는 자여 희망을 버려라!"[57] 로웰은 그의 시 「유배자의 귀향」("The Exile's Return")에서 단테가 쓴 지옥문 현판의 글귀를 똑같이 옮겨 놓는다. "들어오는 자여 희망을 버려라!" 로웰에게 20세기 중반의 미국문명은 신에게 죄를 짓고 정신적으로 죽은 자들이 사는 지옥이었던 것이다.

그렇다면, 20세기 중반 미국의 현대인들은 도대체 무슨 '죄'를 짓고 어떤 '지옥'에 떨어진 것일까? 역사가들은 미국의 1920년대를 '멋진 무의미의 시대'(the age of wonderful nonsense)라고 부른다.[58] 겉은 놀랍도록 화려하지만 속은 텅 빈 시대라는 뜻이다. 그러나, 그들이 1950-1960년대의 미국을 보았다면, 그들은 이 시대를 무엇이라고 불렀을까? 아마도, '어처구니없는 무의미의 시대'(the age of surprising nonsense)라고 하지 않았을까? 그 시대가, 고대 메소포타미아 문명의 꽃으로 불리는, 그러나 전쟁의 포화 속에서 흔적도 없이 사라질 운명에 있는 고대 도시 바빌론처럼, 겉으로 보이는 물질적 풍요 속에 방종과 절망과 냉소가 가득한 정신적 빈곤의 도시를 만들어 낸 시대였다는 뜻으로 말이다. 20세기 중반 미국의 현대인들이 만들어 낸 지옥—그것은 더없는 풍요와 더없는 화려함 속에 방종과 절망과 냉소가 가득한 정신적 빈곤이 깃든 도시였다.

수메르, 아카드, 아시리아, 바빌로니아, 메소포타미아로 이어지는 고대 왕국들의 도읍이었던 바빌론—이 도시는 전쟁과 살육과 정복의 도시였고, 예속과 약탈과 노예문명의 도시였다. 또한, 그것은 현란한 문명과, 분에 넘치는 부와, 웅장한 건축의 도시였다. 무엇보다 이 도시는 정복자들의 정신 속에 탐욕과, 교만과, 박해의 쾌감이 깃든 도시였고, 통한의 관습과 잔혹한 율법을 가졌던 도시였다. 포스트모던 시대 작가들의 상상력 속에서 그들 시대의 현대문명은 여러 가지 점에서 현대판 바빌론이었다. 포스트모던의 문명은 탐욕과 교만으로 가학적 쾌감을 추구하는 자들이 정복전쟁으로 얻은 넘치는 부로 웅장한 건축의 도시를 세우고, 통한의 관습과 잔혹한 율법으로 민중들의 삶을 옥죄는, 살육과 약탈과 예속으로 얼룩진 징벌의 문명이었다.

로웰은 '분수에 넘치는 부(富)'가 모든 것을 말해 주는 보스턴에서 유년기를 보냈다. 그리고, 이 시대가 지닌 '어처구니없는 무의미'를 그의 부모들의 삶에서 목도했다. "웃자, 제발 좀 웃자(Weelawaugh, we-ee-eeelawaugh, weelawaugh)." 어머니는 고래고래 소리를 지르며 바가지를 긁었다. "그런데, 그런데, 그런데(But-and, but-and, but-and)." 아버지는 풀이 죽은 채로 덤덤하게 어머니의 잔소리를 받아 넘겼다.[59] 성골 퓨리턴 선조들의 후손들인 두 사람에게서, 건국 선조들의 '빛나는 기상'(the sublime ambition)은 어디에서도 찾을 수 없었다. 어머니는 물신주의에 마취된 완전한 속물이었고, 아버지는 기백이라고는 약에 쓰려고 해도 찾을 수 없는 완전한 얼간이었다. 해군 장교의 월급으로 어머니의 끓어오르는 욕망을 채워 주기는 불가능한 일이었을까? 소년 로웰의 눈에는, 무언가가 잘못되었음에 틀림없었다. 어딘가 막다른 골목에 서 있다는 느낌을 지울 수가 없었고, 결을 거슬러 대패질을 하고 있다는 의구심이 그의 생각을 가득 채웠다.

로웰은 그의 부모들의 삶에서 그들의 믿음으로 온 세계에 '횃불'이 되고자 했던 퓨리턴 선조들의 고매한 이상이 무너져 내리는 것을 보았다. 그리고, 훗날 '조울증'(bipolar disorder)으로 석 달 동안 정신병원에 입원했을 때 쓴 시 「석 달 동안 집을 비우고」("Home after Three Months Away")에서 로웰은 석 달 동안의 약물치료로 '백치화된'(lobotomized) 인간이 되어 버린 자신의 모습을 바라보면서, 건국 선조들의 '말라 버린 야망'(the withered ambition)을 이렇게 표현했다.

회복기에 들어, 몸은 처지고 힘은 나지 않았다.
3층 저 아래
잡역부 하나가 손바닥만 한 꽃밭을 손질한다.
일곱 송이 튤립이 머리를 세우고 피어 있다.
바로 1년 전만 해도,
'네델란드산'이라는 족보가 있는 꽃이었는데,
이제는 아무도
꽃인지 잡초인지 분간하지 못한다.
늦은 봄눈에 멋스러움을 잃은 게다,
1년여에 걸쳐
속수무책으로 원기를 잃은 게다.

내게 이제는 어떤 지위도, 어떤 신분도 없다.
치유는 되었지만, 지글거리며 오그라들어 생기를 잃었다.[60]

로웰의 눈에, 포스트모던의 시대에 와서 미국의 역사는 늦은 봄눈에 기력을 잃었다가, 다음 해 눈덩이를 이기지 못해 잡초가 되어 버린 족보 있는 튤립처럼 조락해 버린 것이다. 1930년대에 들어 '재즈 시대'는 끝나고, '대공황'(the Great Depression)의 시대가 왔다. 그리고는 1940년대에 들어 제국주의적 야망과 전쟁의 그로테스크한 시대가 왔다. 2차 세계대전과 전후의 냉전으로 살육과 학살과 원자폭탄의 공포가 사람들의 뇌리를 지배했다. 전체주의라는 '기괴한 괴물'의 손아귀에서 개체성을 잃고 발버둥치고 있다는 두려움이 동심원을 그리며 역사 속으로 퍼져 나갔다.

퓨리턴의 후예였던 시인 로웰의 마음 한편에는 절대선에 대한 '청교도적 양심'(Puritan conscience)이 꿈틀거리고 있었고, 다른 한편에서는 청교도적 야망의 타락이 불러온 역사의 함몰에 대한 냉혹한 죄의식이 요동치고 있었다. 오하이오주의 케니언 칼리지(Kenyon College)에서 로웰과 함께 문학 수업을 받았던 렌달 자렐(Rendall Jarrell)은 이때의 로웰을 이렇게 회상했다. "로웰에게는 자유로움과, 관대함과, 열려 있음과, 변화를 기꺼이 받아들이는 열린 마음이 곧 구원이었다."[61] 그러나, 로웰이 던져진 세계는 '구원'이 없는 '저주의 땅'이었고, 퓨리턴의 후예로서 그에 대한 책임이 곧 자신에게 있다는 죄책감이 그의 뇌리를 파고들었다. 1957년에 출판된 그의 대표시집 『인생 공부』(*Life Studies*)에 실린 시 「스컹크의 시간」("Skunk Hour")에서 로웰은 "내가 바로 지옥"이라고 다음과 같이 울부짖는다.

> 어느 어두운 저녁,
> 포드차 튜더를 몰고 언덕머리로 올라갔었어.
> 차 안 정사를 목격했지. 전조등을 끈 채
> 연인들은 몸뚱이와 몸뚱이를 맞대고 누워 있었지,
> 마을에서 보면 공동묘지가 시렁처럼 걸려 있는 곳이었어.
> 내 마음은 마구 엉클어졌었고.
> 나의 병든 영혼이 혈구혈구마다 흐느끼는구나,
> 내 손으로 목을 조르기라도 하는 것처럼…
> 내가 바로 지옥이야.
> 여긴 나밖에 없어 —[62]

로웰에게는 1950년대에 이르러 미국의 역사를 '숭고함'이 사라진 '기괴한 거대함'(the grotesque)의 절대절망의 역사로 만든 그의 선조들이 곧 '나'였다. 그는 퓨리턴 건국 선조들의 성골(聖骨) 후예였기 때문이다. 1965년에 가진 비평가 앨버레즈(A. Alvarez)와의 대담에서, 로웰은 '파멸을 불러올 운명을 진' 두 퓨리턴 영웅들에 대해 언급했다. 그 하나는 밀턴의 『실낙원』(*The Paradise Lost*)의 주인공 루시퍼(Lucifer)였고, 다른 하나는 멜빌의 『백경』(*Moby-Dick*)의 주인공 에이헙(Ahab)이었다. 로웰에 의하면, 그들의 야망은 인류의 삶을 돌이킬 수 없는 파국으로 몰고 온 '맹랑한 야망'(the ambition without sublime)이었고, 그것으로 전 인류가 대참사를 겪어야 했던 비운의 야망이었다.[63] 원래 빛이었던 루시퍼는 어둠의 사탄이 되었고, 그 때문에 인류는 에덴의 동쪽으로 쫓겨나, 카인과 아벨처럼, 서로 반목하고 바둥대며 살아가게 되지 않았던가? '하얀 고래'(Moby-Dick)를 잡으려다 다리 한쪽을 잃자, 불같은 복수심으로 목발을 짚고 '하얀 고래'의 사냥에 나섰던 에이헙 선장—그는 자신과 동료들의 생명과 자신의 삶의 터전이었던 피쿼드호(the Pequod)를 제물로 하여 생명의 근원인 모비딕(Moby-Dick)에게 깊은 상처를 입힘으로써, 전 우주적 생명의 근원을 헤집어 놓지 않았던가? 루시퍼와 에이헙의 비운의 야망이 그랬던 것처럼, 퓨리턴 선조들의 '맹랑한 야망'은 포스트모던 시대의 역사에 돌이킬 수 없는 파국을 불러왔고, 그 한가운데 바로 '자신'이 서 있었던 것이다.

청교도의 순혈(純血) 후손으로서 로웰은 타락한 역사에 대한 깊은 죄의식을 느꼈고, 포스트모던 시대 역사의 흐름에 격렬하게 저항했다. 그는 양심적 병역 거부자로서 1년형을 선고받았고, 6개월의 감옥살이를 했다. 그리고, 1944년에 출판된 그의 첫 시집 『닮지 않은 땅』(*The Land of Unlikeness*)에서 자신이 살고 있는 포스트모던의 세계를 '신의 모습을 더 이상 닮지 않아, 인간의 본 모습을 잃어버린' 인간들이 살고 있는 '닮지 않은 땅'으로 묘사했다. 그리고 그의 두 번째 시집 『위어리 성주의 성』(*Lord Weary's Castle*)에서 포스트모던 시대의 미국을 '그리스도가 배은의 성주에게서 은혜를 돌려받기 위해 칼을 들고 들어온 배은(背恩)의 성'으로 묘사했다.

로웰이 하버드 대학에서의 학업을 중단하고, 오하이오주에 있는 케니언 칼리지로 학업을 옮긴 것은 퓨리턴적 야망의 조락한 유산과 퓨리턴의 자손인 아버지에 대한 저항의 표현이었다. 물론 그곳에서 새로이 입은 여러 가지 옷들 가운데 그에게 잘 맞는 것은 거의 없었다. 가톨릭 종교가 그랬고, '신비평'(New Criticism)이 그랬다. 그것들은 모두 훗날 벗어던져야 했던 허물이었던 것이다. 그러나, 그는 이곳에서 받은 칸트에 관한 철학 수업에서 포스트모던 문명에서 배어 나오는 퓨리턴 선조들의 '빛 바랜 야망'(the ambition without sublime)의 성격을 규명할 수 있게 되었다. 『판단력 비판』(*The Critique of Judgment*)에서 칸트가 세운 '판단을 넘어서는 숭고한 아름다움'(the sublime)에 관한 이론에서였다. 이 책에서 칸트는 세상에는 두 가지 종류의 서로 다른 아름다움—즉, '경험 영역 안에서의 조화와 질서로 사람들의 마음을 매료하는 아름다움'(the beautiful)과 '경험 영역을 넘어서 느껴지는 거대한 세계의 웅장함과 신비로움으로 사람들의 마음을 매료하는 숭고한 아름다움'(the sublime)—이 있음을 밝히고, 숭고미란 경험할 수 없이 너무나 크거나, 형언할 수 없이 너무나 장엄해서, 아름다움을 느끼는 데에서 오는 희열의 감정과 함께 웅대함을 느끼는 데에서 오는 두려움의 감정을 동시에 자아내는 경외로운 아름다움이라고 설파했다. 로웰은 생각했다. 만약 신(神)이란 말로밖에는 표현할 수 없는, 형언할 수 없이 큰 어떤 세계가 어떤 '숭고미'(崇高美)도 없는 그저 거대한 무엇에 불과하다면, 그것은 기괴하게 큰 하나의 그로테스크한 괴물에 불과하지 않을까?

로웰은 포스트모던 시대 미국의 역사에서 그 '기괴하게 큰 하나의 그로테스크한 괴물'을 보았다. 그리고 시인으로서 로웰의 필생의 직업은 아름다움은 없고, 기괴함만 있는 포스트모던 시대 미국의 역사라는 괴물을 그의 상상력의 언어로 옮겨 놓는 일이었다. 「낸터킷에 있는 퀘이커 교도들의 묘지」("Quaker Graveyard at Nantucket")에서 로웰은 무고한 생명들의 이유 없는 죽임을 존재이유로 했던 퀘이커 선조들이 그들의 후손들에게 업으로 물려준 세계를 그린다. 포경업의 시대 19세기에는 퀘이커 선조들의 고래잡이 창에 찔린 '리바이어던'(Leviathan)—바닷속에 사는 거대한 짐승—이 몸서리를 치며 지축을 흔들었었다. 제국주의 전쟁의 포스트모던 시대에는 함포로 무장한 '강철군함'이 바다 괴물이 되어 가학에서 오는 쾌감을 좇아 지축을 흔든다.

마다켓(Madaket) 연안 짠물 닿은 사주(砂洲) —
빠져 죽은 수병의 시체가 저인망(底引網) 그물에 걸려들었다.
그때에도 바다는 여전히 무섭게 부서지고 있었고,
저녁은 우리 북대서양 함대를 뽀얗게 휘감고 있었다.
헝클어진 머리와 대리석 같은 발에서 빛이 번쩍였고
휘감겨 나풀대는 넓적다리 근육이
그물에 엉켜 붙어 있었다.
시체는 핏기를 잃어 그저 붉고 흰 고기 뭉치였고
뜬 채로 노려보는 두 눈은
퀭한 채광창,
아니면, 모래더미 속에 좌초된
폐선의 선창. 우리는 시체에 닻돌 달아
눈을 감기고, 태어난 곳 바다로 띄워 보냈다.
머리에 굽 달린 곱상어가 에이헙의 미간과 이마에
코를 대고 비비는 곳 바다로. 이름은
노란 분필로 또렷이 씌어 있었다.
이 흉조를 바다로 던지는 수부들이여,
대형 군함들이 담대한 신(神) 예 있음을 고백하지 않는가?
강철비늘 속에 감싸여 지축을 흔드는,
강인하고 꿋꿋한 초록빛 함포에 맞서
모래자루 쌓아 이 대서양 진지를
지킬 힘이 없다면, 찾지 말지어라,
생명을 되찾아 올
오르페우스의 피리를. 강철함대
대포들의 포신이 뒤로 물러났다가는 다시

쉰소리로 예(禮)를 올린다.[64]

강철군함이 지축을 흔들며 무고한 생명들을 아무렇지 않은 듯 살육하는 시대, 도대체 퓨리턴 선조들의 업(業)은 무엇이었을까? 앨버레즈와의 또 다른 대담에서 로웰은 이 물음에 대해 이렇게 대답한다. “초강대국임에는 분명한 미국에 대한 꼭 맞는 이미지 하나는 『백경』의 주인공 미치광이 이상주의자 에이헙의 이미지이다. 그리고, 그의 성격상의 특징은 물불 가리지 않는 단순함이다.”[65] 풀어서 말하면, 미국의 힘은 거대하지만, 지금 그 힘이 미치광이 이상주의자들의 손에 쥐어져 있고, 그들은 물불 가리지 않는 저돌성으로 지금 미국을 파멸로 몰아가고 있다는 것이다. 그의 시 「에드워즈 씨와 거미」(“Mr. Edwards and the Spider”)에서 로웰은 미국의 역사를 파국으로 몰고 가는 미치광이 이상주의자들의 저돌성을 ‘삶의 끝이 죽음인지도 모르면서, 거미줄로 그물을 만들어 치고 뭇 생명들을 농락하는’ 거미의 몽매한 저돌성에 비유한다.

나 거미들이 허공에서 달음질치는 것 보았네,
그 누습한 날 나무에서 나무로 헤엄쳐 다니는 것 보았네,
늦은 8월 건초마차 삐걱거리며
곳간으로 들어올 때. 그러나 바람이
서쪽에서 불어오는 곳에서는,
옹이 진 11월, 거미들이 빛발 찾아
허공으로 날아오르는 곳에서는
그들 쉽게 별 쪼일 생각만 하다 죽음을 맞네,
해 뜨는 바다 쪽, 동쪽을 향해 숨가쁘게 발짓하다가.

윈저늪에서 불에 타 죽는 거미 꼴 보았지,
맹렬하게 타오르는 불꽃 속에 던져져,
오래 바둥거리지도 못했어, 일어서

날려는 생각도 하지 않더군—
그저 다리를 쭉 뻗고
죽는 게 전부였어. 이게 죄인의 마지막 도피처.
그래, 불을 지피는 데 쓰였던 어떤 힘도
전폐(全廢)된 의지를 되살리지는 못해. 타다가 지치고
충분히 타면, 어느 벽돌장 위에서 피시시 소리 내며 꺼질 거야.[66]

날씨가 추워지면 거미들이 빛을 찾아 동쪽으로 동쪽으로 날다가 결국은 떨어져 죽는다. 거미가 저 죽을 줄 모르고 추운 바람을 맞으며 허공으로 날아오르는 것은 얼마나 부조리한 선택인가? 퀘이커 교도들이 고래잡이 선단을 꾸려 바다 생명의 근원을 후벼 내는 것이나, 현대의 제국주의 군대가 '강철 군함'을 만들어 물불 가리지 않고 생명을 유린하는 것은 또 어떤가? 「에드워즈 씨와 거미」에서 로웰은 20세기 중반에 맞게 된 미국사의 아이러니는 퓨리턴 조상들의 몽매한 저돌성을 앞세운 부조리한 선택행위에서 비롯된 것임을 밝힌다.

앞에 언급한 앨버레즈와의 대담에서 로웰은 "[저주 어린 비극을 지향하는 미국 현대사의 아이러니에 대해] 내가 몹시 마음을 쓰는 이유는 나 자신이 바로 이 땅의 일부이기 때문이며, 나 자신이 바로 도저히 감당할 수 없는 그 신비스러운 힘에 맞서 맹랑한 싸움을 벌여 온 미친 이상주의자라는 사실 때문이다."[67]라고 덧붙인다. 그리고, 로웰이 덧붙인 이 말은, 그의 초기 시에서 마지막 시에 이르기까지, 그의 시의 성격을 규정하는 중요한 단서가 된다. 왜냐하면, 그의 시는 처음부터 끝까지 '자신이 바로 문명의 파멸을 이끌어 온 미친 이상주의자'라는 슬픈 자각을 담은 속죄의 시이자, 자신이 바로 그 신비스러운 힘에 의해 파멸을 당하는 고통의 당사자라는 참을 수 없는 아픔을 담은 시이기 때문이다. 그러므로, 만약 로웰의 시를 '고백시'(confessional poetry)라고 한다면, 그것은 19세기 낭만주의자들의 고백시와는 달리, 현대문명에 대한 가해자로서의 자신의 죄를 고백하는 고백시이자, 현대문명의 피해자로서의 자신의 아픔을 고백하는 고백시이다.

앨버레즈나 로젠탈(M. L. Rosenthal) 같은 문학 비평가들은 1950년대 로웰, 플라스, 존 베리먼(John Berryman), 앤 섹스턴(Anne Sexton) 등의 미국 시인들이 쓴 시를 종종 '고백시'(confessional poetry)라고 부른다. 로젠탈은 1967년에 출판된 그의 책 『새로운 시인들』(*The New Poets*)에서 '고백시'라는 용어를 처음으로 사용하면서, 그들의 시의 특징을 다음과 같이 서술했다.

> 이 시대 미국 시인들의 중심 주제는 물론 심리적 위기감으로 고통을 겪고 있는 시인 자신의 은밀한 삶이다. 그러나, 그들의 시에서 사사로운 위기의식은 종종 국가적·역사적·문화적 차원의 위기의식에 대한 상징이며, 그러므로 그들의 시는 개인적 삶의 이야기가 아니라 이야기꾼의 시간 속의 역사 이야기로 읽히게 된다.[68]

로젠탈의 정의에 따르면, 이 시대 고백시인들의 시는 단순히 개인적 차원의 삶의 이야기가 아니라, 개인을 둘러싸고 있는 동심원적 사회 속에서 고통받는 자아의 역사 이야기이다.

로젠탈의 정의대로, 로웰의 고백시는 단순히 지극히 사사로운 아픔에 대한 경험과 감정을 표현하는 낭만주의적 고백시는 아니다. 그것은 차라리 공동체적 가치나 운명을 그리는 서사시적 고백시로서, 개인적 삶의 이야기가 아니라 이야기꾼의 시간 속의 역사 이야기인 것이다. 낭만주의 시대의 서정시들도 사사로운 경험과 감정의 표현으로서 명백하게 고백의 요소들을 담고 있지만, 그 속에는 그렇게 많은 역사 이야기는 없다. 그러나 로웰의 시 속의 개인적 경험과 감정의 이야기는 그가 몸담고 살았던 20세기 중반 미국의 역사, 즉 개인적 자아를 한없이 왜소하게 만들어 실존 자체를 위협하는, 거대하지만 숭고함이 없는, 척박하기 짝이 없는 전체주의 문명의 이야기로 읽을 때, 훨씬 더 많고 깊은 의미를 찾을 수 있다.

로웰이 감당해야 했던 하나의 실존적 문제는 자신의 실존을 위협하는 그 문명의 창조자가 다른 어느 누구도 아닌 청교도의 후예로서의 바로 자신이라는 사실에 대한 깨달음이었다. 그 문명의 피해자가 자신이면서, 그 문명의 가해자도 바로 자신일 때, 그 깨달음에 임해 어떻게 살아야 하는가? 로웰에게 있어서 이 물음은 그의 허무주의의 근원이면서, 동시에 그의 시의 근간을 이루는 주제였다. 20세기 초의 모더니스트들도 현대문명의 타락를 마주하고 절망을 느낀 허무주의자들이었지만, 그들의 허무주의는 로웰의 그것과는 차원이 다른 허무주의였다. 모더니스트들의 허무주의는 인본적 가치의 상실과, 유용한 참조체계들의 소실과, 심미적 감각이 무디어진 대중문화에 대한 실망에서 온 것이었고, 그 실망으로부터 희망의 실마리를 찾으려는 노력이었다. 반면에, 포스트모던의 시대 고백시인들의 허무주의는 타락한 문명의 원인이 바로 자기 자신이라는 깨달음에서 비롯된 것으로서, 그러므로 도저히 헤어 나올 수 없다는 절대허무에서 비롯된 것이었다. 그들이 만약 그들의 시대를 지배하는 가치들과 참조체계들이 너무나 견고해서, 어떤 개인적 자아도 그 벽을 뚫고 자유로운 공간으로 나올 수 없다는 절대허무에서 벗어나려 한다면 어떻게 될까? 그것은 곧 자아거세(自我去歲)의 행위가 될 것이다. 그 문명의 창조자가 바로 자신이기 때문이다. 그러므로 포스트모던의 시대 고백시인들 가운데 우두머리 격인 로웰의 고백시는 역사와 문명에 대한 저항의 시이면서 동시에 그 때문에 생겨나는 자아거세에 대한 공포의 표현이다. 그의 시 「인디언 살해자의 묘역에서」(“At the Indian Killer’s Grave”)에는 포스트모던 문명의 창조자로서의 자아거세에 대한 공포가 여실히 드러난다.

필립 왕의 머리가
접시 위에서 히죽이 웃으며, 말없이 반칙 수를 써

남은 시간의 시곗바늘을 틀어 놓는다.
"이 사람들도 틀림없이 한갓 풀잎에 지나지 않아,"
그는 중얼거린다, "그들의 시대도 곧 지나가고 말 거야.
그런데, 선생님들, 갈보가 당신들 해골 위에서 춤추며
움푹 팬 머리통을 부수고 있네요, 세상을
계란 껍데기로 생각하는 철부지처럼. 그런데, 선생님들,
갈매기들은 파도 철썩대는 방파제 둑에서 끽끽대며, 한쪽
다리를 들고 모이를 쫍니다. 최후의 심판이 가깝습니다.

공원의 난간에서 나는 곰곰 생각해 본다,
용의 이빨을 뽑아 뿌린 자 누구였던가?
이 지하 어두운 곳, 찰스 왕의 예배당 밑에
그렇게 부정한 마음으로 후손들이 거둘
씨앗 뿌린 가공의 전설적인 족장(族長)이 누구였던가?
요한, 마태, 누가, 마가 사도님들, 제게 복음 주시어
천국의 정원으로 인도하소서, 성모 마리아
꽃으로 마법사를 만든 곳으로 데려다주소서—
그분의 영혼은 꽃향기 그윽한 신방(新房),
그분의 온몸은 황홀경의 자궁,
격자문에 비춰 돌연 신랑이 모습을 드러낸다.[69]

이 시에서, 시적 화자로서의 시인은 건국시대 자신의 선조들이 자행했던 무지막지한 학살과 파괴에 대해 곱씹는다. 그들의 악행은 시간의 흐름으로도 어찌할 수 없는, 마지막 심판으로 그 죄를 치러야 할 무엇이었다. 그들은 인디언들을 살육해 두피를 땋고, 그것으로 공포심을 일으켜 그들의 침입을 막았었다. 그리고 그의 후손들에게 검은 돌보다 검은 지하철을 물려줬다. 이제 그의 후손들은 지옥의 입구에서 최후의 심판을 기다린다. 그때 죽은 인디언의 추장이 시곗바늘을 돌려놓고, 증언대에 올라 히죽이 웃으며 그들의

만행을 증언한다. 그리고, 그들의 시대도 곧 끝나고 말 것임을 예언한다. 화자는 참회하며 기도한다. '천국의 정원으로 인도하소서, 성모 마리아여!'

로웰은, 플라스 등의 동료 고백시인들과 함께, 모더니즘의 문명비판 정신과 실존주의 철학, 그리고 1950년대 신좌파 사회심리학에서 문명에 대한 위기의식을 물려받았다. 그러나 그의 시에 나타나는 부조리 의식의 밑바닥에는 자신이 그 위기의 진원지라는 차원 높은 비극의식이 깔려 있다. 그는 프로이트 심리학에서 '자유의지'라는 것으로 자신의 비극적 운명을 창조하는 오이디푸스에 대해 배웠으며, 자신이 바로 자신을 유폐해 온 역사와 문명의 창조자라는 사실도 깨닫게 되었다. 또한, 오이디푸스의 비극은 한편으로는 근친에 대한 본능적 끌림이지만, 다른 한편으로는 근친에 의한 자아거세의 공포라는 것도 알게 되었다. 문명과 역사에 대한 선험적 끌림, 역사의 창조자로서의 죄의식과 고뇌, 역사에 유폐된 자아의 문명에 의한 거세공포 — 이들이 곧 로웰의 고백시의 중심 주제들이다. 플라스와 함께, 로웰은 자신의 무의식적 피안(彼岸)에 문명에 대한 선험적 끌림으로 희열을 만끽하는 가학적 자아가 있음을 고백한다. 그리고 부조리한 역사의 창조자로서의 죄의식으로 몸부림치면서, 자신이 창조한 문명에 의한 자아거세의 두려움으로 떨고 있는 분열된 자아에 대해서도 고백한다.

보르헤스: '마술적 사실주의'

신통력(magic)에 대한 어떤 바람도 없다면, 우리들의 삶은 어떤 모양일까? 반짝이는 눈망울을 뙤록거리며 세상을 둘러보지 않는다면, 이 세상에 새로움이란 없을 것이다. 그러므로, 마법(魔法)에의 소망은 분명 세상을 바꾸는 힘이다. 그것으로 세상에 모든 것은 생겨나고, 세상의 모든 일은 일어난다. 그러나, 그 소망이 터무니없이 허황된 것이어서, 아니면 너무나 많은 것을 생겨나게 하고, 너무나 많은 일을 일어나게 하는 것이어서, 그 때문에 삶이 미로 속에 빠져들게 된다면 어떻게 될까? 만약 어떤 신통력에 대한 바람이 너무나 허황된 것이어서 현실창조력이 없거나, 너무나 많은 일들을 일어나게 하는 것이어서 현실방어력이 없다면, 그것은 현실파괴적인 환각으로서의 그저 하나의 판타지(fantasy)에 불과할 것이다.

2차 세계대전 이후 포스트모던 시대 서구의 역사 속에서의 경험은 현실파괴적인 환각의 경험이었다. 이 시대의 산업자본주의를 근간으로 하는 전체주의 문명 속에서, 어느 개인도, 어느 집단도, 어느 국가도 온전한 인간으로 사고하지 않았고, 온전한 인간으로 행동하지 않았다. 그들이 중얼거리는 합리란 언제나 비합리를 근거로 하는 '비이성적 이성'(irrational rationality)의 환각이었고, 언제나, 자기 파괴적 야만으로 통했다. 그것은 언제나 '투기적 이성'(speculative rationality)이거나, '도구적 이성'이거나, '이념편향적 이성'이거나, 또는 온갖 종류의 '편견에 사로잡힌 이성'으로서 자가당착의 야만적 합리였다. 히틀러의 나치즘, 스탈린의 대숙청, 히로시마의 원폭투하, 그리고 냉전으로 이어지는 20세기 중반 서구의 역사 속에 '자가당착의 야만적 합리'(oxymoronic savage rationality)가 지배하지 않는 것이 있는가? 포스트모던 시대 서구의 역사 속에 깃든 '자가당착의 야만적 합리'—이것이 곧 포스트모더니즘 문학의 중심 주제이다.

20세기 중반 중남미 스페인어권 국가의 '마술적 사실주의'(magical realism) 작가들은 그들의 포스트모던 문명 속에서 '자가당착의 야만적 합리'가 지배하는 또 하나의 현실파괴적 환각, 즉 판타지를 보았다. 그들이 정복자로서 피정복 상태에 빠져든 그들의 역사에서 '마술적으로 현실적인'(magically real) 존재의 비극적 조건을 본 것이다. 중남미 대륙의 정복자들은 그 거대한 대륙을 정복하면서 '그들이 정복자로 태어났다'(They were born to conquer)는 환상에 젖어들었고, 그들이 신흥 산업자본주의 국가들에 의해 식민상태로 빠져든 현재에도, 그들은 '정복자로서의 환상'에 빠져 살고 있다. 다시 말해, 그들의 삶이 환상이 현실을 창조하고 지배하는 '마술적 현실' 속에 갇히게 된 것이다. 그리고, 더 이상 실현이 불가능한 '정복의 환상'

속에서는 모든 것이 불확실했고, 길은 수없이 많은 갈래로 갈라졌으며, 그럼에도 진정한 현실로 통하는 길은 어디에도 없었다. 행복에의 비전이 없는 고독만이 그들의 삶을 지배했다. 미로였다. 삶의 비극적 미로였다.

중남미 스페인어권의 '마술적 사실주의' 작가들의 문학적 무기는 판타지였다. 그러나, 그들이 사용한 판타지는 단순히 문학적 기교로서의 판타지일 뿐 아니라, 그들의 삶의 피할 수 없는 일부로서 그들의 삶을 창조하고 지배하는 '정복의 환상'으로서의 판타지이며, 그러므로 '마술적으로 현실적인' 판타지이다. 그들도 물론 판타지를 사용하여 이성의 언어에 묶여 있는 언어의 표현역(表現域)을 넓히려 했다는 점에서 유럽 판타지 미학의 후예들이었다. 그러나, 그들의 마술적 사실주의 속의 판타지는 유럽 아방가르드(avant-garde) 문학 속의 판타지와는 상당히 다르다. 왜냐하면, 그들은 비극적 역사인식에 있어서 유럽 아방가르드들과 근본적으로 달랐기 때문이다. 마술적 사실주의 작가들에게도 이성 언어의 표현력을 넓혀 주는 언어로서의 판타지는 유효한 도구였지만, 그들에게 판타지란 현재의 역사로 실현될 수 없는 비극적 환상으로서의 판타지라는 의미가 담겨 있기 때문이다.

중남미 스페인어권의 '마술적 사실주의' 작가들은 유토피아를 꿈꾸며 정복자가 되었지만 유토피아의 환각에 갇혀 신식민상태에 빠져든 중남미인들의 슬픈 사랑과 소망과 일상의 이야기들을 역사적 사실과 그 역사를 낳은 판타지를 병치하여 서로의 영역을 넘나들게 함으로써 그들의 역사를 되짚어 보게 한다. 간단히 말해, 그들의 문학은 정복에의 환각에 사로잡혀 정복자가 되었지만, 바로 그 환각/판타지에 갇혀 피식민상태로 전락한 자신들의 슬픈 역사에 대한 거대한 서사시이다. 인터넷판 브리태니커(*Britannica*)의 '마술적 사실주의' 항목의 저자는 중남미 스페인어권 문학의 '마술적 사실주의'를 다음과 같이 정의한다.

주로 중남미의 서술기법으로서, 겉으로 보기에는 사실적인 이야기 속에 비현실적이거나 신화적인 삶의 요소들을 변형시키지 않고 끼워 넣는 기법을 말한다. 비록 이 기법이 여러 시대에 걸친 여러 문화의 문학에 널리 알려져 있기는 하지만, '마술적 사실주의'라는 용어는 상대적으로 최근에 생긴 용어로서, 중남미 여러 나라 문학에서 기법상의 이러한 특징을 처음 발견한 쿠바의 소설가 알레호 카르펜티에르(Alejo Carpentier)가 1940년대에 처음으로 사용한 용어이다. 어떤 학자들은 중남미의 후기식민시대 문학은 정복자로서의 현실과 피정복자로서의 현실이라는 적어도 두 가지 현실에 동시에 의미를 부여하려 했던 문학이며, 마술적 사실주의는 후기식민시대에 자연스럽게 생겨난 저작활동이라고 단정한다.[70]

인터넷판 브리태니커에 정의된 바대로, 중남미 스페인어권의 마술적 사실주의 문학은, 유럽의 아방가르드 문학과는 달리, 포스트모던 시대 중남미의 슬픈 역사를 기술하는 역사서술의 한 방식이다. 그것은 대체로 판타지 소설들이지만, 공상소설이나 공상과학소설과는 달리, 가상의 세계에 몰입하여 현실을 왜곡하지 않는다. 그것은 중남미를 정복했던 사람들에게 현실의 일부로 생활화되어 있는 판타지—환상과 환각과 공상—속의 삶들을 역사적 사실과 병치시킴으로써 일반적 서사시보다 더 큰 서사적 이야기를 만들어 내는 것이다. 그것은 심리영역에서 무의식적으로 움직이는 꿈의 세계나 현실의 창조에 기여하지 못하는 공상의 세계가 아닌, 현실의 창조에 적극적으로 참여하면서, 현실방어력의 부족으로 현실을 비극적인 것으로 몰아가는 판타지를 사실적으로 기록한다.

그러므로, 중남미 마술적 사실주의 작가들에게 판타지란 결함 있는 상상력으로서, 역사를 헤어 나올 수 없는 비극적 미로 속으로 밀어 넣는 비극적 삶의 기제이며, 삶에서 느껴지는 이방감(異邦感)과 고독감의 근원이다. 옥타비아 파스(Octavia Paz)는 그의 책 『고독의 미로』(*Labyrinth of Solitude*)에서 남미대륙을 정복했던 유럽인들의 뒤틀린 판타지로 창조된 중남미 문화가 그들을 "고독의 미로" 속에 갇히게 했고, 그러므로 '고독'은 그들 문학의 숙명적 주제라고 갈파한 적이 있다.[71] 그에 의하면, 역사가 욕망과 필요와 충동과 같은 환각에 이르게 하는 본능적 요소에 이성의 허울을 입히고, 허울을 쓴 이성이 판타지(환상)를 만들어 삶을 미로 속으로 던져 넣을 때, 잘못된 곳에 와 있다는 이방감과 그것에서 비롯된 고독감은 필연이며, 두고 떠나온 세계의 유토피아적 '뿌리'에 대한 향수 또한 필연이다.

보르헤스의 문학은 중남미 마술적 사실주의 문학에 대한 하나의 원형이다. 그의 문학은 어떤 상상력으로도 그들이 두고 떠나온 세계의 유토피아적 '뿌리'로 되돌아가는 길을 찾을 수는 없으며 그러므로 지금 그들의 고독으로부터 그들을 구원하는 길도 없다는 절망감을 담고 있다. 그의 단편 「갈래 길의 정원」("The Garden of Forking Paths")과 「바벨의 도서관」("The Library of Babel")에서 보르헤스는 이성의 허울을 쓴 자신들의 판타지에서 생겨난 미로가 얼마나 비극적일 수 있는지, 그리고 그들은 그 미로 속에서 지금 얼마나 고독한지를 "갈래 길"(forking paths)과 "바벨"(Babel)이라는 촌철살인의 상징을 통해 보여 준다.

그러나, 보르헤스의 문학은 허울 쓴 이성으로서의 판타지가 나은 '고독'과 그에 따른 절망을 표현하는 문학으로서 포스트모던 시대 현대인들의 보편적 미로의식을 표현하는 포스트모던 문학의 원형이기도 하다. 그의 문학은 무엇보다 '정복자의 환각'으로 역사의 미로에 빠져든 중남미 정복자들의 운명과, 그들에게 신이 내린 저주를 담고 있다. 그러나, 다른 한편으로 그의 문학은 범세계적으로 보편적인 또 하나의 '정복에의 환각'으로 창조된 포스트모던 세계의 언어와 의미의 미로 속에서 현대인들이 맞은 보편적 고독과 절망을 "갈래 길"과 "바벨"의 상징을 통해 표현한다.

한때는 거대한 영화를 꿈꿨던 중남미 대륙의 정복자들—그들은 지금 정복에의 환각에 갇혀 신흥 자본 강대국들에 의해 신식민상태에 빠져 있다. 그러나, 이러한 '정복에의 환각'은 그들만의 것이 아니었다. 상징과 의미 사이에서 '확정된 의미'를 찾으려 했던 소쉬르나 레비스트로스 같은 구조주의 문화비평가들의 '의미'를 정복하려는 환각은 어떤가? 그들이 확정된 의미의 매개체로서 찾으려 했던 '숨어 있는 구조'(hidden structure)란 어디에도 없었다. 바르트나 데리다와 같은 후기구조주의 문화비평가들이 밝혔듯이, 상징과 의미 사이에서 확정된 의미를 얻으려는 노력은 무한히 이어지는 언어와 상징의 유희일 뿐이었다. 그리고, 그 유희가 이어지면 이어질수록 의미는 무한히 불안정해지고, 의미의 갈래는 무한히 많아지게 되었으며, 소통은 그만큼 어려워지게 되었다. 언어와 의미의 포스트모던적인 미로에서, 현대인은 얼마나 고독한가? 그리고, 소통이 불가능해진 언어와 상징을 가진 그의 절망은 얼마나 클까? 보르헤스의 "갈래 길"과 "바벨"은 바로 이 미로와 고독과 절망의 상징이다.

보르헤스의 문학은 20세기 후반 신식민상태에 빠져 역사의 미로에 갇힌 중남미 대륙의 정복자들과 언어의 무한한 유희로 의미의 미로에 갇힌 현대인들의 고독과 절망의 탐색이며, 환각으로 고독과 절망을 창조하는 인간의 존재조건에 대한 무한한 불안과 공포의 표현이다. 그의 단편 「갈래 길의 정원」과 「바벨의 도서관」에서 보르헤스는 미로화된 역사에서 몰려오는 '고독감'(sense of solitude)과, 영겁의 시간으로도 지울 수 없고 어떤 상상력으로도 되돌릴 수 없는 유토피아적 과거에 대한 사무치는 향수를 '마술'(magic)—즉, 판타지—의 형식으로 구현한다.

세르반테스의 판타지 소설 전통에서는 판타지, 즉 환각의 상상력은 현실의 대척점에서 부조리한 현실을 파괴하는 힘이다. 세르반테스의 소설 『돈키호테』에서 판타지의 상상력을 가진 '부랑인'(picaro) 주인공은 체제가 요구하는 규율에 얽매이지 않고 '환상'의 빛으로 사회 구석구석을 엿보며, 그것으로 기성사회의 치부와 환부를 들추어 내고, 지배세력이 현실에 붙인 합리성과 필연성이라는 딱지가 얼마나 위선적일 수 있는가를 보여 준다. 그러나 보르헤스의 단편에 쓰인 '마술'로서의 판타지는 현실의 대척점에 있는 환각이 아니다. 그것은 겉으로 보기에는 지극히 '이성적'이지만 속을 들여다보면 지극히 '반이성적인' 등장인물들의 진정한 삶의 일부로서, 한때에는 위대한 현실을 창조했었지만, 현재에는 현실방어력도, 현실창조력도 없는 자기 파괴적인 힘이다. 그러므로, 보르헤스의 마술적 사실주의 작품들에 속하는 단편 「갈래 길의 정원」과 「바벨의 도서관」에 나오는 현대판 부랑인들은 이성의 허울을 쓴 환각의 판타지로 비극적 현실을 만들어, 그 속에 스스로를 가두고, 스스로 고독의 나락으로 빠져든다. 보르헤스의 단편에 등장하는 환각에 빠진 부랑인들은, 어떤 의미에서는, 세르반테스의 판타지 소설에 등장하는 부랑인들에 대한 풍자로서, 신식민상태에 빠져든 중남미 현대인들의 허구적 원형이거나, 의미의 미로에 빠진 포스트모던 시대의 보편적 현대인들에 대한 허구적 원형이다.

단편 「갈래 길의 정원」은, 한쪽 면에서 보면, 포스트모던 시대 상징이 의미로 수렴하지 않는 언어와 시간의 문제를 다루는 소설임에 틀림없다. 이 단편은 주인공 추이펀(Ts'ui Pen)의 이야기를 통하여 언어를 통한 의미화 작업이란 궁극적으로는 무한히 분화된 텍스트를 만들어 낼 수밖에 없음을 보여 주기 때문이다. 그러나, 다른 한편에서 보면, 이 단편은 중남미의 역사가 정복의 역사에서 피정복의 역사로 쇠락하는 시점에 쓰인 이야기로서, 그것이 역사현실을 완전히 외면하고 언어의 불완전성과 그로 인한 의미의 끝없는 분화라는 지극히 관념적인 주제만을 다룬 소설이라고 생각할 수는 없다. 만약 그렇다면, 이 작품은 포스트모던의 인식론적 위기를 반영하는 하나의 작은 소설에 불과할 것이기 때문이다. 만약 이 작품이 포스트모던 시대에 쓰인 하나의 소설이 아닌, 중남미 소설로서 의미 있는 작품이 되려면, 포스트모던의 인식론적 위기의 동심원 속에서 신식민상태에 빠져든 중남미 역사의 정신을 품고 있을 것이다.

단편 「갈래 길의 정원」의 본 이야기는 주인공 추이펀의 판타지로 구성되어 있다. 그리고, 탐정소설의 구조를 따라 그의 판타지를 읽을 때, 이 소설은 중남미의 역사에 대한 탐험의 성격을 띠면서 동시에 포스트모던 시대의 인식론적 위기상황을 그린 소설이 된다. 그러나, 이 소설을 탐정소설이 아닌, 보유(補遺)편의 화자인 유춘(Yu Tsun)의 심리상태를 그린 심리소설로 읽을 때, 이 소설의 전쟁 이야기는 중남미 역사의 실존적 위기와 포스트모던 역사의 인식론적 위기의 표현으로서 더 많은 설득력을 갖는다. 그때에만 이 소설의 짧지만 주가 되는 전쟁 이야기가 중요한 의미를 갖게 되기 때문이다.

이 소설은 독일군의 폭격이 예정일보다 며칠 늦게 있었다는 이야기로 시작된다. 그리고 그것은 독일군 첩자인 유춘이 폭격할 도시의 위치를 늦게 알려 주었기 때문이었다는 것을 보여 주는 긴 보유(補遺)로 이어진다. 여기에서, 유춘에게는 무엇을 위해 목숨을 포함한 자신의 모든 것을 독일을 위해 바쳐야 했을까? 그는 지금 첩자로서의 자신의 임무를 다하고 있지만, 극한의 두려움 속에서 심리적 공황상태에 있으며, 이 소설의 마지막에는 권력의 소용돌이에 갇혀 죽음을 앞두게 된다. 무엇이 그로 하여금 '중국인 교수'로서의 자신의 정체성을 버리고 공포와 두려움 속에서 목숨을 걸고 독일을 위한 '첩자'로서 살아가도록 만들었는가? 그것은 아마 자기 할아버지의 유산인 「갈래 길의 정원」과 관련이 없지 않을 것이다.

소설 속의 영국인 중국연구자 앨버트(Albert)의 관점에서는, 「갈래 길의 정원」은 현대적 인식론의 위기를 선각하고 문학적으로 담론화한 하나의 짧은 소설이다. 그러나, 같은 중국연구자였지만 현재는 독일군 첩자 노릇을 하고 있는 유춘의 관점에서는, 그것은 자손을 극한의 위험으로 몰아넣으며 중국역사의 쇠락을 가져온 '뒤죽박죽의 공상 덩어리'에 불과하다. 이 '공상 덩어리'가 유춘의 가계와 그의 민족에 무엇이었는지는 유춘과 앨버트 간의 다음 대화에 아주 잘 나타나 있다.

> "놀라운 운명이지, 추이펀의 운명이란." 앨버트가 말했다. "천문학과 점성학에 밝고 고전에 능한 지방장관이었지. 바둑, 시, 붓글씨 어느 하

나 못하는 게 없었어. 그런 그가 이 모든 걸 다 버렸단 말이야—이 미궁의 책 한 권을 쓰기 위해서." …

"우리 추이펀의 후예들은 그 수도승을 끊임없이 저주하고 있다네." 내가 대답했다. "부질없는 책이야. 끝없는 횡설수설이지." …

"난 말이야, 그렇게 훌륭하신 자네 선조께서 부질없는 일을 하셨다고는 생각하지 않네. 그렇게 말장난이나 하자고 13년이란 긴 세월을 버리셨겠는가?"[72]

유산으로 남겨진 소설 속의 미로소설 「갈래 길의 정원」은 추이펀의 자손들에게는 축복이 아니라 저주였다. 그것은 '끝없는 횡설수설로서 공상의 덩어리'였기에, 자손들을 뒤틀린 판타지의 미로에 가두고 스스로 정체성을 확립해 자신의 손으로 자신의 역사를 쓰는 힘을 키우지 못하도록 했던 것이다. 그래서, 지금 유춘과 같은 그의 후손들은 다른 민족들의 전쟁에 위험한 임무를 지고 참여해서 목숨을 걸고 싸우며 두려움에 떨어야 하는 것이다. 추이펀의 유저(遺著)에 의하면, 모든 길은 갈라져 있고 모든 공간은 얼기설기 얽혀 있다. 이 판타지의 세계에서 시간과 공간은 무한히 유연하고 무한한 갈래를 만들며 기형과 변형으로 헤어 나올 수 없는 미로를 만든다. 그렇다면 이 판타지의 효용은 무엇인가?

「갈래 길의 정원」에는 추이펀의 자손들이 어떻게 공상의 미로에 갇히게 되고, 그래서 어떤 세계에 살게 되었는가에 대한 언급은 없다. 그러나, 이 단편의 속편으로 읽힐 수 있는 「바벨의 도서관」은 이 문제를 생각하는데 하나의 단서를 제공한다. 인간이 살아가는 데에는 어떤 정보가 얼마나 필요할까? 역사상 일어난 여러 가지 형태의 정보혁명들은 과연 인간을 삶과 욕망의 질곡에서 자유롭게 한 것일까? 보르헤스가 「바벨의 도서관」에서 던진 질문들이다.

단편 「바벨의 도서관」에는, 그 안에서 태어나서, 수많은 서가(書架)들로 만들어진 미로에서 한없이 헤매다가, 그곳에서 죽을 운명에 있는 사람들의 관점에서 본, 장서가 무한히 많은 도서관인 "바벨의 도서관"이 제시된다. 그들은, 「갈래 길의 정원」에서 추이펀의 자손인 유춘이 그랬던 것처럼, 그리고 오늘날 포스트모던의 세대들이 그런 것처럼, 너무나 많은 가상의 정보를 갖고 있다. 그곳에 있는 텍스트들을 모두 합치면, 그것은 이제까지 쓰인 모든 텍스트들과 앞으로 쓰일 모든 텍스트들, 더 나아가 인간이 갖고 있는 모든 문자나 숫자들의 가능한 조합들의 합이 될 것이며, 그것은 곧 우주의 역사에 대한 신(神)의 각본 같은 무엇이 될 것이다. 한마디로 말해, 포스모던 시대에 와서 가상의 정보의 늪에 깊숙이 빠져 있는 세상 사람들에게 이젠 더 이상 실제의 세상이 보이지 않게 된 것이다. 따라서 대부분의 책들은 무용지물이 되고, 수개월 만에라도 읽을 만한 책 한 권 찾아낼 수 있다면 그것은 삶의 큰 성과가 될 것이다. 설사 찾아냈다 하더라도, 그 책이 삶에 어떤 보탬을 줄 가능성은 매우 희박하다.

이 우화소설에는 오래전에 이곳에 살던 사람들에 관한 삽화가 하나 들어 있는데, 이 삽화는 정보의 늪에 빠져 허우적거리며 살아가는 바벨의 도서관 사람들의 모습을 잘 보여 주고 있다.

> 바벨의 도서관이 온갖 책을 다 가지고 있다고 전해지자, 처음에 사람들이 느낀 것은 지극한 행복감이었다. 모든 사람들은 그들 모두가 아무도 손대지 않은 숨겨진 보물의 주인이 된 양 생각했다. 개인적 문제이든 세계적 문제이든, 어느 하나의 육각방에는 그에 대한 훌륭한 해결책이 있었다. 우주는 스스로 존재의 정당성을 가지고 있었고, 갑자기 그 우주가 무한히 넓은 희망의 영역을 점령해 버렸다. 그러자 사람들은 변론서에 관해 많은 말을 했다. 우주 속에 사는 모든 사람들의 모든 행동에 대하여 근거를 밝히는, 또는 미래에 갈무리된 수많은 비밀의 열쇠가 담긴 예언서나 변론서에 대해서 말이다. 욕심이 사나운 사람들의 수많은 무리들이 자신의 변론서를 찾아 고향을 떠나서 다른 육각방으로 내달렸다. 이 죽음의 순례자들은 좁은 복도에서 실랑이를 벌

였고, 어두운 저주를 퍼부었으며, 그 거룩한 낭하에서 서로를 목 졸라 죽였다. 그리곤, 거짓 책들을 공기 구멍으로 내던지다가 먼 곳에서 온 사람들을 만나 다른 이들처럼 죽어 갔다. 어떤 이들은 미쳤다. … 변론서는 존재한다. … 그러나, 그것을 찾아 나선 자들은 자신의 변론서나 그 비슷한 것을 찾을 확률이 0에 가깝다는 사실을 기억하지 못했다.[73]

원시시대의 삶은 필요한 정보의 양보다 존재하는 정보의 양이 훨씬 적은 것이 문제였다. 그러나, 오늘날의 삶은 필요한 정보의 양보다 존재하는 정보의 양이 훨씬 큰 것이 문제이다. 더욱이 필요 이상의 너무나 많은 정보가 의미도 가치도 없는 것이거나, 왜곡되어 있다거나, 의도적으로 해로운 것이거나 등으로 결과적으로 '공상적'/'비과학적'이라면 어떨까? 그럼에도 불구하고 이 '비과학적인' 정보가 끊임없이 확대 재생산된다면 삶은 공포와 증오와 고독의 도가니에 빠지게 되지 않을까? 막연히 육각 진열실의 무한한 집합체라는 것 외에, 형태나 모양도 정해지지 않은 "바벨의 도서관"은 간혹 유익한 책들이 섞여 있기도 하겠지만 대부분은 무의미하거나, 가치가 없거나, 때로는 해롭고, 때로는 의도적으로 사실이 뒤틀린 정보를 담은 책들의 무질서한 집합체이다. 그러므로 이 도서관 안에서는 쓸데없는 말이나 행동이 보편이자 정상이고, 합리적이라거나 순수하다거나 자기를 낮춘다거나 하는 일은 예외적인 것이다. 따라서 여기에서 쓸모 있는 정보를 구한다는 것은 생각 자체가 악몽이다. 세상 사람들 누구나, 그리고 모두가 불완전하고 비과학적인 생각을 텍스트로 만들어 내게 되었을 때, 세상이 급기야 "바벨의 도서관"이 되고 만 것이다.

'바벨탑'의 아이러니는 신의 경지에 이르려는 인간의 터무니없는 소망에 대한 신의 저주이다. 그 결과 인간은 서로 간에 의사소통을 완전하게 할 수 있는 언어를 잃어버리고 오해와 불신과 소통 불능의 고통을 견디며 살아야 했다. "바벨의 도서관"의 아이러니는 '바벨탑'의 아이러니의 현대판 각색이다. 세상의 물리를 깨쳐 우주를 소유하려는 인간의 부질없는 욕망에 대하여 신은 의미의 미로를 만들어 저주한 것이다. 길이 하나일 때 미로는 결코 만들어지지 않는다. 길을 셀 수 있기만 해도 미로는 없을 것이다. 미로는 길은 너무나 많지만 길을 꿰뚫어 보는 능력이 모자랄 때 생겨난다. '바벨탑'이건 "바벨의 도서관"이건 신의 저주 아래서 인간은 이제 의미는 물론 의미화의 방식도 잃어버리게 되었다. 신은 한편으로는 인간에게 헤아릴 수 없이 많은 여러 가지 말을 만들어 낼 능력을 주면서, 그것으로 생각하고 느낀 바를 소통할 능력을 주지 않았다. 그리고 다른 한편으로, 신은 인간에게 세상을 의미화하고 표현할 능력을 주었지만, 물리를 터득하여 정확하게 텍스트화하는 능력을 주지 않았다. 결국 인간은 의미화의 수단인 언어의 미로 속에 유폐될 운명에 놓이게 된 것이다. 언어를 통하여 우주의 모든 것을 의미화하려는 인간의 터무니없는 욕망에 대하여 신은 의미 속의 무의미의 저주를 내린 것이다.

뒤틀린 상상력의 '비과학'으로 지어진 미로에 유폐된 인간은 고독할 수밖에 없다. 인간은 의미가 지극히 단순했던 옛날에 대한 향수와 지극히 복잡해서 아주 작은 의미 하나도 찾을 수 없는 미래에 대한 두려움으로 죽어가도록 운명 지어진 것은 아닐까? 무한히 많은 육각 진열실로 이루어진 보르헤스의 도서관—그것은 '비과학적' 상상력 미로가 만들어 낸 감옥의 이미지이며, 그 속에 서린 고독과 향수와 공포의 이미지이다. 그것은 '정복에의 환각'으로 창조된 중남미 국가들의 신식민상태에 빠진 역사의 이미지이며, 존재하는 모든 상징들의 의미를 정복하려는 포스트모던 세대들이 갇힌 의미의 미로에 대한 이미지이다.

"바벨의 도서관"은 얼마간의 진실과 상당한 거짓말과 엄청난 환상과 환각을 기록한 텍스트들로 가득 차 있다. 그것은 곧 「갈래 길의 정원」에서의 추이편의 뜻 모를 횡설수설 같은 것이다. 이 소설에서 판타지 속의 판타지들은, 크리스토퍼 롤라슨(Christopher Rollason)이 그의 「보르헤스의 "바벨의 도서관"과 인터넷」("Borges' 'Library of Babel' and the Internet.")에서 주장했던 것처럼 오늘날 사이버 공간 속의 하이퍼텍스트와 비견될 수 있는 것으로서,[74] 끝없이 이어지고 갈라지며 의미의 창출을 방해하면서 사람들을 고독과 향수와 공포 속으로 몰아넣는다. 합리의 허울에 덮인 환각에의 유폐—그것이 곧 보르헤스의 미로의식의 요체이자 그의 역사인식의 한 단면이다. 보르헤스에게 신식민상태에 빠져든 중남미 스페인어권 여러 나라들의 역사는, 언어의 무한한 유희 속에서 허우적대는 현대인들의 삶처럼, 터무니없는 환각으로 끝없이 뜻 모를 말을 지껄여 대는 사람들의 주마등처럼 흘러가는 삶의 집합인 것이다.

그러나, 존재의 부조리한 조건에 대한 보르헤스의 절망에서 희망의 빛을 보는 비평가도 없지는 않다. 린다 홀(Linda B. Hall)에 따르면, 보르헤스의 소설은 미로화된 역사의 비밀을 해독하는 행위이며, 미로의 '고독'으로부터 구원의 상징을 찾는 행위이다.[75] 「갈래 길의 정원」과 「바벨의 도서관」에서 시사하고 있듯이, 보르헤스에게 신(神)은 어떤 경우에도 자신의 궁극을 드러내지 않는 미로의 창조자이다. 우리가 인식행위를 하는 매 순간마다, 의미의 미로는 갈래를 더해 간다. 그러나, 부조리신은 과연 인간을 위해 손톱만 한 행복의 레시피도 만들어 놓지 않았을까? 이야기를 뒤집어 보면, 역사의 미로이든, 의미의 미로이든, 그곳을 빠져나올 '아리아드네의 실타래'가 없다는 사실에 절망한다는 것 자체가 하나의 깨달음이며, 그것에 관해 글을 쓴다는 것 자체가 부조리신에 대한 시지푸스적 저항이라는 것이다.

결론

포스트모더니즘이란 무엇인가?

서구 계몽주의 역사의 가장 큰 태생적 결함(hubris)은 『오이디푸스 왕』의 주인공 오이디푸스가 지녔던 인지적 결함 바로 그것이었다. 소포클레스의 주인공 오이디푸스는 사리(事理)를 판단하고 물리(物理)를 알아내는 이성적 인간으로서의 자신의 분별력을 믿었고, 자신의 명민한 분별력에 비춰 투명해질 수 없는 삶은 없다는 터무니없는 확신과 오만에 빠져 있었다. 스핑크스의 수수께끼를 풀어 괴물의 저주에서 테베를 구하고 그 도시의 왕이 되었던 인물 오이디푸스—그는 자신의 재능에 대한 확신과 오만을 이 비극의 첫머리에서 이렇게 표현한다.

> 지금 이 자리에 내가 몸소 나왔노라—
> 너희들은 모두 나를 알 것이다, 세상이 내 명성을 익히 알고 있을 테니.
> 내가 바로 오이디푸스노라.[1]

그리고 그는 그 오만으로 다시금 역병에 뒤덮인 도시 테베를 구하려 한다. 삼촌 크레온을 보내 신탁(神託)을 묻고, '아버지를 죽이고 어머니와 혼인해 자식을 낳은 자가 있기' 때문에 역병이 생겨났다는 사실을 알아낸다. 그리고, 현자 티레시아스를 위협해 신탁이 밝힌 자가 누구인지를 묻고, 그로부터 오이디푸스 자신이 그 장본인이라는 말을 듣는다. 그다음은 자신이 신탁에서 예시된 그 장본인이 아님을 밝히기 위해 백방의 노력을 한다. 어머니 이오카스테가 부렸던 목동을 찾아내 신탁에 예비된 천명(天命)의 인물이 누구였는지를 묻고, 어머니이자 아내인 이오카스테로부터 아버지 라이오스가 살해되었을 당시의 상황을 듣는다.

역설적이게도, 그 모든 '이성적' 노력은 부메랑으로 돌아와 그 불행한 천명(天命)의 주인공이 자신임을 밝혀 준다. 델피의 신탁에 담겨 있던 불가항력의 천명 앞에서 인간의 분별력이나 자유의지란 얼마나 초라한 것이며, 그에 대한 오만은 얼마나 자기 파괴적인가가 밝혀지는 순간이다. 그를 그토록 오만하게 했던 소위 '분별력'이라는 것은 오직 그것만으로는 세상을 넓고 깊게 들여다보는 넓은 시야를 주지 못했고, 삶에 대한 다채로운 감각을 익혀 사려 깊게 행동하도록 하기에 충분한 자의식을 길러 주지 못했던 것이다. 이 비극의 끝에서 오이디푸스는 천명으로 주어진 삶은 인간의 반쪽짜리 '분별력'으로 감당하기에는 너무나 크고 부조리하다는 것을 깨닫는다. 그리고, 천명은 어떤 경우에도 그 자체의 정당성으로 반드시 실현되며, 천명을 피하려 하는 것은 부질없는 짓이라는 사실도 깨닫는다. 오이디푸스에게 명민한 판단력과 빠른 상황파악력과 명징한 선견지명을 가져다주었던 육신의 눈은 '어머니조차 알아보지 못하는' 보잘것없는 눈이었던 것이다. 그는 육신의 눈을 찌르고 자기 추방의 길에 오른다.

문학과 철학과 역사에 있어서의 포스트모더니즘은 계몽주의 역사의 끝자락에 선 포스트모던 시대의 현대인들이 자신들이 그토록 믿어 왔던 '분별력', 즉 이성이라는 것이 얼마나 자기 파괴적일 수 있는지, 그 때문에 인류가 얼마나 불행해질 수 있는지에 대한 깨달음의 표현이다. 계몽주의 역사가 이성에 대한 믿음에의 오만으로 파국으로 치닫는 과정은 오이디푸스의 계몽적 삶이 파국으로 치닫는 과정과 너무나 흡사하다. 르네상스의 한가운데에서 데카르트는 선언했다. "나는 생각한다, 고로 나는 존재한다." 그리고, 오만에 찬 어조로 덧붙였다. "시(詩)의 목을 잘라라!" 그리곤 인간의 이성에 대한 믿음의 종교가 수 세기 동안 서구의 역사를 지배했다. 포프는 뉴턴의 비문(碑文)에 이렇게 썼다. "자연과 자연의 법칙이 밤의 어둠 속에 묻혀 있었다. 신께서 말씀하셨다, '뉴턴이 있으라.' 그리곤 모든 것이 빛이었다."[2] 과연 뉴턴의 빛은 찬란했고, 기술혁명과 산업혁명으로 이어져 오늘날의 산업자본주의 물질문명의 모태가 되었다. 그러나 그 찬란한 문명의 빛이 칠흑 같은 어둠의 정신을 낳았다면, 그것은 어머니를 알아보지 못하는 오이디푸스의 육신의 눈만큼이나 역설적인 빛이 아닐까? 자신의 보잘것없는 이성의 힘을 믿고 스스로 '시의 목을 잘랐던' 포스트모던 시대의 현대인들이 '기계 속에 갇힌 천사'(angel shut in the machine)가 되어 '박제가 되어 버린 천재'로 살아가게 되었다는 것은 분명 크나큰 '계몽'의 역설이었다. 지금, 포스트모던 시대의 현대인들은 기꺼운 동의를 바쳐 현대문명이 주는 피학적 쾌감을 누리면서, 어떤 자의식이나, 어떤 윤리의식, 어떤 사회의식도 없이 인간으로서의 죽음을 맞고 있다. 문학과 철학과 역사에 있어서의 포스트모더니즘은 포스트모던 시대 서양의 역사 속에 일어난 '계몽의 역설'에 대한 깨달음의 표현이자, 그에 대한 저항이다.

니체가 말했듯이, 르네상스 시대에 떠오른 인본주의의 태양은 빅토리아 시대에 와서 '악심 돋은 황혼의 태양'으로 쇠했고, 서구의 20세기 역사를 인본주의 정신의 황무지로 만들어 놓았다. 그렇다면, 르네상스인들의 '인간에 대한 믿음' 속에는, 계몽주의 시대 사람들의 '인간의 이성에 대한 믿음' 속에는, 19세기 서구인들의 '실용주의적 정신' 속에는 도대체 무엇이 있어 서구의 근대사 위에 영적(靈的)으로 거대한 황무지를 펼쳐 놓은 것일까? 다시 말해, 서양 근대의 정신 속에는 도대체 무엇이 있어, 서양 근대의 역사 속에 '계몽의 역설'이 일어나게 된 것일까?

무엇보다, 근대 서양인들의 인간에 대한 믿음 속에는 호기심에 대한 강박관념, 즉 호기심 콤플렉스라는 것이 들어 있었다. 그리스 신화 속의 판도라가 그랬던 것처럼, 성경 속의 아담과 이브가 그랬던 것처럼, 계몽주의 시대의 사람들이 앎에 대한 무한한 욕망으로 자연과 인간에 대한 주체할 수 없는 호기심의 늪에 빠지게 된 것이다. 르네상스 이후 서구의 근대인들에게 성적 탐닉을 향한 무한한 욕망과 자연계의 법칙에 대한 무한한 호기심은 어느 하나도 멈출 수 없는 욕망이었고, 그 하나의 결과는 포스트모던 시대에 이룩된 과학의 눈부신 발전과 산업자본주의 문명이었지만, 다른 하나의 결과는 이 시대의 정신적·윤리적 무정부상태였다.

근대 서양인들의 이성에 대한 믿음 속에는 호기심 콤플렉스와 맞물려 돌아가는 문명에 대한 강박관념, 즉 문명 콤플렉스라는 것이 들어 있었다. 그리고, 그들의 의식을 지배하는 또 하나의 강박관념은 자기표현의 강박관념이었다. 성경 속에서의 아담과 이브의 자식들처럼, 포스트모던 시대의 현대인들은 눈부시게 발달한 과학과 산업자본주의 문명으로 철옹성 같은 집을 짓고, 마치 하느님처럼 '눈이 밝아졌다'고 생각하며 의기양양해했다. 그러나, 그들의 뽐냄은 얼마나 오래갈 수 있었을까? 역설적으로, 그들은 모두 자기만의 세계 속에 갇히게 되었고, 계몽주의 시대에 있었던 자유주의 혁명에 힘입어 '자기'가 원하는 것만큼을 '욕망'하고 자기가 원하는 것만큼을 표출할 수 있는 '양도할 수 없는 권리'를 얻었으며, 그것으로 '세상이 망할 테면 망하게 둬라, 그래도, 나는 한 잔의 차를 마시며 살겠다'라고 끊임없이 되뇌며 살아가게 되었다.[3]

근대 서양인들의 인본주의 사상에는 '중심지향성'이라는 또 하나의 강박관념, 즉 수많은 존재들 가운데에서 어느 하나를 중심에 세우고 그것만을 '사랑'하는 강박의식이 들어 있었다. 계몽주의 정신을 요약하는 "나는 생각한다, 고로 나는 존재한다"는 데카르트의 외침은 얼마나 엄청난 중심지향성의 표현인가? 르네상스 이후 수 세기 동안 서구의 근대인들은 인간은 '생각함'으로 존재한다고 믿었고, '생각하는 힘'이 인간을 인간이게 해 주는 전부라고 생각했다. 그러나, 우주는 중심을 지향하는 힘과 중심을 이탈하는 힘의 조화와 균형 속에서 존속한다. 인간이 만약 느끼고, 상상하고, 심지어 백일몽에 빠지지 못한다면, 그때에도 그는 인간이라고 할 수 있을까? 그의 삶 속에는 행복이란 것이 있을 수 있을까? 서구 근대의 개인중심주의와 결합된 이성중심주의는 무한경쟁의 디스토피아를 낳았고, 그것은 질투와 갈등과 살상으로 얼룩진 지옥보다 더한 지옥을 낳았다.

앎에 대한 무한한 욕망, 문명을 향한 죽음에의 질주, 천부인권이라는 양도할 수 없는 권리에 대한 철석 같은 믿음, '생각'의 가면을 쓴 '비이성적 이성'—르네상스 이후 서구 근대인들의 정신을 지배해 온 계몽주의의 유산들이다. 그렇다면, 이 유산을 물려받은 포스트모던 시대의 현대인들은 그것으로 어떤 문명을 만들어 온 것일까? 물론, 문명은 물이나 공기처럼 인류의 생존과 번영에 필수적인 것이다. 그러나, 그들이 창조해 온 문명이 오염되고, 썩고, 병든 문명이라면 어떻게 할까? 그들이 지속적으로 자연의 속살을 파헤쳐 자연으로 하여금 신성함과 비옥함을 잃어버리게 하고, 그에 비례해서 인간의 육체와 정신이 수척하게 되었다면 어떻게 할까? 포스트모던의 시대에 와서 문명의 지평이 무한히 넓혀지면서, 오염의 폭과 깊이도 그만큼 커지게 되었으며, 급기야 문명은 이제 더 이상 인간의 육신을 아름답게 하거나, 영혼을 살찌우지 못하게 된 것이다. 이 시대에 와서 기술과, 소비와, 세계화를 속성으로 하는 포스트모던의 문명이 삶을 주도하게 되면서, 인류의 육체와 영혼이 만신창이가 된 것이다.

포스트모던 시대의 현대인들이 창조해 낸 오염된 문명에 굳이 이름을 붙인다면, 그것은 기술문명, 소비주의 문명, 세계화 문명이 될 것이다. 이 시대의 사람들은 분명 기술문명으로 그들의 욕망에 대한 무한한 자유를 얻었다. 그러나, 그들은 그 대가로 인간처럼 울고 웃고 지각할 수 없게 되었고, '컴퓨터처럼 생각하게' 되었다. 이 시대의 사람들은 그들이 이룩한 소비주의 문명으로 전대미문의 물질적 풍요와 모험 가득한 새로움의 공간에서 살아가게 되었다. 그러나, 그들이 바로 그 풍요와 새로움으로 '현시적 소비'라는 풍요병에 걸려, 그리스 신화 속의 탄탈로스처럼, 새로움에 대한 끝없는 목마름으로 헐떡이며 살아야 한다면, 그래도 그들은 행복할까? 또한, 이 시대의 사람들은 그들이 발달시킨 기술문명으로 시간과 공간을 지배하며 지구촌 문명을 건설하고, 인력과 자원을 전 지구적 차원에서 빛의 속도로 활용하며 살아가고 있다. 그러나, 세계화 문명으로 포스트모던의 현대인들이 영상이나 이념과 같은 '연질의 권력'을 휘두르는 문화전체주의 체제에 갇혀, 자기장 속의 쇳조각처럼 살아가게 되었다면, 그때에도 그들은 행복할까? 문학에 있어서의 모더니스트들과 후기구조주의 사상가들과 문학에 있어서의 포스트모더니스트들이 대답하고자 했던 질문들이다.

문학과 철학과 역사에 있어서의 모더니스트들과 포스트모더니스트들이 20세기 서구의 역사를 앞에 놓고 감당해야 했던 가장 본질적인 물음은 '이 시대의 그 엄청난 문명에도 불구하고, 왜 인간들은 행복하지 못한가?' 하는 것이었다. 다른 말로 바꾸어 이야기하면, '서구 근대에 일어난 계몽의 역설로 인간이 불행하다면, 그 역설을 되돌리거나 멈추게 할 수는 없을까?' 하는 것이었다.

서구 근대에 있었던 계몽의 역설로, 서구의 현대인들이 황폐화된 정신으로 지옥의 삶을 살고 있다는 깨달음은 먼저 모더니스트 작가들에게서 왔다. 그들에게 제국주의와 식민주의와 전체주의로 점철된 20세기 전후의 서구 역사는 헤겔이나 마르크스의 목적론적 역사이론으로는 이해할 수도, 설명할 수도 없는 무서운 역사였다. 이 시대의 역사는 역사의 지향점이 무엇인가에 대해, 그리고 역사 속의 개인이 누려야 할 자유와 행복에 대해 어떤 것도 말해 주지 못했다. 그곳에는 오직 '합리', '자유', '진보', '문명' 따위의 계몽주의 이데올로기나 '효용'(utility), '최대다수의 최대행복' 따위의 공리주의 이데올로기나, '영원한 혁명'(endless revolution)과 같은 공산주의 이데올로기의 공허한 울림만이 있을 뿐이었다. 합리지향의 서구 계몽주의 정신 속에서 '보편적 이성'(the universal reason)이 죽고 파괴적 이성으로서의 '도구적 이성'(the instrumental reason)만이 살아남은 것이다.

20세기 전반 수십 년 동안, 서구의 모더니스트 작가들이 바라본 "비인간적인, 너무나 비인간적인" 서구의 정신은 참혹했다. 예이츠의 눈에 20세기의 현대인들은 태양신의 총기와 아름다움을 잃은 머리를 달고 짐승의 몸뚱아리를 가진 괴물들이었다. 스티븐스에게 현대인들은 원관념에 덕지덕지 덧입혀진 때묻은 관념들로 실존의 아름다움을 지각할 수 없는 '관념의 괄호 안에 묶인' 자들이었고, 로런스의 현대인들은 도구적 이성에 대한 편집증적 집착으로 무한한 희열의 자연적 성애를 잃어버리고 살아가는 얼간이들이었다. 엘리엇의 "황무지"에 사는 현대인들의 황폐화된 정신은 더욱 섬뜩했다. 그들은, 단테의 『신곡』에 나오는 아홉 번째 얼음지옥에서 눈물이 얼어붙어 바깥 세계를 지각할 수 없는 죄인들처럼, 과거에 대한 참기억(pure memory)을 잃어 현실을 지각할 수 없는 정신적 장애인들이었다. 그들은 살아는 있으되 더 이상 살고 있지 않았다. 그들은 과거 속에 현재적 의미를 담고 있는 신화를 잃어버렸고, 그러므로 현재를 비춰 주는 거울로서의 과거에 대한 참기억을 잃어버렸기 때문이다. 그들은 자연의 창조적 순환 과정을 가르쳐 줄 자연의 도(道)를 잃어버리고, 각자 자신들의 발끝만을 쳐다보며 황폐화된 정신의 황무지를 살아가고 있었다. 조이스와 포크너에게도 현대인들의 불행은 마땅히 짊어져야 할 그들의 업(業)이었다. 그들에게는 꿈과 사랑과 보살핌으로 역사를 앞으로 나아가게 하고, 그것을 면면히 이어지게 하는 '아버지'와 '어머니'가 없었다.

리오타르, 데리다, 라캉, 푸코 등의 포스트모던 시대 문화비평가들에게도 포스트모던의 세계는 계몽주의 역사가 극단적 아이러니로 나타난 디스토피아의 세계였다. 그들은 계몽주의적 이성신이 지배하는 포스트모던의 세계에서 도구적 이성에 바탕을 두고 만들어진 온갖 종류의 법과 규범과 제도와 계몽주의 이데올로기—합리, 자유, 진보, 문명 따위의 이데올로기—가 실린 담론들이 얼마나 무시무시한 폭력을 낳는가를 보았다. 세계적 규모로 벌어진 두 번에 걸친 전쟁과 러시아 혁명, 그리고 유럽 강대국들에 의한 전 지구적 식민화—20세기 전반 수십 년과 이를 뒤따르는 냉전의 역사는 아픔과 고통의 역사로서 서구 지식인들의 가슴을 짓눌러 온 악몽의 역사였다. '도대체 이 지긋지긋한 악몽에서 어떻게 깨어날 수 있을까?' 그들이 배워 온 목적론적 세계관으로는 도저히 설명할 수 없었던 포스트모던의 역사를 앞에 놓고, 이 시대의 문화비평가들이 던진 절체절명의 질문이었다. 그들은 그들의 책에서 서구 근대의 역사를 광기로 채운 계몽주의 형이상학을 다시 점검했고, 지배 이데올로기로서의 합리주의 이데올로기의 '정당성'(legitimacy)을 신랄하게, 그리고 집요하게 따졌으며, '인간의 의식 속에 혹시 집단자살욕구(the lemming urge)가 들어 있는 것은 아닐까?' 하는 의구심을 떨치지 못했다. 포스트모던 시대의 광기 띤 역사 앞에서 그들은 다시 물었다. 근대 서구의 정신을 잔학한 전체주의 체제 속에 감금해 반신불수의 절름발이 정신으로 전락시킨 시대정신으로서의 계몽주의 이데올로기는 어떻게 정당화될 수 있는가?

두 차례에 걸친 세계대전과 러시아 혁명이 있었던 20세기 서구의 역사는 계몽주의적 이데올로기로 무장한 힘의 이야기였고, 그 힘의 기계적 논리 속에서 개인의 삶이 고통스럽게 죽어 가는 이야기였다. 그리고, 모더니즘과 '후기구조주의 문화비평'(postcolonialism)은 이 시대의 역사를 지배해 온 계몽주의 담론이 낳은 파괴적 힘에 대한 저항의 이야기였다. 예이츠, 로런스, 파운드, 엘리엇, 조이스, 포크너와 같은 모더니스트 작가들은 그들의 역사에 절망했고, 과거에 존재했던 아름다운 역사를 동경했다. 그리고, 그들은 그들의 문학에서 아름다운 과거 속에 존재했던 참 가치들을 모두 파괴해 버린 광기 띤 이성의 계몽주의 담론을 해체하고, 조화와 아름다움이 서린 인본주의적 가치들을 복원하려 했었다. 리오타르, 데리다, 라캉, 푸코 등의 포스트모던 시대 문화비평가들도 그들의 역사에 절망하기는 마찬가지였다. 다만, 그들은 포스트모던의 역사를 계몽의 역설로 몰아간 계몽주의 형이상학을 해체하려 했었다. 다시 말해, 그들은 이성의 비이성/반이성(irrationality/unreason)에 대한 독백과, 의식(consciousness)의 무의식(the unconscious)에 대한 감금과, 합리주의 이데올로기에 의한 인간 정신(humanity)의 유폐에서 서구의 정신을 해방시키려 했었다.

포스트모던 시대의 문화비평가들이 앞선 시대의 모더니스트 작가들보다 훨씬 더 허무주의적이었다면, 그것은 아마 이 시대 문화비평가들의 '이성적 반이성'(irrational rationality)으로서의 도구적 이성에 대한 통찰이 훨씬 더 통렬했기 때문일 것이다. 아도르노와 같은 프랑크푸르트 학파의 학자들이 간파했던 대로, 포스트모던 시대의 문화비평가들은 현대사회 속에서의 합리(rationality)란 언제나 그 속에 무시무시하게 비이성적인 무언가를 담고 있다는 사실을 깨닫고 있었다. 나치의 유태인 대학살은 타락한 이성이 야만으로 빠져든 하나의 예가 아니라, 도구적 이성 속에 감추어져 있는 원초적 반이성(unreason)에 대한 비극적 확인에 불과한 것이었다.[4] 아니면, 막스 베버의 주장대로, 현대의 산업자본주의 사회 속에서 합리적 목적은 거의 언제나 비이성적·비합리적 수단으로 수행되곤 했다.[5] 자본계급에 속한 사용자들이나, 노동계급의 피고용인들이나, 중우민주주의의 논리에 갇힌 정치인들 할 것 없이 현대를 살아가는 대부분의 사람들이 홍얼거리는 이성과 합리란 거의 언제나 '비이성적 이성'이 역설적 형태로 나타난 삐뚤어진 이성과 합리였고, '투기적 이성'이거나, '도구적 이성'이거나, '이념편향적 이성'이거나, 또는 온갖 종류—지방색, 인종, 종교, 계급, 문화, 교육 등등—의 편견에 사로잡힌 이성이었다. 그들이 추구하는 물질적 풍요나 기술의 발전, 자유, 평등, 박애, 행복 등의 가치들은 이미 어떤 투기성을 전제하고 있거나, 어떤 편파적 호(好)/불호(不好)를 전제하고 있거나, 아니면, 해묵은 이념이나 사무친 원한을 전제하고 있었다.

20세기 초엽의 프로이트에게 이미 인간은 결코 '생각함'으로 존재하지 않았고, '욕망함'으로 존재했다. 프로이트가 『문명과 그 불만』(*Civilization and its Discontents*)에서 주장한 대로, 계몽주의자들이 참 가치로 믿어 왔던 인간의 주체적 의식은 어쩌면 세상을 자신의 손아귀에 넣고 휘두르며, 오직 쾌락만을 추구하려 하는 지극히 이기적인 욕망과 충동(control the world)에서 비롯된 것일지 모른다. 그리고, 양심이란 욕망에 입혀진 허울일지 모른다. 파괴적이고 공격적인 본성이 억눌리고 억압되어 뒤틀린 채 무의식 깊은 곳에 숨어 있을 뿐, 근본 속성이 숭엄한 모습으로 바뀐 것은 아니기 때문일 것이다. 파탈리 모그하담(Fathali M. Moghaddam)은 그의 책 『통제의 환상』(*Illusions of Control: Striving for Control in Our Personal and Professional Lives*)에서 프로이트의 책 『문명과 그 불만』을 다음과 같이 읽는다.

> 프로이트에 의하면, 인간은 사회화의 과정을 거칠 때 사회적 규범에 순응하면서 사고와 욕망을 억누른다. 특히, 성적 욕망에 대해서는 사회적 금기사항들이 유난히 많다. 이렇게 억압된 욕망들은 일단 무의식 속으로 침잠했다가는 꿈이나, 지나가며 불쑥 내뱉는 말이나, '우연히 하게 되는 어떤 일들' 속에 드러나게 된다. 사람들은 실제로, 그리고 의식적으로 그들의 사유행위를 통제하고 있다고 생각하지만, 의식의 차원에서 그들이 실제로 경험하는 것은 통제의 환상일 뿐이다.[6]

겉으로는 합리의 얼굴을 한 인간의 모든 행동이 근본적으로는 파괴적이고 공격적인 무의식적 욕망과 충동에 의해 결정되는 한, 다시 말해, 인간의 거의 모든 의식이 허위의식인 한, '인간은 이성적 동물'이라는 전제는 환상에 불과한 것이다.

포스트모던 시대의 문화비평가들은 '인간은 이성적 동물'이라는 '합리에의 환상'이 낳은 부정적 결과를 뼈아프게 지켜본 사람들이었고, 그 환상의 부정적 결과가 참을 수 없이 무겁다는 것을 깨달은 사람들이었다. 그들의 깨달음을 따르면, 20세기 서구의 산업자본주의 문명 속에서 '합리에의 환상'은 때로는 참 가치들을 삶에서 떼어 내는 분리와 분열의 아픔을 낳았고, 개인이 주체성을 말살당하고 객체화되는 '개인의 죽음'을 낳았다. 또한, 그것은 역사 속의 개인들을 내면에 선험적으로 자리하고 있는 생각과 감정과 윤리의식이 말살당한 윤리불감증의 무감각한 인간으로 '변신'(metamorphosis)하게 했고, 그들로 하여금 인위적으로 조작된 무의식을 가진 인조인간의 위험천만한 모습을 갖게 했다.

'합리에의 환상'으로 변한 것은 인간의 정신뿐만이 아니었다. 그것은 역사 속에서 때로는 대의민주주의의 실패로, 때로는 세계적 차원의 전쟁으로, 때로는 잔학무도한 인종청소나 대규모의 학살과 유배와 테러로 나타났다. '합리에의 환상'이 낳은 부정적 결과들 가운데에서 무엇보다 중요한 것은 그것이 물질만능주의적 실용주의 정신을 낳아 전통적 기준의 모든 인본주의적 가치들을 붕괴시켰다는 것이다. 그 문명 속에서는, 만약 물질지상주의적 사회가 요구하는 실용성을 가지지 못한다면, 다시 말해, 물질로 환산될 수 있는 가치를 지니지 못한다면, 존재 속의 어떤 것도 가치 있는 무엇이 될 수 없었다. 이제 어떤 주체적 의지나 판단도, 어떤 관능미도, 연인 사이의 어떤 연정도, 가족들을 하나로 묶어 주는 어떤 가족애도, 물질주의적 가치판단이 앞서지 않고는 가치롭지 못하게 된 것이다.

아도르노가 지적한 대로, 인간의 이성에 대한 편집적 믿음을 기초로 하여 세워진 계몽주의 역사의 변증법은 '부정의 변증법'(negative dialectic)이었다. 그것은 또한 사회 속의 개인으로부터 주체성을 앗아 가 그의 인격을 객체화시킴으로써 역사를 퇴행시키는 '부조리의 변증법'(absurd dialectic)이었다. 20세기 문명 속에서 개인은 때로는 파시즘적 물리력의 제물이 되었고, 때로는 경쟁을 바탕으로 하는 시장경제체제의 제물이 되었다. 이 문명 속에서 개인은 자신의 재능이나 물리적·인지적 능력으로 순리에 따른 독립적 판단을 할 수 없게 되었고, 전체주의적 힘의 자장에 갇혀 체제가 요구하는 어떤 유무형의 기준과 역할을 좇아 행동할 수밖에 없게 되었다. 그러나, 더욱 부조리한 것은, 이 사회 속의 개인은 전체주의 문명이 주는 짜릿한 피학적 쾌감을 위해, 자발적 · 민주적 동의를 통해 그 문명을 기꺼이 받아들이고,

그 속에서 기꺼이 익사한다는 것이다. 그것은 확실히 새로운 형태의 지배(new forms of domination)였다. 기술문명이 발달하면 발달할수록, 자본주의 경제체제가 확고해지면 확고해질수록, 전체주의 문명의 힘은 확장되고, 문명 속의 개인은 무의식을 유린당한 채 더욱더 기꺼이 자신의 개체성의 죽음을 향해 자발적·민주적 동의를 바친다는 것이다.

20세기 후반의 문화전체주의 체제하에서 개인은 물질적 소유와 풍요를 얻고, 그에서 비롯된 소비의 자유를 얻었다. 그러나, 그것이 전부였다. 이 문명 속에서 그가 누리는 자유란 미리 정해진 한정된 선택지 속에서 어느 하나를 선택해야 하는 선택지 속의 자유였고, 진정한 자유와 그것에서 오는 '심미적 경험의 가능성'(aesthetic potential)이 파괴된 '유사 자유'(quasi freedom)였다. 그것은 전적으로 획일화되고 표준화된 자유로서 어떤 형태의 반복되는 광고나 선전이나 교육으로 세뇌된 자유였고, 교묘하고 교활한 방법으로 무의식이 조종되어 다른 선택이 불가능해진 폭력적이고 야만적인 자유였다. 고도화된 자본주의 체제하에서 노동자들의 운명은 '유사 자유'에 대한 하나의 예이다. 현재의 그들에게 마르크스가 기대했던 자유와 행복을 위한 혁명의 어떤 잠재력이 남아 있을까? 다시 말해, 그들의 정신 속에 파괴되지 않고 남아 있는 보다 이상적인 사회를 지향해 나아가게 하는 어떤 내재적인 역동성이 있을까? 현재의 소위 '합리주의 문명' 속에는 유사 민주주의적 동의에 의해 조종되지 않은 자유는 없다. 그 문명이 쳐 놓은 '비이성적 이성'의 덫에 걸리지 않고 살아가는 개인도 없다. 이 문명 속에서는 생산의 원동력으로서의 노동(labor)도, 우주적 재생의 원동력으로서의 성(sexuality)도 예외 없는 편취의 대상이며, 물건값으로 사고팔린다. 이 문명 속에서는 물질의 향유에서 오는 만족을 대체할 어떤 대체만족도, 물질의 소유로 얻어지는 자유를 대체할 어떤 대체자유도 없다. 그리고, 이 대체만족과 대체자유가 없다는 것은, '유한한 인간은 죽어야 한다'는 사실만큼이나 부조리한 것이다.

포스트모던 시대의 문화비평가들과 마찬가지로, 베케트나 핀천, 로웰이나 쿤데라나 보르헤스 등의 포스트모더니스트 작가들도 그들의 시대 역사 속에 나타난 '계몽의 역설'에 절망하고 '합리에의 환상'을 깨뜨리려 했었다. 그들도 그들의 시대 현대인들이 도구적 이성에의 오만으로 자의식도, 윤리의식도, 사회의식도 없는 비인간의 터널 속으로 빨려 들어가고 있는 것을 보았다. 그들의 눈에, 포스트모던 시대의 현대인들은 로봇의 감정으로 악몽의 디스토피아를 헤매고 있었으며, 현재적 의미를 비춰 줄 '참기억'을 잃은 채 소음으로 가득한 감응 불능의 언어를 가지고 살아가고 있었다. 그들의 삶은 자연에서 극도로 멀어진 삶으로서 자연 속에 내재된 행복의 리듬과 율동이 없는 메마른 삶이었고, 감성의 용틀임이 없는 구겨진 종이쪽지 같은 삶이었다. 무엇보다 중요한 것은 포스트모던 시대의 현대인들에게는 역사를 정(正)의 방향으로 면면히 흐르게 하는 인본주의적 보편가치 — 어머니, 아버지, 남편, 아내, 형제자매, 공동체, 사랑, 연민, 생명, 행복 등등 — 가 모두 죽어 있었다는 사실이다. 인간과 인간, 인간과 자연, 개인과 공동체의 관계 속에서 얻어지는 행복이란 어디에도 없었다. 그렇다면, 포스트모던 시대의 인간은 어디에서 행복의 레시피를 찾아야 하는가? 포스트모더니스트 작가들이 던진 절박한 물음이었다.

모더니스트들에게만 해도 합리에의 믿음은 '합리에의 환상'이 아니었다. 그리고 그들에게 '계몽의 역설'은 극복될 수 없는 무엇도 아니었다. 그들은 만약 현대인들이, 『오이디푸스 왕』에서의 오이디푸스처럼, 이성의 오만으로 생겨난 계몽의 역사로부터 깨달음을 얻을 수 있다면, 지금 허우적거리고 있는 정신적 어둠의 텅 빈 심연에서 빠져나올 수 있다고 생각했었다. 모더니스트 작가들은 만약 현대인들이 '계몽의 역설'에 대한 깨달음으로, 그들이 잃어버린 인본주의적 가치들을 삶 속으로 복원해 낼 수 있다면, 그들이 잃어버린 행복을 되찾을 수 있을 것이라고 생각했었다. 그러나, 포스트모던 시대의 문화비평가들과 포스트모더니스트 작가들에게 '계몽의 역설'의 문제는 깨달음의 문제가 아니라 본질의 문제, 즉 '이성' 자체에 내재해 있는 부조리성의 문제였다. 그들은 모더니스트들과 함께 계몽주의 역사 속에서 마주하게 된 합리주의 문명의 부조리 앞에서 전율했다. 그러나, 그들은, 모더니스트들과는 달리, 어떠한 이성도 '절대이성'(all-powerful reason) 일 수 없고, 어떠한 이성도 숙명적으로 '비이성적 이성'의 경향으로 흐른다는 사실에 주목했고, 어떤 이성의 거대담론이 절대이성의 행세를 하면서 무서운 전체주의로 빠져드는 것을 경계했다. 그들에게는 스스로 절대이성임을 사칭하는 무엇에 대한 지나친 집착이 모든 악의 근원이었다. 그것으로 수많은 보통 사람들이 무시무시한 전체주의 거대담론에 갇히고 담금질당해 쓸모없는 영혼으로 살아가게 된다고 생각했기 때문이다.

모더니스트들은 감당할 수 없는 삶의 비극 속에서 깨달음을 얻고 마음의 눈을 뜬 오이디푸스와 같은 과거의 영웅들을 기리고 찬미했다. 또한, 그들은 세상의 많은 사람들이 천명의 가혹함을 깨닫고 얻은 '마음의 눈'으로 세상을 더 넓고, 더 깊고, 더 높게 바라볼 수 있게 되기를 바랐었다. 반면에, 포스트모더니스트들에게는 모더니스트들의 오이디푸스와 같은 영웅들의 깨달음의 '비극'에 대한 칭송은 사람들의 정신을 또 하나의 거대담론에 가두는 일이었고, 또 다른 형태의 전체주의적 중심을 낳는 중심지향적 경향의 표현이었다. 그들에게 모더니스트들이 지향점으로 삼았던 긴장과 갈등이 창조적 상보관계로 승화되는 '고결함'의 비극은 또 다른 위계, 또 다른 계층, 또 다른 힘의 피라미드를 만드는 것이었고, 이성숭배와 감성억압의 또 다른 위계질서를 만드는 것에 지나지 않았다. 포스트모더니스트들은 인간의 영혼이, 그것이 무엇이든, 어떤 형태의 전체주의적 거대담론에서 풀려나 조금은 더 자유로워지기를 바랐다. 그들은 차라리 인간의 삶에 선험적으로 내재된 비이성과 부조리를 있는 그대로 받아들이고, 절대이성의 탈을 쓰고 전체주의적 권력을 휘두르는 어느 하나의 '비이성적 이성'에 수많은 사람들이 묶여 살지 않기를 바랐다.

그렇다면, 20세기의 문화비평가들과 포스트모더니스트 작가들은 왜 절대이성의 탈을 쓴 문화전체주의 권력을 그토록 격렬하게 거부한 것일까? 하나의 대답은 분명 20세기 현대문명 속의 개인이 자연적 삶의 필요와 리듬을 잃고, 전기장 속의 알루미늄 포일 조각처럼, 자발적 삶을 위해 어떤 일도 할 수 없는 '객체화된 인간'으로 살아가게 되었다는 사실 때문이라는 것이다. 그러나, 더 중요한 또 하나의 이유는 존재는 본질적으로 부조리한 것이며, 어떤 것도 '절대적으로' 부조리하지 않은 것은 없다는 깨달음이다. 카뮈가 그의 『시지푸스의 신화』에서 말했듯이, 존재란 어떤 나쁜 이유로도 설명할 수 없는 부조리이기 때문이다.

> 삶에서 꼭 필요한 잠을 빼앗아 가는 이 알 수 없는 감정은 도대체 무엇인가? 어떤 나쁜 이유로라도 설명할 수만 있다면, 이 세상은 조금은 친근한 세상이 될 것이다. 반면에 빛과 환상이 모두 사라져 버린 세계에서 인간은 자신이 그 세계에 속하지 않는 이방인이라는 느낌을 갖게 된다. 이럴 때, 그가 그 세계에서 도망쳐 나오는 데에는 약이 없다. 왜냐하면, 그는 자기가 살고 있던 집에 대한 기억을 잃어버렸고, 약속의 땅이 있을 것이라는 희망도 잃어버렸기 때문이다. 부조리란 인간과 삶의 연결고리가 끊어져 있음을 의미한다. 배우와 무대의 세팅이 맞지 않음을 의미한다. 자살을 생각해 왔지만, 정신이 이상하지는 않은 모든 사람들에게 있어서, 삶이 부조리하다는 느낌과 죽음에의 동경 사이에 직접적인 관련이 있다는 것을 이제는 더 설명할 필요가 없을 것이다.[7]

20세기의 포스트모더니스트 작가들은 그들의 역사 속에서 '어떤 나쁜 이유로도 설명할 수 없는', '자신과 삶 사이의 연결고리가 끊어졌다'는 느낌의 부조리와 마주쳤고, 그 거대한 벽 앞에서 절망했다. 절대절망이었다. 어떤 이유로도 '절대적 합리'일 수 없는 '비합리적 합리'가 전체주의 권력을 만들어 뭇 인간들을 그 속에 감금하고 때로는 물리적 폭력으로, 때로는 '연질의 권력'으로 그들의 영혼을 고문하고 있었기 때문이다. 그들은 포스트모던 시대의 삶 속에서 중요한 가치들이 하나둘씩 삶에서 사라지는 것을 보았고, 삶의 자연적 필요와 리듬을 잃은 현대인들의 영혼이 메마르고 척박한 정신적 황무지를 헤매는 것을 보았다. 포스트모던 문명 속에서 이 시대의 인류가 누리는 물심양면의 엄청난 자유를 자연상태의 인간이 누릴 수 있는 자유라고 생각할 수 있을까? 그것은 어쩌면, 자연에서 멀어진 문명화된 인간이 문명 속에서 인공적 세뇌를 통해 얻은 가짜의 욕망을 충족시키기 위해 얻어 낸 지극히 부자연스러운 자유가 아닐까? 근대의 역사 속에서 인간들은 합리와 규율을 요구하는 신들을 모두 죽여 버렸고, 오직 부조리신만이 그들의 삶을 지배하게 했다. 부조리신의 손아귀에서 인간은 진정 행복할 수 있을까? 포스트모던의 문명 속에서 존재는 모두 자기만의 세계 속에 갇혀 살아가게 되었다. 개체와 개체, 개인과 개인, 자연과 인간 사이에 존재의 모든 연결고리가 끊어지고, 모든 것들이 평행으로 존재할 때, 그때에도 인간은 삶에서 의미를 찾을 수 있을까? 포스트모더니스트 작가들이 마주한 절대절망의 벽이었다.

문학에 있어서의 모더니즘이 자연상태의 욕망을 가진 자연인으로 돌아가고 싶은 사람들의 꿈 이야기라면, 문학에 있어서의 포스트모더니즘은 자연인으로 돌아가 존재들의 유기적 관계 속에서, 합리와 규율의 신을 섬기고, 자연인으로서의 인간적 자유를 누리는 것이 불가능하다는 것을 깨달은 사람들이 꾸게 된 절대허무의 악몽에 관한 이야기이다. 모더니스트 작가들처럼, 그들도 역시 이 시대의 역사가 만들어 낸 인본주의적 가치의 진공상태(filling the void in values)를 메울 무언가를 필요로 했다. 그러나, 모더니스트 작가들에게 있어서와는 달리 포스트모더니스트 작가들에게 존재는 어떤 수단과 방법을 동원한다 해도 가치와 의미의 무한한 진공상태였다. 그들에게는, 실존의 고통을 받아 주면서 '삶을 무겁게 하는' '신'과 아버지는 죽었고, 오직 그들의 혼백(魂魄)들이 구천을 떠돌면서 실존을 '참을 수 없이' 무겁게 할 뿐이었다. 그리고 인간의 행복에 본질적으로 관여하는 언어는 모두 소음이 끼어 감응을 일으키지 못하거나, 순전히 자의적(恣意的)이어서 의미의 시렁을 만들어 내지 못하는 쓸모없는 구조물이었다.

베케트는 그의 극 『고도를 기다리며』(*Waiting for Godot*)에서 '인간은 자유의지를 가진 이성적 동물'이라는 서구 이성중심주의 형이상학의 당위적 대전제를 해체하고, 인간은 '지금,' '여기에' 어떤 실존적 의미도 없이 던져져 있다는 실존주의자들의 실존주의적 전제를 받아들인다. 그리고, 행복에 관한 어떤 비방(秘方)으로서의 신(God)을 죽이고 난 후, 인간이 어떻게 실존의 고통에서 벗어날 수 있는가를 고뇌한다. 『49호 품목의 경매』(*Crying of Lot 49*)에서 핀천은 교감의 언어가 사라진 1960년대 미국의 캘리포니아를 배경으로 환각의 메마름으로 뒤덮인 고독과 절망의 삶을 살아가는 현대인들의 모습을 그린다. 소설 『참을 수 없는 존재의 가벼움』(*The Unbearable Lightness of Being*)에서 쿤데라는 포스트모던의 시대가 직면한 진퇴양난의 정신적 위기상황을 그린다. '존재는 무거워야 하는가? 얼마나 무거워야 하는가?' 쿤데라에게 인본주의적 가치의 무거움이 담기지 않은 삶은 의미 없는 삶이다. 그러나, 구 체제와 질서가 삶을 '참을 수 없이 무겁게' 한다면 어떻게 할까? 쿤데라의 절체절명의 질문이다.

20세기 중반 냉전의 시대를 살았던 미국 시인 로버트 로웰에게도 삶은 참을 수 없이 무거웠다. 그는 그의 대표시집 『인생 공부』(*Life Studies*)에서 포스트모던의 디스토피아에서의 삶은 아무리 몸부림쳐도 벗어날 수 없는 업(業)이며, 자신이 바로 그 업을 지은 자임을 고백한다. 반면에, 「갈래 길의 정원」("The Garden of Forking Paths")과 「바벨의 도서관」("The Library of Babel")에서 중남미의 대표적 포스트모더니스트인 보르헤스는 '의미의 미로' 속에 갇힌 현대인들의 절대절망을 그린다. 보르헤스는 그의 단편들에서 상징과 언어의 '의미의 정복'을 추구하면서 수많은 "갈래 길"의 언어와 상징을 실험했던 구조주의와 포스트구조주의 언어학자들의 실패한 언어학을 날카롭게 풍자한다.

보르헤스의 단편 「바벨의 도서관」에 나오는 '도서관'은 포스트모던의 디스토피아에 대한 아주 적확한 상징이다. 이 도서관은, 마치 포스트모던의 현대세계가 그렇듯이, 쓸모없는 정보들로 가득 채워져 있고, 장서의 배열에서 어떤 질서도 찾을 수 없으며, 의미 있는 삶을 위해 어떤 지식도 구할 수 없는 거대한 공간으로서, 삶에 대하여 어떤 길도 가르치지 못하는 거대한 미로이다. 만약 이 도서관에 어떤 질서가 있다면, 그것은 아마 무질서의 질서이거나, 평행선의 질서일 것이다. 하나의 예를 들면, 이 단편에 나오는 중국의 어느 백과사전에는 범주는 무질서하게 정해져 있고, 수록된 표제어들 상호 간에는 어떤 유기적 관계도 없다. 보르헤스의 거대한 도서관처럼, 포스트모던의 현대세계에는 어느 둘이 비슷한 성질을 가질 수 있는 기초가 없고, 그러므로 어느 둘도 비슷한 성질을 가지지 못한다. 그래서, 이 세상에 존재하는 모든 것들은 어떤 영적 교감도 없는 영원한 평행선 위에서 살아가야 한다. 그렇다면, 이 시대의 디스토피아 속에서의 삶은 절대허무이거나, 절대절망이 아닐까?

| 인용과 주해 |

줄임표

1. *World Philosophers*. Vol. I = Ed. by John K. Roth et al. *World Philosophers and Their Works*. Vol. I. Pasadena: Salem Press Inc., 2000.
2. *World Philosophers*. Vol. II = Ed. by John K. Roth et al. *World Philosophers and Their Works*. Vol. II. Pasadena: Salem Press Inc., 2000.
3. *World Philosophers*. Vol. III = Ed. by John K. Roth et al. *World Philosophers and Their Works*. Vol. III. Pasadena: Salem Press Inc., 2000.
4. *Critical Theory* = *Contemporary Critical Theory*. Ed. by Dan Latimer. London: Harcourt Brace Jovanovich, 1989.
5. *19C World Biography* = *Dictionary of World Biography: the 19th Century*. Vol. 5. Ed. by Frank N. Magill. Pasadena: Salem Press, 1999.
6. *20C World Biography* = *Dictionary of World Biography: the 20th Century*. Vol. VIII. Ed. by Frank N. Magill. Pasadena: Salem Press, 1999.
7. *Online*. = *Online*. Internet. June 24, 2017. Available.

서론 포스트모더니즘의 정의를 위하여

1. Blumenberg, Hans. *The Legitimacy of the Modern Age*. Tr. by M. Wallace. Cambridge: Cambridge University, 1983. 136
2. *The Bible*, "Exodus." 20:3. *Online*. http://biblehub.com/exodus/20-2.htm
   "I am the LORD your God, who brought you out of the land of Egypt, out of the house of slavery. 'You shall have no other gods before Me. You shall not make for yourself an idol, or any likeness of what is in heaven above or on the earth beneath or in the water under the earth.' …"
3. Dir. by Cecil B. DeMille. *Ten Commandment*. DVD. Special Collector's Edition. March 9, 2004.
   "By myself, I am nothing. It is the power of God which uses me to work His will. … If this god is God, he would live on every mountain, in every valley. … He would dwell in every heart, every mind, every soul."

4. Sophocles. *Oedipus the King*. Tr. by Ian Johnston. *Online*. https://records.viu.ca/~johnstoi/sophocles/oedipustheking.html.
"Here I am myself—
you all know me, the world knows my fame:
I am Oedipus." (Section I. 7-9)
5 Eco, Umberto. *The Name of the Rose*. Tr. by William Weaver. Boston: Hughton Mifflin Harcourt, 2014.
6. Widener, Chris. *The Angel Inside: Michelangelo's Secrets for Following Your Passion and Finding the Work You Love*. Crown Business, 2010. Recit. from *Online*. https://www.amazon.com/Angel-Inside-Michelangelos-Secrets-Following/dp/0307719537/ref=sr_1_1?ie=UTF8&qid=1497168864&sr=8-1&keywords=the+angel+inside
"According to legend, when a young boy asked the great Renaissance artist Michelangelo why he was working so hard hitting the block of marble that would eventually become his greatest sculpture, *David*, the artist replied, 'Young man, there is an angel inside this rock, and I am setting him free.'"
7. Orwell, George. "Why Socialists Don't Believe in Fun." 1943. *Online*. http://www.k-1.com/Orwell/site/work/essays/fun.html
8. Blumenberg. *Op. cit.* 136.
9. Malthus, Thomas R. *An Essay on the Principle of Population.* Chap. 2. *Online*. https://www.marxists.org/reference/subject/economics/malthus/ch02.htm
"Subsistence increases only in an arithmetical ratio.
Population, when unchecked, increases in a geometrical ratio."
10. Fukuyama, Francis. *The End of History and the Last Man*. New York: Avon Books, 1992. For a digest, see *Online*. https://www.enotes.com/topics/end-history-last-man
11. Emerson, Ralph Waldo. "Essay on Myth of the Fortunate Fall in John Milton's Paradise Lost." *Online*. http://www.123helpme.com/preview.asp?id=6721
12. Spencer, Herbert. *The principles of biology*. 1864. *Online*. Recit. from https://en.wikipedia.org/wiki/Survival_of_the_fittest
"This survival of the fittest… is that which Mr. Darwin has called 'natural selection, or the preservation of favoured races in the struggle for life.'"
13. Dir. by David Lean. *Doctor Zhivago*. DVD. Warner Bross, 1963.
14. Nietzsche, Friedrich. *The Birth of Tragedy*. Ch. 13-15. Tr. by Walter Kaufmann. Random House, 1967. *Online*. http: www.russoeconomics.altervista.org/Nietzsche.pdf
15. Nietzsche. "Only Fool! Only Poet!" ll. 1-14. *Online*. http://www.thenietzschechannel.com/works-pub/dd/dd.htm
"In the fading light of dusk,
When the dew's solace begins

To well down to the earth,
Invisible, as well as unheard — …
Then do you remember, remember, hot heart,
How once you thirsted
After heavenly tears and dewdrops,
Scorched and weary, thirsting,
…
While on yellow paths of grass
The spiteful evening glances of the sun
Ran around you through black trees,
Glowing sun-glances, dazzling with
malicious delight."

16. Dir. by Lana Wachowski and Lilly Wachowski. *The Matrix*. DVD. Warner Bros. Streamed Online video by Amazon Video, 2008.
"You move to an area and you multiply and multiply until every natural resources is consumed. The only way you can survive is to spread to another area. There is another organism on this planet that follows the same pattern. Do you know what it is? a virus. Human beings are a disease, a cancer of this planet, you are a plague, and we … are the cure." [ ]는 필자 삽입.

17. *The Bible*, "Genesis." 2:16-17.

18. *Ibid*. 10:8-10.

19. Dostoyevsky, Fyodor. *The Brothers of Karamazov. Online*. http://dostoyevsky.tumblr.com/post/36885258636/the-world-says-you-have-needs-satisfy-them)
"The world says: 'You have needs — satisfy them. You have as much right as the rich and the mighty. Don't hesitate to satisfy your needs; indeed, expand your needs and demand more.' This is the worldly doctrine of today. And they believe that this is freedom. The result for the rich is isolation and suicide, for the poor, envy and murder."

20. ______. *Notes from Underground. Online.* http://www.goodreads.com/quotes/76123-i-say-let-the-world-go-to-hell-but-i
"I say let the world go to hell, but I should always have my tea."

21. ______. *The Brothers of Karamazov*, Ch. 3. *Online.* http://www.Online-literature.com/dostoevsky/brothers_karamazov/3/
"Though I may not believe in the order of the universe, yet I love the sticky little leaves as they open in spring."

22. "Myth of Daedalus." in *Greek Mythology. Online.* http://www.greeka.com/eastern_aegean/ikaria/ikaria-myths/daedalus-icarus.htm
"For a large period of time, he was gathering all the feathers he could find lying around and joining them together with wax he fashioned two pairs of wings, one for himself and the

other for his son. The day arrived when they were to execute their escape plan but Daedalus had a grave warning for his son. He forbade Icarus to fly too close to the sun for that would melt the wax, or to fly to close to the sea for that would dampen the feathers."

23. Spring, Joel. *Educating the Consumer-Citizen: A History of the Marriage of Schools.* Ch. 1. Routledge, 2003.

24. Recit. from Spring, Joel. *Corporatism, Social Control, and Cultural Domination in Education: From the Radical Right to Globalization.* Routledge, 2012. 158.

    "Talk about democracy. … All I want is to be able to wear silk stockings and Paris hats the same as Mrs. Astorbilt, and then it wouldn't bother me if we have Bolshevism or Capitalism, or if the democrats or the republicans win."

25. SUNY Levin Institute 101. "What Is Globalization?" *Online.* http://www.levininstitute.org/educational-programs/globalization101/

26. Nye Jr., Joseph S. *Soft Power: The Means to Success in World Politics.* Public Affairs, 2005. x.

    "What is soft power? It is the ability to get what you want through attraction rather than coercion or payments. It arises from the attractiveness of a country's culture, political ideals, and policies. … When you can get others to admire your ideals and to want what you want, you do not have to spend as much on sticks and carrots to move them in your direction. Seduction is always more effective than coercion, and many values like democracy, human rights, and individual opportunities are deeply seductive."

27. Najemy, Robert E. *The Psychology of Happiness: Understanding Our Selves.* Holistic Harmony Publishers, 2001. 19.

    "A narrow-neck bottle is tied to a tree. A banana (or some peanuts) is placed in the bottle. The monkey sees the bana na and very intelligently manages to squeeze its hand through the bottleneck and slip its fingers around the banana. When it tries to pull its hand out in order to eat the banana, it won't come out because its hand, which is now holds the banana in the form of a fist, cannot pass through the narrow bottleneck. It pulls and pulls, but cannot get its hand out. It sees the trapper approaching him and tries to get away, but cannot, because its hand is wrapped around the banana and thus unable to get free from the bottle. Although it is obviously going to suffer under the hands of trapper, and the bottle and the banana are the cause of its demise, it never crosses its mind to let go of the banana so it can extract its hand and be free.

    The monkey literally becomes attached to the banana, and the banana, which was previously a potential source of happiness, has become a source of its suffering. We are like those monkeys. We have a variety of 'bananas' in our lives to which we are attached, and although they create much suffering for us, we cannot allow ourselves let go of them."

28. Schoolman, Morton. *Reason and Horror: Critical Theory, Democracy, and Individuality.* New York: Routledge, 2001. 1.

"'Aesthetic individuality,' as I will call it, disappeared with the triumph of a form of rationality whose progress led inevitably to the Holocaust. … It is the sea change in the human spirit from which the horror of the Holocaust followed. … The simplicity, honesty, sincerity of their individual parts were lost in a welter of self-indulgence, confusion, and self-destructiveness."
[ ]는 필자 삽입.

29. See Moor, John S. "Nietzsche and the Decadence." Presented to the 18th international conference of the Friedrich Nietzsche Society. Sep. 2011. *Online.* http://john-jsm.wikidot.com/nietzsche-and-the-decadence
30. Arnold, Mathew. "The Function of Criticism at the Present Time." in Ed. by Joseph Black, et al. *The Broadview Anthology of British Literature Volume 5: The Victorian Era.* Broadview Press, 2012. 486.
31. Nietzsche. *The Birth of Tragedy. Online.* https://archive.org/stream/BirthOfTragedy/bitrad_djvu.txt
    ______. *Thus Spoke Zarathustra*. Penguin Classics. 1961.
32. Freud, Sigmund. *Civilization and its Discontents.* New York: W. W. Norton & Company, 1989. For a digest, see *Online.* http://www.gradesaver.com/civilization-and-its-discontents/study-guide/summary
33. Kafka, Franz. *The Metamorphosis and Other Stories*. Chap. 1. Dover Publications, 1996. 3. *Online.* http://www.bookrags.com/notes/kaf/part1.html#gsc.tab=0
    "When Gregor Samsa woke up one morning from unsettling dreams, he found himself changed in his bed into a monstrous vermin. He was lying on his back as hard as armor plate, and when he lifted his head a little, he saw his vaulted brown belly, sectioned by arch-shaped ribs, to whose dome the cover, about to slide off completely, could barely cling. His many legs, pitifully thin compared with the size of the rest of him, were waving helplessly before his eyes."
34. Jameson, Fredric. *Postmodernism, or The Cultural Logic of Late Capitalism.* Durham: Duke University Press, 1990. 49.
35. Derrida, Jacques. "Structure, Sign, and Play in the Discourse of the Human Sciences." in *Literary Theories in Praxis*. Ed. by Shirley F. Station. Philadelphia: the University of Pennsylvania, 1987. 393-408. For a digest, see Sarup, Madan. *Introductory Guide to Post-structuralism and Postmodernism.* New York: Harvester Wheatsheaf, 1988. 48-49.
36. *Ibid.*
37. Lacan, Jacques. "The Mirror Stage as Formative of the Function of the I as Revealed in Psychoanalytic Experience." in *Critical Theory*: 500-509. For an interpretation, see Sarup. *Op. cit.* 14-29.
38. Foucault, Michel. "Nietzsche, Genealogy, History." *Online.* https://noehernandezcortez.files.wordpress.com/.../nietzsche-gene...
    ______. *Madness and Civilization.* London: Tavistock, 1967. Expecially chapters "The Great

Confinement," "the Birth of the Asylum." For a digest, see Sarup: 30-31.

39. "Michel Foucault." *World Philosophers*. Vol. I. 669-670.

40. 『장자』에 나오는 호접지몽(호접지몽)의 고사. *Online.* https://namu.wiki/w/%ED%98%B8%EC%A0%91%EC%A7%80%EB%AA%BD

"옛날에 장주(장자의 이름)가 꿈에 나비가 되었는데, 훨훨 나비처럼 날아다니는 것이 스스로 기뻐 제 뜻에 맞았더라! (그래서) 장주를 알지 못했다. 그런데 갑자기 깨어, 곧바로 뚜렷이(혹은 놀라서 보니) 장자가 되었다. 알지 못하겠다. 장자가 꿈에 나비가 된 것인가, 나비가 꿈에 장자가 된 것인가?"

41. Camus, Albert. *The Myth of Sisyphus. Online.* Excerpted in http://users.humboldt.edu/jwpowell/sisyphus.htm

"What, then, is that incalculable feeling that deprives the mind of the sleep necessary to life? A world that can be explained even with bad reasons is a familiar world. But, on the other hand, in a universe suddenly divested of illusions and lights, man feels an alien, a stranger."

42. *Ibid.*

"A step lower and strangeness creeps in perceiving that the world is 'dense,' sensing to what a degree a stone is foreign and irreducible to us, with what intensity nature or a landscape can negate us. At the heart of all beauty lies something inhuman, and these hills, the softness of the sky, the outline of these trees at this very minute lose the illusory meaning with which we had clothed them, henceforth more remote than a lost paradise. The primitive hostility of the world rises up to face us across millennia. … That stage scenery masked by habit becomes again what it is. It withdraws at a distance from us. Just as there are days when under the familiar face of a woman, we see as a stranger her we had loved months or years ago, perhaps we shall come even to desire what suddenly leaves us so alone. But the time has not yet come. Just one thing: that denseness and that strangeness of the world is the absurd." [ ]는 필자 삽입.

43. Bermann, Marshall. "Introduction." in *All That Is Solid Melts into Air: the Experience of Modernity.* New York: Simon and Schuster, 1982. 15-23.

44. *Ibid.*

45. Adorno, Theodor W. *The Culture Industry.* New York: Routledge, 1991. See also Horkheimer, Max and Theodor W. Adorno. *The Dialectic of Enlightenment.* Tr. by Edmund Jephcott. Stanford: Stanford University Press, 2002. 286.

46. _______. "Minima Moralia." Recit. from *Online.* https://en.wikipedia.org/wiki/Talk:Theodor_W._Adorno

"Auschwitz begins wherever someone looks at a slaughterhouse and thinks: they're only animals."

47. See "Jean Baudrillard." *Stanford Encyclopedia of Philosophy.* 2007. *Online.* https://plato.stanford.edu/entries/baudrillard/

48. Marozzi, Justin. "Lost Cities #1: Babylon." *Online.* https://www.theguardian.com/cities/2016/

aug/08/lost-cities-1-babylon-iraq-war-history-mankind-greatest-heritage-site Posted at August 8, 2016.

49. Lowell, Robert. "Waking in the Blue." *Online.* https://www.poets.org/poetsorg/poem/waking-blue

"In between the limits of day,
hours and hours go by under the crew haircuts
and slightly too little nonsensical bachelor twinkle
of the Roman Catholic attendants.
(There are no Mayflower
screwballs in the Catholic Church.)
...
We are all old-timers,
each of us holds a locked razor."

50. Recit. from Vendler, Helen. *Part of Nature, Part of Us: Modern American Poets.* Cambridge: Harvard University Press, 1980. 159.

51. Foucault. *The Order of Things: an Archeology of the Human Sciences.* London: Tavistock Press, 1970. xv.

"What is impossible is not the propinquity of the things listed, but the very site on which their propinquity would be impossible."

제1장 포스트모던 문명의 전조들

1. Einstein, Albert. "Old Man's Advice to Youth: 'Never Lose a Holy Curiosity.'" *LIFE Magazine.* May 2, 1955. 64.

"The important thing is not to stop questioning. Curiosity has its own reason for existence. One cannot help but be in awe when he contemplates the mysteries of eternity, of life, of the marvelous structure of reality. It is enough if one tries merely to comprehend a little of this mystery each day."

2. Marlowe, Christopher. *The Tragical History of Doctor Faustus. Online.* http://www.bartleby.com/19/2/13.html

3. *Ibid.*

"Why, this is hell, nor am I out of it.
Think'st thou that I, who saw the face of God
And tasted the eternal joys of heaven,
Am not tormented with ten thousand hells
In being deprived of everlasting bliss?"
(Scene III. ll. 74-78)

4. *Ibid.*

"Was this the face that launch'd a thousand ships,
And burnt the topless towers of Ilium?
Sweet Helen, make me immortal with a kiss. …
I will be Paris, and for love of thee,
Instead of Troy, shall Wittenberg be sack'd;
And I will combat with weak Menelaus,
And wear thy colours on my plumed crest;
Yea, I will wound Achilles in the heel,
And then return to Helen for a kiss."
(Scene XIII. ll. 88-107)

5. *Ibid.*
"… All beasts are happy,
For, when they die,
Their souls are soon dissolved in elements;
But mine must live, still to be plagued in hell.
Curst be the parents that engendered me!
No, Faustus: curse thyself: curse Lucifer
That hath deprived thee of the joys of heaven."
(Scene IV. ll. 68-76)

6. Dostoyevsky, Fyodor. *The Brothers of Karamazov*. Ch. 3. *Online.* http://www.Online-literature.com/dostoevsky/brothers_karamazov/41/
"What is hell? I maintain that it is the suffering of being unable to love."

7. Nietzsche, Friedrich. *Thus Spoke Zarathustra: A Book for Everyone and Nobody.* Tr. by Graham Parkes. New York: Oxford University Press, 2009. 167.
"The ostrich runs faster than the fastest horse, but he still sticks his head heavily into the heavy earth: so it is with the man who cannot yet fly.
Earth and life are heavy for him; and thus the spirit of gravity wills it! But he who would be light and a bird must love himself. thus I teach.
Of course not with the love of the sick and the diseased: for with these even self-love stinks!
One must learn to love oneself—thus I teach—with a wholesome and healthy love: to stand by oneself and not go roaming around."

8. Rousselot, Pierre and Alan Vincelette. *The Problem of Love in the Middle Ages.* Marquette University Press, 2002. 130.
"To find God, is to find one's soul, even when one appears to lose it and to sacrifice it. To love God and to love oneself is one and the same."

9. Smith, Adam. *The Wealth of Nations: An Inquiry into the Nature and Causes of the Wealth of Nations,* Book 1, Chap. 2. *Online.* http://geolib.com/smith.adam/won1-02.html

"Nobody ever saw a dog make a fair and deliberate exchange of one bone for another with another dog. Nobody ever saw one animal by its gestures and natural cries signify to another, this is mine, that yours; I am willing to give this for that … But man has almost constant occasion for the help of his brethren, and it is in vain for him to expect it from their benevolence only."

10. Pope, Alexander. *Essay on Man*. 1734. epis iii, sec vi. *Online*. http://harpers.org/blog/2008/01/popes-essay-on-man/

"Thus God and Nature formed the general frame,
And bade self-love and social be the same."

11. Woolf, Virginia. "Comment on Dostoevsky's novel The Possessed." *Online*. https://www.amazon.com/Possessed-Barnes-Noble-Classics/dp/1593082509/ref=sr_1_1?s=books&ie=UTF8&qid=1489047332&sr=1-1&keywords=the+possessed+dostoevsky

"The novels of Dostoevsky are seething whirlpools, gyrating sandstorms, waterspouts which hiss and boil and suck us in. They are composed purely and wholly of the stuff of the soul. Against our wills we are drawn in, whirled round, blinded, suffocated, and at the same time filled with a giddy rapture."

12. Shelley, Mary Wollstonecraft. *Frankenstein, or the Modern Prometheus.* Benediction Books, 2016 (the author's final revision, 1832).

13. Shakespeare, William. *Julias Caesar.* Act III. Scene 2. *Online.* http://nfs.sparknotes.com/julius caesar/page_134.html

"Antony:
But Brutus says he was ambitious, …
He[Caesar] hath brought many captives home to Rome
Whose ransoms did the general coffers fill. …
When that the poor have cried, Caesar hath wept. …
Yet Brutus says he was ambitious,
I thrice presented him a kingly crown,
Which he did thrice refuse. Was this ambition?"

14. Shelley. *Frankenstein, or the Modern Prometheus.* Chap. 4. *Online.* http://www.pagebypagebooks.com/Mary_Wollstonecraft_Shelley/Frankenstein/Chapter_4_p3.html

"Life and death appeared to me ideal bounds, which I should first break through, and pour a torrent of light into our dark world."

15. *Ibid.* Letter 4.

"You seek for knowledge and wisdom, as I once did; and I ardently hope that the gratification of your wishes may not be a serpent to sting you, as mine has been."

16. *Ibid.* Chap. 4 and Chap. 5.

"Learn from me, if not by my precepts, at least by my example, how dangerous is the acquirement of knowledge and how much happier that man is who believes his native town to be the world, than he who aspires to become greater than his nature will allow." (Chap. 4)

"For this I had deprived myself of rest and health. I had desired it with an ardour that far exceeded moderation; but now that I had finished, the beauty of the dream vanished, and breathless horror and disgust filled my heart." (Chap. 5)

17. *Ibid.* Chap. 7.

"[A] flash of lightning illuminated the object and discovered its shape plainly to me; its gigantic stature, and the deformity of its aspect, more hideous than belongs to humanity, instantly informed me that it was the wretch, the filthy demon to whom I had given life."

18. *Ibid.* Chap. 10.

"All men hate the wretched; how then, must I be hated, who am miserable beyond all living things! Yet you, my creator, detest and spurn me, thy creature, to whom thou art bound by ties only dissoluble by the annihilation of one of us."

19. *Ibid.* Chap. 20.

"You can blast my other passions, but revenge remains—revenge, henceforth dearer than light or food! I may die, but first you, my tyrant and tormentor, shall curse the sun that gazes on your misery."

20. *Ibid.* Chap. 24.

"Was there no injustice in this? Am I to be thought the only criminal, when all humankind sinned against me?"

21. *Ibid.* Chap. 22.

"If for one instant I had thought what might be the hellish intention of my fiendish adversary, I would rather have banished myself forever from my native country and wandered a friendless outcast over the earth than have consented to this miserable marriage. But, as if possessed of magic powers, the monster had blinded me to his real intentions; …"

22. See "Nicomachean Ethics on the Good." in *Political Thoughts, Quotes and Comment: Aristotle. Online.* http://pzazz0.tripod.com/id11.html

23. *Ibid.*

24. See "René Descartes." *World Philosophers*. Vol. I. 473-485.

25. See "Francis Bacon." *Ibid.* 163-170.

26. See "Isaac Newton." *World Philosophers*. Vol. III. 1347-1353.

27. Pope, Alexander. "Epitaph on Sir Isaac Newton." March 21, 1727. *Online.* http://www.bartleby.com/297/154.html

"Nature and Nature's laws lay hid in night,
God said, 'Let Newton be,' and all was light."

28. See "Immanuel Kant." *World Philosophers*. Vol. II. 974-997.

29. See *Ibid.*

30. See "Jeremy Bentham." *World Philosophers*. Vol. I. 214-221.

31. See "Herbert Spencer." *World Philosophers*. Vol. II. 1823-1830.

32. See "John Stuart Mill." *World Philosophers*. Vol. II. 1277-1281.

33. Dickens, Charles. *Hard Times*. Book the First, Chap. V. *Online*. http://www.pagebypagebooks.com/Charles_Dickens/Hard_Times/Book_The_First_Sowing_Chapter_V_The_Keynote_p1.html
"It was a town of red brick, or of brick that would have been red if the smoke and ashes had allowed it; but as matters stood, it was a town of unnatural red and black like the painted face of a savage. It was a town of machinery and tall chimneys, out of which interminable serpents of smoke trailed themselves for ever and ever, and never got uncoiled. It had a black canal in it, and a river that ran purple with ill-smelling dye, and vast piles of building full of windows where there was a rattling and a trembling all day long, and where the piston of the steam-engine worked monotonously up and down, like the head of an elephant in a state of melancholy madness. It contained several large streets all very like one another, and many small streets still more like one another, inhabited by people equally like one another, who all went in and out at the same hours, with the same sound upon the same pavements, to do the same work, and to whom every day was the same as yesterday and tomorrow, and every year the counterpart of the last and the next."

34. *Ibid.* Book the Second, Chap. I.
"Coketown lay shrouded in a haze of its own, which appeared impervious to the sun's rays. You only knew the town was there because you knew there could have been no such sulky blotch upon the prospect without a town. A blur of soot and smoke, now confusedly tending this way, now that way, now aspiring to the vault of Heaven, now murkily creeping along the earth, as the wind rose and fell, or changed its quarter: a dense formless jumble, with sheets of cross light in it, that showed nothing but masses of darkness—Coketown in the distance was suggestive of itself, though not a brick of it could be seen."

35. *Ibid.* Book the First, Chap. I.
"Now, what I want is Facts. Teach these boys and girls nothing but Facts. Facts alone are wanted in life. Plant nothing else, and root out everything else. You can only form the mind of reasoning animals upon Facts: nothing else will ever be of any service to them."

36. *Ibid.* Book the Second, Chap. V.
"Look how we live, an' wheer we live, an' in what numbers, an' by what chances, an' wi' what sameness; Look how you considers of us, and writes of us, and talks of us, and goes up wi' your deputations to Secretaries o'State 'bout us, and how yo are awlus right, and how we are awlus wrong, and never had'n no reason in us sin ever we were born. Look how this ha' growen an' growen sir, bigger an' bigger, broader an' broader, harder an' harder, fro year to year, fro generation unto generation. Who can look on't sir, and fairly tell a man 'tis not a muddle?"

37. *Ibid.* Book the First, Chap. XI.

"It is known, to the force of a single pound weight, what the engine will do; but not all the calculators of the National debt can tell me the capacity for good or evil, for love or hatred, for patriotism or discontent, for the decomposition of virtue into vice, or the reverse, at any single moment in the soul of one of these quiet servants, with the composed faces and the regulated actions."

38. Fromkin, David. *The Way of the World: from the Dawn of Civilization to the Eve of the Twenty-first Century*. Vintage, 2000. For a digest, see *Online.* https://newcriterion.com/issues/1999/4/wayoftheworld-carduff-2890
39. See "Michel Focault." *World Philosophers*. Vol. I. 667-674.
40. *Ibid.*
41. *Ibid.*
42. *Ibid.*
43. Dickinson, Emily. "Much Madness is divinest Sense — (620)." *Online.* https://www.poetryfoundation.org/poems-and-poets/poems/detail/51612

    "Much Madness is divinest Sense —
    To a discerning Eye —
    Much Sense — the starkest Madness — "
44. Adams, Henry. *The Education of Henry Adams.* Chap. XXV. "The Virgin and the Dynamo." 1907. 317-326. *Online.* http://www.bookwolf.com/Wolf/pdf/HenryAdams-The%20Education%20Of.pdf
45. Hassan, Ihab. *The Dismemberment of Orpheus.* New York: Oxford University Press, 1971.
46. Pynchon, Thomas. "Entropy." *Online.* http://ieas.unideb.hu/admin/file_114.doc

    "Tell a girl: 'I love you.' No trouble with two-thirds of that, it's a closed circuit. Just you and she. But that nasty four-letter word in the middle, that's the one you have to look out for. Ambiguity. Redundance. Irrelevance, even. Leakage. All this is noise. Noise screws up your signal, makes for disorganization in the circuit." [ ]는 필자 삽입.
47. *Ibid.*

    "'Well, now, Saul,' he muttered, 'you're sort of, I don't know, expecting a lot from people. I mean, you know. What it is is, most of the things we say, I guess, are mostly noise.'" [ ]는 필자 삽입.

제2장 포스트모던 문명 속의 디스토피아

1. Bronowski, Jacob. "What Is Technology?" *Online.* https://www.probe.org/what-is-technology/?print=pdf
2. "Myth of Deadalus." in *Greek Mythology. Online.* http://www.greeka.com/eastern_aegean/ikaria/ikaria-myths/daedalus-icarus.htm
3. Schonfeld, Erick. "Interview With Senate Candidate Carly Fiorina: The Nation With The

Best Brain Power Wins." *Online.* http://techcrunch.com/2010/01/31/interview-carly-fiorina-senate/ Posted at Jan. 30, 2010.

"Well, what a great question. You know, I believe that technology is the great leveler. Technology permits anybody to play. And in some ways, I think technology—it's not only a great tool for democratization, but it's a great tool for eliminating prejudice and advancing meritocracies."

4. Marx, Karl and Friedrich Engels. *The Communist Manifesto.* Chap. 1. 1848. *Online.* https://www.marxists.org/archive/marx/works/1848/communist-manifesto/ch01.htm

   "Constant revolutionising of production, uninterrupted disturbance of all social conditions, everlasting uncertainty and agitation distinguish the bourgeois epoch from all earlier ones. All fixed, fast-frozen relations, with their train of ancient and venerable prejudices and opinions, are swept away, all new-formed ones become antiquated before they can ossify. All that is solid melts into air, all that is holy is profaned, and man is at last compelled to face with sober senses his real conditions of life, and his relations with his kind."

5. Greenberg, Daniel and Russell Ackoff. *Turning Learning Right Side Up: Putting Education Back on Track.* FT Press, 2008. Recit. from *Online.* https://www.brainyquote.com/quotes/quotes/d/danielgree291798.html

   "So, I see technology as a Trojan Horse: It looks like a wonderful thing, but they are going to regret introducing it into the schools because it simply can't be controlled."

6. Niels Bohr Quotes in *Brainy Guote. Online.* https://www.brainyquote.com/quotes/quotes/n/nielsbohr149429.html

7. Huston, Jonathan. "Javier Bardem: How Celebrities are Making a Difference for Human Rights." *Online.* http://www.enoughproject.org/category/celebrity/javier-bardem Posted at July 28, 2011.

   "Well, there are a lot of horrible things going on in the world. I think we are living in selfish times. I'm the first one to say that I'm the most selfish. We live in the so-called "first world," and we may be first in a lot of things like technology, but we are behind in empathy. We create the lives that we have based on the misery of others."

8. Auden, W. H. "Musee des Beaux Arts." *Online.* http://english.emory.edu/classes/paintings&poems/auden.html

   "They [The old masters] never forgot
   That even the dreadful martyrdom must run its course
   Anyhow in a corner, some untidy spot
   Where the dogs go on with their doggy life and the torturer's horse
   Scratches its innocent behind on a tree.
   In Breughel's Icarus, for instance: how everything turns away
   Quite leisurely from the disaster; the ploughman may

Have heard the splash, the forsaken cry,
But for him it was not an important failure; the sun shone
As it had to on thc white legs disappearing into the green
Water; and the expensive delicate ship that must have seen
Something amazing, a boy falling out of the sky,
had somewhere to get to and sailed calmly on."

9. Nietzsche, Friedrich. *The Birth of Tragedy*, "Introduction." vii. *Online.* https://archive.org/stream/thebirthoftraged00nietuoft/thebirthoftraged00nietuoft_djvu.txt
10. *Ibid.*
11. See "Friedrich Nietzsche." *World Philosophers*. Vol. II. 1371-1383.
12. Eliot, T. S. The Waste Land, "II. A Game of Chess." *Online.* https://www.poetryfoundation.org/poems-and-poets/poems/detail/47311

"Above the antique mantel was displayed
As though a window gave upon the sylvan scene
The change of Philomel, by the barbarous king
So rudely forced; yet there the nightingale
Filled all the desert with inviolable voice
And still she cried, and still the world pursues,
'Jug Jug' to dirty ears.
And other withered stumps of time
Were told upon the walls; staring forms
Leaned out, leaning, hushing the room enclosed
Footsteps shuffled on the stair
Under the firelight, under the brush, her hair
Spread out in fiery points
Glowed into words, then would be savagely still.
'My nerves are bad tonight. Yes, bad. Stay with me. …'"

13. Wilson, Edmund. *The Axel's Castle*. New York: Charles Scribner's Sons, 1959. 261-263. *Online.* https://archive.org/stream/axelscastle030404mbp/axelscastle030404mbp_djvu.txt

"She and Axel embrace in an ecstasy: for the first time, these two chaste and haughty spirits have found objects worthy of their passion. 'Say, beloved,' breathes Sara to Axel, speaking as if in a dream, 'wouldst thou travel to those lands where the caravans pass in the shade of the palm-trees of Cashmir or Mysore? (261) … How delightful to fasten on our skates on the roads of pale Sweden!' … and three hundred and fifty million dialers worth of treasure 'all the dreams to realize,' says Sara.

But here Axel, 'grave and impenetrable,' strikes an unexpected note. 'Why realize them?' he asks. 'They are so beautiful!' And to her plea of 'come and live!' he replies: 'Live? No.

Our existence is full and its cup is running over! What hour-glass can count the hours of this night! The future? ··· Sara, believe me when I say it: we have just exhausted the future. All the realities, what will they be to-morrow in comparison with the mirages we have just lived? ··· It is the Earth, dost thou not see? which has now become the illusion! Admit, Sara: we have destroyed, in our strange hearts, the love of life and it is in REALITY indeed that ourselves have become our souls. To consent, after this, to (262) live would be but sacrilege against ourselves. Live? our servants will do that for us.' ··· He proposes that they shall kill themselves at once. Sara demurs: she suggests one night of love. But Axel begs her not to be trivial. 'Oh, my beloved,' he tries to explain to her, 'to-morrow I should be the prisoner of thy wondrous body! Its delights would have enchained the chaste energy which animates me now! and then, their love could never endure: some cursed day they would find it burnt out.'"
[ ]는 필자 삽입.

14. Recit. from Feroz, Kashif. "Technology in the Last Decade." *Online.* http://koolkash04.blogspot.kr/2010/01/technology-in-last-decade.html Posted January 4, 2010.
"The real danger is not that computers will begin to think like men, but men will begin to think like computers."
15. Fromm, Eric. *Escape from Freedom.* Holt Paperbacks, 1994.
16. Recit. from "Jim Morrison Quotes." *Online.* https://www.goodreads.com/author/quotes/7855.Jim_Morrison
"There can't be any large-scale revolution until there's a personal revolution, on an individual level. It's got to happen inside first."
17. Eliott, Patricia. *The Pale Assassin.* Holiday House, 2010.
18. Stevenson, Robert Louis. *Dr. Jekyl and Mr. Hyde. Online.* http://www.learnlibrary.com/jekyll-hyde/
19. Mason, Ronald M. *Participatory and Workplace Democracy: A Theoretical Development in Critique of Liberalism.* Southern Illinois University Press, 1982. 22.
20. *The Declaration of Independence: the Want, Will, and Hopes of the People. Online.* http://www.ushistory.org/DECLARATION/document/
"We hold these truths to be self-evident, that all men are created equal, that they are endowed by their Creator with certain unalienable Rights, that among these are Life, Liberty and the pursuit of Happiness—That to secure these rights, Governments are instituted among Men, deriving their just powers from the consent of the governed—That whenever any Form of Government becomes destructive of these ends, it is the Right of the People to alter or to abolish it, ···"
21. See "Soren Kierkegaad." *World Philosophers*. Vol. II. 998-1016.
22. See "Summary" of Soren Kierkegaard's *Either/Or. Online.* http://www.sparknotes.com/philosophy/kierkegaard/section1.rhtml

23. Waller, James. *Becoming Evil: How Ordinary People Commit Genocide and Mass Killing.* Oxford University Press, 2002. 31.
"For Niebuhr, however, this essential baseness of humanity is more massive and obvious in the life of the group than in that of the individual. He saw this as a simple fact about all collectives — they are more arrogant, hypocritical, self-centered, and more ruthless in the pursuit of their ends than the individual. As a result, an inevitable tension exists between individual and group morality. For Niebuhr, this is especially problematic because the claims of a collective far transcend those of the individual. In other words, for its very survival, the individuals involved in a collective are required to do things they would not do (and would not be morally justified in doing) as individuals. As a result, individual capacities for goodness, altruism, and morality are typically subverted to the brutal character of the group."

24. See "A Summary of Marx's Capital." *Online.* http://www.sparknotes.com/philosophy/marx/section3.rhtml

25. See Trigg, A. "Veblen, Bourdieu, and conspicuous consumption." *Journal of Economic Issues.* 35(1) (2001): 99-115.

26. "Soren Kierkegaard Quotes." *Online.* https://www.goodreads.com/quotes/22980-boredom-is-the-root-of-all-evil---the-despairing
"Boredom is the root of all evil — the despairing refusal to be oneself."

27. "On the Saying 'Idle Hands are the Devil's Tools'." *Online.* http://words.strivinglife.com/post/On-the-Saying-Idle-Hands-are-the-Devils-Tools/
"Idle hands are [the] devil's tools."

28. Jervis, John. "The Consolations of Consumerism." *Exploring the Modern: Patterns of Western Culture and Civilization.* Blackwell Publishers, 1999. 91-116.

29. *Ibid.*

30. Spring, Joel. *Educating the Consumer-Citizen: A History of the Marriage of Schools.* Chap. 1. See also, _____. *Corporatism, Social Control, and Cultural Domination in Education: From the Radical Right to Globalization.* Routledge, 2012.

31. *Ibid.*

32. Fletcher III, William Miles. *The Search for a New Order: Intellectuals and Fascism in Prewar.* University of North Carolina Press, 1982. 49.

33. Kinsella, Sophie. *Shopaholic Takes Manhattan.* Dell Publisher, 2002.

34. *Ibid.* 162.
"This expensive, glossy world is where I've been headed all along. Limos and flowers; waxed eyebrows and designer clothes from Barneys. These are my people; this is where I'm meant to be."

35. *Ibid.* 245-246.
"'So.' His eyes are warm and tender. 'Is that a yes, Becky? Will you be my…personal shop-

per?'

He takes a step forward, and I'm almost touching him. I can smell his familiar scent. Oh God, I've missed him.

'Yes,' I say happily. 'Yes, I will.'"

36. *Ibid.* 231.

"'So really, my story isn't one of failure. Yes, I got myself into debt; yes, I was fired. But I did something about it.' I turn to the camera. 'And I'd like to say to anyone out there who's got themselves in a mess like I did … you can get out of it, too. Take action. Sell all your clothes. Apply for a new job. You can start again, like I'm going to.'"

37. See "Jean Baudrillard." *Stanford Encyclopedia of Philosophy.* 2007. *Online.* https://plato.stanford.edu/entries/baudrillard/

38. Molina, George Gray. "Consumption consumes you." *Online.* http://www.undp.org/content/undp/en/home/ourperspective/ourperspectivearticles/2014/01/10/el-consumo-te-consume-george-gray-molina-.html Posted at 10 Jan, 2014.

"F. Scott Fitzgerald used to say about alcohol: 'First, you take the drink, then the drink takes a drink, then the drink takes you.' The same thing could be said about consumerism as a way of achieving social status and recognition."

39. Veblen, Thorstein. *The Theory of the Leisure Class.* Dover Publications, 1899.

See "What Is Conspicuous Consumption?" in *Online.* http://www.conspicuousconsumption.org/

40. See "A Summary of Marx's Capital." *Online.* http://www.sparknotes.com/philosophy/marx/section3.rhtml

41. For a definition, see *Online.* https://en.wikipedia.org/wiki/Affluenza

42. Milton, John. *Paradise Lost*, Book 12, ll. 645-649. *Online.* http://www.bartleby.com/4/412.html

"Some natural tears they dropp'd, but wip'd them soon;
The world was all before them, where to choose
Their place of rest, and Providence their guide:
They hand in hand with wand'ring steps and slow
Through Eden took their solitary way."

43. Frost, Robert. "After Apple-Picking." *Online.* https://www.poetryfoundation.org/poems-and-poets/poems/detail/44259

"My long two-pointed ladder's sticking through a tree
Toward heaven still,
And there's a barrel that I didn't fill
Beside it, and there may be two or three
Apples I didn't pick upon some bough.
But I am done with apple-picking now.

Essence of winter sleep is on the night,
The scent of apples: I am drowsing off.
I cannot rub the strangeness from my sight
I got from looking through a pane of glass
I skimmed this morning from the drinking trough
And held against the world of hoary grass.
It melted, and I let it fall and break.
But I was well
Upon my way to sleep before it fell,
And I could tell
What form my dreaming was about to take.
Magnified apples appear and disappear,
Stem end and blossom end,
And every fleck of russet showing clear.
My instep arch not only keeps the ache,
It keeps the pressure of a ladder-round.
I feel the ladder sway as the boughs bend.
And I keep hearing from the cellar bin
The rumbling sound
Of load on load of apples coming in.
For I have had too much
Of apple-picking: I am overtired
Of the great harvest I myself desired.
There were ten thousand thousand fruit to touch,
Cherish in hand, lift down, and not let fall.
For all
That struck the earth,
No matter if not bruised or spiked with stubble,
Went surely to the cider-apple heap
As of no worth.
One can see what will trouble
This sleep of mine, whatever sleep it is.
Were he not gone,
The woodchuck could say whether it's like his
Long sleep, as I describe its coming on,
Or just some human sleep."

44. Milton. *Op cit.* 574-576.

45. Pope, Alexander. "Essay on Man." *Online.* https://www.poetryfoundation.org/poems-and-poets/poems/detail/44899
"All nature is but art, unknown to thee;
All chance, direction, which thou canst not see;
All discord, harmony, not understood;
All partial evil, universal good:
And, spite of pride, in erring reason's spite,
One truth is clear, Whatever is, is right."

46. Rousseau, Jean-Jacques. *Emile* or *On Education*. Book 4. *Online.* https://en.wikiquote.org/wiki/Emile,_or_On_Education
"We are born, so to speak, twice over; born into existence, and born into life; born a human being, and born a man."

47. Dante, Alighieri. *Divine Comedy.* Tr. by Henry Wadsworth Longfellow. Josef Nygrin, 2008. *Online.* https://www.paskvil.com/file/files-books/dante-01-inferno.pdf

48. Frost. "Fire and Ice." *Online.* https://www.poetryfoundation.org/poems-and-poets/poems/detail/44263
"Some say the world will end in fire,
Some say in ice.
From what I've tasted of desire
I hold with those who favor fire.
But if it had to perish twice,
I think I know enough of hate
To say that for destruction ice
Is also great
And would suffice."

49. Conrad, Joseph. *Heart of Darkness*. Chap. 3. 16. *Online.* http://www.shmoop.com/heart-of-darkness/chapter-3-full-text-16.html

50. Kafka, Franz. "Letter to Milena Jesenská." Recit. from Margarete Buber-Neumann. Milena, ch. 7. 1989. *Online.* https://www.brainyquote.com/quotes/quotes/f/franzkafka152007.html
"My 'fear' is my substance, and probably the best part of me."

51. Stanley, Henry Morton. *Through the Dark Continent*. Vol. 1. Dover Publications, 2011.

52. Conrad, Joseph. *Op.cit.* Chap. 2. 1. *Online.* https://www.shmoop.com/heart-of-darkness/chapter-2-full-text-5.html
"The earth seemed unearthly. We are accustomed to look upon the shackled form of a conquered monster, but there—there you could look at a thing monstrous and free. It was unearthly, and the men were—No, they were not inhuman. Well, you know, that was the worst of it—this suspicion of their not being inhuman. … They howled, and leaped, and spun,

and made horrid faces; but what thrilled you was just the thought of their humanity—like yours—the thought of your remote kinship with this wild and passionate uproar. Ugly. Yes, it was ugly enough; but if you were man enough you would admit to yourself that there was in you just the faintest trace of a response to the terrible frankness of that noise, a dim suspicion of there being a meaning in it."

53. Conrad, Joseph. *Heart of Darkness*, Chap. 1. 22. *Online.* http://www.shmoop.com/heart-of-darkness/chapter-3-full-text-16.html

"The word 'ivory' rang in the air, was whispered, was sighed. You would think they were praying to it. A taint of imbecile rapacity blew through it all, like a whiff from some corpse. By Jove! I've never seen anything so unreal in my life."

54. *Ibid.* Chap. 3. 18.

"This is the reason why I affirm that Kurtz was a remarkable man. He had something to say. He said it. … He had summed up—he had judged. 'The horror!' He was a remarkable man."

55. *Ibid.* Chap. 3. 16.

"He cried in a whisper at some image, at some vision—he cried out twice, a cry that was no more than a breath—'The horror! The horror!'"

56. *Ibid.* Chap. 1. 15.

"I've seen the devil of violence, and the devil of greed, and the devil of hot desire; but, by all the stars! these were strong, lusty, red-eyed devils, that swayed and drove men—men, I tell you."

57. Iyer, Pico. "The Global Village Finally Arrives." *Time.* Fall, 1993. 86.

58. Hardy, Thomas, "The Convergence of the Twain." *Online.* https://www.poetryfoundation.org/poems-and-poets/poems/detail/47266

"VI.

Well: while was fashioning

This creature of cleaving wing,

The Immanent Will that stirs and urges everything

VII.

Prepared a sinister mate

For her—so gaily great—

A Shape of Ice, for the time far and dissociate.

VIII.

And as the smart ship grew

In stature, grace, and hue,

In shadowy silent distance grew the Iceberg too.

IX.

Alien they seemed to be;

No mortal eye could see

The intimate welding of their later history,

X.

Or sign that they were bent

By paths coincident

On being anon twin halves of one august event,

XI.

Till the Spinner of the Years

Said 'Now!' And each one hears,

And consummation comes, and jars two hemispheres."

59. See Suny Levin Institute. "What Is Globalization?" *Online.* http://www.globalization101.org/what-is-globalization

"Globalization is a process of interaction and integration among the people, companies, and governments of different nations, a process driven by international trade and investment and aided by information technology. This process has effects on the environment, on culture, on political systems, on economic development and prosperity, and on human physical well-being in societies around the world."

60. Friedman, Thomas. "The Lexus and the Olive Tree — Excerpt." *Online.* http://www.thomaslfriedman.com/the-lexus-and-the-olive-tree-excerpt/

"But what also makes this era of globalization unique is not just the fact that these technologies are making it possible for traditional nation-states and corporations to reach farther, faster, cheaper and deeper around the world than ever before."

61. Smith, Adam. *The Wealth of Nations: An Inquiry into the Nature.* Book I, Chap. 2. / Book IV, Chap. 2. *Online.* http://geolib.com/smith.adam/won1-02.html

"But man has almost constant occasion for the help of his brethren, and it is in vain for him to expect it from their benevolence only. He will be more likely to prevail if he can interest their self-love in his favour, and show them that it is for their own advantage to do for him what he requires of them. Whoever offers to another a bargain of any kind, proposes to do this. Give me that which I want, and you shall have this which you want, is the meaning of every such offer; and it is in this manner that we obtain from one another the far greater part of those good offices which we stand in need of. It is not from the benevolence of the butcher, the brewer, or the baker that we expect our dinner, but from their regard to their own interest. … Nobody but a beggar chooses to depend chiefly upon the benevolence of his fellow-citizens. Even a beggar does not depend upon it entirely." (Book I, Chap. 2)

"… He intends only his own gain, and he is in this, as in many other cases, led by an invisible hand to promote an end which was not part of his intention." (Book IV, Chap. 2) [ ]는 필자 삽입.

62. "The Ideas of John Maynard Keynes." in *A Critique of Crisis Theory: From a Marxist Perspective. Online.* https://critiqueofcrisistheory.wordpress.com/

63. Junkerman, John. *Power and Terror: Noam Chomsky in Our Times*; 노암 촘스키. 홍한별 옮김. 『권력과 테러: 노암 촘스키와의 대화』. 양철북, 2003. 107.

64. *Ibid.* 108-109.

65. For a definition of "Shadow," see *Online.* https://en.wikipedia.org/wiki/Shadow_(psychology)

66. Armah, Ayi Kwei. *The Beautiful Ones are not yet Born.* Heinemann, 1968.

67. *Ibid.* 72.

    "The sand looked so beautiful then, so many little individual grains in the light of the night, giving the watcher the childhood feeling of infinite things finally understood, the humiliating feeling of the watcher's nothingness."

68. Quoted in *Online.* https://www.google.co.kr/?gfe_rd=cr&ei=xNs2V_e5H6LK8gf93bHoAw&gws_rd=ssl&pli=1#q=%22We+can+still+do+something+to+improve+our+weaknesses+in+order+to+attain%22&*&spf=1

    "We can still do something to improve our weaknesses in order to attain the so-called sustainable development."

69. See "Ayi Kwei Armah Quotes." *Online.* https://www.goodreads.com/author/quotes/154550.Ayi_Kwei_Armah

    "Alone, i am nothing. i have nothing. we have power. but we will never know it, we will never see it work. unless we come together to make it work."

70. *Ibid.*

    "Others devoted to life will surely find that between the creation of life and the destruction of the destroyers there is no difference but a necessary, indispensable connection; that nothing good can be created that does not of its very nature push forward the destruction of the destroyers."

71. Golding, William. *The Lord of the Flies*. Penguin Books, 2003.

72. Gaddis, John Lewis. *The Cold War: A New History.* Penguin Books, 2006. Quoted in *Online.* http://penguinrandomhouse.ca/books/293667/cold-war#9780143038276

    "*The Cold War* stands as a triumphant summation of the era that, more than any other, shaped our own."

73. See "Authenticity." in *Stanford Encyclopedia of Philosophy. Online.* https://plato.stanford.edu/entries/authenticity/

74. Mazarr, Michael J. "The Psychological Sources of Islamic Terrorism." in *Policy Review.* June & July (2004). *Online.* http://www.hoover.org/research/psychological-sources-islamic-terrorism Posted at June 1, 2004.

75. See "Jean Baudrillard." *Stanford Encyclopedia of Philosophy.* 2007. *Online.* https://plato.stanford.edu/entries/baudrillard/

76. *Ibid.*

77. Barrett, William. *Irrational Man: A Study in Existentialist Philosophy.* New York: Doubleday Anchor, 1958. 267-282. Recit. from *Online.* https://www.goodreads.com/author/quotes/4513718.William_Barrett

"Man's feeling of homelessness, of alienation has been intensified in the midst of a bureaucratized, impersonal mass society. He has come to feel himself an outsider even within his own human society. He is trebly alienated: a stranger to God, to nature, and to the gigantic social apparatus that supplies his material wants. But the worst and final form of alienation, toward which indeed the others tend, is man's alienation from his own self."

78. Eliot, T. S. *The Waste Land. Online.* https://www.poetryfoundation.org/poems-and-poets/poems/detail/47311

"April is the cruellest month, breeding
Lilacs out of the dead land, mixing
Memory and desire, stirring
Dull roots with spring rain.
Winter kept us warm, covering
Earth in forgetful snow, feeding
A little life with dried tubers."
(The Burial of the Dead, ll. 1-7)

제3장 모더니즘 문학: 계몽의 역설에 대한 깨달음

1. Descartes, Rene. *Meditations.* Recit. from Cleanth Brooks. *Community, Religion, and Literature: Essays.* Columbia: University of Missouri Press, 1995. 173. "Cut the throat of poetry!"

2. See "Immanuel Kant." *World Philosophers.* Vol. II. 974-997.

3. See "Georg Wilhelm Hegel." *World Philosophers.* Vol. II. 794-812.

4. See Altick, Richard D. "Introduction." in *Victorian People and Ideas.* W. W. Norton & Company, 1978.

5. Arnold, Mathew. *Essay in Criticism.* Oxford: Oxford University, 1918. 20. *Online.* https://archive.org/stream/arnoldessaysincr00arno/arnoldessaysincr00arno_djvu.txt

"… it obeys an instinct prompting it to try to know the best that is known and thought in the world, irrespectively of practice, politics, and ever thing of the kind …."

6. ______. "Dover Beach." *Online.* https://www.poetryfoundation.org/poems-and-poets/poems/detail/43588

"Ah, love, let us be true
To one another! for the world, which seems
To lie before us like a land of dreams,
So various, so beautiful, so new,

Hath really neither joy, nor love, nor light,
Nor certitude, nor peace, nor help for pain;
And we are here as on a darkling plain
Swept with confused alarms of struggle and flight,
Where ignorant armies clash by night."

7. Tennyson, Alfred Lord. "Ulysses." *Online.* https://www.poetryfoundation.org/poems-and-poets/poems/detail/45392

"It little profits that an idle king,
By this still hearth, among these barren crags,
Match'd with an aged wife, I mete and dole
Unequal laws unto a savage race,
That hoard, and sleep, and feed, and know not me.
I cannot rest from travel: I will drink
Life to the lees: All times I have enjoy'd
Greatly, have suffer'd greatly, both with those
That loved me, and alone; on shore, and when
Thro' scudding drifts the rainy Hyades
Vext the dim sea: I am become a name;
… … …
How dull it is to pause, to make an end,
To rust unburnish'd, not to shine in use!
As tho' to breathe were life. Life piled on life
Were all too little, and of one to me
Little remains: …"

8. See "Charles Darwin." in *19C World Biography*, 606-609.
See "Charles Lyell." in *19C World Biography*, 1418-1422.

9. Browning, Robert. "My Last Duchess." *Online.* https://www.poetryfoundation.org/poems-and-poets/poems/detail/43768

"She had
A heart—how shall I say?—too soon made glad,
Too easily impressed; she liked whate'er
She looked on, and her looks went everywhere.
Sir, 'twas all one! My favour at her breast,
The dropping of the daylight in the West,
The bough of cherries some officious fool
Broke in the orchard for her, the white mule
She rode with round the terrace—all and each

Would draw from her alike the approving speech,
Or blush, at least. She thanked men—good! but thanked
Somehow—I know not how—as if she ranked
My gift of a nine-hundred-years-old name
With anybody's gift. Who'd stoop to blame
This sort of trifling? Even had you skill
In speech—(which I have not)—to make your will
Quite clear to such an one, and say, 'Just this
Or that in you disgusts me; here you miss,
Or there exceed the mark'—and if she let
Herself be lessoned so, nor plainly set
Her wits to yours, forsooth, and made excuse,
—E'en then would be some stooping, and I choose
Never to stoop. Oh sir, she smiled, no doubt,
Whene'er I passed her; but who passed without
Much the same smile? This grew; I gave commands;
Then all smiles stopped together. There she stands
As if alive."

10. Dickens, Charles. *Hard Times.* Book 1, Chap. 1. *Online.* http://www.shmoop.com/hard-times-dickens/book-1-chapter-1-full-text.html
"NOW, what I want is, Facts. Teach these boys and girls nothing but Facts. Facts alone are wanted in life. Plant nothing else, and root out everything else."

11. See "Lectures on Twentieth Century Europe: Nietzsche, Freud and the Thrust Toward Modernism (1)" in *The History Guide. Online.* http://www.historyguide.org/europe/lecture2.html

12. Nietzsche, Friedrich. *The Gay Science.* Section 125 "The Madman." Ed. by Walter Kaufmann. New York: Vintage, 1974. 181. *Online.* http://markandrewholmes.com/godisdead.html
"Have you not heard of that madman who lit a lantern in the bright morning hours, ran to the market-place, and cried incessantly: 'I am looking for God! I am looking for God!' As many of those who did not believe in God were standing together there, he excited considerable laughter.
'Have you lost him, then?' said one.
'Did he lose his way like a child?' said another. …
Thus they shouted and laughed. …
'Where has God gone?' he cried. 'I shall tell you. We have killed him—you and I. We are his murderers. … What did we do when we unchained the earth from its sun? Whither is it moving now? … Away from all suns? Are we not perpetually falling? … Are we not straying

as through an infinite nothing?'"

13. ______. *The Birth of Tragedy: Out of the Spirit of Music.* "Attempt at a Self-Criticism." Section 5. *Online.* http://nietzsche.holtof.com/Nietzsche_the_birth_of_tragedy/the_birth_of_tragedy.htm
"Christianity was from the beginning, essentially and fundamentally, life's nausea and disgust with life, merely concealed behind, masked by, dressed up as, faith in 'another' or 'better' life."

14. See "Lectures on Twentieth Century Europe: Nietzsche, Freud and the Thrust Toward Modernism (1)."

15. *Ibid.*

16. Hopkins, Gerard Manley. "God's Grandeur." *Online.* https://www.poetryfoundation.org/poems-and-poets/poems/detail/44395
"The world is charged with the grandeur of God.
It will flame out, like shining from shook foil;
It gathers to a greatness, like the ooze of oil
Crushed. Why do men then now not reck his rod?
Generations have trod, have trod, have trod;
And all is seared with trade; Bleared, smeared with toil;
And wears man's smudge and shares man's smell: the soil
Is bare now, nor can foot feel, being shod."

17. ______. "The Windhover." *Online.* https://www.poetryfoundation.org/resources/learning/core-poems/detail/44402
"Brute beauty and valour and act, oh, air, pride, plume, here
Buckle! AND the fire that breaks from thee then, a billion
Times told lovelier, more dangerous, O my chevalier!
No wonder of it: shéer plód makes plough down sillion
Shine, and blue-bleak embers, ah my dear,
Fall, gall themselves, and gash gold-vermilion."

18. Hegel, G. W. F. *The Philosophy of History.* Chap. III "Philosophic History." Section iii "World History." Tr. by John Sibree. Colonial Press, 1900. 457. *Online.* https://www.marxists.org/reference/archive/hegel/works/hi/history3.htm
"The history of the world is none other than the progress of the consciousness of freedom. The History of the world is none other than the progress of the consciousness of Freedom; a progress whose development according to the necessity of its nature, it is our business to investigate."

19. Marx, Karl. *The Communist Manifesto. Online.* https://www.goodreads.com/author/quotes/7084.Karl_Marx
"The history of all hitherto existing society is the history of class struggles."
"Communism is the riddle of history solved, and it knows itself to be this solution."

20. Pound, Ezra. "Hugh Selwyn Mauberley," V. *Online.* https://www.poetryfoundation.org/poems-and-poets/poems/detail/44915

"There died a myriad,
And of the best, among them,
For an old bitch gone in the teeth,
For a botched civilization.
...
Charm, smiling at the good mouth,
Quick eyes gone under earth's lid,
...
For two gross of broken statues,
For a few thousand battered books."

21. Recit. from "Lectures on Twentieth Century Europe: Lectrue 5. The Russian Revolution, February—October (1)." in *The History Guide. Online.* http://www.historyguide.org/europe/lecture5.html

"The people need peace. The people need bread and land. And they give you war, hunger, no food, and the land remains with the landowners.".

22. Recit. from "Lectures on Twentieth Century Europe: Lectrue 10. The Age of Totalitarianism: Stalin and Hitler." in *The History Guide. Online.* http://www.historyguide.org/europe/lecture10.html

"We live, not feeling the country beneath us,
Our speech inaudible ten steps away,
But where they're up to half a conversation—
They'll speak of the Kremlin mountain man."

23. Orwell, George. *Animal Farm*, Chap. X. *Online.* http://www.george-orwell.org/Animal_Farm/9.html

"All animals are equal, but some animals are more equal than others."

24. Shaw, George Bernard. *Man and Superman*, Part V. *Online.* http://www.fullbooks.com/MAN-AND-SUPERMAN5.html

"There are two tragedies in life. One is to lose your heart's desire. The other is to gain it."

25. Valery, Paul. *The Crisis of the Mind.* 1919. Recit. from "Lectures on Twentieth Century Europe: Lectrue 8. The Age of Anxiety: Europe in the 1920s (1)" in *The History Guide. Online.* http://www.historyguide.org/europe/lecture8.html

"Everything has not been lost, but everything has sensed that it might perish."

26. Tillich, Paul. *The Courage to Be.* Yale University Press, 1952. See "Lectures on Twentieth Century Europe: Lectrue 8. The Age of Anxiety: Europe in the 1920s (1)" in *The History Guide. Online.* http://www.historyguide.org/europe/lecture8.html

27. Remarque, Erich M. *All Quiet on the Western Front.* 1929. Recit. from "Lectures on Twentieth Century Europe: Lectrue 8. The Age of Anxiety: Europe in the 1920s (1)." in *The History Guide. Online.* http://www.historyguide.org/europe/lecture8.html

"I am young, I am twenty years old; yet I know nothing of life but despair, death, fear, and fatuous superficiality cast over an abyss of sorrow. I see how peoples are set against one another, and in silence, unknowingly, foolishly, obediently, innocently slay one another, I see that the keenest brains of the world invent weapons and words to make it yet more refined and enduring."

28. Pound. "Hugh Selwyn Mauberley, Part I." *Online.* https://www.poetryfoundation.org/poems-and-poets/poems/detail/44915

"Daring as never before, wastage as never before.
Young blood and high blood,
Fair cheeks, and fine bodies;
...
Fortitude as never before
frankness as never before,
disillusions as never told in the old days,
hysterias, trench confessions,
laughter out of dead bellies."

29. Hemingway, Ernest. "A Clean, Well-lighted Place." *Online.* http://www.mrbauld.com/hemclean.html

"What did he fear? It was not a fear ordread, It was a nothing that he knew too well. It was all anothing and a man was a nothing too. It was only that and light was all it needed and a certain cleanness and order. Some lived init and never felt it but he knew it all was nada y pues nada y nada y pues nada. Our nada who art in nada, nada be thy name thy kingdom nada thy will be nada in nada as it is in nada. Give us this nada our daily nada and nada us our nada as we nada our nadas and nada us not into nada but deliver us from nada; pues nada. Hail nothing full of nothing, nothing is with thee."

30. Arp, Hans. "In Zurich, 1915." Recit. from "Lectures on Twentieth Century Europe: Lectrue 8. The Age of Anxiety: Europe in the 1920s (1)." in *The History Guide. Online.* http://www.historyguide.org/europe/lecture8.html

"No more painters, no more writers, no more musicians, no more sculptors, ⋯ no more anarchists, no more socialists, no more Bolsheviks, no more politicians, ⋯ no more of these idiocies, no more, no more, NOTHING, NOTHING, NOTHING."

31. Tzara, Tristan. *Ibid.*

"The airplane weaves telegraph wires
and the fountain sings the same song."

32. Breton, André. "The First Surrealist Manifesto." *Online.* https://bernrode.mwp.nl/.../First%20Surrealist%20Manifesto.doc

"Pure psychic automatism by which it is intended to express, either verbally or in writing, the true function of thought. Thought dictated in the absence of all control exerted by reason, and outside all aesthetic or moral preoccupations."

33. Kern, Stephen. *The Culture of Time and Space, 1880-1918.* Cambridge: Harvard University Press, 1983. 1-2.

"A series of sweeping changes in technology and culture created distinctive new modes of thinking about and experiencing time and space. Technological innovations including the telephone, wireless telegraph, x-ray, cinema, bicycle, automobile, and airplane established the material foundation for this reorientation, independent cultural developments such as the stream-of-consciousness novel, psychoanalysis, Cubism, and the theory of relativity shaped consciousness directly. The result was a transformation of the dimensions of life and thought."

34. Proust, Marcel. *In Search of Lost Time*. Vol. I: Swann's Way. Tr. by C. K. Scott Moncrieff and Terence Kilmartin. Random House, 1992.

35. Eliot, T. S. *The Waste Land*, V. What the Thunder Said. *Online.* https://www.poetryfoundation.org/poems-and-poets/poems/detail/47311

"These fragments I have shored against my ruins
Why then Ile fit you. Hieronymo's mad againe.
Datta. Dayadhvam. Damyata.
    Shantih   shantih   shantih"

36. Yeats, W. B. "To the Rose upon the Rood of Time." *Online.* https://www.poetryfoundation.org/poems-and-poets/poems/detail/43280

"RED Rose, proud Rose, sad Rose of all my days!
Come near me, while I sing the ancient ways:
Cuchulain battling with the bitter tide;
The Druid, grey, wood-nurtured, quiet eyed,
Who cast round Fergus dreams, and ruin untold; …
Come near, that no more blinded by man's fate,
I find under the boughs of love and hate,
In all poor foolish things that live a day,
Eternal beauty wandering on her way."

37. Foster, R. F. *W. B. Yeats: A Life.* New York: Oxford, 1997. Chap. I: "The Artist's Children, Sligo 1865-1881." *Online.* https://www.nytimes.com/books/first/f/foster-yeats.html

"Sligo gave the Yeats children confirmation of something their father continually adverted to: the superiority of the Irish ethos not only in scenery and climate but in manners, conversation, artistic sensibility and gentlemanly behaviour. This compensated for distance both from

London's bohemia and from the Dublin bourgeois world."

38. Yeats. "Adam's Curse." *Online.* https://www.poetryfoundation.org/poems-and-poets/poems/detail/43285

"For to articulate sweet sounds together
Is to work harder than all these, and yet
Be thought an idler by the noisy set
Of bankers, schoolmasters, and clergymen
The martyrs call the world."

39. ______. "Lapis Lazuli." *Online.* https://www.poetryfoundation.org/poems-and-poets/poems/detail/43297

"I have heard that hysterical women say
They are sick of the palette and fiddle-bow,
Of poets that are always gay,
For everybody knows or else should know
That if nothing drastic is done
Aeroplane and Zeppelin will come out,
Pitch like King Billy bomb-balls in
Until the town lie beaten flat."

40. ______. "Crazy Jane Talks with Bishop." *Online.* https://www.poetryfoundation.org/poems-and-poets/poems/detail/43295

"I met the Bishop on the road
And much said he and I.
'Those breasts are flat and fallen now,
Those veins must soon be dry;
Live in a heavenly mansion,
Not in some foul sty.'"

41. ______. "Leda and the Swan." *Online.* https://www.poetryfoundation.org/harriet/tag/leda-and-the-swan/

"A shudder in the loins engenders there
The broken wall, the burning roof and tower
And Agamemnon dead.
Being so caught up,
So mastered by the brute blood of the air,
Did she put on his knowledge with his power
Before the indifferent beak could let her drop?"

42. ______. "The Second Coming." *Online.* https://www.poetryfoundation.org/poems-and-poets/poems/detail/43290

"The Second Coming! Hardly are those words out
When a vast image out of Spiritus Mundi
Troubles my sight: somewhere in sands of the desert
A shape with lion body and the head of a man,
A gaze blank and pitiless as the sun,
Is moving its slow thighs, while all about it
Reel shadows of the indignant desert birds.
The darkness drops again; but now I know
That twenty centuries of stony sleep
Were vexed to nightmare by a rocking cradle,
And what rough beast, its hour come round at last,
Slouches towards Bethlehem to be born?"

43. See Bohlmann, Otto. *Yeats and Nietzsche: An Exploration of Major Nietzschean Echoes in the Writings of William Butler Yeats.* Palgrave Macmillan, 1982.

44. Yeats. "Lapis Lazuli." *Online.* https://www.poetryfoundation.org/poems-and-poets/poems/detail/43297

"All perform their tragic play,
There struts Hamlet, there is Lear,
That's Ophelia, that's Cordelia;
Yet they, should the last scene be there,
The great stage curtain about to drop,
If worthy their prominent part in the play,
Do not break up their lines to weep.
They know that Hamlet and Lear are gay;
Gaiety transfiguring all that dread.
All men have aimed at, found and lost;
Black out; Heaven blazing into the head:
Tragedy wrought to its uttermost.
Though Hamlet rambles and Lear rages,
And all the drop-scenes drop at once
Upon a hundred thousand stages,
It cannot grow by an inch or an ounce." 강조는 필자.

45. 도연명. 「귀거래사」. *Online.* http://www.hanjanews.com/news/articleView.html?idxno=353에서 재인용.

46. Lawrence, D. H. *Lady Chatterley's Lover.* Chap. 1. A Project Gutenberg of Australia ebook. *Online.* http://www.gutenberg.net.au/ebooks01/0100181.txt

"Ours is essentially a tragic age, so we refuse to take it tragically. The cataclysm has happened, we are among the ruins, we start to build up new little habitats, to have new little hopes. It is rather hard work. There is now no smooth road into the future: but we go round, or scramble over the obstacles. We've got to live, no matter how many skies have fallen."

47. *Ibid.* Chap. 5.

"It was the last bit of passion left in these men: the passion for making a display. Sexually they were passionless, even dead."

48. *Ibid.* Chap. 6.

"All the great words, it seemed to Connie were cancelled, for her generation: love, joy, happiness, home, mother, father, husband, all these great, dynamic words were half dead now and dying from day to day. Home was a place you lived in, love was a thing you didn't fool yourself about joy was a word you applied to a good Charleston, happiness was a term of hypocrisy used to bluff other people, a father was an individual who enjoyed his own existence, a husband was a man you lived with and kept joking in spirits. As for sex, the last of the real words, it was just a cocktail term for an excitement that bucked you up for a while, then left you more raggy that ever. Frayed! It was as if the very material you were made of was cheap stuff, and was fraying to nothing."

49. *Ibid.* Chap. 1.

"A woman had to yield him what he wanted, or like a child he would probably turn nasty and flounce away and spoil what was a very pleasant connection. But a woman could yield to a man without yielding her inner, free self. That the poets and talkers about sex did not seem to have taken sufficiently into account. A woman could take a man without really giving herself away."

50. Lawrence. "A Propos of Lady Chatterley's Lover." *Online.* catdir.loc.gov/catdir/samples/cam031/91008191.pdf Reprinted in *Lady Chatterley's Lover and A Propos of 'Lady Chatterley's Lover'.* Ed. by Michael Squires. The Cambridge Edition of the Works of D. H. Lawrence. Cambridge, 2002.

"I want men and women to be able to think sex, fully, completely, honestly and cleanly."

51. See "Edmund Husserl." *World Philosophers.* Vol. II. 899-905.

52. Stevens, Wallace. "The Snow Man." *Online.* https://www.poetryfoundation.org/poems-and-poets/poems/detail/45235

"One must have a mind of winter
To regard the frost and the boughs
Of the pine-trees crusted with snow;
And have been cold a long time
To behold the junipers shagged with ice,
The spruces rough in the distant glitter
Of the January sun; and not to think

Of any misery in the sound of the wind,
In the sound of a few leaves,
Which is the sound of the land
Full of the same wind
That is blowing in the same bare place
For the listener, who listens in the snow,
And, nothing himself, beholds
Nothing that is not there and the nothing that is."

53. ______. "Sunday Morning." *Online.* https://www.poetryfoundation.org/poetrymagazine/poems/detail/13261

"Why should she give her bounty to the dead?
What is divinity if it can come
Only in silent shadows and in dreams?
Shall she not find in comforts of the sun,
In pungent fruit and bright, green wings, or else
In any balm or beauty of the earth,
Things to be cherished like the thought of heaven?
Divinity must live within herself:
Passions of rain, or moods in falling snow;
Grievings in loneliness, or unsubdued
Elations when the forest blooms; gusty
Emotions on wet roads on autumn nights;
All pleasures and all pains, remembering
The bough of summer and the winter branch.
These are the measures destined for her soul."
("Sunday Morning," II)

54. *Ibid.*

"Death is the mother of beauty; hence from her,
Alone, shall come fulfilment to our dreams
And our desires. Although she strews the leaves
Of sure obliteration on our paths,
The path sick sorrow took, the many paths
Where triumph rang its brassy phrase, or love
Whispered a little out of tenderness,
She makes the willow shiver in the sun
For maidens who were wont to sit and gaze
Upon the grass, relinquished to their feet.

She causes boys to pile new plums and pears
On disregarded plate. The maidens taste
And stray impassioned in the littering leaves."
("Sunday Morning," V)
"Death is the mother of beauty, mystical,
Within whose burning bosom we devise."
(Sunday Morning, VI)

55. *Ibid.*
"Supple and turbulent, a ring of men
Shall chant in orgy on a summer morn
Their boisterous devotion to the sun,
Not as a god, but as a god might be,
Naked among them, like a savage source."
("Sunday Morning," VII)
"She hears, upon that water without sound,
A voice that cries, "The tomb in Palestine
Is not the porch of spirits lingering.
It is the grave of Jesus, where he lay."
We live in an old chaos of the sun,
Or old dependency of day and night,
Or island solitude, unsponsored, free,
Of that wide water, inescapable.
Deer walk upon our mountains, and the quail
Whistle about us their spontaneous cries;
Sweet berries ripen in the wilderness;
And, in the isolation of the sky,
At evening, casual flocks of pigeons make
Ambiguous undulations as they sink,
Downward to darkness, on extended wings."
("Sunday Morning," VIII)

56. Recit. from Cleary, Jean Coates. "Jung, Carl Gustav." Ed. by Irena R. Makaryk. *Encyclopedia of Contemporary Literary Theory: Approaches, Scholars, Terms.* Toronto: University of Toronto Press, 2000. 384.
"As innate, a priori impulses to organize images and ideas, archetypes are tendencies to produce form, relatable to instincts and representing the precipitate of the psychic functioning of the whole ancestral line, the accumulated experiences of organic life in general, a million times repeated, and condensed into types."

57. *Ibid.*

"Just as his instincts compel man to a specifically human mode of existence, so the archetypes force his ways of perception and apprehension into specifically human patterns."

58. Lee, Alvin A. "Archetypal Criticism." *Ibid.* 3.

59. *Ibid.*

60. *Ibid.*

61. Pound. "Hugh Selwyn Mauberley, I." *Online.* https://www.poetryfoundation.org/poems-and-poets/poems/detail/44915

"Unaffected by 'the march of events,'
He passed from men's memory in *l'an trentuniesme*
De son eage; the case presents
No adjunct to the Muses' diadem."

62. ______. "Hugh Selwyn Mauberley, III." *Online.* https://www.poetryfoundation.org/poems-and-poets/poems/detail/44915

"All things are a flowing,
Sage Heracleitus says;
But a tawdry cheapness
Shall outlast our days.
...
Even the Christian beauty
Defects — after Samothrace;
We see to kalon
Decreed in the market place.
...
Faun's flesh is not to us,
Nor the saint's vision."

63. Joyce, James. *A Portrait of the Artist as a Young Man*. Part 5. *Online.* http://www.fullbooks.com/A-Portrait-of-the-Artist-as-a-Young-Man5.html

"The soul is born, Stephen said vaguely, first in those moments I told you of. It has a slow and dark birth, more mysterious than the birth of the body. When the soul of a man is born in this country there are nets flung at it to hold it back from flight. You talk to me of nationality, language, religion. I shall try to fly by those nets.

'Do you know what Ireland is?' asked Stephen with cold violence. 'Ireland is the old sow that eats her farrow.'"

64. ______. *Ulysses.* Part I. The Project of Gutenberg Ebook of Ulysses. Released July, 2003. *Online.* https://archive.org/stream/ulysses04300gut/ulyss12.txt

"History is a nightmare from which I am trying to awake."

65. ______. *A Portrait of the Artist as a Young Man*. Part V. *Online*. http://www.fullbooks.com/A-Portrait-of-the-Artist-as-a-Young-Man5.html

"So there was nothing for it only to stay the night or to foot it out. Well, I started to walk and on I went and it was coming on night when I got into the Ballyhoura hills, ··· Once or twice I stopped by the way under a bush to redden my pipe and only for the dew was thick I'd have stretched out there and slept. At last, after a bend of the road, I spied a little cottage with a light in the window. I went up and knocked at the door. A voice asked who was there and I answered I was over at the match in Buttevant and was walking back and that I'd be thankful for a glass of water. After a while a young woman opened the door and brought me out a big mug of milk. She was half undressed as if she was going to bed when I knocked and she had her hair hanging and I thought by her figure and by something in the look of her eyes that she must be carrying a child. She kept me in talk a long while at the door, and I thought it strange because her breast and her shoulders were bare. She asked me was I tired and would I like to stop the night there. She said she was all alone in the house and that her husband had gone that morning to Queenstown with his sister to see her off. And all the time she was talking, Stevie, she had her eyes fixed on my face and she stood so close to me I could hear her breathing. When I handed her back the mug at last she took my hand to draw me in over the threshold and said: 'COME IN AND STAY THE NIGHT HERE. YOU'VE NO CALL TO BE FRIGHTENED. THERE'S NO ONE IN IT BUT OURSELVES.' I didn't go in, Stevie. I thanked her and went on my way again, all in a fever. At the first bend of the road I looked back and she was standing at the door.

The last words of Davin's story sang in his memory and the figure of the woman in the story stood forth reflected in other figures of the peasant women whom he had seen standing in the doorways at Clane as the college cars drove by, as a type of her race and of his own, a bat-like soul waking to the consciousness of itself in darkness and secrecy and loneliness and, through the eyes and voice and gesture of a woman without guile, calling the stranger to her bed."

66. *Ibid.*

"26 April: Mother is putting my new secondhand clothes in order. She prays now, she says, that I may learn in my own life and away from home and friends what the heart is and what it feels. Amen. So be it. Welcome, O life, I go to encounter for the millionth time the reality of experience and to forge in the smithy of my soul the uncreated conscience of my race."

67. *Ibid.*

"27 April: Old father, old artificer, stand me now and ever in good stead."

68. Joyce. "Ecce Puer." *Online*. https://www.theguardian.com/books/2014/jun/16/ecce-puer-james-joyce-bloomsday-poem-of-the-week

"A child is sleeping:

An old man gone.
O, father forsaken,
Forgive your son!"

69. See the definition of "Duration" in *Wikipedia. Online.* http://en.wikipedia.org/wiki/Duration_(philosophy)

70. See Renselle, Doug. *A Topical Review of Henri Louis Bergson's Time and Free Will.* Tr. by F. L. Pogson. *Online.* http://www.quantonics.com/Review_of_Bergsons_Time_and_Free_Will.html

71. Recit. from "*An Introduction to Metaphysics* by Henry Bergson Quotes." *Online.* https://www.goodreads.com/work/quotes/720603-introduction-la-m-taphysique

"… there is no state of mind … which does not change every moment, since there is no consciousness without memory, and no continuation of a state without the addition, to the present feeling, of the memory of past moments. It is this which constitutes duration. Inner duration is the continuous life of a memory which prolongs the past into the present, the present either containing … the ceaselessly growing image of the past, or, more profoundly, showing by its continual change of quality the heavier and still heavier load we drag behind us as we grow older. Without this survival of the past into the present there would be no duration, but only instantaneity."

72. See Lacy, A. R. "Henry Bergson." Ed. by Ted Honderich. *The Oxford Companion to Philosophy.* Oxford: Oxford University Press, 1995. 88-89.

73. See the definition of "Élan vital" in *Wikipedia. Online.* https://en.wikipedia.org/wiki/%C3%89lan_vital

"… the élan vital is capable of surmounting all obstacles, perhaps even death. …"

74. See "Henry Bergson." *World Philosophers.* Vol. I. 222-233.

75. "Matter and Memory by Henry Bergson: Critical Evaluation-Essay." *Online.* https://www.enotes.com/topics/matter-memory

"Ordinary memory is the string of impressions that have been filed away as they were received by pure—that is, instantaneous—perception. Ordinary memory in the mind operates in much the same way as it does in an electronic computer: the perception programs the mind with a store of impressions. But pure memory is a power, or a spirit, by which we control and organize these impressions. Pure memory is the survival of the perceptions of images, when the perception is no longer there. This is an active, not a passive, function, for we use memory to inform and direct our lives." [ ]는 필자 삽입.

76. Woodings, R. B. "Henry Bergson." in *20th Century Culture: A Biographical Companion.* Ed. by Alan Bullock. New York: Harper & Row, 1983. 65.

77. Eliot, T. S. *The Waste Land,* I. "The Burial of the Dead." *Online.* https://www.poetryfoundation.org/poems-and-poets/poems/detail/47311

"Unreal City,

Under the brown fog of a winter dawn,
A crowd flowed over London Bridge, so many,
I had not thought death had undone so many.
Sighs, short and infrequent, were exhaled,
And each man fixed his eyes before his feet."

78. ______. "Gerontion." *Online.* https://www.poetryfoundation.org/poems-and-poets/poems/detail/47254

"After such knowledge, what forgiveness? Think now
History has many cunning passages, contrived corridors
And issues, deceives with whispering ambitions,
Guides us by vanities. Think now
She gives when our attention is distracted
And what she gives, gives with such supple confusions
That the giving famishes the craving. Gives too late
What's not believed in, or if still believed,
In memory only, reconsidered passion. Gives too soon
Into weak hands, what's thought can be dispensed with
Till the refusal propagates a fear. Think
Neither fear nor courage saves us. Unnatural vices
Are fathered by our heroism. Virtues
Are forced upon us by our impudent crimes.
These tears are shaken from the wrath-bearing tree."

79. ______. "Rhapsody in a Windy Night." *Online.* https://www.poetryfoundation.org/poems-and-poets/poems/detail/44215

"The memory throws up high and dry
A crowd of twisted things;
A twisted branch upon the beach
Eaten smooth, and polished
As if the world gave up
The secret of its skeleton,
Stiff and white.
A broken spring in a factory yard,
Rust that clings to the form that the strength has left
Hard and curled and ready to snap."

80. ______. "The Love Song of J. Alfred Prufrock." *Online.* https://www.poetryfoundation.org/poetrymagazine/poems/detail/44212

"If I thought that my reply were to be someone who would ever return to the world, this flame would be still, without further motion. But since no one has ever returned alive from this depth, if what I hear is true, I answer you without fear of shame."

81. *Ibid.*

"There will be time, there will be time …
There will be time to murder and create,
And time for all the works and days of hands
That lift and drop a question on your plate;
Time for you and time for me,
And time yet for a hundred indecisions,
And for a hundred visions and revisions,
Before the taking of a toast and tea.
…
In the room the women come and go
Talking of Michelangelo.
And indeed there will be time
To wonder, 'Do I dare?' and, 'Do I dare?' …
Disturb the universe?"

82. *Ibid.*

"For I have known them all already, known them all;
Have known the evenings, mornings, afternoons,
I have measured out my life with coffee spoons; …
…
And I have known the eyes already, known them all—
The eyes that fix you in a formulated phrase,
And when I am formulated, sprawling on a pin,
When I am pinned and wriggling on the wall,
Then how should I begin
To spit out all the butt-ends of my days and ways?
And how should I presume?"

83. Eliot, T. S. *The Waste Land. Online.* https://www.poetryfoundation.org/poems-and-poets/poems/detail/47311

"APRIL is the cruellest month, breeding
Lilacs out of the dead land, mixing
Memory and desire, stirring
Dull roots with spring rain.
Winter kept us warm, covering
Earth in forgetful snow, feeding

A little life with dried tubers."
(I. The Burial of the Dead)

84. *Ibid.*

"Above the antique mantel was displayed
As though a window gave upon the sylvan scene
The change of Philomel, by the barbarous king
So rudely forced; yet there the nightingale
Filled all the desert with inviolable voice
And still she cried, and still the world pursues,
'Jug Jug' to dirty ears.
And other withered stumps of time
Were told upon the walls; staring forms
Leaned out, leaning, hushing the room enclosed.
Footsteps shuffled on the stair,
Under the firelight, under the brush, her hair
Spread out in fiery points
Glowed into words, then would be savagely still.
'My nerves are bad tonight. Yes, bad. Stay with me.'"
(II. A Game of Chess)

85. *Ibid.*

"DA
Datta: what have we given?
My friend, blood shaking my heart
The awful daring of a moment's surrender
Which an age of prudence can never retract
By this, and this only, we have existed …
DA
Dayadhvam: I have heard the key
Turn in the door once and turn once only
We think of the key, each in his prison
Thinking of the key, each confirms a prison….
DA
Damyata: The boat responded
Gaily, to the hand expert with sail and oar
The sea was calm, your heart would have responded
Gaily, when invited, beating obedient
To controlling hands."

(V. What the Thunder Said)

86. ______. "Tradition and the Individual Talent." *Online.* https://www.poetryfoundation.org/resources/learning/essays/detail/69400

"[Tradition] cannot be inherited, and if you want it you must obtain it by great labour. It involves, in the first place, the historical sense…; and the historical sense involves a perception, not only of the pastness of the past, but of its presence; the historical sense compels a man to write not merely with his own generation in his bones, but with a feeling that the whole of the literature of Europe from Homer and within it the whole of the literature of his own country has a simultaneous existence and composes a simultaneous order. This historical sense, which is a sense of the timeless as well as of the temporal and of the timeless and of the temporal together, is what makes a writer traditional. And it is at the same time what makes a writer most acutely conscious of his place in time, of his own contemporaneity."

87. ______. *Four Quartets. Online.* http://www.coldbacon.com/poems/fq.html

"At the still point of the turning world. Neither flesh nor fleshless;
Neither from nor towards; at the still point, there the dance is,
But neither arrest nor movement. And do not call it fixity,
Where past and future are gathered. …"
(Burnt Norton, II)

88. *Ibid.*

"Only through time time is conquered."
(Burnt Norton, II)

89. *Ibid.*

"Time present and time past
Are both perhaps present in time future,
And time future contained in time past.
Even If all time is eternally present
All time is unredeemable.
What might have been is an abstraction
Remaining a perpetual possibility
Only in a world of speculation.
What might have been and what has been
Point to one end, which is always present."
(Burnt Norton, I)

90. Faulkner, William. *The Sound and the Fury. Online.* miltonthed.weebly.com/.../the_sound_and_the_fury_...

"If I'd just had a mother so I could say Mother Mother. (June 2, 1010)"

91. Shakespeare, William. *Macbeth. Online.* http://shakespeare.mit.edu/macbeth/full.html

"She should have died hereafter;
There would have been a time for such a word.
To-morrow, and to-morrow, and to-morrow,
Creeps in this petty pace from day to day
To the last syllable of recorded time,
And all our yesterdays have lighted fools
The way to dusty death. Out, out, brief candle!
Life's but a walking shadow, a poor player
That struts and frets his hour upon the stage
And then is heard no more: it is a tale
Told by an idiot, full of sound and fury,
Signifying nothing."
(Act V. Scene v)

92. *Ibid.*
"The raven himself is hoarse
That croaks the fatal entrance of Duncan
Under my battlements. Come, you spirits
That tend on mortal thoughts, unsex me here,
And fill me from the crown to the toe top-full
Of direst cruelty. Make thick my blood."
(Act I. Scene v)

제4장 포스트모던 시대의 문화비평가들

1. See "Jean-François Lyotard." *World Philosophers*. Vol. II. 1142-1143.
2. *Ibid.* 1140.
3. *Ibid.* 1140-1145.
4. Recit. from Malpas, Simon. *Jean-François Lyotard.* New York: Routledge, 2003. 24.
"'Here is the story of—, as I have always heard it told. I will tell it to you in my turn. Listen.' In this way, the story is always one handed down from the past, and is passed on in the present to the community. At the end of the story comes another formulaic statement: 'Here ends the story of—.'"
5. Recit. from Ed. by Silverman and Donn Welton. *Postmodernism and Continental Philosophy.* Albany: State University of New York Press, 1988. 248.
"A *self* does not amount to much, but no self is an island…. Even before he is born, if only by virtue of the name he is given, the human child is already positioned as the referent of a story recounted by those around him, in relation to which he will inevitably chart his course."
6. Malpas. *Op cit.* 27.

"Under a grand narrative, all the social institutions such as law, education and technology combine to strive for a common goal for all humanity: absolute knowledge or universal emancipation. Knowledge thus acquires a vocation and a role for the greater good."

7. *Ibid.* 28.
8. For a digest, see Malpas. "Postmodernism and Immanent Critique." in *The Post-modern.* New York: Routledge, 2005. 28-30.
9. See "Immanuel Kant." *World Philosophers.* Vol. II. 974-995.
10. Ed. by Andrew Benjamin. *Judging Lyotard.* New York: Routledge, 1992. 51-52.

    "The postmodern would be that which in the modern invokes the unpresentable in presentation itself, that which refuses the consolation of correct forms, refuses the consensus of taste permitting a common experience of nostalgia for the impossible, and inquires into new presentations—not to take pleasure in them, but to better produce the feeling that there is something unpresentable." (1992: 15)
11. Malpas. *Op. cit.* 50.

    "Postmodern art, he says, must wage a 'war on totality' by testifying to the unpresentable."
12. See "Jean-François Lyotard." *World Philosophers.* Vol. II. 1141.
13. See "Jacques Derrida." *World Philosophers.* Vol. I. 466.
14. Peeters, Benoit. "Under the Sun of Algiers 1942-1949." in *Derrida: A Biography.* Tr. by Andrew Brown. Malden, MA: Polity, 2013. 19-34.
15. McCullough, Shellie. "Deconstruction as a Prayer: Cinders and the 'We' of Derrida's Jewish Self." in *University of Bucharest Review.* Vol. X, no. 2, 2008. 73.
16. Derrida, Jacques. *Learning to Live Finally: the Last Interview.* Tr. by Pascal-Anne Brault and Michael Nass. New York: Melville House Publishing, 2007. 39.

    "… in spite of so many problems I have with my 'Jewishness,' I will never deny it. I will always say 'we Jews…' This so tormented 'we' is at the heart of what is most worried in my thought of someone I once called, with just a bit of a smile, the 'last of the Jews.' It would be in my thought like what Aristotle says of prayer: it is neither true nor false. It is, in fact, literally a prayer."
17. Caputo, John D. *The Prayers and Tears of Jacques Derrida: Religion without Religion.* Ed. by Merold Westphal. Indianapolis: Indiana University Press, 1997. 296.

    "In every prayer there must be an address to the other as other, for example—I will say this for the risk of shocking—God. The act of addressing oneself to the other must mean praying, that is, asking, supplicating, searching out."
18. Boheemen-Saaf, Christine van. "The Stolen Birthright: the Mimesis of Original Loss," "The Language of the Outlaw." in *Joyce, Derriada, Lacan, and the Trauma of History: Reading, Narrative, and Postcolonialism.* New York: Cambridge University Press, 1999. 1-30, 86-97.
19. Ed. by Caputo. "Re-Joyce, Say 'Yes'." in *Deconstruction in a Nutshell: A Conversation with Jacque*

Derrida. Fordham University Press, 2000. 189-197.

20. See "Jacques Derrida." *World Philosophers.* Vol. I. 469-472.
21. See *Ibid.* 467.
22. See *Ibid.* 469-472.
23. See *Ibid.*
24. See *Ibid.*
25. See *Ibid.*
26. Arp, Hans. "In Zurich, 1915." Recit. from "The Age of Anxiety: Europe in the 1920s (1)." in *The History Guide. Online.* http://www.historyguide.org/europe/lecture8.html
27. Recit. from "Jacques Lacan." in *Wikipedia. Online.* https://en.wikipedia.org/wiki/Jacques_Lacan Last edited on 25 May 2017, at 22:41.
28. Lacan, Jacques. "The Mirror Stage as Formative of the Function of the I as Revealed in Psycho-analytic Experience." *Contemporary Critical Theory*: 500-509. For a digest, see Sarup, Madan. *Introductory Guide to Post-structuralism and Postmodernism.* New York: Harvester Wheatsheaf, 1988. 10-13, 21-25.
29. Carver, Terrell and Samuel A. Chambers eds. *Michael J. Shapiro: Discourse, Culture, Violence.* Routledge, 2012. 159.
30. Lacan. *Op. cit.* See also Sarup. *Op cit.* 27-28.
31. _______. *The Seminar of Jacques Lacan: The Four Fundamental Concepts of Psychoanalysis. Online.* http://www.goodreads.com/quotes/809969-i-identify-myself-in-language-but-only-by-losing-myself

    "I identify myself in language, but only by losing myself in it like an object." [ ]는 필자 삽입.
32. For a digest, Sarup. *Op cit.* 14-29.
33. Recit. from "Jacques Laqcan." *World Philosophers.* Vol. II. 1057.

    "The unconscious is structured like a language. (The unconscious has the structure of language.)"
34. Recit. from *Online.* https://prezi.com/7x1q9dg5oqlr/jacques-lacan/

    "Man speaks … but it is because the symbol has made him man."
35. See "Jacques Lacan." *20C World Biography.* 2062-2063.
36. *Ibid.*
37. Clark, Michael. "Foucault, Michel." Ed. by Irena R. Makaryk. *Encyclopedia of Contemporary Literary Theory: Approaches, Scholars, Terms.* Toronto: University of Toronto Press, 2000. 318.
38. "Michel Foucault." *World Philosophers.* Vol. I. 668.
39. *Ibid.*
40. *Ibid.*
41. For a digest, see Sarup. *Op cit.* 30-31.
42. See Kagan, Donald et al. *The Western Heritage.* Vol. II. New Jersey: Prentice Hall, 2007. 805.
43. "Michel Foucault." *World Philosophers.* Vol. I. 670.

44. *Ibid.* 668.

"Power is a set of techniques for organizing human knowledge."

45. *Ibid.* 670.

46. Foucault, Michel. *Madness and Civilization.* London: Tavistock, 1967. Expecially in "The Great Confinement," "The Birth of the Asylum."

47. Foucault, Michel. *I, Pierre Riviere, having slaughtered my mother, my sister, and my brother: A Case of Parricide in the 19th Century.* Tr. by Frank Jellinek. University of Nebraska Press, 1982.

48. For a digest, see "Michel Foucault." *World Philosophers*. Vol. I. 671

49. *Ibid.*

50. *Ibid.*

51. *Ibid.* 672.

52. *Ibid.*

53. *Ibid.*

제5장 포스트모더니즘 문학: 출구 없는 절대허무

1. Kant, Immanuel. "An Answer to the Question: What is Enlightenment?" *Konigsberg in Prussia*, 30th September, 1784. *Online.* http://www3.nd.edu/~afreddos/courses/439/what-is-enlightenment.htm

"Enlightenment is man's release from his self-incurred immaturity. Immaturity is man's inability to make use of his understanding without the guidence of another. This immaturity is self-incurred if its cause lies not in lack of reason but in lack of resolution and courage to use it without the guidance of another. … Laziness and cowardice are the reasons why such a large proportion of men … gladly remain immature for life. … It is so convenient to be immature! If I have a book to have understanding in place of me, a spiritual adviser to have a conscience for me, a doctor to judge my diet for me, and so on, I need not make any efforts at all."

2. For a digest, see "George W. F. Hegel." *World Philosophers*. Vol. II. 798-806.

3. "Jean-Jacques Rousseau." *World Philosophers*. Vol. II. 1652-1653.

"Man is born free, but he is everywhere in chains."

4. "Charles Darwin." *World Philosophers*. Vol. II. 429.

5. "Herbert Spencer." *World Philosophers*. Vol. II. 1825.

6. Arnold, Mathew. "Stanzas from the Grande Chartreuse." *Online.* https://www.poetryfoundation.org/poems-and-poets/poems/detail/43605

"Wandering between two worlds, one dead
The other powerless to be born,
With nowhere yet to rest my head
Like these, on earth I wait forlorn.

Stanzas from the Grande Chartreuse."

7. Dickinson, Emily. "Apparently with no surprise." *Online.* http://www.shmoop.com/apparently-with-no-surprise/poem-text.html

   "Apparently with no surprise
   To any happy Flower
   The Frost beheads it at its play—
   In accidental power—
   The blonde Assassin passes on—
   That Sun proceeds unmoved
   To measure off another Day
   For an Approving God."

8. "Marx, Karl." *World Philosophers*. Vol. II. 1211. See also Ward, Glenn. *Understand Postmodernism: Teach Yourself.* McGraw-Hill, 2010. 224.

   "In order to buy what they need to live, people have to sell their labor for wages. Their labor is bought and sold as a commodity: a price tag is attached to everybody. Everyone is just a means of making profit."

9. Freud, Sigmund. *Civilization and its Discontents.* New York: Norton, 1961. 58-59. Excerpted in *The History Guide: Lectures on Twentieth century Europe. Online.* http://www.historyguide.org/europe/freud_discontents.html

   "… men are not gentle creatures who want to be loved, and who at the most can defend themselves if they are attacked; they are, on the contrary, creatures among whose instinctual endowments is to be reckoned a powerful share of aggressiveness. As a result, their neighbor is for them not only a potential helper or sexual object, but also someone who tempts them to satisfy their aggressiveness on him, to exploit his capacity for work without compensation, to use him sexually without his consent, to seize his possessions, to humiliate him, to cause him pain, to torture and to kill him …"

10. *Ibid.* 92.

    "The fateful question for the human species seems to me to be whether and to what extent their cultural development will succeed in mastering the disturbance of their communal life by the human instinct of aggression and self-destruction."

11. Recit. from *The History Guide: Lectures on Twentieth century Europe. Online.* http://www.historyguide.org/europe/freud_discontents.html

    "If the development of civilization has such a far-reaching similarity to the development of the individual and if it employs the same methods, may we not be justified in reaching the diagnosis that, under the influence of cultural urges, some civilizations, or some epochs of civilization—possibly the whole of mankind—have become 'neurotic'?" [ ]는 필자 삽입.

12. Freud, Sigmund. *Civilization and its Discontents.* New York: Norton, 1961. 92. Recit. from

Online. http://www.pitt.edu/~syd/freud.html

"Anyone who calls to mind the atrocities committed during racial migrations or the invasions of the Huns, or by the people known as Mongols under Jenghiz Khan and Tamerlane, or at the capture of Jerusalem by the pious Crusaders, or even, indeed, the horrors of the recent World War … will have to bow humbly before the truth of this view."

13. Habermas, Jürgen. "Modernity: an Unfinished Project." in Seyla Benhabib, Seyla and Maurizio Passerin d'Entrèves eds. *Harbermas and the Unfinished Project of Modernity.* MIT Press, 1997. 38-55.

14. Berman, Marshall. *All That Is Solid Melts into Air: The Experience of Modernity.* Penguin Books, 1982. 1.

"There is a mode of vital experience — experience of space and time, of the self and other, of life's possibilities and perils — that is shared by man and woman all over the world today. I shall call this body of experience modernity."

15. Ward, Glenn. *Understand Postmodernism: Teach Yourself.* McGraw-Hill, 2010. 224.

16. Adorno, Theodor W. and Max Horkheimer. *Dialectic of Enlightenment: Cultural Memory in the Present.* Tr. by Edmund Jephcott. Stanford: Stanford University Press, 2002.

"What we had set out to do was nothing less than to explain why humanity, instead of entering a truly human state, is sinking into a new kind of barbarism."

17. *Ibid.* xviii.

"Myth is already enlightenment, and enlightenment reverts to mythology." [ ]는 필자 삽입.

18. See Underwood, Lori J. *Kant's Correspondence Theory of Truth: An Analysis and Critique of Anglo-American Alternatives.* International academic Publishers, 2003. Recit. from *The Jean Baudrillard Reader.* Edinburgh University Press, 2008. 84.

19. Baudrillard, Jean. *Evil Demon of Images.* Tr. by Paul Patton, Paul Foss and Philippe Tanguy. Sydney: Power Publications, 1987. 13. Presented at the University of Sydney in 1987, and published as a booklet in 1988.

"I would like to conjure up the perversity of the relation between the image and its referent, the supposed real; the virtual and irreversible confusion of the sphere of images and the sphere of a reality whose nature we are less and less able to grasp. There are many modalities of this absorption, this confusion, this diabolical seduction of images. Above all, it is the reference principle of images which must be doubted, this strategy by means of which they always appear to refer to a real world, to real objects, and to reproduce something which is logically, and chronologically, anterior to themselves. None of this is true. … images precede the real to the extent that they invert the causal and logical order of the real and its reproduction." [ ]는 필자 삽입.

20. Baudrillard, Jean. *Selected Writings.* Ed. by Mark Poster. Stanford: Stanford University Press, 1988. 166-184.

"The simulacrum is never that which conceals the truth—it is the truth which conceals that there is none."

21. Ward, Glenn. *Op cit.* 64.

"[Baudrillard] described media culture as consumed by 'an effect of frantic self-referentiality.'"

22. Jameson, Fredric. "Postmodernism as Cultural Dominant." in *Postmodernism, or the Cultural Logic of Late Capitalism*. Duke University Press, 1990. *Online.* http://xroads.virginia.edu/~drbr/jameson/jameson.html For a digest, see *Online* https://studiesinfiction.wordpress.com/2011/11/05/cultural-logic-of-late-capitalism-frederic-jameson-1984/

23. ______. "The Deconstruction of Expression." *Ibid.* For a digest, see *Online.* https://studiesinfiction.wordpress.com/2011/11/05/cultural-logic-of-late-capitalism-frederic-jameson-1984/

24. For a digest, see "Jameson, Frederic R." Ed. by Irena R. Makaryk. *Encyclopedia of Contemporary Literary Theory: Approaches, Scholars, Terms.* Toronto: University of Toronto Press, 2000. 380-381.

25. Berkowitz, Roger and Taun N. Toay eds. *The Intellectual Origins of the Global Financial Crisis.* New York: Fordham University Press, 2013. 161-162.

"… for the Frankfurt School critical theorists, bourgeois rationality always contained something horribly irrational within it, which is precisely why they viewed the (161) / Holocaust not as a lapse from Enlightenment into barbarism but as the catastrophic confirmation of the 'unreason' harbored in instrumental reason."

26. Berryman, John. *Dream Songs.* Farrar, Straus and Giroux. 1965.

"Nothin very bad happen to me lately.
How you explain that?—I explain that, Mr Bones,
terms o' your bafflin odd sobriety.
Sober as man can get, no girls, no telephones,
what could happen bad to Mr Bones?
—If life is a handkerchief sandwich, …"
(Dream Song 76)

27. "Samuel Beckett." in *20C World Biography.* 238.

"I had little talent for happiness."

28. Deirdre, Bair. *Samuel Beckett: A Biography.* New York: Simon & Schuster, 1990. 308.

29. Ed. by Dirk van Hulle, *The New Companion to Samuel Beckett.* New York: Cambridge University Press, 2015. 75.

30. "Samuel Beckett." in *20C World Biography.* 241.

31. *Ibid.*

32. For Calderon's influence, see *Online.* https://quizlet.com/140488737/waiting-for-godot-flash-cards/

33. Beckett, Samuel. *Waiting for Godot: A tragicomedy in Two Acts.* in *Nine Plays of the Modern Theater.* Grove Press, 1981. 119.

"ESTRAGON: What?

VALDIMIR: Suppose we repented.

ESTRAGON: Repented what?

VLADMIR: Oh … [He reflects.] We wouldn't have to go into the details.

ESTRAGON: Our being born?"

(Act I)

34. *Ibid.* 164.

"ESTRAGON: The best thing would be to kill me, like the other.

VLADIMIR: What other? (Pause.) What other?

ESTRAGON: Like billions of others.

VLADIMIR: (sententious) To every man his little cross. (He sighs.) Till he dies. (Afterthought.) And is forgotten."

(Act II)

35. *Ibid.* 165.

"ESTRAGON: All the dead voices.

VLADIMIR: They make a noise like wings.

ESTRAGON: Like leaves.

VLADIMIR: Like sand. … They all speak at once.

ESTRAGON: Each one to itself. … They talk about their lives.

VLADIMIR: To have lived is not enough for them. …

To be dead is not enough for them."

(Act II)

36. *Ibid.* 167.

"VLADIMIR: What is terrible is to have thought.

ESTRAGON: But did that ever happen to us?

VLADIMIR: Where are all these corpses from?

ESTRAGON: These skeletons. …

VLADIMIR: We must have thought a little.

ESTRAGON: At the very beginning.

VLADIMIR: A charnel-house! A charnel-house!

ESTRAGON: You don't have to look.

VLADIMIR: You can't help looking.

ESTRAGON: True."

(Act II)

37. *Ibid.* 192.

"VLADIMIR: Was I sleeping, while the others suffered? Am I sleeping now? Tomorrow, when I wake, or think I do, what shall I say of today? That with Estragon: my friend, at this place, until the fall of night, I waited for Godot? … But habit is a great deadener."

38. *Ibid.* 124-125.

"ESTRAGON: Let's hang ourselves immediately!

VLADIMIR: From a bough? (They go towards the tree.) I wouldn't trust it.

ESTRAGON: We can always try.

VLADIMIR: Go ahead.

ESTRAGON: After you.

VLADIMIR: No no, you first.

ESTRAGON: Why me?

VLADIMIR: You're lighter than I am.

ESTRAGON: Just so!

VLADIMIR: I don't understand.

ESTRAGON: Use your intelligence, can't you?

VLADIMIR: I remain in the dark.

ESTRAGON: This is how it is. …

VLADIMIR: You're my only hope. … What do we do?

ESTRAGON: Don't let do anything. It's safer.

VLADIMIR: You can't help looking.

ESTRAGON: Let's wait and see what he says.

VLADIMIR: Who?

ESTRAGON: Godot."

(Act. I)

39. *Ibid.* 117.

"VLADIMIR: I'm glad to see you back. I thought you were gone forever.

ESTRAGON: Me too.

VLADIMIR: Together again at last! We'll have to celebrate this. But how? (He reflects.) Get up till I embrace you.

ESTRAGON: (irritably) Not now, not now."

(Act I)

40. *Ibid.* 123.

"ESTRAGON: (restored to the horror of his situation) I was asleep! (Despairingly) Why will you never let me sleep?

VLADIMIR: I felt lonely.

ESTRAGON: I had a dream.

VLADIMIR: Don't tell me!

ESTRAGON: I dreamt that—

VLADIMIR: DON'T TELL ME!

ESTRAGON: (gesture toward the universe) This one is enough for you? (Silence.) It's not nice of you, Didi. Who am I to tell my private nightmares to if I can't tell them to you?

VLADIMIR: Let them remain private. You know I can't bear that."

(Act I)

41. *Ibid.* 120

"VLADIMIR: Two thieves, crucified at the same time as our Saviour. One —

ESTRAGON: Our what?

VLADIMIR: Our Saviour. Two thieves. One is supposed to have been saved and the other … (he searches for the contrary of saved) … damned."

(Act I)

42. Adams, Henry. *The Education of Henry Adams.* Chap. XXV "The Virgin and the Dynamo." 1907. 317-326. *Online.* http:www.bookwolf.com/Wolf/pdf/HenryAdams-The%20Education%20Of.pdf

43. Havel, Vaclav. "Letter to Dr. Gustav Husak." *Living in Truth*. 1986, Part 1. Recit. from *Online.* http://www.eoht.info/page/Entropy+quotes

"… so it is the basic law of life to be ever more highly structured and to struggle against entropy."

44. Lowell, Robert. "Home After Three Months Away." *Online.* https://www.poets.org/poetsorg/poem/home-after-three-months-away

"Recuperating, I neither spin nor toil.
Three stories down below,
a choreman tends our coffin's length of soil,
and seven horizontal tulips blow.
Just twelve months ago,
these flowers were pedigreed
imported Dutchmen; no no one need
distinguish them from weed.
Bushed by the late spring snow,
they cannot meet
another year's snowballing enervation.
…
I keep no rank nor station.
Cured, I am frizzled, stale and small."

45. Whitman, Walt. "Song of Myself," V. *Online.* https://www.poets.org/poetsorg/poem/song-myself-v

"And that a kelson of the creation is love,
And limitless are leaves stiff or drooping in the fields,

And brown ants in the little wells beneath them,

And mossy scabs of the worm fence, heap'd stones, elder, mullein and poke-weed." [ ]는 필자 삽입.

46. Ball, Michael. "The Impossible Dream." *Online.* http://www.lyrics.com/lyric/26295732

"To dream the impossible dream
To fight the unbeatable foe
To bear with unbearable sorrow
To run where the brave dare not go
To right the unrightable wrong
To love pure and chaste from afar
To try when your arms are too weary
To reach the unreachable star
This is my quest, to follow that star
No matter how hopeless, no matter how far
To fight for the right, without question or pause
To be willing to march into Hell for a heavenly cause"

47. Pynchon, Thomas. *The Crying of Lot 49.* Chap. 5. *Online.* swornfriends.com/Common/.../net/.../58E22EC9BFFED2BF.pdf

"Oedipa sat, feeling as alone as she ever had, now the only woman, she saw, in a room full of drunken male homosexuals. Story of my life, she thought. Mucho won't talk to me, Hilarius won't listen, Clerk Maxwell didn't even look at me, and this group, God knows. Despair came over her, as it will when nobody around has any sexual relevance to you. She gauged the spectrum of feeling out there as running from really violent hate (an Indian-looking kid hardly out of his teens, with frosted shoulder-length hair tucked behind his ears and pointed cowboy boots) to dry speculation (a hornrimmed SS type who stared at her legs, trying to figure out if she was in drag), none of which could do her any good. So she got up after awhile and left The Greek Way, and entered the city again, the infected city."

48. *Ibid.* Chap. 3.

"'Was it written in as a stage direction? All those people, so obviously in on something. Or was that one of your touches?'

'That was my own,' Driblette told her, 'that, and actually bringing the three assassins onstage in the fourth act. Wharfinger didn't show them at all, you know.'

'Why did you? Had you heard about them somewhere else?'

'You don't understand,' getting mad. 'You guys, you're like Puritans are about the Bible. So hung up with words, words. You know where that play exists, not in that file cabinet, not in any paperback you're looking for, but—' a hand emerged from the veil of shower-steam to indicate his suspended head—'in here. That's what I'm for. To give the spirit flesh. The words, who cares? They're rote noises to hold line bashes with, to get past the bone barriers around an actor's memory, right? But the reality is in this head. Mine. I'm the projector at the planetarium, all the closed little universe visible in the circle of that stage is coming out of my mouth, eyes, sometimes other orifices also.' … 'You can put together clues, develop a thesis, or several, about why characters reacted to the Trystero possibility the way they did, why the assassins came on, why the black costumes. You could waste your life that way and never touch the truth. Wharfinger supplied words and a yarn. I gave them life. That's it.'"

49. *Ibid.* Chap. 5.

50. *Ibid.* Chap. 4.

51. *Ibid.* Chap. 5.

"'I came,' she said, 'hoping you could talk me out of a fantasy.'

'Cherish it!' cried Hilarius, fiercely. 'What else do any of you have? Hold it tightly by its little tentacle, don't let the Freudians coax it away or the pharmacists poison it out of you. Whatever it is, hold it dear, for when you lose it you go over by that much to the others. You begin to cease to be.'"

52. Kundera, Milan. *The Unbearable Lightness of Being.* Part 3, Chap. 5. 101. *Online.* https://archive.org/stream/UnbearableLightnessOfBeingTheMilanKundera/Unbearable_Lightness_of_Being_The_-_Milan_Kundera#page/n0/mode/2up

"'You mean you don't want to fight the occupation of your country?' She would have liked to tell them that behind Communism, Fascism, behind all occupations and invasions lurks a more basic, pervasive evil and that the image of evil was a parade of people marching by with raised fists and shouting identical syllables in unison."

53. SparkNotes. "Context." of *The Unbearable Lightness of Being. Online.* http://www.sparknotes.com/lit/unbearablelightness/context.html

"Kundera expressly equates kitsch, or bad, unoriginal and non-genuine sentimentalist art, with totalitarian regimes. Kundera refuses to acknowledge a distinction between Communism, Fascism, or any other 'ism,' and points to their similarly kitschy artistic products as the terminal proof of the sameness of the 'isms.'"

54. Kundera. *Op cit.* Part Two, Chap. 9. 49.

"Chance and chance alone has a message for us. Everything that occurs out of necessity, everything expected, repeated day in and day out, is mute. …

Tomas appeared to Tereza in the hotel restaurant as chance in the absolute. There he sat, poring over an open book, when suddenly he raised his eyes to her, smiled, and said, 'A cognac, please.' At that moment, the radio happened to be playing music. On her way behind the counter to pour the cognac, Tereza turned the volume up. She recognized Beethoven. … Rounding the counter with Tomas's cognac, she tried to read chance's message: How was it possible that at the very moment she was taking an order of cognac to a stranger she found attractive, at that very moment she heard Beethoven?

Necessity knows no magic formulae — they are all left to chance."

55. *Ibid.* Part One, Chap. 17. 36.

"He had gone back to Prague because of her. So fateful a decision resting on so fortuitous a love, a love that would not even have existed had it not been for the chief surgeon's sciatica seven years earlier. And that woman, that personification of absolute fortuity, now again lay beside him, breathing deeply."

56. *Ibid.* Part Three, Chap. 3. 91.

"Betrayal. From tender youth we are told by father and teacher that betrayal is the most heinous offence imaginable. But what is betrayal? … Betrayal means breaking ranks and breaking off into the unknown. Sabina knew of nothing more magnificent than going off into the unknown."

57. Dante, Alighieri. *Inferno.* Canto III. *Online.* http://www.bartleby.com/20/103.html

"All hope abandon, ye who enter here."

58. Hall, Sharon. "Far-Out Friday: Alvin 'Shipwreck' Kelly." *Online.* http://digging-history.com/tag/era-of-wonderful-nonsense/ Posted at Jan 31, 2014.

"The third decade of the twentieth century has been variously called 'The Roaring Twenties,' 'The Jazz Age,' 'The Age of Intolerance' and 'The Era of Wonderful Nonsense.'"

59. Lowell. "91 Revere Street." in *Life Studies.* Farrar, Straus and Giroux, 1959.

"I will summon our prey using the secret call of the Bengal tiger — weelawaugh, we-ee-eelawaugh, weelawaugh!"

60. Lowell. "Home after Three Months Away." in *Life Studies. Online.* https://www.poets.org/poetsorg/poem/home-after-three-months-away

61. Ed. by Jay Parini, *Oxford Encyclopedia of American Literature.* Vol. 2. Oxford University Press, 2003. 516.

"… everything that is free or open, that grows or is willing to change; … the generosity or openness or willingness that is itself salvation."

62. Lowell. "Skunk Hour." *Online.* https://www.poetryfoundation.org/resources/learning/core-poems/detail/47694

"One dark night,
my Tudor Ford climbed the hill's skull,
I watched for love-cars. Lights turned down,
they lay together, hull to hull,
where the graveyard shelves on the town…
My mind's not right.
A car radio bleats,
'Love, O careless Love…' I hear

my ill-spirit sob in each blood cell,
as if my hand were at its throat…
I myself am hell;
nobody's here — "

63. Recit. from Parini. *Op cit.* 517.
"I always think there are two great symbolic figures that stand behind American ambition and culture. One is Milton's Lucifer and the other is Captain Ahab: these two sublime ambitions that are doomed and ready, for their idealism, to face any amount of violence."

64. Lowell. "The Quaker Graveyard in Nantucket." *Online.* https://www.poetryfoundation.org/poems-and-poets/poems/detail/48984
"A brackish reach of shoal off Madaket —
The sea was still breaking violently and night
Had steamed into our North Atlantic Fleet,
When the drowned sailor clutched the drag-net. Light
Flashed from his matted head and marble feet,
He grappled at the net
With the coiled, hurdling muscles of his thighs:
The corpse was bloodless, a botch of reds and whites,
Its open, staring eyes
Were lustreless dead-lights
Or cabin-windows on a stranded hulk
Heavy with sand. We weight the body, close
Its eyes and heave it seaward whence it came,
Where the heel-headed dogfish barks its nose
On Ahab's void and forehead; and the name
Is blocked in yellow chalk.
Sailors, who pitch this portent at the sea
Where dreadnaughts shall confess
Its hell-bent deity,
When you are powerless
To sand-bag this Atlantic bulwark, faced
By the earth-shaker, green, unwearied, chaste
In his steel scales: ask for no Orphean lute
To pluck life back. The guns of the steeled fleet
Recoil and then repeat
The hoarse salute."

65. Recit. from Parini. *Op cit.* 516.

"I am very conscious of belonging to the country I do, which is very powerful country and, if I have an image of it, it would be one taken from Melville's Moby-Dick: the fanatical idealist who brings the world down in ruins through some sort of simplicity of mind."

66. Lowell. "Mr. Edwards and the Spider." *Kenyon Review. Online.* http://www.kenyonreview.org/kr-Online-issue/2012-fall/selections/robert-lowell-763879-2/

"I saw the spiders marching through the air,
Swimming from tree to tree that mildewed day
In latter August when the hay
Came creaking to the barn. But where
The wind is westerly,
Where gnarled November makes the spiders fly
Into the apparitions of the sky,
They purpose nothing but their ease and die
Urgently beating east to sunrise and the sea;
…
On Windsor Marsh, I saw the spider die
When thrown into the bowels of fierce fire:
There's no long struggle, no desire
To get up on its feet and fly
It stretches out its feet
And dies. This is the sinner's last retreat;
Yes, and no strength exerted on the heat
Then sinews the abolished will, when sick
And full of burning, it will whistle on a brick."

67. Recit. from Parini. *Op cit.* 516.

68. Resenthal, M. L. *The New Poets: American and British Poetry since World War II.* New York: Oxford University Press, 1967. 25.

69. Lowell. "At the Indian Killer's Grave." *Boston-L Archives. Online.* http://archiver.rootsweb.ancestry.com/th/read/BOSTON/2002-09/1031524811

"   Philip's head
Grins on the platter, fouls in pantomime
The fingers of kept time:
"Surely, this people is but grass,"
He whispers, "this will pass;
But, Sirs, the trollop dances on your skulls
And breaks the hollow noddle like an egg
That thought the world an eggshell. Sirs, the gulls

Scream from the squelching wharf-piles, beg a leg
To crack their crops. The Judgment is at hand;
...
I ponder on the railing at this park:
Who was the man who sowed the dragon's teeth,
That fabulous or fancied patriarch
Who sowed so ill for his descent, beneath
King's Chapel in this underworld and dark?
John, Matthew, Luke and Mark,
Gospel me to the Garden, let me come
Where Mary twists the warlock with her flowers —
Her soul a bridal chamber fresh with flowers
And her whole body an ecstatic womb,
As through the trellis peers the sudden Bridegroom."

70. "Magic realism." *Encyclopedia Britannica. Online.* https://www.britannica.com/art/magic-realism

"Magic realism, chiefly Latin-American narrative strategy that is characterized by the matter-of-fact inclusion of fantastic or mythical elements into seemingly realistic fiction. Although this strategy is known in the literature of many cultures in many ages, the term magic realism is a relatively recent designation, first applied in the 1940s by Cuban novelist Alejo Carpentier, who recognized this characteristic in much Latin-American literature. Some scholars have posited that magic realism is a natural outcome of postcolonial writing, which must make sense of at least two separate realities — the reality of the conquerors as well as that of the conquered."

71. Paz, Octavia. *Labyrinth of Solitude: The Other Mexico, Return to the Labyrinth of Solitude, Mexico and the United States, the Philanthropic Ogre.* Grove Press, 1985. For a digest, see *Online.* https://www.enotes.com/topics/labyrinth-solitude

72. Borges, Jorge Luis. "The Garden of Forking Paths: To Victoria Ocampo." *Online.* mycours.es/.../The-Garden-of-Forking-Paths-Jorge-Luis-Borges-1... 5.

"'A strange destiny,' said Stephen Albert, 'that of Ts'ui Pen — Governor of his native province, learned in astronomy, in astrology and tireless in the interpretation of the canonical books, a chess player, a famous poet and a calligrapher. Yet he abandoned all to make a book and a labyrinth.' ···

'Those of the blood of Ts'ui Pen,' I replied, 'still curse the memory of that monk. Such a publication was madness. The book is a shapeless mass of contradictory rough drafts.' ···

'I do not think that your illustrious ancestor toyed idly with variations. I do not find it believable that he would waste thirteen years laboring over a never ending experiment in rhetoric.'"

73. ______. "The Library of Babel." *Online.* http://www.sccs.swarthmore.edu/~pwillen1/lit/babel.htm

"When it was proclaimed that the Library contained all books, the first impression was one of extravagant happiness. All men felt themselves to be the masters of an intact and secret treasure. There was no personal or world problem whose eloquent solution did not exist in some hexagon. The universe was justified, the universe suddenly usurped the unlimited dimensions of hope. At that time a great deal was said about the Vindications: books of apology and prophecy which vindicated for all time the acts of every man in the universe and retained prodigious arcana for his future. Thousands of the greedy abandoned their sweet native hexagons and rushed up the stairways, urged on by the vain intention of finding their Vindication. These pilgrims disputed in the narrow corridors, proferred dark curses, strangled each other on the divine stairways, flung the deceptive books into the air shafts, met their death cast down in a similar fashion by the inhabitants of remote regions. Others went mad … The Vindications exist (I have seen two which refer to persons of the future, to persons who are perhaps not imaginary) but the searchers did not remember that the possibility of a man's finding his Vindication, or some treacherous variation thereof, can be computed as zero."

74. Rollason, Christopher. "Borges' 'Library of Babel' and the Internet." *Online.* http://www.themodernword.com/Borges/Borges_papers_rollason2.html.

75. Hall, Linda B. "Labyrinthine Solitude: The Impact of Garcia Marquez." *Southwest Review* (Summer 1973): 254-259.

결론 포스트모더니즘이란 무엇인가?

1. Sophocles. *Oedipus the King.* Tr. by Ian Johnston, Section 1, ll. 7-9. *Online.* https://records.viu.ca/~johnstoi/sophocles/oedipustheking.html.

"Here I am myself—
you all know me, the world knows my fame:
I am Oedipus." (ll. 7-9)

2. Pope, Alexander. "Epitaph on Sir Isaac Newton." March 21, 1727. *Online.* http://www.bartleby.com/297/154.html

"Nature and Nature's laws lay hid in night:
God said, 'Let Newton be!' and all was light."

3. Dostoyevsky, Fyodor. *Notes from Underground. Online.* http://www.goodreads.com/quotes/76123-i-say-let-the-world-go-to-hell-but-i

"I say let the world go to hell, but I should always have my tea."

4. Berkowitz, Roger and Taun N. Toay eds. *The Intellectual Origins of the Global Financial Crisis.* New York: Fordham University Press, 2013. 161-162.

"… for the Frankfurt School critical theorists, bourgeois rationality always contained something horribly irrational within it, which is precisely why they viewed the (161) / Holocaust not as a lapse from Enlightenment into barbarism but as the catastrophic confirmation of the 'unreason' harbored in instrumental reason."

5. Weber, Max. *The Protestant Ethic and the Spirit of Capitalism.* Tr. by Talcott Parsons. Routledge, 1992. For a digest, see Gane, Nicholas. "Weber and neoliberalism." in *Max Weber and Contemporary Capitalism.* Palgrave Macmillan, 2012.

6. Moghaddam, Fathali M. and Charles Studer. *Illusions of Control: Striving for Control in Our Personal and Professional Lives.* Westport: Praeger Publishers, 1998. 41.
"Freud teaches us that during the process of socialization, there occurs a repression of thoughts and desires that are forbidden by the norms of society. Foremost among these are various sexual desires, sex being an area in which social taboos are particularly strict. Repressed desires are submerged into the unconscious, but reveal themselves through a variety of channels, such as dreams, slips of the tongue, and 'accidents.' At the level of the conscious, however, individuals experience illusions of control, imagining that they are actually and consciously in control of their own thoughts of actions."

7. Camus, Albert. *The Myth of Sisyphus and Other Essays.* Tr. by Justin O'Brien. 1955. 6. *Online.* https://postarchive.files.wordpress.com/.../myth-of-sisyphus-and-...
"What, then, is that incalculable feeling that deprives the mind of the sleep necessary to life? A world that can be explained even with bad reasons is a familiar world. But, on the other hand, in a universe suddenly divested of illusions and lights, man feels an alien, a stranger. His exile is without remedy since he is deprived of the memory of a lost home or the hope of a promised land. This divorce between man and this life, the actor and his setting, is properly the feeling of absurdity. All healthy men having thought of their own suicide, it can be seen, without further explanation, that there is a direct connection between this feeling and the longing for death."

| 찾아보기 |

ㅂ

ㅇ

ㅎ